Gérard Mermet

FRANCOSCOPIE

LES FRANÇAIS :
QUI SONT-ILS ? OÙ VONT-ILS ?

Dessins de Nicolas Guilbert

Larousse

17, RUE DU MONTPARNASSE - 75006 PARIS

SOMMAIRE

Afin de mieux répondre aux attentes des lecteurs, un questionnaire a été placé à la fin de l'ouvrage. Merci de consacrer quelques minutes à le remplir et à le retourner

ISBN 2-03-503088-9

Méthodologie et mode d'emploi

Ce livre n'a pas pour objet de prendre parti, mais de présenter et d'analyser des faits. Il s'efforce donc de montrer, démontrer, ouvrir des pistes de réflexion plutôt que juger, condamner ou militer.

Toutes les informations mentionnées sont les plus récentes disponibles au moment de la rédaction. Les nombreux **chiffres et statistiques** présentés émanent de multiples sources, publiques ou privées. Un certain nombre d'entre eux sont inédits. Dans certains cas, et en l'absence de chiffres officiels et précis, des estimations « raisonnables » ont été reprises ou élaborées ; un symbole *E* figure alors devant l'information. Dans d'autres cas, les chiffres donnés en référence émanent de sondages ; ils sont alors identifiés par le symbole *S*.

Le livre fait une large place aux **sondages et enquêtes d'opinion** réalisés sur un certain nombre de thèmes, utiles révélateurs de ce que pensent les Français à un moment donné. Nous avons sélectionné ceux qui présentent le maximum de garanties quant à la fiabilité des échantillons, à l'intitulé des questions posées, etc. Chaque fois que c'était possible, nous avons privilégié les enquêtes répétitives (baromètres) qui permettent de mesurer des évolutions dans le temps.

N.B. Sauf indication contraire, les sondages portent sur des échantillons représentatifs de la population française de 18 ans et plus.

Si l'on veut décrire la société contemporaine, il est nécessaire d'utiliser les moyens d'investigation les plus contemporains. C'est pourquoi nous nous sommes livrés à une analyse systématique du **contenu des médias,** de plus en plus abondant sur tous les grands sujets de société. Cette analyse permet de recenser les thèmes les plus souvent abordés et d'approcher la relation complexe existant entre les opinions, les modes de vie et les médias. Les comportements et les attentes des Français constituent en effet la substance et la raison d'être des médias, tandis qu'en retour le contenu des médias n'est pas sans influence sur l'opinion et les modes de vie des Français.

Si les médias sont les miroirs de notre société, la **publicité** en est sans doute le plus grossissant. Rien de ce qui est « récupéré » par la pub n'est anodin. C'est pourquoi nous avons choisi pour illustrer le livre des photos de campagnes publicitaires récentes, mettant en évidence des tendances décrites dans le livre.

Si vous êtes un lecteur pressé, faites une « lecture en couleur ». Afin de faciliter la lecture et la mémorisation, les informations principales ou synthétiques ont été sorties du texte et imprimées en rouge. Pour retrouver le thème qui vous intéresse, utilisez l'index détaillé en fin d'ouvrage.

Je tiens à remercier toutes les personnes et organismes qui ont contribué à l'élaboration de cette édition (la liste détaillée est en fin d'ouvrage). Ces remerciements vont en particulier à AGORAMETRIE (Jean-Claude LEMOINE), TOSCA (Eric STEMMELEN), CREDOC (Ludovic LEBART, Robert ROCHEFORT, Bernard JOUVIN) pour les études sur l'opinion et les valeurs, à INFORMATION MARKETING (Odile GIRY, Mireille PROUX) pour la documentation médias, au SID (Colette GIRALDON, Nicole FAVARDIN) pour les sondages, à l'INSTITUT DE L'ENFANT (Joël-Yves LE BIGOT) pour les études sur les jeunes et, bien sûr, à Francine MERMET pour la recherche, la collecte, la sélection de l'information et la mise en page.

FRANCOSCOPIE, ÉDITION 2000 MOINS 11

La société française ne vit pas une crise, mais un véritable changement d'état. Les structures sociales, les systèmes de valeurs, les références culturelles, les mentalités se transforment en profondeur, à un rythme accéléré. Nous sommes tous des mutants.

Le changement social n'est donc pas un « accident de parcours », mais une réalité continue. C'est pour la décrire et l'expliquer que FRANCOSCOPIE a été créé.

Comme les deux précédentes, cette nouvelle édition a pour ambition de répondre aux grandes questions que l'on peut (et doit) se poser à propos des Français d'aujourd'hui : qui sont-ils ? Comment vivent-ils ? Que pensent-ils ? Quelle société sont-ils en train de préparer ? Elle intègre les événements de toute nature qui sont survenus depuis 1987. Elle met en évidence les mouvements qui se sont produits dans les attitudes, les comportements et les valeurs des Français. Pêle-mêle :

EN HAUSSE : l'hygiène, l'écologie, la crainte du sida, la xénophobie, le racisme, la grande pauvreté, l'importance sociale de la femme, les produits et équipements utilisables chez soi, le besoin de confort, les valeurs matérialistes, le pessimisme, les centres-ville, le sentiment européen, la frustration sociale, le Front national, la cohabitation juvénile, le divorce, la fidélité, la chasteté, l'image de l'URSS, les valeurs défensives chez les jeunes, l'érotisme dans les médias, les jeux d'argent, l'intérêt pour le patrimoine national, les emplois précaires, le recours au crédit, la chanson française...

EN BAISSE : le sentiment d'insécurité, les médecines naturelles, le libéralisme, le socialisme, la motivation au travail, le mariage, l'épargne, le Parti communiste, la télévision, la publicité, la sexualité, le courage, les méthodes de procréation artificielle, les accidents de voiture, le savoir-vivre, l'image des fonctionnaires, le cinéma, les livres, la pratique sportive...

La partie introductive du livre présente divers éléments qui résument l'état actuel des Français : *le portrait-robot* ; *le petit bout de la lorgnette* (aspects étonnants, anecdotiques) ; *le baromètre de l'opinion* ; *les systèmes de valeurs* ; *grandeurs et faiblesses de la société civile* (grandes tendances).

Un texte placé en synthèse analyse le chemin parcouru par la société française depuis mai 68. Vingt ans après, l'espace d'une génération, les Français sont encore plus mal dans leur peau. Le coup de force de 68 n'était en fait qu'un coup d'envoi : celui d'une révolution sociale qui se poursuit toujours. C'est l'ambition de FRANCOSCOPIE d'en décrire les causes et les conséquences et de les rendre plus compréhensibles à chacun.

Gérard Mermet

Je dédie cette édition à Alexandra et Léonard, qui auront un peu plus de vingt ans en l'an 2000

Quelques chiffres pour planter le décor

55,7 millions d'habitants en Métropole

dont 3,7 millions
d'étrangers

+ 1,4 million de Français
dans les DOM--TOM

+ 1,5 million de Français
à l'étranger

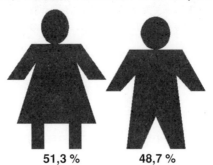

21 millions de ménages

12,5 millions d'enfants
de 0 à 16 ans

10,4 millions de 60 ans
ou plus

51,3 %   48,7 %

AGE

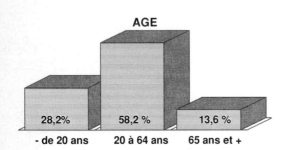

28,2%   58,2 %   13,6 %

- de 20 ans   20 à 64 ans   65 ans et +

STATUT

49,2 % 46,2 %

46,2 % 39,2 %

2,4 % 11,5 %

2,1 % 3,1 %

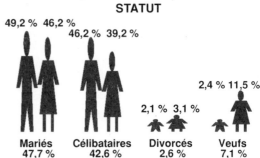

Mariés	Célibataires	Divorcés	Veufs
47,7 %	42,6 %	2,6 %	7,1 %

HABITAT

54 % habitent
une maison

46 % habitent
un appartement

COMMUNES

73,3 % dans des   26,7 % dans des
communes urbaines communes rurales
(8,7 millions agglom. parisienne)

ACTIVITÉ (15 ans et plus)

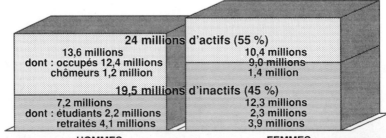

24 millions d'actifs (55 %)

13,6 millions   10,4 millions
dont : occupés 12,4 millions   9,0 millions
chômeurs 1,2 million   1,4 million

19,5 millions d'inactifs (45 %)

7,2 millions   12,3 millions
dont : étudiants 2,2 millions   2,3 millions
retraités 4,1 millions   3,9 millions

INSEE   HOMMES   FEMMES

L'ÉTAT
DES FRANÇAIS

Les années quatre-vingts auront décidément été fertiles en événements de toutes sortes (économiques, politiques, technologiques, sociaux) qui, tous, ont lourdement pesé sur les mentalités et les modes de vie des Français.

1981 marquait une rupture politique importante, renouant avec une alternance inconnue depuis 23 ans. **1982** constituait une rupture sociologique : après dix ans d'ignorance volontaire, les Français découvraient la réalité de la crise économique et l'intégraient dans leur vie quotidienne. Un vent de pessimisme soufflait alors, jusqu'en 1985, sur l'ensemble du pays, accentuant le divorce entre les citoyens et les institutions.

1986 s'annonçait comme une autre année de rupture. Economique d'abord, avec les effets conjugués de la baisse du prix du pétrole et de celle du dollar. Politique, ensuite, avec la formation, voulue par les Français, d'un gouvernement de cohabitation.

1988 est une autre date clé dans l'histoire sociale de la France. Les résultats de l'élection présidentielle et des élections législatives qui suivirent ont montré que les Français sont plus que jamais attachés à l'union nationale et à l'ouverture des partis et des hommes politiques. Et qu'ils entendent rester maîtres du jeu, dans une forme renouvelée de la démocratie.

Avant d'entrer dans le détail de la vie quotidienne des Français, qui est l'objet de ce livre, nous vous proposons un résumé, une vue d'ensemble de la société actuelle, à travers des chiffres et des idées :

• **Quelques chiffres pour brosser le décor** donne un rapide aperçu de la France et des Français d'aujourd'hui (ci-contre).

• **Le portrait-robot des Français** présente les chiffres qui résument le mieux les caractéristiques de la population : apparence physique, formation, profession, revenu, logement, santé, épargne, vie sociale, loisirs, etc.

• **Le petit bout de la lorgnette** présente une sélection d'informations anecdotiques, étonnantes, amusantes, mais toujours révélatrices des modes de vie contemporains.

• **Le baromètre de l'opinion**, établi avec l'institut AGORAMETRIE, montre l'évolution depuis sept ans de ce que les Français pensent, souhaitent ou rejettent.

• **Les systèmes de valeurs des Français**, décrits par Eric Stemmelen, résument la structure actuelle de la société.

• **Grandeurs et faiblesses de la société civile** recense les mouvements et les tendances, d'importance et d'amplitude variable, qui se font jour à l'intérieur de la « société civile », récemment redécouverte.

LE PORTRAIT-ROBOT DES FRANÇAIS

Les chiffres qui suivent tracent un portrait global des Français, une sorte de carte d'identité collective. Certains sont issus des statistiques officielles, d'autres émanent d'enquêtes par sondage. Sauf indication contraire, les données portent sur la population âgée de 18 ans et plus.
Les pourcentages inférieurs à 10 % doivent être interprétés avec prudence.

APPARENCE PHYSIQUE

• Les hommes mesurent en moyenne 1,72 m, les femmes 1,60 m. Les hommes pèsent en moyenne 75 kg, les femmes 60 kg.
E • 23 millions de Français portent des lunettes (42 % de la population).

ORIGINE GEOGRAPHIQUE

E • La population compte environ 4 millions d'étrangers, soit 7 % de la population totale. 22 % sont Algériens, 21 % Portugais, 12 % Marocains, 9 % Italiens, 9 % Espagnols, 5 % Tunisiens.
S • 36 % des Français se sentent Européens avant d'être Français ; 54 % se sentent d'abord Français.

COUPLES

• En 15 ans, le nombre des mariages a diminué de 150 000.
• La proportion de mariages religieux est passée de 95 % en 1970 à 58 % aujourd'hui.
• Si le taux actuel de nuptialité (4,8 mariages pour 1 000 habitants) se maintenait, la proportion d'adultes célibataires atteindrait à l'avenir 47 %.
• On compte aujourd'hui 10 fois plus de divorces annuels qu'au début du siècle, alors que la population a augmenté de près de la moitié depuis (55,5 millions contre 38,5).
• 73 % des demandes de divorce présentées par un seul époux proviennent de la femme.
E • 30 % des pensions alimentaires payées aux femmes divorcées ne le sont pas régulièrement.
• Le nombre des naissances hors mariage (20 % des naissances) a doublé depuis 1980.

ENFANTS

S • 72 % des adultes (18 ans et plus) ont eu des enfants, 28 % non.
• 49,5 % des familles ont des enfants de moins de 16 ans, 50,5 % n'en ont pas. 23 % ont un enfant de moins de 16 ans, 18 % ont deux enfants, 6,5 % trois enfants, 1,7 % quatre enfants, 0,9 % cinq enfants et plus. 26 % des familles comptent au moins un enfant de moins de 6 ans.
• Le nombre des familles nombreuses (au moins 4 enfants de 0 à 16 ans) a diminué de moitié entre 1968 et 1982.
• Près de deux millions d'enfants vivent avec un seul de leurs parents (la mère, dans 80 % des cas).
• 14 % des familles ont un ou plusieurs enfants à l'école maternelle, 18 % en primaire, 20 % au collège, lycée, LEP, 7 % qui suivent des études après le bac. 20 % ont au moins un enfant dans une école privée.
E • Il y aurait en France 50 000 enfants battus. 500 meurent chaque année de mauvais traitements.
• Un tiers des garçons salariés de 25 ans habitent encore chez leurs parents.

FORMATION

• 53 % des plus de 15 ans n'ont aucun diplôme ou le CEP (certificat d'études primaires), 7 % ont seulement le BEPC (brevet d'études du premier cycle), 20 % ont un CAP (certificat d'aptitude professionnelle), un BEP (brevet d'études professionnelles) ou un autre diplôme de ce niveau, 8,5 % ont le baccalauréat ou le brevet professionnel ou un diplôme équivalent, 5 % ont un diplôme du premier cycle universitaire, BTS, DUT, diplôme paramédical ou social, 5 % ont un diplôme du 2e ou 3e cycle universitaire, d'une grande école ou d'une école d'ingénieur.
E • Un élève de sixième sur cinq éprouve des difficultés pour lire.
• A l'école primaire, les enfants d'ouvriers redoublent dix fois plus que ceux des cadres supérieurs.
• Un fils de cadre supérieur a 20 fois plus de chances d'accéder à l'enseignement supérieur qu'un fils d'ouvrier.

TEMPS

• L'espérance de vie à la naissance est de 72 ans pour les hommes et 80,3 ans pour les femmes.
• Depuis le début du siècle, l'espérance de vie à la naissance a augmenté de 29 ans pour les hommes et 33 ans pour les femmes. L'espérance de vie des hommes était de 27 ans pendant la Première Guerre mondiale.
• Un professeur vit en moyenne 9 ans de plus qu'un manœuvre.
E • Plus de 30 000 Français ont au moins 85 ans, 5 000 sont centenaires.
E • En l'an 2000, un Français sur cinq aura plus de 60 ans.
E • Le temps libre d'une vie est de 20 ans. Le temps de travail est de 8 ans, le temps de sommeil de 24 ans.
• Les hommes actifs citadins disposent chaque jour de 50 minutes de temps libre de plus que les femmes.
• Le temps libre d'une vie est aujourd'hui 6 fois plus long qu'au début du XIXe siècle et le temps de travail est inférieur.

PROFESSION

• 6,6 % des actifs occupés (non chômeurs) sont agriculteurs exploitants, 8,2 % sont artisans, commerçants ou chefs d'entreprises (10 salariés et plus), 9,6 % sont cadres et professions intellectuelles supérieures, 20,1 % exercent des professions intermédiaires, 26,1 % sont employés, 29 % sont ouvriers.
• Plus d'une femme sur trois travaille.
• Un homme actif sur deux est ouvrier.
• 2 700 000 actifs sont employés par l'Etat et 1 200 000 appartiennent aux collectivités territoriales (régions, départements et communes), soit au total 17 % de la population active.
• 84 % des actifs sont salariés (82 % des femmes, 86 % des hommes).
• En 20 ans, le nombre des cadres a doublé. Dans le même temps, 2 millions d'emplois de commerçants ont disparu.
S • Un actif sur trois a déjà été au chômage. 12 % ont été au chômage au cours des 12 derniers mois. Depuis 10 ans, 15 % ont été au chômage une fois, 4 % deux fois, 5 % trois fois ou plus, 76 % ne l'ont jamais été.
• Un chômeur sur deux est au chômage depuis au moins un an.

REVENUS

• Le salaire annuel net était en 1987 de 210 000 F pour les cadres, 115 000 francs pour les techniciens, 116 000 francs pour les autres professions intermédiaires, 77 000 francs pour les employés, 78 000 francs pour les ouvriers qualifiés, 68 000 francs pour les ouvriers non qualifiés. Soit en moyenne 97 000 francs par an (106 000 francs pour les hommes, 80 000 francs pour les femmes).
S • 4 % des foyers perçoivent moins de 25 000 francs dans l'année, 7,5 % entre 25 et 50 000 francs, 38 % entre 50 et 100 000 francs, 28 % entre 100 et 200 000 francs, 4,5 % entre 200 et 300 000 francs, 1 % plus de 300 000 francs (17 % ne savent pas ou refusent de répondre).
• Le revenu brut disponible était de 130 000 francs par ménage en 1987 (13 000 francs par mois).
• En 1987, les femmes ont gagné en moyenne 24 % de moins que les hommes.
• 62 % des Français n'ont pas d'activité professionnelle rémunérée effective.
• 35 % des foyers perçoivent des prestations familiales.
E • 40 % des chômeurs ne perçoivent aucune indemnité.
• En 1962, le revenu moyen des ménages d'inactifs représentait 44 % de celui des ménages actifs ; il est proche de 75 % aujourd'hui.
S • 69 % des Français préféreraient une augmentation de leur pouvoir d'achat, 31 % une augmentation de leur temps libre.
E • La fraude fiscale est estimée chaque année à 100 milliards de francs.

LOGEMENT

S • 18 % des Français habitent la région parisienne, 8 % le Nord, 10 % l'Est, 20 % le Bassin Parisien, 14 % l'Ouest, 9 % le Sud-Ouest, 9 % le Centre-Est, 12 % la côte méditerranéenne.
• 35 % habitent dans une ville, 31 % à la périphérie d'une ville ou dans une banlieue, 27 % dans un village, 8 % en habitat dispersé.
• 12,7 millions de Français habitent une HLM.
• 13 % des logements sont surpeuplés (au sens de l'INSEE), 61 % sont sous-peuplés.
• 26 % sont propriétaires de leur logement, 25 % sont accédants à la propriété, 41 % sont locataires, 4 % sont logés par leur employeur, 4 % le sont à titre gratuit.

S • 93 % disposent de l'eau chaude, 96 % de WC intérieurs, 96 % d'une douche ou d'une baignoire, 79 % du chauffage central. 67 % ont un jardin ou une cour, 29 % ont une cheminée à bois.
• 72 % disposent de tout le confort (eau courante, WC intérieurs, douche ou baignoire, chauffage central).
S • 93 % disposent du téléphone (25 % ont plusieurs postes), 99 % ont un réfrigérateur, 85 % un lave-linge, 31 % un lave-vaisselle, 94 % au moins un poste de télévision (55 % ont la couleur), 60 % une chaîne hi-fi, 23 % un magnétoscope, 11 % un micro-ordinateur, 11 % un lecteur de disques compacts, 7 % un piano.
S • 7 % se servent régulièrement d'un Minitel, 21 % occasionnellement, 72 % jamais.
• 10 % des ménages disposent d'une résidence secondaire (record du monde).
• 55 % des foyers possèdent un animal de compagnie (record d'Europe).
• 76 % des ménages ont au moins une voiture, 24 % en ont au moins deux.

TRAVAIL

• En France, la durée hebdomadaire de travail a diminué de 6 heures en 15 ans.
E • La durée annuelle de travail effectif serait de 1 410 heures en France, contre 1 950 au Japon.
S • 47 % des actifs se rendent à leur travail seul dans leur voiture, 14 % en voiture avec un passager, 13 % à pied, 6,5 % en deux roues, 6,5 % en métro, 2 % utilisent plusieurs moyens individuels, 11 % d'autres moyens ou une combinaison de moyens.
S • 47 % reviennent régulièrement chez eux à midi pour déjeuner.
• 15 % travaillent régulièrement la nuit. 23 % travaillent régulièrement le dimanche.
• 19 % ont des horaires spéciaux dus au travail en équipe.
• 29 % sont soumis au pointage ou contrôle des horaires.
• 11,5 % sont soumis à des cadences de travail.
S • 60 % ont deux jours de repos par semaine, 17 % un seul jour, 10 % plus de deux jours, 6 % un jour et demi, 7 % aucun.
E • Les salariés sont absents de leur travail environ 20 jours ouvrables par an.
S • 38 % des Français ont des conflits entre le travail et la vie personnelle (dont 52 % des contraintes liées aux horaires).

S • 48 % disposent de 5 semaines de congés par an, 12 % ont 4 semaines, 11 % ont 7 semaines et plus, 11 % une semaine ou moins, 7 % ont 6 semaines, 5 % ont 2 semaines, 4 % en ont 3.
S • 40 % des actifs bénéficient d'une protection sociale renforcée, 30 % peuvent prendre leur retraite avant 60 ans, 25 % ont un avancement garanti, 25 % disposent d'au moins 6 semaines de vacances annuelles.
E • Le temps de travail représente en moyenne 8 années sur 42 années de vie éveillée.
• En 1955, il y avait 10 travailleurs pour un retraité ; ils sont un peu moins de 3 aujourd'hui.
E • La France compte 800 000 à 1,5 million de travailleurs clandestins.

SANTE

S • 19 % des Français ont déjà subi un accident du travail, 10 % un accident de trajet, 16 % ont été blessés dans un accident de la route (5 % gravement, 11 % légèrement).
S • Au cours des 4 dernières semaines, 44 % ont souffert de mal au dos. 45 % ont souffert de nervosité, 30 % d'insomnie, 15 % d'état dépressif.
• 13 % des familles effectuent 55 % des dépenses médicales.
S • 33 % fument régulièrement, 13 % de temps en temps, 35 % jamais. 18 % ont arrêté de fumer.
S • 61 % jugent leur état de santé satisfaisant par rapport aux personnes de leur âge, 27 % très satisfaisant, 10 % peu, 3 % pas du tout.
E • 6 millions de Français souffrent de handicaps physiques.
E • 4 millions de Français sont atteints de la grippe chaque année.
• Un Français sur trois meurt d'une maladie cardio-vasculaire (60 % des obèses).
• A fin 1987, il y avait eu en France environ 1 500 décès dus au sida. Sur 3 000 cas déclarés. 200 000 personnes étaient séropositives.
• 12 000 personnes se suicident chaque année. 71 % sont des hommes.
• 10 000 personnes meurent chaque année dans des accidents de la route. 40 % des accidents mortels sont dus à l'alcool.
E • 12 000 personnes meurent chaque année à la suite d'accidents domestiques. C'est le cas d'environ 1 000 enfants.
S • 75 % des Français sont prêts à faire don de leurs organes à leur mort.

FORTUNE

• Les Français ont épargné 12% de leur revenu disponible en 1987. Le taux était de 17,5 % en 1978.
S • 16 % des Français mettent régulièrement de l'argent de côté, 42 % parfois, 42 % non.
E • Le patrimoine des Français représente environ 15 000 milliards de francs. Il a triplé entre 1950 et 1970 (en francs constants) ; il est resté presque stable depuis dix ans.
S • 19 % des foyers possèdent des valeurs mobilières.
S • 9 % possèdent des biens immobiliers autres que la résidence principale et/ou secondaire.
S • 15 % possèdent des biens fonciers.
S • 35 % possèdent une assurance-vie donnant un complément de retraite.
E • 1 % de ménages les plus riches détiennent 20 % du patrimoine total. Les 10 % les moins fortunés en possèdent 0,1 %.
E • Il y a en France environ 40 milliardaires en francs actuels.
E • L'écart de patrimoine entre les cadres supérieurs et les ouvriers est de 6,4. L'écart entre leurs revenus disponibles est de 3.

CONSOMMATION

• Les ménages consacrent en moyenne 22 % de leur revenu disponible total à l'alimentation (à domicile et à l'extérieur du foyer), 28,4 % au logement et à son équipement, 15 % à l'automobile et aux transports en commun, 8,5 % à l'habillement, 5 % à la santé, 7 % à la culture et aux loisirs, 3 % aux vacances, 11 % aux autres types de dépenses.
• La part du budget consacrée à l'alimentation est passée de 36 % en 1959 à 20 % aujourd'hui.
• Les Français prennent le tiers de leurs repas à l'extérieur.
• 13 % s'imposent des restrictions sur les soins médicaux, 53 % sur les dépenses liées à la voiture, 68 % sur l'achat d'équipement ménager, 25 % sur l'alimentation, 58 % sur les soins de beauté, 78 % sur les vacances et les loisirs, 73 % sur l'habillement, 29 % sur le logement, 24 % sur les dépenses concernant les enfants, 31 % sur le tabac et la boisson.
• En 1987, et pour la deuxième année consécutive, le montant des crédits à la consommation a augmenté de 40 %.

VIE SOCIALE

S • 96 % des Français entretiennent des relations avec leur famille proche.
S • 6 % reçoivent chez eux des amis ou des relations tous les jours, 27 % une fois par semaine, 33 % une fois par mois, 27 % plus rarement, 7 % jamais.
S • 19 % font partie d'une association sportive, 15 % d'une association culturelle ou de loisirs, 9 % d'une association de retraités ou du troisième âge, 3 % d'une association familiale, 9 % d'un syndicat, 5 % d'une association confessionnelle, 8 % d'une association de parents d'élèves, 3 % d'une association de défense de la nature, 8 % d'une association de bienfaisance, 7 %   d'une association professionnelle.
S • 4 % sont membres d'un parti politique.

LOISIRS

S • 13 % fréquentent une bibliothèque.
S • 12 % fréquentent régulièrement un lieu de culte, 23 % exceptionnellement, 65 % non.
S • 4 % fréquentent régulièrement un théâtre, 28 % exceptionnellement, 68 % non.
S • 6 % fréquentent régulièrement une salle de concerts, 26 % exceptionnellement, 68 % non.
S • 14 % fréquentent régulièrement une salle de cinéma, 35 % exceptionnellement, 52 % non.
S • 63 % sont partis en vacances au cours des douze derniers mois, 37 % non.
S • 72 % regardent la télévision tous les jours, 14 % assez souvent, 12 % pas très souvent, 3 % jamais.
S • 39 % lisent régulièrement un quotidien et 30 % lisent régulièrement un magazine.

BONHEUR

S • 86 % des Français se disent heureux.
S • 11 % estiment qu'ils ont complètement réussi leur vie, 36 % partiellement. 21 % pensent qu'ils ont des chances de réussir complètement, 15 % partiellement. 6 % pensent qu'ils n'ont pas réussi, 2 % qu'ils n'ont pas de chance de réussir.
S • 92 % sont inquiets de l'éventualité d'une maladie grave (beaucoup, assez ou un peu), 72 % d'un accident du travail, 95 % d'un accident de la route, 79 % d'une agression dans la rue, 70 % du chômage, 73 % de l'éventualité d'une guerre, 80 % d'un accident de centrale nucléaire.

LE PETIT BOUT DE LA LORGNETTE

Il y a les grandes tendances, celles qui expliquent le cheminement de la société française. Et il y a les anecdotes, qui étonnent ou amusent. En voici une sélection, effectuée à partir de statistiques officielles ou de sondages. Elles révèlent des aspects souvent ignorés de la vie quotidienne des Français. Des petits morceaux de vérité qui donnent au puzzle toute sa dimension humaine.

E • En un siècle, les hommes ont grandi de 7cm, les femmes de 5cm. Ils ont grossi en moyenne de 3kg depuis 1970, tandis que les femmes ont maigri de 600g.

S • 30 % des Français s'estiment trop gros, 6 % trop maigres.

S • 63 % des femmes préfèrent les hommes bruns, 18 % les blonds, 1 % les roux.

S • 19 % des hommes et 32 % des femmes prennent un bain ou une douche quotidiennement.

• Les Français détiennent le record mondial de consommation d'alccol, avec 30g d'alcool pur par jour.

• Les Français détiennent le record mondial de consommation d'eau minérale, avec 55 litres par an et par personne.

• Les femmes dépensent 30 % de plus que les hommes pour leur habillement, les filles 30 % de plus que les garçons. La situation était inverse dans les années cinquante.

• Les Françaises achètent chaque année 16 paires de collants (les Italiennes 20 et les Anglaises 22.

S • 76 % des hommes et 66 % des femmes sont favorables à la mini-jupe.

S • 10 % des Français ne vont jamais chez le coiffeur.

S • Pour 27 % des Français, l'homosexualité est une maladie, pour 24 % une perversion. Pour 36 %, c'est une manière acceptable de vivre sa sexualité.

S • 70 % des parents ayant des enfants en âge scolaire les aident à faire leurs devoirs (22,5 % tous les jours, 22 % souvent, 25,5 % quelquefois). 16,5 % ne les aident jamais. 13,5 % ne sont pas concernés car leurs enfants n'ont pas encore de devoirs.

S • 58 % des Français ne savent pas qui est l'auteur de *la Chartreuse de Parme* (Stendhal).

• Les Français consacrent en moyenne 5 minutes par jour à la réflexion, 2 minutes à la pratique religieuse.

S • 25 % des Français pensent que le Soleil tourne autour de la Terre.

S • 8 millions de Français consultent des voyants.

S • 66 % des Français croient à l'astrologie. 90 % connaissent leur signe du zodiaque, 17 % leur ascendant.

E • L'espérance de vie d'un couple qui se marie est de 50 ans, contre 17 ans au début du XVIIIe siècle et 38 ans en 1940.

S • 16 % des couples mariés se sont rencontrés à un bal, 13 % dans un lieu public, 12 % au travail, 9 % chez des particuliers, 8 % dans des associations, 8 % pendant leurs études, 7 % au cours d'une fête entre amis, 5 % à l'occasion d'une sortie ou d'un spectacle, 5 % sur un lieu de vacances, 4 % dans une discothèque, 3 % dans une fête publique, 3 % par relation de voisinage ou connaissance ancienne, 1 % par l'intermédiaire d'une annonce ou d'une agence.

• Plus d'une femme sur trois coiffe Sainte-Catherine (célibataire à 25 ans).

S • 50 % des couples se disputent au moins une fois par mois.

S • 7 % des couples déclarent faire l'amour tous les jours, 34 % deux ou trois fois par semaine, 19 % une fois par semaine, 9 % deux ou trois fois par mois, 3 % une fois par mois, 7 % moins souvent. 9 % n'ont plus de rapports sexuels.

S • 57 % des couples ont déjà fait l'amour en voiture, 55 % en plein air, 22 % au bureau, 18 % dans un train, dans un lieu public, 6 % au cinéma.

S • 16 % des hommes et 8 % des femmes reconnaissent qu'il leur est arrivé de tromper leur conjoint.

S • 10 % des femmes déclarent avoir fait l'objet d'un chantage sexuel de la part d'un supérieur hiérarchique.

S • 23 % des femmes votent toujours comme leur conjoint, 35 % parfois, 20 % jamais.

E • Les enfants de moins de 15 ans passent plus de temps devant la télévision qu'à l'école (990 heures contre 820 pour les 4-7 ans).

E • Les adultes passent plus de temps devant la télévision qu'au travail au cours de leur vie d'adulte.

S • 39 % des enfants de 7 à 12 ans affirment qu'ils ont un(e) fiancé(e) ou un(e) amoureux(se).

S • Il y a 12% de fumeurs parmi les jeunes âgés de 12 à 13 ans, 50 % à 16 ans, 66 % à 18 ans.

E • La formation d'un Polytechnicien coûte environ 300 000 francs à la collectivité ; celle d'un étudiant en droit revient à 10 000 francs.

• Les Français consomment en moyenne 67 kg de pain par personne et par an (81 kg en 1970).

S • 25 % des Français ne prennent rien au petit déjeuner.

• Il y a en France moins de baignoires ou de douches (85 % des ménages) que de postes de télévision (94 %).

• L'Ile-de-France totalise 90 % des embouteillages enregistrés sur l'ensemble du territoire (48 % en 1971).

E • 800 000 automobilistes roulent sans être assurés, 2 millions ne sont pas couverts pour des raisons diverses (non-paiement des primes, défaut de permis...).

S • 10 % des automobilistes reconnaissent avoir déjà conduit en état d'ivresse, 41 % avoir brûlé un feu rouge ou un stop, 52 % ne pas avoir mis leur ceinture de sécurité, 37 % avoir insulté un autre automobiliste, 7 % avoir empêché quelqu'un de les doubler.

S • 27 % achètent de l'essence toujours à la même station-service, 22 % à la plus proche, 51 % choisissent en fonction du prix.

• Les Français ont acheté pour 15 milliards de francs de fleurs en 1987.

E • 500 000 personnes sont mordues chaque année par des chiens.

E • 20 tonnes d'excréments sont produites chaque jour par les chiens à Paris.

• 12 000 adultes disparaissent chaque année. 95 % sont retrouvés dans l'année.

• 200 000 cabines téléphoniques sont cassées chaque année.

• Sur les 50 000 personnes détenues dans les prisons, 4 % seulement sont des femmes.

S • Un foyer sur quatre possède une arme à feu.

E • Les Français ont dépensé en 1987 environ 70 milliards dans les jeux.

LE BAROMÈTRE DE L'OPINION

Les chiffres indiqués proviennent des enquêtes annuelles AGORAMETRIE. Ils représentent le cumul des réponses « bien d'accord » et « entièrement d'accord » aux affirmations proposées (entre guillemets). L'échelle comporte cinq modalités de réponse: « pas du tout d'accord », « pas tellement d'accord », « peut-être d'accord », « bien d'accord », « entièrement d'accord ». Les thèmes sont classés par ordre alphabétique.

	1981	1982	1983	1984	1985	1986	1987	1988
AVORTEMENT « La libéralisation de l'avortement est une bonne chose »	54	53	48	51	53	54	53	52
CENSURE « Il est nécessaire de censurer certains livres »	32	35	33	39	34	28	34	32
CENTRALES NUCLEAIRES « Il faut continuer à construire des centrales nucléaires »	34	32	28	25	29	18	19	17
CONSOMMATION « Il faut adhérer aux associations de défense du consommateur »	58	58	55	57	61	54	54	51
CONVENANCES « Il faut respecter les convenances »	68	64	65	69	71	63	73	72
CROISSANCE « On doit tout faire pour la croissance économique »	74	68	65	72	73	63	69	72
DEPENSES MILITAIRES « La réduction des dépenses militaires s'impose »	46	48	49	52	49	53	57	54
DIEU « Dieu existe »	47	41	42	46	41	44	47	45
DUREE DU TRAVAIL « Il faut adopter la semaine des 35 heures »	50	48	44	45	48	50	40	43
ECOLE « On n'apprend plus rien à l'école »	34	34	34	29	32	19	24	24
FAMILLE « La famille doit rester la cellule de base de la société »	78	78	75	78	81	75	85	84
FONCTIONNAIRES « Il y a trop de fonctionnaires »	36	41	41	47	41	37	37	33
FORCE DE FRAPPE « La force de frappe est indispensable »	45	39	40	40	41	38	44	45

	1981	1982	1983	1984	1985	1986	1987	1988
HERITAGE « Il faut limiter les héritages »	22	17	21	16	15	13	11	12
HOMMES POLITIQUES « En général, les hommes politiques sont des gens bien »	18	-	18	14	17	18	19	19
HOMOSEXUELS « Les homosexuels sont des gens comme les autres »	44	40	43	39	47	52	51	51
IMMIGRES « Il y a trop de travailleurs immigrés »	58	60	60	60	57	48	51	49
INSECURITE « On ne se sent plus en sécurité »	58	63	63	70	68	58	60	52
JUSTICE « On peut avoir confiance en la justice »	25	22	20	21	23	22	27	28
MARIAGE « On ne devrait plus se marier »	15	17	15	14	18	15	12	11
NATALITE « Il faut faire un gros effort pour encourager la natalité »	36	33	33	40	42	43	46	50
PATRIE « On doit se sacrifier pour la patrie »	32	27	25	23	25	20	24	22
PEINE DE MORT « Il faut rétablir la peine de mort »	-	51	48	53	56	42	51	49
PORNOGRAPHIE « On doit lutter énergiquement contre la pornographie »	46	46	43	44	44	38	45	43
PUBLICITE « La publicité est indispensable »	37	38	37	-	45	53	50	40
REVENUS « Il faut réduire au maximum les écarts entre les revenus »	63	58	57	50	58	58	63	62
SYNDICATS « Les syndicats sont indispensables »	64	55	53	45	47	54	51	50
TELEVISION « Ils nous prennent pour des abrutis à la télévision »	47	50	50	46	48	36	46	54
TIERS-MONDE « On doit augmenter fortement l'aide aux pays sous-développés »	44	44	46	40	50	49	44	44
TRAVAIL « Il faut chercher à travailler le moins possible »	22	20	20	15	15	18	16	14

Agoramétrie

LES SYSTÈMES DE VALEURS DES FRANÇAIS

par Eric STEMMELEN, directeur de TOSCA

A des attitudes collectives anciennes (les valeurs « communautaires ») s'opposent des aspirations individuelles plus récentes (les valeurs « personnelles »). Au sens des réalités et de la libre entreprise (les valeurs « pragmatiques ») s'oppose le goût pour la revendication et l'idéalisme (les valeurs « égalitaires »). Naturellement, chaque Français peut partager plusieurs systèmes de valeurs, tout en accordant plus d'importance à certaines d'entre elles.

Les valeurs communautaires

Un système de valeurs *communautaires*, ancien et cohérent, domine encore les mentalités de la France contemporaine. Ce système joue à la fois sur l'affectif, l'émotif et sur le respect des traditions, le goût pour l'ordre établi. Il est celui de *l'appartenance* au groupe, au sens le plus large, c'est-à-dire à la nation française. Historiquement, ses racines sont très profondes et renvoient à l'image du petit village médiéval, concentré autour de son église. La *famille* reste une valeur fondamentale, même si ses dimensions tendent à se rétrécir et si elle s'identifie peu à peu au seul couple marié avec ses deux enfants. L'*inquiétude,* la sensibilisation à la violence, mais aussi la peur de ce qui est *étranger* au groupe, et par extension un racisme latent ou avoué sont des sentiments qui cimentent l'esprit communautaire. Le respect des coutumes et des *convenances*, des « bonnes » mœurs, le conformisme majoritaire sont aussi là pour rassurer et apporter de la cohésion.

Ces valeurs sont défendues par une large majorité de Français (environ 60 %) et elles pénètrent l'ensemble du corps social. Cependant, elles sont encore plus répandues auprès des personnes âgées ou de faible niveau culturel ou à faible revenu. La télévision, en soirée, est le média privilégié, avec certains magazines populaires. Quant aux électeurs de Jean-Marie Le Pen, c'est de façon exacerbée qu'ils vivent ces valeurs, car ils les jugent menacées. On peut effectivement estimer que les valeurs communautaires ont connu, et connaîtront encore à long terme, un effritement lent, mais inéluctable.

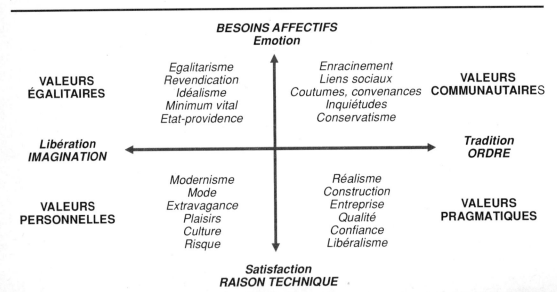

BESOINS AFFECTIFS
Emotion

VALEURS ÉGALITAIRES

Egalitarisme
Revendication
Idéalisme
Minimum vital
Etat-providence

Enracinement
Liens sociaux
Coutumes, convenances
Inquiétudes
Conservatisme

VALEURS COMMUNAUTAIRES

Libération
IMAGINATION

Tradition
ORDRE

VALEURS PERSONNELLES

Modernisme
Mode
Extravagance
Plaisirs
Culture
Risque

Réalisme
Construction
Entreprise
Qualité
Confiance
Libéralisme

VALEURS PRAGMATIQUES

Satisfaction
RAISON TECHNIQUE

Les valeurs personnelles

A l'opposé, les nouvelles valeurs sont *individuelles*. Elles ne s'organisent pas avec la même rigidité apparente que les valeurs collectives. C'est le règne des idées personnelles, l'attrait pour la nouveauté et l'originalité, voire l'extravagance, le besoin de se différencier, le goût du risque. Il s'agit plutôt d'un système d'anti-valeurs, apprécié de ceux qui ne veulent pas appartenir au groupe majoritaire, qui n'ont pas de racines historiques, ou qui les renient.

Ce type de pensée s'empare de tout ce qui est nouveau, mais ne s'y attache que rarement, car l'attachement est mal jugé. Les mobiles relèvent du désir de *libération* et de la *satisfaction* personnelle des besoins. Les attitudes s'orientent vers la quête des plaisirs, et, entre autres, vers l'*érotisation* de la vie quotidienne.

Les valeurs personnelles restent minoritaires dans l'opinion, mais elles connaissent une forte croissance. En dix ans, leur taux d'acceptation est passé de 20 % à 30 % environ. De plus, elles touchent plus encore une population « d'avenir » : jeunes, diplômés, hauts revenus (mais patrimoine moyen), Parisiens, cadres et enseignants, grands consommateurs d'information (hors télévision), ouverts aux nouvelles techniques (micro-ordinateurs, paiement électronique, hi-fi, vidéo).

Le débat historique

C'est, grosso modo, celui des Anciens et des Modernes, mais nous préférons dire que c'est celui du PASSÉ COMMUNAUTAIRE opposé au FUTUR SINGULIER.

Communauté et singularité résument deux aspirations contradictoires, l'une regrettant le passé, l'autre jouant avec l'avenir. Mais il serait dangereux de découper ainsi la France en deux clans rivaux. Les personnalités les plus singulières sont écoutées avec autant de fascination que de réprobation par la France des vieilles valeurs. Elles jouent un rôle salutaire d'invention et d'imagination, mais aussi de défoulement et d'exorcisme.

Réciproquement, même les plus indivi dualistes connaissent l'attirance du groupe, et tendent à recréer des micro-communautés et des lieux pour « initiés » : les phénomènes de mode,

les « bandes » des années soixante, les « branchés » des années quatre-vingts en sont quelques exemples. C'est sans doute Coluche, avec son opération « Restaus du cœur », qui a montré comment on pouvait surmonter les contradictions apparentes entre valeurs communautaires et valeurs personnelles.

Faute d'une telle résolution, le sentiment d'insécurité et l'ostracisme resteront des points critiques de fixation et de controverse entre ces deux systèmes de valeurs.

Les valeurs égalitaires

Ces valeurs relèvent de *l'idéalisme social :* égalité des chances, des droits, des revenus, partage du travail, soutien des faibles, assistance étatique, gratuite, généralisée. Le ton est souvent à la *revendication* de nouveaux droits ou d'avantages sociaux. Parfois, c'est la *dénonciation* des injustices, des « scandales », qui est la voie d'expression de cette demande. Les partisans des valeurs égalitaires sont nombreux en France : environ la moitié de la population. Ainsi s'expliquent, depuis vingt ans, les tendances très fortes à la réduction des écarts de salaires et à la redistribution par le biais des prélèvements sociaux.

Naturellement, les sympathisants des partis politiques de gauche, et plus encore ceux du parti communiste, sont de fermes adeptes de l'égalitarisme, et il en va de même pour les adhérents de la CGT. Les ouvriers, les employés, mais aussi les chômeurs, penchent aussi vers la revendication. La faiblesse du patrimoine, plus que la faiblesse du revenu, motive souvent le discours égalitaire, au-delà des choix partisans.

Les valeurs pragmatiques

Elles sont celles de la confiance envers la société industrielle : esprit d'entreprise, anti-étatisme, libre concurrence, dynamique de l'action. Leurs modes d'expression ont varié ces dernières années. Avant 1981, elles reposaient sur un sentiment de légitimité et d'ambition constructrice. Au plus fort de la vague anti-socialiste, en mai 1984, on tournait vers un certain cynisme, un réalisme froid et dur, paré de l'étiquette néolibérale. Plus récemment, la demande d'autorité, de respect de l'ordre établi, s'est accrue. L'égalitarisme est proscrit.

Le pragmatisme ne touche qu'environ le tiers des Français. Il est mieux considéré à droite et au centre (UDF et RPR), auprès des lecteurs du *Figaro*, du *Point*, de *l'Expansion* ou de *l'Express*. Les commerçants et patrons, certains cadres supérieurs et professions libérales, y sont très sensibles. Le niveau de patrimoine est un facteur essentiel.

Le débat politique

Depuis deux siècles, en France, s'opposent ce qu'on peut appeler une GAUCHE EGALITAIRE et une DROITE PRAGMATIQUE.

L'interpénétration des deux systèmes de valeurs politiques n'est pas aisée. Lorsqu'on parle de *consensus*, c'est souvent sur des valeurs communautaires, qui ne sont ni de gauche, ni de droite (et encore moins d'extrême-droite !) que l'entente se réalise. Mais sur des sujets comme les privatisations, l'âge de la retraite, la durée du travail, les grandes fortunes, le désaccord reste total dans l'opinion, entre l'approche égalitaire et l'approche pragmatique ou libérale. Cependant, l'arrivée de la gauche au pouvoir a contraint ses dirigeants (mais rarement ses partisans) à se redéfinir et à mieux intégrer le sens des réalités. Il faut tout de même rappeler la domination relative du discours égalitaire sur le discours pragmatique, dans l'opinion publique. Même dans l'électorat de droite, les thèmes de justice sociale sont souvent plus populaires que les thèmes du libéralisme économique.

Le débat politique obscurcit souvent le débat historique fondamental. En réalité, la « France profonde » n'est pas spécifiquement de droite : elle partage avec la droite pragmatique des valeurs d'ordre et de tradition, mais elle est sensible aux valeurs de solidarité et d'émotion, mieux défendues à gauche. De ce point de vue, on devrait parler d'« extrême-centre » !

Réciproquement, les jeunes urbains ne sont pas spécialement de gauche : ils apprécient des thèmes de libération, d'indépendance culturelle, voire de déviance souvent portés par la gauche, mais n'expriment guère de besoins revendicatifs et partagent avec la droite moderne une certaine satisfaction et une recherche d'une nouvelle harmonie à la fois sociale et individuelle.

Evolution des systèmes de valeurs

Voir graphiques page ci-contre
Nous avons estimé les taux de pénétration des différents systèmes de valeurs à partir des résultats d'enquêtes nationales effectuées de 1977 à 1988, publiés par l'association *Agoramétrie*. Pour chaque année, le taux est la moyenne des avis positifs émis sur divers thèmes caractéristiques du système de valeurs, pour l'année considérée et pour l'année qui précède (indicateur « glissant »).

Ainsi, les taux de pénétration en **mars 1981** et **mars 1988** étaient ceux indiqués ci-dessous :

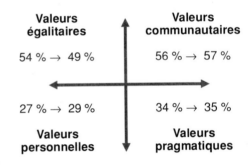

Valeurs égalitaires 54 % → 49 %
Valeurs communautaires 56 % → 57 %
Valeurs personnelles 27 % → 29 %
Valeurs pragmatiques 34 % → 35 %

N.B. Le total des quatre indicateurs est supérieur à 100 %, un même individu pouvant partager plusieurs types de valeurs, dans la mesure où elles ne s'opposent pas directement.

Les variations globales en un septennat sont assez faibles. Le plus frappant est la baisse notable des valeurs égalitaires, liée à l'arrivée des socialistes au pouvoir : la revendication perd beaucoup de sens lorsqu'elle doit s'exprimer contre ceux que l'on soutient.
Les graphiques de la page suivante montrent le détail des évolutions annuelles.

N.B. Les dates des enquêtes étaient les suivantes :

- *1977 (mars)*
- *1978 (novembre)*
- *1981 (mars et juin). Avant et après l'élection présidentielle.*
- *1982 (juin)*
- *1983 (juin)*
- *1984 (juin)*
- *1985 (juin)*
- *1986 (juin)*
- *1987 (juin)*
- *1988 (mars). Avant l'élection présidentielle.*

VALEURS COMMUNAUTAIRES

Largement majoritaires dans l'opinion, ces valeurs ne régressent que très lentement. La tendance depuis 1981 serait même à une certaine résurgence (provisoire ?) alors que dans les médias, elles se sont effondrées en dix ans : permissivité, parisianisme, hyper-communication, modernisme systématique, etc.

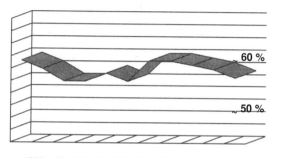

1977 78 81 81 82 83 84 85 86 87 88

Exemples de thèmes utilisés :
Insécurité, refus de la robotisation, protectionnisme, crainte de l'immigration, respect des convenances, censure, peur du SIDA, peine de mort, famille, etc.

VALEURS EGALITAIRES

Beaucoup plus répandues qu'on ne le croit ! L'égalité reste une valeur fondatrice de la société française. L'arrivée de la gauche au pouvoir lui a fait beaucoup de mal! Depuis le minima de 1984, en pleine vague « néo-libérale », un nouvel équilibre semble atteint. La gauche a là un réservoir idéologique considérable, si elle sait l'exploiter : sans se renier, mais sans tomber dans la revendication systématique.

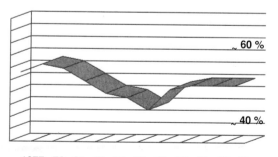

1977 78 81 81 82 83 84 85 86 87 88

Exemples de thèmes utilisés :
Impôt grandes fortunes, égalisation des revenus, retraite plus jeune, service public, revenu minimum, 35 heures, limitation des dépenses militaires, droits pour les travailleurs, syndicats indispensables, etc.

VALEURS PERSONNELLES

Très minoritaires, elles progressent cependant rapidement. C'est le phénomène caactéristique des sociétés occidentales depuis dix ou vingt ans. Le flux, venu de 1968, se prolonge. Il ne faut pourtant pas confondre taux de croissance et niveau de pénétration absolu..
En face de cette montée, les valeurs communautaires ne réagissent pas en quantité, mais en intensité : crispation et repli, expression outrancière de la communauté, exclusions...

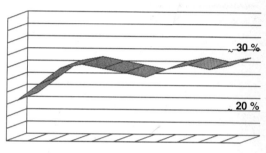

1977 78 81 81 82 83 84 85 86 87 88

Exemples de thèmes utilisés :
Permissivité, tolérance, liberté des mœurs, goût du risque, avortement, mères porteuses, ouverture sur l'étranger, endettement, etc.

VALEURS PRAGMATIQUES

Elles restent minoritaires dans le pays (et c'est notre grand handicap face à l'Europe). La tendance est tout de même à une lente croissance. En tout cas, le libéralisme n'est pas, dans les années quatre-vingts, une idée qui fait son chemin...

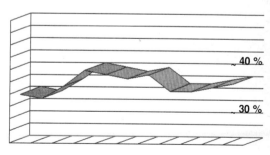

1977 78 81 81 82 83 84 85 86 87 88

Exemples de thèmes utilisés :
Croissance économique, force de frappe, privatisations, liberté des prix, confiance dans la justice, centrales nucléaires, publicité indispensable, fortunes respectables, etc.

GRANDEURS ET FAIBLESSES DE LA SOCIÉTÉ CIVILE

La « société civile » a été curieusement redécouverte en 1988, en particulier par les hommes politiques, qui l'avaient un peu oubliée. En fait, une nouvelle société française est en train de naître. Elle s'appuie sur un certain nombre de « tendances lourdes » que l'on voit se confirmer d'année en année. Nous en avons identifié treize.

La primauté du confort

Les deux priorités actuelles des Français sont la consommation et la sécurité. C'est-à-dire en fait le *confort*. Les années de crise n'ont rien changé à cette revendication traditionnelle ; elles l'ont même renforcée au fur et à mesure qu'elles la menaçaient.

Contrairement à ce qui s'est passé dans d'autres pays comparables, les Français n'ont admis que tardivement (vers la fin de 1982) l'existence d'une crise à multiples facettes et à dimension internationale. Cette prise de conscience ne s'est pas accompagnée d'un réflexe volontariste. Au contraire, beaucoup se sont repliés sur une vie individuelle, familiale, corporatiste, qui laisse peu de place à l'action collective.

Le souci de préserver l'acquis reste aujourd'hui plus fort que celui de préparer l'avenir en « retroussant les manches ». L'élection présidentielle a montré que le discours de l'effort et du mouvement, qui était plutôt celui de Jacques Chirac, était moins bien accueilli que la promesse du confort et de la solidarité, plus nettement exprimée par François Mitterrand.

L'esprit d'entreprise, l'esprit d'aventure, que certains ont cru voir renaître dans le pays, sont en fait souvent vécus par procuration, devant les postes de télévision. Les valeurs des Français (les adultes, mais aussi les jeunes) sont avant tout *défensives*.

Il faudra encore du temps et d'autres événements, peut-être plus dramatiques, pour qu'ils retrouvent le sens de l'effort et jouent la carte collective.

La société horizontale

Après avoir été hiérarchiques, donc verticales, les structures des entreprises, de l'Etat ou de la famille tendent aujourd'hui à devenir horizontales. Cette évolution répond à la fois aux souhaits des Français et à un souci plus général d'efficacité. L'entreprise fait davantage participer ses employés, les laboratoires de recherche créent des équipes pluri-disciplinaires, l'Etat décentralise, la famille donne à la femme et aux enfants un rôle plus grand.

Mais c'est dans le domaine de la communication que l'évolution est la plus sensible, grâce au développement des réseaux. Par l'intermédiaire des ordinateurs ou des Minitel, reliés entre eux et aux banques de données, l'information circule entre les individus sans respecter une quelconque hiérarchie. Ce « maillage » transversal abolit les barrières de classe sociale, d'âge, de distance.

Le passage d'une société verticale à une société horizontale est considéré par certains comme un facteur de désordre et de remise en cause des relations d'autorité. Il constitue surtout une opportunité pour accroître l'efficacité économique, renforcer la démocratie, améliorer la satisfaction sociale.

L'égologie

Dans un monde dur et dangereux, l'individu devient peu à peu la valeur suprême. Celle qui, finalement, commande toutes les autres. La volonté de vivre pour soi, en dehors de toute contrainte, en écoutant ses propres pulsions, est le dénominateur commun de la société actuelle. Elle traduit à la fois la rupture avec le passé récent et l'angoisse du lendemain.

L'intérêt que les Français portent à leur corps, la transformation des modes de vie à l'intérieur du couple et de la famille sont les conséquences directes et spectaculaires de ce mouvement « égologique ». Il s'agit là d'une forme d'individualisme noble, raisonné, de nature philosophique, qui pose en principe que la personne est plus importante que le groupe. L'égolgie porte en elle les germes d'un nouvel humanisme.

La société centrifuge

Depuis quelques années, les Français éprouvent des difficultés à vivre ensemble. C'est que, pour la première fois de leur histoire, la plupart ont quelque chose à perdre : l'acquis de trente années de prospérité et de croissance ininterrompue du niveau de vie. Alors ils cherchent à désigner des responsables : les hommes politiques, les immigrés, les pays étrangers... La montée de l'extrême-droite est une manifestation spectaculaire des angoisses collectives. Les bonnes manières et les grands principes s'effacent au profit du « chacun pour soi ». La société de communication est aussi une société d'*excommunication*.

Les systèmes de protection sociale ont freiné les effets de la crise ; ils ne les ont pas empêchés. On voit se développer une nouvelle forme de pauvreté, conséquence des grandes mutations qui s'opèrent : un travailleur sur dix n'a plus d'emploi ; un Français sur dix ne dispose pas d'un revenu suffisant pour vivre décemment.

La société d'hier était *centripète* : elle s'efforçait d'intégrer la totalité de ses membres. Celle d'aujourd'hui est *centrifuge* : elle tend à exclure ceux qui ne parviennent pas à se maintenir dans le courant.

La démocrature

La France est entrée dans l'ère de l'abondance médiatique. Les médias concurrencent l'école pour apprendre aux enfants les « choses de la vie ». L'information joue un rôle croissant dans le domaine économique et influe sur les attitudes et les opinions sociales.

Après avoir largement contribué à mettre en place, puis à renforcer la démocratie, les médias sont en train de la transformer. La « volonté du peuple », qui en est le principe fondateur, est souvent déformée, détournée, rendue plus complexe par l'évolution du système médiatique qui lui permet de s'exprimer. Les médias exercent sur les acteurs de la vie sociale et sur le public

une sorte de « dictature douce », sur fond de démocratie. De nouveaux rapports de force entre les trois parties prenantes (acteurs, médias, public) sont en train de s'installer. Ils constituent l'amorce d'un nouveau système social : la démocrature.

La société des apparences

La plupart des phénomènes économiques, sociaux, politiques de quelque importance sont aujourd'hui médiatisés. Produits, entreprises, institutions, idées et personnages publics se doivent de créer et d'entretenir une *image*. De sorte que, dans beaucoup de cas, c'est l'image qui tient lieu de réalité.

L'ambiguïté est d'autant plus grande que la réalité est non seulement déformée par le processus technique de sa représentation, mais souvent « mise en scène », voire même créée ou recréée au moyen d'images de synthèse. Le mélange de réalisme et d'invention est donc de plus en plus difficile à décrypter. La réalité vécue est en partie « rêvée » à travers le prisme de sa médiatisation.

La révolution du temps

Depuis le début du siècle, l'espérance de vie moyenne à la naissance s'est allongée de vingt-six ans. Parallèlement, la durée du travail a baissé de façon spectaculaire (moins d'heures par semaine, moins de semaines par an), au profit du temps libre. A tel point que les Français passent au cours de leur vie plus de temps devant la télévision qu'au travail.

L'emploi du temps traditionnel de la vie (un temps pour apprendre, un pour travailler, un pour se reposer) ne correspond plus ni à leurs souhaits ni aux contraintes économiques. Cette révolution du temps sera l'un des fondements d'une nouvelle civilisation.

La société de consommaction

La société de consommation n'est pas morte. Elle constitue même la raison de vivre de beaucoup de Français, qui s'étourdissent dans l'achat et l'utilisation des objets et services :

« Je consomme, donc je suis ». Les réductions du pouvoir d'achat ont été aussitôt compensées par la diminution régulière de l'épargne. L'action de consommer, en particulier dans le cadre du foyer, tend à devenir un substitut à toute autre forme d'action; une société de « consommaction » est en train de naître.

Pourtant, les comportements d'achat des Français ne sont plus dictés par les seuls soucis de l'accumulation et du paraître. Ils attendent aussi de leurs dépenses des satisfactions d'ordre personnel et/ou rationnel. Les produits chers doivent durer longtemps (voitures, biens d'équipement) ou apporter du plaisir (produits de luxe, spectacles, voyages, ordinateur...). L'argent n'a plus d'odeur ; il est investissement ou rêve selon les circonstances. Il permet de meubler l'instant présent de sensations fortes mais éphémères.

Le foyer-bulle

L'examen des statistiques démographiques n'incite guère à l'optimisme : les Français ne font pas assez d'enfants pour assurer le remplacement des générations ; ils préfèrent l'union libre au mariage et divorcent de plus en plus.

Pourtant, la famille n'est pas menacée. Elle change de forme pour s'adapter à l'époque. Derrière les chiffres se cachent des transformations plus subtiles et positives. Ainsi, on assiste à l'intérieur du couple à une redistribution progressive des rôles entre l'homme et la femme, qu'il s'agisse de travailler, d'éduquer les enfants, de faire la vaisselle... ou l'amour. Les relations entre parents et enfants sont généralement harmonieuses et les conflits de génération ne sont guère à l'ordre du jour, même si l'usage de la drogue, les fugues, les enfants battus ou le suicide d'adolescents montrent que des problèmes de communication demeurent.

La nouvelle famille est unie face à la crise de la société et de la civilisation. Le foyer devient un pôle d'attraction croissante, où l'on peut trouver à la fois le confort, la sécurité, la distraction, l'information, la formation et, demain, la possibilité de travailler. Mais il devient une sorte de *bulle* socialement stérile, dont les membres cherchent à s'isoler physiquement et moralement du reste de la population, pour échapper aux différents risques de

« contamination » : sida, pollution, bruit, délinquance, présence de la pauvreté, etc. Cette évolution est facilitée par le développement des équipements électroniques domestiques, qui permettent une plus grande autonomie et une communication à distance avec le monde extérieur.

L'ère de la complexité

Les sociétés précédentes étaient fondées sur un petit nombre de certitudes, acquises dès l'enfance par l'intermédiaire de la famille, de l'école et, surtout, de la religion. L'ensemble de ces certitudes constituait un cadre de référence, un modèle du monde dans lequel chacun trouvait assez facilement sa place. La règle fondamentale de la vie consistait à tenir cette place du mieux possible, en se gardant de modifier l'ordre établi approuvé par chacun, au moins en apparence.

L'histoire des vingt dernières années est celle d'une mise en question des grandes entités auxquelles les Français confiaient jusqu'ici leur sort : Eglise, Etat, partis politiques, administrations, syndicats, idéologies de toutes sortes. Le chômage, la délinquance, le terrorisme, la faim dans le monde, la fragilité de l'économie internationale, les déséquilibres démographiques ou le non-respect des droits de l'homme ont montré l'impuissance des institutions et donc accru le sentiment de solitude de l'individu face à la société.

La recherche de la troisième voie

L'une des conséquences heureuses de la complexité des temps est que les Français, longtemps spécialistes des appréciations manichéennes et des jugements à l'emporte-pièce, sont en train d'acquérir le sens des nuances. Chacun prend progressivement conscience que les choses, les idées et les gens ne sont pas simplement noirs ou blancs, bons ou mauvais, vrais ou faux.

Les plus grands changements sociaux de ces dernières années démontrent l'insuffisance des conceptions « binaires ». La femme n'est plus aujourd'hui le « contraire » de l'homme. La gauche et la droite ne suffisent plus à rendre compte des conceptions des Français en matière politique. La séparation traditionnelle entre travail et loisirs s'estompe, au profit d'un « mélange des genres » plus conforme aux aspirations individuelles. La frontière entre le corps et l'esprit est de moins en moins nette, ces deux aspects paraissant relever d'une même hygiène de vie dont le but ultime est d'être « bien dans sa peau ». En fait, les Français sont à la recherche d'une « autre » conception du monde et de la vie. Une sorte de *troisième voie* entre masculin et féminin, socialisme et libéralisme, individu et collectivité, devoir et plaisir. Une voie centrale et consensuelle entre le « yin » et le « yang »...

La fin des classes moyennes

Les trente années de prospérité économique (1945-1975) avaient permis le développement quantitatif et qualitatif de ce que l'on appelle un peu simplement la classe moyenne. Les années qui se sont écoulées depuis ont bousculé les groupes sociaux, modifié les hiérarchies et produit de nouveaux antagonismes. En même temps qu'on assistait à une uniformisation des comportements en matière de consommation et à la naissance de consensus, on voyait se développer une volonté de différenciation à l'échelon individuel, qui aboutissait à un morcellement de la société.

Les forces en présence dans le jeu social et l'apparente « dérégulation » de l'environnement entraînent aujourd'hui une restructuration en profondeur. La bombe sociale à retardement placée au cœur de la nation au milieu des années soixante a fait exploser la classe moyenne. Elle a produit vers le haut une classe *privilégiée* et *protégée*, peuplée de fonctionnaires, certaines professions libérales, des employés et cadres d'entreprises des secteurs non concurrentiels. Cette micro-société vit dans un monde à part et ne parvient pas toujours à comprendre celui dans lequel vivent leurs concitoyens.

En même temps, la classe moyenne a engendré vers le bas un *néo-prolétariat* aux conditions de vie de plus en plus précaires.

Au dessus, plane toujours ce qu'il est convenu d'appeler « l'élite » de la nation, qui tient les rênes du pouvoir politique, économique, intellectuel, social. Ses membres sont patrons, cadres supérieurs, professions libérales, gros commerçants, mais aussi hommes politiques, responsables d'associations, syndicalistes, experts, journalistes, etc. Une sorte d'*aristocratie* moderne qui ne se reconnaît plus par la naissance mais par la réussite, le pouvoir et l'argent.

Les autres Français appartiennent à la *néo-bourgeoisie*. Ce sont des commerçants, petits patrons, employés ou même ouvriers qualifiés, ainsi que certains représentants des professions libérales en difficulté (médecins, architectes...). Ils sont le produit à la fois de l'exode rural du siècle dernier, du développement de la société de consommation des années soixante et de la crise économique des années soixante-dix. Bien que leur niveau de vie reste le plus souvent acceptable, voire même confortable, ils sont vulnérables à la conjoncture et doivent lutter pour préserver leur place.

La patrie en danger

La force de la France depuis la fin de la Seconde Guerre mondiale avait été de créer des richesses et de les distribuer à ses habitants. Sa faiblesse essentielle, aujourd'hui, est d'avoir peur de les perdre. Plus que leurs homologues des pays industrialisés, les Français ont développé dans les dernières décennies un goût immodéré pour le confort, ainsi qu'un besoin irrépressible de sécurité. La situation actuelle du monde est donc pour eux une inépuisable source d'inquiétude. L'insécurité, sous toutes ses formes, empoisonne le présent, tandis que l'incertitude assombrit l'avenir et alimente les grandes peurs collectives.

Avant Mai 68, la France s'ennuyait. C'est d'une certaine façon pour tromper son ennui qu'elle fit la révolution. Vingt ans après, elle a peur que le ciel lui tombe sur la tête. En attendant l'an 2000, échéance magique et redoutée, elle fait le compte des menaces qui pèsent sur elle.

La patrie est donc en danger. En danger de vieillissement, de chômage, de terrorisme, ou encore de pollution, de maladie (cancer, sida), d'intolérance, de déclin économique, culturel et moral, d'explosion sociale. Face à tous ces risques, les Français font le gros dos et vivent à court terme.

Les ingrédients
d'un « krach social » ?

Les nouvelles classes sociales en train de se créer se livrent de façon plus ou moins apparente une véritable lutte, plus complexe et plus grave qu'on l'imagine souvent. Chacun, en effet, est aujourd'hui persuadé d'avoir de bonnes raisons d'en vouloir aux autres. Les *actifs* redoutent de devoir payer les retraites et les dépenses de santé du nombre croissant des *inactifs*. Les *jeunes* reprochent aux *adultes* de leur avoir construit une société dans laquelle il est bien difficile de s'insérer, en particulier sur le plan professionnel. Les travailleurs du secteur *concurrentiel* s'insurgent contre les privilèges des *fonctionnaires* et dénoncent leur manque d'efficacité. Les *pauvres* se plaignent d'un système qui, après avoir réduit les inégalités, tend à les accroître. Les Français s'inquiètent de la présence des *immigrés*, responsable selon eux de la montée du chômage et de l'insécurité, menace démographique et culturelle pour demain.

Ces affrontements réels ou potentiels sont autant de sources possibles d'une explosion. Il faut y ajouter la frustration engendrée par l'environnement. La pauvreté est au coin de la rue ou dans les couloirs du métro, mais la télévision et les autres médias diffusent les images de héros, d'aventuriers, de « gagnants » à qui il est difficile de ressembler.

Les Français sont donc sur la défensive. Plus que jamais, ils se replient sur les « valeurs-refuge » que sont la famille, le foyer, la consommation, l'individualisme. Certains signes montrent pourtant qu'ils sont prêts à prendre en main leur sort collectif ; ils l'ont montré en particulier lors de l'élection présidentielle de mai 1988 et de l'élection législative qui a suivi, en imposant un début d'ouverture politique. Mais leur volonté de changement s'applique aujourd'hui davantage aux institutions (Etat, syndicats, Eglise, école, partis politiques) qu'à la vie économique et sociale. A quelques années de la grande échéance européenne, des efforts sont pourtant nécessaires, pour préserver le niveau de vie et la place de la France dans le monde. Français, réveillez-vous !

1
L'INDIVIDU

LE BAROMÈTRE DE L'INDIVIDU

Chacune des six grandes parties du livre est introduite par un baromètre qui indique l'évolution de l'opinion publique en ce qui concerne les principaux thèmes abordés.

La plupart des tableaux présentés sont tirés des études annuelles Agoramétrie sur la population adulte (18 ans et plus). Les pourcentages mentionnés correspondent au cumul des réponses « bien d'accord » et « entièrement d'accord » aux affirmations proposées.

La famille doit rester la cellule de base de la société (en %) :

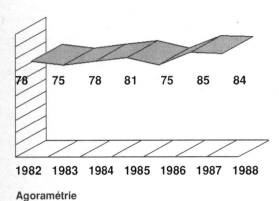

| 78 | 75 | 78 | 81 | 75 | 85 | 84 |

1982 1983 1984 1985 1986 1987 1988

Agoramétrie

On doit se sacrifier pour la patrie (en %) :

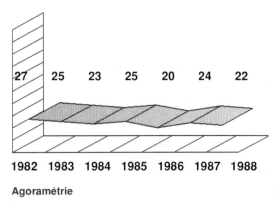

| 27 | 25 | 23 | 25 | 20 | 24 | 22 |

1982 1983 1984 1985 1986 1987 1988

Agoramétrie

Dieu existe (en %) :

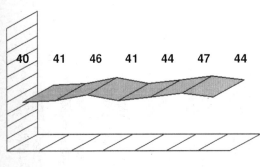

| 40 | 41 | 46 | 41 | 44 | 47 | 44 |

1982 1983 1984 1985 1986 1987 1988

Agoramétrie

On n'apprend plus rien à l'école (en %) :

| 34 | 34 | 29 | 32 | 19 | 24 | 24 |

1982 1983 1984 1985 1986 1987 1988

Agoramétrie

L'APPARENCE PHYSIQUE

LE CORPS

Les Français prennent de plus en plus soin de leur corps. Les femmes s'intéressent à leur forme, tandis que les hommes se préoccupent de leur beauté. Etre bien dans sa peau, c'est être mieux dans sa tête. Mais c'est aussi donner aux autres une image plus favorable de soi, donc accroître ses chances de réussite dans une société où la concurrence est vive.

Taille et poids : croissance et hiérarchie

Est-ce la conséquence d'une alimentation plus équilibrée, d'une meilleure hygiène, ou de phénomènes génétiques complexes ? Les Français, en tout cas, grandissent régulièrement ; contrairement à ce qui se passe dans beaucoup d'autres domaines, l'écart entre les sexes tend à s'accroître : douze centimètres séparent aujourd'hui le « Français moyen » de la Française.

• **Les hommes mesurent en moyenne 1,72 m, les femmes 1,60 m.**
• **En un siècle, les hommes ont grandi de 7 cm, les femmes de 5 cm.**

Dans les années 1830-1850, les conscrits mesuraient en moyenne 1,62 m ; ils mesurent aujourd'hui 10 cm de plus. Ce phénomène de grandissement n'est pas propre à la France ; on le retrouve dans tous les pays industrialisés.

Des études scientifiques irréfutables manquent encore pour venir à l'appui des différentes

Plus on est âgé, plus on est petit

Taille moyenne par sexe en fonction de l'âge (en cm) :

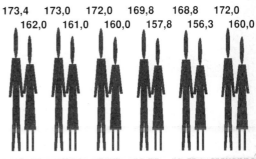

| | 173,4 | 173,0 | 172,0 | 169,8 | 168,8 | 172,0 |
| | 162,0 | 161,0 | 160,0 | 157,8 | 156,3 | 160,0 |

18-24 ans   25-34   35-44   45-54   55 et +   Moyenne

Renault

théories qui s'opposent sur les causes de ce grandissement. Certains prétendent qu'il est lié au métissage de plus en plus fréquent entre les nationalités de race blanche. D'autres insistent sur l'amélioration continue des conditions d'alimentation et d'hygiène. Comme le fameux débat sur l'importance relative de l'acquis et de l'inné, celui-ci n'est pas près d'être tranché...

Il y a un peu plus de grands,
mais beaucoup moins de petits.

Comme toutes les moyennes, ce grandissement moyen cache une réalité plus complexe. Les conditions de développement des enfants sont plus favorables (meilleure hygiène, meilleure alimentation) et permettent aux facteurs génétiques d'influer normalement sur leur croissance. De sorte que les plus petits sont de moins en moins nombreux. A l'inverse, et pour des raisons semblables, les gens anormalement grands sont plus rares.

Un cadre supérieur mesure en moyenne
7 cm de plus qu'un agriculteur,
5 cm de plus qu'un ouvrier.

Il existe un lien, au moins statistique, entre la profession et la taille. Il en existe aussi entre le niveau d'instruction et la taille, ce qui n'est pas étonnant lorsqu'on connaît la relation étroite existant entre les professions et les diplômes.

La hiérarchie sociale reproduit celle de la toise

Taille moyenne par sexe en fonction de la catégorie socioprofessionnelle (en cm) :

	Hommes	Femmes
• Cadres supérieurs, professions libérales	176,4	162,7
• Cadres moyens, techniciens	173,2	160,7
• Employés, commerçants	172,6	160,4
• Inactifs	170,9	161,0
• Ouvriers	170,8	159,1
• Agriculteurs	167,5	157,4

Renault

Chez les appelés du contingent, un étudiant mesure 4 cm de plus qu'un jeune agriculteur. Mais les différences de taille entre les catégories socioprofessionnelles sont moins marquées parmi les femmes.

Le poids des régions

Taille moyenne par sexe en fonction de la région (en cm) :

	Hommes	Femmes
• Nord	174,1	161,2
• Est	173,1	161,2
• Ile-de-France	172,7	160,5
• Centre-Est	171,8	161,3
• Bassin parisien	171,4	160,6
• Méditerranée	171,3	160,6
• Etranger et DOM-TOM	171,2	159,4
• Sud-Ouest	170,5	160,0
• Ouest	169,6	160,0

Renault

L'une des explications proposées est celle du lien entre réussite sociale et prestance physique. Le type de société dans lequel vivaient nos ancêtres tendait à privilégier ceux qui pouvaient s'imposer physiquement. La pratique du duel, jusqu'au XIXe siècle, en est une illustration. La taille, manifestation de cette force, a donc pu jouer un rôle dans la constitution d'une hiérarchie sociale. Les différences ainsi créées ont été maintenues, voire amplifiées par les mariages fréquents entre des personnes aux caractéristiques sociales et physiques proches. Un phénomène qui reste d'actualité.

C'est au Nord que l'on est le plus grand,
à l'Ouest que l'on est le plus petit.

Les différences ne sont pas, ici, fortement marquées. En particulier, elles ne sont pas significatives pour les femmes. Même si les écarts sont plus importants chez les hommes, ils s'expliquent en partie par la structure de la pyramide des âges dans les diverses régions : on est plus jeune, donc plus grand, dans le Nord, région principalement urbaine que dans l'Ouest, région essentiellement rurale.

• *Les hommes pèsent en moyenne 75 kg, les femmes 60 kg.*
• *Depuis 1970, les hommes ont grossi de 3 kg tandis que les femmes perdaient 600 g.*

L'hérédité joue un rôle important dans la morphologie et se trouve à l'origine de certaines obésités. Mais les modes de vie individuels (alimentation, exercice, soins, etc.) et les canons de la beauté qui prévalent à un moment donné exercent aussi une influence très forte. C'est sans doute ce qui explique que les Françaises ont à la fois grandi et minci au cours des quinze dernières années, tandis que leurs maris grandissaient et grossissaient.

Les statistiques montrent que plus on est âgé, plus on est lourd. Comme elles montrent aussi que plus on est âgé, plus on est petit, cela signifie que les risques d'obésité augmentent avec l'âge. Entre 20 et 50 ans, la prise de poids représente environ 5 kg pour les hommes et 7,5 kg pour les femmes.

Poids plumes et poids lourds

Le poids des ans (en kg) :

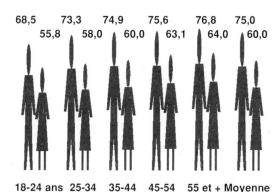

68,5	73,3	74,9	75,6	76,8	75,0
55,8	58,0	60,0	63,1	64,0	60,0
18-24 ans	25-34	35-44	45-54	55 et +	Moyenne

Renault

Chez les hommes, les agriculteurs et ceux qui exercent des professions indépendantes pèsent plus en moyenne que les salariés, à âge et taille égale. La hiérarchie est différente chez les femmes ; les catégories d'hommes les plus petits correspondent à celles des femmes qui pèsent le plus lourd.

Le poids des professions

En kg:	Hommes	Femmes
• Cadres supérieurs, professions libérales	75,8	57,6
• Cadres moyens, techniciens	75,2	63,2
• Employés, commerçants	74,8	58,5
• Inactifs	73,5	60,4
• Ouvriers	73,3	60,0
• Agriculteurs	71,9	58,8

Renault

Le poids des régions

En kg:	Hommes	Femmes
• Nord	76,5	61,5
• Est	76,1	58,2
• Ile-de-France	75,5	61,0
• Centre-Est	74,0	60,7
• Bassin Parisien	73,8	59,6
• Méditerranée	73,4	59,8
• Etranger et DOM-TOM	73,0	58,6
• Sud-Ouest	71,8	58,1
• Ouest	71,7	58,1

Renault

---

61 % des Français sont trop gros, mais la moitié n'en sont pas gênés

61 % des Français ont un poids supérieur à la limite supérieure des « fourchettes » de poids établies en fonction de la taille et généralement utilisées par les médecins. Ainsi, une femme mesurant 1,60 m ne devrait pas peser moins de 47,6 kg et plus de 60,8 kg ; un homme de 1,72 m devrait peser entre 59,9 kg et 75,3 kg.
Le nombre des Français qui *s'estiment* trop gros est très inférieur : 00 % seulement. 02 % sont satisfaits de leur poids et 6 % se trouvent trop maigres (2 % ne se prononcent pas), 27 % considèrent qu'il est normal de prendre du poids avec l'âge et 61 % pensent qu'un excès de poids diminue la durée de vie.

Vital/Ifop, novembre 1986

Un corps pour communiquer

Les années soixante et soixante-dix furent celles de l'accession au confort. La voiture, la télévision, les machines industrielles et domestiques constituaient autant de prothèses et d'incitations à la paresse physique. Les Français en oublièrent un peu l'existence de leur enveloppe charnelle. La fatigue qu'ils ressentaient concernait moins leur corps que leur esprit. Le *stress* fit alors son apparition, en particulier chez les cadres et les membres des classes moyennes. De nouvelles valeurs se développèrent, entraînant de nouveaux modes de vie.

*A partir du milieu des années 70,
la crise économique s'accompagna
d'une crise d'identité.*

La fatigue nerveuse des années fastes fit bientôt place à une fatigue plus existentielle. Celle-ci toucha un nombre croissant d'individus, de toutes catégories sociales. Après avoir consulté leur médecin pour le stress, ils retournèrent le voir pour le *spleen*. Avec lui remontaient à la surface des formes d'angoisse oubliées : peur de vieillir, peur de mourir, peur de perdre ce que l'on croyait acquis. Bref, les Français étaient mal dans leur peau.

La solution s'imposa peu à peu : pour être mieux dans sa peau, il fallait s'en occuper davantage ! C'est de cette constatation qu'est né le grand mouvement de reconquête du corps qui a marqué le début des années quatre vingts.

*Le corps, aujourd'hui,
sert moins à agir qu'à communiquer.*

Le corps-outil, celui qui permet de bouger et de « faire » des choses, ne joue plus que les seconds rôles. Le corps-vitrine a pris sa place.

Sa mission est de donner aux autres une image valorisante de celui qui l'habite. Mais il doit aussi rassurer l'individu à qui il appartient. La vitrine doit donc être vue de l'intérieur comme de l'extérieur. Le corps est aujourd'hui un miroir à double face.

Cette conception du corps en tant que vecteur de communication est récente. Elle a de nombreuses conséquences, tant sur les modes de vie que dans les différents rapports que les Français entretiennent entre eux. L'intérêt pour

L'équilibre, c'est être bien dans son corps

Bélier Conseil

la diététique, l'accroissement des dépenses de santé, la pratique des sports, le choix des vêtements, celui de la coiffure, ou les achats de produits de beauté, sont les plus apparentes. Mais elles ne concernent pas également toutes les catégories sociales.

*Etre bien dans sa peau,
c'est être mieux dans sa tête.*

Beaucoup de Français font de leur corps l'objet d'une sollicitude particulière, sachant qu'ils travaillent du même coup pour leur esprit. Ce corps, il s'agit d'abord de le maintenir en bon état. C'est ce qui explique l'accroissement considérable des dépenses de santé depuis quelques années, l'engouement pour le sport ou l'introduction progressive des notions de diététique dans l'alimentation.

Il s'agit aussi de l'embellir : c'est le rôle des soins de beauté, qui ne concernent plus aujourd'hui que les femmes. C'est le rôle aussi de la chirurgie esthétique, à laquelle on hésite de moins en moins à recourir. Il s'agit enfin de le personnaliser : les efforts vestimentaires permettent à chacun de se créer un « look », un style, qui n'appartient qu'à lui.

Rester jeune, être séduisant, avoir l'air en forme, sont des motivations croissantes dans une société qui a tendance à privilégier (dans les entreprises, dans les médias, dans l'inconscient collectif) ceux qui sont beaux et bien portants.

L'apparence physique doit sans doute beaucoup à la nature. Il est clair qu'elle doit aussi de plus en plus aux efforts que les Français font pour la corriger. Non contents d'être plus grands que leurs parents, ils s'efforcent aussi d'être plus « beaux » et plus « propres » qu'eux.

Beauté : de la reconquête

Il est difficile d'agir sur la beauté, qui constitue en principe une caractéristique dont chaque être est plus ou moins pourvu, selon sa naissance et les critères d'appréciation de l'époque. Pourtant, les Français font de plus en plus d'efforts dans ce domaine. Les hommes ne s'intéressent plus seulement à la beauté des femmes ; ils se sentent personnellement concernés.

• *La consommation de produits d'hygiène-beauté est d'environ 500 francs par personne et par an.*
• *Elle était de 72 francs en 1970.*

Les Français ont acheté en 1987 pour près de 30 milliards de francs de produits de parfumerie, toilette et beauté : 2 fois plus (en francs constants) qu'il y a 15 ans. C'est la vente des produits de beauté qui se développe le plus, en particulier les produits de soins et de traitement du visage. Les achats de parfum connaissent aussi une forte progression : il y a quarante ans, une femme sur dix se parfumait ; on en compte aujourd'hui sept sur dix.

La volonté d'être belle, le désir de s'occuper de soi et le goût pour les produits de luxe expliquent cette évolution. En utilisant des produits de beauté, les femmes obéissent à une double motivation : être plus belles ; rester jeunes plus longtemps. Prendre soin de son corps est une nécessité et un plaisir. Celui de mettre en valeur son apparence physique tout en affirmant sa personnalité. Des motivations que l'on retrouve dans toutes les catégories sociales.

Les hommes s'intéressent aussi à leur beauté.

Le grand mouvement de reconquête du corps ne touche pas seulement les femmes. Les hommes sont de plus en plus nombreux à redécouvrir son existence. L'égalité des sexes se fait ici dans un sens inhabituel puisque ce sont les hommes qui prennent modèle sur leurs homologues du « beau sexe ». Leurs tentatives s'étaient jusqu'ici limitées à ce qui ne risquait pas, à leurs yeux, de diminuer leur virilité : crème pour les mains, eau de toilette, pommade pour les lèvres... Ils s'intéressent aujourd'hui à d'autres types de produits.

Le marché de la beauté masculine connaît en effet une véritable explosion : il est estimé à environ 3 milliards de francs en 1988. 15 % des hommes utilisent régulièrement des produits de soins (souvent ceux de leurs compagnes) ; une enquête a montré que 39 % d'entre eux ont déjà utilisé une crème pour le visage et que 31 % sont prêts à essayer. On constate cependant que ce sont encore les femmes qui, dans 60 % des cas, achètent les produits de beauté pour les hommes.

La beauté passe aussi par l'exercice physique.

Les produits de beauté permettent d'agir en surface, en embellissant le corps ou en rendant moins apparents les effets de son vieillissement. Mais les Français se tournent aussi vers des moyens d'agir en profondeur. Non contents de cacher leurs petits défauts physiques, ils cherchent à les faire disparaître. Remodeler son corps selon son propre désir, c'est l'ambition de tous ceux qui souffrent en silence (ou, le plus souvent, en musique) dans les salles d'aérobic, de culture physique, de danse, dans les cabines de sauna, sur les tables de massage ou encore d'opération. Après des siècles d'oubli, le précepte de l'esprit sain dans un corps sain revient en force.

Les femmes n'ont plus peur d'avoir des muscles.

Les bras de fer et les abdominaux d'acier ne sont plus l'apanage du sexe dit « fort » ; les femmes sont en train de conquérir l'un des derniers bastions de la suprématie masculine. Lassées d'offrir au regard des hommes des formes rondes et amples, attributs classiques de la féminité, elles se fabriquent aujourd'hui un corps ferme et fort. Aujourd'hui, c'est la forme et non le pain que l'on gagne à la sueur de son front.

Je fais rien qu'à être jolie.

KOOKAÏ

Comme la santé, la beauté n'a pas de prix

CLM/BBDO

Les redresseurs de corps

La chirurgie esthétique est à la mode. Les femmes en particulier hésitent de moins en moins à se livrer aux mains des chirurgiens spécialisés pour supprimer ou estomper des défauts de naissance ou des effets du vieillissement. Parmi les opérations pratiquées, celle du nez est la plus fréquente. Il faut citer également les « liftings » qui consistent à remonter la peau pour faire disparaître les rides, la réduction des masses graisseuses (« culotte de cheval »), les opérations effectuées sur la poitrine, celles concernant les cheveux.

Le recours à la chirurgie esthétique (à ne pas confondre avec la chirurgie réparatrice, destinée à corriger par exemple les défauts survenus à la suite d'accidents) permet souvent de résoudre en même temps des problèmes physiques et psychologiques : « Je suis fatigué d'être moche » disait Bas-de-Cuir, le héros des *Mystères de Paris*. Mais les résultats ne sont pas toujours assurés et la profession est encore encombrée par certains membres qui ne l'honorent pas.

Les marchands de muscle ne s'y sont pas trompés. Les tristes salles de gym d'antan ont fait place à de véritables « stations-service du corps » qui intègrent les dernières techniques. Le « polysensualisme » caractéristique de l'époque y est à l'honneur : l'oreille écoute la musique stéréo ; le nez s'imprègne des odeurs de transpiration ; l'œil est allumé par la plastique des corps, mise en valeur par des tenues « sexy » aux couleurs vives ; le toucher concerne le corps tout entier, au contact de divers éléments ou matières.

Hygiène : de la contrainte au plaisir

Contrairement à la beauté, l'hygiène est (dans la plupart des cas) invisible. Elle est en quelque sorte la face cachée de la beauté. C'est peut-être pourquoi elle ne semblait pas, jusqu'ici, toujours occuper une place essentielle dans les préoccupations des Français. Mais leur attitude est en train de changer, sous l'effet conjugué des modes de vie, de la publicité et des nouveaux produits disponibles. L'hygiène cesse de plus en plus d'être une obligation morale ou sociale, pour devenir un plaisir individuel.

Le niveau d'hygiène progresse rapidement.

Certaines enquêtes ont pu laisser entendre que les habitudes d'hygiène des Français n'étaient pas aussi ancrées que celles existant dans d'autres pays industrialisés. Chaque Français utilise en moyenne environ quatre savonnettes par an ; le nombre de brosses à dent est insuffisant pour brosser correctement toutes les mâchoires ; les sondages montrent qu'un sur quatre se lave les mains une seule fois par jour, qu'un sur cinq garde son linge de corps plusieurs jours de suite... Mais les chiffres sont trompeurs (encadré). Le niveau d'hygiène a nettement progressé en France depuis quelques années, en même temps que le corps prenait une importance accrue et que de nouveaux produits d'hygiène-plaisir apparaissaient sur le marché.

Les produits pour la douche et le bain font de plus en plus d'adeptes.

Les logements sont de mieux en mieux équipés sur le plan sanitaire. Les Français utilisent d'ailleurs largement douches et baignoires si l'on en juge par le développement spectaculaire des achats de bains moussants : 56 % des femmes et 30 % des hommes en utilisent chaque fois qu'ils prennent un bain. Ils se lavent aussi les cheveux plus souvent : 1,9 fois par semaine en moyenne, contre 1,2 fois en 1974. Les produits de shampooing-douche, apparus en 1985, connaissent aussi une forte croissance.

La bataille du savon

Avec environ 650 g par personne et par an, les Français achèteraient deux fois moins de savon que les Anglais (1 250 g), moins aussi que les Allemands (1 000 g) ou les Italiens (800 g). Il faut pourtant, pour être précis, prendre en compte la consommation des produits récents tels que les gels de douche, les bains moussants ou des savons liquides, qui s'est beaucoup développée au cours des dernières années.

Il faut, surtout, y ajouter celle du savon de ménage (dit « savon de Marseille ») souvent utilisé pour la toilette par les Français. Ils en achètent ainsi plus de 500 g par personne et par an, dix fois plus qu'en Grande-Bretagne ou en Allemagne, mais deux fois moins qu'en Italie et sept fois moins qu'au Portugal. Au total, la France n'arrive sans doute pas au premier rang au palmarès de l'hygiène, mais elle se situe dans la moyenne européenne.

Le volume d'achats de déodorants a plus que doublé en dix ans.

En 1987, les Français ont acheté 75 millions de produits déodorants, pour plus d'un milliard de francs. Cette croissance est due pour une part à l'existence de lignes de produits spécialement destinées aux hommes. Elle n'est sans doute pas près de ralentir, puisque seulement 45 % des foyers sont acheteurs de déodorants, contre 60 % en Grande-Bretagne et en RFA.

Le niveau d'hygiène régional est lié aux habitudes culturelles.

La carte de l'hygiène est simple et bien connue. Elle sépare en gros le Nord et le Sud, le bassin méditerranéen et les pays d'influence anglo-germanique. C'est ainsi que les habitants des régions proches de la Belgique, du Luxembourg, de l'Allemagne ou de la Suisse consomment plus de savon et de dentifrice que ceux des régions proches de l'Italie ou de l'Espagne. Si le niveau d'hygiène d'un pays est lié à son développement économique, celui de ses habitants dépend pour une large part des caractéristiques culturelles nationales. A niveau de vie égal, ce sont l'habitude et la pression sociale qui font préférer l'achat d'une télévision à celui d'une baignoire.

Le corps

En vrac

S • 96 % des filles de 15 à 25 ans utilisent une crème pour le corps (en moyenne trois fois par semaine) ; 90 % une crème de soins (tous les jours) ; 80 % se maquillent les yeux (tous les jours) ; 43 % se mettent du parfum (une fois par jour en moyenne).

• La consommation de produits de parfumerie (en francs constants 1985) était de 285 francs par personne en 1970, 381 francs en 1980, 465 francs en 1985.

• La peau des hommes est environ 24 % plus épaisse que celle des femmes. En vieillissant, elle diminue d'épaisseur plus rapidement.

• Le marché des produits de beauté pour hommes a représenté 2 milliards de francs en 1987..

S • 18 % des femmes préfèrent les hommes blonds, 63 % les bruns, 1 % les roux.

S • 63 % des femmes dépensent moins de 100 F par mois pour leurs produits de beauté ; 29 % entre 100 et 299 F ; 3 % de 300 à 1000 F.

S • 78 % des cadres considèrent que l'allure générale, le look d'un homme joue un rôle important dans sa vie professionnelle (90 % pour la femme) ; 20 % pensent qu'il joue un rôle secondaire (10 % pour la femme).

S • Si les femmes avaient le choix entre recevoir

Le Petit Marseillais, le nouveau savon qui prend du plaisir à vous faire une beauté.

L'hygiène est l'un des ingrédients de la beauté

Marie

un chèque de 50 000 F et être aussi belles qu'elles le souhaitent, 75 % préféreraient le chèque, 20 % la beauté.

S • 14 % des femmes considèrent que les acteurs « baraqués » sont plus désirables que les autres hommes ; 61 % non. 37 % pensent qu'ils sont de meilleurs amants, 49 % non.

S • 66 % des Français ne font jamais de régime, 18 % surveillent leur poids en permanence, 3 % font un régime tous les ans avant les vacances, 11 % en font un dès qu'ils dépassent un certain poids.

S • 26 % des Français seulement prennent un bain ou une douche quotidiennement (19 % des hommes et 32 % des femmes).

• La consommation annuelle moyenne de shampooing est d'environ 650 ml par an, soit un peu moins de trois flacons de 230 ml par personne.

S • En Europe, les Françaises sont considérées comme les plus grandes séductrices, devant les Italiennes et les Suédoises. Chez les hommes, les plus grands séducteurs sont les Italiens, devant les Français et les Suédois.

L'APPARENCE

Du vêtement à la coiffure, en passant par les accessoires ou les gestes, tout concourt à donner aux autres (et à soi-même) une certaine image de soi. La mode fut pendant longtemps un phénomène de masse. L'heure est aujourd'hui à la personnalisation.

L'habit fait le moine

Le poids, les traits du visage ou l'aspect de la peau demandent à ceux qui n'en sont pas totalement satisfaits des efforts constants. En matière d'habillement, au contraire, la liberté de manœuvre est grande et les résultats garantis. Qui n'est capable de passer en trois minutes du costume de cadre responsable à celui de père de famille décontracté ?

Si un proverbe français prétend que « l'habit ne fait pas le moine », un proverbe allemand dit au contraire que « les vêtements font les gens ». C'est ce dernier qui semble le mieux adapté à la *société des apparences* dans laquelle nous vivons aujourd'hui.

La part des dépenses d'habillement diminue régulièrement. :
• *12 % du budget des ménages en 1870.*
• *8,6 % en 1970.*
• *6 % en 1987.*

Aux yeux de beaucoup d'étrangers, la France continue d'être le pays du bon goût et des beaux habits. De fait, la haute couture française tient toujours une place de premier plan, malgré la concurrence des Américains, des Italiens et, plus récemment, des Japonais. Pourtant, les Français consacrent de moins en moins d'argent à leur habillement. Un phénomène particulièrement sensible depuis 1983, date à laquelle les dépenses ont commencé à diminuer en volume à prix constants (c'est-à-dire indépendamment des évolutions de prix).

Ce phénomène n'est pas limité à la France ; on le retrouve dans tous les pays européens. Il concerne l'ensemble des catégories sociales, même si les « branchés » des quartiers chics s'intéressent plus à la « fringue » que les « loubards » de banlieue.

• *La dépense vestimentaire moyenne est de l'ordre de 3 000 francs par personne et par an.*
• *Les femmes dépensent 30 % de plus que les hommes.*
• *Les filles dépensent 30 % de plus que les garçons.*

En 1953, la situation était inversée : les hommes dépensaient 30 % de plus que les femmes pour s'habiller ; les dépenses faites pour les filles étaient alors nettement inférieures à celles faites pour les garçons. Dans la période d'expansion économique, entre 1953 et 1972, les dépenses vestimentaires des femmes ont progressé plus vite que celles des hommes, celles des enfants ont triplé pendant que celles des adultes doublaient et celles des filles ont augmenté plus vite que celles des garçons. Depuis le début de la crise économique, on observe un tassement général, qui touche plutôt moins les adultes que les enfants.

La mode s'écrit au pluriel

Delacroix Mandarine

Les enfants de la mode

Les femmes adultes ont été pendant des décennies les principales adeptes de la mode lancée par les couturiers et relayée par les médias. Ce sont aujourd'hui les jeunes qui sont les plus sensibles à ce qu'ils portent. Cette volonté de suivre la mode (mais le mot s'écrit aujourd'hui au pluriel) se manifeste dès l'école primaire et prend une importance considérable à l'entrée au collège.

Au-delà des « basiques » (jeans, pantalons et jupes), les pièces maîtresses de la panoplie sont les blousons, parkas, teddies, canadiennes, « bombers », doudounes, coupe-vent, sweats, tee-shirts, etc. Les inscriptions, logos, écussons (de préférence américains) en sont les compléments indispensables. Les accessoires obligés sont les badges, les zips, les gilets, les foulards (bandanas), les écharpes, les ceintures, les sacs à dos.

Autant que les formes, les marques jouent un rôle déterminant : un « vrai » blouson est un Chevignon, les chaussures sont des Creeks, les chaussettes des Burlington, les écharpes des Burberry's, etc. Les vêtements des filles doivent être très larges, ce qui les autorise à porter ceux de leur mère. On constate enfin une tendance à la différenciation entre les filles et les garçons, après quelques années de mode unisexe.

Les motivations et les lieux d'achat évoluent.

Si les Français dépensent moins pour leurs vêtements, c'est qu'ils s'efforcent de les payer moins cher, en utilisant de façon systématique les diverses possibilités qui s'offrent à eux : périodes annuelles de soldes, dépôts-vente, circuits « parallèles », « discounters », etc.

Cette évolution des dépenses s'accompagne de nouvelles attitudes devant le vêtement. Celui-ci n'est plus depuis longtemps considéré comme un produit de première nécessité. Le souci du confort et de la durée, la recherche de l'originalité, sont des critères qui pèsent de plus en plus sur les achats.

Le sur-mesure tend à disparaître au profit du prêt-à-porter.

Le sur-mesure ne représente plus que un pour mille des dépenses contre 10 % en 1953. Les femmes, qui ont de plus en plus souvent une activité professionnelle, ont moins de temps pour fabriquer elles-mêmes leurs vêtements ou ceux de leurs enfants. Les modes de vie vont aujourd'hui à l'encontre de la mode, au sens traditionnel, qui imposait des sortes d'uniformes dans les différentes circonstances de la vie : le tablier ou la blouse à l'école, le costume-cravate ou la jupe-corsage au bureau. Beaucoup préfèrent aujourd'hui des tenues plus décontractées et variées : pantalons pour les femmes, blousons et pulls pour les hommes, vêtements de sport, etc.

L'une des conséquences de cette évolution est que les gros articles (manteaux, costumes, imperméables, tailleurs...) représentent une part décroissante des dépenses : 17 % en 1984 contre 33 % en 1953. Une autre est que les garde-robes des hommes et des femmes tendent à se rapprocher. Mais on constate une plus grande diversification dans celle des femmes, qui ne renoncent pas à leur féminité, à travers l'achat de certains vêtements ou sous-vêtements.

Les bas reprennent le dessus

Les bas et les collants deviennent des produits de beauté. Les nouvelles matières et les créations des stylistes donnent au collant plus de fantaisie. Le bas retrouve peu à peu sa place dans la garde-robe féminine avec la réintroduction du bas-jarretière. Les Françaises achètent chaque année 16 paires de collants, moins que les Anglaises (22 paires) ou les Italiennes (20 paires). Leur budget moyen était de 140 francs en 1987. Les produits actuels sont plus confortables, plus féminins, plus créatifs et plus chers. Ils répondent à un besoin d'élégance et de raffinement, qui complète ou remplace les motivations d'ordre essentiellement pratique des années passées.

Les dépenses d'habillement
restent très inégales :
• *Un cadre dépense quatre fois plus*
qu'un agriculteur, deux fois plus qu'un ouvrier
• *Les écarts ont doublé en trente ans.*

Les disparités sociales ne diminuent pas en matière d'habillement. Elles se sont au contraire accentuées depuis trente ans. Ce sont les catégories les plus modestes qui réduisent le plus la part de leurs revenus consacrée à ce type de dépenses, alors que ce sont elles qui ont le plus

profité de l'accroissement du niveau de vie pendant cette période. 33 % des hommes achètent 75 % des vêtements de dessus masculins (pantalons, vestes, costumes, chemises, pulls, imperméables, manteaux) ; de même 30 % des femmes achètent 70 % des vêtements de dessus féminins.

On constate que les milieux ouvriers et paysans ne suivent pas les efforts de rattrapage des catégories moyennes vis-à-vis des catégories les plus aisées (par exemple les vêtements de sport pour les hommes). A l'inverse, les femmes de cadres supérieurs, qui ont commencé à porter des jeans au début des années soixante-dix, ont fait plus d'émules parmi les femmes d'employés et d'exploitants agricoles que par celles des cadres moyens ou des professions indépendantes.

D'une façon générale, le rattrapage des catégories aisées par les plus modestes est plus lent chez les femmes que chez les hommes. On constate d'ailleurs des écarts considérables entre les dépenses des femmes actives et celles des femmes au foyer : 3 500 francs par an environ contre 2 400 francs.

Chez les hommes, un certain conservatisme vestimentaire continue d'être considéré comme une marque de distinction. Le costume et le pantalon de ville constituent des postes de dépenses beaucoup plus élevées chez les cadres que dans les milieux populaires, malgré la baisse relative des prix de ces vêtements.

Les achats de vêtements ont baissé en 1987.

Après quelques années moroses, les professionnels du textile avaient observé entre fin 1984 et 1986 un « frémissement » sur le marché du prêt-à-porter. Mais les résultats enregistrés en 1987 ont marqué un recul par rapport à l'année précédente, en même temps que les ventes de vêtements importés augmentaient dans des proportions non négligeables.

Les créateurs devront à l'avenir s'adapter aux nouvelles attentes de la clientèle, telles qu'on les voit apparaître actuellement : plus de couleur (même si le gris, le noir et le marine restent des valeurs sûres) ; des produits de meilleure qualité ou alors très bon marché (le milieu de gamme se rétrécit) ; des vêtements plus fonctionnels et plus simples, mais plutôt moins classiques.

Le jean, une valeur sûre

Beaucoup doutaient il y a quelques années de l'avenir du jean. En perdant en partie son aspect symbolique, ce type de vêtement a réussi au contraire à se faire une place dans toutes les garde-robes. Hommes, femmes et enfants continuent donc à tout âge d'acheter des jeans, à cause de leurs avantages pratiques : solidité, lavabilité, diversité des coloris et des formes, existence de vêtements complémentaires (jupes, gilets, manteaux...). 27 millions de pièces ont été achetées en 1987, dont 12 par des enfants, 10 par des hommes, 5 par des femmes. Le Denim bleu indigo traditionnel revient en force, alors que les ventes de jeans velours s'effondrent : un peu plus de 2 millions de pièces contre 10,5 en 1981.

Le jean est éternel

Acte 1

Coiffure : le retour de la mode ?

A la différence des vêtements, les cheveux sont partie intégrante du corps. Ils constituent donc un moyen privilégié de personnaliser son apparence. Les jeunes ont souvent voulu affirmer par des coiffures délibérément outrancières leur refus de s'intégrer totalement au monde des adultes (Beatles, Punks, Skinheads, etc.).

Aujourd'hui, un certain classicisme domine (raie sur le côté pour les hommes, permanente pour les femmes), mais on constate un regain d'intérêt pour la mode, de la part des femmes et des jeunes. La publicité, qui met en scène beaucoup d'enfants, a largement contribué à diffuser la mode des cheveux en brosse.

• 10 % des Français
ne vont jamais chez le coiffeur.
•Parmi les clients, 3 % y vont au moins
une fois par semaine (surtout des femmes),
20 % une fois par quinzaine, 57 % une fois
par mois, 18 % une fois par trimestre,
2 % moins souvent.

Le rythme de fréquentation est en moyenne de 7,5 par an ; il diminue lentement mais régulièrement. Les services les plus courants sont, par ordre décroissant : coupe (18,4 %) ; brushing (16,6 %) ; permanente (16,3 %) ; mise en plis (13,9 %) ; traitement (13,1 %) ; coloration/décoloration (12,8 %) ; divers (9 %).

Chaussures : à chacun son pied

Les années 70 avaient été celles de la chaussure utilisée à « contre-emploi ». Les tennis, baskets et autres chaussures de sport servaient plus au bureau, à l'école ou au marché que sur les courts ou dans les stades. La chaussure d'aujourd'hui est moins le symbole de la décontraction que celui de la personnalisation. Ce qui n'exclut pas l'emprise des modes lancées par les fabricants, en particulier à destination des jeunes.

Les Français sont les plus gros acheteurs
de chaussures d'Europe :
• 5 paires par personne et par an
• 4 pour les Anglais
• 2,5 pour les Italiens.

Les Français ont acheté plus de 260 millions de paires de chaussures en 1987, contre 235 millions en 1975. Près de 70 % d'entre elles étaient de fabrication étrangère, la moitié provenant de pays extérieurs à la CEE : 41 millions de Chine, 24 millions de Corée du Sud, 16 millions de Taïwan. Il faut préciser que cet accroissement s'est produit malgré le contingentement des importations de pantoufles et espadrilles en provenance de Chine...

Le prix moyen payé est de
160 francs par paire de chaussures.

On constate une forte dispersion entre les chaussures de femme à talon (240 francs en moyenne), les tennis (130 francs) et les pantoufles (46 francs). En moyenne, les chaussures représentent 15 % des dépenses d'habillement, une proportion qui varie peu en fonction du niveau de revenu des ménages ou de la région d'habitation. La variation est par contre sensible en fonction du sexe et de l'âge : les chaussures représentent 12,4 % du budget habillement des bébés, 13,2 % de celui des hommes, 14,3 % de celui des femmes, 19,4 % de celui des fillettes et 21,9 % de celui des garçons.

Le look se lit de bas en haut

Providence

Les accessoires sont essentiels

Les accessoires vestimentaires jouent aujourd'hui un rôle à la fois psychologique et économique. Ils permettent de modifier à peu de frais l'apparence d'un vêtement éventuellement ancien et de lui donner une touche encore plus personnelle : montre de gousset, boucle d'oreille, nœud papillon, tatouage, pour les hommes ; écharpes, ceintures, sac, collier fluorescent, pour les femmes. Même la chaussette, longtemps austère et neutre, ne se cache plus. Seuls les compléments plus traditionnels du vêtement (chapeau, gants, etc.) sont en voie de disparition, malgré quelques tentatives périodiques de réhabilitation.

E • 23 millions de Français
portent des lunettes.

En même temps qu'elles servent à corriger la vue, les lunettes participent à l'expression de la personnalité. Parmi ceux qui en portent, beaucoup choisissent avec soin la monture qui leur donnera l'air le plus sérieux, le plus jeune, le plus intelligent... ou le plus fantaisiste. En 1987, les Français ont acheté environ 7 millions de montures optiques (pour verres correcteurs), sans compter les lunettes de soleil et celles destinées à modifier l'apparence plutôt que la vue.

E • 7 % des hommes portent la barbe.

Au nombre des « accessoires », il faut encore citer la barbe, portée par moins d'un homme sur dix. La mode des colliers, boucs et moustaches est quelque peu tombée en désuétude depuis une vingtaine d'années. Elle a perdu aujourd'hui les connotations politiques, contestataires ou intellectuelles qu'elle pouvait avoir à la fin des années soixante.

Les gestes :
mieux qu'un long discours

L'apparence ne se limite pas à l'allure physique, aux vêtements et à la coiffure. Les gestes sont un révélateur important de la personnalité. Une heure passée à la terrasse d'un café suffit pour s'en convaincre ; le ballet plus ou moins harmonieux des bras, des jambes et des têtes des passants en dit long.

Pourtant, si l'on connaît la façon de manger ou de s'habiller des Français, on connaît moins leur façon de bouger. Parmi les rares études sur le sujet, celle du sociologue américain Laurence Wylie révèle des particularités intéressantes du comportement gestuel des Français.

La tension musculaire est permanente.

Ce qui frappe tout d'abord, lorsqu'on examine au ralenti les films des mouvements usuels, c'est le degré de tension musculaire.

Pratiqué dès le plus jeune âge, le contrôle des muscles de tout le corps explique la rigidité du torse, la poitrine bombée, les épaules hautes et carrées des Français. Des épaules d'ailleurs particulièrement expressives : ramenées vers l'avant, accompagnées d'un soupir ou d'une moue, elles disent tour à tour le doute, le regret ou l'impuissance.

Le geste est un discours

Acte 1

L'avant-bras joue un rôle essentiel.

Lorsqu'ils sont debout, les Français ne font pas basculer le bassin comme le font les Américains. Leurs pieds sont distants d'environ douze centimètres, l'un posé en avant de l'autre. Cela permet un balancement d'avant en arrière, contrastant avec le mouvement latéral des Américains. Mais c'est la mobilité du poignet et du coude qui est la plus étonnante pour l'observateur. Les mouvements gracieux et compliqués de la main participent à la conversation, complétant efficacement ce qui est exprimé par les mots. C'est peut-être pour cette raison que mettre les mains dans ses poches n'est pas une attitude très courante, les Français préférant garder une certaine liberté de mouvement en mettant (quelquefois) les poings sur les hanches ou, plus souvent, en croisant les bras.

Lorsqu'ils sont assis, les Français aiment croiser les jambes, tout en les gardant parallèles, contrairement aux Américains qui préfèrent poser un pied sur le genou opposé (ce qui serait considéré comme impoli en France). Ils gardent parfois les bras croisés, ou bien utilisent une main pour caresser la bouche, les cheveux, ou soutenir le menton. Pas de pieds posés sur une table ou une chaise, pas de mains sur la tête comme on le voit couramment outre-Atlantique, dans la plupart des classes sociales.

Les gauchers ne sont plus contrariés

Les enfants qui écrivent de la main gauche représentent en France (comme en Europe) 10 % de la population scolaire, contre 8 % en Asie. Les gauchers sont aujourd'hui considérés comme des gens « normaux » que l'on ne doit pas contrarier. C'est ce qui explique que leur proportion augmente régulièrement, comme ce fut le cas aux Etats-Unis : 2 % au début du siècle ; 13 % aujourd'hui parmi les 18-30 ans (6 % seulement chez les plus de 60 ans). Les études ont montré que les gauchers ont un avantage dans les sports d'adresse et de vitesse : leur proportion parmi les champions de tennis, d'escrime ou de football est très supérieure à ce qu'elle est dans l'ensemble de la population. L'une des explications proposées est que l'analyse d'une situation et la commande de l'action correspondante sont effectuées chez eux par le même hémisphère du cerveau (droit), sans avoir à transiter par l'autre hémisphère.

La démarche générale du corps est guidée par la tête.

On peut distinguer un Américain d'un Français à cent mètres. Le premier a tendance à balancer les épaules et le bassin, et à faire des moulinets avec les bras. Le second s'efforce d'occuper un espace plus restreint : pas de balancement sur le côté ; la jambe est projetée très loin en avant et tend le genou. Le pied retombe sur le talon, le torse demeure rigide et ce sont les avant-bras et la tête qui amorcent le mouvement.

Bien sûr, les gestes varient selon les individus et les catégories sociales auxquelles ils appartiennent. Les gens « bien élevés » font plutôt moins de gestes que les autres, les hommes moins que les femmes. Le langage des mains, que les Français imaginent propre aux

Italiens, est quand même une composante du patrimoine national ; de la main tendue pour dire bonjour aux pouce et index frottés l'un contre l'autre pour exprimer l'idée d'argent, en passant par l'index accusateur... Le dictionnaire des gestes, qui reste à créer, constituerait sans doute un complément utile à celui des mots. Il aurait en plus l'avantage d'être drôle.

L'apparence

En vrac

• En 1953, les fournitures de tissus et de fil à tricoter représentaient 10 % des dépenses d'habillement. Elles ne comptent plus que pour 3 % aujourd'hui.
• Dans les ménages dont le revenu est supérieur à 130 000 francs par an, les femmes au foyer dépensent un peu plus pour leur habillement que les femmes actives (4 300 F contre 4 100 F). L'écart est de sens contraire dans tous les ménages dont le revenu est inférieur à 130 000 francs.
S • 52 % des hommes déclarent faire peu attention à la manière dont ils s'habillent (10 % pas du tout). 5 % seulement font très attention et 30 % assez. 42 % des hommes préfèrent acheter leurs vêtements avec leur femme, 56 % seuls, 2 % avec un copain.
S • 76 % des hommes et 66 % des femmes sont favorables à la mini-jupe.
S • 83 % des 12-17 ans affirment être très ou assez attentifs à la mode. 58 % considèrent le style et la forme comme leurs premiers critères de choix, devant la qualité (27 %), les prix (19 %).
• Le nombre des salons de coiffure est passé de 58 000 en 1972 à 53 000 en 1987.
• En 1986, chaque Française a consacré 507 francs à des achats de lingerie : 199 francs pour la lingerie de jour ; 161 francs pour la corseterie ; 147 francs pour la lingerie de nuit.

LA SANTÉ

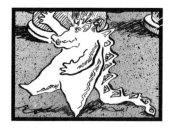

MALADIES

Les Français n'ont jamais eu aussi peur de la maladie, ni autant fait pour la prévenir. Le cancer, le mal de dos, l'insomnie, l'overdose ou la migraine étaient déjà considérés comme les maux du siècle. L'arrivée du sida provoque une crainte encore plus forte, proche de la psychose.

La santé n'a pas de prix

En une génération, la médecine a réalisé des progrès immenses. La polio était vaincue en 1953; un an après, la chlorpromazine ouvrait l'ère nouvelle des neuroleptiques, clôturant celle des camisoles de force. Les nouvelles techniques d'exploration du corps (scanner, RMN ou résonance magnétique nucléaire, etc.), l'utilisation de la cortisone, le développement des greffes d'organes (poumon, rein, cœur...) ou celui des organes artificiels, constituent d'autres étapes importantes dans la lutte de l'humanité contre la maladie. Pourtant, ces victoires n'ont pas éloigné la peur d'être malade. On peut même dire, paradoxalement, que celle-ci n'a jamais été aussi présente qu'aujourd'hui.

Plus que jamais, la santé apparaît comme une condition nécessaire pour réussir sa vie.

Dans une société de plus en plus concurrentielle, seuls ceux qui sont en possession de tous leurs moyens peuvent espérer tirer leur épingle du jeu. Trouver un emploi, un partenaire, profiter de ses loisirs, tout cela requiert, pour le moins, une bonne santé. Ceux qui sont « beaux » et en pleine forme sont mieux armés que les autres pour réussir. Les Français l'ont bien compris depuis quelques années, qui redécouvrent leur corps et s'appliquent à le maintenir en état. Dans unee époque souvent éprouvante, la santé représente un capital précieux. Aussi précieux que le temps, dont elle est l'allié le plus sûr.

* *En 1987, chaque Français a dépensé en moyenne 7 624 francs pour sa santé, contre 870 francs en 1970.*
* *Pour la première fois depuis 10 ans, les dépenses de maladie ont diminué en francs constants.*

Entre 1973 et 1985, les dépenses de santé avaient été multipliées par six, avec une croissance annuelle de 7 % en francs constants. Elles représentent aujourd'hui près de 15 % du budget des ménages, contre 9,4 % en 1970. Cette accélération a été stoppée en 1987, à la suite des mesures prises pour rééquilibrer le budget de la Sécurité sociale : taux de remboursement inférieurs, baisse de la TVA sur les médicaments, réforme des maladies prises en charge à 100 %.

La collectivité prend en charge
75 % des dépenses totales de santé
(et 94 % des dépenses d'hospitalisation).

Ces chiffres devraient être eux aussi en baisse dans les prochaines années si le mouvement constaté se poursuit. Le taux moyen de remboursement des médicaments n'était plus que de 70,5 % en 1987, contre 76,9 % en 1986. Le montant moyen d'une ordonnance s'établissait à 184 francs en décembre 1987, contre 191 francs un an plus tôt. Enfin, les prestations en espèces ont diminué de 6 %, du fait de la forte baisse du nombre d'indemnités journalières versées (9 %).

En revanche, les dépenses hospitalières ont continué d'augmenter en 1987 (2,5 % en francs constants), à un rythme comparable à celui de 1986. Les honoraires des médecins ont connu également une forte hausse, mais le nombre des consultations a augmenté moins vite (celui des visites à domicile a même baissé de 4 %).

De la grippe au sida

La façon dont chaque maladie est perçue par les Français est très variable selon les cas. La fréquence et la gravité des « grandes maladies » ne sont pas toujours correctement estimées : le cancer est bien plus fréquemment guéri qu'on ne l'imagine, tandis qu'on meurt encore beaucoup des maladies de cœur et de l'alcoolisme. La peur du sida, elle, repose sur des faits et des perspectives alarmants ; mais elle présente des aspects qui ne sont pas tous rationnels.

Les maladies cardio-vasculaires
représentent 36 % des causes de décès.
• 15 % des Français entre 30 et 70 ans
souffrent d'hypertension artérielle,
mais 80 % l'ignorent.
• 60 % des obèses meurent
d'un accident cardio-vasculaire..

On continue de mourir davantage des « maladies de cœur » que de toute autre maladie, même si on en meurt plutôt moins que dans d'autres pays. Plus de la moitié d'entre elles concernent le cerveau (maladies cérébro-vasculaires) et les arrêts cardiaques (ischémies). Viennent ensuite les problèmes liés à l'hypertension.

L'hérédité mais aussi les modes de vie sont les principaux responsables de ces maladies. Les hommes sont en moyenne plus concernés; entre 35 et 65 ans, les hommes meurent trois fois plus des diverses maladies cardio-vasculaires que les femmes.

Les maladies qui tuent

Principales causes de mortalité (en 1986) :

	Nombre	Part
Maladies de l'appareil circulatoire	194 805	36%
• Tumeurs	136 808	25%
• Accidents et autres morts violentes	49 406	9%
• Maladies de l'appareil respiratoire	37 749	7%
• Maladies de l'appareil digestif	30 286	6%
• Autres causes	93 476	17%
Total des décès	542 730	100%

INSERM

200 000 personnes sont atteintes
du cancer chaque année.
• Le risque augmente à partir de 50 ans
mais il diminue à partir de 80 ans.
• Le cancer du sein représente
46 % des cancers des femmes (utérus : 15 %).
• Le cancer du pharynx représente 16 % des
cancers des hommes (poumons : 14 %).

Le cancer reste pour les Français une maladie tragique, une menace redoutée. Les différentes formes de tumeurs atteignent en fait relativement peu de personnes chaque année. Mais leur gravité est élevée par rapport à la plupart des formes de maladie. Les différents types de cancer ont connu des évolutions contrastées (encadré) : très forte augmentation

Plus de cancers chez l'homme, moins chez la femme

Evolution de la mortalité par cancer entre 1950 et 1984 (pour 100 000 personnes de 35 à 64 ans) :

	HOMMES		FEMMES	
	1950	1984	1950	1984
• Tous cancers	208	302	163	138
dont :				
• Poumon	22,6	76,6	6,1	7,2
• Côlon-rectum	20,1	21,1	19,0	13,2
• Estomac	38,1	11,9	18,2	4,5
• Cavité buccale, pharynx, larynx	31,2	58,1	1,6	3,2
• Prostate	5,0	6,1		
• Sein			25,2	39,3
• Utérus			27,7	12,7
• Œsophage	21,4	25,3	1,0	1,6

INSERM

de la mortalité chez les hommes à cause du tabac, diminution globale chez les femmes, du fait de la baisse des cancers de l'utérus, de l'estomac, malgré une hausse des cancers du sein.

D'après l'OMS, la mortalité globale a augmenté de 50 % en 20 ans dans l'ensemble des pays industrialisés (55 % chez les hommes, 40 % chez les femmes). Le tabac serait responsable d'un cancer sur quatre, le type d'alimentation interviendrait dans 20 à 30 % des cas, l'alcool dans 10 %.

E • Un Français sur cinq
souffre d'une maladie nerveuse
au cours de sa vie.
• Les hôpitaux psychiatriques abritent
en permanence plus de 100 000 malades.
• Ils en soignent chaque année environ
200 000.

Les troubles affectant le système nerveux se traduisent par une modification de comportement affectant l'ensemble de la personnalité. Les névroses et les psychoses en sont les manifestations habituelles. Les dépressions touchent, à des degrés divers, un nombre élevé de personnes (sans doute plus de 10 % des Français).

Maladies professionnelles :
4 000 cas en 1986, contre 10 000 en 1950,
mais 3 834 en 1980.

Le travail, ce n'est pas toujours la santé... La plupart des maladies professionnelles sont des affections pulmonaires provoquées par l'inhalation de poussières métalliques ou minérales (pneumoconioses) ou des affections de la peau (dermatoses). De nombreuses maladies, de nature psychosomatique, ne sont pas prises en compte du fait de leur relation incertaine avec le travail, comme les ulcères, maux gastro-intestinaux, troubles du sommeil, dépressions, bronchites, asthme, etc. Les statistiques seraient plus lourdes encore si l'on devait considérer le stress comme une maladie professionnelle...

Les maladies professionnelles classiques sont en tout cas en forte régression. La silicose (maladie des mineurs) devient rare : 300 personnes atteintes en 1986 contre 8 500 en 1954.

Grippe : 4 millions de Français
sont touchés chaque année.
• 2 116 morts en 1986 (15 000 en 1969).

La grippe est un véritable fléau économique et social. Elle peut être à l'origine selon les années de 10 à 30 millions de journées d'arrêt de travail, un coût de plusieurs milliards de francs pour la communauté. La prévention est cependant largement utilisée. Chaque année, environ 10 % des Français se font vacciner (20 % chez les plus de 65 ans). Avec des résultats variables, selon la précision avec laquelle les « virus de l'année » ont été identifiés.

Les maladies sexuelles augmentent régulièrement depuis une trentaine d'années.

La recrudescence de ces maladies est particulièrement forte depuis 1958, en particulier chez les femmes. Trois raisons expliquent cette évolution :
• Une plus grande mobilité des individus sur le plan international (tourisme, travail) ;
• L'accroissement de la liberté des mœurs sexuelles dans la plupart des pays développés ;
• La rapidité de contagion des maladies vénériennes (blennorragie, syphilis, parasitoses, etc.).

La grande peur du sida

Les hommes des siècles passés craignaient la peste ou le choléra. Nos contemporains tremblent aujourd'hui devant le Sida (Syndrome immuno-déficitaire acquis) dont un premier virus était découvert en 1983. On n'a pourtant pas assisté en France à une panique comparable à celle qui s'est produite dans d'autres pays comme les Etats-Unis (encadré). On a même peut-être sous-estimé dans un premier temps les risques véritables de ce fléau.

A fin 1987, on avait dénombré en France moins de 1 500 décès dus au sida pour environ 3 000 cas déclarés (100 000 à 150 000 dans le monde).

Dans l'absolu, les ravages du sida sont jusqu'ici beaucoup moins importants que ceux... de la grippe. Mais le processus de développement de la maladie est très rapide. On estime par exemple que le nombre des malades double tous les dix mois en Europe. Les perspectives à moyen et long terme ne sont donc guère encourageantes.

E • Il y avait en France 200 000 séropositifs à fin 1987 (5 à 10 millions dans le monde).

Le nombre des séropositifs (c'est-à-dire porteurs du virus mais non malades) augmenterait beaucoup moins vite que le nombre des malades ; certains experts pensent qu'il double tous les dix ans. La proportion de séropositifs qui développeront le sida n'est pas connue avec précision ; elle pourrait être de 30 % dans les cinq ans et 50 à 60 % dans les dix ans.

Les chances de survie sont minimes et les divers types de traitements expérimentés n'ont

La peur planétaire

Pourcentage de personnes ayant répondu **NON** aux questions suivantes :

	Etes-vous prêt à serrer la main d'une personne qui a le sida ?	Etes-vous prêt à mettre vos enfants dans la même école qu'un enfant qui a le sida ?	Etes-vous prêt à travailler aux côtés d'une personne qui a le sida ?	Etes-vous prêt à embrasser sur la joue quelqu'un qui a le sida ?
• Belgique	14,4	33,1	16,6	40,8
• **FRANCE**	**11,4**	**30,2**	**14,8**	**35,6**
• RFA	11,9	20,7	11,4	49,5
• Italie	16,7	36,6	28,3	47,1
• Norvège	11,4	21,7	12,3	58,7
• Suède	6,5	9,0	6,2	45,9
• Suisse	4,3	8,4	6,0	26,2
• Royaume-Uni	14,3	31,2	19,1	53,0
• Espagne	14,4	33,1	19,3	37,3
• Grèce	25,9	49,2	29,8	58,5
• Etats-Unis	36,2	47,7	44,4	71,0

Le Point/TMO Consultants-International Research Associates, février 1988

pas, jusqu'ici, fourni de véritable espoir. Partout dans le monde, les laboratoires s'activent à la recherche d'un vaccin, qui mettrait fin à un risque planétaire comparable aux grandes épidémies des siècles passés... et constitue une opportunité économique considérable.

Les principales victimes sont les homosexuels et les héroïnomanes.

La transmission du sida se produit essentiellement lors d'échanges sexuels ou par contamination du sang. Les populations à haut risque sont donc les homosexuels qui changent souvent de partenaires, les prostituées, les drogués qui utilisent des seringues polluées ; ils représentent aujourd'hui 90 % des malades.

Mais les autres populations ne sont pas à l'abri, dans la mesure où elles ont des rapports sexuels avec des personnes contaminées. Les risques liés aux transfusions sanguines ont été en principe supprimés par les mesures de prévention et de dépistage prises dans les hôpitaux.

Handicapés : des millions de marginaux

Les statistiques concernant le nombre des handicapés ne sont pas précises, du fait des diverses définitions possibles et de la difficulté à recenser tous ceux qui en sont affectés. On estime que cinq millions de Français sont sourds, aveugles, brûlés, amputés. Beaucoup d'autres sont atteints de handicaps mentaux. Ce ne sont pas des malades comme les autres. Leur souffrance est plus souvent morale que physique. La plupart d'entre eux ont un très faible espoir de guérison.

E • 6 millions de Français souffriraient de handicaps physiques.
• 5 millions éprouvent des gênes dans la vie quotidienne.
• 3,2 millions ont des difficultés de déplacement.

Mis à part ceux qui sont héréditaires (environ un quart), la plupart des handicaps physiques sont dus à des causes socio-économiques : accidents, conditions de vie n'ayant pas permis un développement normal de l'individu. Des causes qui se traduisent par deux types de difficultés : anomalies des sens, anomalies des organes moteurs.

E • 70 000 sourds.
E • 17 000 sourds-muets.
E • 4 millions de malentendants.
E • 65 000 aveugles et amblyopes (vue très affaiblie).

Parmi les malentendants, on estime que 500 000 ont moins de 18 ans. Parmi les aveugles, 5 000 occupent un emploi, le plus fréquemment comme standardistes, musiciens ou masseurs.

La surdité et les difficultés de la vue augmentent avec l'âge, bien qu'elles ne conduisent pas dans tous les cas à une infirmité totale.

E • La France compte 1 700 000 handicapés mentaux.
E • La moitié souffrent de déficiences légères.
E • 75 % ont moins de 20 ans.

La moitié des handicapés mentaux sont des déficients intellectuels légers, susceptibles de s'adapter à la société. Parmi les délinquants et marginaux, environ 200 000 personnes sont des irresponsables, victimes d'un handicap prononcé. La durée de vie moyenne des handicapés mentaux est beaucoup plus faible que celle de la moyenne des Français. C'est ce qui explique que la plupart d'entre eux sont des jeunes.

Alcoolisme, tabac, drogue : les maladies volontaires

Certains plaisirs de la vie peuvent contribuer à raccourcir sa durée. C'est ainsi que beaucoup de Français ont « creusé leur tombe avec leur fourchette ». Certes, la qualité de l'alimentation s'améliore lentement et la consommation d'alcool et de tabac tend à diminuer. Mais le « verre de trop » est encore à l'origine de nombreux accidents. Le tabac, lui, est responsable du quart des cancers. Quant à la drogue, elle promet un paradis qui ressemble à l'enfer. 10 % seulement des Français de 18 ans ou plus ne font usage d'aucun produit psychotrope (tabac, alcool, tranquillisant, somnifère).

*La consommation d'alcool
est une vieille tradition française.*
• *Les Français absorbent en moyenne
30 g d'alcool par jour (record mondial).*

38 % des maladies de l'appareil digestif
sont des cirrhoses du foie (11 400 cas en 1986).
Selon les experts, l'alcool serait l'une des principales causes de la surmortalité masculine. Les
hommes boivent plus que les femmes. Ils ont
donc plus d'accidents et de maladies où
l'alcoolisme est un facteur aggravant ou décisif.

Moins de vin, plus de bière et de spiritueux

Evolution de la consommation d'alcool en litres
d'alcool pur par personne (14 ans et plus) et par an :

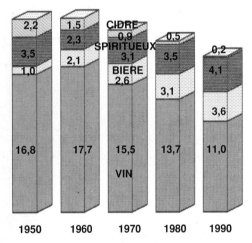

A titre de comparaison, la consommation moyenne d'alcool pur
est de 13,3 litres par Français et par an, contre 13,0 en Italie,
12,7 en Espagne, 12,2 en RFA et au Portugal, 11,7 en Hongrie,
11,3 en Suisse, 11,1 en Autriche, 10,8 en Belgique et 10,2 en
RDA.

INSEE

L'alcool consommé provient de moins en
moins des boissons moyennement alcoolisées
comme le vin (10 à 13 degrés) et de plus en plus
des boissons faiblement alcoolisées (bière, 4 à 7)
et fortement alcoolisées (spiritueux 15 à 40). Il
est de moins en moins consommé à table, et de
plus en plus en dehors ou « autour » des repas.

L'alcool tend donc à devenir une boisson de
loisir, plus qu'un composant de l'alimentation.
3 % des Français boivent des apéritifs ou des
alcools tous les jours ; 5 % boivent plus d'un
litre de vin par jour, 1 % plus de deux litres.

Un verre, ça va ; trois verres...

Les habitudes de consommation d'alcool dépendent
surtout de l'âge, du sexe et du métier. Les plus âgés
sont les moins nombreux à boire régulièrement. Mais
c'est entre 45 et 54 ans que les hommes consomment
les plus grosses quantités (35 à 44 ans pour les
femmes). Les métiers où l'on boit le plus sont ceux de
l'agriculture, de l'artisanat et du commerce, où les
traditions sont les plus solidement installées.
Les femmes sont généralement beaucoup plus sobres
que les hommes : 39 % d'entre elles consomment
régulièrement des boissons alcoolisées, contre 66 %
des hommes. Parmi les consommateurs
occasionnels, les femmes boivent trois fois moins
que les hommes.

*S • Tabac : 36 % des Français fument
(45 % des hommes et 28 % des femmes),
contre 34 % en 1979.
• Un fumeur sur trois fume au moins
un paquet par jour (9 % des Français).
• Les plus gros fumeurs sont les jeunes :
52 % des moins de 24 ans.
E • Le tabac est à l'origine de 53 000 décès
chaque année (2,5 millions dans le monde).*

Grâce aux multiples campagnes anti-tabac
et aux informations diffusées par les médias, les
Français savent aujourd'hui que le tabac est
dangereux pour la santé, qu'il est à l'origine de
nombreux cancers, d'accouchements préma-
turés et d'inconvénients divers. Le coût des
maladies liées au tabac s'élève à 40 milliards de
francs pour la collectivité. D'ailleurs, 83 % des
Français (et 70 % des fumeurs) sont plutôt favorables à l'interdiction de fumer dans les lieux
publics, en particulier les femmes et les personnes âgées.

Pourtant, le nombre de fumeurs a plutôt
augmenté depuis quelques années, de même que
la consommation moyenne : 1 410 cigarettes par
habitant et par an en 1970 ; 1 500 en 1986.

Par ailleurs, on fume de plus en plus tôt : à 13 ans, 25 % des enfants fument ; à 15 ans, un sur deux est devenu un fumeur régulier.

La fumée va-t-elle se dissiper ?

Alice

Portrait du fumeur

Les plus gros fumeurs sont les cadres moyens, les membres des professions intermédiaires, les employés : 51 % de fumeurs dont 10 % plus d'un paquet par jour. Les inactifs sont les moins concernés ; 19 % seulement d'entre eux fument. On fume plus à Paris et dans les villes de 40 000 à 100 000 habitants que dans les villes de plus de 100 000 habitants.
43 % des électeurs de gauche fument (67 % des sympathisants d'extrême gauche), contre 32 % de ceux de droite (61 % des sympathisants d'extrême droite).
57 % des fumeurs ont déjà essayé de s'arrêter, 12 % ont l'intention de le faire. Il faut dire que 36 % des fumeurs ont mauvaise conscience (contre 25 % seulement en 1979) ; 34 % d'entre eux avouent d'ailleurs être parfois gênés par la fumée des autres...

Le Nouvel Observateur/Ifop, juin 1987

Drogue . les paradis artificiels conduisent en enfer.
E • 400 000 jeunes se droguent régulièrement ; 20 fois plus qu'en 1970.

E • 7 % des lycéens seraient concernés.
• 41 468 usagers et 8 053 trafiquants ont été interpellés en 1987.

La toxicomanie (état de dépendance vis-à-vis d'une substance particulière) est en forte augmentation. Plusieurs millions de Français auraient fait l'expérience d'une drogue douce. Les chiffres sont encore plus spectaculaires dans certains pays comme les Etats-Unis : un Américain sur cinq déclare avoir consommé au moins une fois du cannabis ; 16 millions sont des utilisateurs réguliers ; un tiers des étudiants fument de la marijuana. En France, parmi les personnes interpellées pour usage de drogue, 80 % ont moins de 25 ans ; 15 % seulement sont des femmes.

Il n'y a pas de drogués heureux

C'est parce qu'on est mal dans sa peau qu'on se drogue. S'il arrive que la première expérience se produise par jeu, par goût de la nouveauté ou par défi, sa poursuite est due, dans la plupart des cas, à des problèmes personnels. Lorsque le monde réel apparaît trop dur et trop froid, on en cherche un autre dans lequel on espère se sentir mieux. C'est parce que ça ne va pas bien qu'on se drogue et non pas le contraire.
Il est significatif que l'image que les jeunes drogués ont d'eux-mêmes est beaucoup moins favorable que celle des non-drogués. Les premiers se jugent plus pessimistes, tristes, inquiets, énervés, fantaisistes, paresseux, dépensiers, mal organisés, sans ambition, mal dans leur peau. Même ceux qui ne consomment que des drogues « licites » (alcool, tabac, médicaments psychotropes) sont plus nombreux à avoir le cafard que ceux qui n'en utilisent pas (55 % contre 21 %). Ils sont même 13 % à avoir des idées de suicide, contre 3 % des non-consommateurs de ces drogues du quotidien.

La nature des produits utilisés par les drogués varie beaucoup selon les périodes. En fonction de la disponibilité des produits. En fonction aussi de la mode créée dans les milieux de drogués et propagée par les médias. Au cours de ces dernières années, plus de la moitié environ des usagers interpellés par la police utilisaient le cannabis, un tiers l'héroïne. Ces chiffres ne reflètent sans doute pas la situation exacte, la majorité des personnes n'ayant pas fait l'objet d'un contrôle policier utilisant d'autres drogues, telles que la cocaïne ou l'opium.

Les jeunes sont de loin les plus touchés : 36 % ont entre 16 et 20 ans ; 40 % ont entre 21 et 25 ans. Depuis quelques années, les perspectives qui sont offertes aux jeunes ne sont guère attirantes. La plupart se font une raison et tiennent bon. D'autres se laissent au contraire dépasser par les difficultés et ne trouvent pas assez de compréhension auprès de leur entourage. De fortes corrélations existent, en effet, entre l'usage des drogues et le type de relations au sein du milieu familial. Plus la vie familiale apparaît peu dynamique et peu attractive à l'enfant, plus il a tendance à lui trouver des substituts. La drogue est bien souvent l'un d'entre eux.

Migraine, stress, insomnie, suicide : les maladies du siècle

L'évolution de la science a favorisé le progrès. Dans ses applications médicales, le progrès a permis de faire reculer la maladie. Mais voilà que la maladie se venge en s'inventant de nouvelles formes. Le mal de tête, le stress, l'insomnie, le mal de dos ou même le suicide sont, semble-t-il, le tribut à payer à l'agitation et au confort caractéristiques de l'époque. Au point que certains se demandent aujourd'hui si les victoires remportées sur la poliomyélite ou le tétanos compensent les millions de dépressions, de nuits blanches et de dos en compote.

8 millions de Français sont migraineux.

Le doute a longtemps plané sur la réalité physiologique de la migraine. Atteignant principalement les femmes, sans symptôme apparent, elle pouvait passer, selon Balzac, pour « la reine des maladies, l'arme la plus plaisante et la plus terrible employée par les femmes contre leurs maris ».

Ce doute est aujourd'hui largement dissipé, car les manifestations qui accompagnent la « migraine commune » sont connues : modifications de l'appétit, barre sur l'estomac, troubles

intestinaux, dépression ou euphorie, prise de poids. Le tout accompagné de douleurs de tête, débutant le matin. La technique de la thermographie permet d'ailleurs aujourd'hui de faire apparaître les effets de la migraine sur des clichés, sous forme de tâches sur le front et sur le crâne.

S • 19 % des Français ont déjà fait une dépression (dont 40 % plusieurs fois).
S • 45 % pensent que cela pourrait leur arriver.

Le stress n'est pas à proprement parler une maladie. Tout se passe, ici, dans la tête. L'accumulation de difficultés ou de frustrations dans la vie professionnelle, familiale ou personnelle en est la cause principale.

Dans la vie moderne, chacun doit jouer plusieurs rôles dans une même journée, assumer tour à tour les responsabilités d'employé ou de patron, de parent ou d'époux. Une tâche souvent épuisante dans une société qui ne pardonne guère les faiblesses et les erreurs. Les nuisances de l'environnement (bruit, pollutions, agressivité ambiante) viennent encore ajouter à cette difficulté.

Vient un jour où la coupe est pleine, où le couvercle saute, où la personnalité craque. La palette des manifestations possibles est large : de la perte de sommeil à la dépression totale, accompagnée parfois de la tentation extrême, celle du suicide.

---

11 % de dépressifs

Lors d'une enquête réalisée par l'Ifop pour les laboratoires Duphar (janvier 1987), 11,5 % des Français présentaient un état dépressif. La tranche d'âge la plus concernée est celle des 45-54 ans ; les femmes sont plus dépressives que les hommes.
Les événements ressentis comme les plus traumatisants sont, par ordre décroissant d'importance : le décès du père ou de la mère (24 %) ou d'un membre de la famille (19 %), la mésentente avec le conjoint (11 %), la maladie d'un membre de la famille (10 %).
Les événements touchant à la vie matérielle et professionnelle sont plus durement ressentis par les 45-54 ans (11 % contre 5 % en moyenne) ainsi que les problèmes conjugaux (16 % contre 11 %).

E • *20 millions de Français souffrent*
de troubles du sommeil.
• *14 % prennent régulièrement*
des tranquillisants ou des somnifères.

On estime que 30 % des adultes sont insomniaques. Cette forte proportion est confirmée par les achats de produits hypnotiques, neuroleptiques, tranquillisants et anti-dépresseurs, plus couramment appelés somnifères : 65 millions de boîtes par an, soit environ 75 comprimés par adulte. Entre 1985 et 1987, les achats de somnifères ont augmenté de 30 % en volume. 36 % des femmes et 20 % des hommes y ont recours, au moins occasionnellement ; la proportion atteint 32 % des hommes et 51 % des femmes après 60 ans.

Si la pilule du soir représente pour beaucoup l'espoir d'une nuit de sommeil, elle présente tout de même des risques par ses effets induits ; on estime que 6 % des accidents de voiture sont liés à la consommation de somnifères.

Même si tous ne souffrent pas d'insomnie, beaucoup de Français dorment moins qu'ils le

---

Le sommeil des Français

Répartition de la durée moyenne du sommeil :

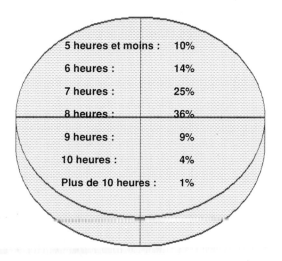

5 heures et moins :	10%
6 heures :	14%
7 heures :	25%
8 heures :	36%
9 heures :	9%
10 heures :	4%
Plus de 10 heures :	1%

France-Soir/IFRES (mars 1985)

---

souhaitent, à cause d'ennuis de santé, de l'inquiétude professionnelle ou de problèmes affectifs. Une durée de sommeil inférieure à la normale n'est pourtant pas nécessairement un handicap. Napoléon, Victor Hugo, Raymond Poincaré se contentaient de 3 à 5 heures par nuit. Ce qui, apparemment, ne nuisait pas à l'intensité de leur vie diurne.

• *En 1986, 12 489 Français se sont suicidés,*
contre 10 500 en 1980, 8 700 en 1977.
• *71 % des suicides concernent des hommes.*
• *Les manœuvres se suicident 3 à 4 fois plus*
que les contremaîtres ou les cadres supérieurs.

Le taux de suicide augmente régulièrement en France, en particulier depuis un dizaine d'années : voisin de 15 pour 100 000 habitants entre 1950 et 1976, il dépasse aujourd'hui 21 pour 100 000. Le nombre des suicides est aussi élevé que celui des morts dans les accidents de la route. Quant au nombre des tentatives de suicide, il est estimé à plus de 150 000. Les chiffres officiels sont d'ailleurs probablement sousestimés, beaucoup de suicides étant camouflés en mort accidentelle ou en disparition. Car le silence reste souvent la règle.

Un problème de société

Cent ans d'études statistiques donnent raison à Durkheim : plus qu'une décision individuelle, le suicide relève de causes socio-économiques. Mais la « carte sociale » du suicide a évolué :
• Le taux de suicide croît avec l'âge, indépendamment d'autres variables.
• Il est plus élevé chez les hommes, les célibataires et les veufs, à la campagne et dans les petites agglomérations.
• Il se produit plus souvent de jour, en début de semaine, au printemps.
• Les jeunes et les femmes sont plus nombreux à tenter de se supprimer, mais les suicides effectifs sont plus rares.
Les études montrent que les rythmes sociaux ont une grande influence : on se suicide plus le lundi, jour de la reprise du travail après le congé hebdomadaire ; la généralisation des congés payés a entraîné une diminution des suicides en juillet et août.

INSEE

Si, chaque année, un grand nombre de personnes tentent de se donner la mort, c'est le plus souvent pour attirer l'attention sur leur détresse. Une forme d'appel au secours particulièrement dramatique. On peut y voir un effet de l'évolution de la société qui, en même temps qu'elle distribue le confort et le pouvoir d'achat, exclut du partage un nombre croissant d'individus.

Maladies

En vrac

S • La crainte du sida ferait reculer 52 % des Français s'ils étaient tentés par une aventure (28 % non).

E • 14 millions de Français se plaignent de maux d'estomac.

S • 86 % des Français sont favorables à l'interdiction de fumer dans tous les lieux publics (8 % y sont opposés). 67 % pensent qu'il faudrait interdire aux enseignants et aux élèves de fumer dans les locaux des écoles.

S • 75 % des Français se déclarent prêts à faire don de leurs propres organes à leur mort. 69 % sont prêts à autoriser à l'avance qu'on leur fasse des prélèvements d'organes s'ils étaient en coma dépassé (59 % accepteraient des expérimentations médicales sur eux-mêmes dans ce cas).

E • Plus de 2 000 transplantations d'organes sont effectuées chaque année en France. 100 000 ont été réalisées dans le monde depuis une trentaine d'années.

S • Pour 27 % des Français, l'homosexualité est une maladie, que l'on doit guérir (42 % en 1973). Pour 24 %, c'est une perversion sexuelle que l'on doit combattre (22 % en 1973). Pour 36 %, c'est une manière acceptable de vivre sa sexualité (24 % en 1973).

S • 68 % des médecins et 87 % des parents sont favorables au dépistage obligatoire des drogués à l'école.

E • On estime à 200 000 le nombre des héroïnomanes, à 2,5 millions le nombre de ceux qui ont déjà essayé une drogue.

E • Les saisies de drogue représenteraient 4 à 5 % de la marchandise circulant dans le pays.

E • Le coût moyen d'un enterrement est de 15 000 francs. L'incinération n'est demandée que dans 3 % des cas.

ACCIDENTS

Chaque année, des centaines de milliers de personnes meurent ou sont blessées sur la route, à leur domicile ou sur leur lieu de travail. La tendance est à la baisse. Mais la perte individuelle et collective reste considérable.

La route tue autant que la guerre

Entre 1960 et 1987, plus de 350 000 Français sont morts sur la route et 8,2 millions ont été blessés. Un bilan insupportable sur le plan humain. Détestable aussi sur le plan économique, puisque chaque décès dû à un accident de la route coûte près de 2 millions de francs à la collectivité. La facture globale annuelle (route, maison, travail) atteint 80 milliards de francs.

• *9 853 morts sur la route en 1987, contre 10 959 en 1986.*
• *En 15 ans, le nombre de morts a diminué de 40 %.*

Ces résultats ont pu être obtenus grâce à l'amélioration du réseau routier, l'obligation du port de la ceinture, la limitation des vitesses, l'abaissement de la puissance moyenne des voitures, l'impact des campagnes sur la sécurité routière, et l'accroissement de la vigilance des policiers et des gendarmes.

• *Tous les indicateurs de fréquence et de gravité sont en baisse.*

La baisse globale du nombre de tués par accident en 1987 concerne non seulement les voitures (12,6 % de tués en moins), mais aussi les piétons (moins 9,8 %), les véhicules utilitaires (moins 4,7 %) et les deux roues (moins 2,8 %).

Une amélioration lente, mais régulière

Evolution du nombre des accidents corporels, des blessés et des tués par accidents de la route (en milliers) :

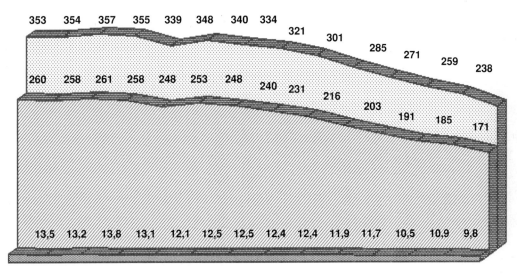

Direction de la sécurité et de la circulation routière

Elle porte aussi sur le nombre d'accidents corporels (170 994 contre 184 626, en baisse de 7,4 %) et celui des blessés graves : 57 895 contre 63 495, une baisse de 8,8 %.

La proportion d'accidents mortels reste pourtant plus élevée en France que dans d'autres pays.

Parmi les pays industrialisés, la France est celui (avec l'Autriche) où l'on meurt le plus sur la route : 330 conducteurs ou passagers tués par million de voitures en circulation. A titre de comparaison, le chiffre est de 185 aux Etats-Unis, 182 en Italie, 163 au Japon, 162 en RFA, 127 au Royaume-Uni (source CDIA).

Pour les motocyclistes, les chiffres sont encore plus accablants : 122 morts par an pour 100 000 motos en circulation, contre 92 au Japon et aux Etats-Unis, 76 en RFA, 65 au Royaume-Uni, 59 en Italie. Ce sont bien sûr les jeunes qui sont les plus concernés.

La vitesse est la principale responsable des accidents :
- *26 % des accidents corporels.*
- *Plus de 30 % des accidents mortels.*

Parmi les causes d'accidents, la vitesse occupe toujours la première place. Les infractions au Code de la route restent nombreuses, malgré les campagnes d'incitation à la prudence largement diffusées par les médias ; 67 % des conducteurs reconnaissent d'ailleurs qu'il leur est arrivé de dépasser les limitations de vitesse.

Les sondages montrent qu'un tiers des conducteurs seulement estiment respecter la limitation de vitesse sur autoroute. 43 % se disent prêts à mieux la respecter, mais on compte encore 20 % d'irréductibles qui refusent de faire un effort dans ce domaine. 15 % ne sont pas d'accord non plus pour boucler leur ceinture.

Le respect des vitesses et de la signalisation reste également très insuffisant dans les agglomérations (123 544 accidents, 3642 tués et 540 blessés graves en 1987). Dans les grandes villes, Paris en tête, la traversée des rues constitue souvent une périlleuse aventure. Chaque année, des milliers d'enfants sont blessés ou y laissent leur vie. Les personnes âgées, plus prudentes mais moins mobiles, ne sont pas épargnées.

La vitesse tue

Principales causes d'accidents corporels sur route (1987) :

Vitesse excessive	26%
Inobservation de la priorité	14%
Influence de l'alcool	7%
Circulation à gauche	6%
Autres causes	47%

Gendarmerie nationale

Près de 40 % des accidents mortels sont imputables à l'alcool.

Chaque jour, plusieurs centaines de milliers d'usagers de la route conduisent avec un taux d'alcool trop élevé ; 21 % des automobilistes reconnaissent d'ailleurs qu'il leur est arrivé de conduire en état d'ivresse. 38 % des conducteurs responsables d'un accident mortel dépassent le taux d'alcoolémie de 0,8 gramme par litre. L'importance de l'alcool est d'ailleurs sous-évaluée dans les statistiques, du fait de l'impossibilité de pratiquer l'alcootest sur les morts et les blessés graves.

Les erreurs humaines sont de loin les plus nombreuses.
• 2 % seulement des accidents sont dus à des défaillances mécaniques (mais on estime que 40 % des véhicules sont en mauvais état).

Le nombre d'accidents diminue

Opus Hintzy

• 11 millions de Français voient mal au volant : 11 % d'entre eux ne portent pas de lunettes, 35 % de ceux qui en portent ont une correction mal adaptée.

Les statistiques montrent que les malvoyants ont une fréquence d'accidents au moins double de celle des autres. Un solide argument à l'appui de ceux qui demandent l'examen de la vue obligatoire pour tous les conducteurs. Comme cela se pratique par exemple couramment au Japon (tous les 3 ans), en Suisse (tous les 5 ans), en Espagne et en Italie (tous les 10 ou 5 ans selon l'âge).

Le danger, ce n'est pas toujours les autres.

Contrairement à une idée répandue, les accidents ne sont pas systématiquement dus à la rencontre de deux véhicules. La moitié des accidents mortels ne mettent en cause qu'un seul véhicule. L'alcool y est bien souvent pour quelque chose, beaucoup plus que les défaillances mécaniques. mais les Français semblent beaucoup plus confiants en eux qu'en leurs compatriotes : 81 % estiment que les automobilistes en général prennent souvent des risques, mais ils ne sont que 9 % à s'estimer eux-mêmes dans ce cas.

On se tue de moins en moins au travail

Le nombre des accidents du travail tend à diminuer depuis quelques années, après avoir été stable aux alentours de un million par an jusqu'en 1977. Il faut cependant préciser que les chiffres reflètent le nombre d'accidents déclarés et que ceux-ci dépendent pour une part des attitudes des victimes, de l'encadrement, des médecins, etc.

En 1986, 691 000 accidents ont entraîné un arrêt de travail, 67 000 une incapacité permanente.
* *22 millions de journées de travail ont été perdues.*

Le taux de fréquence, ou nombre d'accidents avec arrêt par million d'heures travaillées, a lui aussi tendance à diminuer. Cette baisse est due pour une part à une réduction des risques, liée aux efforts effectués par les entreprises dans le domaine de la sécurité. Elle est due aussi à la diminution de la population la plus exposée aux risques : salariés du bâtiment, mineurs, ouvriers. Contrairement à une idée reçue, l'alcool est peu souvent responsable des accidents du travail.

Le nombre des décès diminue régulièrement :
* *1970 : 2 268.*
* *1975 : 1 986.*
* *1986 : 978.*

Le taux de fréquence est 5 fois plus élevé chez les ouvriers que chez les autres travailleurs. Les travailleurs étrangers sont plus touchés que les Français, du fait de leur présence plus nombreuse dans le secteur exposé du bâtiment et des travaux publics. Les accidents sont moins fréquents dans les tranches d'âge élevées, mais ils sont plus graves.

La fréquence et la gravité des accidents du travail sont très variables d'un secteur d'activité à l'autre. Près de la moitié d'entre eux se produisent dans le bâtiment et la métallurgie. La hiérarchie des décès selon le secteur est semblable. Les secteurs où on meurt le plus (sans tenir compte du nombre de salariés) sont le bâtiment, les transports et la manutention, la métallurgie et l'alimentation. Le risque d'accident est maximal entre 20 et 29 ans. Il décroît ensuite avec l'âge.

On meurt aussi sur le chemin du travail :
* *1986 : 90 000 accidents de trajet avec arrêt de travail (dont 16 000 avec incapacité permanente).*
* *635 morts.*

4,4 millions de journées de travail ont été perdues à la suite d'accidents de trajet ayant entraîné une incapacité temporaire, 219 000 ont été perdues à la suite d'incapacités permanentes. On constate que le nombre des accidents de trajet avec arrêt a fortement diminué depuis une dizaine d'années : 154 000 en 1979 et 6,7 millions de journées perdues.

La maison tue plus que la route

Plus nombreux que les accidents du travail ou de la route, les accidents de la vie domestique (à la maison ou dans ses abords immédiats) sont aussi plus meurtriers. 9 % des Français en sont victimes chaque année. Parmi les pays industrialisés, la France est l'un des plus touchés. Du bricolage à l'électrocution, en passant par la chute dans la baignoire, les pièges de la maison sont nombreux. Il s'y ajoute les accidents liés à la pratique des loisirs : principalement entorses et fractures dues à des chutes ou à des chocs.

La vie domestique est la plus dangereuse

Sur les 5 100 000 accidents ayant nécessité des soins de médecin en 1985, 72 % étaient des accidents de la vie domestique, 24 % des accidents du travail, 4 % des accidents de la circulation. Parmi les accidents de la vie domestique, 53 % sont des accidents domestiques proprement dits, 17 % des accidents de sport, 11 % des accidents scolaires, 8 % des accidents survenant à un autre moment de la vie privée.
En dépit de leur importance numérique, les accidents de la vie domestique sont plutôt bénins : le taux de mortalité est de 50 pour 10 000, 8 fois moins que celui des accidents de la route. mais ils représentent au total un nombre de décès plus élevé : 25 000.

CNAMTS

*   *On compte 12 000 décès dus à des accidents domestiques chaque année.*
*   *2,3 millions de blessés.*
*   *60 % sont des hommes.*

Les personnes qui n'exercent pas d'activité professionnelle présentent un risque d'accident domestique plus élevé, en particulier les personnes âgées. Les accidents de sport et de loisir concernent davantage les cadres, suivis des professions intermédiaires et des ouvriers. Le fait d'habiter une maison individuelle est un « facteur aggravant », lié à la multiplication des risques : escaliers, ateliers, jardins, etc. C'est dans la cuisine que se produisent le plus fréquemment les accidents domestiques : plus du quart du nombre total.

Les causes de ces accidents sont très diverses. Ce sont les chutes qui sont les plus fréquentes (43%). Les autres causes principales sont, par ordre d'importance décroissante : la pénétration d'objets dans le corps (22 %, dont coupures 15 %) ; les brûlures (17 %) ; les chocs (14 %) ; un animal, le plus souvent un chien (5 %) ; l'intoxication (3 %).

Les enfants sont les plus exposés.
E • 1 000 morts par an.
E • 300 000 chutes à la maison.
E • 100 000 chocs.

13 % des enfants de 0 à 16 ans sont victimes chaque année de plus d'un million d'accidents de la vie domestique donnant lieu à des soins de médecin, dont un peu moins de la moitié à la maison. Le taux monte à 21 % pour les garçons et 15 % pour les filles de 2 à 4 ans.

Dans plus de la moitié des cas, la cause est une chute, dans un cas sur cinq, il s'agit d'un choc. Les brûlures ne représentent que 10 % des accidents domestiques survenant aux enfants, les coupures 6 %. La cour, le jardin et la cuisine sont les lieux principaux dans lesquels se produisent ces accidents.

L'absorption de médicaments pris au hasard sur une étagère est responsable de beaucoup d'accidents chez les enfants de 3 à 6 ans. Il faut citer aussi l'ingestion d'objets les plus divers (cacahuètes, pépins, haricots, clous, boutons, capuchons de stylo...), qui peut parfois se terminer de façon tragique, surtout lorsque l'enfant se trouve seul.

Accidents

En vrac

S • 49 % des Français reconnaissent qu'il leur est arrivé de commettre une faute grave sur la route (brûler un feu ou un stop...). 89 % sont favorables à un renforcement des contrôles de police ou de gendarmerie pour mieux réprimer l'alcool au volant.

S • 34 % des conducteurs ne bouclent pas systématiquement leur ceinture de sécurité en ville, 21 % sur route. 43 % sont opposés au port obligatoire de la ceinture à l'arrière de la voiture.

S • 75 % des automobilistes font réviser leur véhicule avant de partir en vacances.

S • 77 % des conducteurs seraient prêts à accepter une sanction sévère s'ils avaient commis, même sans le vouloir, une infraction dangereuse pour les autres usagers, 19 % non.

• Les femmes au volant provoquent 10 % de plus d'accidents que les hommes, mais ils coûtent 30 % moins cher.

• Les blessés de la route ont coûté 19 milliards de francs aux compagnies d'assurance en 1986. Les dommages matériels leur ont coûté 31 milliards.

• Les pilotes de motos de cylindrée inférieure à 80 cm3 provoquent proportionnellement trois fois plus d'accidents que les possesseurs de 125 et presque autant que ceux de grosses cylindrées (plus de 750 cm3).

• Les pompiers interviennent environ 80 000 fois par an pour combattre des incendies d'habitation. 35 % d'entre eux se produisent dans une cuisine.

• Le bricolage est à l'origine d'environ 250 000 accidents chaque année.

• Les médicaments et produits d'entretien sont responsables de 60 % des intoxications d'enfants.

MÉDECINE

Les rapports des Français avec la médecine évoluent. Le médecin descend de son piédestal et les patients sont plus exigeants. Ils n'hésitent pas à faire appel à des formes de traitement non traditionnelles.

Quand on n'a pas la santé...

L'offensive-santé des Français démontre depuis quelques années l'intérêt qu'ils attachent à la bonne marche de leur corps. D'autant que les dépenses de santé proprement dites ne sont que la partie apparente d'un dispositif plus vaste, qui inclut les dépenses liées à la prévention : activités sportives, hygiène, alimentation, etc.

En 1987, les Français ont dépensé 7 624 francs pour leur santé.
• 3 737 francs dans les hôpitaux.
• 2 134 francs pour les soins ambulatoires (médecins, dentistes, analyses, cures...).
• 1 480 francs de biens médicaux (pharmacie, lunettes, orthopédie...).

Entre 1978 et 1985, les dépenses de santé avaient doublé. L'année 1987 marque un retournement de tendance, avec une baisse de 0,8 % en francs constants (263 milliards de francs de dépenses d'assurance maladie). Le mouvement concerne l'ensemble des postes de dépense, en particulier la médecine de ville. Ainsi, les remboursements d'honoraires et de prescriptions ont diminué, à la suite des mesures de freinage mises en place par les pouvoirs publics. Après avoir augmenté de 10,3 % en 1986, les dépenses de pharmacie ont baissé de 4,5 % en 1987. Les dépenses d'hospitalisation ont, quant à elles, augmenté de 4,6 % en 1987, contre 5,1 % en 1986 à couverture comparable.

Il faut préciser que les Français financent directement moins du quart de leurs dépenses de santé, le reste étant pris en charge essentiellement par la sécurité sociale (les trois quarts), les administrations (2 % environ) et les mutuelles (4 %).

La consommation médicale est très inégale :
• 13 % des familles effectuent 55 % des dépenses.
• 4 % des familles bénéficient de plus des trois quarts des indemnités journalières versées.

Les consommations médicales moyennes cachent en fait de très profondes disparités entre les Français. Il est évident que les malades ont avec la médecine des rapports plus fréquents que n'en ont les bien-portants. Il n'est pas surprenant que les personnes âgées voient un médecin plus souvent que les autres (environ 7 fois par an contre 5). Les différences qui séparent en ce domaine les sexes et les professions méritent par contre quelques explications.

En 1987, chaque assuré a effectué en moyenne 3,9 consultations et reçu 1,2 visite de médecin.

Les femmes consultent en moyenne plus souvent que les hommes : un peu moins de 6 consultations et visites annuelles, contre 4,5. Le nombre d'examens qu'elles subissent est presque double de celui des hommes (3,2 contre 1,7 en 1980). Il faut dire qu'elle ont plus de raisons particulières de se rendre chez le médecin : périodes de grossesse, choix et suivi des méthodes contraceptives, ménopause, etc.

Les achats de médicaments représentaient 29,5 conditionnements par femme et 22,9 par homme en 1980 pour l'ensemble de l'année. Ils sont en baisse du fait de la réduction des prescriptions médicales.

• Les cadres et employés sont ceux qui consultent le plus les médecins.
• Les professions libérales, agriculteurs et patrons sont ceux qui consultent le moins.

Est-on plus souvent malade quand on est cadre que lorsqu'on est agriculteur ou membre d'une profession libérale ? C'est la question que l'on peut se poser en constatant les différences de pratique d'une catégorie à l'autre.

La quantité de soins reçue n'est pas la seule différence entre les professions. Le type de consultation oppose par exemple les cadres supérieurs aux agriculteurs et aux ouvriers non qualifiés : les premiers se rendent beaucoup plus fréquemment chez les spécialistes, tandis que les seconds restent plus fidèles aux médecins généralistes.

Un franc sur deux dépensé à l'hôpital

Répartition des dépenses médicales en 1987 :

	Dépenses moyennes(5)	Part (%)
• Soins hospitaliers et maisons de retraite (1)	3 737 F	49%
• Soins ambulatoires (2)	2 134 F	28%
- dont soins de médecins en cabinet de ville	1 000 F	
- dont soins dentaires	510 F	
• Biens médicaux (3)	1 480 F	20%
- dont produits pharmaceutiques	1 330 F	
• Services de médecine préventive (4)	273 F	3%
	7 624 F	100%

(1) Public, privé, transports
(2) Médecins, auxiliaires, dentistes, laboratoires, cures thermales
(3) Pharmacie, lunetterie, orthopédie
(4) Médecine du travail, scolaire...
(5) Par habitant

Ministère des Affaires sociales et de l'emploi - SESI

La médecine traditionnelle désacralisée

Pendant longtemps, les Français avaient considéré le médecin comme le détenteur unique d'un pouvoir magique, celui de guérir la maladie, de prolonger la vie. Mais les temps ont changé. Les Français en savent un peu plus sur leur corps et sont de plus en plus décidés à le prendre en charge. De leur côté, les médecins ne sont plus en position de force. Leur nombre a beaucoup augmenté : 132 000 (dont 75 000 généralistes), soit environ un pour 400 habitants.

Certains d'entre eux, en particulier les plus jeunes, sont aujourd'hui contraints de prospecter la clientèle afin de l'attirer dans leur cabinet. Par ailleurs, la concurrence des autres types de médecine se fait de plus en plus pressante.

Les médecins plus inquiets que les malades

85 % des médecins généralistes ont le sentiment que leur métier se dévalorise (5 % non) ; pour 49 %, celui-ci ne correspond pas à leur attente (46 % oui) et 34 % d'entre eux ne referaient pas des études de médecine (54 % oui).
Pourtant, l'image que les Français ont des médecins est moins sombre. 65 % considèrent que les généralistes sont aujourd'hui plus compétents qu'il y a une vingtaine d'années (11 % moins compétents).
77 % encourageraient leurs enfants s'ils voulaient faire des études de médecine. Enfin, 93 % leur font confiance (6 % non).

L'Express/Indice médical, juillet 1987

La médecine tend à devenir un service comme les autres.

Se rendra-t-on bientôt chez le médecin comme on va chez le garagiste ou le plombier ? Si les attitudes changent, les comportements évoluent aussi. De plus en plus de malades, petits ou grands, pratiquent l'automédication. Ils se prescrivent eux-mêmes des médicaments, remettant à l'ordre du jour les « remèdes de bonne femme » que le développement de la médecine (et de la Sécurité sociale) avait fait disparaître. D'autres se tournent plutôt vers des thérapeutiques nouvelles.

Un nombre croissant de malades mettent en concurrence le diagnostic, autrefois sacré, de leur médecin avec celui d'autres hommes de l'art (36 % demandent l'avis d'au moins un autre praticien). Même lorsqu'ils ont consulté un médecin, les Français souhaitent garder une possibilité de choix personnel. Un tiers des patients ne suivent pas les ordonnances à la lettre : certains n'achètent pas tous les médicaments prescrits ; d'autres enfin n'en consomment qu'une partie.

Le droit à la santé n'est donc pas dissociable du droit à décider soi-même de sa propre vie, voire de sa mort. Si les Français ont tendance à rechercher l'assistance de l'Etat dans certaines circonstances pratiques (éducation, chômage, Sécurité sociale, retraite, etc.), ils souhaitent garder la maîtrise des grandes décisions qui concernent leur vie en général.

Les « affaires médicales » se multiplient

Les litiges opposant des malades à des médecins tendent à se multiplier. Les « affaires » à scandale, telles que le procès de Poitiers ne constituent que la partie immergée d'un plus vaste problème : celui des erreurs médicales. On estime à plus de 2 000 le nombre de personnes ou de familles qui mettent en cause chaque année le travail d'un médecin ou d'un chirurgien. Les trois quarts des procès intentés sont perdus par les plaignants, mais une cinquantaine de médecins sont condamnés en correctionnelle.
La compétence et le sérieux des médecins ne semblent guère être en cause dans cet accroissement des plaintes : sur les 400 millions d'actes médicaux établis chaque année, une infime minorité donne lieu à des procès. Mais l'attitude des Français a changé ; ceux qui considèrent avoir été victimes d'erreurs médicales estiment aujourd'hui avoir droit à des explications et si possible à des réparations.
La situation est différente aux Etats-Unis, où les procès médicaux sont très nombreux et se soldent parfois par des indemnités de plusieurs millions de dollars (en moyenne 70 000 dollars). On estime que les médecins dépensent chaque année plus de dix milliards de dollars en examens complémentaires pour se couvrir en cas de procès.

Médecines douces : à chacun sa vérité

Les thérapeutiques douces comptent un grand nombre d'adeptes. Certaines font aujourd'hui l'objet de recherches officielles. C'est le cas par exemple de l'homéopathie, utilisée par environ 15 % des Français (et dont l'efficacité est mise en cause par des études récentes), de la phytothérapie ou de l'acupuncture.

Mais le médecin généraliste est peut-être en train de retrouver sa place.

S • 34 % des Français recourent aux médecines douces.

Le développement considérable des « autres médecines » est un événement social d'impor-

tance. On peut y voir, en effet, la conséquence de plusieurs « tendances lourdes » de la société :
• Une plus grande ouverture d'esprit. Elle a permis à des techniques « venues d'ailleurs » de s'implanter avec succès. C'est le cas, par exemple, de l'acupuncture. L'ouverture des frontières économiques, l'accroissement des moyens d'information, la démocratisation des voyages, l'attirance croissante pour les « solutions des autres » président vraisemblablement à cette évolution des habitudes.
• L'intérêt croissant pour les solutions de type « multiple ». Comme en politique, la cohabitation des techniques médicales est considérée par les Français comme une chance de prendre dans chacune ce qu'il y a de meilleur. Beaucoup tendent à préférer l'utilisation de méthodes complémentaires à celle d'une méthode unique.
• Le besoin du « retour aux sources ». Il explique la redécouverte des techniques anciennes, telles que phytothérapie, homéopathie, ou aromathérapie. Dans un monde de haute technicité et de pollution, les secrets naturels des ancêtres ont un côté rassurant, voire salvateur. Ce retour aux sources n'exclut pas la confiance dans les techniques les plus modernes de la médecine et de la chirurgie, dont les Français savent qu'elles sauvent des vies humaines.

L'homéopathie est la technique la plus recherchée.

Parmi ceux qui recourent aux médecines douces, les deux tiers ont une préférence pour l'homéopathie. Un tiers font confiance à l'acupuncture, un quart à la phytothérapie. Mais ces tendances pourraient être mises en question par la contre-publicité faite à l'homéopathie, à la suite des recherches menées sur son efficacité. On pourrait donc assister à un retour aux médecines traditionnelles et à une confiance accrue envers les généralistes.

L'individualisme, qui conditionne les comportements dans beaucoup de domaines, est particulièrement sensible en matière de médecine. 70 % des Français considèrent que l'état de santé de la population dépend d'abord du comportement personnel de chaque citoyen. La multiplicité des solutions médicales offertes répond à cette attente. Chacun peut ainsi « personnaliser » son approche des problèmes de santé et affirmer son unicité.

Médecine

En vrac

• Le budget des recherches médicales s'est élevé à 13 milliards de francs en 1987, soit environ 200 francs par habitant.

S • 57 % des Français considèrent que l'ensemble des moyens financiers actuellement consacrés à la santé est d'un niveau plutôt insuffisant (29 % plutôt suffisant).

S • Les usagers des hôpitaux sont en majorité (70 à 80 %) satisfaits de la qualité des soins et de l'accueil qu'ils ont reçus, de la compétence de l'équipe médicale, de la qualité de l'équipement, des rapports avec le personnel soignant. Ils sont par contre peu satisfaits de la communication de leur dossier médical.

• 650 000 personnes ont fréquenté les 101 stations de thermalisme agréées par la Sécurité sociale en 1987.

• Les arrêts de travail ont été moins longs et moins fréquents en 1987, ce qui a entraîné une réduction des indemnités journalières de 6,3 %, soit 1,1 milliard de francs d'économie.

S • 47 % des médecins généralistes estiment que l'établissement d'actes de complaisance est une pratique fréquente.

S • 55 % des médecins se déclarent prêts à prescrire les médicaments les moins chers, à efficacité thérapeutique égale ; 35 % ne sont pas prêts à modifier leurs habitudes ; 10 % hésitent.

• Les dépenses de santé représentent en France 9,1 % du PIB, contre 10,7 % aux Etats-Unis, 9,4 % en Suède, 8,4 % au Canada, 8,1 % en RFA, 6,6 % au Japon, 6,2 % en Belgique, 5,9 % en Grande-Bretagne.

L'INSTRUCTION

FORMATION

Les diplômes sont des passeports privilégiés pour la vie professionnelle. Mais la famille, les médias et la formation permanente sont des concurrents de l'école. Malgré l'accroissement de la durée des études, la « formation par le milieu » reste irremplaçable.

L'avantage diplôme

Si l'on mesure la réussite d'un individu à la place qu'il occupe dans la hiérarchie des professions, c'est à l'école qu'elle se prépare le plus souvent. Le « déterminisme scolaire » souffre quelques exceptions. Mais, à une époque où l'offre d'emplois est inférieure à la demande, les plus diplômés sont en général les mieux servis.

• *Un Français sur trois n'a aucun diplôme.*
• *53 % n'ont pas de diplôme supérieur au certificat d'études.*

On est évidemment loin encore des 75 % de bacheliers à l'intérieur d'une tranche d'âge, promis pour le début du siècle prochain. Pourtant, le chemin parcouru depuis le début du siècle est considérable : un Français sur mille était alors bachelier ; on en compte un peu moins de 20 % aujourd'hui. Il n'y avait en 1968 que 2,7 % de diplômés de l'enseignement supérieur. Vingt ans après la « révolte des étudiants », 10 % des adultes ont un diplôme supérieur au baccalauréat..

Les inactifs sont moins diplômés que les actifs.

L'explication tient d'abord au nombre élevé de retraités parmi les inactifs. Ceux-ci ont connu l'école à une époque où il était exceptionnel de poursuivre de longues études. L'autre raison est que beaucoup d'inactifs sont des femmes, et celles-ci sont en moyenne moins diplômées que les hommes, même si la tendance tend à s'inverser chez les jeunes.

Diplômes et métiers forment une association à but très lucratif.
• *6 % des agriculteurs ont un niveau égal ou supérieur au bac, contre 76 % des cadres supérieurs.*
• *50 % des ouvriers n'ont aucun diplôme, contre 9 % des employés.*

La hiérarchie des professions, qui est aussi celle des revenus, est véritablement calquée sur

Les hommes sont plus diplômés que les femmes

Population de plus de 15 ans, non scolarisée, selon le diplôme (en 1987) :

HOMMES	
• Aucun diplôme ou CEP seul	47,7%
• BEPC seul	5,9%
• CAP, BEP ou autre diplôme de ce niveau	24,6%
• Bac, BP, ou autre diplôme de ce niveau	8,7%
• Diplôme du 1er cycle universitaire, BTS, DUT	4,6%
• Diplôme du 2e ou 3e cycle universitaire	6,7%
• Diplômes non déclarés	1,8%

FEMMES	
• Aucun diplôme ou CEP seul	55,2%
• BEPC seul	8,0%
• CAP BEP ou autre diplôme de ce niveau	16,4%
• Bac, BP, ou autre diplôme de ce niveau	8,7%
• Diplôme du 1er cycle universitaire, BTS, DUT	6,3%
• Diplôme du 2e ou 3e cycle universitaire	3,7%
• Diplômes non déclarés	1,7%

INSEE, Enquête sur l'emploi en 1987

celle des diplômes. Difficile de « faire son trou » sans l'indispensable sésame. Bien sûr, les portes de la direction des entreprises s'ouvrent parfois à l'autodidacte, mais c'est généralement parce que, ne disposant pas de la clé, il les aura enfoncées.

La mafia des grandes écoles

92 % des anciens élèves de Polytechnique reconnaissent que leur diplôme leur a été très ou assez important pour trouver leur premier emploi. C'est le cas de 86 % des diplômés de l'ENA, 80 % des HEC. La plupart considèrent que ce diplôme a joué ou jouera un rôle important dans leur carrière. Conscients de cela, 91 % des polytechniciens ne sont pas d'accord avec la pratique des postes réservés aux anciens élèves dans certaines entreprises ; c'est aussi le cas de 89 % des anciens de l'ENA et de 87 % des HEC. Mais 19 % des polytechniciens, 24 % des anciens de l'ENA et 56 % des HEC choisiraient de préférence un diplômé de leur école s'ils devaient recruter une personne devant exercer des responsabilités similaires aux leurs.

L'Expansion-Heidrick et Struggles/Ipsos, juin 1987

Restent les métiers moins codifiés, où les qualités personnelles sont plus prisées que les parchemins. Devenir GO au Club Méditerranée, chef de chantier ou responsable de rayon dans un hypermarché sont des rêves accessibles à ceux dont les souvenirs scolaires sont vagues ou inexistants.

Mais il leur faudra le plus souvent rattraper le retard pris à l'école, « refaire le handicap », à coups de cours du soir, de promotions successives. Moins de temps libre, plus d'acharnement, tel est le prix à payer par ceux qui, pour une raison ou une autre, n'ont pas obtenu dès l'école le droit d'être ce qu'ils sont.

Famille : la transmission du savoir-être

Le rôle joué par la famille dans la formation des jeunes est subtil et difficile à analyser. Mais il est considérable. Plus sans doute que l'enseignement reçu à l'école, celui dû au milieu familial laisse des traces indélébiles. On se souvient plus des paroles prononcées par ses parents que de celles prononcées par les maîtres.

L'idée que l'enfant se fait de la société dépend plus des situations vécues en famille que de la présentation formelle qu'en font les professeurs.

L'origine familiale reste un des principaux facteurs d'inégalité.

C'est une évidence, mais il faut bien la rappeler : le fils d'un ministre ou d'un grand chirurgien n'a pas eu dans sa vie d'enfant les mêmes expériences que le fils d'un manœuvre. Le premier a été amené tout naturellement à s'intéresser aux différents aspects de la « culture » et aux discussions de portée générale. Le second n'en a guère eu la possibilité, ramené le plus souvent aux réalités matérielles et aux difficultés qu'elles engendrent. L'art, la science, la philosophie, l'histoire, la géographie ont tenu une place différente dans l'enfance de l'un et de l'autre.

La formation est la clé de l'avenir

Garnier Parisot

• *Un enfant de cadre ou d'enseignant dispose, à 7 ans, d'un vocabulaire 2 à 3 fois plus riche que celui d'un enfant d'ouvrier.*
• *La probabilité d'accès à l'enseignement supérieur est 20 fois plus grande pour un fils de cadre supérieur que pour un fils d'ouvrier.*

Même s'ils se trouvent dans les mêmes classes, ce qui n'est pas probable, les enfants de catégories sociales différentes ont toutes les chances (le mot est pris, ici, dans son sens statistique) de devenir des adultes différents. Ce n'est pas par hasard que le taux de redoublement au cours préparatoire est trois fois plus élevé chez les enfants d'OS que chez ceux des cadres. Sans nier l'influence, sans aucun doute considérable, de l'hérédité, il est certain que les différences de vocabulaire ou d'ouverture d'esprit jouent en défaveur des enfants des milieux modestes.

Médias : la formation par l'information

Presque tous les Français disposent d'un poste de télévision et d'au moins un poste de radio. La plupart d'entre eux lisent en outre un ou plusieurs journaux ou magazines. La très large diffusion des moyens de communication constitue l'un des phénomènes majeurs de la société actuelle.

Pour la première fois depuis le début de leur histoire, l'immense majorité des Français ont les moyens d'accéder facilement et à un très faible coût à l'information.

La plupart utilisent d'ailleurs très largement ces possibilités : 3 heures et demie par jour en moyenne pour la télévision ; 2 heures trois quarts pour la radio ; sans compter le temps de lecture des journaux et magazines.

Bien sûr, chacun peut en principe suivre des programmes différents selon ses goûts, mais la télévision et la radio offrent des choix limités en matière d'information, malgré l'accroissement du nombre de stations et de chaînes.

Une même masse d'informations arrive au même moment à un nombre considérable de gens.

Malgré l'accroissement du nombre des chaînes de télévision, des stations de radio et des magazines, les informations diffusées par les différents supports restent très semblables. Cela ne peut être sans effet sur la formation des gens, sur leur culture générale et leur façon d'être. Même si leur impact est différent et variable selon les individus, les médias apportent une sorte de bagage commun dispensé de la façon la plus démocratique à tous les Français. Le journal de 20 heures à la télévision rassemble en un soir plus de monde que n'en rassemblera jamais pendant toute sa vie le meilleur professeur d'université.

La révolution de la communication
ne fait pourtant que commencer.

Le développement prochain des satellites accélérera l'aspect planétaire de cette révolution, tandis que le câblage des villes renforcera la communication locale ou régionale. La généralisation de la télématique permettra à tous l'accès aux banques de données et aux sources spécialisées d'informations. Chacun disposera chez lui d'un système de communication complexe et adapté à ses besoins (et à ses moyens).

A la différence d'aujourd'hui, il faudra faire des choix entre des possibilités extrêmement nombreuses. Avec le risque de créer de nouvelles inégalités : certains maîtriseront mieux que d'autres les systèmes ; certains consacreront l'essentiel de leur temps à leur formation, les autres à leur distraction. Après avoir contribué à la réduction des inégalités culturelles entre les Français, les médias pourraient donc, à l'avenir, tendre à les renforcer.

L'information, une matière première essentielle

Alliance

Formation professionnelle : perfectionnement et rattrapage

Les plus démunis, les exclus de la connaissance ont pour la plupart peu de chance de combler leur retard. D'autres, pourtant, peuvent y prétendre. L'instauration, en 1971, de la loi sur la formation permanente aura été une étape de première importance sur le chemin de la lutte contre les inégalités. Une porte s'ouvrait devant tous ceux qui, pour des raisons diverses, n'avaient pas profité de l'enseignement scolaire, et qui, conscients de l'insuffisance de leur instruction, avaient le désir de progresser.

Le système bénéficie autant
à l'économie qu'à l'individu.

Depuis sa création, le système a permis à des millions de Français de progresser dans leur métier et donc d'accroître leur rôle dans l'économie nationale. Le resserrement des catégories sociales en a sans aucun doute largement profité. Même ceux qui n'ont pas, jusqu'ici, bénéficié du système savent que, désormais, les jeux ne sont plus faits dès la sortie de l'école. Une seconde chance est toujours possible. Il est bon de le savoir, même si l'on ne s'en sert pas...

Former sans déformer

3,9 millions de personnes ont participé en 1986 à des stages de formation :
- 58 % étaient des ouvriers et employés,
- 27 % étaient des techniciens,
- 15 % étaient des ingénieurs et cadres,
- 66 % des stagiaires étaient des hommes,
- 33 % étaient des femmes (alors que leur part dans la population active est de 42 %).
- 24 % avaient moins de 25 ans.
Les TUC (Travaux d'utilité collective), créés en septembre 1984, ont permis à 357 000 jeunes de percevoir une rémunération (entre juillet 1986 et juin 1987). Parmi eux, 66 % avaient entre 19 et 21 ans. 44 % avaient déjà bénéficié d'un emploi. Huit mois après la fin du TUC, 31 % avaient un emploi, 12 % étaient en formation, 48 % étaient au chômage, 3 % au service national.

Ministère de la Formation professionnelle

L'application du système n'est pas sans défaut.

Il tend en particulier à privilégier ceux qui le sont déjà. Les entreprises ont en effet favorisé plutôt le perfectionnement de leurs cadres et techniciens que celui de leurs ouvriers. Elles ont également tendance à privilégier la formation des hommes par rapport à celle des femmes. Enfin, des abus ont été constatés çà et là. Tel ce comptable à six mois de la retraite qui s'initiait... à l'ébénisterie.

Ces défauts devraient être peu à peu corrigés. La restructuration de l'emploi en France obligera les entreprises et l'Etat à s'intéresser en priorité à ceux (ouvriers peu qualifiés, certaines catégories d'employés...) qui sont le plus directement menacés. C'est à eux que devrait s'adresser l'effort de formation au cours des prochaines années. Les individus comme l'économie devraient y trouver leur compte.

CULTURE

L'école remplit globalement sa mission de formation générale, mais le système éducatif présente quelques « ratés » spectaculaires. Plusieurs millions de Français sont illettrés ; d'autres ont une maîtrise insuffisante de la langue pour communiquer. Beaucoup ont une culture générale trop restreinte pour comprendre les transformations du monde et de la société.

Formation

En vrac

• 95 % des cadres supérieurs et professions libérales ont un niveau de formation égal ou supérieur au second cycle d'enseignement.
• 76 % des ouvriers spécialisés ont un niveau d'études primaires.
S • 93 % de ceux qui redoublent le cours préparatoire n'entreront pas en seconde.
S • 67 % des anciens élèves de Polytechnique considèrent que la formation qu'ils ont reçue leur est très ou assez utile ; c'est aussi le cas de 65 % des anciens élèves de l'ENA ; 86 % des anciens élèves de HEC.
S • 62 % des anciens élèves de Polytechnique pensent que le système français des grands écoles permet une bonne sélection, mais n'assure pas une formation suffisamment adaptée au monde moderne. 56 % pensent que c'est un système qui ne favorise pas la remise en cause des dirigeants. 17 % pensent que c'est un facteur bloquant pour la société française. 76 % pensent qu'heureusement qu'il y a les grandes écoles pour fournir à la France les élites que l'Université ne produit pas.

Ce qui reste quand on a tout oublié...

L'école joue dans la culture un rôle important, sinon déterminant. Mais la filière suivie par les Français au moment de leur scolarité n'a pas toujours de rapport avec la vie professionnelle et personnelle qu'ils auront plus tard.

S • 53 % des Français ont suivi des études classiques.
S • 28 % ont suivi des études techniques.
S • 19 % les deux filières successivement.
S • 35 % ont été élèves du privé.

Plus de la moitié des adultes d'aujourd'hui ont flirté dans leur jeunesse avec les déclinaisons latines, le grec ancien ou la littérature française. Ces chiffres illustrent bien le décalage entre la nature des études et celle des activités professionnelles. La carte des métiers ne « colle » pas à celle des formations.

La constatation n'est pas nouvelle et on peut d'ailleurs lui trouver des explications valables. D'abord, nul ne peut savoir, dix ou vingt ans à l'avance, où le conduiront les chemins de la vie professionnelle. Difficile, donc, de s'y préparer. Ensuite, l'école s'est souvent considérée elle-même comme un moyen « d'apprendre à apprendre », tout en dispensant une culture de base, en particulier dans l'enseignement secondaire. Enfin, l'évolution des besoins des différents secteurs de l'économie a connu un rythme de changement difficile à suivre pour un système éducatif immense et traditionnel.

L'orientation scolaire tient plus au hasard qu'à un choix délibéré :
• Pour 70 % des adultes, le type d'études suivi a été dicté par les circonstances.
• Pour les autres, il a été guidé par les parents, les professeurs, etc.

Le contenu des programmes d'enseignement n'est pas la seule cause du décalage entre la formation reçue à l'école et la réalité économique. Les défauts de l'orientation scolaire sont tout aussi graves. Le type d'orientation suivi doit plus au hasard (proximité d'une école, places disponibles, etc.) qu'à des choix délibérés de la part des intéressés ou de leur entourage.

Les jeunes privilégient la culture contemporaine.

Les enseignants se plaignent régulièrement de la dégradation du niveau de leurs élèves. En réalité, ceux qui ont des diplômes ne sont pas moins bons à l'école que ceux des générations précédentes, bien au contraire même. Mais il est clair que l'attention des jeunes est attirée par d'autres formes d'apprentissage. La famille et surtout les médias sont en effet de sérieux concurrents de l'école. Les jeunes d'aujourd'hui connaissent peut-être mieux les noms des derniers vainqueurs de Roland-Garros que ceux des grandes batailles des siècles passés. Ils ne sont sans doute pas capables de réciter trente vers de *l'École des femmes*, mais ils savent converser avec un ordinateur.

On peut évidemment s'interroger sur les mérites comparés de la culture classique par rapport à la culture contemporaine. En fait, on s'aperçoit que ceux qui bénéficient des deux types de culture sont plutôt mieux armés que les autres pour réussir leur vie, en particulier professionnelle. L'honnête homme du XXIe siècle ne pourra pas se contenter d'être bien informé ; il devra disposer des références qui lui permettront d'analyser les situations afin de mieux les comprendre et d'y faire face dans les meilleures conditions.

(Re)passe ton bac d'abord...

En 1987, le magazine *Actuel* proposait à un échantillon représentatif de la population française de 18 ans et plus de repasser (ou passer) leur bac, en répondant à dix questions.
65 % des personnes interrogées ont répondu à cinq questions au moins : 87 % des cadres et professions intellectuelles ; 77 % des inactifs et retraités ; 69 % des professions intermédiaires ; 62 % des agriculteurs ; 58 % des ouvriers ; 49 % des artisans et commerçants.
Les questions étaient les suivantes (les chiffres entre parenthèses sont les pourcentages de réponses obtenus pour chaque réponse proposée ; la proposition imprimée en gras était la bonne réponse) :

• *Valmy, est-ce* : un cardinal italien (3) ; **une victoire des armées de la Révolution** (58) ; une défaite navale contre les Anglais (9) ; une ville de Sicile (3) ; un architecte de Louis XVI (3) ; ne sait pas (24).
• *Maurice Thorez était-il* : un fondateur du syndicalisme chrétien (2) ; **un dirigeant du Parti communiste français** (67) ; un avocat célèbre (2) ; un ministre du maréchal Pétain (3) ; un dissident soviétique (1) ; NSP (25).
• *Quel est l'auteur de la Chartreuse de Parme ?* : **Stendhal** (42) ; Guy de Maupassant (12) ; Zola (4) ; Balzac (5) ; Guy des Cars (2) ; NSP (35).
• *Léon Gambetta était-il* : un ministre de Louis XIII (4) ; un anarchiste italien (2) ; le vainqueur de la bataille de la Marne (6) ; un chansonnier d'avant-guerre (1) ; **un des fondateurs de la IIIe République** (61) ; NSP (26).
• *Avec quel pays l'Inde a-t-elle une frontière commune ?* : **la Chine** (42) ; l'Afghanistan (40) ; NSP (18).
• *Avec quel pays la Libye a-t-elle une frontière commune ?* : **le Tchad** (81) ; le Maroc (8) ; NSP (11).
• *Depuis quand l'Alsace-Lorraine est-elle rattachée à la France ?* : 1790 (1) ; 1815 (2) ; 1870 (14) ; **1918** (53) ; 1933 (9) ; NSP (21).
• *En quelle année a pris fin la guerre d'Algérie ?* : 1947 (2) ; 1956 (8) ; 1958 (15) ; **1962** (58) ; 1965 (5) ; 1969 (1) ; NSP (11).
• *Quel est le nom du chef de gouvernement actuel de l'Allemagne de l'Ouest ?* : Ludwig Erhard (1) ; Willy Brandt (6) ; **Helmut Kohl** (78) ; Franz-Joseph Strauss (1) ; NSP (14).
• *Qui en France a le droit de dissoudre l'Assemblée nationale ?* : le Premier ministre (8) ; **le président de la République** (66) ; les sénateurs (6) ; personne [le droit de dissolution n'existe pas] (5) ; NSP (15).

Actuel/Sofres, mai 1987

Le niveau des diplômés augmente, celui des non-diplômés diminue

Contrairement à une idée très répandue (en particulier chez les enseignants), le niveau des élèves les plus diplômés n'a pas baissé. Une étude réalisée sur les appelés en 1982 a montré que les bacheliers obtiennent de meilleures notes aux tests du service national que leurs homologues de 1967.
Les résultats sont en revanche moins bons pour les titulaires du brevet ou du CAP. La croissance du nombre des élèves titulaires de ces diplômes s'est accompagnée d'une baisse du niveau moyen.

**Christian Baudelot et Roger Establet,
Economie et statistique, février 1988**

Les « bavures » du système

L'école est obligatoire jusqu'à 16 ans. Tout élève est censé y apprendre ce qui lui sera nécessaire pour vivre, travailler, communiquer, comprendre, bref s'insérer de façon satisfaisante dans la société. Pourtant, plusieurs millions de Français ne savent pas lire correctement et beaucoup ne profitent pas de leurs années de scolarité. On sait que la culture, c'est ce qui reste quand on a tout oublié. Mais l'oubli est un luxe que seuls peuvent s'offrir ceux qui ont appris quelque chose...

E • 3 millions de Français ne savent pas lire.

On estime que 5 % des Français ne savent ni lire ni écrire. Sur les 400 000 appelés d'une classe d'âge, 8 % seraient illettrés (c'est à dire incapables de lire correctement des textes ou d'effectuer des calculs simples) et 0,8 % seraient des analphabètes complets (ne sachant ni lire ni écrire). A titre de comparaison, la proportion de conscrits incapables d'écrire leur nom était de 17 % en 1880, de 4 % en 1912 ; elle est inférieure à 1 % aujourd'hui. La proportion de ceux qui éprouvent des difficultés à lire et à écrire (illettrés et semi-illettrés) est par contre restée constante depuis plus de vingt ans : 10,5 %. Ceux-là ne sont pas seulement comme on le croit des Français d'origine étrangère.
Ce phénomène incite à se poser des questions sur l'efficacité globale du système éducatif

et sur sa capacité à réduire les inégalités entre les individus. L'évolution à laquelle on assiste depuis plusieurs décennies se développe en effet dans deux sens opposés : d'un côté, l'accroissement réel du niveau d'instruction moyen ; de l'autre, un nombre croissant de laissés-pour-compte.

Un élève de sixième sur cinq a des difficultés pour lire

On considère qu'un élève sait lire lorsqu'il est capable de déchiffrer un texte à haute voix. Tous ceux qui sont admis en sixième sont censés avoir résolu ces difficultés. Ils sont pourtant nombreux à « buter » sur les mots et lire en subvocalisant, c'est-à-dire à la vitesse de l'élocution.
Si 20 % des élèves de sixième ne lisent pas couramment, ils sont encore plus nombreux à ne pas comprendre ce qu'ils lisent. Ils ne retiennent donc pas facilement les leçons, pas plus qu'ils ne comprennent les énoncés des problèmes de maths ou d'autres matières.

Le phénomène ne concerne pas que la France.

10 à 15 millions d'Européens sont des analphabètes. Beaucoup d'autres éprouvent des difficultés à lire dans leur propre langue. C'est le cas par exemple de 15 % des Américains. S'il est difficile de recenser précisément cette forme très grave de handicap social, il est encore plus ardu d'y remédier. La plupart des personnes qui sont concernées s'efforcent de cacher leurs problèmes, craignant de perdre leur dignité. Sans cesse confrontées à la « civilisation de l'écriture » qui, quoi qu'on en pense, reste prépondérante dans la société de l'image, elles vivent une humiliation quotidienne. Celle-ci se traduit souvent par l'isolement, la honte, voire le mépris de soi. Car le malheur guette celui qui ne peut pas comprendre ni s'exprimer, dans un monde où tout est communication.

Beaucoup d'enfants sont dans l'impossibilité de profiter normalement de l'école.

Parce que plus fréquemment malades, ils sont plus souvent absents que les autres. Parce qu'ils doivent, très tôt, aider leurs parents dans les tâches quotidiennes. Parce que la société qui leur est présentée à l'école ne ressemble pas à celle dans laquelle ils vivent. Ne pouvant faire l'expérience concrète des choses apprises, elles leur paraissent artificielles et ils les oublient très vite. L'école renforce donc les écarts existant à la naissance. La vie les amplifiera encore, jusqu'à rendre impossible toute intégration sociale. C'est, entre autres, à ce processus que l'on doit le développement rapide du « quart monde » depuis quelques années.

En pratique, l'école permet surtout à ceux qui y réussissent d'obtenir des diplômes.

Ces diplômes leur donnent la possibilité (sinon la garantie) d'accéder aux professions les plus élevées dans la hiérarchie sociale et les mieux rémunérées. On peut évidemment se demander si les capacités scolaires sont les mêmes que celles qui sont indispensables dans l'exercice d'une profession, mais c'est là un autre débat. Les non-diplômés devront en général se contenter des autres postes, quitte à rattraper peu à peu le temps perdu. Au prix de talent et de volonté.

Pour la plupart des Français, l'école reste un outil de sélection, plus que de préparation véritable à la vie d'adulte. Il serait évidemment injuste de rejeter un système qui n'a pas peu contribué au progrès social et économique. Mais il serait tout aussi anormal de ne pas dénoncer ses faiblesses.

Le langage, support de la culture

S'il est établi que les gestes ont précédé la parole, celle-ci a pris depuis une éclatante revanche. Les mots utilisés sont tous porteurs de deux messages ; celui du dictionnaire et celui de l'individu qui les prononce. Le premier est parfois approximatif, tandis que le second ne laisse rien au hasard. La façon de parler est déjà un long discours.

Les Français restent attachés à leur langue, mais ils ont le sentiment qu'elle a perdu de son influence.

Pour la plupart d'entre eux, la langue représente un élément important du patrimoine

L'époque joue avec les mots

Ambassade

national et un facteur essentiel du rayonnement culturel de la France dans le monde. L'échéance européenne de 1992 leur apparaît dans ce domaine comme une chance, plutôt que comme une menace. Optimistes quant à l'avenir, les Français sont plutôt pessimistes lorsqu'ils regardent le passé; la grande majorité considèrent que l'usage de la langue française s'est dégradé depuis vingt ou trente ans.

Autant que les mots eux-mêmes, la manière dont ils sont utilisés est révélatrice de la personnalité.

Lorsque des étrangers non francophones écoutent une conversation entre Français, ils sont frappés par des comportements qui leur paraissent caractéristiques. Ainsi ressentent-ils souvent un rapport de force entre les divers intervenants. Il est courant, dans beaucoup de pays, d'attendre que celui qui parle ait terminé pour prendre la parole, après un bref silence marquant la fin du dernier monologue. Les Français sont si impatients de s'exprimer qu'ils commencent à parler sur le dernier ou l'avant dernier temps du monologue précédent.

Bien des étrangers ont donc des difficultés à participer à des discussions avec des Français, leur tour étant souvent pris par plus rapide qu'eux. Leur autre motif d'étonnement est de voir les conversations de groupe entre Français éclater fréquemment en plusieurs dialogues croisés, parallèles ou simultanés.

La langue, un produit d'exportation

• Parmi les éléments qui ont le plus d'importance dans l'influence de la France à l'étranger, l'usage de la langue arrive en troisième position, derrière l'exportation des produits et le rayonnement de la culture, avant l'action de la diplomatie, l'établissement de relations privilégiées avec les alliés et la puissance militaire de la France.
• La langue arrive aussi en troisème position dans le patrimoine, après les monuments historiques et la littérature, avant les coutumes et traditions populaires, le cinéma, la musique, la peinture, le théâtre et la danse.
• La langue est, pour les Français, d'abord une aide pour réussir dans sa vie professionnelle, puis (par ordre décroissant d'importance) un moyen de se faire bien comprendre, la possibilité d'accéder à la culture, un atout pour s'élever dans la société, un plaisir pour soi.
• 47 % considèrent que l'usage de la langue française s'est plutôt dégradé depuis une vingtaine d'années, 15 % qu'il s'est fortement dégradé, 18 % plutôt amélioré, 4 % fortement amélioré. 12 % pensent qu'il n'y a pas eu de changement.
• 50% pensent que l'utilisation des mots anglais et américains est une mauvaise chose pour la langue française, qui risque ainsi de perdre son caractère propre. 45% pensent que ce n'est pas une mauvaise chose car une langue doit intégrer des mots étrangers pour s'enrichir et se développer.

Le Quotidien de Paris/Sofres, mars 1988

L'introduction du « franglais » traduit à la fois une perte d'influence et une perte de confiance des Français.

Si les Américains éprouvent quelque difficulté à dialoguer avec les Français, ils doivent cependant reconnaître au passage beaucoup de mots qui leur sont familiers. La « balance commerciale » du vocabulaire entre les deux pays est en effet largement déficitaire pour la France. Si le *surf*, le *marketing* ou les *week-ends* ont depuis longtemps envahi la conversation et les médias, le *fast-food*, le *look*, le *jogging* et le *walkman* sont d'acquisition plus récente.

L'invasion concerne en priorité les domaines liés à la consommation, le langage technique ou professionnel. Le publi-postage n'est pas prêt de remplacer le *mailing*, et les *cibistes* n'ont pas encore trouvé de mot français pour qualifier leur passe-temps (leur *hobby* !). Seules les activités plus abstraites sont moins perméables au langage anglo-saxon. Les jeunes d'aujourd'hui sont *branchés* plutôt que *cool* et préfèrent le *verlan* à la langue de Shakespeare.

Ces emprunts traduisent deux phénomènes également inquiétants. Le premier est que les nouveaux concepts, en particulier techniques, prennent moins souvent naissance en France que par le passé. Le second est que les Français sont moins pénétrés de l'importance de leur culture et qu'ils cherchent donc moins à la protéger.

Les mots nouveaux sont arrivés

Le dictionnaire est au langage ce que le droit est aux mœurs. Il consacre les usages et reflète fidèlement l'époque qui leur a donné naissance. Ainsi, la cuvée 1989 du Petit Larousse marque l'entrée de près de 200 mots et noms propres.
Parmi les mots, certains sont déjà sur toutes les lèvres ou font depuis quelque temps la une des médias : *beauf, euroterrorisme, fivete, franchouillard, galérer, minitéliste, parapente, P.A.F., séronégatif, séropositivité, sidatique, sidéen, sidologue, zapper, zapping,* etc.
D'autres sont plus techniques et révèlent l'importance croissante de la technologie : *antenniste, cassetothèque, formatage, mercaticien, microédition, rurbain, technopole,* etc...
Certains mots familiers connaissent la consécration, après une longue période probatoire. C'est le cas par exemple de *beauf, cradingue, feeling, infichu, infoutu, tchatche,* etc. dont les Français (les jeunes en particulier)feront depuis longtemps un large utilisation .
Le Petit Larousse 89 présente aussi des mots composés nouveaux : *contre-emploi, course-poursuite, dépôt-vente, fan-club, high-tech, joint-venture, sac-poubelle, sous-effectif, sous-marque, top niveau, top secret,* etc.
A travers les mots, et au-delà d'eux, c'est le spectacle étonnant et fascinant de notre monde en mutation que nous offre chaque année le dictionnaire.

Culture

En vrac

• En fin d'école primaire, les élèves font en moyenne 14 fautes dans un texte de 55 mots.
• Les Français dépensent en moyenne presque autant pour leur automobile (2,9 % de leur budget) que pour se cultiver (3,4 %).
S • Les œuvres d'art préférées des Français sont, par ordre décroissant : la Joconde, la Vénus de Milo, la Statue de la Liberté, Notre-Dame de Paris, l'Arc de Triomphe, Versailles, Guernica et le Pont-Neuf.
S • 64 % des Français sont plutôt sensibles à l'art classique, 35 % à l'art contemporain.

LE TEMPS

ESPÉRANCE DE VIE

L'espérance de vie moyenne des Français ne cesse de s'accroître. Mais les écarts entre les sexes, entre les professions, entre les pays, restent considérables.

Le temps inégal

On parle beaucoup de l'inégalité devant la vie. On dénonce moins souvent celle qui sépare les êtres devant la mort. Elle est pourtant tout aussi cruelle. On sait que la vie est plus longue en Europe qu'en Afrique ou en Asie. On sait moins que certaines catégories de Français vivent en moyenne 20 ans de plus que d'autres.

Le sexe, l'hérédité, la profession, le mode de vie expliquent ces écarts gigantesques. Certaines de ces causes sont irréversibles : on ne peut modifier son hérédité ; il n'est pas facile de changer de sexe. Il est heureusement possible d'agir sur d'autres facteurs de longévité.

Bien sûr, on doit garder à l'esprit que les chiffres dont il est question ici constituent des moyennes établies pour des groupes d'individus. La durée de vie d'un individu particulier appartenant à l'un quelconque de ces groupes n'est évidemment pas prévisible. Une précision réconfortante qui montre que, sauf si l'on croit au déterminisme, chacun peut modifier le cours de son propre destin.

L'inégalité des sexes :
• A la naissance, les Françaises
ont une espérance de vie supérieure
de 8 ans à celle des Français
(80,3 ans contre 72,0 en 1987).
• L'écart n'était que de 6,7 ans en 1960.

La définition de l'espérance de vie est « la moyenne des années de vie d'une génération imaginaire qui serait soumise toute sa vie aux quotients de mortalité par âge (nombre de décès dans un groupe donné pendant une année donnée par rapport à la population du groupe en début d'année) pendant l'année d'observation ».

Le prétendu « sexe faible » prend ici une revanche éclatante sur l'autre. Et l'on comprend alors pourquoi les « vieux » sont en fait le plus souvent des « vieilles ». Les Françaises sont d'ailleurs les championnes d'Europe quant à l'écart d'espérance de vie avec les hommes : 8 ans, contre 6 ans en moyenne pour le reste de l'Europe.

Les raisons de la plus grande longévité des femmes sont difficiles à cerner avec précision. Elles tiennent pour une part à un risque inférieur de mourir d'un accident (au travail, sur la route, en faisant du sport, etc.), du fait d'une vie plus sédentaire, de métiers et d'activités moins dangereux.

Les femmes sont peut-être également plus résistantes. Dès les premières années de la vie, on constate que les petites filles sont moins fragiles que les petits garçons. Leur mortalité infantile est d'ailleurs inférieure.

Mais l'une des causes essentielles semble être une moindre consommation d'alcool ou de tabac que les hommes. Les femmes sont en effet beaucoup moins nombreuses, en proportion, à mourir d'une cirrhose du foie (3 300 contre 8 100 en 1986) ou d'un cancer du poumon (2 500 contre 17 500).

L'inégalité des époques.
• *Depuis le début du siècle, l'espérance de vie a augmenté de 29 ans pour les hommes, 33 pour les femmes !*

Mieux vaut être né d'hier que d'avoir vu le jour au siècle dernier, surtout si l'on est un homme ! C'est en tout cas ce que suggère l'évolution spectaculaire de l'espérance de vie depuis plus de deux siècles (voir graphique). Les écarts sont encore plus spectaculaires si on compare l'espérance de vie actuelle avec celle de la fin du XVIIIe siècle : environ 29 ans.

Mais ces chiffres sont quelque peu trompeurs. Ils prennent en compte la mortalité infantile (nombre d'enfants décédés avant l'âge d'un an, pour 1 000 enfants nés vivants). Or, cette cause de mortalité a considérablement diminué dans le temps, du fait de l'amélioration des conditions de vie des mères, des progrès de la médecine et des techniques d'accouchement.

Le moindre nombre de décès avant un an explique en partie l'allongement de la durée de vie moyenne. L'amélioration des conditions de vie (en particulier l'hygiène), les progrès considérables de la prévention et de la guérison des maladies ont également largement contribué à la diminution de la mortalité à tous les âges.

On a une idée précise de l'influence de la mortalité infantile en observant l'évolution de l'espérance de vie des adultes de 40 ans, selon les époques. On constate que l'allongement de la durée de vie est en réalité moins grand que ne le mesure l'espérance de vie à la naissance. En fait,

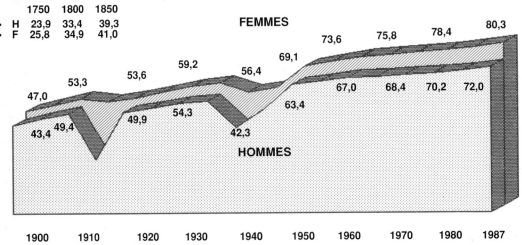

La vie, la mort, la guerre

Evolution de l'espérance de vie à la naissance (en années):

	1750	1800	1850
• H	23,9	33,4	39,3
• F	25,8	34,9	41,0

FEMMES

47,0   53,3   53,6   59,2   56,4   69,1   73,6   75,8   78,4   80,3

43,4   49,4   49,9   54,3   42,3   63,4   67,0   68,4   70,2   72,0

HOMMES

1900   1910   1920   1930   1940   1950   1960   1970   1980   1987

INSEE

en un demi-siècle, les Français de 40 ans n'ont gagné que 6 ans d'espérance de vie supplémentaire et les Françaises, 8 ans.

L'inégalité commence tôt

La mortalité infantile est plus forte chez les garçons que chez les filles. Elle est plus élevée dans les familles nombreuses (y compris pour les premiers-nés), chez les immigrés et dans les familles dont les parents ont le niveau d'instruction le plus faible. Elle augmente avec l'âge de la mère (elle double entre 30 et 40 ans). En 1955, le taux de mortalité infantile atteignait 36,5 pour mille naissances. Il n'était que de 7,7 en 1987.

L'inégalité des âges.
• A 20 ans, l'espérance de vie d'un homme
est de 53 ans (il vivra jusqu'à 73 ans),
celle des femmes est de 61 ans.
• A 60 ans, l'espérance de vie
est de 18 ans pour les hommes,
23 ans pour les femmes.

Plus on est âgé et plus on a de chances de vivre longtemps. De toutes les inégalités, celle-ci est sans doute celle qui choque le moins. Le bon sens incite à penser que les risques de décès à 20 ans (accident, maladie, guerre, etc.) sont plus élevés que ceux que l'on court à 60 ans, après avoir traversé sans encombre 40 années supplémentaires. Il est donc logique que l'âge moyen de décès probable des personnes âgées soit plus élevé que celui des jeunes.

L'inégalité des professions.
• Un professeur vit en moyenne
9 ans de plus qu'un manœuvre.

On sait qu'il vaut mieux, si l'on veut vivre longtemps, être une femme qu'un homme. Si l'on peut en plus choisir sa profession, il faut s'intéresser de préférence à celle d'enseignant ou de cadre supérieur. C'est en tout cas ce que disent les chiffres de l'espérance de vie selon la profession.

L'explication par les écarts de mortalité infantile ne tient plus, puisqu'il s'agit ici d'adultes ayant 35 ans. Par contre, le risque d'accident

mortel intervient, en particulier pendant le travail. Il est beaucoup plus élevé chez les manœuvres que chez les professeurs. De sorte que, si l'on élimine cette cause non négligeable de mortalité, on retrouve des écarts un peu moins élevés entre les professions. En dehors de ces risques spécifiques, on peut dire que ce n'est pas le fait d'exercer un certain métier qui explique une durée de vie plus ou moins longue, mais l'ensemble des répercussions que ce métier implique sur le style de vie en général (sédentarité, fatigue, stress...).

Les métiers qui conservent... et les autres

Espérance de vie à 35 ans selon la profession (hommes, en années) :

Professeurs	43,2
Ingénieurs	42,3
Cadres sup., prof. lib.	42,0
Cadres moyens	40,3
Agriculteurs	40,3
Artisans	40,2
Patrons ind. et com.	39,5
Petits commerçants	38,8
Employés	38,5
Salariés agricoles	37,5
Personnel de service	37,5
Ouvriers	37,2
Manœuvres	34,3
ENSEMBLE	38,8

INSEE

L'inégalité des modes de vie.
• Le risque de mort subite est 5 fois plus élevé
chez les gros fumeurs.
• Les hommes de 40 ans pesant 30 % de plus
que leur poids idéal ont 2 fois plus de risques
que les autres de mourir d'une maladie
cardio-vasculaire dans les 10 ans.
• Ce risque est multiplié par 5
pour les personnes atteintes d'hypertension.

Plus difficile à mesurer, mais tout aussi réel, est l'impact du mode de vie sur sa durée. La qualité de l'alimentation, l'hygiène corporelle, la consommation d'alcool ou de tabac sont autant de facteurs influant sur l'espérance de vie.

Les riches meurent plus tard que les pauvres

Espérance de vie à la naissance dans divers pays (moyenne hommes/femmes, en années, 1985) :

LES PAYS RICHES		LES PAYS PAUVRES	
Allemagne	75	Angola	40
Belgique	73	Argentine	68
Danemark	74	Cambodge	30
Etats-Unis	75	Chili	65
FRANCE	75	Colombie	62
Irlande	73	Côte d'Ivoire	46
Islande	77	Guinée	38
Italie	73	Haïti	51
Japon	78	Inde	45
Luxembourg	72	Mali	48
Pays-Bas	76	Pakistan	59
Royaume-Uni	73	Tchad	44
Suède	76	Turquie	61

ONU (OMS)

Vivre longtemps implique donc une certaine discipline personnelle. C'est parce qu'elle est plus courante chez les femmes que celles-ci vivent plus longtemps. En somme, le secret est tout à fait simple : pour vivre vieux, il faut vivre mieux.

L'inégalité des pays.
• *L'espérance de vie à la naissance est de 43 ans en Ethiopie contre 77 en Islande.*

Les hommes habitant les pays riches vivent longtemps, et les femmes plus encore. La situation est très différente dans les pays dits en voie de développement, qui cumulent les handicaps de la malnutrition, du manque d'hygiène, de l'insuffisance des soins et de l'inexistence de la prévention.

On trouve pourtant de beaux vieillards dans les pays défavorisés ; leurs photos ornent bien souvent les catalogues de voyage. C'est que, ici encore, la mortalité infantile explique une partie de l'écart considérable entre les durées de vie moyennes. Ce taux, descendu à des niveaux très faibles dans les pays développés (moins de 1 %), dépasse 10 % dans des pays comme l'Inde, le Sénégal ou l'Egypte. Cela signifie qu'un enfant sur dix mourra avant son premier anniversaire.

Demain, tous centenaires ?

L'allongement considérable de la durée de vie constaté en France depuis un ou deux siècles semble autoriser tous les espoirs. Certains biologistes affirment qu'il sera bientôt possible de vivre jusqu'à 130 ans. En l'an 2000, le vieillissement pourrait être selon eux considérablement ralenti et, pourquoi pas, stoppé en conjuguant la diététique et la pharmacopée...

Au 1er janvier 1988, 31 500 Français avaient 95 ans ou plus.

D'autres experts sont moins optimistes. Les causes de décès les plus anciennes (mortalité infantile, certaines maladies, etc.) ont déjà été réduites de façon spectaculaire. Il reste maintenant à vaincre les grandes maladies (cancer, maladies cardiaques, sida, etc.) qui continuent d'abréger anormalement la vie. Le chemin risque d'être long et difficile. D'ailleurs, si l'on regarde la courbe d'évolution de l'espérance de vie, on s'aperçoit qu'elle monte moins vite depuis le début des années soixante. Va-t-elle atteindre un palier ou un sommet ? On sait, de toute façon, que les plus grands arbres ne montent jamais jusqu'au ciel...

L'évolution constatée depuis quelques années fait apparaître des phénomènes nouveaux et inattendus. Ils touchent de façon différente les pays de l'Europe de l'Est et ceux de l'Occident.

Dans les pays de l'Est, la durée de vie moyenne est en train de baisser.

Après avoir stagné depuis 1970, l'espérance de vie tend à diminuer depuis 1977 dans les pays du bloc socialiste. L'URSS et certains de ses satellites, tels que la Pologne, semblent particulièrement touchés. Les causes principales en seraient l'alcoolisme et... la planification. L'alcoolisme fait augmenter le nombre des accidents de la route : on constate, par exemple, que certains pays de l'Est connaissent un nombre d'accidents semblable à celui que connaît la France, avec un nombre de voitures beaucoup moins élevé.

Modernité et mortalité

Des chercheurs de l'INED (Jacques Vallin et Alan Lopez) ont constaté des phénomènes qui mettent en question la relation, généralement acceptée, entre le degré de modernité d'une société et son niveau de mortalité :
• Certains pays en voie de développement, tout en restant « pauvres », atteignent ou même dépassent l'espérance de vie de nombreux pays industrialisés.
• L'inégalité sociale devant la mort est très importante dans les pays industrialisés où pourtant, en moyenne, des progrès considérables ont été accomplis.
• Cette inégalité semble résister à tous les systèmes de prise en charge collective des dépenses de santé.
• L'écart d'espérance de vie entre les hommes et les femmes ne cesse de se creuser.

La responsabilité du système planificateur est plus subtile. L'organisation de la santé, très centralisée, ne permet pas de soigner efficacement les cancers ou les maladies cardio-vasculaires, principales causes des décès. Les équipements hospitaliers, mal entretenus, se dégradent, et leur nombre est insuffisant pour faire face à l'accroissement de la population. Par ailleurs, les médecins sont invités à ne pas prescrire les médicaments les plus coûteux, qui sont généralement les plus efficaces. D'où la montée de certaines maladies, et la lenteur des progrès réalisés vis-à-vis de certaines autres.

Dans les pays de l'Ouest, l'écart entre la durée de vie des hommes et celle des femmes s'accroît.

On fait couramment l'hypothèse que les causes de cet écart sont liées à des modes de vie différents entre les sexes. Le rapprochement des conditions de vie des hommes et des femmes auquel on assiste depuis quelques années aurait donc dû réduire les différences de durée de vie. C'est le contraire qui semble se produire dans les pays occidentaux les plus développés.

Pourquoi, alors que les (mauvaises) habitudes telles que l'alcool, le tabac, le goût du risque sont de moins en moins le monopole des hommes, les femmes n'en subissent-elles pas à leur tour les conséquences ? La réponse des spécialistes est que les femmes consomment de toute façon beaucoup moins de tabac et d'alcool que les hommes et bénéficient en outre d'une meilleure surveillance médicale. Il est établi que les machines régulièrement entretenues durent en général plus longtemps que celles qui ne sont révisées qu'en cas de panne ou d'accident. Il est logique qu'il en soit de même des individus, qui savent qu'il vaut mieux « prévenir que guérir ».

On observe depuis quelques années un accroissement dans la surmortalité masculine (rapport entre les probabilités des décès à un âge donné des hommes par rapport aux femmes). Dans la tranche d'âge de 40 à 44 ans, elle est passée de 2,15 au début des années 70, à 2,25 à la fin de la décennie. Dans la tranche 60-64 ans, elle est passée de 2,40 à 2,54 dans la même période. On retrouve ce phénomène chez les personnes âgées, bien que l'accroissement soit moins prononcé (1,31 contre 1,29 pour les 80 ans et plus).

Une nouvelle vision de la vie apparaît.

L'allongement de l'espérance de vie n'a pas que des conséquences individuelles ou économiques. Il influe aussi sur le système de valeurs de la société. Ainsi, la survie presque générale des femmes jusqu'à la période féconde tend à modifier l'image et l'importance de la procréation.

Par ailleurs, la mort des personnes proches est une expérience plus rare puisqu'elle se produit essentiellement chez des personnes âgées. Cet éloignement croissant de l'idée de la mort n'est sans doute pas sans effet sur les conceptions religieuses, la production artistique ou la conception globale de la vie.

EMPLOI DU TEMPS

Si le temps dont les Français disposent a considérablement augmenté, la façon dont ils l'utilisent a beaucoup évolué. La distinction entre temps subi et temps choisi est remise en question, comme le découpage traditionnel école-travail-retraite. La modification progressive de l'emploi du temps de la vie constitue une véritable révolution.

La vie devant soi

Le capital-temps des Français est de 72 ans pour les hommes, 80 ans pour les femmes. Une durée de vie moyenne à laquelle personne ne rêvait il y a cent ans. Mais que font donc les Français de toutes ces années ? La réponse est simple : ils passent le tiers de leur existence à dormir et consacrent 3 fois plus de temps à se divertir qu'à travailler.

Le temps gagné, c'est de l'argent

Créhalet Foliot

Un temps pour chaque chose

Répartition du temps d'une vie pour un Français
(estimations en années) :

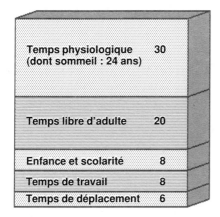

Temps physiologique (dont sommeil : 24 ans)	30
Temps libre d'adulte	20
Enfance et scolarité	8
Temps de travail	8
Temps de déplacement	6

---

*Le temps libre d'une vie est aujourd'hui
6 fois plus long qu'en 1800.*

Le temps a beaucoup changé... au fil du temps. Il s'est globalement « dilaté », mais les différentes parties qui le composent ont subi des déformations très différentes.

Il y a près de deux siècles, nos ancêtres vivaient deux fois moins longtemps et consacraient la moitié de leur vie éveillée au travail. Leur temps libre était donc très limité : moins de trois ans. Aujourd'hui, les Français disposent de beaucoup plus de temps. La part qu'ils consacrent au travail est 3 fois moins élevée qu'en 1800.

La période de l'enfance s'est un peu étirée, du fait de l'allongement de la scolarité. Seul le temps accordé au sommeil et aux divers besoins d'ordre physiologique n'a guère évolué. Au total, ce sont tout de même plus de 40 % des années de la vie qui sont consacrées à ces activités peu compressibles. Ce qui ne veut d'ailleurs pas dire qu'elles soient désagréables.

Mais le véritable bouleversement est celui du temps libre de l'adulte, multiplié par 6 depuis 1800. Bien sûr, la majeure partie de ce temps là n'est disponible qu'au moment de la retraite. La plupart des Français ne pourront vraiment profiter de ce temps libre qu'après 30 ou 40 ans de labeur.

Le temps à géométrie variable

Evolution de l'emploi du temps de la vie selon les époques (en % du temps total) :

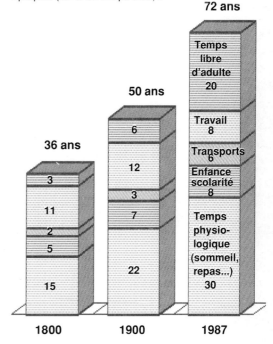

72 ans

Temps libre d'adulte	20
Travail	8
Transports	6
Enfance scolarité	8
Temps physiologique (sommeil, repas...)	30

50 ans : 6, 12, 3, 7, 22

36 ans : 3, 11, 2, 5, 15

1800   1900   1987

Les jours des Français se suivent et ne se ressemblent pas

L'emploi du temps de la vie des Français fait apparaître de profondes différences entre les individus, dès la fin de la période scolaire. La répartition temps de travail/temps libre varie principalement selon qu'on est actif ou pas.

Mais ces définitions officielles ne reflètent pas toujours la réalité : certains inactifs (les femmes en particulier) travaillent plus que beaucoup d'actifs. On peut, pour simplifier, diviser chaque journée en trois types d'activités distincts :
• Le temps physiologique, évoqué précédemment, regroupe le sommeil, l'alimentation et les soins personnels (toilette, etc.) ;
• Le temps subi est celui consacré au travail (y compris les trajets), à la formation et aux tâches domestiques ;

• Le temps libre (ou « temps choisi ») est celui qui est consacré aux activités de loisir et à la vie sociale.

Parmi les actifs citadins, les hommes ont chaque jour 50 minutes de temps libre de plus que les femmes.

L'emploi du temps des adultes actifs (citadins) fait évidemment une large place au travail. Si les femmes y consacrent en moyenne une heure de moins que les hommes, il faut préciser que s'ajoutent chaque jour à leur travail rémunéré plus de 4 heures et demie pour les tâches domestiques, contre 2 heures 48 pour les hommes (durée journalière calculée sur une base de 7 jours).

La journée moyenne des citadins actifs

Hommes et femmes de 18 à 64 ans (1985-86) :

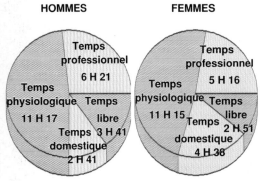

Temps exprimé en heures et minutes. Ces chiffres sont des moyennes incluant les samedis et les dimanches.

INSEE

Le temps physiologique des deux sexes est comparable. Les hommes restent un peu plus longtemps à table (1 h 23 contre 1 h 18 pour les repas à domicile), tandis que leurs épouses prennent un peu plus de temps pour s'occuper d'elles-mêmes. Au total, les femmes actives sont donc pénalisées de près d'une heure de loisir par rapport aux hommes. Ce qui représente tout de même près du tiers de leur temps libre quotidien.

Parmi les non-actifs (de moins de 65 ans), l'écart est plus important entre les hommes et les femmes.

La différence d'emploi du temps entre hommes et femmes est encore plus marquée quand ils n'ont pas d'activité professionnelle. Les hommes sont de plus gros dormeurs. Les femmes « inactives » consacrent tout de même 6 h 53 au ménage et autres travaux domestiques

La journée moyenne des non-actifs

Hommes et femmes de 25 à 54 ans (1985-86) :

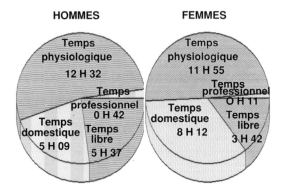

La journée moyenne des non-actifs

Hommes et femmes de 65 à 74 ans (1985-86) :

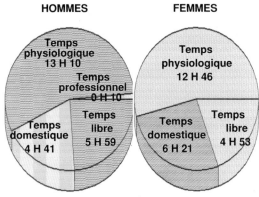

Temps exprimé en heures et en minutes.

INSEE

(2 h 41 heures pour les hommes). De sorte qu'au concours du temps libre les hommes sont encore les grands gagnants, avec 5 h 33 par jour, soit une heure et demie de plus que leurs compagnes.

Les personnes âgées ont du temps à revendre.

La journée des plus de 65 ans ressemble un peu à celle de leurs cadets non actifs. S'ils consacrent moins de temps aux travaux domestiques, c'est principalement que leurs foyers comptent moins de personnes. Les enfants étant partis, les courses et le ménage leur demandent moins de temps. C'est peut-être pourquoi ils ont tendance à en consacrer davantage aux repas, moments importants de la journée, souvent prolongés, l'après-midi, par la sieste. Pour beaucoup de personnes âgées, le temps est une matière première à la fois abondante (dans le cadre d'une journée) et rare (pour l'avenir).

L'emploi du temps n'est pas le même en ville et en milieu rural.

Les ruraux consacrent plus de temps au travail que les citadins : deux heures de plus par jour pour les agriculteurs. Le temps passé par les femmes agricultrices ou aides familiales au travail professionnel et domestique représente au total 10 heures et demie par jour, soit une heure de plus que chez les citadines. En particulier, la préparation des repas et la vaisselle prennent deux fois plus de temps à la ferme qu'en ville. Cet écart tient au fait que les agriculteurs participent moins aux travaux ménagers que les actifs urbains : une heure de moins en moyenne.

On constate aussi que les ruraux (surtout âgés) dorment davantage que les citadins. Ils passent aussi plus de temps à table : 1 h 35 par jour à domicile contre 1 h 20 en ville. Enfin, la télévision et les sorties occupent moins de temps à la campagne qu'à la ville. D'abord, parce que le temps de loisir est inférieur d'une demi-heure par jour en milieu rural. Ensuite, parce que la pratique de la chasse ou de la pêche est beaucoup plus fréquente chez les personnes qui habitent en milieu rural.

Depuis 10 ans, le temps de travail a diminué, le temps libre a augmenté, les repas ont raccourci.

Entre l'enquête réalisée par l'INSEE en 1975 (Caroline Roy) et celle de 1985-1986 (Caroline Roy et Ghislaine Grimler), l'emploi du temps des Français a évolué. Tandis que le temps de travail diminuait en moyenne d'une demi-heure, sous l'effet conjugué de la réduction des horaires, de l'accroissement du travail à temps partiel, le temps libre augmentait de 35 minutes. Cette augmentation concerne essentiellement la télévision : 26 minutes de plus en dix ans. De sorte que la télé absorbe aujourd'hui 40 % du temps libre des Français.

Les femmes et les hommes ont toujours des rôles domestiques distincts (les activités liées au linge restent exclusivement féminines) mais le partage des tâches est un peu plus égalitaire. Les activités masculines telles que le bricolage et le rangement ont augmenté, tandis que les tâches féminines (cuisine, vaisselle, linge) ont diminué.

Enfin, on constate que les adultes citadins consacrent un quart d'heure de moins aux repas.

L'emploi du temps dix ans après

Evolution des emplois du temps des adultes citadins entre 1975 et 1985 (en heures et minutes) :

	1975	1985
• Temps physiologique dont :	12 h 05	11 h 53
- repas à domicile	1 h 41	1 h 30
- repas hors domicile	0 h 29	0 h 28
• Temps professionnel et de formation dont :	4 h 01	3 h 32
- travail professionnel	3 h 23	2 h 49
- études et formation	0 h 14	0 h 20
- trajets	0 h 24	0 h 23
• Temps domestique dont :	4 h 26	4 h 31
- activités ménagères	2 h 44	2 h 38
- bricolage, couture	0 h 21	0 h 23
- autres trajets	0 h 43	0 h 47
- soins aux personnes	0 h 24	0 h 24
• Temps libre dont :	3 h 28	4 h 04
- télévision	1 h 22	1 h 48
- sports	0 h 03	0 h 08
- spectacles, sorties	0 h 06	0 h 00
- jeux	0 h 08	0 h 11

INSEE

Une évolution qui touche toutes les catégories de personnes, jeunes ou âgées, actives ou non, hommes ou femmes.

Du temps pour quoi faire ?

Selon le joli mot d'Elsa Triolet, le temps ne serait que « l'activité de l'espace ». Les Français en ont une conception beaucoup plus concrète. Pour eux, le temps est la substance essentielle de la vie. Il s'agit donc, très simplement, d'en avoir le plus possible et de l'utiliser au mieux.

Le temps s'achète, comme le reste.

Les dernières décennies ont été marquées à la fois par la conquête du confort matériel et par celle du temps libre. Tandis que la durée de vie s'allongeait, la part du temps subi ne cessait de diminuer. La réduction du temps de travail quotidien, l'accroissement de la durée des vacances n'en sont que les aspects les plus apparents.

La société moderne offre bien d'autres moyens de gagner du temps. Les produits alimentaires (en poudre, concentrés, congelés, surgelés, en conserve, lyophilisés, précuits, etc.), l'équipement électroménager (machines à laver le linge ou la vaisselle, four à micro-ondes...), les moyens de transport (avion, TGV, transports urbains) ont une raison d'être commune : faire économiser du temps.

Car c'est bien du temps qu'on achète, chaque jour, en s'offrant un hamburger, les services du pressing, ceux d'une femme de ménage ou d'un jardinier...

Les Français veulent gagner du temps pour en avoir plus à perdre.

La grande affaire de cette fin de siècle est celle du temps. Les Français des années 80 se plaignent davantage du manque de temps que du manque d'argent. Ils n'en ont pourtant jamais eu autant à leur disposition. Pourquoi alors cette fuite en avant ? D'abord, parce que le temps, c'est la vie, et qu'on n'en a, par définition, jamais assez. Ensuite, parce que, pour la première fois de leur histoire, la plupart des Français ont résolu une partie des problèmes d'ordre matériel, qui occupaient leur esprit pendant les périodes précédentes.

Le temps social ou la météo de l'histoire

L'étude du temps social est une dimension essentielle et trop peu utilisée de l'histoire des sociétés. Elle montre que l'utilisation du temps par les individus dépend à la fois des conditions économiques, politiques et culturelles, religieuses, qui prévalent à un moment donné.

Le sociologue Rudolf Rezsohazy indique par exemple que la perspective dominante en Europe occidentale au cours des années soixante était l'avenir. La vision d'un avenir en progrès s'est brouillée depuis le milieu des années soixante-dix, et les sociétés occidentales se sont repliées sur le présent, tout en idéalisant le passé (voir les explosions régulières de modes de type « rétro »).

La modification du temps social est d'abord la conséquence d'une très forte revendication pour une réduction du temps consacré au travail, sensible depuis le milieu du XIXe siècle. Nicole Samuel a montré que ce mouvement a commencé dès la révolution de 1848 avec le décret de Louis Blanc limitant la journée de travail à dix heures à Paris et 11 en province. Il fallut cependant attendre 1912 pour que la journée de travail entre dans les faits. Elle était réduite à 8 heures en 1919, répondant ainsi à une demande apparue dès 1880.

Les pressions sociales pour réduire le temps de travail s'exprimèrent ensuite à l'échelle de la semaine, avec le droit au week-end. Puis à l'échelle de l'année, avec les congés payés : 12 jours ouvrables en 1936, portés à 18 en 1956, à 24 en 1969, à 32 en 1982 (cinq semaines). A l'échelle de la vie, l'avancement de l'âge de la retraite, fixé pour l'ensemble du régime général à 65 ans vers 1950, puis à 60 ans en 1982.

Les revendications actuelles vont moins à une diminution du temps de travail qu'à un meilleur aménagement. Le travail à temps partiel, les horaires variables, la possibilité de ne pas travailler pendant les jours fériés, en sont les principales.

Si la société de consommation est toujours d'actualité, elle est maintenant tenue pour acquise. Les Français ont donc le temps... de penser au temps. Sa conquête quantitative est maintenant bien avancée. Reste à réaliser celle, plus difficile et personnelle, de la *qualité* du temps.

Que faire de ce temps de vie supplémentaire gagné sur la mort ? Les solutions ne manquent pas. Car, si les marchands sont nombreux à vendre du temps, certains proposent aimablement d'en perdre. Au premier rang, on trouve les fabricants de programmes de télévision, qui « prennent » à chaque Français près de trois heures de ses journées. D'une manière générale, les invitations au loisir ne manquent pas. Elles tendent d'ailleurs à se multiplier, avec l'avènement de la fameuse civilisation des loisirs. On peut à ce propos prétendre que les Français vivent déjà dans une civilisation de ce type, lorsqu'on observe la part prise par le temps libre dans le temps total de la vie. Cette impression est confirmée par la nature et l'importance des dépenses qu'ils consacrent aux loisirs, et qui sont aujourd'hui au moins égales à celles qui reviennent par exemple à l'alimentation.

Cette vision marchande du temps ne fait cependant pas le tour de la question. La conquête du temps n'a pas pour unique objet le divertissement. Elle représente pour chacun la possibilité de gérer lui-même le temps dont il dispose, c'est-à-dire sa vie. Un pas important vers la maîtrise de son destin, revendication essentielle de l'époque. Gagner du temps pour pouvoir le perdre à sa guise, tel est l'apparent paradoxe de la société française d'aujourd'hui.

La grande révolution du temps est commencée

Les Français ont, en un siècle, gagné beaucoup de temps. Même si on peut discuter les détails, il ne fait guère de doute que la société française, autrefois caractérisée et expliquée par le travail, l'est de plus en plus par le temps libre, deux fois plus abondant.

Cependant, les structures de la société restent calquées sur le modèle précédent, organisant la vie autour du travail, activité pourtant de plus en plus minoritaire dans l'emploi du temps de la vie.

Les ruptures du temps social (fins de semaine, congés payés, retraite, etc.) étaient hier considérées comme des progrès.
Elles commencent aujourd'hui à être vécues comme des contraintes.

Les Français souhaitent pouvoir faire leurs courses tard le soir, utiliser les services publics sept jours sur sept. Ils veulent pouvoir choisir les dates de leurs vacances et, pour ceux qui ont des enfants, ne pas dépendre du calendrier scolaire.

Mais les revendications des citoyens-consommateurs se heurtent aux réticences des citoyens-travailleurs, qui ne souhaitent pas rentrer chez eux plus tard le soir pour assurer l'ouverture des magasins ou des services de toutes sortes. Même si le poids des usagers est souvent inférieur à celui des syndicats, les aspects économiques pourraient jouer un rôle déterminant, dans la difficile conjoncture de l'emploi.

Le découpage formation-travail-retraite n'apparaît plus satisfaisant.

Un nombre croissant de Français se demandent aujourd'hui si le découpage de la vie en trois périodes successives (un temps pour apprendre, un autre pour travailler, le dernier pour se reposer) n'est pas totalement artificiel. Pourquoi ne pas apprendre quand on en a envie ou quand c'est nécessaire ? Pourquoi ne pas « se mettre en retraite » à différentes époques de sa vie, afin de s'orienter vers un autre type d'activité, prendre un peu de recul ou simplement profiter de la vie ? Pourquoi ne pas travailler de façon plus modulée, tant qu'on en éprouve le besoin ou l'envie, tant qu'on en a la capacité ?

Les temps changent ; le temps change aussi.

Ainsi, le rêve d'un « autre temps » s'installe peu à peu dans l'esprit des Français. Les intellectuels, les rêveurs et, d'une manière générale, tous ceux qui pensent améliorer leur sort en le maîtrisant, conduisent le mouvement. Ils sont depuis peu soutenus par des experts qui, après s'être penchés sur le problème, en arrivent à penser que l'utopie sociale pourrait avoir des justifications économiques. Elle permettrait en particulier de mieux partager l'emploi, de mieux adapter la formation aux besoins de l'économie en même temps qu'elle rendrait les gens plus heureux.

On voit donc s'esquisser le chemin vers une autre société, qui serait caractérisée par une plus grande harmonie entre les nécessités collectives et les aspirations individuelles. La voie vers cette nouvelle civilisation passe sans aucun doute par la révolution du temps. A la différence d'autres révolutions, celle-ci ne sera pas violente et elle devrait satisfaire chacun.

Le temps

En vrac

S • 66 % des Français disent être en forme à leur réveil, 33 % ont du mal à démarrer la journée.
• Ceux qui passent le plus de temps devant la télévision sont les hommes inactifs de 55 ans et plus : 2 h 38 par jour. Ceux qui en passent le moins sont les femmes actives de 25 à 55 ans : 1 h 03.
• Les Français de 15 ans et plus consacrent en moyenne 27 minutes par jour à la lecture, 17 minutes aux visites et réceptions (sans repas), 11 minutes à la promenade, pêche et chasse, 5 minutes à réfléchir, 3 minutes à la pratique associative, 2 minutes à la pratique religieuse.

• Le temps moyen de trajet au travail représente 39 minutes pour les hommes actifs de 25 à 54 ans, 30 minutes pour les femmes.
S • 30 % des Français déclarent avoir des conflits entre leur travail et leur vie personnelle (manque de temps, contraintes diverses).
• S'il était possible d'aménager le temps de travail, 10 % des Français souhaiteraient plus de temps partiel, 28 % plus de souplesse sur la semaine ou le mois, 17 % plus de souplesse sur l'année, 21 % plus de souplesse dans les horaires, 5 % la possibilité de prendre un congé sans solde.

LES VALEURS

SYSTÈME DE RÉFÉRENCE

Le système de valeurs des Français est à la fois complexe et diversifié : la tolérance croissante aux minorités y côtoie le racisme ; l'individualisme fait bon ménage avec de nouvelles formes de solidarité ; le déclin de la pratique religieuse n'entame pas la foi en Dieu. Derrière ces évolutions se dessine peu à peu un nouveau type de société.

Mai 68, vingt ans après

Comme la plupart des sociétés occidentales, la société française est à la recherche d'une nouvelle identité. Cet effort de contestation, puis d'adaptation à un monde qui se transforme est particulièrement sensible depuis vingt ans. Il a été marqué principalement par une demande croissante de liberté individuelle et de sécurité. Il s'est traduit par un divorce entre les individus et les institutions.

Le grand mouvement de remise en cause des rapports avec les institutions a commencé vers 1965.

L'Eglise, l'armée, l'entreprise, l'Etat ont connu tour à tour la contestation. Celle qui toucha l'école en mai 68 fut la plus spectaculaire. Dès 1965, certains phénomènes, passés presque inaperçus, annonçaient déjà la « révolution des mœurs ». La natalité commençait à chuter. Le chômage s'accroissait. La pratique religieuse régressait, en particulier chez les jeunes. Le nu faisait son apparition dans les magazines, dans les films et sur les plages. Pour la première fois depuis vingt ans, la productivité du capital diminuait dans l'ensemble des pays occidentaux, préparant le terrain de la crise économique des années soixante-dix.

Ce goût de plus en plus affirmé pour la liberté et la levée des tabous qui pesaient depuis des siècles sur la société allait progressivement donner naissance à une nouvelle échelle des valeurs morales. Avec, en contrepoint, la remise en cause des valeurs traditionnelles.

En vingt ans, la société française a connu cinq chocs importants : 1968, 1973, 1981, 1982, 1987.

1968 fut avant tout un choc *culturel* ; les jeunes Français sont descendus dans la rue pour dénoncer la civilisation industrielle et les dangers de la société de consommation. Le choc *économique* de 1973 sonnait le glas de la période d'abondance, annonçait l'avènement du chômage et la redistribution des cartes entre les régions du monde. Le choc *politique* de 1981 mettait un terme au règne sans partage de la droite. Un an après, un choc *idéologique* se produisait dans l'ensemble du pays, à la suite du plan de relance socialiste à contre-courant. Le choc *financier* de 1987 mettait en évidence les déséquilibres économiques, les limites de la coopération internationale, l'insuffisance des protections mises en place depuis 1929, l'impuissance à prévoir et à enrayer les crises.

La nouvelle identité nationale

A votre avis, lequel de ces slogans illustre le mieux votre idée de la France (*) ?

• Liberté, Egalité, Fraternité	45 %
• Allez France	20 %
• Travail, Famille, Patrie	14 %
• La France aux Français	13 %

Selon vous, l'identité nationale est-elle essentiellement symbolisée par (*) :

• La cuisine française	63 %
• Les droits de l'homme	62 %
• La femme française	42 %
• Les clochers des églises	34 %
• Le chauvinisme	30 %
• Le tiercé	22 %

(*) Totaux supérieurs à 100, car plusieurs réponses possibles.

Passages/CSA, octobre 1987

La nouvelle échelle des valeurs

Les chocs répétés subis depuis vingt ans ont été d'autant plus forts qu'ils se sont produits sur fond de mutation technologique. Ils ont engendré des décalages, parfois même des divorces entre les catégories sociales. Ils sont à l'origine de l'émergence de nouvelles valeurs en même temps que d'une redéfinition des anciennes. Les mots liberté, famille, tolérance, solidarité... prennent aujourd'hui un sens nouveau. D'autres font leur apparition dans le vocabulaire social : modernité, horizontalité, flexibilité, efficacité... Ils composent ensemble une nouvelle morale pour une nouvelle civilisation.

Pour beaucoup de Français, la liberté est aujourd'hui plus importante que l'égalité.

Les trois grands principes fondateurs de la République (Liberté-Egalité-Fraternité) n'ont pratiquement jamais connu ensemble la faveur des Français. Les années quarante et cinquante furent placées sous le signe de la *Fraternité*.

Au cours des années soixante et soixante-dix, l'état d'esprit général était plutôt à l'*Egalité* dans la redistribution par l'Etat des bienfaits de la croissance économique. Les premières années de crise, loin de remettre en question ce partage, ont au contraire permis de le poursuivre, avec en particulier un accroissement important du pouvoir d'achat des plus défavorisés (« smicards », retraités).

Les années quatre-vingts sont placées sous le signe de la *Liberté*. C'est elle qui est aujourd'hui à la base de la plupart des revendications. C'est en son nom que s'est développé l'individualisme caractéristique de cette fin de siècle. Ce besoin croissant de liberté apparaît comme une sorte de réaction de compensation face aux contraintes nouvelles du moment (il faut faire des efforts, s'adapter, être informé, etc.) et aux risques auxquels chacun se sent confronté : chômage, délinquance, terrorisme, guerre, sida, etc.

La famille reste la cellule de base, mais elle est vécue différemment.

La diminution des mariages, le développement spectaculaire de la cohabitation chez les jeunes, l'accroissement des divorces auraient pu être le signe d'une disparition progressive de la notion de famille. Elle reste pourtant une valeur sûre, ultime refuge contre les menaces en provenance du monde extérieur.

Mais la famille des années quatre-vingts repose sur des bases différentes : plus d'égalité dans le couple ; plus de compréhension vis-à-vis des enfants ; plus d'exigence sur le plan individuel ; moins d'engagement sur le long terme. Le tout dans un contexte de changement permanent de l'environnement.

On assiste à un certain retour de la tolérance.

L'un des paradoxes de la société actuelle est qu'elle va en même temps dans des directions opposées. Parallèlement à la montée, indéniable, du racisme et de la xénophobie, et à certaines manifestations d'agressivité sociale, on assiste à une remontée de la tolérance, en particulier chez les jeunes. Un nombre croissant de Français sont prêts à accepter les minorités, quelle que soit la raison ou l'origine de leurs « différences ». Comment pourrait-on d'ailleurs reprocher à cette société d'être permissive sans reconnaître qu'elle peut faire preuve de tolérance ?

C'est dans le domaine des modes de vie que les exemples de tolérance sont les plus nombreux. On peut aujourd'hui affirmer son unicité ou son adhésion à des groupes de toutes natures sans se heurter aux pressions sociales, familiales, professionnelles, qui existaient hier. Chacun peut s'habiller, se coiffer, décorer sa maison comme il le souhaite, sans se heurter à la même désapprobation que par le passé. Chacun peut concevoir sa vie de famille librement, sans être rappelé à l'ordre par les traditions ou par les institutions...

L'échelle de la tolérance

58 % des Français considèrent que le fait de travailler au noir n'est pas condamnable moralement. Ils sont 53 % à être indulgents pour ceux qui ne votent pas aux élections ; 52 % pour ceux qui cherchent à échapper au service militaire ; 44 % pour ceux qui fraudent le fisc ; 32 % pour ceux qui ne payent pas les transports en commun ; 31 % pour ceux qui trompent leur conjoint ; 31 % pour ceux qui ont des relations homosexuelles avec un adulte ; 16 % pour ceux qui volent dans un grand magasin ; 9 % pour ceux qui consomment de la drogue. Les plus tolérants sont en général les plus jeunes.

Le Nouvel Observateur-Europe 1/Sofres, mai 1987

La cause essentielle de cette montée de la tolérance (même si elle est souvent cachée par des manifestations d'énervement) est que le sentiment de détenir la vérité est de plus en plus rare. Les récentes années ont vu la faillite des modèles et la fin des certitudes. Toute tentative nouvelle ou simplement « différente » est donc a priori considérée de façon favorable. C'est en fait la complexité du monde actuel qui tend à accroître la tolérance aux conceptions différentes qu'on peut en avoir.

La solidarité progresse en même temps que s'accroît l'inégalité.

Il aura fallu l'hiver 1984-85 et les images des sans-abri menacés par le froid pour faire prendre conscience aux Français de la réalité et surtout de la proximité de la « nouvelle pauvreté ». Il aura fallu aussi l'action de Coluche (les « Restaus du cœur ») pour les convaincre que chacun était concerné.

Pendant quelques années, la solidarité des Français s'est exprimée surtout de façon ponctuelle, à l'occasion de grandes offensives médiatiques : concerts donnés au profit de certains pays pauvres, actions en faveur de la recherche médicale, etc. Il semble qu'elle soit aujourd'hui vécue différemment. Après avoir nivelé les différences et tiré vers le haut les salaires et les conditions de vie moyennes, le système social engendre de plus en plus d'inégalité et d'injustice.

Les instruments traditionnels de régulation ne fonctionnant plus de façon satisfaisante, il apparaît nécessaire aux Français de compléter l'action de l'Etat pour venir en aide aux plus défavorisés.

Les Français donnent aux Français

• Au cours des douze derniers mois, 47 % des Français ont effectué des dons pour des causes humanitaires : 4,7 % ont donné plus de 500 francs ; 21 % de 100 à 500 francs ; 19,9 % moins de 100 francs.
• Les causes qui leur paraissent prioritaires sont, par ordre décroissant : l'aide à la recherche sur le cancer (46 %) ; la lutte contre la pauvreté en France (21 %) ; l'aide à la recherche sur le sida (12 %) ; l'aide alimentaire et médicale d'urgence au tiers-monde (10 %) ; l'aide au développement économique des pays pauvres (6 %) ; l'aide aux handicapés (5 %).

Le Monde/Motivaction Network, avril 1987

La religion en question

Bien qu'elle reste très élevée, la proportion de catholiques dans la population française est en diminution régulière depuis plusieurs décennies. Les Français font de moins en moins baptiser leurs enfants, ils vont de moins en moins à l'église, même pour s'y marier. Bref, l'Eglise est en crise.

Contrairement à une idée répandue, ce n'est pas la foi qui est en cause, mais *l'institution* religieuse. Le nombre des Français qui déclarent croire en Dieu reste stable, aux alentours de 60 % de la population. Mais les indicateurs de la *pratique* religieuse sont, eux, pratiquement tous en baisse.

Les chiffres du catholicisme

	1970	1985
• Proportion de catholiques	90 %	80 %
• Proportion de baptêmes par rapport aux naissances	84 %	63 %
• Proportion de mariages religieux	95 %	58 %
• Nombre de prêtres	45 259	36 017
• Nombre d'ordinations (1)	264	116

(1) Le nombre d'ordinations est stable depuis une dizaine d'années.

Episcopat

On assiste à une séparation de l'individu et de l'Eglise.

Aller à la messe était autrefois une obligation à la fois religieuse et sociale. Aujourd'hui, les églises sont de moins en moins fréquentées. Les prêtres y sont d'ailleurs de moins en moins nombreux. Ceux qui restent sont âgés et la plupart ne sont pas remplacés lorsqu'ils décèdent. Les vocations sacerdotales sont en effet en constante diminution. Ce qui se traduit par une réduction sensible du nombre des ordinations. Le résultat est que les prêtres doivent souvent s'occuper de plusieurs paroisses à la fois, célébrant la messe successivement ou alternativement dans chacune d'elles.

Les non-pratiquants s'expliquent

• Les principales raisons pour lesquelles des catholiques ne vont pas ou plus à la messe sont les suivantes : leurs conditions de vie les ont détournés de la religion (53 %) ; leurs parents n'ont plus insisté pour qu'ils aillent à la messe (31 %) ; la religion ne les intéresse plus (30 %) ; ils sont en désaccord avec les prises de position morales de l'Eglise (29 %).
• 89 % d'entre eux pensent qu'on peut être un bon catholique sans aller à la messe.
• 40 % considèrent que l'Eglise vit plutôt dans le passé ; 27 % qu'elle est bien adaptée au monde d'aujourd'hui ; 25 % qu'elle s'est trop modernisée.
• 56 % trouvent anormal que l'Eglise prenne position sur la contraception (33 % normal) ; 52 % sur l'avortement (39 % normal) ; 50 % sur la procréation artificielle (41 % normal). Mais 83 % trouvent normal qu'elle prenne position sur le tiers-monde (13 % anormal) ; 77 % sur le racisme (17 % anormal).

La Vie/CSA, septembre 1987

Les Français préfèrent vivre « ici et maintenant » « qu'ailleurs et plus tard ».

A quoi attribuer ces nouveaux comportements des Français devant la religion ? On peut proposer deux raisons, de nature différente. La première est historique. Le pouvoir et l'influence de l'Eglise, considérables jusqu'à la fin du XIXe siècle, ont régulièrement diminué depuis. La disparition des liens officiels entre l'Etat et l'Eglise (1905) ne pouvait pas être sans conséquence sociale, en particulier sur le système de valeurs adopté par les individus.

En même temps s'opérait un transfert à l'Etat de la fonction d'assistance aux plus défavorisés, traditionnellement assumée par l'Eglise. Celle-ci avait donc perdu deux de ses rôles essentiels : proposer (et défendre) un système de valeurs servant de référence commune ; contribuer à l'égalisation de la société. Son utilité apparut alors avec moins d'évidence à l'ensemble des catholiques.

L'influence de l'Eglise sur les modes de vie a beaucoup diminué.

Lorsque le pape se prononce contre le divorce, la pilule ou l'avortement, les trois quarts des catholiques (et plus de la moitié des pratiquants) déclarent ne pas en tenir compte. Pour la majorité des catholiques, le rôle essentiel du prêtre est de dire la messe, d'aider et de réconforter les plus déshérités, favoriser la transmission des valeurs familiales, prêcher la paix et le respect des droits de l'homme, être une référence morale plutôt que le censeur des mœurs et des modes de vie.

Il faut rapprocher cette évolution des esprits de celle qui s'est produite sur le plan économique au cours de ces trente dernières années. La « société de consommation » a mis au premier plan les valeurs de satisfaction des besoins individuels, dans l'optique d'une jouissance matérielle et immédiate. Dans le même temps, l'Eglise continuait de prôner des valeurs d'altruisme, d'effort, voire de pénitence. D'un côté, la possibilité, matérielle et morale, de « profiter de la vie » ; de l'autre, la promesse d'un « paradis différé » au prix du sacrifice quotidien. Les Français, comme la plupart des Occidentaux, n'ont pas hésité longtemps avant de choisir le court terme.

Pourtant, la proportion des Français
qui croient en Dieu reste stable
(environ 60 %).

La crise de la religion n'est pas celle de la foi. Tout se passe comme si les catholiques ne se sentaient plus concernés par les manifestations concrètes de leur culte. Comme si la religion devenait une affaire personnelle, que l'on ne serait plus obligé de partager avec d'autres.

De nouveaux courants spirituels apparaissent.

Il n'y a pas que des signes de déclin dans l'évolution récente de la religion catholique. Après une chute continue des effectifs des séminaires, entre 1970 et 1977, le mouvement s'est enrayé avant de remonter légèrement. Alors que les intégristes s'opposent de plus en plus ouvertement au Vatican, jusqu'à provoquer un schisme, de nouveaux courants spirituels naissent, tels que le Renouveau charismatique, qui tentent d'élaborer de nouvelles façons de vivre sa foi. On assiste donc au développement d'une certaine hétérodoxie autorisant des aménagements personnels avec l'Eglise, dans le but de la rapprocher de la vie de tous les jours.

5 millions de musulmans

Les estimations de la population musulmane vivant en France varient entre 3 et 6 millions. La plupart sont des immigrés, des familles harkies, mais on trouve aussi des intellectuels, des membres des professions libérales. Le nombre de Français convertis à l'Islam est estimé entre 30 000 et un million selon les sources.
L'Islam est aujourd'hui la seconde religion de France. Le nombre des lieux de culte (environ 600) a doublé depuis 1980. Tous les musulmans ne sont pas pratiquants et les principes du Coran sont interprétés de façon très différente par les diverses communautés qui s'y réfèrent. Mais la grande majorité (93 %) des musulmans de France sont sunnites. Les autres sont chiites ou appartiennent à une secte schismatique peu nombreuse (les Bahali, environ 10 000).
Les catholiques représentent toujours une très vaste majorité des Français (environ 44 millions, dont 26 % de pratiquants réguliers ou occasionnels).
Le nombre des protestants est estimé à 2 millions ; 60 % ne se rendent jamais au temple.
Quant aux juifs, on en dénombre environ 550 000. On compte 80 rabbins et 40 ministres du culte et une centaine de ministres adjoints.

Pour retrouver ses fidèles,
l'Eglise devra faire face aux nouveaux défis
de la fin de ce siècle.

L'avenir de l'Eglise catholique et de ses relations avec les croyants dépendra sans doute pour une large part de la façon dont elle réagira aux grands défis qui se posent à elle en cette fin de XXe siècle :
• La définition d'une nouvelle éthique en ce qui concerne l'impact de la science, sur la naissance, sur la vie et sur la mort ;
• La réflexion sur le nouveau rôle des femmes à l'intérieur de la communauté religieuse, y compris dans la célébration du culte ;
• La participation aux efforts de réduction de l'injustice entre les hommes et entre les pays dans tous les domaines ;
• La contribution au maintien de la paix dans le monde et à son rétablissement, lorsqu'elle n'est pas assurée.

Ce sont là quelques-unes des conditions à remplir pour que la célèbre prédiction d'André Malraux (« Le XXIe siècle sera religieux ou ne sera pas ») puisse se réaliser.

Les « croyances de substitution »

Le besoin de croire est sans doute aussi fondamental que celui de manger. Il le restera tant que les questions essentielles sur l'origine du monde et le sens de la vie resteront sans réponse. L'éloignement de la religion catholique a donc laissé un vide dans la vie des Français. Ils se sont efforcés de le combler de différentes façons, selon leur âge, leur caractère ou leur instruction.

Et pourtant, elle tourne...

Le goût pour l'irrationnel pénètre (ou persiste) d'autant mieux dans les esprits que les grandes données scientifiques rationnelles n'y sont pas solidement implantées. En voici deux exemples spectaculaires :
• 25 % des Français pensent que le soleil tourne autour de la Terre (29 % des femmes et 20 % des hommes). 70 % donnent quand même la bonne réponse.
• 21 % des Français croient que des extraterrestres se sont déjà manifestés sur la Terre. La proportion est plus grande chez les moins de 18-35 ans.
Il est moins étonnant, alors, de constater qu'un certain nombre de Français sont prêts à croire aux miracles :
• 9 % pensent que la science pourra les rendre immortels.
• 22 % croient que des voyants peuvent vraiment prédire l'avenir (28 % des femmes et 17 % des hommes).

Sciences et Avenir/Sofres (janvier 1985)

---

*Certains sont aujourd'hui
à la recherche des « religions douces ».*

En même temps que les Français s'intéressaient aux médecines douces, censées compléter les résultats obtenus avec la médecine traditionnelle, ils se tournaient aussi vers les religions « venues d'ailleurs » : bouddhisme, hindouisme, etc. Les années soixante-dix ont ainsi vu le développement des sectes, dont certaines avaient des vocations plus lucratives que religieuses. Même si l'on en parle moins aujourd'hui dans les médias, les sectes continuent de recruter, en particulier chez les jeunes.

*E • 600 000 Français sont concernés
par les sectes.*
• 200 000 adeptes, 400 000 sympathisants.

Certains événements survenus depuis quelques années dans des sectes ont beaucoup contribué à donner d'elles une image négative : les démêlés de Moon avec la justice américaine, les différentes affaires de « voleurs de conscience » révélées en France, se sont ajoutés au souvenir douloureux du suicide collectif des adeptes du Temple du Peuple à Jonestown (Guyana) en octobre 1978, qui fit 911 victimes.

Ces drames n'ont pourtant pas diminué l'engouement des Français (comme de tous les Occidentaux) pour les sectes. L'Eglise de Scientologie, la Méditation transcendantale, Ecoovie, l'Eglise de l'unification (Moon), la Nouvelle acropole, les Témoins de Jéhovah, et bien d'autres, sont solidement implantés en France.

La méfiance s'installe

• 77 % des Français se déclarent très opposés au développement des sectes ; 16 % y sont plutôt opposés ; 1 % seulement y est favorable ; 6 % sont sans opinion.
• 31 % estiment que, si un membre de leur famille entrait dans une secte, ils feraient tout pour l'en sortir, en utilisant au besoin la force ; 13 % demanderaient l'aide d'une organisation ; 3 % saisiraient la justice ; 2 % seulement ne feraient rien.
• 18 % déclarent avoir été contactés récemment par une secte.

Le Pélerin/Sofres, janvier 1987

---

*C'est la promesse d'un « autre » monde
qui séduit les adeptes des sectes.*

La crise des valeurs, celle de l'économie et de la religion, la proximité de l'an 2000, expliquent sans doute le besoin, ressenti par beaucoup de Français, de chercher de nouvelles attaches, de nouvelles explications du monde, de nouvelles visions de l'avenir. Dans ce contexte, l'originalité des pratiques proposées par les sectes, et la vie marginale qu'elles offrent à leurs adeptes, apparaissent comme d'ultimes solutions à ceux qui se sentent mal dans la société.

*E • 8 millions de Français
utilisent les services des voyants.*

Il y aurait en France environ 50 000 extra-lucides professionnels. Plus que de prêtres ! Ces chiffres montrent bien l'importance de l'irrationnel dans les mentalités contemporaines. Télépathie, clairvoyance, précognition sont les dons revendiqués par ces voyants, marabouts, occultistes, exorcistes, radiesthésistes que les Français consultent de plus en plus fréquemment et ouvertement. Le chiffre d'affaires de la profession représenterait plus de 5 milliards de francs.

Le retour du diable

La superstition, bien ancrée dans l'esprit de beaucoup d'hommes, revient souvent lorsque le quotidien paraît fade et l'avenir bouché. Dans un monde difficile et menacé, l'existence de Satan apparaît comme une explication logique à ceux qui sont angoissés. Si 66 % des Français déclarent croire en Dieu, 24 % croient au diable et à l'enfer (*L'Evénement du Jeudi*/CSA, décembre 1987).
Les affaires de sorcellerie, d'envoûtement, de possession ou de crimes rituels sont encore nombreuses, surtout dans les campagnes. On estime à 30 000 le nombre des sorciers, mages, désenvoûteurs, opérant en France. Chaque année, les diocèses reçoivent plusieurs milliers de demandes d'exorcisme, dont 1 000 pour la seule ville de Paris. Ce sont principalement les femmes, issues des classes modestes, qui sont concernées. Mais le phénomène gagne aujourd'hui des couches sociales plus cultivées, y compris parmi celles qui exercent des responsabilités économiques. Une manne en tout cas pour tous ceux qui vivent de l'angoisse des autres ; leur chiffre d'affaires annuel est estimé à quelque 3 milliards de francs. Les sorciers ne tirent pas le diable par la queue...

---

*S • 66 % des Français croient à l'astrologie.
S • 9 sur 10 connaissent
leur signe du zodiaque,
17 % leur ascendant.
E • 5 % des Français se rendent
chez un astrologue au moins une fois par an.*

Comme la peur du diable et le goût pour l'irrationnel, l'engouement pour l'astrologie n'est pas un phénomène récent. On constate aujourd'hui son institutionnalisation. La société moderne, industrielle et technologique s'accommode plutôt bien des vieilles croyances ancestrales, dont les fondements scientifiques sont d'ailleurs contredits par les découvertes récentes de l'astronomie. Avec l'astrologie, les Français ont l'impression d'être « en direct avec le cosmos ».

Depuis longtemps présente dans les journaux « grand public », l'astrologie investit peu à peu les différents domaines de la vie quotidienne. Les indications demandées aux astres ne concernent plus seulement la chance au jeu ou en amour. On les consulte aujourd'hui pour prévoir les événements politiques, embaucher un cadre... ou anticiper les cours de la Bourse. Alors, superstition, science, ou simple jeu ? La France hésite. Et c'est bien normal, puisqu'elle est née, d'après les astrologues, sous le signe de la Balance...

L'image des signes

• De tous les signes du zodiaque, c'est le Scorpion qui est considéré comme le plus mauvais par les Français, devant le Cancer. Le meilleur serait le Poisson, devant la Balance et le Verseau.
• Le signe le plus masculin est de loin le Taureau, devant le Bélier et le Lion ; le plus féminin est la Vierge, devant la Balance.

Biba/Quotas, novembre 1987

L'ère de « l'égologie »

Le système de valeurs des Français d'aujourd'hui donne clairement la priorité aux aspirations de caractère personnel. Cette préséance du « je » sur le « nous » résume bien l'époque, car on la retrouve dans tous les aspects de la vie quotidienne. Chaque Français est de plus en plus conscient d'être unique. Il veut donc apparaître comme tel dans tous ses faits et gestes.

Dans le travail, il recherche une plus grande autonomie, en revendiquant par exemple des horaires personnalisés.

En famille, il se montre de plus en plus tel qu'il est au plus profond de lui-même. Fini le temps des hommes-héros et des femmes-victimes. Les couples d'aujourd'hui bousculent les stéréotypes. Cela se traduit par une redistribution des rôles à l'intérieur du couple et par un plus grand respect de la personnalité de chacun des membres de la cellule familiale.

En société, il fait preuve de plus de tolérance vis-à-vis des gens qui ne sont pas ou qui ne vivent pas comme lui, dans la mesure où leurs actions ne lui portent pas ombrage. Il s'éloigne de plus en plus des modèles, ne pouvant avoir par définition d'autre modèle que lui-même.

La « règle du je » est de plus en plus communément admise.

Elle s'énonce de plusieurs façons qui, toutes, dévoilent un aspect de son contenu : « chacun pour soi et tout pour tous » ; « on ne vit qu'une fois » ; « après moi le déluge »... Après l'écologie, qui connut la gloire pendant les années soixante-dix, voici venir « l'égologie ». La ressemblance entre les deux mouvements ne s'arrête pas à celle des mots qui les qualifient. Ils se caractérisent tous deux par une volonté de retour à la nature. Mais c'est à la nature humaine que l'égologie s'intéresse. Tout se passe comme si chaque individu, après avoir refoulé pendant des siècles certaines facettes de son être, avait récemment décidé de les libérer.

La consommation tend à devenir une valeur

Young et Rubicam

L'Egologie est plus complexe et plus noble que l'individualisme.

L'Egologie n'est donc pas seulement la « règle du je ». Elle traduit surtout la reconnaissance du « moi » comme valeur sociale prépondérante. Elle ne saurait être confondue avec l'individualisme étroit et mesquin que l'on associe traditionnellement à la mentalité française. Elle exprime, pour la première fois dans notre histoire, que l'individu est plus important que le groupe, et qu'il est par nature extrêmement varié et complexe. L'Egologie peut être l'aboutissement, le concept fédérateur des valeurs « post-matérialistes » dont parle Inglehart (paix, tolérance, qualité de vie, convivialité, liberté individuelle, attachement aux idées plutôt qu'aux objets, etc.).

Système de référence

En vrac

S • S'ils étaient témoins d'un vol dans un grand magasin, 43 % des Français dénonceraient l'auteur car la loi et la société l'exigent. 41 % ne le dénonceraient pas car ils ne veulent pas commettre un acte de délation.
S • Dans leurs règles de vie, 87 % des Français attachent de l'importance au respect de ce que leurs parents leur ont appris (11 % n'y attachent pas d'importance) ; 69 % à ce que leur ont enseigné leurs professeurs (27 % non) ; 26 % à l'opinion de leurs collègues de travail (52 % non) ; 45 % à l'opinion de leurs amis (45 % non) ; 29 % à l'opinion d'un prêtre (65 % non) ; 19 % à ce qu'ils voient à la télévision (77 % non).
S • 68 % des Français pensent qu'être croyant ne change pas grand-chose pour vivre pleinement sa vie de famille.
S • Pour 60 % des Français, faire un don c'est avant tout faire preuve de solidarité ; pour 28 % c'est un acte naturel. 55 % préfèrent apporter une contribution financière qu'une aide bénévole (35 %).

RÔLE DE LA FEMME

L'image sociale de la femme a plus changé en vingt ans qu'en vingt siècles. Les conséquences concernent la société tout entière. Mais la nouvelle image de la femme a précédé ou dépassé la réalité dans certains domaines. Les femmes cherchent toujours l'équilibre parfait entre leur vie personnelle, familiale et professionnelle.

La « nouvelle femme » a vingt ans

Le système de valeurs des Français est cet ensemble de références d'ordre moral qui détermine dans une large mesure leurs opinions et leurs comportements. La façon dont chacun perçoit les autres fait évidemment partie du système. En particulier, le regard que l'homme et la femme portent l'un sur l'autre conditionne la façon dont ils vivent ensemble. Les vingt dernières années ont marqué dans ce domaine un bouleversement profond. Historique.

C'est la vague de l'individualisme qui explique l'émergence du féminisme.

La revendication du droit de chacun à disposer de lui-même est une tendance majeure de l'époque. Elle est d'autant plus forte chez les femmes que des siècles de dépendance leur avaient fait oublier leur identité. Le moment venu (dans les années soixante), elles s'en sont souvenu et ont réclamé l'égalité et l'autonomie dont elles avaient été si longtemps privées.

Les femmes ne se contentent plus de la trilogie maison-mère-mari.

Pendant des siècles, la vie de la femme s'est résumée aux « trois M » : elle partageait son temps entre les travaux de la *maison*, son rôle de *mère* et la satisfaction des besoins de son *mari*, de la cuisine à la chambre à coucher. Si la révolution féministe n'a pas totalement aboli cette triple fonction, elle l'a rendue plus acceptable par un grand nombre de femmes.

La plus grande conquête est celle de la contraception.

L'évolution fulgurante de la condition féminine n'aurait pas été possible sans le développement de la contraception. Avant elle, la vie de la femme était rythmée par la succession des grossesses. C'est en devenant capable de maîtriser ce rythme qu'elle a pu commencer à conquérir son autonomie. Même si toutes les femmes ne sont pas concernées, cette victoire des unes a rejailli sur les autres.

Dès lors que l'on pouvait « programmer » les périodes de maternité, tout devenait possible : l'espoir d'une vie professionnelle plus riche, celui d'un rôle social différent. Sans parler de la sexualité du couple, qui prenait une nouvelle dimension. Pour la première fois, la femme n'était plus déterminée par sa fonction de procréation. Elle devenait un être à part entière, capable de conduire sa vie hors des limites étroites que la nature (largement aidée par les hommes) lui avaient imposées. C'est donc l'accès à la contraception qui est à l'origine du rôle social nouveau qui est joué par la femme depuis quelques années.

Les grandes batailles

1850 : admission des filles à l'école primaire.
1880 : admission au lycée.
1937 : garçons et filles suivent le même programme scolaire.
1945 : obtention du droit de vote.
1965 : suppression de la tutelle du mari.
1967 : légalisation de la contraception.
1970 : partage de l'autorité parentale.
1972 : principe légal de l'égalité de rémunération pour des travaux de valeur égale.
1975 : légalisation de l'IVG.
1980 : remboursement de l'IVG par la sécurité sociale. Loi sur l'égalité professionnelle.
1985 : possibilité d'administrer conjointement les biens familiaux.

*Un nouveau partage des tâches
commence à s'installer dans le couple.*

Pour profiter vraiment de l'autonomie ainsi conquise, les femmes doivent encore trouver le temps nécessaire. Et donc partager avec leurs maris ou compagnons le fardeau des tâches quotidiennes. Certes, la répartition des rôles est encore loin d'être égalitaire (les hommes n'ont augmenté en 12 ans que de 7 minutes le temps qu'ils consacrent aux travaux ménagers). Mais ils mettent un peu plus volontiers la main à la pâte, même si beaucoup restent réfractaires au repassage ou à la lessive.

Nous entrerons dans la carrière...

L'autonomie, pour être réelle, doit être accompagnée de la sécurité financière. En accédant au travail extérieur, les femmes avaient une double ambition : accroître leur expérience de la vie et s'épanouir en sortant de chez elles ; ne plus dépendre de l'argent du conjoint. Cela leur donnait un poids nouveau à l'intérieur du foyer, ainsi que des garanties pour l'avenir.

La vie professionnelle commence à l'école.

Pendant longtemps, l'école n'avait été pour les femmes qu'un moyen d'acquérir un « vernis » suffisant pour discuter avec leur mari

Et tant pis pour ceux qui ne croient pas aux femmes !

GROUPE MARIE CLAIRE
La force de 6 millions de femmes.

Les femmes jouent un rôle croissant dans la société

Delacroix Pamplemousse

et ses relations de travail sans être trop en retrait des choses de la vie économique. Elles y vont aujourd'hui pour y apprendre un métier.

Le métier avant tout

78 % des femmes (et 73 % des hommes) considèrent qu'il est aussi indispensable pour une femme que pour un homme d'avoir un métier. Seulement 21 % des femmes (et 23 % des hommes) pensent que c'est moins indispensable à une femme.
La meilleure solution, pour une femme qui travaille, est l'horaire aménagé (souhaité par 44 % des femmes), devant l'emploi à temps partiel (37 %) et l'emploi à plein temps (14 %).

L'Humanité/Ifop, février 1987

Dans cette perspective nouvelle, les femmes deviennent donc de redoutables concurrentes des hommes aux examens et concours. D'autant qu'elles travaillent souvent avec plus de détermination et obtiennent de meilleurs résultats qu'eux (au bac, par exemple).

Les portes des « grandes écoles », qui leur étaient pour la plupart fermées, se sont ouvertes peu à peu (entrouvertes pour certaines) : on trouve environ 7 % de filles dans les promotions récentes à Polytechnique, mais 20 % à l'ENA, 30 % à HEC, 45 % à l'Ecole nationale de la magistrature. Les derniers bastions de la misogynie scolaire tombent un par un.

L'égalité professionnelle reste théorique.
• Les femmes représentent 28 %
des effectifs de la formation continue,
mais 44 % de la population active.
• Le taux de chômage des femmes est
supérieur de moitié à celui des hommes :
13 % contre 9 % en 1987.
• Les deux tiers des chômeurs de longue
durée sont des femmes.

Il faudrait ajouter à cette liste l'inégalité des salaires versés, à poste égal, aux hommes et aux femmes ou le fait que les métiers accessibles aux femmes restent moins nombreux que ceux des hommes, même si l'on trouve aujourd'hui plus de femmes P-DG, pilotes de ligne, pompiers, militaires, ministres ou... soudeuses. Bien qu'officiellement reconnue, l'égalité des sexes vis-à-vis du travail se heurte encore à de nombreux obstacles dans la réalité quotidienne.

Mais toutes ces réserves ne doivent pas faire oublier le chemin parcouru au cours de ces vingt dernières années. La loi sur l'égalité professionnelle de juin 1983, l'adoption en juillet 1982 du statut des femmes d'artisans et de commerçants (améliorant leurs conditions de retraite) constituent des étapes essentielles. Leurs effets se traduiront pleinement dans une ou deux décennies, au fur et à mesure que s'accroîtra le niveau de formation, condition première de l'accès aux postes de responsabilité.

Femmes cadres : la lente ascension

Sur les 3 millions de cadres, 880 000 sont des femmes, soit 28 %. Mais elles ne sont que 260 000 à cotiser à l'AGIRC (la caisse de retraite complémentaire des cadres).
En 20 ans, l'effectif des cadres supérieurs a été multiplié par 4, celui des cadres moyens par 2,6. Sur 100 postes nouveaux de cadres, 46 ont été occupés par une femme : 55 postes de cadres moyens, 42 postes de cadres supérieurs.
Les femmes cadres exercent principalement dans les secteurs des services, le commerce, la construction électrique, la pharmacie et la parachimie. 43 % travaillent en Ile-de-France ou dans la région Rhône-Alpes. L'écart entre le salaire moyen des hommes et celui des femmes est de 37 % pour les cadres supérieurs, 26 % pour les cadres moyens. L'accroissement du nombre de femmes cadres devrait se poursuivre à l'avenir. On estime que 80 % des jeunes femmes diplômées de l'enseignement supérieur deviendront des cadres, contre 78 % des hommes. Mais seulement 20 % deviendraient cadres supérieurs, contre 28 % des hommes et 4 % seraient ingénieurs, contre 12 % des hommes.

APEC

De la femme d'influence à la femme de pouvoir

L'importance sociale de la femme peut se mesurer de plusieurs façons. L'indicateur essentiel fut pendant longtemps sa contribution démographique. Aujourd'hui, l'importance de la femme se mesure à bien d'autres choses qu'au nombre de ses enfants.

Les femmes ont commencé à faire une timide entrée en politique.

Le bruit court depuis environ 2 000 ans que c'est la femme qui, contre toute apparence, détient le pouvoir. Les hommes, officiellement en charge des responsabilités suprêmes, prendraient leurs décisions à partir des conseils subtilement prodigués par leurs épouses ou maîtresses. La « politique de l'oreiller » est-elle une réalité qui conditionne depuis des siècles l'évolution de nos sociétés ? Est-elle au contraire un mythe, inventé par l'homme pour maintenir chez elles les femmes qui auraient eu la mauvaise idée d'en sortir ? Il aurait fallu, pour le savoir, dissimuler des micros dans les chambres de Jules César, d'Alexandre ou de Napoléon. Force est, en tout cas, de constater que le rôle politique de la femme est aujourd'hui sorti de la clandestinité. Même si elles demeurent encore très largement minoritaires, des femmes sont aujourd'hui ministres, députés, sénateurs, des maires, conseillers municipaux.

Le vocabulaire reste misogyne

Dernier vestige de la domination masculine, le vocabulaire des métiers reste fondamentalement masculin. Marguerite Yourcenar avait réussi à franchir l'entrée (pourtant bien gardée) de l'Académie française, mais elle n'a pas eu droit au titre d'« académicienne ». De même, les femmes présentes au gouvernement sont encore appelées « Madame *le* ministre » ; tout juste ont-elles réussi à faire mettre un *e* au mot délégué lorsqu'il qualifie la responsable de la condition féminine...
Cette hésitation à consacrer par les mots l'entrée des femmes dans le monde professionnel au plus haut niveau n'est pas innocente. Car les mots et les usages sont encore moins réversibles que les lois.

Le pouvoir des femmes s'étend à des domaines de plus en plus divers.

Les fils de la toile d'araignée féministe s'accrochent peu à peu à l'ensemble des secteurs de l'activité humaine. Les affaires, spécialité traditionnellement masculine, concernent aujourd'hui quelques femmes qui ont bien d'autres atouts que leur simple pouvoir de séduction. Les professions artistiques peuvent s'enorgueillir de compter dans leurs rangs des femmes de grand talent. La créativité, dans quelque domaine que ce soit, n'est plus aujourd'hui l'apanage des hommes.

La difficile recherche de l'équilibre

Que représentent deux décennies de militantisme face à 2 000 ans de soumission ? Les féministes ont d'abord cherché à culpabiliser les hommes en les mettant en face des injustices qu'ils leur avaient fait subir. Mais, après vingt ans de militantisme, vient l'heure des bilans. Le féminisme cherche son second souffle.

Les héroïnes de la lutte contre les monopoles du sexe opposé sont un peu fatiguées. Certaines d'entre elles, après avoir goûté à la vie professionnelle, se préfèrent encore en femmes au foyer. D'autres s'inquiètent de la passivité affichée par les hommes, finalement satisfaits de partager leurs responsabilités et leurs soucis avec leurs compagnes. D'autres, qui veulent tout réussir en même temps (vie de famille, travail, vie personnelle), à l'image des « superwomen » complaisamment décrites par les médias, se rendent compte des difficultés et se demandent si le jeu en vaut bien la chandelle.

En conquérant le droit à l'égalité, les femmes ne veulent pas perdre leur droit à la différence.

Il en est du féminisme comme de tous les mouvements profonds qui transforment la société. Les revendications qui leur donnent naissance ont généralement un caractère extrémiste marqué qui, résolvant quelques problèmes de fond, finit par en poser d'autres.

La contrepartie des victoires féminines de ces dernières années est la crainte, de plus en plus apparente, d'avoir été trop loin dans le souci d'égalité, et de perdre dans les rapports quotidiens la spécificité (et donc la complémentarité) des deux sexes. Des femmes qui ont « investi » dans leur vie professionnelle se retrouvent P-DG mais célibataires. D'autres, à force de vouloir ressembler aux hommes, ont fini par les éloigner d'elles.

Les femmes se battent moins pour l'égalité que pour un compromis acceptable au sein du couple.

Le balancier du féminisme semble amorcer aujourd'hui un mouvement de sens contraire. La femme fatale, bannie par les féministes des années soixante-dix, refait son apparition au cinéma et dans la publicité. Les magazines redécouvrent la femme traditionnelle, qui reste malgré tout majoritaire dans le pays.

Quant aux hommes, beaucoup sont encore sous le coup des profondes mutations qui se sont déroulées sous leurs yeux. Occupés à reconnaître une nouvelle identité à la femme, ils ne se sont pas rendu compte qu'ils risquaient de perdre la leur. Pris entre le souci de rester virils et celui d'être modernes, eux non plus n'ont pas encore réussi à trouver le bon équilibre.

Rôle de la femme

En vrac

S • 10 % des femmes déclarent avoir été l'objet d'un chantage sexuel au cours de leur vie professionnelle, de la part d'un supérieur hiérarchique

S • 63 % des hommes pensent que le travail des femmes est indispensable pour leur épanouissement personnel (27 % pas indispensable). 39 % pensent qu'il est indispensable pour l'économie du pays (46 % non). 75 % pensent qu'il est indispensable pour leur autonomie (15 % non).

S • 67 % des hommes trouvent tout à fait normal que, dans un couple, la femme puisse gagner plus que l'homme ; 24 % trouvent cette situation gênante ; 3 % inadmissible.

S • 59 % des femmes (et 52 % des hommes) pensent qu'il y a encore beaucoup à faire pour la libération de la femme ; 12 % pensent que c'est gagné (14 % des hommes) ; 12 % trouvent que c'est une idée dépassée (20 % des hommes).

S • 76 % des femmes (et 74 % des hommes) pensent qu'il est faux de dire que la politique est plutôt l'affaire des hommes ; 22 % (et 21 % des hommes) sont d'accord.

S • Ce qui a le plus changé la vie des femmes de 60 ans et plus au cours des 20 dernières années : la contraception (48 %) ; les progrès dans les équipements ménagers (43 %) ; la possibilité d'accéder à tous les métiers (41 %) ; les changements de mentalité des hommes (partage des tâches ménagères, participation à l'éducation des enfants...) 35 % ; la légalisation de l'avortement (23 %) ; la simplification du divorce (13 %) ; le développement de l'union libre (13 %) ; les traitements de la stérilité (12 %) ; le traitement de la ménopause (7 %).

BONHEUR

*La plupart des Français se disent heureux.
Pourtant, la description qu'ils font du bonheur
est assez éloignée de la façon dont ils vivent.
Ce paradoxe s'explique par le fait que
beaucoup se sentent privilégiés dans un
monde où le malheur domine. Il s'explique
aussi par les pressions sociales et médiatiques
et par la crainte de l'avenir, qui tend à
faire apparaître le présent sous un jour
favorable.*

Le bonheur à tout prix

Inconscience, goût du paradoxe ? Les baromètres qui mesurent l'indice de satisfaction des Français (leur bonheur ou leur « moral ») se situent depuis des années à des sommets (encadré). Alors que les médias sont pleins de la guerre, de la crise économique, des mutations technologiques, des tensions internationales et des chocs financiers, les Français semblent nager dans le bonheur.

Heureux, oui, mais inquiets. Inquiets pour leur avenir à court terme et pour celui de leur entourage familial. Chômage, guerre, diminution du pouvoir d'achat, les démons des années quatre vingts sont là, bien présents dans l'esprit de chacun. Et c'est paradoxalement cette inquiétude, ce poids sur l'estomac, qui explique le bonheur des Français. Comme si chaque instant de calme gagné sur des lendemains incertains prenait une saveur particulière.

« Vivez, si m'en croyez, n'attendez à demain... » Telle est la devise de ceux qui, ayant échappé aux grands maux dont tout le monde parle, redoutent d'en être bientôt atteints. C'est pourquoi les Français privilégient de plus en plus le court terme par rapport aux projets plus lointains.

86 % des Français sont heureux

La crise, quelle crise ? 86 % des Français se déclarent heureux : 15 % très heureux, 71 % plutôt heureux. Une proportion très élevée, qui reste pratiquement constante dans le temps. On ne trouve que 2 % de personnes qui se disent très malheureuses, 9 % plutôt malheureuses (3 % n'ont pas d'opinion).

Il est intéressant de constater que 81 % des personnes interrogées affirment être nées dans une famille heureuse, bien que le sondage ne précise pas si ce sont celles qui se disent heureuses aujourd'hui. On ne peut donc conclure sur l'hérédité du bonheur, bien que 26 % des Français en soient persuadés (66 % non). Mais 65 % pensent que certains seront toujours heureux quoi qu'il arrive et 87 % croient que d'autres font eux-mêmes leur propre malheur.

Enfin, pour 45 % des personnes interrogées, le bonheur dépend plutôt d'un état d'esprit ; 37 % pensent qu'il dépend de conditions affectives, 11 % de conditions matérielles.

Elle/Ifop, mai 1987

La crise existe, mais peu de Français l'ont vraiment rencontrée.

Bien sûr, il y a le chômage. Plus d'un travailleur sur dix est aujourd'hui sans emploi. Mais ce ne sont pas toujours les mêmes personnes qui pointent à l'ANPE, et le chômage de longue durée ne concerne qu'une minorité, même si elle est croissante, de la population.

La baisse du pouvoir d'achat, effective au cours de ces dernières années, a touché en priorité les plus aisés, et elle a été jusqu'ici plutôt moins forte que dans les autres pays occidentaux. Un pour cent de plus ou de moins, cela n'est pas dramatique lorsqu'on dispose d'un revenu confortable. Cela ne remet pas profondément en cause, les chiffres de la consommation le prouvent, le confort et les modes de vie. Il faut aussi prendre en compte ce facteur de régulation considérable qu'est l'économie parallèle, avec le développement de l'auto-consommation (bricolage, jardinage) et du travail au noir.

Quant à la guerre, au terrorisme ou au sida, ce sont des maux qui affectent jusqu'ici surtout les autres. Leur spectre, maintenant bien installé dans l'opinion publique, fait d'autant plus apprécier le moment présent. C'est ce qui explique que la « crise », avec toutes ses facettes, existe principalement dans les journaux, dans les conversations, et... chez le voisin.

Heureux plus que les autres, moins qu'hier mais plus que demain

L'un des enseignements constants des sondages depuis quelques années est que chaque Français, pris individuellement, tend à se trouver plus heureux que l'ensemble de ses compatriotes. C'est le cas en particulier si l'on mesure le bonheur à l'aune de la situation matérielle. A la question concernant l'évolution de leur niveau de vie personnel depuis une quinzaine d'années, 30 % des Français répondent « ça va mieux », 28 % « c'est pareil », 40 % « ça va moins bien ». Lorsque la même question s'applique au niveau de vie de l'ensemble de leurs concitoyens, 20 % répondent « ça va mieux », 16 % « c'est pareil », 59 % « ça va moins bien ». Tout se passe donc comme si la majorité des Français avaient l'impression d'être passés entre les gouttes de la crise. On constate aussi une dégradation des réponses dans le temps. Dans la première enquête du CREDOC, réalisée en 1978, les Français étaient beaucoup plus nombreux qu'aujourd'hui (46 % contre 30 %) à penser que leurs propres conditions de vie s'étaient améliorées (24 % considéraient qu'elles étaient moins bonnes, contre 40 % aujourd'hui). 47 % considéraient que celles l'ensemble des Français s'étaient améliorées (28 % qu'elles étaient moins bonnes, contre 59 %).
S'ils se déclarent moins heureux que par le passé, les Français imaginent aussi qu'ils le seront encore moins dans les années à venir (toujours en termes de conditions matérielles).

CREDOC, Enquête annuelle sur les conditions de vie et aspirations des Français

Beaucoup ont le sentiment d'être un îlot de bonheur dans un océan de difficultés.

Etre heureux, aujourd'hui, c'est ne pas souffrir des problèmes dont les autres sont affectés. On est heureux par différence, On l'est également parce qu'on n'est pas sûr de l'être encore demain. Les Français savourent donc avec délices un bonheur dont ils pensent les autres privés et dont ils ne savent pas combien de temps il durera. Les médias, en montrant quoti-diennement la difficulté de vivre dans la société actuelle, ont paradoxalement contribué au bonheur du plus grand nombre.

Les ingrédients du bonheur

Les Français ne sont pas seulement heureux parce qu'ils ont l'impression que les autres ne le sont pas. Leur bonheur repose sur un certain nombre d'éléments objectifs. La famille est pour eux la plus grande source de satisfaction. La santé, la qualité du logement, celle du travail et de la vie sociale jouent aussi un rôle important.

Mais on constate un décalage important entre le bonheur rêvé et les réalités de la vie quotidienne : l'argent ne fait pas le bonheur, mais on en demande davantage ; on habite dans les villes mais on rêve de vivre à la campagne ; on est salarié d'une entreprise privée, mais on pense que les fonctionnaires sont les plus heureux ; on passe son temps devant la télévision, mais on considère que la lecture est plus importante...

Les clés de la réussite

11 % des Français estiment qu'ils ont complètement réussi dans la vie, 36 % qu'ils ont partiellement réussi, 21 % qu'ils ont des chances de réussir complètement, 15 % qu'ils ont des chances de réussir partiellement. Seuls 6 % considèrent qu'ils n'ont pas réussi dans la vie et 2 % qu'ils n'ont pas de chances de réussir. 6 % ne se sentent pas concernés par cette question. Lorsqu'ils pensent à la réussite, la majorité (57 %) pensent au bonheur familial, 26 % à la réussite professionnelle, 5 % au succès d'un projet collectif auquel ils croient.
Les choses qu'ils attendent en priorité de la réussite sont l'épanouissement personnel (48 %), l'argent (44 %), l'indépendance (33 %), le plaisir (23 %), le prestige moral (12 %), le prestige intellectuel (10 %), le pouvoir (7 %).

Ça m'intéresse/Ifop, septembre 1987

L'argent ne fait pas le bonheur... mais il y contribue largement.

Lorsqu'on demande aux Français ce qu'évoque pour eux le bonheur, l'argent arrive généralement loin derrière la famille, la santé, l'amour, etc. Environ 60 % d'entre eux considèrent d'ailleurs qu'ils disposent d'un revenu suffisant pour vivre, une proportion qui ne varie guère en fonction de la profession exercée et donc du revenu.

Pourtant, le désir de gagner plus d'argent est toujours élevé. D'après les enquêtes du CREDOC, deux Français sur trois préféreraient une augmentation de leur pouvoir d'achat à un accroissement de leur temps libre. Si l'arbitrage entre temps de travail et rémunération n'est pas uniforme (les ouvriers et les agriculteurs sont les plus nombreux à souhaiter gagner plus), il concerne toutes les catégories sociales.

Les Français habitent les villes,
mais ils préfèrent la campagne.

Le cadre de vie joue un rôle souvent essentiel dans la satisfaction de vivre. Après la vague du « retour à la nature » des années soixante-dix, le « bonheur des villes » avait concurrencé le « bonheur des champs ». 80 % des Français sont aujourd'hui des citadins, mais la majorité d'entre eux considèrent qu'on est plus heureux dans les campagnes ou, à un moindre degré, dans les villes moyennes. Beaucoup voudraient concilier les avantages de la ville (emplois, loisirs, commerces, etc.) avec ceux de la campagne (calme, verdure, convivialité, espace). C'est ce qui explique les mouvements de « péri-urbanisation » (déplacement vers les banlieues des grandes villes) ou même plus récemment de « rurbanisation » (déplacement vers des zones privilégiées à la campagne) mis en évidence par le recensement de 1982.

Les Français consacrent leur temps libre
à la télévision, mais ils plébiscitent le livre.

Interrogés par le magazine *Le Point* (sondage Sofres, novembre 1987) sur les activités qui leur paraissent indispensables pour avoir une vie heureuse, les Français ont placé aux tout premiers rangs l'écoute de la musique, les responsabilités dans le travail et la lecture des livres. Les journaux et la radio occupaient dans ce classement un rang beaucoup plus élevé que la télévision. Un résultat d'autant plus paradoxal que les Français consacrent en moyenne plus de trois heures par jour à la télévision, alors qu'ils lisent de moins en moins de livres.

Quand bonheur rime avec peur

Côté pile, c'est le bonheur. Mais côté face, c'est plutôt l'angoisse qui domine. Le bonheur des Français est surtout individuel. Il n'est donc pas étonnant que leurs principales craintes le soient aussi : chômage, délinquance, terrorisme, risques technologiques, sida, cancer, menaces démographiques, etc.

Plus peut-être que leurs homologues des autres pays industrialisés, les Français ont développé au cours des dernières décennies un goût prononcé pour le confort, un besoin irrépressible de sécurité. Il n'est donc pas étonnant que la situation actuelle du monde soit pour les Français une inépuisable source d'inquiétude.

Le bonheur, une idée simple et répandue

Alice

La peur du chômage domine.

Epée de Damoclès forgée par quinze années de crise économique et de mutations industrielles, la crainte de perdre son emploi est suspendue au-dessus de chaque tête. Depuis une dizaine d'années, plus du tiers des actifs ont connu le chômage. Aujourd'hui, plus d'un foyer sur trois est concerné par ce problème, parce que l'un de ses membres est chômeur ou cherche sans succès un premier emploi.

Le spectre du déclin est apparu en 1987.

Après la campagne menée en 1985-1986 sur le thème de « la France qui gagne », on a assisté à partir du printemps 1987 à une campagne de « franco-pessimisme », déclenchée et relayée par les médias. Le thème du déclin national, largement évoqué, prenait appui sur des considérations sociales, économiques et culturelles.

Sur le plan social, beaucoup ont dénoncé une dégradation de la morale, au fur et à mesure que les préoccupations individuelles balayaient les grandes valeurs collectives. La désaffection des Français pour la religion, la multiplication des affaires de compromission, en particulier dans le monde politique, la montée du racisme et de la xénophobie, étaient autant d'éléments interprétés comme des signes de la dégradation des mœurs et du climat social.

Sur le plan économique, les raisons de s'inquiéter ne manquaient pas : chômage, croissance insuffisante, endettement, déficit du commerce extérieur, etc. En matière culturelle, l'époque récente n'a pas fourni non plus de raisons d'espérer : la musique populaire vit au rythme des chansons et des clips anglo-saxons ; la littérature française cherche un nouveau souffle ; les grands projets d'architecture sont souvent confiés à des étrangers...

La peur collective renforce les craintes individuelles.

Après moi... le déluge. La formule résume assez bien le comportement des Français dans leur vie quotidienne. Elle ne les empêche pas, cependant, de redouter l'avenir tel qu'il se présente à l'ensemble de la collectivité.

Le bonheur des autres

Y a-t-il des pays heureux et des pays malheureux ? La capacité d'une nation à offrir le bonheur à ses citoyens est-elle mesurable ? Il est certes difficile d'imaginer une sorte de BNB (Bonheur National Brut) qui, comme le PNB, permettrait de comparer entre eux les différents pays. Sans tomber dans cet excès, des moyens existent pour comparer la satisfaction des habitants de différents pays.

Les étrangers considèrent la France comme un pays où il fait bon vivre.

Les enquêtes, baromètres et sondages effectués à l'échelon international donnent généralement des résultats très favorables à la France dans ce domaine. Au terme de savants calculs intégrant des critères économiques, sociaux et politiques, le magazine anglais *The Economist* lui attribuait fin 1987 la deuxième place sur une cinquantaine de nations (après les Etats-Unis) quant à sa capacité à procurer le bien-être à ses enfants. Les Français ne sont pas toujours conscients de l'attirance qu'exerce leur patrie sur beaucoup d'étrangers, comme en témoigne ce dicton allemand qui dit d'un

Demain l'angoisse

Pensez-vous que vos conditions de vie vont s'améliorer ou se détériorer au cours des 5 prochaines années ?

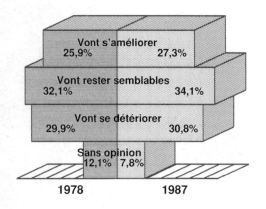

	1978	1987
Vont s'améliorer	25,9%	27,3%
Vont rester semblables	32,1%	34,1%
Vont se détériorer	29,9%	30,8%
Sans opinion	12,1%	7,8%

CREDOC

homme comblé qu'il est « heureux comme Dieu en France ».

D'une manière générale, il semble que la sensation de bonheur, à l'échelon individuel ou collectif, varie dans le même sens que plusieurs facteurs d'ordre subjectif (la confiance à l'égard d'autrui) ou objectif (le niveau de revenu, la prospérité économique nationale, le niveau de sécurité physique). Il semble également que le bonheur ait besoin, pour se maintenir, d'une amélioration continue de ces facteurs favorables. C'est ce que le bon sens populaire appelle ne jamais être satisfait de son sort, en vouloir toujours plus. Il n'est donc pas étonnant que la courbe du bonheur s'inverse en même temps que celle de la croissance économique.

Les Français au 9e rang du bonheur en Europe

Parmi les pays de la communauté européenne, on constate des écarts importants entre les « pays heureux », qui sont plutôt ceux du Nord (Pays-Bas, Danemark, Irlande) et les autres, avec en queue de peloton les pays méditerranéens (France, Grèce, Italie, Portugal).

Sur les douze pays européens, la France n'occupe que la 9e place, avec 13 % d'habitants « vraiment heureux », 65 % « assez heureux » et 21 % de « pas trop heureux ».

Eurobaromètre, 1987

Le bonheur

En vrac

S • 83 % des Français considèrent que les gens les plus heureux sont ceux qui vivent en couple ; 3 % ceux qui vivent seuls.

S • 76 % des Français pensent que, pour avoir une vie heureuse, il est indispensable d'écouter de la musique, 75 % d'avoir des responsabilités dans son travail, 74 % de lire des livres, 7 % de disposer d'au moins 12 000 francs de revenus mensuels (pour une famille de quatre personnes), 66 % d'avoir plusieurs enfants, 62 % de partir en vacances l'été, 62 % de lire un journal, de pratiquer régulièrement un sport, 52 % d'avoir des rapports sexuels fréquents, 46 % d'écouter la radio, 41 % de croire en Dieu, 32 % d'être engagé dans un mouvement humanitaire, 31 % de pratiquer sa religion, 26 % d'avoir son baccalauréat, 20 % de regarder la télévision, 18 % d'avoir eu plusieurs partenaires sexuels au cours de sa vie, 15 % d'être engagé dans un mouvement syndical, politique ou associatif, 6 % d'avoir des aventures extraconjugales.

S • Les mots qui viennent d'abord à l'esprit des Français quand ils pensent au bonheur sont, par ordre décroissant : vie de famille (36 %) ; bonne santé (30 %) ; être bien dans sa peau (10 %) ; relations sentimentales (8 %) ; enfants (4 %) ; argent (3 %) ; réussite dans le travail (3 %) ; amitié (1 %) ; être indépendant (1 %) ; vacances (1 %).

2
LA FAMILLE

LE BAROMÈTRE DE LA FAMILLE

Les pourcentages représentent le cumul des réponses positives aux affirmations proposées.

La famille est le seul endroit
où l'on se sente bien et détendu (en %) :

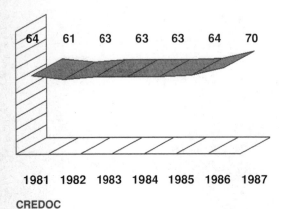

| 64 | 61 | 63 | 63 | 63 | 64 | 70 |

1981 1982 1983 1984 1985 1986 1987

CREDOC

On ne devrait plus se marier (en %) :

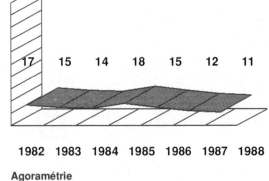

| 17 | 15 | 14 | 18 | 15 | 12 | 11 |

1982 1983 1984 1985 1986 1987 1988

Agoramétrie

Il faut faire un gros effort
pour encourager la natalité (en %) :

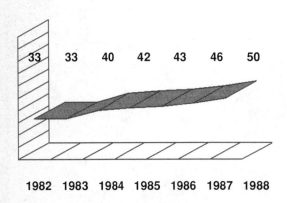

| 33 | 33 | 40 | 42 | 43 | 46 | 50 |

1982 1983 1984 1985 1986 1987 1988

Agoramétrie

Il faut adhérer aux associations
de défense du consommateur (en %) :

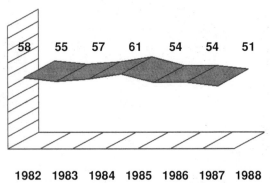

| 58 | 55 | 57 | 61 | 54 | 54 | 51 |

1982 1983 1984 1985 1986 1987 1988

Agoramétrie

LE COUPLE

MARIAGE

Les couples d'aujourd'hui ne veulent plus seulement être heureux ensemble, ils veulent aussi l'être séparément. La baisse du nombre des mariages est le reflet de cette évolution, de celle de la condition féminine et du relâchement des pressions sociales. Mais ceux qui choisissent de se marier veulent faire de cette occasion une véritable fête, qui retrouve ses ingrédients traditionnels.

Quinze années de baisse

« Le mariage est sujet à de grandes révolutions » écrivait Jean-François Régnard, auteur dramatique français, à la fin du XVIIe siècle. Il lui aura fallu trois siècles pour avoir raison. La désaffection vis-à-vis du mariage apparaît dans les chiffres depuis 1973. La baisse du nombre annuel a été à la fois régulière et forte : 36 % au cours de la période 1973-1988.

En 15 ans, le nombre annuel des mariages a diminué de 150 000.
• 266 000 mariages en 1987 contre 417 000 en 1972.
• 4,8 mariages pour 1 000 habitants contre 8,1 en 1972.

Avant d'examiner les causes de cette spectaculaire diminution, il faut la ramener à ses proportions véritables. On peut considérer en effet que le nombre des mariages avait « anormalement » augmenté entre 1968 et 1972, sous l'influence de trois phénomènes :
• L'arrivée à l'âge du mariage des générations nombreuses de l'après-guerre, issues de ce qu'on a appelé le « baby boom » ;
• L'accroissement des conceptions prénuptiales à une époque où la liberté sexuelle ne s'était pas encore accompagnée d'une large diffusion des moyens de contraception ;
• L'existence de pressions sociales fortes à l'encontre des naissances hors mariage.

Il faut également préciser que l'âge moyen au mariage augmente régulièrement depuis une dizaine d'années, contrairement à ce qui s'était passé entre 1950 et le milieu des années soixante-dix. Ce décalage dans le temps diminue évidemment le nombre des mariages célébrés chaque année.

Pour ces trois raisons, les années 1950 à 1970 apparaissent comme des années de transition. La période qui a suivi a connu deux phases distinctes dans la baisse de la nuptialité :

25 ans de mariages

Evolution du nombre de mariages annuel (en milliers) :

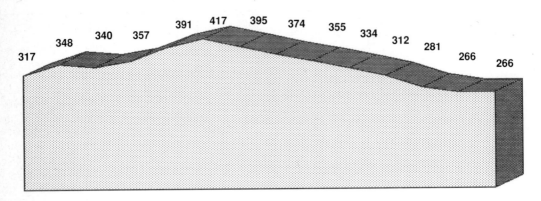

1962	1964	1966	1968	1970	1972	1974	1976	1978	1980	1982	1984	1986	1987
317	348	340	357	391	417	395	374	355	334	312	281	266	266

INSEE

• Entre 1970 et 1978, la diffusion des méthodes contraceptives (en particulier la pilule) a conduit à une diminution très sensible du nombre des conceptions prénuptiales ;
• Depuis 1978, le nombre des conceptions et des naissances hors mariage s'est accru, conséquence d'une forte évolution des modes de vie et, bien sûr, des mentalités.

Le nombre des mariages s'est stabilisé en 1987 pour la première fois depuis 15 ans.

On a enregistré en 1987 autant de mariages qu'en 1986. Il est encore trop tôt pour interpréter cette stabilisation et savoir si elle peut conduire à un retournement de tendance. Il faut cependant savoir que si le taux actuel de nuptialité (nombre de mariages annuel divisé par la population au milieu de l'année) se maintenait, la proportion d'adultes célibataires (au sens légal du terme) serait de 47 % parmi les hommes et 46 % parmi les femmes. Les chiffres comparables pour les hommes et les femmes nés entre 1925 et 1930 étaient respectivement de 10,5 % et 8 %. Cela signifie que la moitié des hommes et des femmes des prochaines générations vivraient en dehors du cadre du mariage.

Toujours plus de « vrais » célibataires

Depuis 1972, les effectifs des générations arrivant à l'âge du mariage ne cessent de s'accroître. Et l'affaissement du nombre des mariages n'a pas été compensé par l'explosion du nombre de couples vivant en cohabitation. L'explication est que les jeunes habitent de plus en plus longtemps chez leurs parents, du fait de l'allongement de la durée des études et du chômage.
Aujourd'hui, 89 % des hommes et 72 % des femmes âgés de 20 à 24 ans sont de « vrais » célibataires, c'est-à-dire non-mariés, non concubins et ne vivant pas chez leurs parents. Ils sont encore respectivement 48 % et 32 % entre 25 et 29 ans, 22 % et 16 % entre 30 et 34 ans, 13 % et 9 % entre 35 et 39 ans.
Chez les hommes, les taux de célibat les plus élevés se rencontrent dans les catégories modestes. On constate la tendance contraire chez les femmes : ce sont les femmes diplômées qui se marient le moins. Parmi les femmes âgées de 40 à 50 ans, 19 % de celles qui détiennent un diplôme d'études supérieures étaient toujours célibataires à 35 ans, contre 5 % de celles qui sont titulaires du seul certificat d'études. A niveau scolaire égal, les femmes issues d'un milieu aisé se marient moins que celles qui ont été élevées dans un milieu modeste.

Les célibataires, au même titre que les personnes âgées, représentent aujourd'hui un marché à fort potentiel que les entreprises cherchent à séduire. On sait par exemple que 70 % des membres des clubs sportifs sont des célibataires, que les personnes qui partent seules en vacances représentent 54 % de la clientèle de Nouvelles Frontières et 41 % de celle du Club Méditerranée (mais il est assez fréquent que des personnes mariées partent en vacances séparément).

La plupart des pays développés ont enregistré une forte baisse du nombre des mariages.

Aux Etats-Unis, le pourcentage d'hommes célibataires âgés de 30 à 34 ans a plus que doublé depuis 1970 : 23,1 % contre 9,4 %. Chez les jeunes femmes de 20 à 24 ans, la proportion atteint 61 %, contre 36 % en 1970. Les pays scandinaves, la Grande-Bretagne et la RFA ont connu avant la France des mouvements démographiques de grande ampleur, concernant à la fois la diminution du nombre des mariages et celle des naissances ou l'apparition de nouvelles formes de la vie en couple.

Evolution de la nuptialité dans certains pays

Nombre de mariages pour 1 000 habitants :

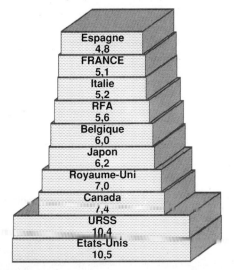

Espagne	4,8
FRANCE	5,1
Italie	5,2
RFA	5,6
Belgique	6,0
Japon	6,2
Royaume-Uni	7,0
Canada	7,4
URSS	10,4
Etats-Unis	10,5

Eurostat

Il faut cependant noter qu'au Danemark et en Suède, le nombre des mariages tend à augmenter depuis 1983, alors que la baisse avait été plus forte et plus précoce qu'en France.

Pourquoi on se marie moins

Comment expliquer cette désaffectation croissante pour le mariage ? Est-ce, comme on l'entend dire souvent, parce que les jeunes refusent les responsabilités et cherchent la facilité, parce qu'ils ne croient plus en des valeurs traditionnelles comme la famille ? Rien n'est moins sûr. Si le mariage est en cause, c'est peut-être au contraire parce qu'on attend plus de lui que par le passé. Et qu'il ne permet pas, dans sa forme traditionnelle, de répondre à ces attentes.

L'instabilité de l'environnement explique celle des Français.

Les grandes interrogations, les incertitudes et les menaces qui pèsent sur le monde en cette fin de siècle (chômage, sida, guerre, terrorisme, pollution, chocs économiques...) ne pouvaient être sans conséquence sur la conception de la vie en couple. L'instabilité de l'environnement s'est donc étendue aux mentalités individuelles et collectives.

En tant qu'institution, le mariage n'a pas échappé à la désaffection dont souffrent les institutions en général : Etat, syndicats, Eglise, école, administrations, partis politiques, etc.

L'espérance de vie d'un couple est de 50 ans, contre 17 ans au XVIIIe siècle et 38 ans en 1940.

L'allongement considérable de la durée de vie fait que les couples qui se marient aujourd'hui s'engagent en moyenne pour un demi-siècle de vie commune ! Cette perspective fait sans doute reculer beaucoup de jeunes au moment de prendre la grande décision. L'implication d'engagement à long terme (donc de contrainte) contenue dans le mariage apparaît difficile à assumer dans un contexte où dominent le changement et le souci de liberté. Elle explique aussi la plus grande mobilité conjugale que l'on observe actuellement. La société bouge, les individus aussi.

Rencontres du premier type

Contrairement à ce qu'on pourrait imaginer, les Français se marient très peu par l'intermédiaire des agences matrimoniales, des petites annonces ou des messageries du Minitel (moins de 1 % des rencontres ayant donné lieu à un mariage). Entre 1959 et 1984, on note une nette diminution de l'importance des bals publics (10 % contre 20 % pendant les années soixante), des rencontres de voisinage et des fêtes familiales. Les clubs de vacances, les rencontres entre amis, les discothèques, cafés et autres lieux publics jouent par contre un rôle croissant, tandis que celui des lieux de travail et d'études reste stable, malgré l'allongement de la scolarité et la réduction du temps de travail.

Cependant, le « rendement matrimonial » des divers moyens de rencontres est très variable : si les fêtes de famille sont des événements beaucoup plus rares que les bals ou les soirées entre amis, elles se traduisent proportionnellement plus souvent par une union. D'une manière générale, il apparaît que les rencontres ne se forment pas au hasard ; les flèches de Cupidon ne tombent jamais bien loin...

**INED, Michel Bozon et François Héran,
Population, 1987**

---

*On attend de plus en plus de liberté
à l'intérieur comme à l'extérieur du couple.*

La montée de l'individualisme ne pouvait pas épargner les relations au sein du couple. On veut aujourd'hui s'épanouir sans contrainte, vivre à deux sans abdiquer sa propre vie, à l'image de ces matelas qui permettent à chacun de « vivre sa nuit » sans déranger l'autre.

Cette aspiration à plus de liberté ne s'accompagne pas d'un recul de la vie affective. Au contraire, l'amour et la tendresse sont des revendications très fortes, plus peut-être que par le passé. Montaigne affirmait en son temps : « Un bon mariage, s'il en est, refuse la compagnie et condition de l'amour ». L'un des personnages de Marivaux, dans *le Petit Maître*, ne disait pas autre chose : « Nous marier ? Des gens qui s'aiment ! » Aujourd'hui, la proposition serait différente ; on ne se marie pas si on ne s'aime pas, mais on n'est pas obligé de se marier si on s'aime.

*Un nombre croissant de femmes
ne souhaitent pas se marier.*

On ne saurait comprendre l'évolution récente en matière de vie de couple sans la relier à celle de la femme. Pendant des siècles, celle-ci s'était contentée de sa condition de mère et d'épouse (ou l'avait subie), vivant une vie sociale « par procuration ». Elle veut aujourd'hui profiter de sa liberté nouvelle, âprement gagnée. Un grand nombre de femmes ont accédé à la vie professionnelle : 37 % d'entre elles sont actives, même si elles sont plus touchées que les hommes par le chômage. Elles ont donc moins de temps, mais aussi moins de goût, pour les tâches domestiques.

Beaucoup sont aujourd'hui convaincues que l'égalité des sexes est plus facilement respectée dans le cadre de l'union libre que dans celui du mariage, dans lequel l'épouse a traditionnellement un rôle second. Durkheim affirmait déjà il y a un siècle que « la société conjugale, désastreuse pour la femme, est au contraire bénéfique pour l'homme ».

L'accès à la vie professionnelle n'a pas donné aux femmes que le goût de l'indépendance. Il leur a donné aussi les moyens financiers de l'assumer. Les femmes qui disposent d'un revenu peuvent subvenir à leurs besoins et à ceux de leurs enfants. Cela explique sans aucun doute en partie l'accroissement du nombre des divorces ; c'est en effet la femme qui, dans la majorité des cas, est à l'origine de la demande de divorce.

*Les pressions sociales
sont beaucoup moins fortes que par le passé.*

Beaucoup de mariages ont été, pendant des siècles, la conséquence des très fortes pressions sociales qui s'exerçaient sur les futurs époux. Point de vie en couple (au moins officielle) et point d'enfant en dehors du mariage ; plutôt être malheureux ensemble que divorcer.

Depuis vingt ans, les pressions sociales se sont considérablement relâchées. Le mariage n'est plus considéré comme la seule façon acceptable de vivre en couple et de fonder un foyer. En 1976, 62 % des Français condamnaient ou trouvaient choquante l'union libre ; ils n'étaient plus que 40 % en juillet 1986 (sondages réalisés par *La Croix/Sofres* et *Figaro Magazine/Sofres*). On constate également une tolérance croissante à l'égard des naissances survenant hors mariage, du divorce, des familles monoparentales ou des couples qui décident de ne pas avoir d'enfants.

Il faut ajouter que ce relâchement des pressions sociales s'est accompagné d'incitations de nature fiscale. Initialement destinées à aider les mères célibataires, les mesures en faveur des personnes non mariées (en particulier la prise en compte pour une part entière des enfants à charge) ont abouti à favoriser les couples non mariés. A tel point que certains couples mariés ont pu, en divorçant, réaliser un véritable investissement, qui leur rapporte chaque année des intérêts substantiels.

Les mots changent ; les mentalités aussi

Le meilleur indicateur de la plus grande tolérance à l'égard des pratiques nouvelles en matière de vie de couple est sans doute l'évolution du langage qui les qualifie. On ne parle plus aujourd'hui de « filles-mères » mais de **mères célibataires**, plus de « concubinage » mais d'**union libre** ou de cohabitation, plus d'enfants « illégitimes » mais d'enfants nés **hors mariage**, plus de « cocufiage » mais d'**infidélité**. Le vocabulaire utilisé a donc substitué à la notion de jugement (en fait, de condamnation) celle de la description d'états particuliers de la vie de famille, devenus aussi respectables que les modèles traditionnels.

Ceux qui se marient quand même

Les pratiques actuelles en matière de mariage sont à la fois caractérisées par le changement et la continuité. Les Français se marient moins par intérêt ou par conformisme et se rendent plus volontiers à la mairie qu'à l'église. La continuité est cependant assurée par la proximité sociale et géographique des conjoints et par la volonté retrouvée de faire du mariage une véritable fête.

L'âge moyen au mariage augmente régulièrement :
• *26,4 ans contre 24,3 en 1973 pour les hommes.*
• *24,3 ans contre 22,4 pour les femmes.*

Après avoir baissé de deux ans en deux siècles, l'âge moyen au premier mariage tend à augmenter à nouveau depuis une quinzaine d'années, de sorte qu'on se marie aujourd'hui au même âge qu'au XVIIIe siècle. Les femmes (plus mûres ou plus pressées ?) se marient en moyenne deux ans plus tôt que les hommes. A 18 ans, 10 % d'entre elles sont mariées, contre 1 % seulement des hommes ; 76 % des mariages ont lieu entre des conjoints âgés de 20 à 30 ans.

Les saisons du mariage

La date choisie pour le mariage dépend pour une large part de la saison. On se marie le plus souvent en été (de juin à septembre, avec une pointe en juillet) sauf chez les agriculteurs, occupés par les travaux des champs, ou en avril (mais moins que par le passé).
Les interdits religieux, quoique moins respectés, font que l'on se marie moins fréquemment entre Mardi-Gras et Pâques (période de Carême), en mai (« noce de mai, noce de mort » ; « mois des fleurs, mois des pleurs »), ou en novembre (mois des morts). L'interdit de l'Avent (de fin novembre à début janvier) n'est guère respecté. C'était le cas en particulier de ceux qui voulaient profiter des avantages fiscaux d'un mariage en décembre, qui sont moindres depuis 1983. 76 % des mariages continuent d'être célébrés le samedi, 13 % le vendredi (18 % pour les cadres). Les artisans et commerçants se marient plus souvent le lundi, jour de fermeture de beaucoup de commerces.

INSEE, Bruno Lutinier,
Economie et Statistique, novembre 1987

Qui se ressemble s'assemble.

Ceux qui sacrifient à la tradition du mariage le font généralement dans le respect des traditions, même s'ils les adaptent aux contraintes du moment. La première d'entre elles est sans doute l'*homogamie*, mot savant désignant la propension des individus à se marier entre gens issus d'un milieu social identique ou proche. Ainsi, la moitié des filles de cadres mariées entre 1970 et 1974 ont épousé un homme qui était cadre en 1982. Plus de la moitié des filles d'ouvriers sont restées en milieu ouvrier et moins de 6 % vivent avec un cadre. Les enquêtes montrent cependant que les individus issus des milieux modestes ont d'autant plus de chances d'épouser un individu issu d'un milieu plus élevé dans la hiérarchie sociale qu'ils sont plus diplômés et qu'ils ont moins de frères et sœurs.

Dis-moi ce que fait ton père, je te dirai si je t'épouse...

Les statisticiens mesurent la propension des individus à se marier « entre eux » à l'aide du coefficient d'homogamie. Il est par exemple de 10,1 pour les professions libérales. Cela signifie que le nombre de couples dans lesquels le mari et le père de la femme exercent tous deux une profession libérale est 10,1 fois plus grand que si les couples se formaient purement par hasard. Le coefficient est de 9 pour les gros commerçants, de 8,4 pour les industriels, de 5,9 pour les professeurs. Il est de 11,6 pour les artistes et... de 20,7 pour les mineurs de fond.

Les catégories sociales les plus « fermées » sont les non salariées : professions libérales, gros commerçants, industriels, artistes, agriculteurs. A l'opposé, certaines catégories se « mélangent » plus volontiers. Ainsi, les enfants de techniciens, employés de bureau ou de commerce épousent parfois des représentant(e)s d'autres catégories.

Le désir d'évolution sociale est plus ou moins fort selon les catégories. Les fils de contremaîtres épousent plutôt les filles d'entrepreneurs ou de commerçants que celles de contremaîtres ou d'ouvriers. Les fils de cadres moyens épousent des filles de cadres supérieurs, tandis que les jeunes cadres supérieurs trouvent un charme particulier aux filles des membres des professions libérales. Il semble également que les interdits familiaux ou sociaux soient en régression : se marier avec quelqu'un de la même race n'apparaît souhaitable qu'à un Français sur deux, du même pays à un Français sur cinq, du même milieu social qu'à un Français sur trois.

Les conjoints sont moins souvent issus de la même région et du même type de commune.

L'*endogamie*, propension à se marier entre personnes de la même aire géographique, reste une caractéristique commune à beaucoup de mariages. Aujourd'hui, sur 100 couples dont le mari est né dans une unité urbaine de moins de 5 000 habitants, 53 épouses sont nées dans la même catégorie de commune (69 % dans le même type de commune en 1959, en tenant compte de l'urbanisation qui s'est produite entre les deux périodes). Le taux atteint 34 % dans les communes de 5 000 à 50 000 habitants (47 % en 1959), 45 % dans les communes de 50 000 à 200 000 habitants (39 % en 1959), 55 % dans les communes de plus de 200 000 habitants (45 % en 1959), 50 % dans l'agglomération parisienne (35 % en 1959).

On constate cependant une baisse assez importante de ce phénomène, que l'on compare les lieux de naissance des conjoints ou leurs domiciles respectifs avant le mariage. Ainsi, entre 1914 et 1959, les deux conjoints étaient originaires de la même commune dans près d'un couple sur cinq ; c'était le cas seulement d'un couple sur sept entre 1959 et 1983.

8 % de mariages mixtes

La tendance à se marier entre individus ayant des origines communes s'applique aussi à la nationalité. Mais les choses, là encore, évoluent. Entre 1980 et 1985, la proportion de mariages impliquant un époux étranger est passée de 5,3 % à 7,6 % (20 400 sur un total de 269 000 mariages), alors que la part des étrangers dans la population totale n'a pas augmenté dans les mêmes proportions.

60 % des couples se marient à l'église, contre 78 % en 1965.

Le mariage civil était autrefois indissociable du mariage religieux. Aujourd'hui, les Français sont de moins en moins nombreux à se marier à l'église. A l'instar des autres sacrements, celui-ci n'est plus considéré comme indispensable par les jeunes couples, ni par leurs parents. On se marie donc plus facilement devant les hommes que devant Dieu, comme si l'on hésitait à donner à cette union un caractère solennel et définitif.

La contrepartie de cette évolution est que ceux qui se marient à l'église le font au terme d'une démarche plus réfléchie, plus personnelle que par le passé. La cérémonie religieuse prend donc pour eux un sens plus profond.

La tradition et la fête sont de retour.

Après une période pendant laquelle on se mariait dans la simplicité et dans l'intimité, on constate aujourd'hui une tendance à un mariage plus traditionnel. La plupart des fournisseurs concernés par le mariage (fabricants de vêtements spécialisés, traiteurs, coiffeurs, fleuristes, etc.) constatent un retour à la tradition : les robes de mariée blanches, longues et sages, les voiles de dentelle et les couronnes d'oranger reviennent en force, et les grands couturiers les remettent dans leurs collections. Les repas de mariage sont l'occasion de fêtes et de rencontres avec des membres souvent éparpillés de la famille.

Dans une société dure et froide, le mariage constitue un prétexte à retrouver un peu de candeur, de joie et d'espoir. Et l'on dépense beaucoup d'argent pour que cette journée soit un souvenir exceptionnel.

On ne saurait en fait comparer le mariage actuel à celui du passé. La différence essentielle est qu'il est aujourd'hui le fruit d'une décision plus personnelle de s'unir publiquement à l'autre. Il suffit de relire les auteurs des siècles passés pour comprendre combien le mariage était alors artificiel et peu romantique, contrairement à ce que l'on pense parfois. Ainsi, Pétrus Borel écrivait au début du XIXe siècle : « Celui qui a inventé le nœud du mariage a trouvé un bel et précieux expédient pour se venger des humains, une chausse-trape ou un filet pour attraper les bêtes ; et puis les faire languir à petit feu ».

Va-t-on assister à une réhabilitation du mariage ?

La stabilisation du nombre des mariages en 1987 annonce-t-elle un retournement de tendance ? Rien ne permet évidemment de l'affirmer. On peut cependant constater que les raisons qui expliquaient le développement de l'union libre sont en train d'évoluer à leur tour : le balancier féministe revient vers une position plus centrale ; la tendance actuelle à un certain conservatisme pourrait faire renaître des pressions sociales favorables au mariage ; les incitations fiscales pourraient disparaître.

Enfin, il est bien sûr permis de penser que l'environnement finira par se stabiliser après vingt années de crise économique et culturelle. Les jeunes pourraient alors retrouver le goût d'une union plus traditionnelle, qu'ils jugeraient plus stable que l'union libre.

Le mariage en sondages

•   45 % des Français considèrent qu'il y a aujourd'hui une crise grave du mariage, 36 % que cette crise est passagère, 14 % que le mariage se porte bien. 5 % ne se prononcent pas. *La Croix/Sofres, avril 1987.*
•   58 % des Français trouvent normal qu'un garçon et une fille décident de vivre ensemble sans se marier. 33 % sont un peu choqués mais se disent que c'est leur affaire. 7 % condamnent tout à fait ce comportement et 2 % ne se prononcent pas. Les chiffres correspondants étaient de 37 %, 45 %, 17 % et 1 % en 1976. *Figaro Magazine/Sofres, juin 1986.*
•   69 % des jeunes de 13 à 19 ans considèrent qu'un homme et une femme qui vivent ensemble ne doivent pas nécessairement se marier (46 % en 1976). 17 % pensent que c'est inutile (9 % en 1976). 10 % pensent que ça vaut mieux (28 % en 1976). 4 % pensent que c'est nécessaire (17 % en 1976). *Le Parisien/CSA, mars 1987.*
•   Les principales causes de la diminution des mariages chez les jeunes sont pour les Français (par ordre décroissant) : leur volonté de garder leur indépendance, le fait qu'ils voient un grand nombre de divorces autour d'eux, le fait qu'il est plus avantageux économiquement de ne pas se marier, le fait qu'ils ne croient plus à l'amour pour toute la vie, le fait qu'ils trouvent que c'est « vieux jeu ».
Figaro Magazine/Sofres, juin 1986.
•   66 % des jeunes de 13 à 19 ans croient au grand amour. 27 % n'y croient pas. 7 % ne se prononcent pas. *Le Parisien/CSA, mars 1987.*

Les sondages montrent que les jeunes, en particulier les jeunes filles, sont sensibles aux avantages pratiques de la cohabitation et n'associent pas l'amour et la construction d'un foyer à l'idée de mariage. Mais, parmi ceux qui font aujourd'hui l'expérience de l'union libre, certains découvrent que la liberté individuelle n'est pas obligatoirement le plus court chemin vers le bonheur. L'infidélité, la séparation géographique (chacun chez soi), l'indépendance de chacun laissent parfois un goût d'échec.

Le *Salon du mariage*, qui se tient chaque année à Paris, reçoit un nombre croissant de visiteurs. Outre des informations pratiques, ils viennent y chercher la part de rêve et de romantisme qui manque peut-être aux autres formes de la vie à deux. Car un mariage heureux peut être, comme le décrivait André Maurois, « une longue conversation qui semble toujours trop brève ».

Mariage

En vrac

• Les agricultrices se marient davantage en avril et en septembre, les employées en juin et juillet, les cadres en juillet et en décembre, les ouvrières en avril et juillet.
• Le taux de célibat des étrangères est faible entre 30 et 50 ans. Vers 40 ans, il avoisine 3 à 4 %, la moitié du taux mesuré pour les Françaises.
• Les couples composés de deux actifs sont plus nombreux que ceux où seul l'homme travaille.
• 16 % des couples mariés se sont rencontrés dans un bal, 13 % dans un lieu public, 12 % au travail, 9 % chez des particuliers, 8 % dans des associations, 8 % pendant leurs études, 7 % au cours d'une fête entre amis, 5 % à l'occasion d'une sortie ou d'un spectacle, 5 % sur un lieu de vacances, 4 % dans une discothèque, 3 % par connaissance ancienne ou relation de voisinage, 3 % dans une fête publique, 1 % par l'intermédiaire d'une annonce ou d'une agence.
• 37 % des agriculteurs mariés ont rencontré leur future épouse au cours d'un bal ou d'une autre situation liée à la danse. C'est le cas de 36 % des artisans, 29 % des commerçants, 25 % des techniciens, 18 % des employés, 14 % des cadres, 12 % des professeurs. La part totale de ce type de rencontre est de 22 %.
• Parmi les 20 000 mariages mixtes célébrés en France, les nationalités les plus représentées pour l'époux étranger sont par ordre décroissant : les Portugais, les Espagnols, les Algériens, les Italiens, les Allemands.
S • 66 % des jeunes de 13 à 19 ans croient au grand amour, 27 % n'y croient pas.
S • 45 % des Français considèrent qu'il y a aujourd'hui une crise grave du mariage, 36 % pensent que cette crise sera passagère, 14 % pensent que le mariage se porte bien.
S • 50 % des Français estiment que le mariage est tout à fait ou plutôt indispensable à l'épanouissement du couple (47 % non).
S • 41 % des Français seraient d'accord pour qu'on puisse se marier à l'église sans s'être auparavant marié à la mairie, 45 % seraient contre.

COHABITATION

Plus d'un million de couples vivent aujourd'hui en union libre. Le phénomène touche surtout les jeunes, mais concerne à des degrés divers toutes les catégories sociales. En se banalisant, la cohabitation est devenue un véritable mode de vie.

Du mariage à l'essai à l'union libre et durable

Dès le milieu des années soixante-dix, la réaction de méfiance vis-à-vis du mariage se traduisit par l'invention d'une forme de vie à deux relativement nouvelle qu'on appela le « mariage à l'essai ». Avant d'officialiser leur union, les jeunes préféraient vivre ensemble pendant quelque temps, pour tester en vraie grandeur les avantages et les inconvénients de la vie à deux. Cette cohabitation prénuptiale se substituait en fait à la période traditionnelle des fiançailles. Mais la perspective de l'arrivée d'un enfant constituait alors une forte incitation au mariage.

Si elle n'avait été qu'une période transitoire, la diminution des mariages liée à cette pratique nouvelle aurait dû se stabiliser après quelques années. On assista au contraire à une nouvelle baisse ; l'essai était de moins en moins souvent « transformé ».

Loin de se raréfier, la pratique de la cohabitation s'est largement développée (elle s'est même étendue en 1986 à la vie politique !), jusqu'à représenter un véritable phénomène de société. Aujourd'hui, la moitié des couples qui se marient ont vécu ensemble avant le mariage. Cette situation peut être jugée de façon différente, selon qu'on est attaché à l'image traditionnelle du mariage ou non. Elle constitue néanmoins un fait sociologique significatif.

La cohabitation banalisée dans l'opinion

58 % des Français trouvent normal qu'un garçon et une fille décident de vivre ensemble sans se marier. 33 % sont un peu choqués mais se disent que c'est leur affaire. 7 % condamnent tout à fait ce comportement. Les chiffres correspondants étaient de 37 %, 45 %, 17 % en 1976.
Figaro Magazine/Sofres, juin 1986

69 % des jeunes de 13 à 19 ans considèrent qu'un homme et une femme qui vivent ensemble ne doivent pas nécessairement se marier (46 % en 1976). 17 % pensent que c'est inutile (9 % en 1976). 10 % pensent que ça vaut mieux (28 % en 1976). 4 % pensent que c'est nécessaire (17 % en 1976).
Le Parisien/CSA, mars 1987

Entre 1968 et 1987, le nombre de couples vivant en union libre est passé de 300 000 à plus d'un million.

Environ 10 % des couples vivent aujourd'hui en union libre. La proportion atteint le double parmi les couples où l'homme est âgé de moins de 35 ans (13 % seulement en 1982) ; on en compte plus de 600 000 aujourd'hui contre 67 000 en 1968. Elle dépasse même 50 % chez les très jeunes couples (dans lesquels l'homme est âgé de moins de 25 ans) habitant dans l'agglomération parisienne. Plus qu'une période d'observation réciproque des futurs époux, l'union libre est devenue pour beaucoup de jeunes un véritable choix de vie, comme en témoigne l'évolution du nombre des naissances hors mariage (une sur cinq).

L'union libre est plus répandue chez les jeunes, les chômeurs, les non-croyants et dans les grandes villes.

Bien qu'elle soit en augmentation partout, l'union libre ne concerne pas uniformément toutes les catégories sociales. Elle est en particulier plus répandue chez les jeunes que chez leurs aînés, ce qui explique qu'elle soit aussi plus fréquente chez les chômeurs que chez les personnes ayant un emploi. Elle est plus pratiquée dans les grandes villes que dans les petites et dans les communes rurales.

Le cas de Paris est particulier, dans la mesure où la cohabitation y est non seulement plus fréquente mais aussi plus longue qu'ailleurs. Bien que les écarts entre les zones urbaines et les zones rurales se réduisent (en même temps que diminue le nombre des agriculteurs), on constate encore des écarts importants selon les régions.

Nous Deux
TOUT EN COULEUR
l'hebdo couleur cœur

Le couple a une nouvelle image

MAO

Les femmes séduites par l'union libre

Les jeunes femmes sont un peu plus nombreuses que les hommes à préférer l'union libre au mariage. Cette solution leur apparaît en effet plus égalitaire, plus souple, moins contraignante que le mariage : pas de papiers à remplir, pas de serment à prononcer, pas de divorce à demander en cas de séparation...
En prime, la femme qui cohabite a la possibilité de conserver son nom de jeune fille, donc une partie de sa personnalité. Un proverbe anglais affirme que : « Quand un homme et une femme sont mariés, ils ne deviennent plus qu'un ; la première difficulté est de décider lequel ». La loi française avait répondu depuis longtemps à cette question, en accordant au mari le statut de « chef de famille ». Malgré les réformes administratives récentes qui ont enlevé au mari ses privilèges, l'habitude de sa toute-puissance reste très présente. Il est d'ailleurs significatif que 80 % des femmes divorcées sans enfant gardent leur nom de naissance, et 13 % seulement le nom de leur mari (6 % gardent le double nom, comme elles en ont la possibilité).

Un million de couples cohabitent

Evolution du nombre de couples non mariés en France et part dans l'ensemble des couples :

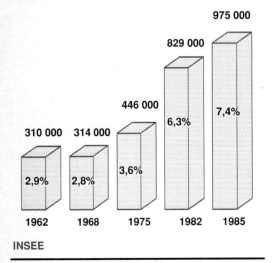

INSEE

De même, l'existence d'une forte tradition religieuse régionale constitue un frein au développement de l'union libre : les gens du Nord restent plus attachés au mariage. Des enquêtes montrent que la pratique de l'union libre est 5 fois plus fréquente chez les non-croyants que chez les pratiquants.

La cohabitation est plus répandue chez ceux qui disposent du degré d'instruction le plus élevé.

Les cadres et les « professions intellectuelles supérieures » (enseignants, professions libérales, membres des professions artistiques et des médias) cohabitent plus (proportionnellement) que les autres catégories (voir tableau ci-dessous). Cela confirmerait l'idée selon laquelle la diffusion de ce mode de vie se ferait à partir des couches disposant du bagage culturel et scolaire le plus élevé, ce qui d'ailleurs est le cas dans beaucoup de domaines (mode, achats d'équipements, etc.)

Il faut cependant tenir compte du fait qu'à l'intérieur d'une tranche d'âge donnée, les catégories sociales vivent des expériences différentes : les ouvriers ont fait moins d'études que les cadres et commencent leur vie de couple plus tôt ; ils disposent donc de plus de temps pour régulariser leur union.

De plus, les membres des catégories dites « supérieures » sont moins nombreux que les autres à faire partie d'un couple (on trouve parmi eux une plus forte proportion de célibataires), de sorte que la majeure partie des jeunes couples de cohabitants sont composés d'ouvriers : 45 % chez les hommes de moins de 35 ans, contre 7 % seulement pour les cadres et professions intellectuelles supérieures.

Cohabitation, âge et profession

Taux de cohabitation des jeunes en fonction de la catégorie socioprofessionnelle et de la tranche d'âge (en 1985) :

	HOMMES			FEMMES		
	20-24	25-29	30-34	20-24	25-29	30-34
• Agriculteurs exploitants	24,1	7,7	3,7	14,2	4,0	2,9
• Artisans, commerçants, chefs d'entreprise	18,7	19,3	7,6	15,2	9,9	6,9
• Cadres, professions intellectuelles supérieures	62,4	29,5	10,4	49,4	28,3	13,9
• Professions intermédiaires	48,9	28,0	9,9	41,5	26,2	12,4
• Employés	44,3	21,1	10,7	37,3	17,4	8,5
• Ouvriers	39,3	18,0	9,0	27,7	15,2	8,5
• Inactifs	68,8	37,8	22,5	25,1	7,4	4,6

INSEE

*Les personnes socialement proches
ne cohabitent pas moins que les autres.*

Les enquêtes disponibles font également un sort à une autre idée reçue, selon laquelle les couples composés de personnes issues de milieux sociaux très différents vivraient plus souvent en union libre, afin de ne pas se heurter aux difficultés d'un mariage qui ne recevrait pas la bénédiction des parents.

Il faut noter aussi que les Français d'origine étrangère se distinguent de moins en moins des autres Français dans ce domaine, surtout s'ils sont installés en France depuis longtemps. Ainsi, les jeunes femmes maghrébines de la seconde génération sont de plus en plus nombreuses à vivre en cohabitation.

*La cohabitation touche la plupart des pays
développés, surtout en Europe du Nord.*

Comme la baisse du nombre des mariages, l'accroissement de la cohabitation touche la plupart des pays développés, mais à des degrés divers selon les pays. Ainsi, en Suède, 44 % des personnes âgées de 20 à 24 ans vivent en union libre ; la proportion est de 35 % au Danemark, mais de 2 % seulement aux Etats-Unis. On a constaté au cours des dernières années une tendance à la stabilisation de l'union libre, sinon à un renversement de tendance.

Cohabitation

En vrac

• Un quart des couples non mariés formés de deux célibataires vivent avec un enfant.

• Plus d'une femme sur trois coiffe Sainte-Catherine (elles sont âgées de 25 ans sans être mariées).

Les jeunes Algériennes cohabitent aussi fréquemment que les Françaises, soit trois fois plus que les Marocaines et les Tunisiennes.

S • 70 % des Français comprennent l'attitude des jeunes qui vivent ensemble sans se marier parce qu'ils ne voient pas l'utilité d'un contrat public, civil ou religieux. 24 % ne la comprennent pas.

S • 46 % des Français considèrent que la cohabitation est une évolution importante de la société et que les institutions civiles et religieuses doivent l'admettre et en tenir compte. 26 % pensent qu'il s'agit d'un phénomène passager et que les institutions civiles et religieuses n'ont pas à s'en occuper. 20 % pensent qu'il s'agit d'un phénomène qui traduit l'égoïsme des jeunes et que les institutions civiles et religieuses doivent lutter activement contre cette pratique.

Les rôles tendent à s'inverser au sein du couple

Peyrat et Associés

LE DIVORCE

La diminution du nombre des mariages aurait dû logiquement entraîner celle des divorces. C'est le contraire qui s'est produit. Amorcé depuis le début du siècle, le phénomène s'est depuis largement amplifié.

100 000 divorces par an

« De nos jours, le divorce est une cérémonie aussi respectée que celle du mariage ». La phrase n'est pas d'Eddy Barclay mais d'Armand Salacrou, et elle n'est pas dépourvue de vérité. En 1987, on a enregistré plus de 30 divorces pour 100 mariages. Si la situation actuelle se prolongeait dans les prochaines décennies, environ un tiers des mariages contractés aujour-d'hui pourraient se solder par un divorce. Mais ces chiffres ne sont évidemment (et heureuse-ment) pas directement extrapolables.

Alors que le nombre des mariages diminuait dans de larges proportions, celui des divorces a triplé au cours des 15 dernières années. De sorte que 12 % des mariages contractés entre 1965 et 1969 sont aujourd'hui rompus et déjà plus de 8 % de ceux conclus entre 1975 et 1976 ; il fallait attendre 20 ans pour constater le même taux, parmi les couples mariés en 1950.

La loi du 11 juillet 1975, qui reconnaissait le divorce par consentement mutuel, ne semble pas avoir eu d'incidence notable sur cette évolution, dont le début remonte au milieu des années soixante.

La hausse concerne l'ensemble des catégories sociales, mais le taux de divorce est très variable selon la profession.

Il reste plus fréquent chez les employés et rare chez les agriculteurs (encadré p. suivante). La divortialité n'augmente pas avec le niveau social du mari, mais s'accroît lorsque le niveau de formation de la femme est plus élevé, ce qui semble montrer que les couples dans lesquels la formation de la femme est supérieure à celle du mari sont plutôt moins solides que les autres.

10 fois plus de divorces qu'au début du siècle

Evolution du nombre de divorces annuel (en milliers) :

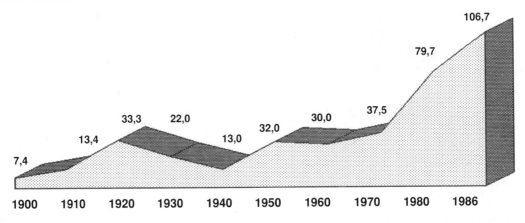

1900	1910	1920	1930	1940	1950	1960	1970	1980	1986
7,4	13,4	33,3	22,0	13,0	32,0	30,0	37,5	79,7	106,7

Ministère de la Justice

Le palmarès du divorce

Les employés divorcent 10 fois plus que les agriculteurs. Les professions respectives des époux ont une grande importance. Un couple formé d'une employée et d'un agriculteur a 50 fois plus de risques de divorcer qu'un couple constitué de deux agriculteurs. Un couple où la femme est employée et le mari ouvrier divorcera 2 fois plus que si les deux sont employés, mais un peu moins que s'ils étaient tous deux ouvriers. Le risque de divorce est d'autant plus grand que l'écart des revenus des deux époux est important. Ainsi, un patron de l'industrie ou du commerce a 3 fois plus de risques de divorcer si son épouse est cadre supérieur que si elle est également patron, 4 fois plus si elle est cadre moyen, 7 fois plus si elle est employée, 11 fois plus si elle fait partie du « personnel de service ». Il n'a donc pas intérêt (statistiquement au moins) à épouser sa secrétaire ou sa femme de ménage ! Qui racontera un jour la (vraie) fin de l'histoire du Prince et de la Bergère ?

La durée moyenne des mariages
soldés par un divorce est d'environ 12 ans.

On constate que la durée du mariage diminue moins le risque de divorce que par le passé. On tend aujourd'hui à divorcer de plus en plus tôt. D'abord parce qu'on attend moins longtemps avant de constater l'échec du couple. Ensuite, parce que les procédures juridiques, moins longues et pénibles que par le passé, ont facilité les démarches des candidats au divorce. Mais la principale raison est probablement la plus grande acceptation du divorce par la société. Les « nouveaux divorcés » ne subissent plus aujourd'hui les mêmes pressions familiales et sociales que par le passé. Et leurs enfants sont (au moins vis-à-vis de la collectivité) des enfants comme les autres.

La part des demandes de rupture
présentées par un seul époux diminue :
• *80 % en 1976, 67 % en 1985.*
• *La plupart proviennent de la femme :*
73 % en 1985 contre 67 % en 1976.

Si c'est encore traditionnellement l'homme qui fait la demande en mariage, c'est souvent la femme qui fait la « demande en divorce », surtout lorsqu'il y a faute du conjoint. C'est à elle aussi, dans 85 % des cas, qu'est confiée la garde des enfants, contre 9,3 % au père. Une répartition pratiquement inchangée depuis dix ans. Il en résulte que 23 % des enfants de couples séparés voient leur père moins d'une fois par mois, 27 % ne le voient jamais.

Le divorce en proverbes

Avant l'invention des sondages, les proverbes étaient l'expression de l'opinion publique. Ceux qui concernent le mariage sont révélateurs des conceptions qu'on en avait au cours des siècles passés, du rôle que la « sagesse populaire » attribuait à chacun des époux, de la place que tenait l'amour :

• Dieu fait les gens et le Diable les accouple.
• La maison est à l'envers lorsque la poule chante aussi haut que le coq.
• Le mariage est la traduction en prose du poème de l'amour.
• Mari et femme sont joints ensemble comme la mie et la croûte.

La conception du mariage, telle qu'elle ressort des proverbes d'autres pays, n'est pas plus optimiste :

• **Anglais**. Pour faire un bon mariage, il faut que le mari soit sourd et la femme aveugle.
• **Chinois**. Le mariage est comme une place assiégée ; ceux qui sont dehors veulent y entrer, et ceux qui sont dedans veulent en sortir.
• **Espagnol**. La maison va mal quand la quenouille commande à l'épée.
• **Finlandais**. L'amour est un jardin fleuri et le mariage un champ d'orties.
• **Italien**. Le mariage et le macaroni ne sont bons que chauds.
• **Malais**. Le bateau que la proue gouverne ne va pas loin.
• **Serbe**. La femme porte son mari sur son visage, le mari reflète sa femme sur sa chemise.

La législation considérait traditionnellement que la mère était la mieux placée pour assurer la garde et l'éducation des enfants. La loi a commencé à évoluer, sous la pression des pères. Elle précise que « l'autorité parentale continue à être exercée par les deux parents, qui s'accordent sur les modalités d'exercice de leur droit de garde ». Mais la garde des enfants n'est partagée entre les deux parents que dans 5 % des cas, ce qui représente une modeste augmentation par rapport à 1976 (3,5 %).

Certains juges sont partisans de la garde alternée : l'enfant demeure une semaine, un mois ou une année chez l'un, puis chez l'autre de ses parents. Cette solution présente des inconvénients pratiques, lorsqu'il s'agit d'assurer à l'enfant une scolarité normale et un environnement stable. Malgré l'évolution administrative et la meilleure compréhension sociale, le divorce est encore bien souvent vécu comme un drame par les enfants.

La présence d'enfants dans un couple ne semble pas avoir d'incidence sur sa probabilité de divorcer.

La proportion de couples sans enfants est là même chez les divorcés et chez les couples mariés. On constate par contre une fréquence de divorce plus élevée dans les couples ayant eu des enfants avant d'être mariés et ceux dans lesquels les naissances ont été rapprochées.

La proportion de remariages diminue :
• 41 % des hommes et 38 % des femmes en 1985 contre 65 % et 58 % en 1975.

Un nombre croissant de ceux qui ont connu le divorce préfèrent vivre ensuite en cohabitation plutôt que de risquer un second échec. La moitié des femmes qui ont divorcé de leur premier mari entre 1975 et 1979 vivent aujourd'hui en couple ; 40 % d'entre elles ont choisi la cohabitation. La proportion ne change guère en fonction de la catégorie sociale.

La vie est trop longue pour n'aimer qu'une fois

La perspective de cinquante ans de vie commune est de plus en plus souvent ressentie avec angoisse par les jeunes couples. Le choix de l'union libre leur permet de ne pas y entrer par la porte officielle afin de mieux se ménager une sortie. D'autres, parmi les couples mariés, choisissent la voie du divorce. La plupart, en tout cas, sont de plus en plus vigilants quant à la qualité de leur vie conjugale, sur les plans affectif, intellectuel, culturel et sexuel. Dès que le doute ou la lassitude apparaît, ils en tirent les conclusions et partent vers de nouvelles « aventures ». Au sens à la fois pratique et philosophique du terme.

On vit plusieurs vies dans une vie.

Les règles du jeu de la vie à deux sont en train de changer. Au sein des jeunes couples, chacun souhaite à la fois être heureux ensemble et... séparément. Dans ce contexte, le mariage est souvent ressenti comme une contrainte. Il faut bien constater que l'environnement actuel ne pousse pas à la stabilité. Le chômage, les pratiques d'une société de consommation qui tend à renouveler en permanence les produits pour les remplacer par d'autres, plus modernes et plus « performants », la recherche permanente de nouvelles « sensations » proposées par la publicité et les médias sont autant d'incitations à l'infidélité et au changement.

Divorce et classes sociales

Motifs de séparation sur initiative féminine, suivant la profession de l'ex-mari en 1986 (en %) :

	Cadres	Employés	Ouvriers spécialisés
• Alcoolisme ou violences de l'ex-mari	9	15	37
• Manque d'intérêt de l'ex-mari à la vie familiale	11	11	9
• Autres défauts de l'ex-mari	15	19	17
• Infidélité de l'ex-mari	18	14	10
• Incompatibilités	23	16	6
• Autres motifs	23	24	22
TOTAL	100	100	100

INED

Si la vision de la vie se fait aujourd'hui essentiellement à court terme, c'est parce que personne ne peut plus, contrairement aux générations passées, imaginer ce que sera sa vie dans un environnement de plus en plus mobile et imprévisible.

diverses tentatives ne signifient pas, cependant, que le cœur a perdu ses droits. Ce sont les conditions de la vie qui se sont transformées. L'aspiration, récente, à une vie personnelle riche et sans contrainte a modifié la notion de couple et le rôle des institutions qui s'y rattachent.

Le consentement mutuel progresse

Répartition des divorces directs selon les demandes (en %) :

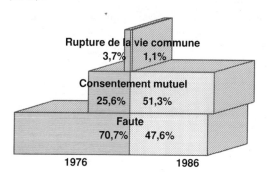

Rupture de la vie commune
3,7%   1,1%

Consentement mutuel
25,6%   51,3%

Faute
70,7%   47,6%

1976   1986

Ministère de la Justice

---

*Les couples d'aujourd'hui
revendiquent le droit à l'erreur.*

Contrairement à ce que les chiffres semblent indiquer, les Français restent pourtant attachés à la notion de couple et à son prolongement naturel, la famille. Plus peut-être qu'hier, ils recherchent l'amour et le respectent. Certains d'entre eux le respectent même tant qu'ils n'acceptent pas de le vivre imparfaitement. D'où le rejet de tout ce qui, légalement ou socialement, les obligerait à composer avec leurs sentiments.

Mais l'amour n'est ni garanti par contrat (y compris celui du mariage) ni éternel. Au nom du réalisme, on revendique donc le droit à l'erreur. Afin que cette erreur n'ait pas de conséquences définitives sur la vie de ceux qui, en toute bonne foi, l'ont commise. D'autant qu'en ce domaine, la réussite d'aujourd'hui peut devenir l'échec de demain.

La vie du cœur est donc de plus en plus souvent faite d'une succession d'expériences, vécues avec des partenaires différents. Ces

Le divorce

En vrac

• 30 % des pensions alimentaires attribuées aux femmes divorcées ne sont pas payées régulièrement.
• 81 % des femmes divorcées sans enfant vivant seules portent leur nom de naissance, 13 % portent le nom de leur ex-mari, 6 % portent le double nom. 60 % des femmes divorcées ayant des enfants de l'union rompue portent leur nom de naissance, 32 % le nom marital, 8 % le double nom.
• Le divorce avait été aboli par la Restauration. Il fut rétabli pendant la IIIe République par la loi de 1884.
S • 50 % des hommes et des femmes vivant en couple se disputent au moins une fois par mois. Les disputes deviennent moins fréquentes avec l'âge.
S • 5 % des couples se querellent souvent au sujet du choix des programmes à la télévision, 13 % de temps en temps, 14 % rarement, 66 % jamais.
S • Les principales conditions pour qu'un mariage réussisse sont, par ordre décroissant d'importance : être à l'écoute de l'autre ; avoir des enfants ; être fidèle ; l'harmonie sexuelle ; la patience ; le partage des tâches ménagères ; avoir les mêmes centres d'intérêt ; avoir les mêmes idées ; être du même milieu ; ne pas se laisser faire ; avoir les mêmes amis.
S • Parmi les différentes attitudes accusées de tuer l'amour, l'indifférence arrive en premier (47 %), suivie de l'infidélité (45 %), l'habitude (37 %), la jalousie (33 %), le travail (20 %), la vulgarité (19 %), l'espacement ou l'arrêt des rapports sexuels (12 %).

LA VIE À DEUX

Dans le passé, les deux membres du couple avaient des attributions bien distinctes. D'un côté, la femme au foyer, de l'autre le chef de famille. Les couples d'aujourd'hui ne se reconnaissent plus dans cette description. Les rôles de l'homme et de la femme se rapprochent. Que ce soit pour faire la vaisselle... ou l'amour.

Le nouveau partage des tâches

Dans le couple traditionnel, le rôle de la femme était largement conditionné par les notions de devoir, de contrainte et de sacrifice. Le couple moderne est au contraire caractérisé par la volonté de chaque membre de s'épanouir, aussi bien dans le cadre familial qu'au dehors. Entre ces deux conceptions du couple, il y a l'espace d'une révolution. Celle du féminisme.

Du coup, la société est en train de revoir complètement l'image du couple qu'elle présentait jusqu'ici. Le changement est particulièrement sensible dans la publicité et le cinéma. La femme y est de plus en plus souvent montrée dans des situations autrefois réservées aux hommes, parfois même en position de domination. Si l'on en croit les affiches et les spots publicitaires, ce sont aujourd'hui les hommes qui font la vaisselle, la cuisine et changent les couches des enfants, pendant que les « superwomen » boivent du Ricard, portent des caleçons et mènent une vie professionnelle trépidante...

L'égalité dans le couple est aujourd'hui reconnue par l'administration.

Face à cette évolution des rôles sociaux de l'homme et de la femme dans le couple, les administrations ont fini par réagir : plus de chef de famille, plus de monopole masculin dans les formalités administratives. Les femmes, qui ont conquis le droit au revenu par leur travail, ont aussi gagné celui, plus symbolique, de signer la feuille d'impôts. La chasse aux descriptions sexistes a commencé dans les manuels scolaires. Dans le discours et dans le fonctionnement des institutions de la République, la prééminence masculine s'estompe lentement.

L'homme entre dans la cuisine

Coriolis

L'égalité progresse dans le couple, mais elle est loin d'être parfaite.

Cuisine, vaisselle, ménage, lavage, courses, soins des enfants... Autant de domaines jusqu'ici exclusivement réservés à l'épouse modèle. Si l'homme se mêlait quelquefois de cuisine, c'était pour faire déguster à l'entourage admiratif une de ses spécialités. Cuisine-loisir de l'homme contre cuisine-contrainte de la femme. Parfois même, le bon époux condescendait à faire la vaisselle, voire à passer l'aspirateur, attendant en retour un témoignage de reconnaissance devant cette preuve d'affection.

Ces vieux clichés ne sont pas tous démodés. Mais un certain nombre d'activités traditionnellement féminines sont en train de « tomber dans le domaine public ». Elles peuvent désormais être exécutées indifféremment par l'un ou l'autre sexe. Il ne faudrait pas en déduire que l'égalité devant le fer à repasser est devenue la règle dans les couples : les hommes actifs âgés de 18 à 64 ans consacrent en moyenne 1 h 38 aux activités ménagères, soit deux fois moins que les femmes (3 h 09).

La répartition des tâches

Dans les foyers où la femme travaille, 74 % des maris participent aux tâches domestiques. Lorsque la femme est au foyer, il n'y en a que 59 %.
La contribution effective de l'homme aux travaux du ménage est inférieure à celle qui apparaît dans les intentions, si l'on en croit les réponses de leurs femmes aux mêmes questions. L'activité la plus fréquente (ou la moins rare) est de faire les courses. Viennent ensuite les tâches qui concernent les enfants (soins, travail scolaire). Quant aux travaux de repassage, ménage, ou cuisine, ils sont considérés avec beaucoup de circonspection par l'homme, qui leur préfère de beaucoup le bricolage et l'entretien de la maison (réparations).
La participation masculine est nettement plus développée chez les jeunes ménages de moins de 35 ans. Les plus de 45 ans ont une conception du couple née à une autre époque et confortée par vingt ans de vie commune.
Le partage est plus égalitaire dans les catégories moyennes et celles où le niveau de formation des deux conjoints est élevé. En milieu ouvrier, les femmes s'occupent non seulement du ménage mais aussi des tâches administratives (budget, impôts).

INED

Les décisions du ménage sont de mieux en mieux partagées.

De l'achat d'une automobile au nombre d'enfants souhaité, en passant par la décoration de l'appartement, la vie en commun implique des choix, donc des décisions. Le rôle de chacun dans ces décisions apparaît aujourd'hui moins spécialisé que par le passé.

L'avis du mari est déterminant dans le choix du lieu d'habitation, de l'automobile ou du matériel hi-fi. Mais c'est l'épouse qui, le plus souvent, décide de l'acquisition des biens culturels (livres, œuvres d'art), sauf pour les disques, qui sont achetés ensemble.

Le poids de la femme reste prépondérant lorsqu'il s'agit de choisir l'ameublement, la décoration de la maison ou l'équipement électroménager (logique, puisque c'est encore elle qui, le plus souvent, fera fonctionner la machine à laver !).

Mais de plus en plus de décisions sont prises en commun, qu'elles concernent les vacances, les invitations à dîner ou l'éducation des enfants (bien que, dans ce dernier domaine, l'empreinte de la mère reste forte).

Plus encore que dans les activités domestiques, l'équilibre du couple se réalise lors des décisions concernant la vie familiale. L'égalité de la femme dans le couple se fait donc plus facilement lorsqu'il s'agit d'accroître son influence dans les domaines « importants » que lorsqu'il s'agit de la restreindre dans les tâches courantes. En d'autres termes, les maris acceptent plus volontiers de faire « monter » les femmes à leur hauteur que de « descendre » eux-mêmes à leur niveau.

L'homme n'a plus le monopole de l'argent du ménage.

Pendant longtemps, les femmes participaient surtout aux *dépenses* du ménage. C'est elles qui, dans la majorité des cas, tenaient les cordons de la bourse, gérant en particulier les frais de fonctionnement du foyer : nourriture, entretien, etc. Aujourd'hui, 44 % d'entre elles exercent une activité professionnelle rémunérée. Elles peuvent donc également contribuer aux *recettes*, au même titre que le mari ou le compagnon.

Cette évolution a, bien sûr, des incidences sur le plan économique : l'impact du second salaire modifie complètement la structure des revenus globaux des ménages. Elle a aussi des conséquences sur le plan psychologique : en accédant par son travail à un revenu personnel, la femme accède du même coup à l'autorité qu'il confère.

Un des étalons de mesure de cette évolution est le développement du compte bancaire joint, qui concerne aujourd'hui plus de 70 % des couples. Grâce à lui, la femme peut désormais effectuer des dépenses sur l'argent du ménage sans la signature de son mari. Une évolution qui n'est pas seulement symbolique.

Enfin, il faut dire que l'activité des femmes modifie les rapports au sein du couple; elle leur donne une ouverture sur le monde extérieur que ne peuvent avoir les femmes au foyer.

Sexualité : l'amour toujours

Liberté, égalité, sexualité. La révolution culturelle des années soixante-dix avait entraîné un bouleversement des conceptions et des pratiques sexuelles. Une sorte de boulimie s'était emparée des Français, comme s'ils avaient voulu annuler en quelques années des siècles de tabous, d'interdits et d'effacement féminin. La sexualité devenait soudain un produit de grande consommation.

Depuis quelques années, les médias font régulièrement leurs titres sur les manifestations d'une « contre-révolution » sexuelle, qui marquerait un retour à la fidélité, à la tendresse, à·la virginité et à l'abstinence.

La vérité est particulièrement difficile à percevoir dans un domaine où les études manquent et où les sondages sont par nature suspects. Elle est plus complexe. Les acquis des années soixante-dix demeurent, en particulier pour les femmes. L'érotisme n'est plus clandestin ; il fait aujourd'hui partie du paysage culturel et audiovisuel. Mais on observe une stabilisation des comportements et une plus grande individualisation ; il n'y a plus, dans ce domaine comme dans d'autres, de modèle de référence.

Les valeurs de fidélité et d'abstinence sont évidemment favorisées par la crainte du sida. Quant au retour de la tendresse et du sentiment amoureux, il n'aurait de sens que dans la mesure où on pourrait démontrer qu'il avait disparu...

Ce sont les jeunes et les femmes qui ont profité le plus de la révolution sexuelle.

La diminution progressive de la pratique religieuse explique en partie la disparition des vieux tabous. L'éducation des adolescents, qui a contribué à avancer l'âge des premiers rapports, est une autre cause de cette évolution. La réduction du temps de travail, la diminution de la fatigue physique qu'il entraîne ont également joué un rôle important ; on fait moins l'amour quand on rentre tard chez soi ou quand on n'est pas en forme.

C'est sans aucun doute l'émancipation féminine qui constitue le phénomène essentiel de la révolution sexuelle de ces vingt dernières années. La libération des femmes ne s'est pas en effet limitée à la cuisine, au travail ou à la façon de s'habiller. Elle a aussi transformé leur vie amoureuse. Les femmes ont profité plus que les hommes de cette liberté nouvelle. Elle leur a permis d'exprimer leur propre personnalité et leurs propres désirs, c'est à dire de commencer à recevoir en même temps qu'elles donnaient. Longtemps cantonnées à un rôle de soumission, les femmes parviennent aujourd'hui à vivre une sexualité plus satisfaisante.

Homosexualité : la fin du ghetto ?

Longtemps considérée comme une anomalie, voire une maladie, l'homosexualité est en train d'obtenir droit de cité. Les couples d'homosexuels se cachent moins, en particulier dans les grandes villes. Les médias ne les ignorent plus. Plusieurs magazines qui leur sont destinés sont maintenant en vente libre, la télévision leur consacre des émissions. Les partis politiques sont conscients de leur poids électoral et certains formulent régulièrement des propositions en leur faveur en période électorale. Des homosexuels vont même jusqu'à réclamer la reconnaissance officielle de cette forme particulière de concubinage (Nantes, janvier 1984). Tout cela montre combien la société a changé. Dans le sens d'une plus grande tolérance vis-à-vis de minorités autrefois considérées avec indifférence ou mépris. mais il faut dire que le développement du sida tend à remarginaliser les homosexuels.

Des gens comme les autres

« Les homosexuels sont des gens comme les autres » (1) :

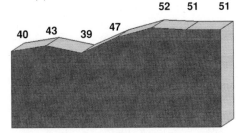

| 1982 | 1983 | 1984 | 1985 | 1986 | 1987 | 1988 |

40   43   39   47   52   51   51

(1) Cumul des réponses « bien d'accord » et « entièrement d'accord » à l'affirmation proposée.

Agoramétrie

Trente ans de révolution sexuelle

• **1956**. 22 femmes créent « La Maternité heureuse », association destinée à favoriser l'idée de l'enfant désiré et de lutter contre l'avortement clandestin par un développement de la contraception.
• **1967**. L'éducation sexuelle se vulgarise. On projette *Helga*, la vie intime d'une jeune femme, film allemand qui aura un énorme succès. Sur RTL, Ménie Grégoire réalise sa première émission, qui durera six ans. Surtout, l'Assemblée nationale vote la loi Neuwirth qui légalise la contraception.
• **1970**. Le MLF est créé. Les sex-shops commencent à se multiplier au grand jour.
• **1972**. Procès de Bobigny, où Maître Gisèle Halimi défend une jeune avortée de 17 ans.
• **1973**. Hachette publie *l'Encyclopédie de la vie sexuelle*, destinée aux enfants à partir de 7 ans aussi bien qu'aux adultes. Elle se vendra à 1,5 million d'exemplaires et sera traduite en 16 langues. L'éducation sexuelle est officiellement introduite à l'école par Joseph Fontanet, ministre de l'Éducation nationale.
• **1974**. Remboursement de la contraception par la Sécurité sociale et contraception possible pour les mineures sans autorisation parentale.
• **1975**. Loi Veil légalisant l'interruption volontaire de grossesse (IVG).
• **1978**. L'industrie de la pornographie s'essouffle. La fréquentation des salles baisse très nettement, mais elle sera bientôt relayée par les cassettes vidéo.
• **1980**. Loi sur la répression du viol. Les criminels, qui étaient auparavant redevables de la correctionnelle, sont jugés par un tribunal d'assises.
• **1983**. L'IVG est remboursée par la Sécurité sociale. On en pratique environ 180 000 chaque année. Aujourd'hui, la majorité des femmes en âge de procréer utilisent un moyen contraceptif : 28 % prennent la pilule et 14 % portent un stérilet.
• **1986**. Les chaînes de télévision diffusent des émissions érotiques.

Le sida a remis la sexualité en question

Crehalet Foliot

La généralisation de la contraception a joué un rôle essentiel dans la libération des mœurs sexuelles.

Nul doute que la pilule aura plus fait pour l'histoire de la femme et la sexualité du couple que 2 000 ans d'histoire. C'est donc une fois encore la technologie qui a fait basculer la société dans une nouvelle ère. En donnant à la femme le droit de séparer sa vie sexuelle de sa fonction de procréation, la pilule aura eu une incidence dans de nombreux domaines. La religion, la famille, la démographie, les rapports entre les sexes, la vie professionnelle en ont été bouleversés. On a de la peine à retrouver dans l'histoire de l'humanité des changements aussi profonds et aussi rapides que ceux qui se sont produits depuis trente ans dans le domaine de la sexualité.

Le partage des rôles sexuels devient plus égalitaire.

Qu'il s'agisse de l'acte sexuel ou des étapes qui le précèdent (séduction, rencontre), les femmes « libérées » sont de moins en moins passives. Ce mouvement de rééquilibrage des forces dans le couple a pris aujourd'hui une telle ampleur que certains hommes le ressentent comme une frustration et une atteinte à leur virilité.

Il faut dire que les choses sont allées vite et que tous les hommes n'étaient pas préparés à ce nouveau partage des tâches amoureuses. L'évolution qu'ils constatent chez leurs partenaires surprend parfois même les plus « modernes ». Une redéfinition des rapports amoureux est en train de s'opérer depuis quelques années. La plupart des hommes s'efforcent d'y participer de bon cœur. D'autres résistent encore dans une lutte qui pourrait bien être vaine.

Tout ce que vous avez toujours voulu savoir sur le sexe...

De nombreux sondages et enquêtes ont été réalisés récemment sur la sexualité des Français. Les résultats ne reflètent évidemment que les *déclarations* des personnes interrogées. Il est donc possible, et même probable, que certaines réponses comportent une part de dissimulation ou d'exagération. Les informations présentées ci-dessous sont tirées des enquêtes qui nous ont paru présenter le maximum de garanties de fiabilité. Sauf indications contraires, elles ont été effectuées auprès d'échantillons représentatifs de la population française âgée de 18 ans et plus.

• **A quel moment ?** 48 % des Français n'ont pas de jour préféré pour faire l'amour. Pour les autres, le week-end arrive largement en tête (surtout le samedi). 40 % n'ont pas d'heure préférée ; pour les autres, le moment privilégié se situe après 20 heures, de préférence entre 22 heures et minuit.
7 Jours Madame/Ifres (octobre 1984)
71 % des hommes et 56 % des femmes trouvent agréable de faire l'amour le matin. 17 % des femmes et 9 % des hommes trouvent cela plutôt peu agréable.
Vital/Ifop (avril 1985)

• **Combien de fois ?** Tous les jours : 7 % ; 2 ou 3 fois par semaine : 34 % ; l fois par semaine : 19 % ; 2 ou 3 fois par mois : 9 % ; l fois par mois : 3 % ; moins souvent : 7 % ; plus de rapports sexuels : 9 % . ne se prononcent pas : 1 %
Le Nouvel Observateur/Sofres (juin 1985)
43 % des hommes aimeraient faire l'amour plus souvent, contre 21 % des femmes.

• **Quelle durée ?** Moins de 15 minutes : 11 % ; de 1 à 25 minutes : 22 % ; de 26 minutes à l heure : 26 % ; plus de 1 heure : 29 %.
Journal du Dimanche/Ipsos (avril 1985). Sondage réalisé auprès des 18-40 ans

• **Où ?** 57 % des Français ont déjà fait l'amour en voiture ; 55 % en plein air ; 22 % au bureau ; 18 % dans un train ; 8 % dans un lieu public (musée, exposition, etc.) ; 6 % au cinéma.
Union/Ifres (octobre 1985)

• **Comment ?** 4 % des Français ont déjà pris des aphrodisiaques ou des excitants ; 8 % ont déjà eu des relations sexuelles complètes avec un(e) mineur(e) de moins de 18 ans ; 4 % ont déjà eu des relations sexuelles avec une personne du même sexe ; 5 % ont déjà fait l'amour à plusieurs ; 3 % ont déjà fait un échange de partenaire avec un autre couple ; 7 % ont déjà pratiqué la sodomie ; 22 % des hommes ont eu des relations avec une prostituée ; 4 % des femmes ont déjà utilisé des objets pour obtenir le plaisir ; 19 % des hommes et 50 % des femmes ont eu un seul partenaire au cours de leur vie.
Le Nouvel Observateur/Sofres (juin 1985)

• **L'amour à l'hôpital.** 39 % des malades soignés dans des hopitaux avouent avoir été sexuellement troublés à l'occasion de soins ; 55 % ont eu envie de faire l'amour pendant leur séjour, 5 % l'ont fait. 7 % des soignants ont déjà eu une relation sexuelle avec un malade, 20 % avec un autre soignant (77 % de non réponses)**.**

• **L'amour et le travail**. 36 % des femmes ont déjà subi des « avances » sur leur lieu de travail. 32 % d'entre elles ont cédé à ces sollicitations . Parmi celles qui n'ont pas cédé (66 %), un quart a eu à subir des conséquences (licenciement, brimades diverses)
Biba/Quotas (octobre 1985)

• **Satisfaites ?** 90 % des femmes trouvent leur vie sexuelle satisfaisante (29 % très satisfaisante) ; 62 % se déclarent plutôt actives (21 % plutôt passives) ; 59 % parviennent facilement à l'orgasme, 27 % difficilement, 4 % jamais (10 % ne se prononcent pas).
Elle/Ifres (juillet 1985). Sondage réalisé auprès d'un échantillon représentatif des femmes de 20 à 55 ans

• **Et après ?** 40 % se montrent tendres après l'amour (43 % des femmes et 36 % des hommes) ; 38 % fument (41 % des femmes, 35 % des hommes) ; 34 % dorment (40 % des hommes, 29 % des femmes) ; 22 % mangent (24 % des femmes, 21 % des hommes) ; 21 % boivent (26 % des femmes, 17 % des hommes).
Union/Ifres (octobre 1985)

17 % des hommes atteints de troubles de l'érection

C'est le résultat d'une enquête réalisée en France en 1984. L'impuissance, partielle ou totale, est très variable selon l'âge : 4 % avant 40 ans, 42 % après. Des chiffres à rapprocher d'autres estimations, selon lesquelles 5 millions d'Américains seraient frappés d'impuissance.
Le tabac, l'hypertension, le diabète, l'hypercholestérolémie sont des facteurs de risques. Ce sont, curieusement, les mêmes que ceux des maladies cardio-vasculaires.

L'infidélité change de sens.

L'infidélité n'est pas un phénomène aussi répandu qu'on le dit ou qu'on le croit souvent. Elle est cependant l'une des composantes de la vie des couples les plus « modernes ». Mais le mot prend aujourd'hui un sens différent. C'est le souci de liberté individuelle et d'épanouissement personnel qui explique le besoin de changer de partenaire, plutôt que l'envie des « petits extras » qui servent le plus souvent de trame aux pièces de boulevard.

Il semble que les couples non mariés soient plus nombreux que les autres à être dans cette disposition d'esprit. Cocufiage et concubinage se justifieraient donc mutuellement, dans le cadre d'une union qui se veut de plus en plus libre. Même si elles restent moins nombreuses que les hommes à être infidèles, les femmes s'accordent plus volontiers le droit de l'être que par le passé, au nom de l'égalité et du fait de l'instabilité des temps.

Dans ce contexte, qui reste minoritaire même chez les jeunes, l'infidélité conjugale n'apparaît plus comme une fuite, mais comme un droit. Pour ses partisans, cette éventualité n'est pas censée remettre en cause l'attachement au couple ; elle peut au contraire l'enrichir et le renforcer.

L'infidélité est grave pour 80 % des Français

D'après un sondage Antenne 2/BVA réalisé en février 1988, 12 % seulement des Français considèrent l'infidélité comme une chose anodine (ils étaient 17 % en 1983) ; 80 % considèrent qu'elle est grave (77 % en 1983) et 8 % ne se prononcent pas.
Même si l'effet sida peut expliquer en partie cette évolution, il semble bien que le libertinage soit moins accepté que ne le laisserait penser l'image de la sexualité moderne, telle qu'elle est présentée par les médias. Si les Français sont nombreux à regarder les émissions érotiques qui se multiplient depuis 1986 à la télévision (*Sexy Folies*, *Série Rose*, *Sexy-Clips*, les films érotiques ou pornographiques de Canal Plus, etc.), ils le font en famille et se contentent de rêver. Les clips musicaux, les textes des chansons, la publicité et le cinéma utilisent de moins en moins de retenue des images de plus en plus suggestives. Atteinte à la morale ou signe d'une plus grande maturité des Français devant les choses du sexe ? L'accès facile à l'érotisme n'empêche sans doute pas la frustration, mais il n'est pas sûr qu'il la favorise.

Le sexe ne fait pas toujours le bonheur.

La soif de liberté sexuelle exprimée par les Français au cours des années soixante-dix (et satisfaite au moins sur le plan collectif) aurait-elle laissé la place à un détachement, voire un désintérêt vis-à-vis des choses du sexe ? Le balancier des mœurs est-il reparti dans l'autre sens, traversant au passage les décors qui jalonnent la carte du tendre : séduction, romantisme, tendresse, chasteté, fidélité ? C'est ce que suggèrent certains sondages, livres et articles.

Et la tendresse... ?

• 61 % des femmes estiment qu'elles reçoivent suffisamment de tendresse et de « petits câlins » dans leur vie amoureuse ; 14 % en manquent ; 11 % n'ont pas actuellement de vie amoureuse ; 14 % ne se prononcent pas.
• 36 % des femmes affirment qu'elles pourraient se passer de l'acte sexuel si elles bénéficiaient de « beaucoup de tendresse et de petits câlins ». Un chiffre très inférieur à celui mesuré par un autre magazine féminin auprès de ses lectrices : 71 % d'entre elles avaient répondu qu'elles seraient « satisfaites si on les enlaçait tendrement sans aller jusqu'à l'acte sexuel ».

Marie-Claire/Sofres (avril 1985)

Il est sans doute rapide et imprudent de présenter les choses aussi simplement. Mais il est assez logique que la reconnaissance de la liberté sexuelle entraîne une certaine banalisation de la sexualité. Il n'est pas illogique non plus que les jeunes se concentrent aujourd'hui davantage sur les aspects émotionnels de l'amour que sur ses aspects techniques. Ce qui ne signifie pas que les premiers avaient disparu.

Les tendances, très minoritaires, que l'on peut observer vers la chasteté, doivent donc être considérées avec prudence. Elles peuvent s'expliquer par une attente déçue par rapport à des promesses trop largement propagées. L'orgasme n'est pas forcément synonyme de bonheur. Les sentiments de tendresse, d'affection et d'amour procurent des satisfactions d'une autre nature, sans doute plus durable. L'apparition du sida n'a pu évidemment que renforcer cette attitude.

A côté de ces déçus de la sexualité, il faut aussi parler d'un autre groupe : celui des **solitaires**, qui ne parviennent pas à satisfaire leurs pulsions, par manque de partenaires. Ils se construisent alors une autre vie, dans laquelle le sexe n'a plus sa place.

Entre les inconditionnels de la chair faible et les frustrés de la chair triste, il semble que les Français soient en train de chercher une troisième voie. Mais ils savent aujourd'hui que, comme l'argent, le sexe ne fait pas le bonheur. En tout cas pas à lui seul.

Le couple

En vrac

S • 80 % des Français considèrent que la meilleure façon de vivre en couple est de partager le maximum de choses (loisirs, sorties, revenus, relations, logement...). Ils ne sont que 16 % à considérer que chacun doit conserver, s'il le veut, une large autonomie.

S • 33 % des femmes vivant en couple ne pourraient partager leur vie avec un homme qui a des opinions politiques totalement différentes des leurs, contre 56 % qui le pourraient.

S • 23 % des femmes votent toujours comme leur conjoint, 35 % votent parfois comme lui, 20 % ne votent jamais comme lui (22 % ne se prononcent pas).

S • Le caractère de la femme idéale, selon les hommes : plus décidée (70 %) que timide (18 %) ; un peu plus sûre d'elle (48 %) que réservée (42 %) ; plus drôle (79 %) que sérieuse (15 %) ; plus spontanée (57 %) que réfléchie (36 %) ; plus rêveuse (54 %) que matérialiste (32 %).

S • 26 % des Français ont déjà eu des relations sexuelles avec un(e) étranger(e) : 5 % avec un(e) Asiatique ; 8 % avec un(e) Arabe (nord-africain) ; 5 % avec un(e) Noir(e).

S • 65 % des Français écrivent (ou ont écrit) des lettres d'amour. 8 % d'entre eux en gardent des doubles.

S • 90 % des couples dorment dans un lit à deux places ; 4 % dans des lits jumeaux ; 4 % dans une autre pièce que leur conjoint.

E • En l'an 2000, un Français sur trois âgé de 20 à 45 ans aura été atteint d'une maladie sexuellement transmissible.

E • Environ 600 millions de préservatifs ont été vendus au Japon en 1987.

S • La moitié des jeunes filles n'utilisent aucun moyen de contraception ou se contentent de la technique du retrait lors de leur premier rapport sexuel.

S • 23 % des Français s'ennuient en faisant l'amour (15 % des hommes et 31 % des femmes).

S • 16 % des hommes et 8 % des femmes reconnaissent qu'il leur est arrivé de tromper leur conjoint (33 % des hommes et 33 % des femmes ne se prononcent pas).

S • 21 % des hommes et 27 % des femmes considèrent que le fait d'arriver vierge au mariage est un gage d'amour souhaitable. 52 % des hommes et 51 % des femmes pensent que c'est un sacrifice inutile.

LES ENFANTS

DÉMOGRAPHIE

Un Français sur quatre est mineur. Un nombre élevé lorsqu'il s'agit de donner à chacun une formation et un emploi. Mais un nombre trop faible pour assurer la relève des générations et maintenir la pyramide des âges. Le mouvement de dénatalité, amorcé en 1973, est en train de s'amplifier. Il aura des conséquences nombreuses sur les plans économique et social.

La patrie en danger (de vieillissement)

La France compte 15,7 millions de moins de 20 ans. La part des jeunes dans la population diminué : 33 % en 1962 ; 20 % en 1988. Plus que l'allongement de la durée de vie ou l'arrivée à l'âge mûr des générations nombreuses de l'après-guerre, c'est la diminution des naissances qui explique ce vieillissement.

La vieille France

Proportion des classes d'âge en 1962 et 1988 :

	1962 Effectifs (millions)	%	1988 Effectifs (millions)	%
• Moins de 20 ans	15,4	33,1	15,7	28,2
• De 20 à 64 ans	23,1	55,1	32,4	58,2
• 65 ans et plus	5,5	11,8	7,6	13,6
dont 75 ans et plus	2,0	4,4	3,7	6,6
TOTAL	44,0	100,0	55,7	100,0

INSEE

Il manque 160 000 naissances par an à la France.

Certes, les Français sont de plus en plus nombreux : 2 millions de plus en 10 ans. Le nombre des naissances excède d'environ 150 000 celui des décès, mais la situation démographique est de plus en plus déséquilibrée, dans le sens du vieillissement.

Pour que le remplacement des générations s'effectue normalement, il faudrait que chaque femme en âge d'avoir des enfants (de 15 à 49 ans) ait en moyenne 2,1 enfants. Nous en sommes aujourd'hui à 1,8 (contre 2,84 en 1965). Les femmes en âge de procréer ont en moyenne un enfant de moins qu'il y a 20 ans !

Lorsque l'enfant (dis)paraît

Evolution du nombre des naissances :

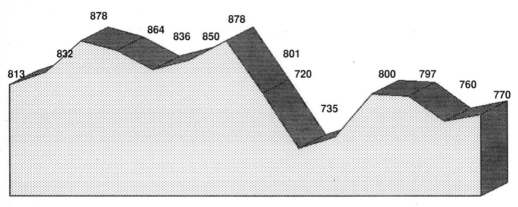

878   878
864   836   850
832   801
813   720   800   797
                                              760
                                 735   770

1960 1962 1964 1966 1968 1970 1972 1974 1976 1978 1980 1982 1984 1987

INSEE

1945-1973 : le flux, puis le reflux.

Après la Seconde Guerre mondiale, la France, comme l'ensemble des pays de la Communauté européenne, connut vingt années de forte fécondité. Mais celle-ci commença à baisser vers 1964. Le nombre annuel des naissances resta cependant stable, aux alentours de 850 000 par an, jusqu'en 1973.

1973-1987 : la valse-hésitation.

En trois ans, entre 1973 et 1976, le nombre des naissances allait passer de 875 000 à 720 000. Il se redressait ensuite jusqu'en 1981, pour se stabiliser depuis aux alentours de 760 000. Après la chute de 1983 (749 000), on enregistrait trois années consécutives de hausse (778 000 en 1986) qui auraient pu laisser espérer un début de redressement. Le chiffre de 1987 était pourtant en retrait de près de 10 000 par rapport à l'année précédente.

La baisse démographique, par rapport aux « années fastes », touche toutes les régions, sauf la Corse. C'est dans le « croissant fertile » (Nord et Ouest) qu'elle est la plus accentuée.

La baisse de la natalité concerne la plupart des pays industrialisés.

• ***La France est l'un des pays les moins touchés.***

Depuis 12 ans, tous les pays de la Communauté économique européenne, sauf l'Irlande, sont dans la « zone rouge », c'est-à-dire que les générations ne se reproduisent plus à l'identique. Avec 1,8 enfant par femme, la France reste malgré tout l'un des pays les plus féconds

Les familles nombreuses se font rares

Carrefour Success

La situation est particulièrement critique en Allemagne fédérale ; le niveau de natalité y est d'ailleurs inférieur à celui de la France depuis 1942. Si la tendance actuelle se prolongeait, la population pourrait baisser jusqu'à 38 millions d'habitants en 2030 contre 61 millions aujourd'hui ! L'Allemagne serait alors confrontée à de graves problèmes de main-d'œuvre et de financement des retraites et des dépenses sociales.

Les enfants du monde industrialisé

Nombre de naissances pour 1 000 habitants (1984) :

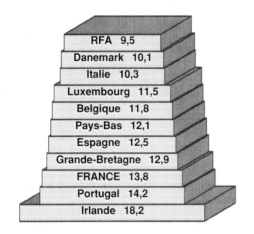

RFA	9,5
Danemark	10,1
Italie	10,3
Luxembourg	11,5
Belgique	11,8
Pays-Bas	12,1
Espagne	12,5
Grande-Bretagne	12,9
FRANCE	13,8
Portugal	14,2
Irlande	18,2

Eurostat

La diminution ou l'insuffisance des naissances n'est cependant pas une situation nouvelle. Les courbes démographiques montrent bien l'aspect cyclique de la fécondité depuis une cinquantaine d'années. L'Europe avait connu une baisse généralisée du taux de reproduction entre 1930 et 1940, avec un taux de fécondité du même ordre que celui d'aujourd'hui. La natalité avait ensuite largement progressé au cours des années qui suivirent la Seconde Guerre mondiale, jusqu'à la fin des années soixante.

Le nombre des familles nombreuses a diminué de moitié entre 1968 et 1982.

Les familles nombreuses (au moins quatre enfants de 0 à 16 ans), étaient courantes après la Seconde Guerre mondiale. Elles ne représentent plus que 12 % des enfants de 0 à 16 ans, contre 28 % en 1968. Entre ces deux dates, le nombre de familles de 6 enfants a diminué de 66 %, celui des familles de 9 enfants ou plus, de 82 %.

Ce sont les agricultrices, les ouvrières, les femmes au foyer (mais qu'elles restent au foyer est plus une conséquence qu'une cause) qui ont le plus d'enfants. Et ce sont les femmes appartenant aux couches moyennes salariées (surtout employées) qui en ont le moins. Tout se passe comme si la règle (implicite) dans ces catégories moyennes était d'avoir au maximum deux enfants.

On constate que plus une famille compte d'enfants, moins elle est aisée : elle possède moins souvent une voiture ou le téléphone ; ses ressources sont moins élevées, malgré les prestations sociales et les réductions d'impôt dont elle bénéficie. Les familles de 6 enfants et plus dont le chef était salarié en 1982 disposaient d'un revenu inférieur de moitié à celui d'une famille avec un seul enfant (respectivement 55 000 et 112 000 francs).

La chute de la fécondité est en partie cachée par la plus grande fécondité des femmes étrangères et par le fait que les familles étrangères implantées en France étaient souvent des familles nombreuses à leur arrivée. En fait, ce sont les couples non mariés et les mariages concernant au moins un étranger qui ont permis à la natalité de se maintenir au niveau (bas) atteint depuis une dizaine d'années.

Le poids des immigrés

Si la part des étrangers dans la population française n'est que d'environ 7 %, leur part dans le nombre des naissances est près de deux fois plus élevée : 12,3 % en 1982, contre 10,8 % en 1975. Ces écarts s'expliquent par la différence de fécondité entre les femmes françaises et les étrangères : 1,8 enfant par femme en moyenne pour les premières ; 3,15 pour les secondes. Ainsi, près de 40 % des parents ayant eu au cours de l'année un quatrième enfant étaient étrangers.

La fécondité des femmes étrangères varie avec la nationalité : la plus faible est celle des Italiennes (1,74 enfant par femme) et des Espagnoles (1,77), inférieure à celle des femmes françaises. La plus forte est celle des Marocaines (5,23), des Tunisiennes (5,20), des Turques (5,05) et des Algériennes (4,29).

La volonté et les moyens de choisir

La première explication à la « dénatalité galopante » de ces dernières années est simple : l'idée d'avoir des enfants non désirés est aujourd'hui de moins en moins supportable. La plupart des couples souhaitent choisir le nombre de leurs enfants et le moment où ils les mettent au monde.

Parallèlement à cette volonté de « gérer » le calendrier des événements familiaux, les moyens de le faire efficacement se sont développés. Les mises en garde ou les interdits religieux, les incitations fiscales et les discours natalistes se sont avérés impuissants à renverser un mouvement aussi fort.

Pourtant, l'incidence de la contraception ou de l'avortement sur la baisse de la natalité n'est pas clairement démontrée. Celle des modes de vie et des valeurs, dans un environnement en mutation, est moins contestable.

L'usage de la contraception s'est étendu.

Des moyens contraceptifs nouveaux, plus sûrs et plus confortables, sont apparus. Ils ne concernent pourtant guère plus qu'une femme sur deux. Aucune étude ne permet d'établir avec certitude une relation entre le développement récent de la pilule et la chute de la natalité. Pourtant, leur utilisation massive chez les adolescentes de 15 à 18 ans a commencé dès 1970-1975 et l'on constate que c'est au moment où ces jeunes filles sont arrivées à l'âge de procréer que la chute s'est accentuée.

L'interruption volontaire de grossesse a été banalisée.

L'IVG, longtemps pratiquée clandestinement, à grands frais (et à grands risques), était un recours ultime et désagréable. Sa légalisation lui a ôté son côté immoral, même si la religion continue de lui être hostile. Son remboursement l'a presque banalisée dans l'opinion publique, en tout cas l'a mise au rang des opérations cliniques classiques.

Cela ne signifie pas pour autant que l'IVG soit devenue un moyen de contraception. Le nombre d'avortements tend d'ailleurs à se stabiliser (voir graphique). Il reste qu'il est plus élevé que lorsqu'il n'était pas autorisé.

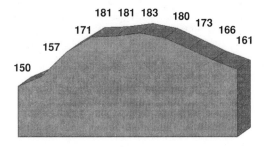

1,3 million d'IVG en 8 ans

Nombre d'opérations non clandestines pratiquées (en milliers) :

150 — 157 — 171 — 181 — 181 — 183 — 180 — 173 — 166 — 161

1978 79 80 81 82 83 84 85 86 87

INED

Beaucoup de couples hésitent entre profiter de la vie et la donner.

La grande vague de matérialisme des vingt dernières années avait mis en avant les valeurs de jouissance immédiate. Elle est aujourd'hui renforcée par la vague de l'individualisme, qui prône la liberté de chacun à disposer de sa propre vie. Dans cette perspective, le fait d'avoir à élever des enfants apparaît à certains comme une contrainte. Contrainte personnelle dans la mesure où le temps qu'on leur consacre est pris sur celui que l'on pourrait utiliser pour ses loisirs. Contrainte économique, aussi : avoir des enfants coûte cher et réduit donc le budget disponible du couple.

Plus peut-être que le développement de la contraception, c'est celui de la « contre-acceptation » de l'enfant qui explique l'évolution démographique récente.

La baisse des mariages a peut-être retardé les naissances.

Il est tentant de rapprocher la baisse des naissances de celle des mariages. Pourtant, il est difficile, là encore, d'établir une relation de cause à effet. En fait, qu'ils soient mariés ou non, les jeunes se sentent moins pressés (au sens propre et au sens des « pressions » sociales) d'avoir des enfants. Beaucoup veulent d'abord « vivre » un peu avant de devenir des parents.

Le contexte actuel fournit de bonnes raisons à ceux qui cherchent à expliquer leur réticence : « un enfant de plus, c'est un chômeur de plus » ; « c'est une victime de plus en cas de guerre »... Sans parler, bien sûr, des plaintes concernant le nombre de crèches, de classes maternelles, voire de piscines... Même si l'on peut parfois déceler quelque hypocrisie dans ces déclarations, la peur du lendemain qu'elles expriment n'est pas sans fondement.

Les bébés de la science

Jamais sans doute les progrès de la science n'ont posé avec autant d'acuité des problèmes de société, ni avec autant de précipitation. Au moment où les instances scientifiques, religieuses, publiques ou civiles s'interrogent sur les conséquences possibles des nouvelles méthodes de reproduction humaine, celles-ci sont en train de se développer, en dehors de tout cadre juridique ou moral. Depuis la naissance d'Amandine, le 24 février 1982, plus de 200 « bébés-éprouvettes » sont nés en France (environ 5 000 dans le monde), fruits de la méthode de fécondation in vitro. L'insémination artificielle, les mères porteuses (une femme porte un enfant destiné à une autre, après avoir été inséminée avec le sperme du mari de cette femme, mais avec son propre ovule), les manipulations d'embryons, sont des techniques de plus de plus sophistiquées, sûres et, pour certaines, répandues.
Les Français sont généralement réservés quant à ces possibilités nouvelles de reproduction. Ainsi, 52 % seraient prêts à recourir à l'insémination artificielle en cas de stérilité (43 % sont contre) ; 39 % à la fécondation in vitro (54 % contre) ; 22 % au don d'embryon (71 % contre) et 17 % au don d'ovocyte (76 % contre). 12 % seulement accepteraient de recourir à une mère porteuse (82 % contre).
La réserve des Français s'étend au choix du sexe des enfants : 35 % y seraient favorables s'il était possible ; 65 % y seraient opposés.

Le Nouvel Observateur-Editions du Seuil/Sofres, avril 1987

*Les naissances hors mariage
ont doublé depuis 1980.*

La baisse des mariages ne peut en fait être tenue pour responsable de la chute de la natalité. La proportion des naissances hors mariage a augmenté en même temps que se développait l'union libre ; elle atteint aujourd'hui 20 % du nombre total des naissances. On peut cependant penser qu'un certain nombre de naissances ont été retardées par la conjonction de plusieurs évolutions récentes : cohabitation, contraception, accroissement de l'âge au mariage, réduction du nombre total de couples.

*Le « double coût » de l'enfant
est un frein à la natalité.*

Les enfants sont d'autant plus coûteux qu'ils viennent concurrencer l'activité professionnelle des mères. Le deuxième salaire dans un ménage permet un accroissement important du niveau de vie. Lorsque la venue d'un enfant est incompatible avec le travail de la mère à l'extérieur (c'est le cas très souvent du troisième), cet enfant a un coût double. A son coût direct (éducation, alimentation, etc.) s'ajoute le manque à gagner du salaire de la mère. Les faits semblent confirmer l'importance de cette cause : la baisse de la fécondité, depuis 15 ans, résulte autant de l'augmentation de la proportion de couples sans enfant que de la baisse des naissances de rang 3 et 4.

Quel avenir démographique ?

Les Français sont conscients de l'importance du problème de la dénatalité. Cette prise de conscience est récente, car la plupart étaient jusqu'ici mal informés de ces questions. Il existe un écart entre le nombre d'enfants souhaité idéalement (en moyenne 2,5 par foyer) et la réalité (1,75), ce qui laisse penser qu'une marge de manœuvre existe pour une politique nataliste.

Les raisons invoquées par les Français pour expliquer cet écart sont pour la plupart de nature matérielle et conjoncturelle (peur du chômage, manque de place, manque de ressources, manque de crèches, etc.).

Mais il est clair qu'il existe d'autres raisons, plus psychologiques, sur lesquelles une politique n'aura guère de prise. Ainsi, la volonté des hommes et aussi, de plus en plus, des femmes, de vivre une vie personnelle et professionnelle riche et variée s'accommode parfois mal de la présence d'un enfant. Un tel état d'esprit ne se change pas par décret.

Famille idéale, famille réelle

L'indicateur de fécondité idéale mesuré par le CREDOC montre que le nombre d'enfants souhaité par les Français a légèrement augmenté depuis 1978 (ci-dessous). On constate que ce nombre est d'autant plus faible que l'on est jeune. Une autre question est de savoir si le nombre d'enfants conçus dans la pratique est ou sera proche de cet idéal. C'est le cas de la génération née entre 1937 et 1942 (âgée de 42 à 47 ans en 1984), dont les membres ont terminé dans l'ensemble leur cycle de procréation, et ont eu, en moyenne, 2,56 enfants pour 2,31 souhaités. Seul l'avenir dira ce qu'il en est des générations plus jeunes.

Nombre idéal d'enfants souhaité :

Génération née entre :	1978	1984
• 1955 et 1960	2,07	2,08
• 1949 et 1954	2,05	2,15
• 1943 et 1948	2,04	2,19
• 1937 et 1948	2,27	2,31

L'indicateur de fécondité idéale mesuré par l'INED montre aussi que les Français souhaitent collectivement un nombre de naissances supérieur à celui qu'ils sont prêts à faire naître individuellement.

L'évolution passée s'est jouée sur la baisse des naissances du troisième enfant.

La présence d'un troisième enfant est souvent contradictoire avec l'activité professionnelle des femmes : 20 % seulement des mères de 3 enfants et plus travaillent. On pourrait donc penser qu'il y a là un levier sur lequel on pourrait baser une politique nataliste. Mais l'expérience de certains pays montre que les deux phénomènes ne sont pas forcément liés.

Aux Pays-Bas, un des pays où la fécondité a le plus baissé (de 3,5 à 1,5 enfant par femme), le taux d'activité des femmes est aussi le plus faible (moitié de celui de la France). La situation est comparable en Suisse, où le taux d'activité féminin et celui de la fécondité sont tous deux faibles.

La mise en place de mesures destinées à inciter les femmes à rester chez elles n'a pas fait la preuve réelle de son efficacité. En Hongrie, le gouvernement a décidé de rémunérer les femmes au foyer qui avaient un enfant. 75 % des femmes actives ont profité de l'occasion et sont rentrées à la maison. L'accroissement du taux de fécondité a été très bref ; il est aujourd'hui revenu à environ 1,80. Il reste peut-être à essayer de faciliter le travail à temps partiel, auquel les femmes sont de plus en plus attachées.

La génération sanctifiée

Bélier Conseil

Depuis 1983, la baisse des naissances est plutôt liée à la diminution des enfants de rang 1 et 2.

Il faut ajouter à ce phénomène deux autres facteurs « aggravants » : le retard du premier enfant, lié sans doute au développement de la cohabitation avant le mariage ; le fait que les enfants de familles peu nombreuses ont tendance à vouloir à leur tour moins d'enfants que leurs parents.

Enfin, on peut s'inquiéter de la possibilité, techniquement réaliste, de choisir le sexe des enfants. Il se pourrait (comme le laissent entendre des enquêtes sur ce sujet) que le nombre des garçons soit supérieur à celui des filles, ce qui ne serait évidemment pas favorable à la fécondité. Le risque de cette évolution est, à terme, celui d'une France coupée en deux, dans laquelle 40 % des foyers n'auraient pas d'enfants. Les plus de 65 ans représenteraient alors le quart de la population française, soit plus que les moins de 20 ans.

L'avenir : deux scénarios démographiques

L'évolution future de la fécondité, qui conditionne le renouvellement des générations, est très incertaine, même à court terme. Dans ses projections de population, l'INSEE utilise 2 types d'hypothèses :
1. Evolution progressive de la fécondité à un niveau stable de 2,1 enfants par femme pour les prochaines générations. Dans ce scénario, l'équilibre serait retrouvé vers 1995. La population de la France atteindrait 62 millions en l'an 2050.
2. Le niveau de fécondité estimé reste à 1,8 enfant par femme, niveau jamais enregistré sur une longue période (en dehors des périodes de guerre). Dans ce scénario, l'équilibre ne serait jamais atteint, et la population de la France, qui continuerait d'augmenter jusqu'en l'an 2000 (56 millions), descendrait à 48 millions en l'an 2050.
A la fin du siècle, les ménages français seront probablement plus nombreux qu'aujourd'hui, mais de plus petite taille. Celle-ci pourrait passer de 2,7 personnes (1982) à 2,53 en 1990, 2,46 en 1995, 2,40 en l'an 2000. Cette baisse serait due à la fois à celle du nombre des ménages de plus de cinq personnes et à la hausse du nombre des ménages de deux personnes ou moins.

Tous les experts ne sont pas d'accord sur les conséquences du déclin démographique.

En France, la plupart des hommes politiques, ainsi que l'opinion (collectivement plus qu'individuellement) sont majoritairement natalistes et considèrent que la poursuite de la dénatalité actuelle aura des conséquences sur le plan économique et social. Les démographes ne sont cependant pas tous d'accord.

L'humanité s'éteindra-t-elle en l'an 2400 ?

Le démographe Jean Bourgeois-Pichat propose un scénario catastrophe qui fait frémir. Partant de l'hypothèse que le taux de fécondité des pays du tiers-monde se rapprocherait progressivement des taux les plus bas observés aujourd'hui dans les pays industrialisés (environ 1,2 enfant par femme, comme en RFA ou en Italie), la population mondiale passerait par un maximum de 9,4 milliards d'habitants vers 0070. Puis elle diminuerait dans l'ensemble des pays, pour s'éteindre vers l'an 2400. L'humanité n'aurait alors vécu que 600 000 ans. Elle aurait compté au total une centaine de milliards d'individus.

Certains (comme Pierre Chaunu ou Alfred Sauvy) annoncent un déclin de l'Occident parallèle à son vieillissement. D'autres (comme Hervé Le Bras) considèrent que l'accroissement de la proportion de personnes âgées (14 % de plus de 60 ans en l'an 2000 si le taux de natalité se maintient à son rythme actuel) pourrait être supporté par la population active, dans la mesure où les femmes constituent une réserve de force de travail très importante.

Au-delà des scénarios catastrophe, on peut se demander si le déclin démographique des pays occidentaux en général est inéluctable. La question doit être posée en termes clairs et dans une perspective d'avenir. L'avenir, comme le pire, n'est jamais sûr. Mais il faut savoir qu'il sera difficile d'inverser le courant actuel de la dénatalité, car cela reviendrait à mettre en cause le type de civilisation dans lequel nous vivons.

Démographie

En vrac

• Il naît 105 garçons pour 100 filles. C'est ainsi que la nature s'efforce de compenser (partiellement) le fait que les femmes sont plus nombreuses que les hommes dans la société, du fait d'une plus grande longévité et d'une moindre mortalité infantile.
• Un enfant sur cinq naît en dehors du mariage, conséquence du développement de la cohabitation chez les couples. A titre de comparaison, la proportion de naissances hors mariage n'est que de 2,6 % lorsque la mère est de nationalité tunisienne, mais de 12,2 % lorsqu'elle est italienne, 9,7 % espagnole, 8,8 % algérienne, 7,2 % portugaise, etc.
• Environ 6 000 enfants sont adoptés chaque année, sur les 20 000 demandes enregistrées. 2 500 adoptions relèvent de l'Aide sociale à l'enfance, 1 500 concernent des enfants étrangers, 2 000 sont des adoptions particulières. La France compte aujourd'hui 15 000 pupilles de l'État, un nombre en diminution régulière. Plus de 90 % d'entre eux sont placés dans des familles. Les autres (dont 90 % ont 15 ans et plus) sont accueillis dans des établissements spécialisés.
S • 73 % des parents seraient plutôt d'accord pour demander un avortement si leur enfant à naître était atteint de mongolisme (16 % préféreraient une intervention chirurgicale et 8 % « laisseraient faire la nature »). La proportion de recours à l'avortement serait de 69 % dans le cas d'une maladie mentale, de 32 % dans le cas d'hémophilie, de 30 % pour une malformation cardiaque, de 21 % dans le cas de diabète.

VIE QUOTIDIENNE

On constate que les enfants sont adolescents plus tôt, mais qu'ils tendent à devenir adultes plus tard. La consommation joue pour eux un rôle de plus en plus important et précoce . Elle leur permet de profiter de la vie au jour le jour, et de ne pas trop s'inquiéter de l'avenir.

Une époque passionnante et difficile

Les jeunes Français d'aujourd'hui vivent, sans s'en rendre vraiment compte, une période passionnante et paradoxale. Jamais, sans doute, le présent n'a été pour la jeunesse aussi riche et l'avenir si trouble.

Riche, le présent l'est sans aucun doute si l'on considère les possibilités qui s'offrent aux jeunes des années quatre vingts. Les transports, la télévision, l'ordinateur, l'espace sont des conquêtes récentes et magnifiques. Tandis que les adultes font la fine bouche, les enfants se les sont déjà appropriées. C'est ce qui explique que la période de l'enfance soit si fascinante, lorsqu'elle est vécue au présent.

Mais l'avenir est d'une autre couleur. Les perspectives de l'entrée dans la vie active ne sont guère favorables. La concurrence apparaît avec force à tous ceux qui veulent faire des études, entreprendre, se situer par rapport aux autres. Il y a donc deux poids, deux mesures entre la vie facile de l'enfance et celle, plus compliquée, de l'adolescence. On retrouve ces deux aspects dans les préoccupations des jeunes Français.

Jusqu'à 7 ans, la vie est un jeu.

Les plus petits se sentent plutôt bien dans leur peau. Papa et Maman n'épargnent pas leurs efforts pour leur rendre la vie simple et agréable. Chaque jour est une véritable découverte. Le monde des adultes leur apparaît comme un gigantesque jeu aux possibilités infinies. Grâce à la télévision, la maison n'a pas de murs ; grâce aux fusées, l'espace n'a pas de frontières. L'école n'est pas encore un outil de sélection ; on s'y fait de bons copains, avec qui on partage ses expériences et ses rêves.

La vie quotidienne de 0 à 7 ans

De 0 à 3 ans
• Ils sont 3,1 millions, soit 5,6 % de la population française.
• Dans 41 % des cas, leurs mères ont une activité professionnelle.
• Dans 11 % des cas, leurs parents ne sont pas mariés.
• 62 % des nourrissons sont alimentés au lait maternel.
• 57 % des enfants de 0-3 ans sont à la maison pendant la journée ; 43 % sont confiés à une crèche ou à une nourrice.
• Après 2 ans, 38 % vont à la maternelle.
• 37 % possèdent un livret de caisse d'épargne (montant moyen 815 francs en 1986).
• Le revenu moyen disponible des familles concernées est de 111 400 francs.
• Dès l'âge de 2 ans, ils regardent déjà beaucoup la télévision le matin, en particulier le mercredi et le dimanche. Leurs émissions préférées sont les dessins animés et la publicité.

De 4 à 7 ans
• Ils sont 3,1 millions, soit 5,6 % de la population française (51,2 % de garçons et 48,8 % de filles).
• 45 % des mères ont une activité professionnelle.
• 47 % se lèvent entre 7 h et 7 h 30, 33 % entre 7 h 30 et 8 h. La durée moyenne du petit déjeuner est de 11 minutes.
• 60 % vont à l'école à pied, 35 % en voiture, 5 % en autobus.
• 45 % déjeunent à la cantine ; les autres rentrent à la maison. La durée moyenne du déjeuner est de 30 minutes.

N.B. Ce chapitre comporte un certain nombre d'informations provenant des études et des baromètres annuels réalisés par l'Institut de l'enfant, dirigé par Joël-Yves Le Bigot.

- 15 % dînent entre 18 h 30 et 19 h,
51 % entre 19 h et 19 h 30, 23 % entre
19 h 30 et 20 h.
- 52 % sont couchés avant 20 h 30, 38 % vers
21 heures.
- Leur loisir préféré est la télévision, qu'ils regardent
en moyenne 16 h 45 par semaine. Viennent ensuite
les jouets, les jeux à l'extérieur, le vélo, les activités
manuelles.
- 76 % se rendent dans leur famille élargie
(grands-parents, oncles et tantes, etc.) au moins une
fois par mois, 17 % moins d'une fois par mois,
4 % jamais. 61 % reçoivent la visite de la famille
élargie au moins une fois par mois, 30 % moins d'une
fois par mois, 8 % jamais.
- 59 % pratiquent un sport. Par ordre décroissant :
vélo, danse (filles), football, judo, natation.
- 30 % reçoivent régulièrement de l'argent de poche
de leurs parents : en moyenne 8 francs par semaine.
On constate peu de différences entre les catégories
socioprofessionnelles ou selon le sexe de l'enfant.
- 44 % possèdent un livret de caisse d'épargne
(montant moyen : 1 032 francs).

Institut de l'enfant

Les 4-7 ans passent plus de temps devant la télé qu'à l'école

Répartition moyenne du temps d'une année pour un enfant de 4 à 7 ans (en heures) :

• Sommeil	3 800
• Loisirs (hors télé)	2 140
• Télévision	990
• Ecole	820
• Repas	700
• Soins personnels	400

Institut de l'enfant

Les 4-7 ans passent deux fois plus de temps avec leurs parents qu'avec leurs professeurs.

La majeure partie du temps de loisir de l'enfant se passe en famille. Cela ne signifie pas pour autant que parents et enfants communiquent pendant tout ce temps, mais seulement qu'ils sont ensemble à la maison. On est surpris du peu d'écart existant lorsque la mère exerce une activité professionnelle : l'enfant passe en moyenne 1 250 heures avec une maman qui travaille (1 000 heures seulement avec un papa actif) et 1 500 avec une mère au foyer.

Cela tient au fait que les horaires de travail permettent à beaucoup de mères d'être à la maison tôt le soir, même si elles sont alors moins disponibles que les mères au foyer. La différence est plus sensible le mercredi.

*De 8 à 14 ans,
on est conscient du monde des adultes.*

Les plus grands vivent aussi dans un univers plaisant où le jeu tient une grande place. Les inventions des adultes sont passionnantes (télévision, ordinateur, etc.) et les jeunes les apprivoisent facilement.

Les 8-14 ans sont adolescents plus tôt

Providence

Les différences sont cependant importantes entre les 8-10 ans et les 11-14 ans. Les premiers acquièrent peu à peu une certaine autonomie au sein du foyer et à l'extérieur : ils ont accès au réfrigérateur ; ils se rendent seuls à l'école, commencent à recevoir et à dépenser de l'argent.

Les 11-14 ans connaissent les doutes de la préadolescence, ceux liés à l'intégration au groupe et à l'élaboration de la personnalité. Leurs rapports avec l'argent leur permettent d'affirmer leur autonomie et leur identité.

Les 8-14 ans sont de plus en plus des agents économiques à part entière, à la fois par leur propre consommation et par l'influence qu'ils exercent sur les choix de leurs parents.

La vie quotidienne des 8-14 ans

• Ils sont 5,5 millions, soit 10 % de la population française.
• 80 % fréquentent l'école publique, 20 % l'école privée.
• Ils ont en moyenne 244 francs dans leur tirelire, pour un argent de poche mensuel d'environ 80 francs (dont la moitié vient des parents).

Les loisirs

• Leur activité préférée est la télévision, qu'ils regardent en moyenne 21 h 45 par semaine. L'intérêt est plus fort chez les garçons, dans les familles modestes, et décroît un peu avec l'âge.
• 62 % possèdent des jeux électroniques, 19 % un micro-ordinateur.
• Les activités manuelles préférées sont le dessin ou la peinture, la pâtisserie ou la cuisine, les puzzles ou les jeux de patience.
• 70 % pratiquent un sport. Par ordre décroissant : natation, tennis, vélo, football (garçons), danse (filles).
• La moitié écoutent la radio en rentrant de l'école (un tiers des 8-10 ans, trois quarts des 13-14 ans). Les radios libres arrivent largement en tête, au détriment des radios périphériques.
• Leurs lectures préférées sont les bandes dessinées et les magazines de télévision. A partir de 12 ans, la presse enfantine traditionnelle est supplantée par les journaux axés sur les centres d'intérêt : musique, sport, etc.

La consommation

• Au petit déjeuner, 60 % boivent tous les jours du lait, 56 % un chocolat chaud, 26 % une boisson froide (parfois plusieurs boissons). 39 % mangent tous les jours des céréales, 18 % des biscottes, du pain grillé tout prêt, 15 % des biscuits. La boisson des repas reste principalement l'eau, et éventuellement le sirop.
• 42 % consomment habituellement des barres chocolatées, 29 % des barres aux céréales.
• 4 familles sur dix disposent d'un stock permanent de bonbons et de chewing-gums, qu'elles renouvellement systématiquement lors des courses.

Institut de l'enfant

Les jeunes de 15-25 ans
sont adolescents plus tôt et adultes plus tard.

L'adolescence commence de plus en plus tôt. Et avec elle, le sentiment que l'intégration au monde des adultes ne sera pas facile. C'est ce qui explique que cette adolescence précoce tend à se prolonger, retardant l'arrivée à l'âge adulte.

La vie quotidienne des 15-25 ans

• Ils sont 8,6 millions, soit 15,5 % de la population française. Les garçons représentent 50,8 % de l'ensemble, les filles 49,2 %.
• 75 % habitent chez leurs parents. Ils sont 49 % entre 20 et 25 ans, et encore 24 % à 24 ans.
• 16 % sont mariés ou vivent en couple.
• Ils se lèvent en moyenne à 6 h 50.
Les actifs se lèvent plus tard que les élèves ou étudiants.
• Ils se couchent en moyenne à 22 h 40.
• Leurs ressources se montent en moyenne à 2 195 francs par mois : 713 francs pour les 15-17 ans ; 1 796 francs pour les 18-20 ans ; 3 628 francs pour les 21-24 ans.
• 71 % disposent d'un livret de caisse d'épargne ; le montant moyen du dépôt est de 3360 francs : 3 087 pour les 15-17 ans ; 5137 francs pour les 18-20 ans ; 6 212 francs pour les 21-24 ans.
• 60 % ont un compte chèques ; le solde moyen est de 1 762 francs.

Les loisirs

• Ils écoutent de plus en plus les radios libres, au détriment des radios périphériques.
• Ils ne regardent la télévision que 15 heures 30 en moyenne chaque semaine. La musique est leur distraction préférée, devant le cinéma (67 % vont au cinéma au moins une fois par mois), les discussions avec les copains, la danse et la lecture.
• 75 % pratiquent un sport. Par ordre décroissant : tennis, natation, jogging, football (numéro un des garçons), vélo, gymnastique (filles).
• Ils sont plus intéressés par le magnétoscope que par l'ordinateur, le walkman, le Minitel ou le compact-disc.
• 49 % sont fumeurs, mais on constate une tendance à la diminution.

L'équipement

• 49 % disposent d'une voiture, 31 % d'une carte de crédit, 28 % d'un magnétoscope, 22 % d'une Mobylette, 18 % d'un micro-ordinateur, 10 % d'un lecteur de compact-disque, 9 % d'une planche à voile, 9 % d'une moto.

Institut de l'enfant

Les jeunes de 15 à 25 ans se ressemblent, à la fois dans leur apparence (le « look »), dans leurs modes de vie et dans leur échelle des valeurs. Cette ressemblance est également sensible entre garçons et filles. Tous expriment à la fois leur volonté de vivre en harmonie avec les autres et celle d'être indépendant. Ils privilégient la recherche du bonheur individuel et repoussent ce qu'ils considèrent comme l'illusion du bonheur collectif. Ils ne se paient pas de grands mots ni de grands principes, puisqu'à leurs yeux les uns et les autres ont montré leur impuissance à résoudre les principaux problèmes de l'époque.

Les 15-25 entre deux âges de la vie

MDC

De la contestation à l'adaptation

Les jeunes ne sont pas aussi désabusés qu'on le dit. S'ils mettent en cause certaines valeurs, ce n'est pas par goût de la nouveauté, mais parce qu'elles ne leur paraissent pas répondre aux questions qu'ils se posent. Contrairement à leurs aînés de Mai 68, les jeunes d'aujourd'hui ne condamnent pas la société dans laquelle ils vivent ; ils cherchent au contraire à s'y intégrer. C'est le sens qu'il faut donner par exemple aux manifestations des lycéens et des étudiants contre le projet de loi Devaquet, en décembre 1986.

Une nouvelle hiérarchie des valeurs
se met en place.

Si la patrie, la religion ou la politique semblent éloignées de leurs préoccupations, la famille, le travail et l'amour restent au contraire des valeurs très sûres. Mais il ne faut pas s'y tromper : ces mots n'ont plus pour eux tout à fait le même sens que pour les adultes des générations précédentes. La **famille** qu'ils souhaitent est plus ouverte, plus attentive au monde extérieur, plus propice à l'équilibre de chacun des ses membres.

Les espoirs et les craintes

Les 13-17 ans

• Les choses qui comptent le plus sont, par ordre décroissant d'importance : trouver un métier intéressant (53 %) ; la liberté (50 %) ; le bonheur familial (39 %) ; l'amour (30 %) ; le sport (27 %) ; les voyages (19 %) ; la musique (15 %) ; se développer intellectuellement (14 %) ; l'argent (13 %) ; la sécurité (11 %) ; chercher à créer quelque chose soi-même (9 %) ; la justice sociale (5 %).
• 69 % se sentent Français avant d'être Européens, 21 % se sentent d'abord Européens.
• 37 % considèrent que la société doit être profondément changée (contre 32 % en 1978) ; 45 % qu'elle doit être réformée sur plusieurs points sans toucher à l'essentiel (34 % en 1978) ; 11 % qu'elle doit être laissée dans son état actuel (16 % en 1978).

Le Nouvel Observateur/Sofres, mars 1987

Les 18-25 ans

• Les domaines qui les intéressent particulièrement sont, par ordre décroissant d'importance : les spectacles (67 %) ; les sports (56 %) ; la société, l'évolution des mœurs (37 %) ; la vie économique, les affaires (23 %) ; la vie politique (13 %).
• 69 % souhaitent que se développe en France dans les prochaines années une société qui fasse plus de place à la solidarité (76 % des filles et 62 % des garçons) ; 26 % préféreraient une société qui fasse plus de place à l'initiative individuelle (32 % des garçons et 19 % des filles).
• Ce qui leur fait le plus peur pour les années à venir : le terrorisme, la violence (54 %) ; la crise économique, le chômage (52 %) ; un conflit nucléaire (41 %) ; la faim dans le monde (30 %) ; la montée de l'égoïsme dans la société (29 %) ; le sida (28 %) ; la montée des dictatures (22 %) ; les catastrophes écologiques (21 %) ; le déclin de la France (14 %) ; la perte d'identité nationale, en raison du grand nombre d'immigrés (13 %) ; le développement du communisme (5 %).
• 51 % souhaiteraient avoir dans vingt ans la nationalité française ; 45 % la nationalité européenne.

L'Expansion/Sofres, septembre 1987

Le **travail** qu'ils réclament n'a plus la valeur mythique que lui attribuaient les anciens. C'est d'un « autre » travail qu'il s'agit, par lequel les jeunes veulent à la fois gagner leur vie et s'épanouir, sans lui consacrer pour autant la totalité de leur énergie ni de leur temps.

L'**amour**, lui, a changé surtout dans les apparences : les adolescents en parlent d'une façon plus décontractée, ils sont aussi mieux informés de ses aspects charnels. Mais le sentiment semble bien éternel.

En fait, si les mots restent les mêmes, les jeunes sont en train de leur donner un sens plus moderne, mieux adapté à la société, telle qu'elle leur apparaît aujourd'hui. La « bof génération » est devenue la « bosse génération » (celle du travail). Si ses rêves de liberté ne sont pas morts, dix années de crise les ont teintés de réalisme.

Les jeunes sont inquiets pour l'avenir, mais ils sont prêts à faire des efforts.

La crainte du chômage est évidemment très répandue chez les jeunes, dont la plupart ont des camarades ou des membres de leur famille touchés par ce fléau. Contrairement à leurs aînés, les jeunes sont prêts à faire preuve d'une grande mobilité géographique pour trouver un emploi : d'après un sondage de juillet 1987 (*France Soir/Louis Harris*), 82 % des 18-25 ans accepteraient de quitter leur ville, 74 % leur région, 57 % iraient travailler dans un autre pays d'Europe, 49 % sur un autre continent. 79 % d'entre eux se disent prêts à accepter un emploi qui ne correspond pas à leur diplôme.

Une autre enquête (*L'Expansion/Sofres*, novembre 1987) montre que 66 % des 18-25 ans sont prêts à faire des sacrifices importants, y compris dans leur vie familiale, pour réussir leur vie professionnelle. Malgré cela, plus d'un jeune sur trois pense d'ailleurs qu'il y a peu de chances qu'il exerce plus tard un métier qui lui plaise vraiment.

Les jeunes ne sont guère confiants dans les institutions.

Les enquêtes montrent que les jeunes sont pour le moins sceptiques quant à l'efficacité de certaines institutions ou organismes. Les instances politiques (partis, gouvernement, et par extension les syndicats sont les moins appréciées.

A l'inverse des adultes, la police a moins la cote chez les jeunes que la justice, sans doute depuis les événements qui se sont produits lors des manifestations étudiantes de décembre 1986. L'école est également plutôt plus mal jugée par ceux qui ont l'âge d'y aller que par leurs parents.

Les jeunes et l'environnement

• Les 74 % des jeunes de 15 à 25 ans sont satisfaits de leur lieu de vie, 85 % sont satisfaits de leur logement actuel et 79 % de leur cadre de vie.
• Dans l'environnement, les transports recueillent 60 % de satisfaits, devant les équipements sportifs (54 %), les possibilités de formation (51 %), de loisirs (48 %) et d'emploi (45 %).
• 40 % voudraient vivre plus tard à à la campagne, 35 % dans une ville moyenne. 24 % seulement voudraient vivre dans une grande ville ou à Paris ou dans la région parisienne.

L'enfant consommateur

On ne soupçonne guère le rôle économique considérable joué par les enfants. Non contents de dépenser eux-mêmes l'argent dont ils disposent (quelque 8 milliards de francs par an), ils exercent une influence considérable sur les achats effectués par leurs parents. De la tablette de chocolat à la chaîne hi-fi en passant par les magazines ou la planche à voile, leur ombre se profile derrière un grand nombre de décisions d'achats.

Près de la moitié des dépenses des foyers en biens et services dépendent des enfants.

Ce sont environ 500 milliards de francs, qui, chaque année, sont plus ou moins « contrôlés » par les moins de 15 ans. Dans cette somme ne figurent d'ailleurs pas les dépenses effectuées pour eux sans qu'ils y prennent part (assurances, dépenses de santé, etc.) ni celles dont ils sont indirectement responsables mais qui sont effectuées par les ménages sans enfants (grands-parents recevant leurs petits-enfants, etc.). Comment s'étonner alors que la publicité les interpelle si souvent, même lorsqu'elle vante des produits qui ne semblent pas, a priori, leur être particulièrement destinés (alimentation, biens d'équipement, etc.). Cette influence des enfants et des jeunes sur la consommation familiale s'exerce sur des types de dépenses très différents selon l'âge de l'enfant :

• De 0 à 2 ans, son impact est surtout sensible sur les produits alimentaires et les jouets ; il manifeste le plus souvent ses choix par le refus, plus facile à exprimer à cet âge.

• De 3 à 6 ans, les enfants exercent leur action sur un domaine élargi aux vêtements, livres, journaux, disques, etc.

• De 7 à 8 ans, les pressions portent sur les produits familiaux courants (alimentation, loisirs, etc.) ; les demandes sont précises et l'incitation à l'achat très directe.

• De 9 à 12 ans, l'influence s'exerce sur les produits familiaux d'équipement (voiture, télévision, hi-fi, etc.), en même temps qu'apparaît le désir d'accéder à des produits normalement réservés aux adultes.

Les jeunes, des consommateurs à part entière

Eldorado

• Entre 12 et 14 ans, c'est l'âge du « spécialiste », imbattable dans les domaines spécifiques qu'il a choisis (moto, électronique, planche à voile...). L'enfant organise tout son univers autour de ses passions, tendant à abandonner le reste. L'adolescence et la technologie font souvent bon ménage.

• A partir de 15 ans, les jeunes représentent une clientèle d'importance tout à fait considérable pour les industriels ; ils disposent d'un pouvoir d'achat relativement élevé, qu'ils consacrent principalement à des dépenses de plaisir. Ils sont prêts à investir des sommes importantes pour se procurer des produits « symboles » qui sont autant de signes d'appartenance à un groupe social et à une époque ; certaines marques (par exemple, les chaussettes Burlington, les tennis Creeks, les blousons Chevignon, les jeans 501, mais aussi les jupes Kookaï ou les montres Swatch...).

L'argent de vos enfants nous intéresse

Le CIC avait créé l'événement fin 1983 en proposant l'ouverture d'un compte en banque aux 13-18 ans. L'idée était simple : un compte ordinaire non rémunéré, sans chéquier, mais avec une « carte de retrait » et un compte d'épargne. Le compte ordinaire est un compte électronique sur lequel le jeune titulaire peut effectuer des retraits à l'aide d'une carte magnétique. Devant le succès rencontré, les autres banques ont suivi ; la BNP propose même l'ouverture d'un compte « Jeans Epargne » à 10 ans.
Même s'ils sont nombreux à donner leur autorisation, et donc à financer le compte en banque de leurs enfants, les parents ne semblent pas très favorables au principe : d'après un sondage BVA réalisé pour l'Association des jeunes notaires, 70 % jugent négative cette évolution. Ils sont cependant plus nombreux (la moitié) à trouver utile la participation des mineurs à un club d'investissement, qui constitue pour eux un apprentissage utile pour la gestion future d'un patrimoine.

Le règne de l'enfant-partenaire est commencé.

Les dépenses effectuées directement par les enfants ne peuvent être estimées avec précision. Le budget qu'ils gèrent personnellement (rentrées diverses et économies) est en tout cas sans commune mesure avec les sommes qu'ils dépensent.

Les dépenses plus importantes font de plus en plus souvent l'objet d'un « cofinancement » avec les parents.

En dehors des petits achats quotidiens (bonbons, journaux, cinéma, etc.) financés par l'argent de poche, les achats concernant des biens d'équipements (sport, musique...), certains vêtements coûteux ou le transport sont cofinancés par les enfants et les parents.

Un système de « partenariat » s'est donc installé dans les familles. Lorsqu'un adolescent reçoit 10 francs, il est ainsi capable d'en dépenser 30... tout en mettant de côté 10 francs, qu'il placera sur son livret de caisse d'épargne ou son compte bancaire plutôt que dans sa tirelire.

Argent de poche : l'arbre qui cache la forêt

Il serait faux de penser que les dépenses des enfants sont limitées à l'argent de poche dont ils disposent. Outre qu'il est difficile d'évaluer correctement les sommes qu'ils reçoivent (d'autres sources que les parents interviennent, la monnaie des courses n'est pas toujours rendue, etc.), cette approche du budget des enfants n'est pas significative.

Une étude de l'Institut de l'enfant montre que, si l'on ajoute à l'argent de poche les sommes reçues en cadeau et celles reçues en rémunération des « petits travaux », l'argent disponible des 8-14 ans se monte globalement à 120 F par mois. Un budget total d'environ 6 milliards de francs. Les sommes en jeu sont encore plus élevées chez les plus âgés : 500 francs par mois en moyenne pour les 15-25 ans, sans tenir compte des salaires perçus par ceux qui ont un emploi.

La publicité joue un rôle important dans la consommation et la vie des enfants.

Les enfants aiment bien la publicité. Mais ils sont beaucoup plus sélectifs qu'on ne l'imagine généralement. L'image les fascine davantage que le son, ce qui explique leur intérêt pour les spots télévisés ou les affiches dans la rue. La publicité à la radio les attire moins ; c'est sans doute l'une des raisons du succès grandissant auprès d'eux des radios de la bande FM, où elle est moins présente.

Les enfants, par définition, aiment le merveilleux, les choses qui ne se passent pas comme dans la vie, qui transgressent ou ignorent les règles et les contraintes du monde des adultes. C'est pourquoi ils aiment les spots publicitaires, dont certains leur apparaissent comme de véritables contes de fée (voir encadré ci-après). Mais cela ne les empêche pas de savoir prendre leurs distances par rapport au message publicitaire.

Les nouveaux contes de fée

Pour Jean-Noël Kapferer, spécialiste de la publicité et auteur de « l'Enfant et la publicité » (Dunod), plusieurs raisons expliquent l'engouement des enfants pour la publicité : la régularité des heures de diffusion des écrans publicitaires satisfait leur goût du rite ; la simplicité et la rapidité des histoires racontées correspondent bien à leur capacité d'écoute et de compréhension. Comme dans les contes de fée, tout est possible dans la publicité : on a un problème, on fait appel au produit X et on est sauvé... Pour les enfants, la publicité est donc l'instrument du merveilleux. Elle met en scène leurs fantasmes et fait travailler leur imagination.

Amour, amitié, sexualité : à la recherche des autres et de soi-même

L'un des rôles principaux de la période d'adolescence est de transformer la sexualité latente en sexualité véritable, c'est-à-dire partagée. Du bon déroulement de ce processus dépendra l'équilibre futur de l'adulte. L'adolescence est donc une période d'expérimentation, de quête de sa propre identité. Cette recherche de soi passe par la découverte des autres. La sexualité en est l'un des révélateurs privilégiés. Faire l'amour, c'est entrer dans l'univers des adultes.

Il n'y a plus de sujet tabou

DDB

Les jeunes croient toujours à l'amour.

Jusqu'à environ 15 ans, ils placent souvent l'amitié au-dessus de tout. Ce sentiment fait place ensuite à l'amour et à son corollaire, la sexualité. Si la façon de parler de l'amour et de le faire a changé, les notions profondes qu'il recouvre n'ont pas vraiment évolué.

L'Amour « majuscule » n'existe pas qu'au cinéma et dans la littérature. Il peuple encore les rêves des jeunes gens d'aujourd'hui. Les filles l'avouent sans doute un peu plus facilement que les garçons : 60 % des filles et 52 % des garçons de 13 à 19 ans se déclarent amoureux, d'après un sondage *le Parisien/CSA* de mars 1987.

La sexualité est plus précoce.
E • En cinquante ans, l'âge de la puberté s'est abaissé en moyenne de deux ans.

La manière dont la société considère l'acte sexuel s'est complètement transformée. Les parents sont plus ouverts, jouent mieux leur rôle de conseil. Les médias ont largement contribué à lever quelques-uns des tabous traditionnels : la nudité, la référence à l'acte sexuel, voire même à sa représentation.

Les relations amoureuses sont donc aujourd'hui moins mystérieuses, sans être pour autant totalement « banalisées ». Par ailleurs, la contraception est devenue plus facile et efficace, même si elle n'est pas encore très largement utilisée. Les conditions étaient donc réunies pour que la sexualité s'exprime différemment.

Contraception : une fille sur deux

Environ une adolescente sur deux entre 15 et 19 ans n'utilise aucun moyen contraceptif lors de son premier rapport sexuel. Parmi celles qui sont exposées aux risques de grossesse, 40 % seulement utilisent la pilule, 25 % font confiance à la méthode des températures, 3 % portent un stérilet, 3 % un diaphragme, 2 % pratiquent le retrait. Les méthodes contraceptives sont moins utilisées par les jeunes en France que dans d'autres pays d'Europe.

La crainte du sida est présente chez les jeunes filles de 15 à 19 ans : 42 % déclarent s'efforcer de faire très attention au choix de leurs partenaires ; 41 % sont favorables à l'utilisation de préservatifs ; 18 % sont incitées à avoir peu de partenaires.

Plus précoce que par le passé, l'expérience sexuelle des jeunes est aussi plus « riche ».

L'amour physique reste une activité primaire, qui transcende largement le statut social. Autre signe de l'évolution considérable de ces dix dernières années, le « droit au plaisir », longtemps réservé aux hommes, a été conquis par les jeunes femmes. Mais il n'est pas antinomique avec les sentiments, qui demeurent prépondérants.

La principale revendication est la tendresse.

La libération des années soixante-dix n'a pas transformé les relations amoureuses en un simple assouvissement de besoins sexuels naturels. Le sentiment y est très présent. Un sondage *Organon/Sofres* de mars 1987 montre par exemple que les filles de 15 à 19 ans placent au tout premier rang la tendresse (65 %), devant la fidélité (64 %) ou la douceur (47 %). Le plaisir n'obtient que 29 % des suffrages, tandis que la simple quête d'une relation sexuelle ne recueille que 18 %.

Les jeunes filles d'aujourd'hui ne sont pas « faciles ».

71 % d'entre elles considèrent qu'il est nécessaire de connaître son partenaire depuis longtemps avant de faire l'amour avec lui. Plus de la moitié (57 %) des 15-19 ans affirment d'ailleurs n'avoir jamais eu de rapport sexuel. Une enquête *le Parisien/CSA* réalisée en mars 1987 confirme ces dispositions : 52 % des jeunes filles de 13 à 19 ans considèrent qu'une fille doit rester vierge jusqu'à ce qu'elle rencontre un garçon qu'elle aime vraiment (contre 48 % en 1976) ; 5 % seulement pensent qu'elle doit rester vierge jusqu'à son mariage (22 % en 1976) ; 43 % pensent que la virginité n'a aucune importance pour une fille (30 % en 1976).

Contrairement à une idée répandue, les jeunes filles d'aujourd'hui ne sont pas du tout indifférentes aux aspects sentimentaux de l'amour. Mais la libération sexuelle qu'ont provoquée et vécue leurs aînées leur a permis d'être un peu mieux informées des choses de l'amour charnel et de passer plus tôt qu'elles aux applications pratiques.

Vie quotidienne

En vrac

S • Les personnalités préférées des jeunes de 18 à 25 ans sont, par ordre décroissant : Jean-Jacques Goldman, Daniel Auteuil, Renaud, Yves Montand, Bernard Tapie, Madonna, Anne Sinclair, Harlem Désir, Sandrine Bonnaire, Yannick Noah, Béatrice Dalle, Bernard Kouchner, Jean-Paul II.

S • Les jeunes filles de 14 à 18 ans se voient (par ordre décroissant d'importance) : libres, dynamiques, ambitieuses, romantiques, travailleuses, idéalistes, angoissées, influençables, optimistes, indifférentes, pessimistes, blasées. 47 % croient en Dieu, 48 % non. 52 % s'intéressent beaucoup à leurs études, 40 % assez, 7 % un peu, 1 % pas du tout.

S • 69 % des jeunes de 18 à 25 ans (76 % des filles et 62 % des garçons) souhaitent que se développe en France dans les prochaines années une société qui fasse plus de place à la solidarité ; 26 % préféreraient une société qui fasse plus de place à l'initiative personnelle (19 % des filles et 32 % des garçons). 64 % pensent que la France n'aura pas retrouvé dans vingt ans le plein emploi et la prospérité (26 % oui).

S • 73 % des jeunes de 15 à 20 ans considèrent que ce sera une chance d'être adulte en l'an 2000, 22 % pensent que ce sera une malchance. Leurs principaux espoirs pour l'an 2000 sont, par ordre décroissant d'importance : avoir un travail intéressant ; la diminution du chômage ; plus de guerre ; avoir une famille ; avoir de l'argent ; la simplification de la vie grâce à la technologie ; une plus grande solidarité nationale et internationale.

S • Ce que les jeunes de 15 à 25 ans redoutent de devenir, par ordre décroissant d'importance : raté(e), fou (folle), drogué(e), clochard(e), homosexuel(le).

S • 29 % des jeunes de 16 à 24 ans ne sont pas inscrits sur les listes électorales. 56 % sont opposés à la peine de mort (33 % favorables). 52 % pensent que les enfants d'étrangers nés en France de parents étrangers doivent faire la demande de la nationalité française à leur majorité ; 45 % pensent qu'ils doivent l'acquérir automatiquement.

S • 26 % des enfants de 7 à 14 ans possèdent moins de 5 livres ; 13 % en ont entre 5 et 10 ; 27 % entre 10 et 20 ; 34 % en ont plus de 20.

S • 17 % des enfants de 6 à 15 ans regardent très souvent la télévision en mangeant, 23 % souvent, 27 % rarement, 33 % jamais. 64 % changent fréquemment de chaîne lorsqu'ils regardent seuls la télévision. 77 % aiment regarder les jeux télévisés, 77 % aiment regarder les clips vidéo.

S • 61 % des lycéens de 15 à 18 ans préféreraient travailler dans une grande entreprise, 37 % dans une petite.

S • 40 % des jeunes de 15 à 25 ans ont participé à une action en faveur de l'aide au développement (43 % des filles et 36 % des garçons).

S • 39 % des enfants âgés de 7 à 12 ans affirment qu'ils ont un(e) fiancé(e) ou un(e) amoureux(se). Ils sont 35 % à aimer dire à l'élu(e) de leur cœur qu'ils l'aiment, 29 % à aimer lui écrire des mots d'amour, 25 % à aimer l'embrasser sur la bouche (mais 43 % aiment regarder les films où les gens s'embrassent sur la bouche), 23 % à aimer lire des bandes dessinées ou des revues où l'on voit des hommes et des femmes nus.

S • Réaction des jeunes de 16 à 21 ans en pensant à quelqu'un qui prend le train sans billet : pourquoi pas, s'il ne se fait pas prendre (48 %) ; il a tort, chacun doit respecter le règlement (28 %) ; si tout le monde en faisait autant, il n'y aurait plus de train pour personne (22 %).

ÉCOLE

A 2 ans, un enfant sur trois est à la maternelle. Entre 20 et 24 ans, un sur quatre est encore étudiant. Au moment où les parents et les maîtres se posent des questions sur l'avenir de l'école, les jeunes semblent lui trouver bien des vertus. Comme si Mai 68 n'avait jamais existé...

Primaire et secondaire : 12,3 millions d'élèves

Les classes du premier et du second degré comptent aujourd'hui 1 300 000 élèves de plus qu'en 1968. C'est moins la croissance démographique (au demeurant assez faible) que celle du taux de scolarisation qui explique cette rapide croissance. L'école est plus considérée aujourd'hui comme une nécessité que comme une contrainte.

- *A 16 ans, 75 % des jeunes sont en formation initiale.*
- *Ils n'étaient que 55 % en 1968.*
- *16 % sont en apprentissage.*

La nécessité de l'instruction scolaire est aujourd'hui très largement reconnue. Il n'est qu'à voir la relation étroite entre les diplômes obtenus et la profession exercée pour se convaincre de son intérêt.

La scolarité obligatoire jusqu'à 16 ans est aujourd'hui presque entrée dans les faits, même si une certaine érosion se produit encore à partir de 14 ans. On peut donc espérer pour les prochaines générations un nouveau recul de l'analphabétisme. A la condition, bien sûr, que tous ceux qui sont inscrits à l'école en ressortent en sachant parfaitement lire et écrire. Ce qui n'est pas le cas aujourd'hui.

Des conditions de travail à revoir

- Le nombre moyen d'élèves par classe dans le 1er cycle (1986) était de 23,6 dans le public et 24,6 dans le privé. La moyenne dans le second cycle court était de 24,9 dans le public et 21,6 dans le privé. La moyenne dans le second cycle long était de 29,2 dans le public et 23,7 dans le privé.
- 95 % des demi-pensionnaires de maternelle et primaire considèrent qu'il y a trop de bruit dans les cantines ; 87 % trouvent la quantité de nourriture suffisante ; 54 % la qualité des repas correcte.
- Plus de 2 millions d'élèves utilisent les cars de ramassage scolaire ; 40 % sont des collégiens.
- La France est le pays où les élèves ont le moins de jours de classe : 158 contre 240 au Japon, 215 en Italie, 200 au Royaume-Uni, au Danemark et en RFA, 180 aux Etats-Unis.
- Les horaires sont par contre assez chargés en France dans le primaire : 25 heures par semaine (comme en Italie) contre 18 aux Etats-Unis et au Japon, 23 au Danemark, 21 au Royaume-Uni, 20 en RFA. Dans le premier cycle, les Français ont 24 heures de cours, contre 33 en RFA, 30 en Italie et au Danemark, 26 au Japon, 22 au Royaume-Uni.
- La France a connu 32 ministres de l'Education nationale depuis 1944 et pratiquement autant de réformes. Le ministre qui a fait le passage le plus rapide a été D. Revillon : 5 jours du 5 au 10 septembre 1948. Le plus long a été C. Fouchet : 4 ans et 5 mois, de décembre 1962 à avril 1967.

Un élève sur six est dans l'enseignement privé :
- *14,2 % des élèves du premier degré (15,5 % en 1960).*
- *21,4 % des élèves du second degré (26,1 % en 1960).*

L'importance de l'enseignement privé a un peu diminué depuis une vingtaine d'années, surtout dans le secteur secondaire. Quelles que soient leur condition, leur sensibilité politique, les Français sont en grande majorité favorables à la coexistence des deux systèmes, même s'ils ne sont pas prêts à envoyer leurs enfants dans une école privée. L'ampleur des manifestations qui s'étaient déroulées en 1983 et 1984 témoigne de cette volonté.

L'image du privé est généralement bonne. Les Français, dont la plupart ne l'ont jamais pratiqué, semblent convaincus que l'enseignement y est plutôt meilleur que dans les écoles publiques, que les pesanteurs administratives y sont moins lourdes, que les professeurs y sont aussi moins politisés. La grande force de l'enseignement privé est d'avoir réussi à entrer dans les esprits sous le nom d'école « libre ».

L'école à plusieurs vitesses

Tous les enfants, ou presque, vont à l'école. Mais tous ne réussissent pas leur vie scolaire de la même façon. Cette évolution favorable ne doit pas faire oublier les écarts importants qui subsistent entre les diverses catégories sociales. De la maternelle à l'université, l'entrée (comme la sortie) ne s'effectue pas dans les mêmes conditions selon le milieu familial.

La sélection commence à la maternelle.
• 32 % des enfants d'ouvriers sont
« signalés » (éprouvent des difficultés à suivre normalement) dans les classes de maternelle.
• C'est le cas de seulement 14 % des enfants de cadres supérieurs.

Les ingrédients de la réussite ou de l'échec scolaire sont présents dès les premières années de la scolarité. Il ne s'agit pourtant pas encore d'apprendre à lire ou à compter. Mais le développement intellectuel des enfants est plus stimulé dans les milieux les plus favorisés, indépendamment des différences de capacité pouvant exister entre les uns et les autres. Il suffit d'examiner certaines statistiques pour s'en convaincre.

A l'école primaire, les enfants d'ouvriers redoublent dix fois plus
que ceux des cadres supérieurs :
• 2,2 % des enfants de cadres supérieurs et professions libérales redoublent le cours préparatoire.
• 22 % des enfants d'ouvriers.

Le taux de redoublement au cours préparatoire est très variable selon l'appartenance sociale des enfants. A 6 ans, l'écart s'est déjà fortement creusé entre les enfants des familles culturellement privilégiées et les enfants de celles qui ne le sont pas. On sait par ailleurs que les élèves ayant rencontré des difficultés dans l'enseignement primaire sont beaucoup moins nombreux à accéder en classe terminale.

Les chances d'entrer en 6e ne sont pas égales

Proportion d'élèves entrés normalement (sans redoublement) en 6e parmi ceux entrés au cours préparatoire en 1978, en fonction de l'origine socioprofessionnelle (en %) :

• Cadres supérieurs et professions libérales	92,7
• Cadres moyens	83,3
• Industriels, gros commerçants	83,1
• Autres catégories	76,7
• Petits commerçants	73,8
• Employés	70,7
• Contremaîtres	70,3
• Artisans	68,0
• Agriculteurs exploitants	67,5
• Ouvriers qualifiés	60,8
• Personnels de service	51,0
• Ouvriers spécialisés	50,8
• Non actifs et divers	50,0
• Salariés agricoles	48,4
• Autres ouvriers	46,7
• Manoeuvres	36,0
Ensemble	**65,7**

Ministère de l'Education nationale - SPRESE

La sélection se poursuit dans le secondaire :
• Le taux d'admission en terminale varie de 79 % pour les enfants d'enseignants à 15 % pour les enfants de salariés agricoles.
• On considère que 9 enfants d'ouvriers sur 10 entrant en 6e n'iront pas jusqu'en terminale.

Les enfants des catégories sociales défavorisées (ouvriers, personnels de service, salariés agricoles...) représentent 45 % de l'effectif entrant en 6e et 26 % seulement de celui admis en terminale (13 % en terminale C).

L'écart entre les enfants, déjà important dans le primaire, peut aller jusqu'à l'exclusion dans le secondaire. A l'issue de la classe de 3e, l'orientation qui s'opère montre que les élèves d'origine ouvrière sont beaucoup plus nombreux dans l'enseignement professionnel que dans l'enseignement général. Il est donc clair que les écarts dus au milieu social conditionnent en partie la vie scolaire des enfants, donc leur vie professionnelle future.

Le parcours du combattant

Taux de redoublement des différentes classes, du cours préparatoire à la terminale (en %) :

	1985	1975
• CP	11,4	17,6
• CM2	8,6	15,0
• 6^e	11,4	9,5
• 5^e	14,4	6,5
• 4^e	8,1	7,0
• 3^e	12,5	7,3
• 2nde	16,6	11,4
• 1re	6,8	7,0
• Terminale	20,7	16,3

Ministère de l'Education nationale

Les enfants d'immigrés cumulent les handicaps.
• Ils représentent 10,4 % des effectifs du premier degré et seulement 7 % des effectifs du second degré.

Les immigrés exercent souvent les professions qui, statistiquement, sont les moins favorables à la réussite scolaire de leurs enfants (57 % sont ouvriers, contre 18 % des Français).

Plus d'un million d'élèves étrangers

En 1988, 1 100 000 élèves de nationalité étrangère étaient scolarisés en France métropolitaine dans les établissements publics et privés (c'était le cas de 4,7 % d'entre eux) relevant du ministère de l'Education nationale, soit 9 % de l'ensemble des élèves. Ils représentaient 87 % des effectifs des classes d'initiation (destinées aux non-francophones), 20 % de ceux des classes d'adaptation et 20 % de ceux des classes de perfectionnement.
La proportion d'élèves d'origine maghrébine était de 57 % dans le premier degré. Elle est globalement en progression régulière, bien que le nombre d'élèves algériens soit en baisse. Celle des élèves en provenance des pays latins tend au contraire à diminuer. Dans le second degré, les élèves de nationalité algérienne ou portugaise sont les plus nombreux.

Ministère de l'Education nationale

Leurs enfants souffrent en outre des problèmes linguistiques et culturels liés à leur origine étrangère et à leur difficile intégration sociale. La plupart d'entre eux s'orientent vers les formations de type technique ou professionnel et choisissent les formations courtes.

Le bac banalisé

On ne parle plus guère du certificat d'études, autrefois fort apprécié. C'est le bac, aujourd'hui, qui est le visa nécessaire à l'entrée dans la vie professionnelle. Parce qu'il ouvre les portes des universités et entrouvre celles des grandes écoles. Parce qu'il donne à ceux qui en sont titulaires l'espoir d'un emploi.

En 20 ans, le nombre des admis au bac a plus que triplé :
• 75 000 bacheliers en 1963.
• 283 000 en 1987.

Créé en 1808 par Napoléon, le bac ne concernait en 1900 que 1 % de la génération à l'école, 5 % en 1950, 11 % en 1960, 20 % en 1970, 30 % aujourd'hui. On se bouscule de plus en plus pour obtenir le parchemin qui constituera le bagage minimum figurant sur le curriculum vitae. Le milieu familial n'est pas étranger au choix de la filière suivie dans le secondaire. On remarque ainsi que :
• Les enfants d'agriculteurs sont moins attirés que la moyenne par les lettres et les sciences physiques ;
• Les enfants des employés et ouvriers sont nombreux à choisir le bac de technicien ;
• Les enfants des cadres supérieurs et professions libérales sont les plus intéressés par les mathématiques et s'intéressent moins aux matières techniques.

Un tiers d'une classe d'âge obtient le baccalauréat.

L'objectif de 74 % de bacheliers dans une classe d'âge en l'an 2000 est bien loin d'être atteint. La proportion est actuellement d'un tiers et il sera très difficile de l'accroître si l'on en juge par les taux d'échec enregistrés pendant les années qui précèdent la terminale. 55 % seulement des effectifs présents à l'entrée au collège

entrent en seconde ; 80 000 jeunes sortent chaque année du système scolaire sans aucun
diplôme.

Bac 1987 : 70% de reçus

Proportion de réussite au baccalauréat 1987 par
série; total garçons et filles et filles seulement (en %) :

Séries	Total	Filles
A1 - Lettres, sciences	67,2	68,1
A2 - Lettres, langues	73,4	73,9
A3 - Lettres, arts	65,8	65,6
B - Economique et social	64,0	65,2
C - Maths et sc. physiques	79,9	82,8
D - Maths et sc. de la nature	72,0	75,6
D' - Sc. agronomiques et tech.	60,9	58,8
E - Sciences et techniques	70,2	68,1
Total France métropolitaine	**70,6**	**71,6**

Ministère de l'Education nationale - SPRESE

La course aux études supérieures

Le baccalauréat d'enseignement général,
contrairement à celui de technicien, ne prépare
pas directement à un métier. Il permet aux
jeunes de poursuivre leurs études dans le cadre
de l'enseignement supérieur. Ils sont aujour-
d'hui 1 300 000 à suivre les cours des universités ou des grandes écoles, soit environ un quart
des 20 à 24 ans. Dans une conjoncture économique difficile, aucun atout n'est à négliger.
D'autant que « l'investissement diplôme » se
révèle généralement très rentable.

*Il y avait 970 000 étudiants
dans les universités à la rentrée 1987.*

Les universités drainent la grande majorité
des étudiants. Le hit-parade des disciplines n'a
pas sensiblement varié depuis des années. Moins
en tout cas que les besoins de l'économie. Les
lettres et la médecine attirent à elles seules près
de la moitié des effectifs (voir encadré), mais la
proportion des offres d'emplois auxquelles elles
préparent est considérablement inférieure. La
part du privé dans l'enseignement supérieur est
très faible (environ 2 % des effectifs).

La France dans le peloton de queue

Taux de scolarisation dans l'enseignement supérieur
pour quelques pays (dans une classe d'âge en 1984) :

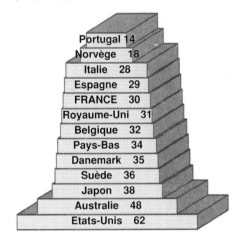

Portugal	14
Norvège	18
Italie	28
Espagne	29
FRANCE	30
Royaume-Uni	31
Belgique	32
Pays-Bas	34
Danemark	35
Suède	36
Japon	38
Australie	48
Etats-Unis	62

OCDE

Toujours les lettres

Répartition des étudiants des universités
selon les matières en 1986-87 (en %) :

• Lettres, langues	32,2
• Droit et sciences économiques	24,7
• Sciences, MASS, ingénieurs	18,6
• Médecine	12,2
• IUT	6,4
• Pharmacie	3,4
• Autres	2,5
Total	100,0

Ministère de l'Education nationale - SPRESE

*L'origine sociale des étudiants
ne se démocratise pas vraiment.*

On rencontre encore peu de fils d'ouvriers
ou d'agriculteurs dans les universités. La part
qu'ils représentent dans le recrutement reste
faible, très inférieure en tout cas à leur importance numérique dans la population (elle a
même diminué depuis 10 ans).

Vous avez dit démocratisation ?

Effectifs universitaires selon la profession des parents (en %) :

	Etudiants 1986/87	Etudiants 1973/74	Part de chaque CSP dans la population en 1984
• Agriculteurs exploitants	4,0	6,1	6,7
• Salariés agricoles	0,7	0,6	1,3
• Patrons du commerce et de l'industrie	9,3	11,9	7,7
• Professions libérales et cadres supérieurs	30,4	32,6	8,5
• Cadres moyens	18,1	16,2	18,6
• Employés	8,3	9,4	21,4
• Ouvriers	13,5	12,5	29,4
• Personnel de service	1,3	0,8	4,8
• Autres catégories	10,2	8,1	1,6
• Sans profession	4,2	1,8	-

INSEE - Ministère de l'Education nationale

On connaît les raisons de ces discriminations. Si certaines sont liées aux différences de capacités individuelles (mais les démonstrations irréfutables manquent sur ce point), d'autres sont au contraire totalement dépendantes de l'environnement familial.

Les obstacles d'ordre financier sont importants, mais ils peuvent être levés dans un certain nombre de cas : 190 000 étudiants ont bénéficié d'une bourse en 1987, d'un montant moyen de 500 francs pour les collégiens et 2 000 francs pour les lycéens.

Il est beaucoup plus difficile d'agir sur les obstacles de nature culturelle. Comment donner aux enfants le goût des études lorsque les parents n'en ressentent pas eux-mêmes l'intérêt ? Comment leur donner l'aisance et la sûreté de soi qui leur manquent ? Le problème essentiel est de convaincre les plus humbles qu'ils peuvent, s'ils le veulent vraiment, « sortir de leur milieu ».

Chaque année, 200 000 diplômes sont décernés par les universités.

DEUG, DUT, DESS... ces sigles barbares sont quelques-unes des appellations des diplômes universitaires. Les plus connus sont la licence et la maîtrise, qui sanctionnent le parcours des étudiants les plus ambitieux. La moitié des licences sont obtenues en lettres et en sciences humaines. Mais les maîtrises et doctorats de troisième cycle tendent à privilégier les disciplines scientifiques.

Diplômes en tout genre

Les établissements publics d'enseignement supérieur universitaire ont délivré en 1986 les diplômes suivants :

Dans les disciplines non médicales :
• 1 305 capacités en droit
• 63 328 diplômes d'études universitaires générales (DEUG)
• 51 827 licences
• 39 006 maîtrises
• 1 634 diplômes de l'Institut d'études politiques
• 8 851 diplômes d'études supérieures spécialisées (DESS)
• 1 519 diplômes d'études approfondies (DEA)
• 4 191 doctorats de 3e cycle, 1 508 doctorats d'Etat et 416 diplômes de docteur-ingénieur

Dans les disciplines médicales :
• 7 081 diplômes d'Etat de docteur en médecine et 0 026 certificats d'études spéciales
• 3 634 diplômes d'Etat de docteur en pharmacie
• 1 602 diplômes d'Etat de docteur en chirurgie dentaire.
• et 4 517 diplômes divers

Ministère de l'Education nationale

*Les grandes écoles
constituent toujours la voie royale.*

Face aux universités en principe largement ouvertes à tous les bacheliers, les grandes écoles françaises forment un club très fermé. Beaucoup d'étudiants rêvent d'y être un jour admis. Il leur faudra pour cela franchir plusieurs obstacles : d'abord le bac (de préférence avec mention), puis deux années de préparation spéciale, avant le concours d'entrée destiné à sélectionner les « meilleurs ». Une fois entré dans le sanctuaire, l'étudiant devra encore mériter d'en sortir avec les honneurs, qui prennent ici la forme d'un diplôme ou d'un bon rang de sortie.

Les cinq années nécessaires après le bac constitueront pour beaucoup le meilleur des placements. On pourrait même parler de rente, puisque la plupart en percevront les dividendes pendant toute leur vie. Cela ne signifie pas, d'ailleurs, qu'ils pourront se contenter de la toucher sans la mériter, car la conjoncture économique actuelle n'épargne personne, pas même les diplômés.

Etudiants à tous prix

Un polytechnicien coûte près de 300 000 francs par an à la collectivité ; un étudiant en droit ou en économie revient à moins de 10 000 francs. Entre ces deux extrêmes, on trouve des étudiants à tous les prix, selon la spécialité, l'établissement, etc.. Une place dans une école d'infirmière coûte un peu moins de 20 000 francs par an, une autre à l'université Paris-Dauphine vaut 25 000 francs. Un peu moins que dans un IUT (environ 30 000 francs) ; beaucoup moins qu'à Centrale (70 000 francs).
Mais le prix payé par l'Etat est très variable en fonction des ressources propres des écoles : frais de scolarité, taxe d'apprentissage, contrats de recherche avec des entreprises, subventions des collectivités... Ces ressources, qui couvrent 7,5 % des dépenses à l'université, peuvent atteindre plus de 50 % dans le cas de l'Ecole supérieure de commerce de Paris ou d'autres grandes écoles. La contribution des étudiants eux-mêmes est également très variable : 90 % paient moins de 1 000 francs par an ; 3 % paient de 1 000 à 10 000 francs ; 5 % paient plus de 10 000 francs. Le record appartient probablement à l'Institut européen des affaires (INSEAD) de Fontainebleau, avec plus de 55 000 francs de frais annuels de scolarité. Des chiffres qui confirment, si besoin est, qu'aujourd'hui les diplômes n'ont pas de prix.

---

*La démocratisation des grandes écoles
reste à faire.*

Les remarques faites à propos des universités quant à la faible représentation des catégories sociales les plus modestes valent encore plus pour les grandes écoles. Les fils d'ouvriers ne se bousculent toujours pas à Polytechnique ou à HEC, même s'ils sont un peu plus nombreux aux Arts et Métiers. De même, on rencontre peu de fils d'immigrés à Centrale ou à l'ESSEC. Mais on croise de plus en plus de jeunes femmes dans cet univers traditionnellement réservé aux hommes. Les plus misogynes des grandes écoles se sont d'ailleurs récemment officiellement ouvertes aux représentantes de l'autre sexe.

Face à cette « oligarchie du diplôme », certains se félicitent de l'existence d'un système d'ailleurs envié par beaucoup de pays étrangers. Les autres condamnent la « cooptation » au sein des entreprises (aussi appelée copinage ou mafia) qui en assure, selon eux, la pérennité.

L'adaptation de l'école :
un problème toujours d'actualité

Bien qu'ils restent très attachés à l'institution, les Français considèrent que l'école remplit mal sa mission d'éducation. Les enseignants ne sont pas non plus convaincus du bon fonctionnement du système, mais redoutent les réformes. Paradoxalement, il semble que ce sont les élèves qui s'accommodent le mieux du système actuel ; ils n'hésitent d'ailleurs pas à descendre dans la rue pour défendre leur revendication essentielle : l'égalité des chances devant les diplômes.

*La moitié environ des Français pensent
que l'école est inadaptée au monde moderne.*

Les parents d'élèves ont un double point de vue sur l'école. Ils ne mettent pas en cause l'institution en tant que telle, mais ils constatent qu'elle ne donne pas à l'ensemble des jeunes une formation suffisante pour s'insérer dans la vie professionnelle. Leurs reproches vont aussi aux enseignants, qu'ils trouvent trop souvent absents, trop politisés et trop laxistes en ce qui concerne la discipline.

L'image des enseignants

• 46 % des Français considèrent que les enseignants sont aussi compétents qu'il y a une dizaine d'années ; 32 % les trouvent moins compétents ; 10 % plus compétents.
• 49 % trouvent qu'ils sont payés comme il faut, 30 % pas assez, 9 % trop.
• Les trois qualificatifs qui s'appliquent le mieux aux enseignants sont par ordre décroissant : dévoués, découragés, privilégiés, motivés, travailleurs, paresseux.

Le Nouvel Observateur/Sofres, août 1987

---

*Beaucoup d' enseignants se plaignent
des conditions d'exercice de leur métier.*

Si les enseignants bénéficient d'avantages importants par rapport aux salariés du privé, force est de constater que leurs salaires sont moins élevés et que leur statut social s'est dévalorisé. Beaucoup se plaignent de leurs conditions de travail, dues à des effectifs trop importants, à des crédits insuffisants ainsi qu'à une dégradation du niveau des élèves. Et ils sont de plus en plus nombreux, chaque année, à quitter l'école pour tenter leur chance dans le privé.

*Les élèves et les étudiants
sont les moins critiques à l'égard de l'école.*

La plupart des jeunes d'aujourd'hui se sentent plutôt bien à l'école. Les trois quarts sont plutôt satisfaits de leurs études, mais un tiers ne referaient pas les mêmes études s'ils avaient à recommencer. Leurs relations avec les enseignants apparaissent généralement assez bonnes. Seuls les élèves des lycées d'enseignement professionnel semblent moins épanouis que les autres à l'école et jugent leurs rapports avec les enseignants de façon un peu moins favorable. Ils sont, par contre, plus nombreux que la moyenne à considérer que leur formation les prépare à la vie active.

Les profs français travaillent moins mais ils sont plus mal payés

Le salaire brut d'un professeur certifié varie de 8 210 francs après un an de stage (échelon 2) à 14 590 francs au bout de 20 à 30 ans d'ancienneté (échelon 11). Celui d'un professeur agrégé varie de 9 600 francs à 18 260 francs.
Si l'on prend comme référence les salaires des enseignants en RFA (base 100), ceux des Français se situent à l'indice 69, derrière les salaires anglais (71), suédois (85), belges (94), danois (197), luxembourgeois (153). Seuls les salaires italiens sont à un niveau inférieur (67).

A une époque où le droit au travail n'est plus assuré, les jeunes sont conscients que c'est l'école qui leur fournit les meilleures chances. C'est sans doute pourquoi les imperfections de l'enseignement qu'elle dispense leur paraissent peu importantes en regard des avantages qu'elle procure à ceux qui ont des diplômes.

L'école

En vrac

S • 65 % des lycéens déclarent qu'il leur arrive d'avoir la déprime en classe (dont 10 % souvent) ; 27 % l'ont rarement, 7 % jamais.
S • 51 % des parents d'élèves sont favorables au congé du samedi à la place du mercredi ; 40 % y sont opposés.
• Dans l'enseignement public, 85 % des élèves de 6e choisissent l'anglais comme première langue, 12,5 % l'allemand, 1,5 % l'espagnol.
• Le coût de la rentrée scolaire 1987 pour les familles a été en moyenne de 580 francs pour un élève de 6e, 480 francs en 4e, 860 francs en seconde. La papeterie scolaire représente 64 % des dépenses d'entrée en 6e, les vêtements de sport 23 %. La période de rentrée rassemble 51 % de la dépense scolaire annuelle pour un élève de 6e.
• La France consacre moins de 0,5 % du PIB à l'enseignement supérieur, contre 1,5 % aux États-Unis.
S • 60 % des Français considèrent que la discipline exercée par les professeurs sur les élèves est insuffisante.

LA VIE DE FAMILLE

RELATIONS PARENTS/ENFANTS

Les transformations sociales et culturelles, les difficultés économiques de ces dernières années n'ont pas altéré les relations entre les parents et leurs enfants. Elles les ont au contraire fortifiées. Mais l'absence d'un conflit de génération n'empêche pas, dans certaines familles, l'incompréhension, voire la répression.

Education : la famille d'abord

L'éducation de l'enfant est la résultante des diverses influences qui s'exercent sur lui. L'école, la famille, les médias, les copains en sont les principaux acteurs. Le mélange qu'ils composent est de plus en plus riche et complexe, à défaut d'être toujours harmonieux. Les enfants puisent dans ces différentes sources les éléments nécessaires à leur apprentissage de la vie. Ils sont cependant conscients de ne pas apprendre les mêmes choses à l'école, à la maison ou dans la rue. Dans ce concert de plus en plus bruyant d'influences concurrentes, voire contradictoires, la famille résiste bien.

Le rôle des parents n'a pas été réduit par l'existence d'autres facteurs d'éducation.

C'est en regardant vivre leurs parents que les enfants se forgent leur propre conception de la vie. Mieux informés que leurs propres parents et très conscients de la dureté des temps, les parents d'aujourd'hui sont encore plus soucieux qu'hier de l'éducation de leurs enfants. La crainte de passer pour un père incompétent ou pour une mère indigne les pousse à des efforts réels et permanents. On emmène les enfants au spectacle ou en vacances, on leur donne de l'argent, on s'efforce de participer à leur vie de tous les jours. Par devoir, par plaisir, ou pour se faire pardonner de les avoir mis au monde...

Le rôle des grands-parents diminue d'importance.

Pendant des générations, la présence des grands-parents au sein de la famille a donné une sorte de « plus-value » très appréciable à l'éducation dispensée par les parents. Aujourd'hui, les grands-parents habitent de moins en moins avec leurs enfants et petits-enfants. Les problèmes de logement, l'éloignement géographique, les différences de mentalité, le souci croissant d'indépendance expliquent cette évolution.

La conséquence est que les enfants profitent moins et de façon beaucoup plus discontinue de l'expérience de leurs grands-parents (le plus souvent à l'occasion des périodes de vacances). La vision qu'ils ont de la vie transite donc essentiellement par celle que leur enseignent leurs parents.

Aussi les jeunes ne connaissent-ils plus guère l'histoire des générations antérieures. Ils la comprennent surtout moins bien. Ils ont donc une conscience moins aiguë du chemin parcouru en un siècle, au cours de ces années si importantes pour l'évolution de la société.

L'image du grand-père faisant sauter son petit-fils sur ses genoux en lui racontant la guerre de 14 ou l'apparition des premières automobiles appartient au passé. Avec elle disparaît un des aspects les plus riches de la formation des enfants. Aucun livre, aucune émission de télévision ne pourra vraiment la remplacer.

Un million de familles monoparentales

La famille « monoparentale » connaît un essor fulgurant. Ce terme s'applique aux familles où les enfants sont élevés par un seul de leurs parents, père ou mère. On en recensait 650 000 en 1968, elles sont environ un million aujourd'hui. Dans la grande majorité des cas (80 %), ce parent est la mère. Pendant longtemps, c'était le décès de l'un des parents qui était à l'origine de ces situations. Aujourd'hui, 30 % seulement des femmes et 28 % des hommes qui élèvent seuls leurs enfants sont veufs. La moitié des femmes concernées sont des divorcées ayant obtenu la garde de leurs enfants (contre 33 % des hommes) ; 10 % sont des mères célibataires.

INSEE

Les nouveaux modèles de vie familiale entraînent de nouveaux types de relations entre parents et enfants.

Le développement de l'union libre, le nombre croissant de divorces, la diminution du nombre des naissances ne pouvaient être sans incidence sur les modes de vie et d'éducation des enfants. Aujourd'hui, un enfant sur cinq naît en dehors du mariage ; un nombre croissant naît d'une seconde union de la mère ; les enfants ont moins de frères et de sœurs que leurs parents ; un sur deux a une mère active ; à 10 ans, un sur dix a des parents séparés ou divorcés ; un sur quatre vit encore en famille à 24 ans...

La multiplication de ces modèles familiaux différents de la « norme » ne semble pas, comme on aurait pu le craindre, avoir d'incidence marquée sur l'équilibre de l'enfant. Si les divorces sont plus nombreux, les difficultés sociales qu'ils impliquent pour les enfants sont plus limitées que par le passé, car ils ont de moins en moins le sentiment d'être des marginaux.

Famille, je vous aime

Les années quatre vingts semblent marquer une trêve dans le conflit des générations. Toutes les enquêtes effectuées auprès des moins de 20 ans montrent qu'ils ne connaissent pas, dans l'ensemble, de graves problèmes avec leurs parents. Ils communiquent généralement bien avec eux, même si certains sujets sont peu abordés et ils ne manquent pas d'affection.

Cela ne signifie pas pour autant que tout va pour le mieux au royaume des enfants. Ni d'ailleurs que les parents n'éprouvent pas de difficultés à élever leur progéniture.

Quand c'est le grand amour, c'est Clayeux.

L'harmonie règne entre parents et enfants.

Delacroix Mandarine

On est content d'être ensemble.

La famille reste pour la grande majorité des enfants un nid douillet dans lequel il fait bon vivre. On parle beaucoup plus volontiers aux parents (à la mère en particulier) qu'aux professeurs. Mais les copains restent, malgré tout, les interlocuteurs privilégiés.

L'âge ne semble pas modifier sensiblement ce sentiment général de satisfaction. On se sent aussi bien en famille à 5 ans qu'à 20. Ou même parfois à 25, puisqu'il apparaît que les jeunes quittent le foyer de plus en plus tard.

Les enfants du paradis

Les 13-17 ans portent un jugement très favorable sur leurs parents : 80 % considèrent que ceux-ci respectent bien leur vie personnelle ; 90 % qu'ils les aident bien ou très bien dans leurs études ; 78 % qu'ils comprennent bien l'évolution de la société ; 72 % qu'il n'y a pas de problèmes dont ils sont incapables de parler. Les dix mots qui symbolisent le mieux leur vie de famille sont, par ordre décroissant : sécurité (81 %) ; confiance (81 %) ; dialogue (71 %) ; plaisir (63 %) ; solidarité (40 %) ; barbant (15 %) ; incompréhension (12 %) ; étouffant (11 %) ; dépassé (9 %) ; détestable (1 %).

Famille magazine/Ipsos, octobre 1987

Les parents font de plus en plus d'efforts pour l'éducation de leurs enfants

Le rôle de père ou de mère n'est plus aujourd'hui un simple état ; il est devenu un métier. Il faut à la fois des compétences et du talent pour l'exercer correctement. L'une des difficultés du métier est d'ailleurs qu'il évolue selon l'âge des enfants :
• **En dessous de 5 ans.** Les parents sont en général très dévoués. C'est le bébé qui impose son rythme ; aux parents de s'y adapter, même s'il faut se lever toutes les nuits à quatre heures pour donner le biberon. Les livres concernant l'éducation des enfants ont eu un impact certain, largement relayé par les pages spécialisées des magazines féminins. Les parents savent aujourd'hui que la vie de bébé n'est pas végétative et que des précautions sont indispensables pour que son cerveau se développe en même temps que son corps. Bien qu'ils

restent nettement différenciés, les rôles des deux parents se sont rapprochés depuis quelques années (voir encadré).
• **Entre 6 et 11 ans.** Les parents sont exigeants. C'est l'âge où il faut être omniprésent, afin d'aider l'enfant dans sa vie aussi bien scolaire qu'extra-scolaire. C'est dans cette tranche d'âge que se crée ou plutôt s'élargit le fossé entre les différentes familles. Constamment stimulé intellectuellement dans certaines familles, l'enfant se retrouve au contraire seul face à ses devoirs dans d'autres familles, qui sont moins disponibles ou moins concernées.

Les nouveaux pères, ou le syndrome de l'homme et du couffin

65 % des pères d'enfants de 11 ans et moins ont le sentiment d'en faire plus pour leurs enfants que leur père n'en a fait pour eux. Ainsi, 62 % donnent ou ont donné souvent ou très souvent le biberon à leur bébé ; 10 % seulement ne l'ont jamais fait (28 % rarement). La proportion de pères qui déclarent avoir effectué « souvent » et « très souvent » d'autres tâches du même type est variable, mais généralement élevée :

• Donner le bain : 47 %
• Changer le bébé : 52 %
• L'emmener chez le médecin : 44 %
• L'aider à faire ses devoirs : 44 %
• Parler avec le maître ou la maîtresse : 35 %
• Assister aux réunions de parents d'élèves : 32 %
• Lui faire à manger : 53 %
• Le faire lire : 52 %
• L'emmener au spectacle : 37 %
• Etre son confident : 53 %

L'Express/Louis Harris, mars 1987

• **Entre 12 et 16 ans.** Les parents se montrent compréhensifs... ou dépassés. Après la période tendre des cinq premières années, après celle, plus ouverte sur l'extérieur, des 6-11 ans où tout est encore possible, voici la période complexe de l'adolescence. Beaucoup de parents ont le sentiment douloureux de ne pas savoir quoi dire, quoi faire. Alors, ils s'efforcent de suivre, autant que de conseiller ; on dialogue pour ne pas perdre le contact. Leurs soucis principaux concernent non seulement les études, mais aussi les fréquentations de leurs enfants.

• **Après 16 ans**. La difficulté du métier de parent est croissante. Le développement intellectuel de l'enfant ne facilite pas forcément le dialogue que ses parents peuvent avoir avec lui. Le babillage du bébé s'interprète parfois plus facilement que les états d'âme de certains adolescents.

Les parents plaident coupables.

Il est très difficile d'être un père ou une mère aujourd'hui. Outre le fait que la société reproche aux familles de ne pas faire suffisamment d'enfants, elle les suspecte volontiers de mal s'en occuper. Les médias, spécialisés ou non, regorgent de conseils sur la façon de comprendre les enfants et de les aider à devenir des adultes.

Les parents se sentent obligés d'ajouter à leurs compétences naturelles des rudiments de psychologie infantile. N'étant pas toujours certains de les avoir assimilés, ils ont tendance à se culpabiliser. Ce sentiment est renforcé par le besoin, souvent contradictoire, de conserver leur liberté d'action. Les mères, en particulier, qui souhaitent de plus en plus exercer une activité professionnelle, se reprochent de ne pas être en même temps au foyer et au bureau. Elles ont tort, puisque les études montrent que les enfants sont en grande majorité favorables au travail de la mère. Elles montrent aussi que les enfants des femmes actives obtiennent en moyenne de meilleurs résultats que ceux des femmes au foyer.

Tout n'est pourtant pas parfait

Même si elles sont globalement bonnes, les relations entre les parents d'aujourd'hui et leurs enfants ne sont pas exemptes de difficultés de communication. Il arrive qu'elles se traduisent par des conséquences graves ou dramatiques : fugues, usage de la drogue, enfants maltraités, voire même des suicides.

Les difficultés de communication apparaissent le plus fréquemment à l'adolescence.

C'est souvent vers l'âge de 15 ans que les enfants ont le plus l'impression d'avoir des parents « dépassés ». Les conflits portent plus sur des aspects matériels (permission de sortir le soir, façon de s'habiller, argent de poche, choix

Le jeu des quatre familles

Les attitudes et comportements des parents vis-à-vis de leurs enfants ne sont évidemment pas uniformes dans l'ensemble de la société française. Une étude a permis de distinguer quatre types principaux de familles. Chacune d'elle a des caractéristiques, des modes de vie, des attitudes face à l'éducation et un système de valeurs spécifiques :

LA FAMILLE COCON (33 % des familles en 1988)
Une cellule familiale dans laquelle chacun a un rôle à jouer pour parvenir à la réalisation d'un projet commun. Les relations sociales sont basées sur la solidarité et la générosité envers autrui. Le but de l'éducation est d'aider les enfants à avoir plus tard une vie harmonieuse autour d'une famille unie. Ses valeurs essentielles sont la morale, la sécurité, l'égalité et l'ordre. Sa vocation est de constituer un refuge par rapport aux agressions et aux dangers extérieurs de toutes natures.

LA FAMILLE OUVERTE (16 % des familles)
Un îlot de paix, un territoire d'autonomie dans lequel la responsabilité de chacun est limitée. S'adapter aux circonstances de la vie implique de remettre en cause ses propres convictions. L'enfant bénéficie d'un espace de liberté, afin de faire ses propres expériences, mais il est soutenu à chaque instant par les parents. Les valeurs essentielles sont l'égalité et le plaisir.

LA FAMILLE TRADITIONNELLE (25 % des familles)
La famille est vécue comme le lieu privilégié de la transmission des valeurs auxquelles adhèrent les parents. L'aptitude de l'enfant à s'intégrer dans la société est prioritaire par rapport à ses capacités d'initiative personnelle. Les valeurs essentielles sont la morale, la sécurité, le réalisme, l'ordre. Elles sont proches de celles de la famille Cocon, mais concernent plus une vision globale de la société que le simple cadre de vie familial.

LA FAMILLE DYSNEYLAND (26 % des familles)
Elle constitue un moyen de construire quelque chose et de vivre ensemble une expérience dans le respect de la personnalité de chacun des membres de la famille. S'il veut s'épanouir au sein de la collectivité, chaque individu doit se prendre en charge. Le postulat de base est que l'enfant est un être mûr et raisonnable, capable de faire un bon usage de l'autonomie qui lui est accordée. Ses valeurs essentielles sont le réalisme et, comme la famille Ouverte, l'égalité et le plaisir.

Institut de l'enfant/Gérard Mermet

des programmes de télévision, etc...) que sur des conceptions opposées de la vie.

Les moins de 15 ans souhaitent plus d'autonomie.

Les années quatre vingts ont vu l'avènement des « papas-poules » et des « mamans-poulpes ». Conscients des difficultés de l'époque, les parents cherchent à tout prix à en amortir l'impact sur leurs enfants. Les enfants trouvent évidemment un certain confort dans la famille-refuge, mais ils sont conscients des inconvénients de cette protection permanente.

L'adolescence commence de plus en plus tôt et les parents n'en sont pas toujours conscients, même s'ils cherchent à favoriser l'évolution de l'enfant par une attitude libérale. Un moment tentés par la méthode du laisser-faire total importée des États-Unis pendant les années soixante, ils semblent s'être plutôt orientés vers celle de la main de fer dans un gant de velours. En contrepartie du confort qu'il procure à l'enfant, le système du « tout-mâché » aboutit à réduire ses possibilités d'expression personnelle. C'est pourquoi certains se sentent un peu étouffés.

Le monde de l'enfant est en effet presque totalement organisé par les adultes, en fonction de l'image, souvent déformée, qu'ils en ont. L'enfant demande, au contraire, à participer à la construction de son univers.

Les plus de 15 ans sont moins pressés d'être autonomes.

Le monde est mal fait. Alors que les plus jeunes piaffent d'impatience devant les portes de la vie d'adulte, les plus âgés hésitent à en franchir le seuil. Si l'adolescence commence plus tôt, elle tend à se terminer plus tard. Certes, les études sont plus longues et elles retardent donc l'entrée des jeunes dans la vie professionnelle. De plus, beaucoup de jeunes se retrouvent sans emploi après l'école ou le service militaire, ce qui ne facilite pas leur autonomie.

Mais le phénomène semble aller bien au-delà. De nombreux jeunes ayant un emploi continuent d'habiter chez leurs parents pendant plusieurs années. Il arrive même que des jeunes couples vivent chez les parents de l'un ou de l'autre des époux. Pourquoi de telles réticences à couper le cordon ombilical ? Les difficultés matérielles jouent bien sûr un rôle non négligeable. L'augmentation des loyers, la baisse du pouvoir d'achat, la précarité des emplois, les prélèvements fiscaux font hésiter certains à rechercher une autonomie complète. Pour qui veut pouvoir sortir le soir, s'offrir des vacances ou un magnétoscope, la meilleure solution est encore d'habiter chez ses parents. Le plus souvent, ceux-ci ne demandent pas mieux.

27 000 fugues de mineurs ont été recensées en 1986, mais leur nombre réel est estimé entre 50 000 et 300 000.

Le nombre des fugueurs enregistré par la police nationale est à peu près constant depuis dix ans. A partir de 13 ans, les jeunes femmes sont toujours plus nombreuses que les garçons (56 % en 1987). Un tiers des fugueurs sont retrouvés dans les 24 heures par les polices urbaines. La quasi-totalité des autres sont revenus chez leurs parents dans le mois qui suit leur départ. Le nombre de ceux qui disparaissent définitivement est extrêmement faible ; il ne peut cependant être établi avec précision. On constate que les motifs principaux de fugue sont liés à des problèmes familiaux, alors que les motifs sentimentaux ou scolaires viennent très loin derrière.

E • 7 % des lycéens seraient concernés par l'usage, régulier ou non, de la drogue.

On estime qu'environ un quart des moins de 18 ans ont déjà essayé une drogue. 77 % des personnes interpellées en 1986 pour toxicomanie avaient moins de 25 ans (87 % étaient des hommes). Des études ont montré qu'il existe une forte corrélation entre l'usage de la drogue et la nature des relations au sein du milieu familial. Plus la vie familiale apparaît peu attractive à l'enfant, plus il a tendance à lui trouver des substituts. La drogue est souvent l'un d'entre eux.

Sur les 12 000 morts par suicide chaque année, 10 % concernent des moins de 25 ans.

On sait, en fait, que les enfants sont beaucoup plus nombreux à tenter, sans succès, de se donner la mort, afin d'attirer l'attention sur leur détresse. Comme dans le cas de la drogue, cette détresse est souvent liée à des difficultés de communication dans le cadre de la vie familiale.

La convergence des générations

Les Français âgés aujourd'hui de 35 à 45 ans ont « fait » Mai 68 ; ceux qui ont entre 18 et 25 ans sont descendus dans la rue en décembre 86. Les premiers condamnaient la société industrielle, les seconds revendiquaient au contraire le droit d'y entrer. Mais entre les « soixante-huitards » assagis ou repentis et les lycéens, il n'y a guère de conflit de génération :

	Génération 86	Génération 68
Fiers d'être Français	70 %	77 %
Favorables au marché unique européen	67 %	63 %
Ont une bonne opinion de :		
• La Ve République	53 %	56 %
• L'Eglise	45 %	48 %
• La justice	34 %	30 %
Pensent que la société française est :		
• Raciste	74 %	61 %
• Egoïste	66 %	66 %
• Bloquée	57 %	55 %
• Injuste	55 %	51 %
• Triste	53 %	53 %
• En déclin	52 %	50 %

Les convergences s'appliquent également aux attitudes vis-à-vis de la peine de mort (49 % des jeunes et 51 % de leurs aînés favorables à son rétablissement), aux privatisations (40 % et 42 % hostiles), à la réforme du code de la nationalité (42 % et 41 % hostiles).
Des différences existent cependant quant à l'image de la police (41 % contre 53 %), de l'Education nationale (50 % contre 38 %).
Elles sont également marquées en ce qui concerne le vote des immigrés (41 % des jeunes y sont favorables contre 28 % de leurs aînés) et la suppression du service militaire (39 % contre 26 %)

Le Point/Ipsos, novembre 1987

Il y aurait en France 50 000 enfants battus.
• 500 meurent chaque année
de mauvais traitements.

Des faits divers dramatiques replacent chaque année dans l'actualité (pour un temps trop court) le problème des enfants martyrs. Sur les dizaines de milliers de cas existants, 2 000 seulement sont signalés à la justice chaque année et le nombre d'enquêtes judiciaires reste très limité. Il faut dire que les enfants battus répugnent à avouer leur détresse à leurs amis ou aux enseignants ; il est important pour eux de garder une bonne image de leurs parents.

Les responsables sont le plus souvent les pères ou des hommes qui en tiennent lieu. Contrairement à ce que l'on pourrait croire, ce ne sont pas en général des malades mentaux : on compte beaucoup d'alcooliques, mais aussi de personnes apparemment normales. En dehors de « cas sociaux », tous les milieux sont concernés. Ce sont souvent des parents qui ont été battus eux-mêmes qui battent leurs enfants, ainsi que des couples qui ne s'entendent pas et reportent leur agressivité sur leurs enfants.

Relations parents-enfants

En vrac

S • 9 % des jeunes de 13 à 17 ans considèrent que leurs parents sont trop sévères (89 % non).
65 % aiment les vacances en famille (33 % non) ;
42 % aiment les réunions de famille (54 % non) ;
40 % aiment aller au cinéma en famille (54 % non).
S • 83 % des parents considèrent que la pratique sportive est importante pour l'épanouissement des enfants. Ils sont 69 % à penser la même chose de la lecture, 39 % de la musique, 35 % du dessin et de la peinture, 33 % du jeu, 32 % du sommeil, 14 % de la télévision.
S • 24 % des parents ayant des enfants de moins de 13 ans jouent tous les jours ou presque avec eux, 36 % souvent, 30 % de temps en temps, 6 % assez peu, 2 % jamais ou presque.
S • 78 % des parents d'enfants de moins de 15 ans surveillent le choix de leurs amis. 79 % surveillent leurs lectures. 76 % leur interdisent de fumer. 62 % leur interdisent d'avoir des relations sexuelles. 54 % considèrent que les parents doivent discuter avec les enfants et leur conseiller ce qu'ils doivent faire, 37 % pensent qu'il faut plutôt discuter avec eux et les laisser décider par eux-mêmes, 8 % pensent qu'il faut être directif et leur indiquer ce qu'ils doivent faire.
• A 18 ans, neuf enfants sur dix vivent encore à la maison. Ils sont la moitié à 22 ans et le quart à 24 ans. Un tiers des garçons salariés de 25 ans habitent chez leurs parents.
S • 55 % des Français pensent que la télévision joue un rôle positif vis-à-vis des enfants car elle leur donne une ouverture sur le monde. 42 % pensent qu'elle joue un rôle négatif car elle nuit aux études.

CONSOMMATION

Malgré la crise économique, les chocs financiers et la stagnation de leur pouvoir d'achat, les Français continuent de consommer massivement. Avoir, jouir et paraître restent des préoccupations essentielles pour beaucoup d'entre eux. Après avoir investi dans le confort, ils achètent aujourd'hui du plaisir, du temps et des symboles.

Le glissement progressif vers le plaisir...

En quarante ans, le pouvoir d'achat des ménages a été multiplié par cinq. Les dépenses de consommation ont augmenté dans des proportions semblables. Mais les motivations et les besoins ont changé en même temps que les produits et services offerts se diversifiaient.

Entre 1949 et 1973, la croissance de la consommation avait été alimentée par celle des revenus, du développement de l'habitat et des achats de biens durables (en particulier l'électroménager). Depuis 1973, le ralentissement du pouvoir d'achat a beaucoup plus affecté l'épargne que les dépenses.

La société de consommation est toujours d'actualité.

La boulimie de consommation apparue dans les années soixante n'a pas été stoppée par l'arrivée de la crise économique de 1973, pas plus que par le krack financier de la fin 1987. La baisse de l'épargne (17,5 % du revenu disponible en 1978, 12 % en 1987) a d'abord permis de maintenir le pouvoir d'achat. Le recours croissant au crédit (+ 40 % en 1987) a permis d'accroître les dépenses et surtout de les avancer dans le temps en anticipant sur les revenus.

Plus de 10 000 francs par mois de dépenses par ménage

Répartition moyenne des dépenses des ménages (en francs) et coefficient budgétaire (en %) en 1987 :

	Dépenses	Coefficient
• **Alimentation**	**30 532**	**22,4**
Alimentation à domicile	26 147	19,1
Cantine	1 842	1,4
Restaurant	2 543	1,9
• **Habitation**	**38 805**	**28,4**
- Occupation du logement	*28 137*	*20,6*
Loyers et charges	7 293	5,9
Remboursement de prêts	6 327	4,6
Gros travaux	4 352	3,2
Energie (chauffage, éclairage)	7 071	5,2
Impôts et assurance logement	3 094	2,3
- Equipement du logement	*10 668*	*7,8*
Mobilier, couvertures, tissus	3 126	2,3
Gros électroménager	1 015	0,8
Cuisine, vaisselle, entretien	1 796	1,3
Bricolage, quincaillerie	958	0,7
Plantes, fleurs	736	0,5
Animaux	539	0,4
Services domestiques	728	0,5
Téléphone	1 770	1,3
• **Transports**	**20 671**	**15,1**
Achats d'automobiles et 2 roues	7 881	5,8
Frais courants d'utilisation	8 501	6,2
Assurances, taxes	3 055	2,2
Transports en commun	642	0,5
Transports longue distance	592	0,4
• **Habillement**	**11 300**	**8,3**
Vêtements et chaussures	7 573	5,6
Nettoyage, réparation	808	0,6
Hygiène, beauté	2 198	1,6
Bijoux, montres, sacs	721	0,5
• **Santé**	**6 460**	**4,8**
Consultations, hôpital	3 627	2,7
Pharmacie	2 833	2,1
• **Culture, loisirs, éducation**	**9 471**	**6,9**
Audiovisuel	1 004	0,7
Livres, disques, films	1 143	0,8
Journaux, revues, poste	1 503	1,1
Sport, plein air, sorties	1 602	1,2
Garde d'enfants	510	0,4
Frais scolaires	1 090	0,8
Jouets	591	0,4
Café, jeux, loteries	1 106	0,8
Tabac	922	0,7
• **Vacances**	**4 054**	**2,9**
Vacances, week-ends	3 037	2,2
Résidence secondaire	1 017	0,7
• **Divers**	**15 245**	**11,2**
Dépenses particulières	3 593	2,6
Assurance-vie	2 704	2,0
Impôts sur le revenu	8 948	6,6
TOTAL	**136 538**	**100,0**

INSEE

*L'alimentation et l'habillement représentent
une part de plus en plus faible des dépenses.*

L'accroissement du pouvoir d'achat, la concurrence entre les entreprises du secteur agro-
alimentaire et le développement des grandes
surfaces expliquent la baisse relative et continue
du poste alimentation dans les budgets.

Celle de l'habillement est sans doute plus
liée à des raisons d'ordre psychologique (une
préférence pour des vêtements moins formels et
moins coûteux) et à la diminution des pressions
sociales, en particulier pour les femmes, envers
la mode.

*Les postes santé et loisirs
augmentent moins vite.*

Après avoir augmenté régulièrement pendant une quinzaine d'années, les dépenses
consacrées aux loisirs tendent à stagner. C'est le
cas par exemple du budget vacances (les
dépenses d'hôtel diminuent), des achats d'équipements électroniques (à l'exception des
magnétoscopes), des dépenses liées à la pratique
sportive, des sorties et de la lecture.

Quant aux dépenses de santé, leur augmentation en volume a été masquée depuis quelques
années par la diminution des prix relatifs (augmentation inférieure à l'inflation), liée à la
compression des marges de l'industrie pharma-
ceutique et des pharmaciens.

*Après avoir stagné, les dépenses liées
au logement continuent de s'accroître.*

Les Français consacrent plus du quart de
leurs revenus aux dépenses d'habitation. Cette
évolution tient d'abord à l'augmentation du
nombre d'accédants à la propriété, en particulier
en maisons individuelles, plus coûteuses à
acheter et à entretenir que les appartements. Le
poids des remboursements d'emprunts s'est fait
aussi de plus en plus lourd, à cause des taux réels
pratiqués. Enfin, les dépenses de confort ont été
accrues, entraînant des charges plus élevées.

*Les dépenses de transport et communication
ont beaucoup progressé.*

La proportion de ménages disposant d'au
moins deux automobiles est passée de 16,7 % en

1979 à environ 25 % en 1988. Ceci explique
l'accroissement des dépenses d'achat, d'entretien et d'utilisation des véhicules.

Les dépenses de télécommunications ont
connu également une forte augmentation, due à
l'accroissement de la proportion de ménages
équipés du téléphone (90 % aujourd'hui contre
53 % en 1979) ainsi que de la mise à disposition
du Minitel aux particuliers.

Les nouveaux consommateurs

Le ménage type fut pendant longtemps le couple
« mono-actif » dans lequel un seul membre avait une
activité professionnelle. Trois nouveaux types de
ménages à forte consommation sont apparus
récemment :
• **Les mono-ménages actifs**, constitués d'une seule
personne, représentent 25 % des foyers français et
33 % des foyers parisiens. Ils dépensent davantage
pour la vie extérieure et pour les biens et services
attachés à la personne que pour l'équipement du
logement. Leur dépense vestimentaire est de
4 500 francs par an, contre 2 700 en moyenne.
• **Les ménages bi-actifs de moins de 40 ans** sont
très bien pourvus en biens durables, mais continuent
d'investir dans les achats d'équipement. Ils sont en
particulier responsables de l'accroissement du taux de
multi-équipement automobile : 32 % ont au moins
deux voitures , contre 15 % pour les couples
mono-actifs.
• **Les 55-64 ans**. Mieux armés culturellement,
physiquement et financièrement que ceux de la
génération précédente, ils s'intéressent aux produits
utilitaires ou durables et sont mieux équipés en
électroménager que la moyenne, bien qu'ils soient
aussi assez tentés par l'épargne. .
Ces trois groupes représentent au total 65 % des
foyers. Leur nombre est en augmentation rapide et ils
anticipent un mode de vie et de consommation qui
pourrait s'étendre aux autres catégories.

BIPE

Consommer, c'est vivre

Les Français se distinguent autant par ce
qu'ils achètent que par ce qu'ils disent ou ce
qu'ils font. Dans une société où les choix en
matière d'achat sont innombrables, la façon de
dépenser devient le reflet fidèle de ce que l'on
est. « Je consomme, donc je suis » reste une idée
très forte en période de crise.

Les modes de consommation
varient en fonction des catégories sociales.

Dis-moi comment tu dépenses, je te dirai qui tu es... Malgré la réduction de l'échelle des revenus et l'accroissement du pouvoir d'achat qui se sont produits depuis quelques décennies, l'affirmation reste vraie. Le revenu des ménages joue un rôle prépondérant dans leur façon de consommer et de dépenser. Ainsi, l'alimentation pèse deux fois plus lourd dans le budget des manœuvres que dans celui des professions libérales. La part consacrée aux vacances y est cinq fois moins importante.

On constate également des différences notables entre les foyers, selon la nature de l'activité du chef de ménage. D'un côté, les « petits indépendants » (agriculteurs, artisans, commerçants) consacrent une part importante de leur budget à entretenir ou à maintenir leur outil de travail afin d'assurer leur avenir : travaux d'amélioration, taxe professionnelle, énergie, assurances, etc. De l'autre, les salariés des catégories moyennes et supérieures (enseignants, employés, cadres) privilégient les achats de type culturel (livres, disques, journaux, sport) auxquelles ils consacrent plus d'argent que la moyenne.

Un cadre supérieur dépense chaque année
le double d'un ouvrier qualifié.
• Les écarts tendent à se resserrer
dans les catégories moyennes.

On assiste globalement à un rapprochement des niveaux de dépenses entre les diverses catégories sociales, en particulier celles situées entre les extrêmes. L'écart qui sépare les cadres supérieurs et les ouvriers qualifiés est en effet resté stable au cours des dix dernières années. Il est néanmoins élevé : la dépense annuelle moyenne d'un cadre supérieur est double de celle d'un ouvrier qualifié. Le rapport n'est que de 1,4 pour l'alimentation, il est égal à 1,76 en ce qui concerne l'occupation du logement, 1,95 pour l'équipement du logement, 1,78 pour le transport, 2,06 pour l'habillement, 1,46 pour la santé, 2,13 pour les loisirs. Enfin, le rapport des dépenses entre les deux catégories atteint 5,05 pour les vacances.

Les dépenses des retraités se sont beaucoup plus fortement accrues pendant cette période que celles des autres catégories. La stagnation de la plupart des revenus explique que les niveaux de dépense se soient rapprochés entre les personnes seules, jeunes et âgées, ainsi qu'entre les citadins et les ruraux.

Les comptes des Français

Structure du budget selon la catégorie socioprofessionnelle du chef de ménage en 1986 (en %) :

	Agriculteurs	Artisans et petits commer.	Gros commer. prof. lib.	Cadres supérieurs	Cadres moyens	Employés	Ouvriers qualifiés	Retraités	Autres inactifs	Ensemble
• Alimentation à domicile	26,1	18,9	11,5	12,8	15,8	17,7	20,9	22,5	23,6	**19,1**
• Cantine, restaurant	2,0	3,0	3,5	4,3	4,2	4,0	3,2	1,9	2,0	**3,3**
• Occupation du logement	19,8	20,6	18,4	19,4	19,7	21,2	21,9	20,4	25,3	**20,6**
• Equipement du logement	7,1	5,9	7,6	7,5	7,9	8,1	7,6	8,8	9,0	**7,8**
• Automobile	14,7	15,6	13,7	13,7	16,5	15,2	15,8	10,2	9,5	**14,2**
• Transports en commun	0,3	0,5	0,9	1,2	1,0	1,1	0,8	1,1	1,3	**0,9**
• Habillement	7,4	7,0	8,0	8,8	8,9	9,2	8,3	7,0	8,1	**8,3**
• Santé	5,3	3,4	2,2	3,4	3,9	4,4	4,4	7,1	5,0	**4,8**
• Culture, loisirs	5,9	5,8	5,9	8,0	8,0	7,9	7,6	5,1	5,2	**6,9**
• Vacances	0,9	2,5	4,8	4,8	3,4	2,5	1,9	3,6	2,2	**2,9**
• Divers	10,5	16,8	23,5	16,1	10,7	8,7	7,6	12,3	8,8	**11,2**
TOTAL	100,0	100,0	100,0	100,0	100,0	100,0	100,0	100,0	100,0	**100,0**

INSEE

La présence d'enfants a une grande influence sur la structure des dépenses.

On sait que les enfants contrôlent, directement ou indirectement, près de la moitié des dépenses des ménages. Leur impact apparaît également sur la répartition de ces dépenses. Ainsi, la présence de deux enfants dans un ménage entraîne le triplement de la consommation de certains produits alimentaires (lait frais, yaourts, etc.) et le doublement de certains autres (biscuits, jambon, volaille, œufs, beurre, sucre, chocolat, confiserie, etc.) par rapport à ceux qui n'en ont pas. Elle fait, par contre, baisser la consommation de vins fins, de whisky ou les dépenses de restaurant.

Le mode de consommation s'écarte de plus en plus d'un modèle unique.

Même si des « modes », largement relayées par les médias et la publicité, continuent d'expliquer certains types de dépenses, celles-ci tendent à être plus individualisées, en fonction de centres d'intérêt personnels ou d'appartenance à des groupes restreints.

Après une très longue période pendant laquelle tous ne pouvaient s'offrir le nécessaire, beaucoup de Français s'intéressent aujourd'hui au « superflu ». Les besoins « primaires » (alimentation, habillement, équipement de base), largement satisfaits, laissent la place à des besoins d'un niveau plus « élevé » : ainsi, les dépenses de santé, celles liées aux loisirs (équipements, voiture) et à la sécurité (assurances, assistance, systèmes de protection) ont beaucoup augmenté récemment.

Consommateurs plus que citoyens

Dans leur vie quotidienne, les Français offrent deux visages différents. D'un côté, le citoyen brandit volontiers les valeurs de solidarité, de fierté nationale et de morale. Il est favorable à un état fort et protecteur, chargé d'assurer la justice sociale. De l'autre, le consommateur se concentre au contraire sur son seul plaisir. Il considère l'Etat comme un « empêcheur de consommer en rond » (prélèvements fiscaux, réduction du pouvoir d'achat), mais il lui reconnaît cependant un rôle de garde-fou, grâce au contrôle des fabricants et aux contraintes légales.

Dans la lutte qui l'oppose au citoyen, le consommateur l'emporte de plus en plus nettement.

L'enfant « pousse-à-la-consommation »

Structure du budget selon le type de ménage en 1986 (en %) :

	Personne seule			Couple sans enfant dont le chef a			Couple avec enfant			Ensemble des ménages
	moins de 35 ans	de 35 à 64 ans	65 ans et plus	moins de 35 ans	de 35 à 64 ans	65 ans et plus	1 enfant	2 enfants	3 enfants et plus	
• Alimentation à domicile	10,7	15,7	23,2	13,9	19,7	24,3	18,0	18,0	22,0	**19,1**
• Cantine, restaurant	6,0	4,3	2,1	4,4	2,3	1,6	3,1	3,5	3,3	**3,3**
• Occupation du logement	20,7	22,5	26,7	18,8	19,3	19,0	20,1	20,8	20,7	**20,6**
• Equipement du logement	7,5	8,1	9,9	9,0	8,7	7,9	7,7	7,3	7,3	**7,8**
• Automobile	16,5	11,0	3,1	19,0	13,3	9,2	16,5	15,5	15,1	**14,2**
• Transports en commun	2,6	1,0	0,9	1,3	0,6	0,7	0,6	0,9	0,8	**0,9**
• Habillement	9,8	7,5	8,1	9,3	6,9	6,9	8,0	8,8	8,8	**8,3**
• Santé	2,1	3,9	9,0	3,0	5,0	9,8	4,0	4,0	4,9	**4,8**
• Culture, loisirs	10,3	5,7	3,7	8,1	4,9	4,6	7,5	8,1	7,7	**6,9**
• Vacances	4,2	3,7	3,0	2,6	3,5	4,1	2,5	3,0	2,2	**2,9**
• Divers	9,6	16,6	10,3	10,6	15,8	12,4	12,0	10,1	7,2	**11,2**
TOTAL	100,0	100,0	100,0	100,0	100,0	100,0	100,0	100,0	100,0	**100,0**

INSEE

Pendant que le citoyen prône le partage du travail, son double refuse la réduction des horaires sans maintien du salaire. Tandis que le citoyen déclare solennellement qu'il faut acheter français, le consommateur se précipite sur les téléviseurs japonais, les vêtements « made in Hongkong » et les voitures allemandes.

Des biens « inférieurs » aux biens de « différenciation »

Les enquêtes de consommation réalisées par l'INSEE montrent que les dépenses des ménages sont largement déterminées par deux critères essentiels, déjà mis en évidence par Bourdieu, qui sont le revenu et la position sociale. On peut alors regrouper les différents postes selon quatre catégories :
• **Les biens inférieurs** : produits alimentaires de base (pain, pâtes, huile, sucre...) ; produits associés au mode de vie rural (volailles, lait frais...) ; produits pour lesquels existent des substituts de meilleure qualité, plus pratiques ou présentant des prix relatifs plus avantageux (bois, charbon, téléviseur noir et blanc...). Leur part dans la consommation totale décroît lorsque le revenu et la position sociale s'améliorent.
• **Les biens et services à forte différenciation socio-économique** : accumulation patrimoniale ; aménagement du cadre de vie ; apparence physique et vestimentaire ; recours aux services ; consommation culturelle ; aliments sains, naturels, raffinés. Ces types de dépenses sont plus influencés par la position sociale que par le revenu.
• **Les dépenses associées au goût populaire :** charcuterie ; apéritifs anisés ; limonade ; Loto et jeux ; spectacles sportifs ; cérémonies familiales. Elles procèdent de motivations contraires aux précédentes.
• **La consommation de masse :** biens durables fortement diffusés (téléviseur, lave-linge, radio...) ; mobilier « complet » de salle à manger, chambre à coucher, cuisine ; assurances, produits et équipements automobiles ; accession à la propriété. L'influence du revenu est ici plus forte que celle du milieu social.

Le droit à la consommation
est un nouveau chapitre
de la Déclaration des droits de l'homme.

Ce droit s'exprime aujourd'hui de plusieurs façons. Droit d'acquérir ce que l'on souhaite, droit de regard sur ceux qui fabriquent ou qui vendent, droit de choisir parmi une large variété

de produits, de marques et de points de vente. En matière de consommation, les Français deviennent de plus en plus exigeants. Ils acceptent mal les ruptures de stocks dans les magasins, la queue aux caisses des hypermarchés, les livraisons qui traînent. Ils attendent des produits une qualité irréprochable, de préférence garantie par une marque réputée.

Le relais du consumérisme a été pris
par les fabricants, les distributeurs
et les pouvoirs publics.

En même temps que l'explosion de l'écologie, les années soixante-dix avaient connu celle du consumérisme. L'âge d'or des associations de défense du consommateur semble aujourd'hui révolu ; les dernières grandes campagnes de boycott (le veau, les colorants, les pneus Kléber-Colombes, etc.) remontent à 1980.

On peut voir au moins trois raisons à cette démobilisation des consommateurs. D'abord, ils sont beaucoup moins méfiants à l'égard des fabricants et la recherche du produit « naturel » est beaucoup moins courante aujourd'hui. Ensuite, beaucoup d'entreprises font aujourd'hui leur propre consumérisme, en améliorant leurs contrôles, en retirant des produits en cas de risque, etc. Enfin, certains distributeurs ont fait de la défense du consommateur un outil de promotion commerciale.

La marque est un élément important du choix

Colin Guittard Nazareth

*Les consommateurs font de plus en plus
attention aux prix et s'intéressent
aux nouveaux circuits de distribution.*

Pour résister à la hausse des prix, beaucoup de Français se livrent aujourd'hui à une recherche patiente de la « bonne affaire » ; celle qui leur permettra de trouver le bon produit au meilleur prix. Les soldes et promotions diverses, qui n'attiraient autrefois qu'une minorité d'acheteurs souvent modestes, font courir aujourd'hui les représentants de toutes les catégories sociales, y compris les plus aisées. 59 % des femmes déclarent attendre les périodes de soldes pour acheter quelque chose dont elles ont envie.

Les villes les moins chères

L'INSEE a mené fin 1985 une enquête sur les prix pratiqués dans 20 grandes agglomérations françaises. Il en ressort que l'écart entre la moins chère (Poitiers) et la plus chère (Ajaccio ou Bastia) est de 10 % (7 % hors loyers).
C'est dans l'habillement que la dispersion des prix est la plus grande (15 % d'écart). Les services sont plutôt moins chers dans les petites villes. Les prix des loyers accentuent les écarts, en particulier à Paris.

L'indice global des prix pratiqués mesuré en 1985 était le suivant (par ordre décroissant) :

• Ajaccio-Bastia	104,2
• Paris	102,9
• Montpellier	99,9
• Marseille	99,0
• Lyon	98,8
• Strasbourg	97,6
• Limoges	97,5
• Toulouse	97,3
• Clermont-Ferrand	97,3
• Besançon	97,2
• Rouen	97,1
• Reims	97,1
• Dijon	96,8
• Orléans	96,6
• Bordeaux	96,6
• Lille	96,6
• Nancy	96,5
• Rennes	96,4
• Nantes	95,0
• Poitiers	94,4

INSEE

Outre cet engouement croissant pour la chasse aux petits prix, les Français s'intéressent aussi aux nouveaux circuits de vente : dépôts-vente, entrepôts, magasins d'usine, soldeurs, etc. De sorte que les circuits traditionnels (petits commerçants de quartier, grands magasins, super et hypermarchés) connaissent une concurrence croissante, qui a déjà causé la disparition d'un grand nombre d'entre eux.

*La publicité est aujourd'hui admise
et appréciée par les Français.*

Pendant longtemps, les Français n'ont vu dans la publicité qu'un moyen d'abrutir, de mentir, de manipuler. Beaucoup d'entre eux, les jeunes en particulier, la considèrent aujourd'hui comme un outil économique nécessaire, un divertissement et un art, en même temps qu'un miroir de la société. Ils en connaissent aussi de mieux en mieux les règles.

Ce cheminement de la publiphobie vers la publiphilie n'est pas la conséquence d'un mouvement de (bonne) humeur des Français, ni d'une révélation soudaine. Il est lié pour l'essentiel à trois évolutions majeures dans la mentalité collective : la réhabilitation de l'économie en général et de l'entreprise en particulier ; la qualité croissante des campagnes, grâce aux efforts à la fois techniques, artistiques et informatifs effectués par les publicitaires depuis quelques années ; l'arrivée à la maturité des générations actuelles de consommateurs, beaucoup plus capables, aujourd'hui, de « décoder » les messages publicitaires et donc moins susceptibles de se laisser manipuler par eux.

Consommation

En vrac

• Les Français ont consacré 87 % de leur revenu disponible brut à la consommation en 1987.
• Les crédits à la consommation accordés aux particuliers ont augmenté de 40 % en 1987.
• Dans les trois quarts des bureaux de la poste de Paris et de la région parisienne, l'attente des usagers varie entre 5 et 10 minutes.
• Les dépenses publicitaires des entreprises se sont montées à 51 milliards de francs en 1987, dont 20,4 milliards en presse, 8,7 milliards en télévision, 4,2 milliards en affichage, 2,7 milliards en radio, 500 millions au cinéma.

S • 66 % des Français sont favorables à la vente des parfums de grandes marques en grande surface (30 % contre). 50 % sont favorables à la vente de médicaments comme l'aspirine, le sirop... (48 % contre). 42 % sont favorables à la vente de tabac (48 % contre). 28 % sont favorables à la vente des assurances (65 % contre).

S • 69 % des Français sont pour la publicité comparative entre les grandes surfaces (20 % contre).

• Les dépenses publicitaires des entreprises ont atteint 36 milliards de francs en 1987. La part de la presse était de 46 %, celle de la télévision de 29 %, celle de l'affichage de 14 %, celle de la radio de 9 % et celle du cinéma de 2 %.

S • 53 % des Français trouvent intéressante la possibilité de commander par Minitel des produits alimentaires de grandes surfaces livrés à domicile. 17 % considèrent que ce n'est pas très intéressant, 27 % pas du tout intéressant.

S • 46 % des Français sont favorables à la publicité des grandes surfaces à la télévision (42 % contre).

ALIMENTATION

Les Français consacrent moins d'argent et moins de temps à leur nourriture. Les repas quotidiens sont moins formels et font une plus large place aux préoccupations diététiques. Mais on retrouve volontiers la tradition lors des repas de fête.

Moins de temps et moins d'argent pour manger

Bien qu'ils aient de plus en plus de temps libre, les Français en consacrent de moins en moins à leur alimentation. Cela est surtout vrai pour les repas quotidiens, où les conserves, surgelés et autres produits instantanés leur ont permis de gagner un temps qu'ils peuvent réinvestir dans les loisirs. La part du budget qu'ils consacrent à la nourriture est en baisse régulière depuis plus de 30 ans.

La durée moyenne des repas pris à domicile a diminué d'un quart d'heure en dix ans pour les citadins.

On déjeune plus ou moins vite selon qu'on est actif ou inactif, homme ou femme, citadin ou rural, jeune ou vieux, seul ou en famille. Le temps consacré aux repas pris à domicile est en moyenne de 1 h 30 par jour pour les adultes citadins, contre 1 h 42 en 1975. Le maximum est atteint par les hommes de plus de 65 ans vivant seuls dans une commune rurale (2 h 06) ; le minimum est atteint par les jeunes hommes actifs de 18 à 24 ans : 1 h 16.

Le temps consacré aux repas pris à l'extérieur est beaucoup moins important : 27 minutes par jour en moyenne pour l'ensemble des Français, dont un grand nombre continuent de déjeuner chez eux.

50 000 repas dans une vie

Qu'il soit fin gastronome ou indifférent aux choses de l'assiette, chaque Français se met à table environ 50 000 fois au cours de sa vie. A raison de deux heures par jour en moyenne, cela représente tout de même près de 12 années, soit plus du cinquième du temps éveillé. C'est dire toute l'importance de l'alimentation dans une vie.

La part du budget consacrée à l'alimentation est passée de 36 % en 1959 à 20 % en 1987.

La régularité de cette baisse est à la fois la conséquence de la moindre importance de l'alimentation et de la baisse des prix relatifs d'un certain nombre de produits alimentaires.

On constate un phénomène de même nature dans la plupart des pays industrialisés. Le phénomène est beaucoup plus accentué aux Etats-Unis, et depuis plus longtemps : les ménages américains dépensent aujourd'hui moins d'argent pour se nourrir à la maison (environ 14 % de leur budget) que pour se loger ou se soigner, et autant que pour se déplacer.

On mange comme on vit

La diminution (en valeur relative) des dépenses alimentaires traduit des changements importants dans les modes de vie. On mange ce qu'on veut quand on veut et on ne privilégie plus les mêmes produits. La nourriture quotidienne a perdu de son caractère rituel ou sacré, mais elle reste un moyen privilégié de faire la fête en famille ou entre amis.

Plus d'un repas sur trois est pris à l'extérieur, contre un sur deux en 1970.

Les Français ont de plus en plus souvent l'occasion de déjeuner à l'extérieur. Le développement de la journée continue empêche souvent les personnes qui travaillent de rentrer chez elles à midi. L'accroissement du nombre des femmes actives fait qu'elles déjeunent également de moins en moins souvent à la maison. Les repas pris à l'extérieur pèsent pour environ 14 % dans le budget alimentaire des

Français, avec de grandes variations selon les ménages : 29 % pour les personnes seules de moins de 65 ans ; 7,1 % pour les inactifs.

Après la forte croissance du début des années soixante-dix, la restauration collective se développe moins vite depuis quelques années (environ 1 % par an en volume), du fait de l'accroissement du chômage et de l'abandon de la formule de l'internat dans un certain nombre d'établissements scolaires.

5 milliards de repas par an

En 1986, les Français ont pris 4,8 milliards de repas à l'extérieur de chez eux, contre 3,9 milliards en 1970. 3 milliards, soit 62 % du total, ont été pris en restauration collective (restaurants d'entreprise, cantines...). 1,8 milliard ont été pris en restauration commerciale.
Les écoles constituent le secteur le plus important de la restauration collective ; il est suivi par le secteur santé-social, puis par la restauration d'entreprise.
Les Parisiens actifs consacrent 20 % de leur budget alimentaire aux repas pris à l'extérieur : 20 % des repas de midi sont pris en restauration traditionnelle ; 22 % en restauration collective ; 19 % dans un café ; 10 % en fast food ; 10 % dans leur bureau ; 5 % dans une pizzeria ; 3 % ailleurs. 63 % disposent de moins d'une heure pour déjeuner. Le budget moyen est de 42,8 francs. 25 % des femmes se passent fréquemment de déjeuner, contre 12 % seulement des hommes.

GIRA

La séparation est de plus en plus nette entre repas quotidien et repas de fête.

Le repas de midi est le plus souvent rapide et parfois frugal. Celui du soir obéit aux mêmes contraintes de temps, même s'il est plus consistant. Les femmes ont de moins en moins envie de se consacrer à la cuisine et à la vaisselle. Les produits et équipements susceptibles de leur faire gagner du temps sont donc les bienvenus.

L'attitude vis--vis des repas de fête est tout à fait différente. Les Français y voient l'occasion de passer un moment agréable en famille ou avec des amis, en profitant de l'ambiance créée par un bon repas. Ils consacrent donc le temps et l'argent nécessaires pour que la fête soit réussie. C'est l'occasion pour certains hommes de faire la démonstration de leurs talents culinaires, tandis que les femmes s'efforcent de mettre une note d'originalité, voire d'exotisme, dans les menus et la décoration de la table.

Face au « fast food » et au steak-salade de la semaine, les menus du week-end ou des repas d'anniversaire prennent une saveur particulière. Ils constituent une pause appréciée dans un emploi du temps souvent chargé. C'est ainsi que les ventes de champagne en France ont atteint en 1987 un nouveau record : 137 millions de bouteilles.

Finis aussi les horaires stricts qui ponctuaient la journée. L'horaire variable du travail s'étend peu à peu à l'alimentation. Chacun adapte son emploi du temps alimentaire à ses propres contraintes, regardant moins la pendule, écoutant plus son estomac. Le mouvement est en train de gagner la famille où les heures de repas comme les menus sont de plus en plus personnalisés. Comme dans d'autres domaines, c'est le souci d'une plus grande liberté individuelle qui explique l'évolution des mœurs alimentaires.

Les Français consomment moins de matières grasses, mais plus de vitamines

Concurrence moderne

La bataille du fast food

On comptait environ 1 400 établissements spécialisés dans la restauration rapide début 1988. En trois ans, le nombre de repas servis a doublé : 219 millions en 1987 contre 115 en 1984, soit 600 000 par jour. La formule hamburger représente 50 % des points de vente de restauration rapide et 76 % du chiffre d'affaires. La viennoiserie arrive en seconde position avec 27 % du nombre des restaurants et 15 % du chiffre d'affaires. Viennent ensuite les formules de sandwiches (5 % du nombre, 3 % du chiffre d'affaires) et les pizzas (moins de 2 % du chiffre d'affaires). De nouvelles formules voient le jour avec les spécialités iraniennes, chinoises, mexicaines ou les cookies. Un nombre croissant de restaurants proposent aujourd'hui plusieurs types de produits. La restauration rapide représente en France 4 % du chiffre d'affaires de la restauration (et 10 % du nombre de repas servis) contre 37 % aux Etats-Unis.

Les repas tendent à se « déstructurer ».

Les traditionnels menus avec entrée, plat de résistance, salade, fromage et dessert, qui prédisposaient plus à la sieste qu'à toute autre activité, ne sont plus de rigueur. Trop longs, trop coûteux, trop riches en calories. Les repas quotidiens, surtout à midi, tendent à se limiter à un plat principal, éventuellement complété d'un fromage ou d'un dessert.

Cette tendance à manger moins à chaque repas fait qu'on mange de plus en plus souvent au cours de la journée. Le « grignotage » est à la mode. Il se pratique au bureau, en regardant la télévision, en marchant ou en voiture.

Du pain, du vin...
mais de moins en moins

S'il est vrai que les Français consacrent une part plus faible aux dépenses alimentaires, ils gèrent aussi différemment leur budget, sous l'effet conjugué des prix, des modes de vie et de l'apparition permanente de nouveaux produits alimentaires.

Les Français s'efforcent aussi de manger plus équilibré, même si certaines habitudes ne vont pas tout à fait dans ce sens. On mange aujourd'hui moins de sucre et de pain, plus de poisson et de yaourts. On boit plus de « vin vieux » et moins de « gros rouge ».

Les Français ont consommé 1 100 000 tonnes de surgelés en 1986, soit 24 kg par personne.

L'usage des produits surgelés a plus que doublé en 10 ans (il n'était que de 10 kg par personne en 1976). Il est plus élevé à Paris (25,4 kg) qu'en province (22,8 kg). Ce développement s'est effectué parallèlement à l'équipement des foyers en congélateurs (83 % des foyers disposent d'au moins un département congélateur au-dessus de leur réfrigérateur)). L'arrivée du four à micro-ondes, complément naturel du congélateur, accélère encore ce mouvement. Plus d'un million des foyers en étaient équipés à fin 1987, une proportion encore faible par rapport aux Etats-Unis ou au Japon (au moins un foyer sur deux).

Les achats de plats préparés surgelés représentent environ 40 000 tonnes ; la moitié sont à base de produits de la mer (poissons, crustacés). 60 % des produits sont achetés dans les magasins d'alimentation générale, 40 % dans les magasins spécialisés.

Moins de pain, de pommes de terre et de légumes, plus de viande et de produits laitiers.

En 1920, chaque Français consommait en moyenne 630 g de pain par jour, 290 g en 1960. Il n'en consomme plus que 180 g aujourd'hui. Le pain et les pommes de terre avaient longtemps constitué la base de la nourriture. L'augmentation du pouvoir d'achat leur a permis de s'affranchir en partie de ces produits, dont l'image est pour beaucoup associée à la guerre et aux privations.

Le pain quotidien

Si la quantité de pain consommée a fortement diminué, le pain constitue toujours un ingrédient indispensable au menu des Français, puisque 4 % seulement n'en achètent jamais. 85 % ne conçoivent pas un repas sans pain. 39 % avouent ne pas pouvoir résister à la « ficelle-beurre », 20 % aux rillettes tartinées sur du pain de campagne, 10 % au pain de mie grillé recouvert de confiture. 82 % achètent leur pain chez le boulanger, contre 11 % seulement dans les grandes surfaces. Enfin, 55 % achètent des pâtisseries au moins une fois par semaine.

Europain/Sofres, janvier 1988

On consomme aujourd'hui moins d'aliments de base (pain, pommes de terre, sucre) et plus de viande (bœuf, porc, volaille), de poisson et de produits laitiers. Les produits qui se sont développés le plus au cours de ces dernières années sont les glaces et surgelés, les conserves diverses, la charcuterie, les produits laitiers frais. La consommation de viandes de boucherie, boissons alcoolisées, corps gras a par contre plutôt régressé.

La nouvelle cuisine des Français

Quantités consommées par an et personne en 1970 et 1985 (en kg) :

	1970	1985
• Pain	80,6	66,7
• Pâtes	6,1	6,3
• Riz	2,2	3,6
• Pommes de terre	95,6	63,6
• Légumes frais et surgelés	70,4	70,4
• Conserves de légumes	13,5	20,6
• Bœuf	15,6	19,2
• Veau	5,8	5,2
• Porc frais	7,9	10,1
• Volailles	14,2	18,0
• Poissons, crustacés	10,8	10,6
• Fromages	13,8	20,3
• Yaourts	8,6	16,3
• Beurre	9,9	10,5
• Sucre	20,4	12,4

INSEE

On constate un rapprochement des menus-types et des produits consommés dans les différents pays industrialisés.

Ce phénomène d'uniformisation est particulièrement sensible dans les pays européens. Le ketchup, les céréales du petit déjeuner, l'eau minérale, le vin de table, etc., sont des produits dont la consommation déborde largement les frontières d'origine. Les grandes sociétés alimentaires internationales constatent de moins en moins de différences dans les comportements nationaux. C'est d'ailleurs pourquoi ils font souvent des campagnes publicitaires semblables dans les différents pays. Une tendance qui ne concerne d'ailleurs pas que l'alimentation.

Les Français sont les plus grands buveurs
de vin... et d'eau du monde.

Dans le domaine des boissons comme dans celui des aliments, on assiste à un mouvement vers des produits de meilleure qualité et plus sophistiqués. Le « gros rouge » est de moins en moins consommé, au profit de vins plus fins et plus chers. Le vin ordinaire est également concurrencé par d'autres types de boisson, comme la bière, les boissons gazeuses et... l'eau.

Si les Français sont en effet les plus gros consommateurs de vin (tradition oblige), on sait moins qu'ils détiennent aussi le record mondial de la consommation d'eau minérale. Heureux pays que celui où on dispose à la fois de vignes et de sources pour étancher sa soif !

---

75 litres de vin par personne et par an

Quantités de boissons consommées par an et par personne en 1970 et 1985 (en litres) :

	1970	1985
Vins courants	95,6	57,2
Vins AOC	8,0	17,2
Bière	41,4	40,0
Cidre	18,3	15,6
Eaux minérales	39,9	54,9
Boissons gazeuses	19,1	27,9
Café, thé, infusions (kg)	3,7	3,8

INSEE

La « hiérarchie de la fourchette »
est semblable à celle de la société.

L'accroissement général du pouvoir d'achat n'a pas vraiment modifié les différences traditionnelles en matière d'alimentation. L'opposition reste nette entre un petit nombre d'aliments d'image populaire (pain, pommes de terre, pâtes, vin ordinaire, etc.), surconsommés par les ouvriers et les paysans, et des produits « de luxe » (crustacés, pâtisserie, confiserie, vins fins, plats préparés, produits surgelés), principalement consommés par les catégories les plus aisées.

Ainsi, le bœuf reste aujourd'hui une viande « bourgeoise », plus souvent présente sur les tables des cadres supérieurs, industriels et gros commerçants. Les agriculteurs lui préfèrent le porc, la volaille ou bien le lapin. Il faut dire que beaucoup continuent de produire une partie importante de ce qu'ils consomment. On constate cependant chez eux une tendance à la disparition de certaines habitudes, comme la soupe quotidienne ou l'influence des saisons sur le choix des menus. Les ouvriers ont conservé un mode d'alimentation proche de celui des paysans.

Les employés s'opposent assez nettement aux ouvriers (même qualifiés), dont ils sont pourtant proches par le revenu. On trouve dans leurs menus plus de produits coûteux : fruits frais, fromages, vins fins, etc. C'est à partir du niveau des cadres moyens que le type d'alimentation bascule vers les produits à forte valeur ajoutée (plats préparés, surgelés...) ou fortement liés au statut social (légumes et fruits exotiques, crustacés, whisky...). L'évolution des mœurs alimentaires tient aussi à celle de la distribution des produits. La présence des supermarchés près des petites villes y a joué un rôle indéniable.

Du producteur au consommateur

95 % des ménages d'agriculteurs disposent d'un jardin potager, d'un verger, d'un clapier ou d'un autre élevage, et seulement 12 % de ceux habitant la région parisienne. On estime que la production autoconsommée représente 8 % de la consommation alimentaire totale des ménages : 37 % pour les agriculteurs, 7 % dans les petites villes et 1,5 % dans la région parisienne.
L'autoconsommation des ruraux explique en partie la présence plus fréquente dans leur alimentation de certains produits : légumes frais ou surgelés, volailles, charcuterie et viande de porc.

INSEE

Diététique : les Français mieux dans leur assiette

Les préoccupations diététiques, longtemps réservées aux personnes au régime, s'installent progressivement dans les comportements alimentaires. Les magazines féminins y ont largement contribué en diffusant de façon compréhensible à tous des informations qui ne l'étaient guère auparavant. Les femmes ont ainsi découvert l'effet bénéfique des grillades, salades, yaourts, etc., sur la ligne... et sur le moral. Elles se sont appliquées, peu à peu, à persuader le reste de la famille.

La diététique concerne même les hommes

Dupuy-Saatchi & Saatchi Compton

Le nombre de calories ingéré quotidiennement reste stable depuis quelques années, mais sa composition varie : plus de calories d'origine animale (viande, lait et produits laitiers) ; moins de produits à base de féculents et de céréales ; déclin ou stabilisation de l'apport en matières grasses ; recul des légumes.

Les Français consomment moins de sucre, mais encore trop de graisses.

Le mouvement actuel vers une alimentation plus diététique touche surtout les catégories les plus jeunes et les plus urbaines de la population. Il se traduit par une amélioration sensible du contenu de leur alimentation quotidienne. Autant que l'attention portée à la diététique, l'évolution des conditions de vie explique en partie cette réduction de la ration calorique moyenne : diminution du nombre des travaux manuels et mécanisation croissante de ceux qui restent ; vieillissement de la population.

Du fast food au breakfast food

La prise de conscience diététique n'est pas une préoccupation permanente si l'on en juge par le développement du « fast food », dont les vertus diététiques ne sont pas la qualité principale. Le petit déjeuner des Français n'est pas non plus un modèle. 40 % boivent principalement du café, autant boivent du café au lait. Les autres prennent du thé (9 %) ou du chocolat (7 %). Il faut noter que 4 % déclarent ne pas prendre de petit déjeuner. En ce qui concerne les aliments, 51 % sont fidèles à la tartine, 13 % mangent des biscottes, 4 % des toasts, 3 % un croissant. 7 % mangent « autre chose ». Il faut noter, surtout, que 25 % ne mangent rien.

Télé 7 Jours/Sofres, mars 1985

Alimentation

En vrac

• Les Français sont de plus en plus nombreux à faire leurs courses par l'intermédiaire du Minitel : en région parisienne, 12 000 foyers sont des acheteurs réguliers, 25 000 autres achètent irrégulièrement. Le montant moyen de la commande est d'environ 700 francs. La vente à domicile pourrait représenter 10 % du marché de la distribution dans 10 ans.
E • Le nombre des boulimiques serait en France supérieur à un million. La plupart sont des femmes, avec une moyenne d'âge d'environ 30 ans. La moitié d'entre elles seraient sujettes à des effets secondaires : vomissements, spasmophilie, vertiges, etc.
S • En matière de viennoiseries, les Français ont une préférence pour le croissant (60 %), devant le pain au chocolat (41 %), la brioche (35 %) et le chausson aux pommes (30 %).
S • Plus de la moitié des Français ont réduit leur consommation de viande, à cause des traitements divers qu'elle subit, auxquels 88 % d'entre eux sont hostiles.
• Les 38 000 boulangers Français (dont 1 500 à Paris) fabriquent chaque année 3,5 millions de tonnes de pain.
• Les ménages ont acheté en moyenne 9 litres de glace en vrac en 1987, contre 5,4 litres en 1976. La consommation la plus élevée est celle des Suédois (14 litres), des Norvégiens (11), des Finlandais (10,5).
• On comptait 502 unités de restauration rapide dans la région parisienne au début 1988, et 869 en province, dont 117 dans la région Rhône-Alpes.

LES PERSONNES ÂGÉES

TROISIÈME AGE

Dix millions de Français ont au moins 60 ans. Ils ne constituent pas un groupe social homogène car les inégalités des situations individuelles sont très fortes. Minorité nombreuse et silencieuse, les seniors représentent à la fois un poids économique important et une charge croissante pour la collectivité. Mais ils n'occupent pas la place qui leur revient dans la société.

Le papy boom

10 450 000 Français avaient 60 ans et plus au 1er janvier 1988, soit un adulte sur trois. 11 % des Français sont à la retraite. La définition du troisième âge est éminemment artificielle. Il y a l'âge administratif (celui de la retraite ou de la préretraite), l'âge des artères et celui du cerveau.

L'évolution de ces dix dernières années a largement modifié l'image de la vieillesse, longtemps associée à celle de retraite (dans tous les sens du terme). Deux événements se sont produits, qui ont ébranlé les habitudes. Le fait, d'abord, que beaucoup de « vieux » aujourd'hui, ne ressemblent plus à ceux d'hier, dans leur apparence physique aussi bien que dans leur comportement. L'avancement de l'âge de la retraite et la multiplication des préretraites, ensuite, qui ont mis brutalement des individus en pleine force sur le « marché de la vieillesse ».

Le vieillissement de la France s'accroît :
* *En 1900, 13 % de la population avaient 60 ans et plus.*
* *Ils sont 19 % aujourd'hui, dont 58 % de femmes.*

---

750 000 préretraités

Depuis 1972, 1 200 000 personnes ont bénéficié des différents systèmes nationaux de cessation anticipée d'activité salariée. Ils étaient 746 000 au début 1986. Le nombre des préretraités a d'abord connu une forte croissance en 1977, avec la création de la garantie de ressources-démission, puis en 1981-82 avec la création des contrats de solidarité. Le plus fort afflux s'est produit en 1983 : 300 000. Depuis 1983, les personnes sortant du système de préretraite vers la retraite sont plus nombreuses que celles qui bénéficient de la préretraite.

UNEDIC

L'avancement de l'âge de la retraite n'est pas la seule raison de l'accroissement notable des effectifs du troisième âge. Ce vieillissement est dû pour partie à la forte chute de la fécondité et à l'allongement de la durée de vie moyenne. Le résultat est un déséquilibre croissant dans la structure de la population française. Une situation préoccupante, surtout en période de crise économique.

On constate un vieillissement semblable dans les autres pays industrialisés. Il devrait encore s'accélérer au cours des prochaines décennies si les taux de fécondité restent à leur niveau actuel.

La France vieillit...

Evolution démographique de la France (1850-2000) :

	60 ans et plus (%)	65 ans et plus (%)	85 ans et plus (%)	Total France (millions)
• En l'an 1850	10,2	6,5	0,2	35,8
• En l'an 1900	12,9	8,5	0,3	38,5
• En l'an 1975	18,3	13,4	1,0	52,0
• En l'an 1980	17,0	14,0	1,1	53,6
• En l'an 1985	17,9	12,6	1,3	54,8
• En l'an 2000	19,0	14,5	1,5	56,0

INSEE

...mais elle n'est pas la seule

Pourcentage des personnes de 65 ans et plus dans la population totale de certains pays (en 1984) :

	Hommes	Femmes
• Belgique	5,3	8,4
• Danemark	6,2	8,7
• Espagne	4,8	7,0
• Etats-Unis	4,7	6,9
• FRANCE	4,9	7,9
• Grèce	5,8	7,5
• Irlande	4,7	5,9
• Italie	5,2	7,6
• Japon	4,0	6,6
• Luxembourg	5,2	8,0
• Pays-Bas	4,8	7,1
• R.F.A.	5,1	9,6
• Royaume-Uni	5,8	9,0

Eurostat

La « vieille France »
ne ressemble pas à la France.
• Sur les 10 millions de plus de 60 ans,
5,4 millions sont mariés, 3,2 millions sont
veufs, 800 000 sont célibataires,
300 000 sont divorcés.

La population des personnes âgées ne ressemble guère à la population française dans son ensemble. Les femmes sont beaucoup plus nombreuses que les hommes du fait d'une espérance de vie plus longue : on compte cinq fois plus de veuves que de veufs parmi les personnes âgées de 60 ans et plus ; plus des trois quarts des plus de 85 ans sont des femmes.

La répartition régionale est très inégale, de la Creuse qui compte 25 % de plus de 65 ans à l'Essonne qui n'en compte que 8 %. La proportion de personnes âgées est plus forte dans la moitié sud de la France et dans la ville de Paris. Quatre départements comptent plus de 10 % de personnes âgées de plus de 75 ans : la Creuse, l'Aude, l'Ariège et les Alpes-Maritimes.

La plupart des « vieux » sont des « vieilles »

Proportion de femmes dans la population de plus de 60 ans en 1988 :

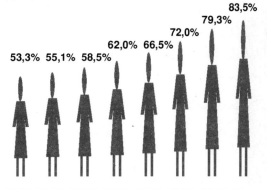

53,3% 55,1% 58,5% 62,0% 66,5% 72,0% 79,3% 83,5%

60-64 65-69 70-74 75-79 80-84 85-89 90-94 95 +

INSEE

Il pourrait y avoir 14 millions
de plus de 60 ans en 2050.

Le déséquilibre de la pyramide des âges pourrait être encore plus prononcé à l'avenir si

Un Français sur cinq aura au moins 60 ans en 2050

Evolution du nombre des personnes de plus de 60 ans (en % de la population totale) :

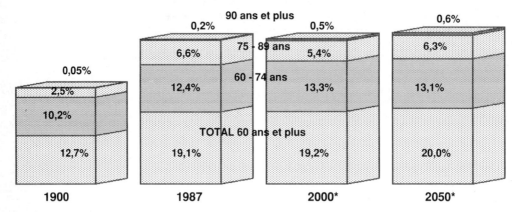

(*) Hypothèse : taux de fécondité à 2,1

INED-INSEE

---

le taux de fécondité atteignait en France le niveau observé dans plusieurs pays européens : environ 1,4. La proportion des 60 ans et plus passerait alors de 18,7 % aujourd'hui à 27 % en 2050. Les conséquences sociales et économiques seraient dans tous les cas considérables.

Les dernières inégalités

Les statistiques constituent toujours une réduction de la réalité. Le phénomène est particulièrement vrai lorsqu'il s'applique au troisième âge, car les chiffres disponibles rangent dans une même catégorie des personnes très différentes.

La plus évidente des inégalités entre les personnes âgées concerne bien sûr leur état de santé. Les plus jeunes des « vieux » sont souvent dans une condition physique satisfaisante. D'autres, au contraire, connaîtront jusqu'à la fin de leurs jours l'univers triste des maisons de retraite ou des hôpitaux.

Les premiers font partie de ces « nouveaux vieux » que l'on rencontre sur les courts de tennis ou dans les clubs de vacances. Les seconds n'ont pas les moyens, physiques ou financiers

(bien souvent les deux à la fois), de se distraire autrement qu'en regardant la télévision ou en jouant à la belote.

Comme toutes les périodes de la vie, celle de la retraite est l'occasion de nombreuses inégalités, sur les plans économique, physique et moral.

La retraite d'un enseignant dure en moyenne 13 ans de plus que celle d'un manœuvre.

Certaines professions « conservent » mieux que d'autres. L'enseignant cumule une espérance de vie de 9 ans supérieure à celle du manœuvre et une retraite plus précoce (souvent 5 ans). Sa retraite durera donc en moyenne 14 ans de plus que celle d'autres catégories professionnelles.

On trouve des inégalités encore plus grandes dans certains secteurs de la fonction publique, où la retraite peut être prise bien avant l'âge de 60 ans. La palme revient sans doute à l'armée, où le cumul des années de campagne et l'existence de dispositions particulières permettent à certains gradés de bénéficier de la retraite à... 35 ans.

Retraite à tous âges

Age légal du départ à la retraite dans certains pays :

* FRANCE   60 ans
* Nouvelle-Zélande   60 ans
* RFA   63 ans
* Belgique   65 ans
* Canada   65 ans
* Espagne   65 ans
* Etats-Unis   65 ans
* Japon : femmes 55 ans, hommes 60 ans (pour les salariés) et 65 ans pour les non-salariés.

OCDE

L'inégalité en matière de logement reste forte.
* *La moitié des personnes âgées ne sont pas logées « confortablement ».*
* *500 000 personnes de 65 ans et plus habitent en hospice, en maison de retraite ou à l'hôpital.*

Malgré les progrès importants réalisés au cours des vingt dernières années, beaucoup de logements de personnes âgées ne disposent pas de tout le confort (WC intérieurs, salle d'eau, chauffage central). Les plus âgés occupent souvent des logements anciens et insalubres, surtout en milieu rural. Ainsi, 44 % des personnes de 65 ans et plus ne disposent pas d'une baignoire ou d'une douche dans les communes rurales (31 % pour l'ensemble du territoire). 32 % ne disposent que de l'eau froide dans les communes rurales ; 22 % sur la France entière.

Le niveau de vie des personnes âgées a beaucoup augmenté.
* *Le revenu minimum a été multiplié par 20 en 20 ans : 2 730 francs par mois par personne à mi-1988 (minimum vieillesse plus Fonds national de solidarité).*

Comparés à l'ensemble des ménages, les plus âgés ont un revenu inférieur, mais ils comptent en moyenne moins de membres. Le revenu moyen par personne de plus de 60 ans est donc en réalité supérieur à celui des plus jeunes. La situation des retraités s'était considérablement améliorée au cours des années soixante-dix. Cette amélioration s'est poursuivie depuis, mais à un rythme inférieur. Le total des pensions et retraites perçues par ménage dont le chef est retraité était d'environ 65 000 francs en moyenne en 1987, soit 5 400 francs par mois.

Les « seniors » moins bien logés que les jeunes, mais presque aussi bien équipés

Conditions de logement des ménages de 65 ans et plus et de la population totale :

	65 ans et plus	Population totale
Proportion des ménages :		
• en situation d'inconfort	53,7%	37,4%
• propriétaires de leur logement	57,7%	50,7%
Proportion des ménages possédant :		
• réfrigérateur	94,5%	96,4%
• téléviseur	92,5%	91,2%
• téléphone	72,9%	74,4%
• lave-linge	72,1%	82,7%

INSEE

D'importantes disparités existent cependant entre les situations individuelles. Le montant des ressources dépend en effet de nombreux facteurs tels que l'âge, la profession exercée (actuellement ou antérieurement), la taille du ménage, etc. L'écart des revenus correspondant à ces diverses situations peut varier de 1 à 4.

Les actifs sont inquiets

* 62 % des Français considèrent que le montant de la retraite qu'ils touchent ou toucheront sera insuffisant (22 % sont d'un avis contraire). La majorité des actifs imaginent de façon pessimiste leur retraite, sur le plan financier. 57 % des salariés, 64 % des commerçants, 48 % des médecins, sont inquiets.
* 71 % des agriculteurs envisagent de prendre leur retraite entre 55 et 60 ans, 17 % entre 61 et 65 ans. 74 % sont inquiets du montant de la retraite qu'ils toucheront. 15 % envisagent de vendre leur exploitation au moment de leur départ en retraite.
* 18 % des artisans envisagent de prendre leur retraite avant 60 ans, 42 % à 60 ans, 23 % entre 61 et 65 ans. 70 % sont inquiets du montant de la retraite qu'ils toucheront. 46 % envisagent de vendre leur fond au moment de leur départ en retraite.

Mutuelles du Mans/Ipsos, février 1987

L'expérience des anciens...

Bélier Conseil

Le troisième âge de la consommation

La vieillesse était autrefois synonyme de pauvreté et d'ennui. Cette image est en train de se transformer progressivement. Même si les revenus des retraités sont inférieurs à ceux qu'ils percevaient en période d'activité, ils sont en moyenne supérieurs à ceux des Français actifs. Une simple comparaison de ces chiffres n'est d'ailleurs pas suffisante. L'argent que l'on reçoit à 60 ans n'est pas comparable, à montant égal, à celui dont on dispose à 30 ans. Il présente d'abord l'avantage de la régularité et surtout de la sécurité. Le risque de ne plus percevoir sa retraite est pratiquement nul, alors que celui de perdre son emploi est réel. Par ailleurs, les ménages de plus de 60 ans n'ont plus, dans la quasi-totalité des cas, d'enfants à charge. Ils peuvent donc utiliser sans crainte la totalité de leurs revenus.

Enfin, les personnes âgées ne sont pas, comme les plus jeunes, contraintes d'économiser en prévision de grosses dépenses à venir. Les investissements immobiliers sont déjà effectués et les crédits remboursés. De même, les achats d'équipement sont moins fréquents et moins lourds ; on est moins tenté de renouveler son mobilier à 60 ans qu'à 30 ou 40 ans.

Ainsi, les efforts considérables accomplis depuis vingt ans en leur faveur font que les personnes âgées d'aujourd'hui peuvent pour la plupart vivre dans la dignité les dernières années de leur vie. On constate avec satisfaction qu'elles disposent pour cela de plus en plus de temps et d'argent.

Les personnes âgées
consomment plus que la moyenne :
• 6 000 francs par an pour l'alimentation
(contre 5 000 francs pour l'ensemble de la
population).
• 7 000 francs par an pour la santé (contre
1 800 francs pour les moins de 30 ans).

Contrairement à ce qu'on imagine souvent, les personnes âgées jouent un rôle important dans la vie économique. Ce sont elles qui dépensent le plus pour leur alimentation, leur santé, les voyages, etc. Elles sont plus fréquemment propriétaires de leur logement que les plus jeunes et détiennent plus d'un tiers du parc immobilier. Leur patrimoine ne se limite d'ailleurs pas à la pierre puisqu'elles possèdent également une part importante des obligations, des actions et de l'or détenus par les particuliers.

Le poids économique des seniors

• 64 % des retraités sont propriétaires d'un logement, contre 59 % des Français.
• Entre 1970 et 1982, le taux de départ en vacances des plus de 65 ans a doublé.
• 37 % des voyages de loisirs sont achetés par des plus de 60 ans, tant sur le réseau intérieur qu'à destination de l'étranger. 22 % des vacanciers de plus de 60 ans sont hébergés à l'hôtel, contre 13 % pour l'ensemble de la population.
• Les plus de 55 ans possèdent le patrimoine le plus élevé par personne. Ils détiennent 28 % des résidences principales, 33 % des résidences secondaires, 51 % des résidences à temps partiel, alors que leur part dans la population totale n'est que de 24 %. Ils effectuent 38 % des voyages en avion sur le réseau intérieur, 36 % sur le réseau international.

Cette situation plutôt favorable du pouvoir d'achat et des dépenses des personnes âgées ne doit pas faire oublier les difficultés de certaines situations individuelles. S'il est des retraités riches, voire très riches, il en est d'autres qui sont pauvres, voire (mais plus rarement) très pauvres.

Troisième âge

En vrac

E • On compte environ 5 000 centenaires en France, dont la plupart sont des femmes. La doyenne a eu 113 ans le 19 février 1988. 215 000 personnes ont plus de 90 ans.
• 30 % des Français changent de résidence à l'occasion de leur départ en retraite.
S • 77 % des Français pensent que le passage à la retraite est un moment agréable.
• Les accidents de la circulation causent deux fois plus de décès chez les piétons âgés que dans l'ensemble de la population.
• 20 % des retraités prennent plusieurs jours de vacances en hiver, à la montagne ou à la mer.
• Les plus de 60 ans représenteront 20 % de la population en l'an 2000.
• 1 800 000 personnes bénéficient du Fonds national de solidarité.
• La protection vieillesse absorbe 37 % de l'effort social national.
S • 59 % des Français estiment que la situation matérielle des personnes âgées est difficile.

VIE QUOTIDIENNE

Les personnes âgées ont aujourd'hui une préoccupation essentielle : continuer à vivre comme tout le monde. Mais, dans la société moderne, la vieillesse conduit souvent à la marginalisation.

Le troisième âge, une seconde vie

Les vieux ont changé. Beaucoup ne se contentent plus désormais d'écouter « la pendule qui ronronne au salon » comme dans l'émouvante (et triste) chanson de Brel. Tous veulent aujourd'hui vivre et s'épanouir. Et retarder le plus possible l'apparition des signes qui caractérisent le crépuscule de la vie.

La notion même de vieillissement est de moins en moins adaptée à la réalité. A 60 ans, beaucoup de Français sont dans une forme physique intacte. Si les rides et autres stigmates de l'âge restent décelables sur les visages, ils sont absents des esprits. Pour ceux qui ont pu ainsi préserver leurs forces physiques et morales, c'est une nouvelle vie, riche de promesses, qui commence.

A 60 ans, une femme a en moyenne 23 ans à vivre ; un homme 18.

La durée du troisième âge est supérieure à celle qui précède l'âge adulte. Les nouveaux retraités ont donc le temps de faire des projets, même à long terme... Et la plupart d'entre eux n'en manquent pas. Ayant connu tardivement l'ère de la consommation et des congés payés, ils sont à même aujourd'hui d'en goûter les plaisirs. C'est ainsi qu'on a vu depuis quelques années se multiplier les activités des personnes âgées, à travers les clubs, les voyages, les pratiques sportives ou culturelles.

Vivement la retraite !

Bien qu'ils soient inquiets quant aux ressources dont ils disposeront au moment de la retraite, les Français envisagent cette phase de leur vie avec optimisme :
• 80 % considèrent que le passage à la retraite sera un moment agréable (12 % sont d'un avis contraire).
• Ils ne sont que 16 % à envisager la retraite comme un moment où ils pourront se reposer et ne rien faire ; 78 % en profiteront au contraire pour se livrer à des activités nouvelles.
• Les mots qu'ils associent le plus volontiers à la retraite sont, par ordre décroissant d'importance : famille (80 %) ; lecture (79 %) ; voyages (75 %); liberté (74 %) ; face-à-face avec son conjoint (69 %) ; problèmes de santé (63 %) ; télévision, sorties, spectacles (62 %) ; vieillesse (59 %); recueillement (56 %) ; adhésion à des associations (51 %) ; pêche, chasse (39 %) ; solitude (37 %).

La Vie/CSA, mars 1987

Les seniors font de plus en plus d'efforts pour retarder le vieillissement.

Pour lutter contre les dangers du vieillissement, les personnes âgées s'efforcent de pratiquer les mêmes activités que les plus jeunes et à se maintenir en bonne santé. C'est pourquoi elles sont de plus en plus nombreuses à faire du sport ou à s'intéresser à la prévention, aussi bien dans le domaine alimentaire (par la diététique) que par de nouvelles habitudes de vie, excluant par exemple le tabac et l'alcool.

Le spectre de la dépendance

La perte de l'autonomie physique ou intellectuelle est la marque la plus redoutée du vieillissement. On estime qu'un million de personnes âgées sont dépendantes des autres pour leur survie. Les risques sont évidemment proportionnels à l'âge : 5 % des plus de 65 ans sont atteints de démence sénile, 20 % des plus de quatre-vingt ans. Dans ce dernier groupe d'âge, 25 % seulement des personnes sont valides ; parmi les autres, les trois quarts sont plus ou moins handicapées, un tiers sont totalement dépendantes. La maladie d'Alzheimer, qui se manifeste par une perte progressive de la mémoire et des capacités intellectuelles, touche environ 400 000 personnes en France. Des méthodes de rééducation permettent de retarder les effets de cette maladie redoutée.

Les retraités ne sont pas inactifs.

L'image du retraité qui passe son temps à jouer aux cartes ou à regarder la télévision ne reflète que très imparfaitement l'activité des personnes âgées. 30 % d'entre elles appartiennent à des associations, clubs ou organisations diverses. Le quart y exercent même des responsabilités.

Si leurs activités culturelles restent plus limitées que celles des plus jeunes, (ils ne vont guère au cinéma, voir des matchs sportifs et écoutent moins de musique), ils sont 17 % à lire plus de 20 livres par an, 40 % à sortir le soir 2 à 3 fois par mois, 20 % à aller au moins une fois visiter un musée. On estime que 80 000, essentiellement issus des classes moyennes, fréquentent les quelque soixante universités du troisième âge créées depuis 1973.

Les « Gentils Membres » des clubs du troisième âge

Dans un pays traditionnellement peu porté à la vie associative, 13 000 clubs du troisième âge se sont créés en 15 ans, regroupant plus d'un million de membres plus ou moins réguliers. Pour eux, le club offre la possibilité de rencontrer d'autres personnes et de sortir de chez soi. On peut s'y divertir en jouant aux cartes ou aux échecs. On peut aussi y pratiquer des activités utiles à la collectivité.
Dans certains villages, les clubs jouent un rôle local important, prenant en charge une partie des problèmes de leurs membres : maintien à domicile, assistance financière... La plupart organisent périodiquement des voyages, des conférences, des manifestations diverses, qui fournissent à leurs membres l'occasion de se cultiver et de se distraire.

L'activité domestique des retraités de plus de 55 ans (bricolage, jardinage, travaux ménagers, de couture, etc.) est estimée au total à 15 milliards d'heures, soit 30 % du travail domestique national.

L'économie parallèle, qui joue un rôle considérable dans l'activité des non-retraités, est encore plus présente chez les seniors. Ceux-ci disposent de plus de temps pour cultiver leur jardin, faire des confitures ou effectuer les travaux d'entretien et de réparation du logement.

Beaucoup aident aussi leurs enfants et petits-enfants, en leur fournissant des légumes, en effectuant des travaux de couture, de tricot, de bricolage qui leur sont destinés.

Les activités professionnelles, bénévoles ou non, tendent aussi à se développer. Elles servent à tromper l'ennui, se donner l'impression d'être encore utile à la collectivité ou se procurer un complément de revenu, officiel ou non. Comme pour le reste de la population, le travail au noir ne doit pas être considéré seulement comme une fraude ; il doit être compris (et peut-être toléré, dans certaines conditions) car il constitue une source d'équilibre, une façon de conserver sa place et sa dignité dans la société.

L'un des rares domaines où cette volonté de vivre comme tout le monde ne semble pas avoir abouti est la sexualité.

Malgré le changement d'image de la vieillesse, la sexualité des personnes âgées reste limitée. 65 % des personnes âgées de 70 ans et plus déclarent ne plus avoir de relations sexuelles ; 12 % disent en avoir, 23 % ne répondent pas.

Il semble bien que cette « retraite sexuelle » soit plus liée à des causes psychologiques que physiologiques. Le grand mouvement de libération des années soixante-dix n'a pas fait disparaître les tabous liés à la sexualité des personnes âgées, qu'ils soient de nature religieuse (on fait l'amour pour procréer et on cesse lorsque la période de procréation s'achève) ou qu'ils se situent dans l'inconscient collectif (la sexualité est liée à la beauté et à la séduction, caractéristiques de la jeunesse).

Le vieillissement général crée de nouveaux rapports entre les générations.

Un retraité sur trois a encore ses parents. L'allongement de la durée de vie moyenne fait qu'il est de plus en plus fréquent qu'un enfant connaisse ses arrière-grands-parents, ce qui constitue une nouveauté sociologique de première importance.

La contrepartie est que beaucoup de ces aïeux finissent leur vie avec des handicaps physiques qui les empêchent d'être autonomes. Parmi les plus de 65 ans, 4 % souffrent d'une forte incapacité (qui les oblige à rester au lit ou

dans un fauteuil) ; 20 % ont une incapacité moyenne (qui les oblige à rester chez eux). Après 85 ans, le taux d'incapacité atteint 80 %. Souvent, leurs propres enfants sont eux-mêmes à la retraite et ne peuvent donc pas les prendre en charge, surtout lorsqu'il s'agit de payer une pension à 10 000 francs par mois dans une maison de retraite ou un hôpital.

Pour les familles comme pour la collectivité, la coexistence fréquente de trois, voire quatre, générations est à la fois une chance et une charge. L'éloignement géographique, les modes de vie actuels et le poids décroissant du nombre d'actifs rendent le second aspect plus apparent que le premier.

Le sens de la famille

- 42 % des personnes ayant des parents ou grands-parents âgés de plus de 70 ans leur rendent visite ou les reçoivent au moins une fois par semaine. 16 % deux ou trois fois par mois, 18 % une fois par mois, 22 % moins souvent, 1 % jamais.
- 44 % ont passé plusieurs jours de vacances avec eux au cours des douze derniers mois.
- 61 % des Français envisagent au cours de leur vieillesse de dépenser leur patrimoine pour avoir une vie plus agréable. 27 % envisagent plutôt de se restreindre pour pouvoir transmettre le plus possible à leurs enfants (12 % sans opinion).

Le Point-Fondation de France/Sofres, septembre 1987

Le bonheur des uns et la solitude des autres

La « dernière ligne droite » de la vie est vécue par certains (ceux qui ont la chance de disposer d'une bonne santé et d'un pouvoir d'achat satisfaisant) comme une période de bonheur profond, dont chaque instant prend une saveur particulière. Elle est ressentie par d'autres comme une « prolongation » plutôt désagréable dont la fin est parfois attendue comme une délivrance.

L'état de santé, les difficultés matérielles, le fait de vivre seul ou entouré font en effet le plus souvent la différence entre ces deux façons de vieillir.

La famille ou l'Etat ?

71 % des Français pensent que c'est plutôt à la famille de s'occuper des personnes âgées, 22 % à l'Etat. Les intéressés ont un point de vue moins tranché : 56 % des personnes âgées de plus de 70 ans penchent pour la famille, 36 % pour l'Etat. La solution souhaitée par 60 % des Français est que les personnes âgées vivent chez elles le plus longtemps possible, même si elles ont de plus en plus de difficultés à faire face aux problèmes de la vie quotidienne (le ménage, les courses, etc.). 21 % pensent qu'il est préférable qu'elles vivent dans des résidences spécialement aménagées, 3 % dans une maison de retraite. 14 % préféreraient qu'elles vivent chez des enfants ou petits-enfants. Cette dernière solution n'est retenue que par 5 % des personnes de plus de 70 ans. 79 % préfèrent vivre chez elles, 6 % dans une résidence spécialement aménagée, 7 % dans une maison de retraite.

Figaro/Sofres, janvier 1988

La solitude existe,
même si elle n'est plus ce qu'elle était.

Plus que des problèmes matériels, les personnes âgées souffrent de la solitude. Les femmes sont de loin les plus touchées. La disparition du mari est souvent un drame que rien ne peut adoucir. Surtout si les enfants, éloignés géographiquement, ne peuvent assurer une présence suffisante.

Le risque, alors, est de passer de la solitude à l'isolement. On ferme les volets, on reste couché et la vaisselle s'entasse dans la cuisine. Les solitaires n'ont généralement qu'un rôle social réduit. On n'a pas besoin d'eux ; on a donc tendance à les oublier.

Vieillir chez soi

Sur les 10 millions de personnes âgées de 60 ans et plus, 564 000 seulement habitent ailleurs que chez elles, soit 5,6 % (contre 4 % seulement en 1962) : 88 000 dans des logements-foyers ; 302 000 en hospice ou maison de retraite ; 60 000 dans des établissements hospitaliers ; 53 000 dans des communautés religieuses ; 34 000 dans des hôpitaux psychiatriques, 1 100 sont détenus dans des prisons.

INSEE

L'avenir de la vieillesse

Les personnes âgées, déjà nombreuses aujourd'hui, le seront plus encore demain. Cette évolution, qui semble inéluctable, amène à se poser de nombreuses questions sur l'avenir de la société en général. Comment donner aux plus âgés les moyens de bien vivre la période de plus en plus longue de la retraite ? Comment faire pour que cela soit possible sans que les plus jeunes n'aient un tribut trop lourd à payer ?

C'est à partir de l'an 2005 que se poseront
les grands problèmes démographiques.

Si les prophètes de tous bords nous font frissonner à l'approche de la fin du millénaire, c'est vers l'an 2005 que convergent les craintes des démographes. C'est en effet à partir de cette date que la pyramide des âges accusera le plus grand déséquilibre, avec l'arrivée à l'âge de la retraite des classes nombreuses du « baby boom » (1945-1950).

La poursuite des progrès médicaux, en particulier dans le domaine de la lutte contre les maladies cardio-vasculaires et le cancer, devrait permettre d'allonger encore la durée de vie moyenne. Si l'on considère, en outre, que la fécondité, actuellement très insuffisante pour assurer le renouvellement des générations, restera au même niveau (environ 1,8), on peut prévoir une nouvelle accentuation du vieillissement au cours des années 2005-2050.

La situation serait beaucoup plus dramatique si le taux de fécondité atteignait le niveau de 1,4 observé dans plusieurs pays européens. La proportion des 60 ans et plus passerait alors de 18,1 % aujourd'hui à 27 % en 2050. Les conséquences sociales et économiques seraient dans tous les cas considérables.

Les actifs devront payer pour les inactifs.
• En 1955, il y avait 10 travailleurs
pour un retraité.
• Ils n'étaient que 3 en 1980.

Certains experts situent à l'horizon 1990 le moment où il n'y aura plus que deux actifs pour un inactif. La tendance actuelle a peu de chances de se renverser au cours des prochaines années, sauf si l'on devait repousser l'âge de la retraite, après l'avoir avancé.

A partir de l'an 2000, le vieillissement de la population et l'arrivée à la retraite des premières générations de femmes actives vont mettre en péril l'équilibre des caisses de retraite. Cette situation pose évidemment le problème de la prise en charge par la collectivité des dépenses de la vieillesse : retraites, santé, etc.

La vieillesse n'est pas à la mode

La publicité et les médias, reflets instantanés de l'inconscient collectif, ne mettent en scène que le dynamisme, la vitesse, la fantaisie ou la dérision, qui sont par essence les attributs de la jeunesse. Pas de place, ou presque, pour les « seniors », dans cette imagerie populaire qui a peur des rides et qui privilégie la beauté, la force et la séduction plutôt que la sérénité, la sagesse et l'expérience.
Eloignées de l'activité économique et mal structurées en groupes d'action ou de revendication, les personnes âgées sont considérées comme un « problème » par les jeunes générations et comme un « marché » par les entreprises qui ont récemment découvert leur pouvoir d'achat.

Parallèlement aux augmentations de cotisations probables, les systèmes de retraite par capitalisation individuelle devraient donc se développer, afin d'apporter le complément de revenu nécessaire aux futurs retraités. L'accroissement du patrimoine des ménages au cours des trente dernières années devrait faciliter sa mise en œuvre.

Le gaspillage des talents ne pourra pas durer.

25 ans à vivre, lorsqu'on en a 60, c'est plus de la moitié de la vie active d'un individu et le tiers de sa vie totale. Même si l'on admet que les années de « vraie » vieillesse entraînent une diminution au moins partielle des capacités d'un individu, ce sont quand même 15 à 20 ans de la vie de chaque Français qui sont perdus pour la collectivité.

Une telle accumulation de compétences, d'expériences, de talents est un véritable trésor. Ne pas l'utiliser constitue un intolérable gâchis. Le sentiment d'exclusion et d'inutilité des personnes concernées est d'ailleurs de moins en moins bien supporté. Quant aux actifs, ils ne pourront seuls faire face aux contraintes de la production économique, tout en assumant le financement de l'inactivité des autres (retraités, mais aussi étudiants et chômeurs). Il y a là les ingrédients d'une sorte de « guerre civile froide » entre les générations. « Un vieillard qui meurt, c'est une bibliothèque qui brûle », dit le dicton. Un retraité qui s'ennuie, c'est une souffrance individuelle et un drame collectif.

Vie quotidienne

En vrac

S • Les personnes âgées de 70 ans et plus considèrent que les périodes où elles ont été le plus heureuses ont été (par ordre décroissant) : 1958-1973 ; 1946-1958 ; 1919-1939 et depuis 1974. Les moins heureuses ont été celles des deux guerres. Les inventions qui ont le plus changé leur vie ont été : l'électroménager (78 %) ; la télévision (72 %), le téléphone (69 %). Le cinéma, l'ordinateur et l'avion sont celles qui ont le moins compté.
• 60 % des Français attachent de l'importance au fait de mourir chez eux, dans leur famille, 34 % y attachent peu ou pas d'importance.
S • 56 % des Français de 50 ans et plus pensent que le fait d'arrêter son activité professionnelle de plus en plus jeune est une bonne chose, car cela permet de profiter vraiment de sa retraite. 37 % pensent que c'est plutôt une mauvaise chose car c'est pour un gâchis d'énergie et d'expérience.
S • 46 % des Français de 50 ans et plus

considèrent que les personnes âgées sont victimes d'une mise à l'écart du reste de la population. 52 % sont de l'avis contraire.
• 500 000 retraités bénéficient d'une assurance maladie-hospitalisation souscrite à titre individuel.
• Environ 320 000 personnes bénéficient de l'aide ménagère à domicile. Environ 25 000 reçoivent des soins à domicile.
• Le taux de suicide atteint 1,5 pour 1000 chez les hommes de plus de 60 ans, et 0,3 pour 1000 chez les femmes. A titre de comparaison, le taux est de 7,5 pour 100 000 chez les 15-30 ans.
• Les plus de 70 ans consultent en moyenne 7 fois par an un généraliste, contre 3,7 pour l'ensemble de la population. Ils achètent 64 produits pharmaceutiques contre 26 en moyenne.
• En 1962, le revenu moyen des ménages d'inactifs représentait 44 % de celui des ménages actifs : il était de 72 % en 1984.

LA MAISON

LOGEMENT

Pendant un siècle, les Français avaient progressivement abandonné les campagnes. Le recensement de 1982 avait fait apparaître un dépeuplement des centres des villes, au profit des zones périphériques et des petites communes, qui semble être mis en question aujourd'hui. Ces mouvements montrent l'importance du cadre de vie. Le confort du logement et la qualité de son environnement en sont les deux principaux aspects.

La fin de l'exode rural

On s'était habitué depuis longtemps au dépeuplement des campagnes. Pourtant, les chiffres du dernier recensement (1982) ont montré l'arrêt de la croissance urbaine et l'attirance croissante des communes rurales. C'est la première fois, depuis la fin du siècle dernier, qu'un tel phénomène se produit. Seules les villes de moins de 10 000 habitants continuent de croître à un rythme supérieur à la moyenne. Mais près de la moitié des Français habitent dans une ville de plus de 50 000 habitants.

La population des grandes villes stagne ou régresse.
* *Entre 1975 et 1982, la population française a augmenté de 3,2 %.*
* *Dans le même temps, la population de l'Ile-de-France n'a augmenté que de 2 %.*

Sur une centaine d'unités urbaines de plus de 50 000 habitants (villes isolées et agglomérations comprenant plusieurs communes), près de la moitié ont vu leur population décroître au cours des dernières années. Les soldes migratoires enregistrés par les divers recensements montrent que la croissance de l'agglomération parisienne s'est ralentie régulièrement depuis une trentaine d'années, pour devenir négative depuis 1962. Ce fut le cas aussi, à un moindre degré, des agglomérations comptant au moins 20 000 habitants.

Entre 1975 et 1982, les agglomérations de plus de 200 000 habitants ont perdu 5 % de leur population ; Paris intra-muros a perdu pendant la même période 600 000 habitants, soit près du cinquième de sa population antérieure. Le phénomène inverse s'est produit dans les communes rurales, qui ont vu leur population s'accroître à partir du milieu des années soixante.

Un mouvement séculaire

Part de la population rurale et de la population urbaine dans la population totale (en %) :

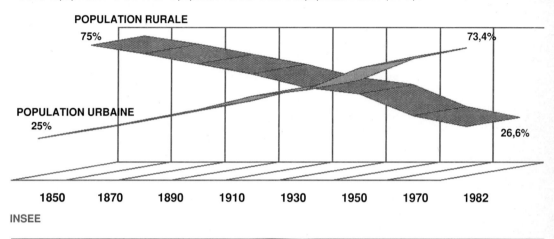

POPULATION RURALE
75%
73,4%

POPULATION URBAINE
25%
26,6%

1850   1870   1890   1910   1930   1950   1970   1982

INSEE

Les Français avaient d'abord quitté les centres-villes...

Les raisons probables de ce renversement historique de tendance tiennent à une déception croissante vis-à-vis des conditions de vie offertes par les grandes villes. A la quasi-impossibilité d'habiter la maison individuelle dont rêvent la majorité des Français se sont peu à peu ajoutés d'autres inconvénients : difficulté de circulation, bruit, pollution atmosphérique, mauvaise qualité des rapports humains, croissance de la délinquance sous toutes ses formes. L'augmentation du prix des logements (à l'achat comme à la location) a encore aggravé le « ras-le-bol » des citadins.

... pour s'installer dans les banlieues...

Comme il était difficile de transporter les villes à la campagne, on avait d'abord tenté l'opération inverse, en bâtissant des maisons près des villes dont le centre était inaccessible ou trop coûteux. On a donc assisté dans les années soixante à un important développement des banlieues des grandes villes, constituant une première couronne de population, puis bientôt une seconde. Cette situation était le résultat d'un double mouvement : d'un côté, l'arrivée aux abords des villes d'effectifs en provenance des campagnes, peu créatrices d'emploi et offrant une vie sociale et culturelle peu animée ; de l'autre, l'éloignement des habitants des centres-villes vers les banlieues, à la recherche d'un jardin et de conditions de vie plus calmes.

... ils quittent maintenant les banlieues qui ressemblent trop aux villes.

Après le centre des villes, ce sont leurs abords (surtout lorsqu'ils sont composés d'immeubles collectifs) qui se sont dépeuplés, au profit des petites villes et des communes rurales. Ce phénomène, appelé péri-urbanisation, concernerait près de 20 % de la population totale.

Dès que les conditions économiques le permettent (en particulier la possibilité de trouver un emploi), les Français s'implantent volontiers loin de la ville et de ses inconvénients. A la recherche d'un cadre plus agréable, résidentiel et propice à une vie socioculturelle satisfaisante. Les candidats à cet exode sont surtout les ouvriers et les membres des catégories moyennes, qui sont les principaux déçus de la vie urbaine.

De nouvelles tendances pourraient apparaître dans les prochaines années.

Le mouvement d'éloignement par rapport aux centres des grandes villes, identifié en 1982, n'est pas toujours la conséquence d'un choix ; il est souvent dû à des contraintes économiques. Le prix actuel des appartements à Paris, tant à la location qu'à la vente, fait par exemple que très peu de salariés, même à un niveau élevé, peuvent y habiter. Beaucoup le souhaiteraient pourtant, pour réduire leurs temps de transport et profiter des avantages de la capitale, en matière culturelle notamment.

L'évolution au cours des prochaines années dépendra pour une large part des conditions qui prévaudront dans les différentes situations d'habitation : disponibilité des emplois ; coût du logement (locations et accession à la propriété) ; niveau comparatif des dépenses de fonctionnement (logement, transports, activités de loisirs), qualité des relations sociales.

Le logement prend une importance croissante

Gemap et Marie

La mise en place de la décentralisation administrative et économique vers les régions, l'évolution des prix de l'immobilier dans les grandes villes (en particulier à Paris), le développement des moyens de communication (routes, autoroutes, transports en commun, apparition du télé-travail) devraient, logiquement, favoriser le mouvement de repeuplement des zones périphériques ou rurales.

A l'inverse, l'effort de réhabilitation des centres des villes, la construction de logements mieux adaptés, l'animation et la qualité de la vie culturelle peuvent ramener vers les plus grandes villes des ménages qui supportent mal les contraintes de la vie dans les petites communes. On constate d'ailleurs un phénomène de cette nature en Scandinavie, en Allemagne ou en Grande-Bretagne. La mode du retour à la campagne, que l'on a vu se développer pendant les années soixante-dix, aura été éphémère. Un nouvel équilibre est en train de s'installer.

Où vit-on le mieux en France ?

47 critères ont été retenus pour établir le classement. Ils se répartissaient en 8 rubriques : dynamisme (structure de la population, proportions d'étudiants, radios locales...) ; santé (équipement hospitalier, mortalité, dépenses de santé...) ; crise (chômage, construction de logements) ; agrément (sites protégés, forêts, circulation routière, pollution...) ; richesse (impôts, investissement, épargne, revenus...) ; criminalité (vols, délits...) ; société (crèches, enseignants, équipements sportifs...) ; culture (cinémas, musées, festivals, dépenses culturelles). La prise en compte de tous ces critères donne le classement suivant :

Les 10 premiers départements
(classement 1981 entre parenthèses)

- Yvelines (34)
- Savoie (16)
- Hautes-Alpes (6)
- Haute-Savoie (17)
- Isère (40)
- Essone (19)
- Paris (1)
- Haute-Vienne (24)
- Haute-Garonne (14)
- Drôme (20)

Les 10 derniers

- Orne (92)
- Somme (95)
- Seine-Maritime ((90)
- Meuse (81)
- Ardennes (93)
- Haute-Saône (94)
- Aisne (88)
- Nord (79)
- Seine-Saint-Denis (53)
- Pas-de-Calais (85)

Le Point, février 1988

Dix ans de crise du logement

Après trente années d'un rythme soutenu de la construction (entre 1945 et 1975), on croyait la crise du logement définitivement envolée. Entre 1966 et 1975, on avait construit chaque année près de 450 000 logements. Le nombre des mises en chantier a régulièrement diminué depuis cette époque (voir encadré). Il faut noter cependant que le nombre des logements construits en 1987 est en hausse, pour la première fois depuis 1981.

Le secteur le plus touché a été celui des immeubles collectifs, tandis que la construction de logements individuels, devenue majoritaire depuis une dizaine d'années, se portait moins mal. L'une des conséquences de cette situation est que la part des logements de plus de 20 ans est passée de 27 % en 1980 à 48 % en 1986.

La situation de l'immobilier est contrastée selon les régions.

Entre 1982 et 1985, la loi Quilliot n'avait guère incité les propriétaires de logements de rapport à les offrir à la location. Dans une situation de rareté croissante, 1 100 000 logements restaient inoccupés. Les prix de l'immobilier avaient baissé de façon générale en 1982 et 1983, puis stagné jusqu'en 1985.

Les mesures d'assouplissement prises, d'abord en 1984 et 1985, puis en 1986, par les gouvernements (augmentation de la hausse permise sur les loyers, révision de la fameuse loi de 1948, avantages fiscaux pour l'achat de logements destinés à la location, etc.) ont eu des effets bénéfiques sur le nombre des logements disponibles. Mais elles ont contribué, dans certains cas, à faire augmenter les prix, à la location comme à l'achat.

La situation actuelle est très variable selon les villes et les régions. En province, les augmentations ont été généralement modérées en 1986 et 1987, surtout dans les régions les plus durement touchées par le chômage.

A Paris, les prix des logements ont au contraire littéralement « flambé » dans certains quartiers : 20 à 30 % de hausse en 1987 pour les appartements à vendre, avec une prime aux grandes surfaces. Un tiers des (rares) appartements neufs construits dans la capitale se sont vendus entre 25 000 et 30 000 francs le mètre carré. Quant aux loyers libérés venant à renouvellement, ils ont aussi subi des hausses parfois considérables, dans la mesure où certains étaient sous-évalués depuis parfois très longtemps.

On constate que l'écart entre les prix de Paris et ceux pratiqués en province tend à s'accroître d'année en année.

Le bâtiment en convalescence ?

Nombre de logements terminés chaque année (en milliers) :

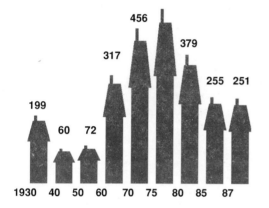

Ministère de l'Urbanisme, du Logement et des Transports

Comparaison internationale (logements terminés pour 1 000 habitants) en 1985 :

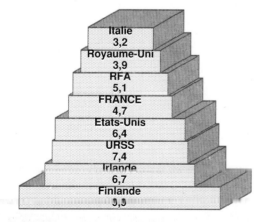

Italie 3,2
Royaume-Uni 3,9
RFA 5,1
FRANCE 4,7
Etats-Unis 6,4
URSS 7,4
Irlande 6,7
Finlande 5,9

EUROSTAT

A qui appartient Paris ?

En 1880, 54 % des propriétaires de logements dans la capitale étaient des particuliers, 16,5 % des boutiquiers, 14 % des négociants, 8 % exerçaient une profession libérale, 3,5 % seulement étaient des sociétés commerciales.
Aujourd'hui, sur les 120 360 immeubles de Paris intra-muros (répartis sur 10 000 hectares) près de la moitié sont en copropriété. Les principaux détenteurs des immeubles en toute propriété sont les suivants :

• Municipalité	12 400 immeubles
• Sociétés commerciales	9 550
• Compagnies d'assurances, caisses de retraite et mutuelles :	2 670
• Etat	638
• Banques et organismes de crédit	570
• RATP	571
• SNCF	426
• Eglise	320
• Assistance publique	175

L'Express Paris, novembre 1987

*Les Français achètent
plus de logements anciens.*

Entre 1980 et 1986, la part des crédits nouveaux destinés aux logements anciens et aux travaux de réhabilitation est passée de 40 % à 52 %. A l'inverse, la part destinée aux logements neufs a baissé dans les mêmes proportions.

La part des acquisitions de première main (logements neufs) est passée de 57 % en 1980 à 40 % en 1986. On constate également une baisse (même en francs constants) du revenu moyen des emprunteurs : 3,2 fois le SMIC en 1980 ; 3 fois en 1986, soit 161 000 francs, pour un âge moyen de 32 ans.

Confort pour tous

« Un petit chez soi vaut mieux qu'un grand chez les autres. » Le vieux dicton est toujours d'actualité. La plupart des Français rêvent d'être propriétaires de leur logement, de préférence d'une maison. Ils sont d'ailleurs de plus en plus nombreux à y parvenir. Ils y vivent aussi de plus en plus confortablement car les dépenses concernant le logement sont souvent prioritaires.

• *55 % des Français habitent une maison
(33 % en 1970).*
• *45 % habitent en appartement
(67 % en 1970).*
• *12,7 millions habitent dans des HLM.*

Entre 1970 et 1980, la répartition entre les logements collectifs et les logements individuels s'est inversée. On compte aujourd'hui plus de 12 millions de maisons individuelles ; plus de la moitié des Français ont ainsi pu réaliser leur rêve.

Pourtant, on note depuis quelques années une diminution de l'importance des maisons individuelles par rapport aux immeubles collectifs. La proportion de trois quarts pour l'individuel et un quart pour le collectif, qui prévalait en 1980, a fortement diminué, pour passer à deux tiers/un tiers en 1987.

*51 % des ménages sont propriétaires
de leur résidence principale.*
• *67 % dans les communes rurales.*
• *34 % à Paris.*
• *4 % des Français sont logés par leur
employeur et 4 % à titre gracieux.*

Si la moitié des Français possèdent leur logement, la proportion est très variable selon les professions : 74 % des agriculteurs, 70 % des chefs d'entreprise et professions libérales, 54 % des cadres moyens, mais 34 % des employés et 32 % des ouvriers non qualifiés.

La proportion de propriétaires est de 17 % chez les couples de moins de 40 ans sans enfant (48 % s'ils ont des enfants). Elle est de 70 % chez les couples de plus de 40 ans sans enfants (65 % s'ils ont des enfants).

48 % des propriétaires sont accédants (ils ont encore des prêts à rembourser). Ils ont emprunté en moyenne 62 % du prix d'achat de leur logement, contre seulement 53 % en 1978.

*70 % des logements disposent
de tout le confort. :*
• *Deux tiers des maisons individuelles.*
• *Trois quarts des appartements.*

Le confort, au sens de l'INSEE, c'est l'existence dans le logement d'une salle d'eau, de W.-C. intérieurs et d'un chauffage central. D'après cette définition, 30 % des Français habitent un logement inconfortable. Il s'agit principalement d'agriculteurs et d'inactifs habitant des logements anciens dans des communes rurales ; 40 % des logements ont été construits avant 1914. Les habitants de l'agglomération parisienne sont nettement privilégiés dans ce domaine.

Le confort des résidences principales s'est considérablement amélioré depuis une quinzaine d'années : il n'y a pratiquement plus de logements sans eau courante ; la proportion de logements disposant de l'eau chaude a augmenté de 60 % ; le nombre des W.-C. a augmenté dans les mêmes proportions.

- *13 % des logements sont surpeuplés, contre 17 % en 1978.*
- *61 % sont sous-peuplés (54 % en 1978).*

La norme d'occupation est calculée de la façon suivante :
- 1 pièce de séjour pour le ménage,
- 1 pièce pour chaque chef de famille,
- 1 pièce pour chaque personne hors famille non célibataire,
- 1 pièce par célibataire de 19 ans et plus,
- 1 pièce pour 2 enfants de moins de 19 ans, à condition qu'ils soient de même sexe (sauf s'ils ont tous les deux moins de 7 ans),
- 1 pièce pour l'ensemble des domestiques et salariés logés éventuellement.

Il y a surpeuplement si le logement a au moins une pièce de moins que la norme. Il y a sous-peuplement si le logement compte au moins une pièce de plus que la norme.

D'une manière générale, ce sont les cadres supérieurs et professions libérales qui bénéficient des meilleures conditions de logement. Le surpeuplement concerne 39 % des ménages ayant plus de 3 enfants.

La diminution du surpeuplement au cours des dernières années est liée à la fois à la diminution de la taille moyenne des ménages et à l'accroissement de la taille des logements.

3 millions de HLM

En vingt ans, le parc de HLM (habitations à loyer modéré) est passé de 700 000 à 2 900 000 logements, soit un peu plus de 14 % des résidences principales et 37 % des logements loués vides. La plupart sont situés dans des immeubles collectifs, mais 24 % des HLM construites depuis 1981 l'ont été dans le secteur individuel. 90 % disposent des principaux éléments de confort.
La proportion de familles d'immigrés est forte, ainsi que celle des ménages avec enfants (43 %). Plus de 50 % des personnes de référence ont moins de 40 ans. Le loyer mensuel brut moyen était de 1 432 francs en 1984 (424 francs en 1978) dont 61 % étaient couverts par une aide au logement.
On constate une plus faible mobilité parmi les ménages bénéficiant d'une HLM que parmi les autres. Il y avait en 1984 660 000 demandes, dont 41 % émanaient de ménages déjà locataires en HLM. Parallèlement, 120 000 logements étaient inoccupés, soit 4 % du parc (contre 7 % dans l'ensemble du parc locatif).

INSEE

Les logements de plus en plus grands

| | | TYPE D'HABITAT | | |
		Individuel	Collectif	Ensemble
• Surfaces moyennes (en m2)				
-par pièce	en 1978	21,0	20,8	20,9
	en 1984	21,8	21,4	21,7
-par logement	en 1978	90,2	63,9	77,3
	en 1984	96,6	65,3	82,3
• Nombre moyen de pièces	en 1978	4,3	3,1	3,7
	en 1984	4,4	3,1	3,8

INSEE

Le confort en chiffres

Proportion de logements équipés (en %) :

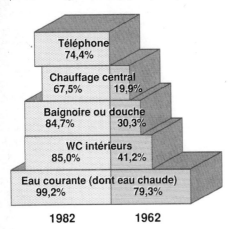

	1982	1962
Téléphone	74,4%	
Chauffage central	67,5%	19,9%
Baignoire ou douche	84,7%	30,3%
WC intérieurs	85,0%	41,2%
Eau courante (dont eau chaude)	99,2%	79,3%

INSEE

La surface moyenne des logements est de 82 m2, contre 77 m2 en 1978.
• Le nombre moyen de pièces est de 3,8 (3,7 en 1978).

Les maisons individuelles ont une surface supérieure (97 m2) à celle des appartements (65 m2). Il en est de même pour le nombre de pièces : 4,4 pour les maisons ; 3,1 pour les appartements. Les propriétaires (en particulier les accédants à la propriété) disposent de logements plus vastes que les locataires.

Les Français sont plutôt satisfaits de leur logement, mais ils émettent quelques réserves.

Les propriétaires sont plus satisfaits que les locataires ; ceux qui habitent une maison plus que ceux qui vivent en appartement. Les plaintes concernent en premier lieu l'absence de certains éléments de confort (installations sanitaires et chauffage) et la vétusté ; d'après l'enquête sur le logement réalisée par l'INSEE en 1984, 35 % des personnes habitant en appartement et 25 % de celles habitant en maison individuelle trouvent la qualité de leur logement insuffisante. Des proportions supérieures à celles enregistrées en 1978 : respectivement 29 % et 22 %.

Les plaintes à propos du bruit concernent 14 % des personnes habitant en maison et 28 % de celles habitant en appartement. Elles sont respectivement 11 % et 28 % à se plaindre de la taille de leur logement, 10 % et 11 % à trouver qu'il est éloigné de leur lieu de travail, 22 % et 11 % qu'il est trop éloigné du centre ville.

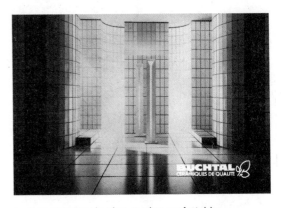

Le logement est de plus en plus confortable

MDC

La France détient le record du monde des résidences secondaires.

Un Français sur dix dispose d'une résidence secondaire. La plupart sont propriétaires, à la suite d'un héritage ou d'une acquisition. Le culte de la résidence secondaire constitue une spécificité nationale, puisque aucun autre pays du monde ne dispose d'un parc aussi important par rapport à sa population.

Pourtant, on constate depuis quelques années une désaffection vis-à-vis de la résidence secondaire traditionnelle, du fait des charges d'entretien et du temps nécessaire pour s'y rendre. En particulier, les Parisiens qui étaient traditionnellement de grands amateurs de résidences de week-end, surtout en Normandie, renoncent de plus en plus, devant les embouteillages du dimanche soir. Les diverses formules de multipropriété constituent depuis quelques années une alternative qui séduit un nombre croissant de Français.

2,3 millions de résidences secondaires

Environ 10 % des ménages disposent d'une résidence secondaire. Il s'agit dans 80 % des cas d'une maison, presque toujours pourvue d'un jardin. A noter que 9 % des résidences secondaires sont constituées d'un terrain et d'une résidence mobile (caravane, camping-car, etc.). 56 % de ces habitations sont situées à la campagne, 32 % à la mer et 16 % à la montagne. Les cadres supérieurs et professions libérales sont les plus nombreux (23 %) à posséder une résidence secondaire. Les moins nombreux sont les agriculteurs (3 %), les ouvriers et employés (5 %).

Logement

En vrac

• 3,8 millions de logements (résidences principales) ont été construits avant 1914 ; 1,7 million entre 1915 et 1948 ; 3,1 millions entre 1949 et 1974 ; 2,3 millions entre 1975 et 1984.
• Un tiers des logements achevés entre 1975 et 1984 et occupés par leur propriétaire comportent des malfaçons ou des non-conformités. Ces malfaçons occasionnent des infiltrations d'eau dans une maison sur cinq et un appartement sur quatre.
• 18 % des maisons et 12 % des appartements ayant le confort sanitaire (salle d'eau, W.-C.) ne disposent pas du chauffage central.
• La proportion de personnes âgées (personne de référence retraitée ou inactive de plus de 60 ans) vivant dans des logements sans confort est passée de 45 % en 1978 à 26 % en 1984.
• Le coût moyen du logement entre 1980 et 1986 est passé de 335 700 francs à 468 000 francs. Son évolution a été moins rapide que celle de l'indice de la construction.
E • Près de la moitié des 120 360 immeubles bâtis à Paris sont en copropriété.
• La ville de Paris gère 4 000 logements de fonction, attribués au personnel, aux directeurs d'écoles ou de crèches et à un certain nombre de personnalités.
• Cinq villes nouvelles ont été construites autour de Paris : Evry, Cergy-Pontoise, Marne-la-Vallée, Saint-Quentin-en-Yvelines, Melun-Sénart. Chacune d'elles devrait compter environ 200 000 habitants en 1990.

ÉQUIPEMENT

Les Français ont beaucoup investi pour équiper leur maison. L'électroménager leur a permis de gagner du temps. Les appareils audiovisuels les ont aidés à en « perdre ». La cuisine et le salon ont beaucoup changé, plus que la salle de bains ; il y a en France plus de téléviseurs que de baignoires.

Du tout-électrique au tout-électronique

La bonne fée électricité avait beaucoup fait pour améliorer la vie des Français (en particulier des Françaises) en faisant entrer dans les foyers les équipements électroménagers. C'est sa fille, la fée électronique, qui a pris le relais, en diffusant progressivement des équipements nouveaux destinés au confort ou aux loisirs. Après avoir libéré la femme d'une partie de ses contraintes ménagères, ces équipements s'adressent aujourd'hui à l'ensemble de la famille.

De toutes les pièces de la maison, c'est la cuisine qui a le plus changé.

Les cuisines d'antan, meublées d'une table, d'un évier, d'une cuisinière à charbon et de quelques placards appartiennent à un passé définitivement révolu. Elles ont fait place aux « cuisines-laboratoires », peuplées de machines perfectionnées et d'éléments fonctionnels réalisés sur mesure.

Après les réfrigérateurs, congélateurs, machines à laver le linge et robots de toutes sortes, ce sont les lave-vaisselle, les fours à micro-ondes et les sèche-linge qui s'installent aujourd'hui dans les cuisines françaises. En attendant la prochaine génération d'équipements électroménagers.

La « nouvelle cuisine »

Evolution du taux d'équipement des ménages (%) :

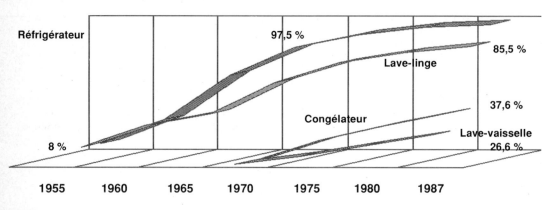

Réfrigérateur

97,5 %

Lave-linge

85,5 %

Congélateur

37,6 %

Lave-vaisselle

8 %

26,6 %

1955   1960   1965   1970   1975   1980   1987

INSEE

Les autres équipements ménagers

Taux d'équipement début 1987 (en %) :

• Fer à repasser	96
• Aspirateur	88
• Cuisinière	87
• Cafetière électrique	74
• Robot de cuisine	72
• Moulin à café	67
• Grille-pain	60
• Hotte aspirante	37
• Friteuse	27
• Table de cuisson	20
• Four indépendant	20
• Mini-four	15
• Rôtissoire	14
• Four à micro-ondes	6
• Sèche-linge	5
• Grille-viande	42

GIFAM

L'audiovisuel poursuit sa percée.

L'équipement des foyers en radio est arrivé depuis longtemps à saturation. C'est maintenant le tour de la télévision (93 % des foyers, dont 78 % ont la couleur). La chaîne hi-fi est moins répandue, mais la presque totalité de ceux qui n'en possèdent pas ont un électrophone.

La nouvelle génération audiovisuelle est en train de pénétrer dans les foyers. Les magnéto-scopes, caméras vidéo, lecteurs de disques compacts, micro-ordinateurs, commencent à s'installer chez les plus jeunes et chez les plus modernistes des adultes.

Les différences entre catégories sociales varient selon les biens d'équipement.

Les équipements les plus également répandus sont ceux qui sont arrivés à saturation : réfrigérateur, lave-linge, téléviseur. Les moins bien équipés sont les ménages jeunes, à très faible revenu ou composés d'une seule personne et, dans une moindre mesure, les ménages âgés et ceux habitant Paris. La télévision couleur se développe rapidement : près des trois quarts des ménages en disposent, contre 10 % en 1974. Mais elle est moins présente chez les agriculteurs et à Paris.

A l'inverse, l'équipement en lave-vaisselle progresse lentement. Moins d'un quart des foyers en possèdent et les disparités sont grandes entre les catégories sociales : les moins équipés sont les ménages aux revenus les plus modestes et comptant peu de personnes.

Les « branchés »

Evolution du taux d'équipement des ménages (%) :

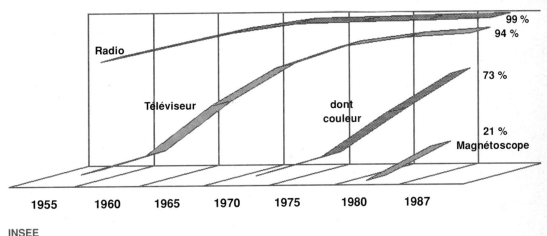

Radio — 99 %
— 94 %
Téléviseur dont couleur — 73 %
21 %
Magnétoscope

1955 1960 1965 1970 1975 1980 1987

INSEE

Les différences entre les ménages sont plus sensibles en matière de multi-équipement, de conservation moyenne, de substitution d'équipements anciens par d'autres plus modernes.

90 % des foyers disposent du téléphone.

Au début des années soixante-dix, le téléphone était en France un sujet de moquerie (on se souvient du sketch de Fernand Reynaud sur le « 22 à Asnières »...). Aujourd'hui, le téléphone est présent dans 9 foyers sur dix et la France a fait mieux que combler son retard. Elle a inventé le Minitel, qui en est le complément moderne et unique au monde. Les moins équipés sont paradoxalement les personnes seules, souvent âgées, ainsi que les jeunes.

4 millions de ménages sont équipés du Minitel à fin 1988.

Spécificité française, le Minitel fait aujourd'hui partie de l'équipement d'environ un ménage sur quatre, après seulement quelques années d'existence (les premiers étaient livrés en 1983). Ce développement spectaculaire est bien entendu lié à sa gratuité, l'appareil étant distribué aux usagers du téléphone en lieu et place de l'annuaire.

Mais la consultation de l'annuaire électronique ne représentait en 1987 que 18 % du temps total d'utilisation et 25 millions d'appels par mois. Le reste des appels était destiné aux quelque 7 000 services proposés aux usagers : messageries, jeux, services pratiques, informations générales, kiosque, services bancaires et financiers, applications professionnelles spécialisées, etc., sans oublier les applications internes aux entreprises.

La salle de bains redécouverte

Après avoir beaucoup investi dans leur cuisine, c'est à la salle de bains que les Français s'intéressent aujourd'hui. Pour en faire une véritable « pièce à vivre », qui intègre à la fois la fonction traditionnelle d'hygiène et d'autres fonctions plus nouvelles, liées à la forme et au bien-être.

S • 70 % des Français souhaitent améliorer leur salle de bains; 33 % sont prêts à la transformer.

La salle de bain est considérée aujourd'hui comme le lieu privilégié dans lequel on peut s'occuper de soi. On retrouve là les grands

La France du confort

Taux d'équipement des ménages selon la catégorie socio-professionnelle en 1986 (en %) :

	Réfrigé-rateur	Congé-lateur	Lave-linge	Lave-vaisselle	Télé-viseur	dont couleur
• Agriculteurs	99,0	82,8	93,4	33,1	94,1	56,3
• Salariés agricoles	87,4	41,4	72,4	9,2	85,1	52,9
• Patrons de l'industrie et du commerce	97,1	46,4	93,2	42,4	93,5	78,4
• Cadres supérieurs et professions libérales	98,8	37,6	91,3	59,3	90,1	80,3
• Cadres moyens	97,6	36,8	87,8	38,5	89,7	74,6
• Employés	98,3	28,8	84,2	21,2	91,6	72,3
• Ouvriers	97,3	43,4	90,5	19,8	93,7	73,0
• Personnels de service	94,3	17,4	79,5	9,2	91,8	61,5
• Autres actifs	96,8	42,7	90,7	30,8	90,1	79,1
• Retraités	96,9	30,4	79,7	12,2	94,4	73,9
• Autres inactifs	93,6	18,1	66,5	9,6	86,9	61,7
ENSEMBLE	**97,1**	**37,3**	**85,4**	**24,2**	**92,4**	**72,8**

INSEE

courants actuels qui tendent à privilégier la forme physique, les soins de beauté. On rêve donc d'une salle de bains plus grande, mieux éclairée (de préférence par une fenêtre), équipée de matériel de culture physique. Le tout dans une ambiance musicale haute-fidélité.

Même si tous ne passent pas du rêve à la réalité, beaucoup s'efforcent de transformer leur salle de bains en un véritable « salon de bains » dans lequel il fait bon s'occuper de son corps.

Moins de baignoires que de postes de télévision

85 % des foyers sont équipés du confort sanitaire (une baignoire ou une douche). 20 % disposent d'une douche indépendante de la baignoire (2 % ont même 2 douches indépendantes). Il y a donc en France moins de baignoires que de postes de télévision. Il faut dire qu'il est moins coûteux d'acheter un récepteur de télévision que d'installer une baignoire ou une douche dans des logements anciens et de petite taille, surtout dans les immeubles collectifs qu'il faut alors rénover en totalité. Mais des progrès importants ont été réalisés au cours des dernières années. Entre 1978 et 1984, un million de maisons individuelles et 200 000 logements collectifs sans confort sanitaire ont été rénovés ; 200 000 maisons et 600 000 logements collectifs ont été désaffectés.

INSEE

Mobilier : à la recherche d'un style contemporain

Pendant quelques années (entre 1979 et 1985), les Français n'ont guère attaché d'importance à leur mobilier. A la crise économique et ses conséquences sur le pouvoir d'achat se sont ajoutées celles de la distribution et, surtout, de la création. Cette période de transition semble se terminer avec l'apparition de plusieurs tendances : le retour à l'ancien ; l'exigence de confort ; celle d'authenticité ; le désir de personnalisation du logement ; l'émergence d'un véritable style contemporain.

Entre 1979 et 1985, les Français ont moins dépensé pour se meubler.

Plutôt que de s'intéresser à l'ameublement au sens traditionnel (armoire, lit ou canapé), les Français avaient donné la préférence aux « meubles de loisirs » que sont la télé couleur ou la chaîne hi-fi. L'attrait du « kit », pratique et moins coûteux, expliquait aussi la stagnation des achats. Enfin, beaucoup ont commencé à se tourner pendant cette période vers des circuits de distribution « parallèles », tels que les dépôts-vente, la brocante ou les entrepôts de vente directe, qui pratiquent des prix inférieurs, et dont la part croissante échappe aux statistiques officielles de la profession.

*Les goûts sont aujourd'hui
plus clairs et plus différenciés.*

En matière d'ameublement, les mots-clés sont romantisme, confort, tradition, authenticité, personnalité, diversité. Ces attentes se retrouvent aussi bien dans les styles choisis que dans les matériaux ou les couleurs.

La plupart des catégories sociales, des plus traditionnelles aux plus modernistes, se retrouvent sur le choix des matériaux naturels et nobles (le bois et le cuir font l'unanimité) et sur les ambiances, faites de couleurs pastel, de formes arrondies et rassurantes.

CUIR CENTER

10 950 F
Le canapé 3 places.

Le cuir
épais
à prix
mince.

CUIR CENTER

Les matériaux nobles reviennent

Eldorado

Les styles d'ameublement sont très variés.

Si beaucoup restent fidèles au mobilier ancien (de préférence authentique, avec une influence anglo-saxonne), d'autres se tournent vers des rééditions de meubles des années quarante et cinquante. Les plus modernistes ont enfin trouvé avec certaines créations « high tech » et les séries limitées des grands designers du moment les éléments d'un style contemporain naissant.

Les autres mélangent allègrement les styles, bousculant toutes les conventions, mixant le moderne et l'ancien, le cher et le « cheap » (bon marché), le sophistiqué et le rustique, l'exotique

et le conventionnel. Pour eux, les meubles servent plus à rêver qu'à ranger. La musique et la lumière en sont les compléments naturels, l'exotisme tient également une large place. Leur souci n'est pas de « faire beau », ni durable. Au slogan « un meuble pour la vie », ils opposent une conception plus éphémère et plus onirique.

Des fleurs dans la maison

Les Français aiment les fleurs et les plantes vertes. Ils leur ont consacré environ 15 milliards en 1987, dont 31 % pour eux-mêmes, 43 % pour offrir, 26 % pour le cimetière. Un peu moins de la moitié des dépenses concernaient des plantes en pot. Les fleurs coupées restent majoritaires (54 % des actes d'achat), devant les plantes fleuries (39 %) et les plantes vertes (7 %). La plus grande part des achats (62 %) se fait dans les boutiques spécialisées, les fleuristes présents sur les marchés et les grands surfaces représentent chacun 14 %. La part des horticulteurs est de 7 %.
Le montant moyen d'un achat est de 48 francs.

Comité national interprofessionnel de l'horticulture

On retrouve cette volonté de briser les habitudes (ou de revenir à des habitudes anciennes oubliées) dans l'aménagement même de certains logements : la création de mezzanines et de vérandas permet de casser le volume des pièces ou de l'agrandir ; la cuisine tend à remplacer la salle à manger.

Equipement

En vrac

• Le taux d'équipement en magnétoscopes était en de 14 % en France, contre 28 % en RFA, 40 % en Grande-Bretagne, 4 % en Italie. Celui de la télévision couleur était de 72 % en France, contre 86 % en RFA, 89 % en Grande-Bretagne, 60 % en Italie.
• 50 % des équipements de gros électroménager sont achetés dans des magasins spécialisés, 23 % dans les magasins traditionnels, 21 % dans des hypermarchés, 0 % dans des grands magasins.
• 78 % des ménages disposent d'un sèche-cheveux. 49 % des hommes disposent d'un rasoir électrique, 12 % des femmes.
• En 1987, les Français ont acheté 660 000 fours à raclette, 400 000 moulins à café, 250 000 brosses à dents électriques et hydropropulseurs, 63 000 cireuses, 51 000 chauffe-plats.

VOITURE

Objet de culte jusqu'au début des années soixante-dix, la voiture était devenue avec la crise un accessoire coûteux mais indispensable. La baisse du prix de l'essence et la sortie de modèles moins sages ont fait resurgir une passion automobile qui ne s'était jamais vraiment éteinte.

La raison et la passion

La société automobile a commencé avec le siècle. Après avoir alimenté les rêves et les conversations des Français pendant des décennies, la voiture est aujourd'hui intégrée à leur mode de vie, au même titre que le réfrigérateur ou le poste de télévision. Mais la crise pétrolière a modifié les attitudes. Avec elle s'envolaient les rêves de puissance (fiscale) et de grandeur (celle de la carrosserie). Les voitures « moyennes » s'imposaient. A la passion des années fastes succédait la raison.

A partir de 1986, la baisse du pétrole puis celle du dollar et de la TVA allaient renverser à nouveau la situation. Les nostalgiques de la voiture-symbole retrouvaient des raisons d'espérer.

• *76 % des ménages ont une voiture (janvier 1988).*
• *Ils n'étaient que 30 % en 1960 (58 % en 1970).*
• *24 % des ménages ont au moins 2 voitures.*

La France compte 390 voitures pour 1 000 habitants. Un chiffre supérieur à celui de la Grande-Bretagne (330) et du Japon (250) mais inférieur à celui de la Suisse (410), de l'Allemagne fédérale (430) ou des Etats-Unis (560).

Il faut ajouter au nombre des voitures particulières celui des véhicules dits utilitaires :

2 250 000 début 1987 (dont 140 000 tracteurs) et 65 000 autocars et autobus.

Même si la voiture semble s'être aujourd'hui beaucoup démocratisée, sa possession n'est pas indépendante des caractéristiques des ménages et de leur pouvoir d'achat. Ceux qui n'ont pas de voitures sont surtout des personnes âgées, des foyers sans enfants pour lesquels la nécessité de la voiture est en général moins forte.

Après avoir augmenté jusqu'en 1981, la cylindrée moyenne des voitures diminue régulièrement.

Le nombre des voitures de 11 CV et plus a diminué de plus de 500 000 en 6 ans, passant de 1 930 000 en 1981 à 1 410 000 en 1987. Celui des moyennes cylindrées (de 6 à 10 CV) a moins augmenté pendant cette période que celui des petites (5 CV et moins).

21 millions de voitures

Evolution du nombre de voitures particulières selon la puissance (en %) :

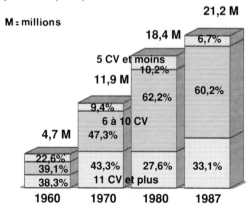

M = millions

Chambre syndicale des constructeurs d'automobiles

Les modèles Diesel représentent aujourd'hui 10 % du parc des voitures particulières (1 % en 1970).

Cette proportion continue de s'accroître, puisque 18 % des voitures achetées en 1987

760 000 voitures étrangères neuves en 1987

Immatriculations de voitures particulières étrangères en France en 1987 (en milliers) :

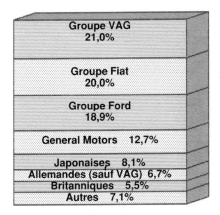

Groupe VAG	21,0%
Groupe Fiat	20,0%
Groupe Ford	18,9%
General Motors	12,7%
Japonaises	8,1%
Allemandes (sauf VAG)	6,7%
Britanniques	5,5%
Autres	7,1%

Chambre syndicale des constructeurs d'automobiles

étaient des modèles Diesel, contre 15,7 % l'année précédente. Longtemps réservé aux camions et aux taxis, le moteur Diesel intéresse de plus en plus les particuliers. L'avantage de sa moindre consommation a pris de l'importance au fur et à mesure que l'écart entre le super et le gazole augmentait. La durée de vie plus longue du diesel n'est pas non plus pour déplaire aux Français qui gardent leurs voitures assez longtemps (8 ans en moyenne).

Le parc de voitures vieillit.

Depuis 1982, le nombre des véhicules âgés de 5 à 20 ans est supérieur à celui des véhicules de moins de 5 ans. Avec la crise, les acheteurs ont été amenés à garder leur voiture plus longtemps, quitte à mieux l'entretenir. Ils préfèrent aussi les voitures d'occasion : il s'en vend aujourd'hui environ 3 fois plus que de neuves.

Pourtant, les immatriculations ont progressé en 1986 et 1987, bénéficiant de l'arrivée de nouveaux modèles, de la baisse de l'essence (sous l'effet conjugué de celle du pétrole et du dollar) et de la baisse de la TVA sur les voitures, fin 1987.

Le parcours annuel moyen est de 13 000 km par voiture.

Le kilométrage annuel moyen parcouru par les ménages est à peu près constant. Il oscille depuis une dizaine d'années autour de 13 000 km. L'évolution du prix du carburant (qui a été multiplié par trois en francs courants entre 1975 et 1985, pour baisser ensuite en 1986 et 1987) ne semble pas avoir eu d'incidence mesurable. Il faut dire que la consommation d'essence moyenne par voiture a diminué depuis 1973, date du premier choc pétrolier.

Le luxe fait toujours rêver

Peyrat et Associés

2 millions de Français roulent sans assurance

Sur les 25 millions d'automobilistes et motocyclistes circulant en France, environ 2 millions ne sont pas assurés en cas d'accident.
Parmi eux, 800 000 conduisent sans avoir souscrit la moindre assurance et plus d'un million ne sont pas couverts pour des raisons diverses : non-paiement des primes, défaut de permis, fausse déclaration, etc. C'est pour éviter ces abus qui coûtent chaque année plus de 200 millions de francs à la collectivité que la vignette-assurance apposée sur le pare-brise a été rendue obligatoire.

CDIA

Le rêve automobile a survécu à la crise.

Le moins qu'on puisse dire est que la voiture n'a pas été épargnée depuis le début de la crise économique : accroissement du prix des modèles, du coût de leur entretien, de l'essence, de l'assurance, de la vignette ; limitation de vitesse ; obligation du port de la ceinture ; renforcement des contrôles et accroissement du prix des amendes ; réduction du taux d'alcoolémie autorisé. Il faut y ajouter la multiplication des embouteillages, qui prennent dans certaines grandes villes des proportions inquiétantes, même si elles ne sont pas encore dissuasives (encadré ci-dessous).

Pourtant, toutes ces contraintes n'ont pas vraiment modifié l'attirance profonde des Français pour la voiture. En attendant le retour des jours meilleurs, ils faisaient contre mauvaise fortune bon cœur. Faute de pouvoir impressionner leur entourage en soulevant le capot, ils décoraient la carrosserie et achetaient des accessoires. Ils luttaient contre la banalité des modèles de série en essayant de les personnaliser. Conscients de ce souci de personnalisation, les constructeurs ont multiplié les options, les séries limitées.

Il est clair que l'individualisme ambiant explique en partie l'intérêt que les Français portent à l'automobile et l'usage qu'ils en font.

Les embarras de Paris

• 1 600 000 voitures franchissent chaque jour les portes de la capitale (2 fois plus qu'en 1960). Deux millions circulent sur le boulevard périphérique, 250 000 sur la place de l'Etoile, 180 000 au pont d'Austerlitz.

• L'Ile-de-France représente aujourd'hui 90 % des bouchons enregistrés sur tout le territoire (48 % en 1971). Un milliard d'heures sont perdues chaque année dans les embouteillages à Paris.

• 13 % des automobilistes de la région parisienne déclarent s'être battus à la suite d'un embouteillage, contre 10 % en province.

• Dans les couloirs de bus parisiens, on compte en moyenne une voiture en stationnement interdit tous les 100 m.

• 8 millions de contraventions sont dressées chaque année à Paris. Un tiers ne sont jamais payées.

• Un taxi parisien effectue en moyenne 18 courses par jour, contre 30 il y a 20 ans.

Deux roues : la moto reprend de la vitesse

Le destin de la moto apparaît semblable à celui de la voiture. Après plusieurs très mauvaises années, l'intérêt des Français pour la moto se manifeste à nouveau depuis 1986.

Entre 1981 et 1985, les achats de motos neuves avaient diminué de moitié.

Les belles images en provenance du Paris-Dakar ou de l'Enduro du Touquet, la cote d'amour d'Hubert Auriol ou de Cyril Neveu n'avaient pas empêché les achats de motos neuves de chuter de façon spectaculaire en quatre ans (voir encadré). Seule la légère augmentation des achats d'occasion expliquait la relative stagnation du nombre des motos en circulation.

Le pouvoir d'achat des jeunes et les contraintes administratives étaient responsables de cette baisse.

L'évolution du pouvoir d'achat des jeunes, ainsi que leur taux de chômage élevé expliquaient leur hésitation à s'endetter pour acquérir des engins dont les prix (d'achat, d'entretien et de réparation) avaient beaucoup augmenté depuis quelques années.

De plus, la création de nouveaux permis entraînant de nouvelles classifications administratives avait porté un coup très dur à la catégorie des 125 cm^3. Dans les plus petites cylindrées, le cyclomoteur était également en chute régulière depuis 10 ans : un million vendus en 1974, la moitié en 1985. Quant au scooter, vieux souvenir des années soixante relancé depuis 1982 par certains constructeurs, il n'avait pas réalisé la percée attendue, malgré une augmentation sensible des ventes : 16 000 en 1984 contre 12 000 en 1983.

Les immatriculations se sont redressées depuis 1986.

Avec une augmentation de près de 30 % en deux ans du nombre des immatriculations, la moto a retrouvé une partie du public qu'elle avait perdu au cours des années précédentes. Ce sont les marques étrangères (en particulier

Vive l'occasion !

Evolution des immatriculations et du parc de motos :

	1980	1981	1982	1983	1984	1985	1986	1987
• Immatriculations :								
- neuves	135 000	108 311	119 681	101 124	80 283	73 331	84 692	91 789
- occasion	-	200 600	221 325	227 464	231 319	237 833	227 271	-
• Part des marques étrangères	-	95,2%	95,7%	96,2%	95,8%	95,31%	96,6%	97,0%
• Motos en circulation (au 31 décembre)	715 000	725 000	740 000	745 000	725 000	695 000	680 000	-

Chambre syndicale des importateurs d'automobiles et de motocycles

japonaises) qui ont profité de ce regain d'intérêt. Les quatre constructeurs japonais (par ordre décroissant d'importance : Honda, Yamaha, Suzuki, Kawasaki) occupent les quatre premières places; ils ont représenté 85 % des achats de 1987. Vespa Piaggio est arrivé en cinquième position en 1987, avec un peu moins de 3 000 machines vendues. Les Français Peugeot et MBK se sont partagés à peine 3 % des immatriculations totales.

Les 125 cm^3 ont confirmé leur retour en force, puisqu'elles représentent un tiers des immatriculations nouvelles, devant la catégorie des 500-600 cm^3 (23 %).

La voiture

En vrac

•   Le taux de survie des voitures après 10 ans le plus élevé est celui de la Volvo 240 : 85 %. La première voiture française de ce classement est la 2 CV Citroën (63 %), devant la Renault 5 (62 %), la Renault 18 (56 %), la Talbot Horizon (54 %), la Citroën CX (13 %).

S • Deux Français sur trois considèrent que la circulation automobile dans les villes est exécrable.

E • 40 % des usagers des parcmètres parisiens n'acquittent pas le prix du stationnement. Ils sont 50 % dans les quartiers périphériques.

•   Entre 1974 et 1983, les encombrements ont été multipliés par 5 en Ile-de-France.

•   22 % des règlements dans les stations-service sont effectués par carte.

•   La voiture la plus vendue en France est la Renault Supercinq, avec 11,4 % des immatriculations en 1987.

•   L'Europe est le premier marché automobile du monde, avec 12,3 millions de véhicules vendus en 1987.

La moto n'est plus en panne

Domino Ketchum

ANIMAUX

Les animaux de compagnie sont présents dans la moitié des foyers. Leur importance ne se limite pas à la cellule familiale ; elle est considérable aussi sur le plan économique et sur celui de l'environnement.

34 millions d'amis

L'homme a toujours eu besoin de l'animal. D'abord pour assurer sa nourriture quotidienne, puis pour utiliser sa force dans les travaux qu'il était incapable d'effectuer seul. Aujourd'hui, le cheval de labour est remplacé par les chevaux-vapeur, mais l'animal reste présent dans la vie de l'homme. En tant qu'ami et confident, il complète (et parfois remplace) les relations avec les autres.

Les Français ont une passion particulière pour les animaux de compagnie. On peut constater, bien que les deux phénomènes ne soient pas directement comparables, qu'il y a en France deux fois plus d'animaux familiers que d'enfants.

55 % des foyers possèdent un animal : c'est le record d'Europe.
- *10 millions de chiens (un foyer sur trois).*
- *7 millions de chats (un foyer sur quatre).*
- *9 millions d'oiseaux (un foyer sur huit).*
- *8 millions de poissons, 2 millions de lapins, hamsters, singes, tortues, etc.*

Bien que la majorité des Français habitent aujourd'hui dans les villes, leurs racines rurales restent fortes. Avec elles se sont maintenues les traditions d'amitié entre deux espèces liées par une longue histoire commune. Le cheval et le chien ont été de tout temps des auxiliaires de l'homme en même temps que des amis.

La répartition des animaux est inégale selon les catégories sociales.

Fort logiquement, la possession d'animaux domestiques est plus fréquente en zone rurale, dans les maisons individuelles, dans les logements de grande taille. Ceux qui en ont le plus sont les agriculteurs (84 % des foyers), les artisans et les commerçants (58 %). Ceux qui en ont le moins sont les ouvriers (37 %), les cadres et les employés (43 %).

Leur implantation géographique est la plus forte dans le Nord-Ouest et dans le Sud-Ouest. La région parisienne en compte relativement moins, même si l'on peut voir dans les rues les traces (glissantes) de leur existence. Environ 80 % des chiens et des chats vivent dans des maisons individuelles, 20 % en appartement.

Les personnes âgées ont moins d'animaux familiers que les autres.

Contrairement à l'idée générale, les inactifs habitant en ville, retraités ou non, sont ceux qui possèdent le moins d'animaux de compagnie, ainsi que les couples sans enfant. C'est au contraire dans les familles nombreuses que l'on trouve le plus d'animaux : plus de la moitié des ménages de cinq personnes ont un chien ; la proportion atteint deux tiers dans les familles plus nombreuses.

Une place dans la famille

Les animaux domestiques jouent un rôle important dans la vie des Français. Dans une société souvent dure et angoissante, ils leur apportent un réconfort et un moyen de lutter contre l'isolement.

Pour les enfants, les chiens, chats, hamsters ou tortues sont le moyen de faire éclore des sentiments de tendresse qui pourraient autrement être refoulés.

Pour les adultes, les animaux sont des compagnons avec lesquels ils peuvent communiquer sans crainte et partager parfois leur solitude. Sans parler bien sûr de la sécurité qui est apportée par les chiens, de plus en plus utilisés comme moyen de défense ou de dissuasion contre la délinquance. Avec parfois quelques abus... lorsque le chien ne fait pas la différence entre un voleur, un facteur ou même un membre de la famille en visite.

Dans une période où la décision d'avoir des enfants est souvent difficile à prendre, celle d'avoir un animal la précède ou en tient parfois lieu. Ainsi, beaucoup de jeunes couples commencent par adopter un chien, moins exigeant qu'un enfant, moins coûteux à entretenir, plus facile à faire garder lorsqu'ils veulent sortir.

L'animal est un révélateur des angoisses de l'homme. Le fait qu'il ne parle pas en fait un confident privilégié. Il ne fait guère de doute que le premier journaliste ou sociologue qui parviendrait à interviewer un chien ou un chat en apprendrait beaucoup sur la vie et la nature profonde des Français !

Chien ou chat ?

Le choix du chat ou du chien comme animal de compagnie n'est pas neutre. Il n'est peut-être pas lié seulement à des considérations de place ou de coût. Utilisant la dichotomie proposée par Bourdieu entre les groupes sociaux caractérisés par la préservation d'un « capital économique » (commerçants, artisans, policiers, militaires, contremaîtres...) et ceux motivés par la constitution d'un « capital culturel » (intellectuels, artistes, instituteurs, fonctionnaires...), François Héran montre dans une étude réalisée pour l'INSEE que les premiers sont plutôt des possesseurs de chiens, les seconds des possesseurs de chats. L'image sociale de ces deux animaux explique en partie cette répartition. Le chat est le symbole de la liberté et de l'indépendance, chères aux intellectuels. Le chien est plutôt celui de la défense des biens et des personnes ainsi que de l'ordre, valeurs souvent prioritaires dans les autres catégories.

• *En 1987, les Français ont dépensé plus de 30 milliards de francs pour leurs animaux.*
E • *L'alimentation d'un chien coûte plus de 2 000 francs par an.*
E • *Celle d'un chat revient à 800 francs.*

Les achats d'aliments pour animaux représentaient moins de 200 millions de francs en 1970. Ils représentent plus de 5 milliards de francs aujourd'hui, pour environ 700 000 tonnes de produits, plus d'un milliard de boîtes de conserves. Pour nourrir leurs chiens, les Français dépensent quelque 20 milliards de francs ; un

sur deux achète régulièrement des aliments préparés ; un sur quatre cuisine des petits plats à l'intention de son animal ; un sur quatre lui donne les restes des repas familiaux.

Les animaux coûtent cher. Les sommes énormes qui sont dépensées chaque année représentent sur le plan économique des ressources et des emplois utiles à la collectivité. Mais elles constituent aussi une charge, parfois lourde, pour les possesseurs. Outre les dépenses de nourriture, déjà relativement élevées pour des ménages modestes, ils doivent faire face aux soins de leurs animaux. Ainsi sont dépensés pour les seuls chiens et chats :

• *Un milliard de francs par an pour les achats d'animaux,*
• *Un milliard de francs pour la santé,*
• *500 millions de francs d'assurance,*
• *100 millions de francs pour le toilettage.*

Il faut ajouter à ces sommes environ 6 milliards de francs pour les autres animaux. Plus les accessoires nécessaires (niches, cages, aquariums, laisses, etc.) et les produits d'entretien. Ainsi, les Français achètent chaque année environ 150 000 tonnes de litière pour leurs chats. Il est vrai que quand on aime, on ne compte pas. Mais ceci ne doit pas faire oublier que, chaque été, environ 50 000 chiens sont abandonnés par leurs maîtres avant de partir en vacances.

Boris, boulettologue chez Fido.

Goûté et approuvé.

Les animaux ont la parole

CLM/BBDO

Tel maître, tel animal

L'existence de ces millions d'animaux ne présente pas pour la collectivité que des avantages. Ce sont les chiens qui posent le plus de problèmes : pollution, bruit, agressivité, dégradations.

- *500 000 morsures de chiens chaque année.*
- *20 tonnes d'excréments par jour à Paris.*

D'après le CDIA (Centre de documentation et d'information de l'assurance), près de 500 000 personnes sont mordues chaque année (dont environ 4 000 facteurs au cours de leur tournée). La moitié d'entre elles en gardent une cicatrice, plus de 60 000 doivent être hospitalisées, des enfants meurent des suites de morsures.

La plupart des communes prennent des dispositions pour réduire ces nuisances : réglementations, construction de « vespachiens », contrôle plus strict de la reproduction, etc. A Paris, on estime que les quelque 300 000 chiens sont à l'origine de 650 chutes par glissade chaque année. Mais, autant et parfois plus que les animaux, ce sont probablement les maîtres qu'il faudrait éduquer.

Les animaux

En vrac

- En France, 14 % des chiens sont « de race », contre 55 % en Grande-Bretagne. Sur les 9 millions de chiens, on compte 700 000 bergers allemands.
- Il existe en France 2 200 salons de toilettage pour chien.
- Chaque année, 100 000 animaux de compagnie sont abandonnés par leurs maîtres.
- 600 personnes sont blessées, chaque année, à la suite d'un accident de la route provoqué par un animal. Plus de la moitié sont recensés dans les 19 départements du Nord-Est et du Sud-Ouest. 6 d'entre eux regroupent 24 % des collisions : Dordogne, Haut-Rhin, Bas-Rhin, Moselle, Landes, Haute-Saône.
- Le quart des chiens et des chats souffrent de maladies de peau.
- 50 000 personnes adhèrent à l'un des 600 clubs de dressage de chiens de garde.
- 60 % des chiens perdus emmenés dans un centre de la SPA sont retrouvés par leurs maîtres.

3
LA SOCIÉTÉ

LE BAROMÈTRE DE LA SOCIÉTÉ

Les pourcentages indiqués représentent les réponses positives aux affirmations proposées.

Il faut respecter les convenances (%) :

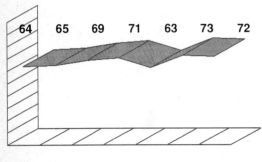

64   65   69   71   63   73   72

1982   1983   1984   1985   1986   1987   1988

Agoramétrie

Il y a trop de travailleurs immigrés (%) :

60   60   60   57   48   51   49

1982   1983   1984   1985   1986   1987   1988

Agoramétrie

On ne se sent plus en sécurité (%) :

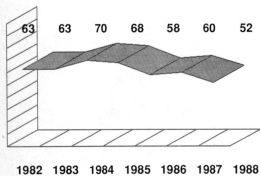

63   63   70   68   58   60   52

1982   1983   1984   1985   1986   1987   1988

Agoramétrie

On peut avoir confiance en la justice (%) :

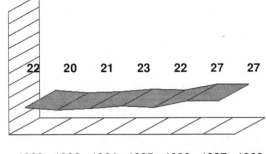

22   20   21   23   22   27   27

1982   1983   1984   1985   1986   1987   1988

Agoramétrie

LA VIE EN SOCIÉTÉ

CLIMAT SOCIAL

Si les Français supportent mal la crise et les incertitudes qu'elle engendre, c'est que, pour la première fois dans l'histoire, la plupart d'entre eux ont quelque chose à perdre. Alors, ils ont tendance à désigner des boucs émissaires. Ce qui ne facilite pas le climat social.

La crise, c'est les autres...

Il avait fallu dix ans aux Français (1973 à 1983) pour comprendre que la crise économique n'était pas un accident passager mais le prologue à une formidable mutation de toute la société. Depuis, le réalisme a repris le dessus, mais il n'a pas empêché les Français de vouloir régler leurs comptes avec ceux qu'ils jugent responsables des difficultés du moment. Ils accusent pêle-mêle l'Etat, les immigrés, les fonctionnaires et les privilégiés de toutes sortes.

Les politiciens sont les principaux boucs émissaires.

La droite n'ayant pu enrayer la crise, les Français décidèrent en 1981 de convoquer la gauche, absente du pouvoir pendant 23 ans. Après la tentative malheureuse de relance économique en 1982, ils s'étonnèrent bientôt d'entendre à gauche un discours qu'ils avaient rejeté à droite, tandis que le chômage continuait de s'accroître.

A l'état de grâce succédait alors l'état de grogne... En mars 1986, les électeurs rappelaient au pouvoir, mais sans réel enthousiasme, un gouvernement de droite, imaginant que la cohabitation pouvait être la solution. Mais celle-ci ne tint pas ses promesses et la campagne pour l'élection présidentielle de 1988 se déroulait dans une sorte d'indifférence générale.

Pour la première fois, la plupart des Français ont quelque chose à perdre.

La France a connu bien des périodes difficiles au cours de son histoire. Elle les a subies avec un courage mêlé de fatalisme. La situation est pourtant différente aujourd'hui. Quarante années de croissance ininterrompue ont créé un attachement profond aux valeurs matérielles. Ayant beaucoup travaillé, la plupart des Français ont profité des bienfaits de la prospérité. A la frange des très riches, dont la majorité l'ont toujours été, s'est ajouté le groupe immense des classes moyennes. Celles-ci ont accumulé en une génération plus de biens que ne l'avaient fait leurs ancêtres en plusieurs siècles. Beaucoup ont, en même temps, conquis des privilèges auxquels ils sont jalousement attachés.

Après avoir accumulé, il faut pouvoir préserver. La possession d'une maison (éventuellement d'une résidence secondaire), d'une voiture et de biens d'équipement de plus en plus nombreux est à la fois source de plaisir et d'angoisse. Plaisir de les avoir et de s'en servir, angoisse de les perdre. On sait à quelles extrémités peuvent arriver certaines personnes menacées dans leur propriété. Le développement de l'autodéfense et les abus que celle-ci a parfois engendrés en sont une éclatante illustration. La sympathie croissante des Français pour des solutions musclées aux problèmes du moment en est une autre. La montée du Front national, dont les idées séduisent un dixième de l'électorat, est l'aboutissement logique de ce processus de crainte.

Les Français ne sont plus seulement des compatriotes ; ils deviennent des concurrents.

La difficulté des Français à communiquer entre eux n'est pas le fait d'une animosité réelle entre des individus qui ne se supportent plus. Certes, les conditions de la vie en société n'ont pas évolué dans un sens favorable : la criminalité s'est beaucoup accrue entre 1975 et 1985, avant de commencer à décroître et les nuisances de toutes sortes (pollution, bruit, risques technologiques...) se sont développées.

Mais ce sont surtout les difficultés d'ordre économique qui empêchent certains Français d'accorder tout le respect qu'il doivent à leurs semblables.

Haro sur les immigrés

L'une des conséquences sociales majeures des années de crise est la montée du racisme et de la xénophobie. Les immigrés de la première comme de la seconde génération sont tenus par un nombre croissant de Français pour les principaux responsables du chômage et de la délinquance. Deux maux qui arrivent au tout premier plan des angoisses tant individuelles que collectives.

*Les étrangers représentent
7 % de la population totale.
• La proportion a peu varié
depuis le début de la crise.
• Elle est la même qu'en 1931.*

Plusieurs mouvements distincts se sont produits dans l'évolution de la population étrangère. Les principales vagues d'immigration se sont produites en 1931, 1946 et 1962. La proportion des différentes nationalités s'est beaucoup modifiée. Depuis 1954, ce sont les Maghrébins qui ont fourni l'essentiel des nouveaux immigrants, alors que le nombre d'étrangers en provenance des pays d'Europe diminuait.

La montée du racisme est un sous-produit de la crise

Le Nouvel Observateur, 25 septembre 1987

Pourtant, la stagnation apparente du nombre d'étrangers (en particulier par rapport aux années trente) ne signifie pas que les flux d'immigration ont cessé, mais que beaucoup d'étrangers sont devenus Français, par naturalisation ou, à la deuxième génération, par intégration automatique.

Il faut noter également que les chiffres établis par le ministère de l'Intérieur sont sensiblement plus élevés que ceux émanant de l'INSEE (à l'occasion des recensements). Il y avait, selon le ministère 4 470 000 étrangers résidant en France au 1er janvier 1984, soit 8,1 % de la population totale. 49 % d'entre eux étaient d'origine européenne (19 % étaient Portugais) et 37 % d'origine maghrébine.

Les étrangers ont changé de couleur

Nombre d'étrangers en France et répartition par grandes nationalités (en %) :

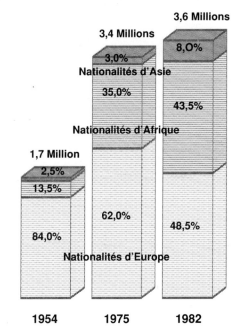

INSEE

Privilèges : la nouvelle donne

Depuis la nuit du 4 août 1789, les privilèges n'existent plus, et la Déclaration des droits de l'homme et du citoyen assure l'égalité politique et sociale à chacun... C'était sans compter avec la nature humaine en général, et certains traits du caractère français en particulier. Aussitôt abolie, la notion de privilège réapparaissait sous d'autres formes. Les plus connues concernent les avantages financiers accordés à des individus ou des corporations. Mais il en est d'autres, plus discrètes, qui ont le mérite d'échapper à la fois à la publicité et... à l'impôt.

Bien que dénoncés par tous les Français, les privilèges font partie de la vie professionnelle de la plupart d'entre eux. Les employeurs ont dû faire preuve de beaucoup d'imagination pour inventer, au fil des années, des avantages spécifiques pour les catégories qui pesaient d'un poids suffisant pour les revendiquer. Car les avantages acquis ne sont pas la conséquence d'un irrépressible mouvement de générosité de la part des employeurs. Ils ont été, pour la plupart, durement conquis par les syndicats, à une époque où la prospérité les rendait supportables par les entreprises, publiques ou privées. Ceux qui n'ont pas pu (ou su) constituer des groupes de pression suffisamment puissants sont passés à côté et se retrouvent aujourd'hui dans les positions les plus inconfortables.

Toujours plus : le hit-parade des privilèges

Qu'ils soient notaires, fonctionnaires, députés, enseignants, cadres ou bouilleurs de cru, nombreux sont ceux qui, en France, peuvent se prévaloir d'un quelconque privilège. On estime que 40 % des Français bénéficient d'une protection sociale renforcée (remboursements supplémentaires en cas de maladie, allongement des congés de maternité...), 30 % peuvent prendre leur retraite avant l'âge de 60 ans, 25 % ont un avancement garanti dans leur entreprise, autant disposent d'au moins 6 semaines de congés par an. 15 % reçoivent des avantages en nature : remboursement de notes de frais, voiture ou logement de fonction, etc.

Mais ces avantages ne sont rien en comparaison des sinécures attribuées à des hauts fonctionnaires, anciens ministres ou autres personnalités en récompense des services rendus. Certains postes d'administrateur rapportent à leurs bénéficiaires plusieurs centaines de milliers de francs par an, auxquels s'ajoutent voiture de fonction, secrétariat et frais de réception, le tout pour quelques heures de présence annuelle.

Les huissiers, notaires, commissaires-priseurs, agents de change, trésoriers-payeurs et autres officiers ministériels jouissent d'un monopole légal pour établir certains actes et perçoivent des sommes proportionnelles qui peuvent être considérables. Les gendarmes, les officiers de l'armée peuvent partir à la retraite très tôt : entre 37 et 47 ans pour un sergent-chef ; entre 39 et 50 ans pour un adjudant-chef ; 52 ans pour un capitaine de l'armée de terre, 57 ans pour un colonel. Les années de campagne ou les heures de vol dans l'armée de l'air permettent encore d'avancer le moment du départ.

déjeunez chic, déjeunez chèque.

Du chèque-restaurant à la voiture de fonction,
les avantages des salariés sont divers

Tiburce

Le salariat devient un privilège...

Les classes sociales étaient traditionnellement séparées par quelques privilèges, souvent
obtenus par la naissance, parfois par le mariage,
le travail ou les affaires. L'argent et le statut social en étaient les attributs les plus courants. Les
Français éprouvaient en général du respect pour
le statut et du mépris pour l'argent. Leur attitude
est en train de se transformer.

Certains privilèges d'hier sont aujourd'hui
reconnus comme légitimes lorsqu'ils sont liés au
mérite personnel ; c'est le cas par exemple des
salaires de certains chefs d'entreprise, des ca-
chets des stars (à l'exception de celles de la
télévision), des gains des champions. A
l'inverse, certains avantages, auparavant sans
importance, sont devenus des privilèges que
chacun dénonce et envie tout à la fois : la garantie de l'emploi, la retraite anticipée, les abatte-
ments fiscaux particuliers, etc. Dans ce
contexte, la condition de salarié, jadis associée à
celle de prolétaire, fait aujourd'hui plus
d'envieux que de mécontents, surtout dans les
secteurs non menacés par le chômage.

... mais l'héritage ne l'est plus.

S'il est devenu sain de gagner de l'argent
par le travail, il n'est pas non plus considéré
comme malsain de s'enrichir par héritage. Pour
la grande majorité des Français, l'héritage est un
droit normal, même si les personnes proches de
la gauche restent plus réservées en ce domaine
que celles proches de la droite.

La garantie de l'emploi est devenue
le principal privilège.

Beaucoup plus que les vieilles oppositions
bourgeoisie-prolétariat ou capital-travail, c'est
aujourd'hui la notion de sécurité de l'emploi qui
trace la ligne de partage sociologique de la
France actuelle. Elle pourrait être, demain,
l'enjeu d'une nouvelle lutte, opposant de nouvelles classes.

La sécurité d'abord

Dans la liste suivante, quels sont pour vous les plus
grands privilèges ?

• Avoir la garantie de l'emploi	63 %
• Avoir une retraite convenable assurée	49 %
• Etre propriétaire de son logement	35 %
• Gagner plus de 50 000 francs par mois	33 %
• Bénéficier d'un abattement de 30 % sur ses impôts	23 %
• Vivre de ses rentes	20 %
• Pouvoir prendre plusieurs mois de vacances par an	18 %
• Dans son travail, n'être sous les ordres de personne	14 %
• Faire un gros héritage	10 %
• Avoir une voiture de fonction avec chauffeur	9 %
• Travailler 35 heures par semaine	8 %
• Avoir un logement de fonction	8 %
• Avoir dans son travail des gens sous ses ordres	2 %

Le Nouvel Observateur/Sofres, janvier 1988

La société d'excommunication

C'est le progrès technologique qui a permis
l'avènement de la société de communication.
S'il a permis à chacun d'accéder à une masse
énorme d'informations, il a paradoxalement
limité les échanges entre les individus. Les
médias, les transports, le stress, l'insécurité, le

repli sur soi ont à la fois réduit le temps disponible pour se parler et la volonté de le faire.

Les flux de communication qui se déversent sur la société actuelle fonctionnent généralement dans un seul sens. Face à ce torrent de sons, d'images et de textes, les Français n'ont guère d'autre choix que celui de la passivité.

Les circonstances de la vie quotidienne
favorisent de moins en moins le dialogue.

Comme le héros de Paul Morand, les Français sont pour la plupart des gens pressés. Ils traversent la vie sans s'arrêter et ils ont de moins en moins l'occasion (ou l'envie) de se parler. Les discussions du café du Commerce se font rares, parce qu'il y a de moins en moins de cafés et que la présence du juke-box ne facilite pas la conversation. Les petits commerçants disparaissent et les Français n'ont guère le loisir de bavarder avec les caissières des supermarchés. Les stations-service deviennent des selfs où la présence humaine est réduite au strict minimum. Dans les rues les piétons se déplacent au pas de charge, parfois équipés d'un Walkman, symbole d'une volonté croissante d'isolement. Le téléphone remplace bien souvent une visite de trois heures par une conversation utilitaire de trois minutes...

13 millions de Français sont concernés
par la solitude.
• *7,6 millions de célibataires*
parmi les 20 ans et plus.
• *1,5 million de divorcés.*
• *4 millions de veufs, dont 80 % de femmes.*
• *A Paris, 48 % des ménages ne comptent*
qu'une seule personne, contre 32 % en 1954.

« L'enfer est tout entier contenu dans ce mot : solitude », écrivait Victor Hugo, qui l'avait bien connue pendant les longues années d'exil... Le nombre des solitaires a augmenté beaucoup plus vite que la population ; le marché de la solitude est considérable. Les femmes sont les plus nombreuses. Du fait de leur espérance de vie plus longue, elles sont plus souvent veuves, et les femmes divorcées se remarient deux fois moins fréquemment que les hommes.

La solitude, c'est en effet principalement l'absence d'un conjoint. Mais c'est aussi l'absence d'un groupe d'amis avec lequel on voudrait partager les choses de sa vie. Ces deux formes de solitude vont d'ailleurs de pair : devenir célibataire à 40 ans, c'est souvent perdre en même temps une partie de ses amis ou de ses relations. La société n'est pas encore prête à intégrer vraiment les personnes seules. Si les marchands commencent timidement à leur proposer des produits spécifiques (aliments en conditionnement individuel, voyages, résidences pour célibataires, clubs de rencontres...), l'image du foyer, cellule de base de la vie sociale, reste traditionnelle : un homme, une femme, des enfants. Pour la foule des solitaires, dont la plupart n'ont pas choisi de l'être, la vie n'est donc pas facile.

La solitude existe,
pour ceux qui ne se sont pas rencontrés

Taxi jaune

La vie associative se développe.

L'une des conséquences de la solitude des Français est leur participation croissante à la vie associative. Les activités (sportives, culturelles, créatives, etc.) sont autant de prétextes pour ne plus se sentir exclu de la vie sociale. Le développement spectaculaire des clubs du troisième âge montre bien la volonté de la plupart des personnes âgées de lutter contre la marginalisation qui les guette au soir de leur vie.

La participation à la vie associative répond aussi au désir de protection des Français. S'ils sont moins nombreux à adhérer aux syndicats ou aux partis politiques, ils se dirigent de plus en plus vers d'autres types d'associations, susceptibles de défendre leurs intérêts particuliers. Le corporatisme s'exprime aujourd'hui dans des groupes très spécialisés, volontiers en marge des appareils traditionnels, jugés trop lourds et trop dépendants.

Des associations de défense d'usagers (téléphone, route, etc.) aux mouvements de consommateurs, les Français se regroupent spontanément. Pour se défendre, lorsqu'ils ont été victimes d'une injustice quelconque (malfaçons dans la construction des maisons d'un lotissement, catastrophe naturelle, etc.) ou, de plus en plus, de façon préventive, afin de réduire les risques.

Face à une société à la fois bouillonnante et froide, les Français ressentent de plus en plus fortement le besoin de créer des réseaux parallèles. Afin de combattre la menace qui pèse sur deux des libertés fondamentales de l'individu : celle de parler aux autres, celle d'être protégé.

Associations : les réseaux parallèles

Proportion de Français faisant partie ou participant à une association (ou groupe)* :

	1978	1984
• Sportive	15	20
• Culturelle, de loisirs, d'éducation populaire	14	12
• Syndicale	10	7
• De parents d'élèves	10	8
• Professionnelle	7	8
• De bienfaisance, d'entraide	7	6
• De quartier, locale	6	6
• Confessionnelle	6	5
• D'un parti politique	3	4
• Familiale	4	2
• Défense de la nature, de gestion de l'environnement	4	3
• De jeunes	4	3
• D'étudiants	2	2
• De consommateurs et d'usagers (associations de locataires)	2	3
• De femmes	2	1

(*) Pourcentage calculé sur les 2 000 personnes de 18 ans et plus interrogées chaque année.

Grasset/SOFRES, janvier 1985

Les dix blocages de la société française

C'est au moment où s'installe la société de communication que l'on s'aperçoit que les Français communiquent mal entre eux. Outre les causes très actuelles évoquées précédemment, il semble y avoir dans la mentalité française des traits spécifiques qui ne favorisent pas le dialogue. La certitude d'avoir raison, par exemple, est le plus court chemin vers l'intolérance. Le manichéisme est un autre obstacle au consensus social. Le centralisme ancré dans l'esprit des hommes et des institutions est contraire à l'efficacité collective autant qu'à l'épanouissement individuel.

Il est paradoxal que la communication, qui joue un si grand rôle dans les sociétés développées, constitue le mal français le plus apparent de cette fin de siècle. On se tromperait en imaginant que ce mal est seulement conjoncturel. Il présente des symptômes qui tiennent à quelques traits propres à la mentalité française. Il est intéressant de constater que chacun de ces traits peut être illustré par une *invention* spécifiquement française.

Le goût du confort

L'attachement des Français au confort ne se manifeste pas seulement dans l'aménagement de

Les Français ne manquent pas d'assurance

Gemap et Marie

leur maison. Il se traduit par les sommes dépensées pour la sécurité, pour les assurances de toutes sortes, l'importance donnée à la qualité de la vie ou la faible mobilité géographique. Ce goût s'étend aussi au confort moral. C'est pourquoi ils n'ont accepté de regarder la crise en face que lorsqu'elle a fini par les aveugler. C'est pourquoi aussi ils délèguent volontiers à l'Etat (d'ailleurs longtemps qualifié d'Etat-providence) le soin de résoudre les problèmes qu'elle pose. Nul autre peuple que celui-là ne pouvait inventer la *Sécurité sociale* et les *sociétés d'assistance*.

L'instinct de propriété

Les racines rurales des Français ont développé chez eux un goût immodéré pour la propriété. Chacun se définit vis-à-vis des autres et de lui-même par l'étendue de son territoire, qu'il cherche à agrandir et/ou à protéger. Posséder son logement est une sécurité pour l'avenir (voir culte du confort). Posséder certains objets est un signe de réussite sociale ou de modernité. Il n'est pas étonnant que la location fonctionne moins bien en France que dans les autres pays. Pour éviter d'avoir à louer un logement pendant leurs vacances, les Français ont dû inventer la *multipropriété* !

La paresse collective

S'ils ont individuellement le goût de l'effort, les Français sont collectivement plutôt paresseux. Ils ne se sentent guère concernés par la défense des causes communes. Ainsi, la construction de l'Europe ne les fascine pas. Même leurs accès de solidarité sont rarement spontanés. S'ils ont répondu à l'offre publique de vente des entreprises nationalisées, ce n'est pas pour manifester leur sympathie vis-à-vis de l'idéologie libérale, mais... pour faire un bon placement (aucun ne s'attendait évidemment au retournement brutal de la Bourse). Afin d'éviter de se sentir trop impliqués dans certains sujets difficiles, les Français ont inventé (récemment) le *consensus social*.

La vision hexagonale du monde

Mauvais patriotes en temps de paix, les Français sont par contre très attachés à leur pays en tant qu'entité géographique et physique. Malgré l'évidente mondialisation de l'économie, la tentation protectionniste reste chez eux très forte. Ils ne font pas non plus naturellement l'effort de se mettre à la place des autres pour mieux les comprendre. Partout où ils vont, ils transportent avec eux les attributs de leur francitude, à commencer par leurs habitudes culinaires.

Héritiers de Vercingétorix, Napoléon et de Gaulle, ils considèrent qu'ils n'ont pas de leçon à recevoir des nations qui n'ont pas reçu un héritage culturel et politique comparable. Afin de ne pas trop se couper de leurs racines et de leurs habitudes lorsqu'ils se risquent à l'étranger, ils ont inventé le *Club Méditerranée*.

Le goût de l'abstraction

Le passage du discours à l'acte pose aux Français des problèmes parfois insurmontables. La théorie pure les satisfait souvent plus que l'analyse attentive des faits ; la recherche fondamentale les intéresse plus que ses applications pratiques. Descendants de Descartes et des grands philosophes, ils restent fascinés par la rhétorique. Même s'ils condamnent celle des hommes politiques, ils sont nombreux à suivre leurs interventions et leurs débats à la télévision. La réflexion et la discussion sont considérées par beaucoup comme plus nobles que l'action. C'est pour perpétuer cette tradition qu'ils ont inventé le *Café du Commerce* et soutenu l'émission *Droit de Réponse*.

Le complexe du commerçant

Au cours des siècles, les Français ont bâti une hiérarchie des valeurs à partir de laquelle ils jugent encore leurs semblables. Ils admirent plus les intellectuels que les manuels. Ils accordent plus d'attention à ceux qui conçoivent qu'à ceux qui produisent, mais plus à ceux qui produisent qu'à ceux qui vendent. Mieux vaut être ouvrier que représentant de commerce, mieux vaut être diplômé de Polytechnique ou Centrale que d'HEC. On n'apprend d'ailleurs pas à vendre dans les *grandes écoles d'ingénieur*, autre invention typiquement française... Ce réflexe, auquel s'ajoute le peu de goût pour la conquête (voir la vision hexagonale et la paresse collective) explique les piètres résultats de notre économie sur les marchés extérieurs.

Le passé intouchable

On ne revient pas sur le passé. C'est au nom de ce principe que les Français résistent au changement, soupçonné de mettre en cause les pratiques anciennes, donc de condamner ceux qui les utilisent. C'est en son nom aussi que les travailleurs et les syndicats ont inventé le principe des *avantages acquis*, considérés comme irréversibles. Pas question non plus de récrire l'histoire de France, même si de nouvelles pièces peuvent être versées aux dossiers. Il n'est pas facile d'entrer dans l'avenir, lorsque tant de gens voudraient qu'il ressemble au passé...

Le petit bout de la lorgnette

L'infiniment petit attire plus les Français que l'infiniment grand. C'est pourquoi ils réussissent bien dans la recherche médicale, la physique ou la haute couture. Le monde, l'Europe ou même la France les intéresse moins que leur région, leur commune ou leur quartier. Ce goût particulier pour tout ce qui se trouve à la base dans l'échelle des dimensions explique en particulier l'individualisme souvent associé à l'image de la France. Comme l'atome, l'individu est le constituant primaire de la société. A ce titre, il est plus important qu'elle. Ce n'est pas par hasard que les Français ont élaboré voici deux siècles la *Déclaration des droits de l'homme* (même s'ils s'étaient inspirés de textes américains).

La préférence esthétique

La forme est souvent perçue par nos compatriotes comme plus importante que le fond. Cette préférence est sensible dans les produits industriels, où l'emballage et le design jouent un rôle important. La *haute couture* est d'ailleurs une invention nationale. Les publicitaires français sont, dans le monde occidental, les champions de la publicité esthétique, considérant qu'il faut faire rêver avant de faire vendre (l'un venant au secours de l'autre). Cette tendance à privilégier la forme est renforcée par le développement actuel des médias, qui attachent souvent plus d'importance à l'aspect spectaculaire d'un sujet qu'à son importance véritable. La société française est de plus en plus celle des apparences.

Le syndrome du bernard-l'ermite

Le bernard-l'ermite, ou pagure, est un crustacé au ventre mou qui se protège dans la coquille vide d'un gastropode. Le comportement des Français s'apparente souvent à celui de cet animal. L'immobilisme de ces dernières années accrédite l'idée d'une certaine mollesse. La crainte des contacts avec l'extérieur les incite à se replier bien vite dans leur foyer en forme de coquille, de bulle ou de cocon. Si elle ne les a pas à proprement parler inventées, la France est le pays qui possède le plus de *caravanes* et de *résidences secondaires* par rapport au nombre d'habitants.

Chacun de ces traits caractéristiques de la mentalité collective explique en partie les difficultés de communication, le manque de chaleur et d'hospitalité dont les Français font preuve, aussi bien entre eux qu'à l'égard des étrangers. Bien sûr, il serait vain de prétendre que les raisons d'ordre conjoncturel n'ont pas pesé sur la dégradation récente du climat social et le regain d'agressivité. La crise, dans ses multiples aspects, est responsable d'une attitude nouvelle, aux lourdes conséquences : pour la première fois depuis longtemps, la majorité des Français ont quelque chose à perdre.

Trente années de prospérité réelle (les *trente glorieuses*, 1945-1975), dix années d'illusion de prospérité (les *dix paresseuses*, 1975-1985) ont en effet créé chez eux un profond attachement aux valeurs matérielles. Ayant beaucoup travaillé, la plupart ont beaucoup profité des bienfaits de cette prospérité. Ils ont accumulé en deux générations plus de biens que ne l'avaient fait leurs ancêtres en plusieurs siècles. Beaucoup ont en outre acquis des avantages, des privilèges auxquels ils sont farouchement attachés.

Lorsqu'il n'est plus aussi facile d'accumuler, il devient nécessaire de préserver, sous peine de voir les efforts de toute une vie active réduits à néant. Alors, la possession d'un logement (éventuellement d'une résidence secondaire), d'une voiture et de biens d'équipement est à la fois source de plaisir et d'angoisse. Plaisir d'avoir pu les acquérir et de s'en servir, angoisse de les perdre. C'est cette angoisse qui sert de support à l'agressivité sociale que l'on voit se développer depuis quelque temps.

La politesse n'est plus ce qu'elle était

Les rapports entre les Français laissent de moins en moins de place à la courtoisie et au respect d'autrui. Les bousculades dans le métro, le comportement des automobilistes, celui des employés des magasins et des services publics, bref, la plupart des situations quotidiennes sont les signes d'une détérioration du climat social, surtout sensible dans les grandes villes. Un sondage *Madame Figaro/Sofres* paru en mars 1988 indiquait que les jeunes, les vendeurs et les fonctionnaires sont considérés comme les plus impolis ; 5 % des Français se déclaraient eux-mêmes « pas très polis », 1 % « pas polis du tout ». L'individualisme, l'angoisse des temps, le souci d'apparaître décontracté, le refus des rapports de hiérarchie entre les catégories sociales, entre les âges et entre les sexes expliquent sans doute ces nouveaux comportements. Tout ce qui ressemble à un code social de dépendance ou d'effacement d'un individu par rapport à un autre est perçu comme contraire à sa liberté. Les règles traditionnelles du savoir-vivre et de la politesse sont ressenties comme des contraintes et sont donc rejetées avec force.

Climat social

En vrac

S • 43 % des Français souhaitent que d'ici à 10 ans, il soit plus difficile d'acquérir la nationalité française. 17 % souhaitent que ce soit plus facile, 32 % ni plus facile ni plus difficile. 46 % pensent que les problèmes liés à l'immigration seront plus graves qu'aujourd'hui, 12 % moins graves.
S • 1 % des Français déclarent éprouver de l'antipathie pour les juifs, contre 10 % en 1966 et 4 % en 1978.
S • 19 % des Français éprouvent un sentiment d'inquiétude lorsqu'ils rencontrent un homosexuel, 11 % un sentiment de sympathie, 60 % aucun sentiment en particulier.
S • Pour les Français, les professions qui bénéficient des plus grands privilèges sont (par ordre décroissant) : les députés, les notaires, les fonctionnaires, les médecins, les chefs d'entreprise, les agents d'EDF, les enseignants, les journalistes, les chercheurs, les policiers, les commerçants, les curés, les agriculteurs, les douaniers, les chauffeurs de taxi.
• On compte en France 2 872 huissiers (dont 140 à Paris), 420 commissaires priseurs (96 à Paris) 61 charges d'agent de change (45 à Paris).
• A 45 ans, un capitaine ayant 25 ans de service reçoit une retraite de 8 500 francs, un lieutenant-colonel de 48 ans reçoit 14 000 francs et un général en retraite de 55 ans 16 000 francs.

INSÉCURITÉ

Après avoir considérablement augmenté depuis le début des années soixante-dix, la délinquance a commencé à reculer, en même temps que le sentiment d'insécurité. Mais elle prend aujourd'hui des formes nouvelles, de sorte que les prisons ne sont pas près de se vider.

Délinquance : le flux et le reflux

L'insécurité fait vendre. C'est pourquoi elle occupe si souvent la une des médias. A ces raisons d'ordre commercial s'ajoutent des tentatives de récupération politique. De sorte que l'impression d'insécurité est parfois plus grave

La peur aux trousses

« On ne se sent plus en sécurité » (en %)* :

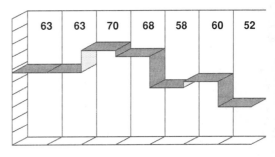

| 63 | 63 | 70 | 68 | 58 | 60 | 52 |

1982 1983 1984 1985 1986 1987 1988

(*) Cumul des réponses « bien d'accord » et « entièrement d'accord » à l'affirmation proposée.

Agoramétrie

que l'insécurité elle-même. Entre les exagérations des uns et les interprétations subjectives des autres, il n'est pas aisé de se forger une opinion. Pourtant, les faits sont disponibles à tout citoyen curieux de les connaître.

Le nombre total des délits a doublé entre 1973 et 1983.
• Il est en baisse depuis 1985.

On avait enregistré 3 564 000 délits en 1983, contre 1 763 000 en 1973. On a d'abord assisté à une réduction de l'accroissement en 1984, puis à une baisse véritable depuis 1985.

Mais ces chiffres globaux masquent quelque peu la réalité et la gravité de la délinquance. Si les cambriolages, les vols de véhicules ou les vols à la roulotte (à l'intérieur des véhicules) ont tendance à diminuer, les braquages de banque, eux, progressent ainsi, surtout, que le butin moyen obtenu. Il faut donc, pour y voir plus clair, considérer séparément les différentes catégories de délits.

La petite délinquance représentait plus de 80 % des délits constatés en 1987.

Le chiffre global de la délinquance (qui représentait 3 168 970 délits en 1987) est l'addition de délits aussi différents que les meurtres, l'usage de drogues ou les vols à l'étalage. Il n'est donc pas significatif en lui-même de la situation réelle de la délinquance.

C'est en tout cas l'évolution de la petite délinquance qui explique l'accroissement général constaté entre 1973 et 1984, puis le ralentissement. Par exemple, le nombre des chèques sans provision a augmenté dans de très fortes proportions pendant cette période (417 000 en 1983), ainsi que les innombrables utilisations frauduleuses de chèques ou de documents volés (multipliées par 7 en 10 ans) pour diminuer ensuite régulièrement.

La moyenne délinquance (vols, cambriolages), qui avait beaucoup augmenté depuis quelques années, évolue moins vite depuis 1984.

Délits en tout genre

Nombre de délits et évolution :

	1987	Evolution 1987/86	1972	Evolution 1987/72
• Vols	2 028 608	-4,4%	910 209	+123%
• Infractions astucieuses contre les biens	573 985	-5,9%	439 678	+30%
dont :				
-chèques sans provision	214 260	-10,8%	324 267	-34%
-fausse monnaie et faux moyens de paiement	19 485	+23,0%	1 398	+1294%
-escroqueries et détournements	259 110	-0,3%	50 300	+415%
-délinquance économique et financière	49 440	-17,9%	37 706	+31%
• Atteintes volontaires contre les personnes	105 334	-0,3%	80 986	+30%
• Infractions contre la paix publique et la réglementation	461 043	+1,8%	244 634	+88%
dont :				
-trafic de stupéfiants	8 053	-3,3%	250	+3121%
-toxicomanie	41 468	+1,7%	2 766	+1400%
-délits à la police des étrangers	37 510	+16,2%	6 246	+500%
-ports et détentions d'armes prohibés	14 885	+12,1%	4 244	+251%
TOTAL	**3 168 970**	**-3,7%**	**1 675 507**	**+89%**

Ministère de l'Intérieur

15 000 adultes recherchés en 1986

Fuite ou délinquance ? Des milliers de personnes sont portées disparues chaque année : 11 220 en 1986, dont 9 367 Français et 1 853 étrangers. Un peu plus d'un tiers (37 %) ont été retrouvées au cours de l'année. La plupart des autres (58 %) ont consenti à communiquer leur adresse, de sorte qu'il restait 5 % de cas non résolus à la fin de l'année. On estime qu'environ deux tiers des disparitions d'adultes sont dus à des départs volontaires. Les autres cas sont liés à des comas consécutifs à un accident, à des amnésies ou à des suicides. Un très petit nombre correspond à de véritables affaires criminelles. Certaines énigmes pourront être résolues à l'aide du fichier des cadavres non identifiés (environ 60 par an en France, dont 20 à Paris).

La grande criminalité augmente moins vite que les autres formes de délinquance.

Le nombre des atteintes volontaires contre les personnes a diminué depuis 1984 (voir encadré). Les homicides crapuleux (même s'ils sont relativement peu nombreux) sont ceux qui frappent le plus l'opinion. Pourtant, le nombre des meurtres n'a guère varié en France depuis... 1825, époque où la population française était inférieure de moitié à celle d'aujourd'hui. De la même façon, on comptait déjà 38 000 procès-verbaux pour coups et blessures en 1949. Ce n'était donc pas toujours mieux avant....

Les Français ne manquent pas d'assurances

Les Français (particuliers, commerçants, chefs d'entreprise) ont dépensé en 1987 environ 30 milliards de francs pour protéger leurs biens et défendre leurs intérêts. L'assurance proprement dite représente les deux tiers de cette somme (20 milliards de francs). Viennent ensuite les actions de gardiennage (un peu plus de 3 milliards), les honoraires d'avocats (3 milliards) et environ 2,5 milliards pour les systèmes de protection individuelle contre le vol (blindages, coffres-forts, systèmes d'alarme...). Le souci majeur des Français fut pendant longtemps d'acquérir des biens. Il est aujourd'hui de les préserver.

CDIA

Atteintes volontaires contre les personnes : une légère amélioration

Nombre de délits et évolution :

	1987	Evolution 1987/86	Evolution 1987/72
• Homicides	2 286	-5,3%	+65%
• Coups et blessures volontaires	35 963	-1,6%	+36%
• Enlèvement et séquestrations de personnes	627	-12,1%	+310%
• Menaces de mort, racket, chantage	8 588	-4,8%	+343%
• Violations de domicile	6 840	-5,2%	+77%
• Proxénétisme	1 343	+9,7%	+10%
• Viols	3 196	+8,8%	+125%
• Autres atteintes aux mœurs	15 213	+3,0%	+20%
• Infractions contre la famille et l'enfant	31 278	-5,4%	-2%
TOTAL	**105 334**	**-0,3%**	**+30%**

Ministère de l'Intérieur

Le nombre des cambriolages avait triplé entre 1972 et 1984. Il diminue depuis.
• *188 000 cambriolages de lieux d'habitation en 1987.*
• *13% de moins qu'en 1986.*

Les résidences principales sont de loin les cibles privilégiées des monte-en-l'air. C'est là, bien sûr, que sont stockés les objets, meubles, bijoux de valeur, plus que dans les résidences secondaires, qui sont donc relativement épargnées (environ 10 % des cambriolages de lieux d'habitation).

En 1987, le nombre des cambriolages a diminué globalement de 9 % (encadré). Les vols de véhicules ont également diminué : 245 000 automobiles, contre 261 000 en 1986. On retrouve la même tendance en ce qui concerne les vols de véhicules motorisés à deux roues (moins 6 %), les vols à la roulotte (moins 4 %), les vols à l'étalage (moins 6 %).

Les catégories en hausse sont celles des recels (plus 22 %), des délits de fausse monnaie (plus 23 %) et certaines escroqueries.

Vols en tout genre

Nombre de délits et évolution :

	1987	Evolution 1987/86	Evolution depuis 1972
• Vols à main armée	6 508	-18,7%	+257%
• Autres vols avec violences	41 750	-2,3%	+256%
dont :			
-contre des femmes sur la voie publique	21 580	-4,9%	nd
• Cambriolages	367 004	-8,7%	+139%
dont :			
-lieux d'habitation	188 832	-12,8%	+170%
-résidences secondaires	20 244	-5,6%	+73%
• Autres vols	1 577 363	-3,8%	+114%
dont :			
-vols d'automobiles	244 585	-6,3%	+48%
-vols à la roulotte	624 584	-4,3%	+417%
-vols à l'étalage	88 444	-6,1%	+110%
• Recels	35 983	+21,9%	+809%
TOTAL	**2 028 608**	**-4,4%**	**+123%**

Ministère de l'Intérieur

Les formes nouvelles de la délinquance

A côté des formes traditionnelles de la délinquance (vols, cambriolages, homicides, etc.) se sont développées depuis quelques années des pratiques plus modernes. Trois d'entre elles font régulièrement la une de l'actualité, et représentent des dangers considérables pour l'avenir des nations développées : le terrorisme ; le piratage informatique ; le trafic de stupéfiants. Il faut y ajouter le vandalisme et la fraude fiscale qui, s'ils constituent une moindre menace, coûtent de plus en plus cher à la collectivité.

Il y a eu 597 attentats par explosifs en 1987 et 188 000 destructions et dégradations de biens privés.

Les actes de terrorisme sont, avec les meurtres, ceux qui impressionnent le plus les Français. Leur nombre peut varier considéra-

blement d'une année à l'autre, en fonction de la situation politique internationale (les deux tiers des attentats ont des mobiles politiques). On a ainsi assisté à des vagues d'attentats en 1980, 1982 et 1986, qui ont porté à 600 le nombre des victimes depuis 1974. Le répit constaté en 1987 (moins 8 %) est sans doute dû en partie à la multiplication des contrôles de police.

Le vandalisme se développe partout.

Le malaise social, en particulier celui ressenti par les jeunes, s'est traduit par une véritable explosion du vandalisme. Parcmètres, cabines téléphoniques, voitures de métro ou de chemin de fer, tout est bon pour montrer son mépris du patrimoine public et donc de la société (encadré). Dans sa forme primaire, le vandalisme consiste à casser, abîmer, enlaidir, salir. Dans sa forme culturelle, il se manifeste par les graffiti et autres moyens d'expression s'appropriant les surfaces publiques pour communiquer clandestinement avec la société.

La guérilla urbaine

Chaque mois, 15 % des parcmètres de Paris reçoivent une dose d'acide ou de mastic, symbole de la guerre entre les usagers et l'Administration ; leur coût d'entretien s'est élevé à quelque 25 millions de francs en 1987. Si la plupart des cabines téléphoniques sont en panne (plus de 200 000 sont cassées chaque année), c'est la plupart du temps parce qu'elles ont été sabotées. La Ville de Paris nettoie annuellement environ 50 000 m² de murs recouverts de graffiti de toutes sortes.
Les transports en commun sont aussi des cibles privilégiées. Le vandalisme dans le métro parisien coûte 25 millions de francs ; 35 000 sièges ont été lacérés dans les voitures en 1986. A la SNCF, le coût est supérieur à 30 millions de francs : dégradation du matériel ; vols (draps, couvertures, échelles, etc.).
Sur les 15 000 Abribus et « sucettes » installés en région parisienne, 40 % sont détériorés chaque année. Le vandalisme atteint 1 % du chiffre d'affaires des grandes surfaces de certaines banlieues.

Le piratage informatique constitue un fléau très préoccupant pour l'avenir de la société.

Le vandalisme n'est pas toujours un acte gratuit. Avec les nouvelles technologies se développe le piratage à but lucratif. Les ordinateurs sont la cible favorite de cette nouvelle forme de délinquance. Sur 100 pannes survenant à des ordinateurs, 20 seraient dues à des fraudeurs, qui détournent des programmes dans un but de profit. En 1987, le vandalisme en col blanc (détournements de fichiers, fraudes, sabotages, copies de logiciels...) a coûté plus de 3 milliards de francs aux entreprises.

Les jeunes bricoleurs des années passées qui voulaient simplement s'amuser et montrer leur compétence en pénétrant dans les systèmes informatiques ont fait place aujourd'hui à de véritables gangsters, dont le but est de gagner de l'argent ou de mettre en difficulté une entreprise. On imagine la menace que représentera le piratage informatique lorsqu'il fera partie de l'arsenal usuel des terroristes internationaux décidés à déstabiliser les démocraties...

La fraude fiscale coûte au moins
100 milliards de francs par an.

La fraude fiscale est bien un délit, même si beaucoup de Français n'en sont pas convaincus. C'est même, de très loin, celui qui coûte le plus à la collectivité : plus de 20 % du PIB, un dixième du budget de l'Etat ! Il faut préciser que la chasse aux fraudeurs est payante, puisqu'elle rapporte chaque année plus de 20 milliards de francs sous forme de redressements fiscaux.

Des études montrent que le contribuable français, contrairement à une légende tenace, n'est en fait pas plus mauvais citoyen que son homologue anglais, allemand, américain ou surtout italien (le montant d'impôts payé est là-bas quatre fois inférieur à ce qu'il devrait être).

Le trafic des stupéfiants s'accroît, malgré les
succès obtenus en matière de répression.

En 1986, 4 326 personnes ont été interpellées pour trafic de stupéfiants, soit six fois plus qu'en 1980. Plus de la moitié étaient des trafiquants d'héroïne. Il faut ajouter à cela 4 549 interpellations d'usagers-revendeurs et 618 interpellations d'usagers simples. 238 kg de cocaïne ont été saisis, ainsi que 220 kg d'héroïne, 5 kg de morphine, 5 kg d'opium, 11 000 doses de LSD 25, 12 tonnes de cannabis en résine, 1,2 tonne en herbe, 16 kg en huile et 4 673 pieds de cannabis.

On a enregistré 185 décès dus à l'usage de drogue, dont 148 liés à l'usage d'héroïne. Ce chiffre est très inférieur à la réalité puisqu'il ne représente que les décès signalés aux services de police et de gendarmerie. Il ne tient pas compte non plus des décès survenus à la suite de maladies liées à la toxicomanie.

Les chiffres ne disent pas tout

L'éternel débat sur la validité et l'interprétation des statistiques n'a pas épargné celles de la criminalité. On peut contester les chiffres bruts fournis par les pouvoirs publics, pour la simple raison qu'ils ne mesurent pas la délinquance, mais les résultats obtenus par ceux qui la combattent (arrestation de trafiquants...). On peut aussi leur reprocher de faire l'impasse sur un certain nombre de dossiers qui aboutissent directement aux parquets des tribunaux (plaintes émanant d'administrations ou de sociétés), sans transiter par la police. Ou, à l'inverse, de comptabiliser deux fois certaines affaires, du fait de la dispersion des services ou de la concurrence qu'ils se livrent. Par ailleurs, les catégories regroupant les différents types de délits se fondent sur des critères de gravité parfois fantaisistes. Ainsi, arracher le sac à main d'une dame est considéré comme un acte de grande criminalité. Mais la tuer ou la violer rentre dans la moyenne criminalité, si elle n'a pas été volée en même temps ! De plus, la refonte récente du système des statistiques du ministère de l'Intérieur tend à écarter certains crimes et délits (recel, etc.). Enfin, il semble qu'un nombre croissant de victimes ne déclarent plus les petits vols ou délits, par crainte (ou par conviction) qu'aucune suite ne soit donnée. Comme toujours, la réalité se prête difficilement à une description par les chiffres. Force est pourtant de constater qu'elle est encore plus difficile à comprendre sans eux.

Les chiffres de la répression

Contrairement à une idée largement répandue, les peines prononcées par la Justice sont en général plus lourdes : en cinq ans, le nombre des condamnations à des peines de 10 ans ou plus a augmenté de 50 %. La proportion des libérations conditionnelles était inférieure en 1986 à celle de 1980, ainsi que celle des permissions de sortir. Enfin, les cas de récidive sont très peu nombreux : 9 actes délictueux commis en 1987 par des détenus, sur 26 000 permissions.

49 000 détenus en France

- **Effectifs au 1er janvier 1988 :**

	Total	Hommes	Femmes
- Prévenus	20 251	19 097	1 154
- Condamnés	29 077	28 156	921
TOTAL	**49 328**	**47 253**	**2 075**

(30 340 au 1/1/1982, 38 634 en 1984 et 42 617 au 1/1/1986)

- **Proportion de femmes :** 4,2%

- **Répartition selon la peine prononcée** (condamnés hommes) :

- Contrainte par corps	0,5 %
- Moins d'un an	32,5 %
- Un à trois ans	28,1 %
- Trois à cinq ans	12,2 %
- Cinq ans et plus	26,7 %
TOTAL	100,0 %

- **Répartition selon la nature de l'infraction** (condamnés hommes) :

- Crimes de sang	9,7 %
- Coups et blessures volontaires, coups à enfant	5,3 %
- Viol, attentat aux mœurs	8,3 %
- Proxénétisme	2,2 %
- Homicide, blessures involontaires	1,5 %
- Vol qualifié	8,3 %
- Escroquerie, abus de confiance, recel, faux et usage de faux	6,7 %
- Vol simple	32,2 %
- Infraction à la législation sur les stupéfiants	13,6 %
- Autres	12,2 %
TOTAL	100,0 %

- **Répartition selon le niveau d'instruction** (condamnés hommes) :

- Illettrés	12,3 %
- Instruction primaire	72,5 %
- Instruction secondaire ou supérieure	15,2 %
TOTAL	100,0 %

- **Répartition selon l'âge** (condamnés hommes) :

- Moins de 18 ans	1,7 %
- 18 - 21 ans	11,6 %
- 21 - 25 ans	22,3 %
- 25 - 30 ans	23,6 %
- 30 - 50 ans	35,8 %
- 50 ans et plus	5,0 %
TOTAL	100,0 %

- **Répartition selon la nationalité** (condamnés hommes) :

- Français	73,1 %
- Etrangers	26,9 %
(dont Afrique 68,2%, Asie 9,0% et Amérique 2,7%)	
TOTAL	100,0 %

Ministère de la Justice

Permissions et délits

Infractions commises au cours et après une permission de sortir :

	1987	1981
• Nombre de permissionnaires	11 937	10 440
• Nombre de permissions	25 130	29 802
• Nombre d'infractions	77	34
• Nombre de crimes	9	3
• Nombre de non-réintégrations*	310	392

(*) Permissionaires n'ayant pas réintégré leur établissement après 48 heures de retard.

Ministère de la Justice

On comptait 49 000 détenus au 1er janvier 1988.
• Entre 1982 et 1988, la population carcérale a augmenté de 63 %.

Cette très forte croissance s'explique d'abord par le fait que les effectifs avaient diminué d'environ 9 000 en 1981, à la suite des mesures de grâce collective qui avaient suivi

---

Fallait-Il tuer la peine de mort ?

« Il faut rétablir la peine de mort » (en %)* :

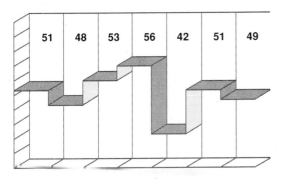

51	48	53	56	42	51	49
1982	1983	1984	1985	1986	1987	1988

(*) Cumul des réponses « bien d'accord » et « entièrement d'accord » à l'affirmation proposée.

Agoramétrie

---

l'élection présidentielle et de l'amnistie du 4 août. Ils retrouvaient un an après leur niveau antérieur, pour progresser ensuite. Le nombre de 40 000 détenus était atteint en février 1984.

Les Français restent majoritairement favorables au rétablissement de la peine de mort.

Beaucoup de Français ont vu dans l'abolition du châtiment suprême la menace d'un nouvel accroissement de la criminalité. Pourtant, cinq ans après la suppression de la peine capitale, le nombre des crimes de sang n'a pas augmenté. La même constatation avait déjà pu être faite dans d'autres pays où la peine de mort avait été abolie.

Les drames de l'autodéfense sont un peu moins fréquents.

L'une des conséquences les plus évidentes du sentiment d'insécurité qui avait prévalu jusqu'en 1985 avait été le développement de l'autodéfense. L'idée que l'on pouvait se substituer à une police jugée trop peu présente et à une justice considérée comme trop accommodante s'était répandue dans l'opinion. Cette psychose semble retombée aujourd'hui. Même si la délinquance reste élevée, il faut savoir que la route, la maison, le travail restent infiniment plus dangereux pour chaque individu.

---

5 millions de foyers armés

• 23 % des foyers possèdent au moins une arme à feu ; 9 % en ont plusieurs.
• Il s'agit dans 74 % des cas d'un fusil ou d'une carabine de chasse, dans 18 % d'une carabine 22 long rifle, dans 17 % d'un revolver ou pistolet, dans 6 % d'une arme ancienne ou de collection (avant 1870) et dans 6 % d'une arme de guerre ou de police autre qu'un revolver ou pistolet.
• Dans 34 % des cas, les armes possédées sont prêtes à être utilisées (munitions à proximité ou arme déjà chargée).
• 30 % des Français considèrent que c'est une bonne chose d'avoir une arme pour se défendre, 53 % que c'est une mauvaise chose (17 % ne se prononcent pas).

Le Chasseur français/BVA, novembre 1985

Les risques du métier

Membres des forces de l'ordre tués et blessés en opérations de police (par armes à feu en maintien de l'ordre et lutte contre la criminalité) :

	1984	1985	1986	1987
• Policiers tués	11	6	5	3
• Policiers blessés	359	330	266	282
• Gendarmes tués	6	5	4	8
• Gendarmes blessés	315	242	273	219

Ministère de l'Intérieur

Insécurité

En vrac

• La proportion de femmes détenues augmente : 2,8 % en 1977, 4 % en 1987.
• Le taux de détention pour 100 000 habitants à fin 1986 était de 84 en France, contre 116 en Irlande du Nord, 109 en Ecosse, 93 en Angleterre, 88 en RFA, 82 au Portugal, 76 en Italie, 67 en Suisse, 65 en Espagne et au Danemark, 62 en Belgique, 48 en Norvège, 34 aux pays-bas et en Islande.
E • Sur les 7,3 milliards de francs perdus dans les entreprises françaises en 1986 à la suite de problèmes informatiques, 44 % étaient dus à la malveillance.
• 65 % des hommes et 80 % des femmes victimes d'attentats éprouvent des difficultés à dormir. 20 % ont subi un stress post-traumatique majeur, 60 % un stress d'importance moyenne. Une victime sur cinq a souffert ou subit encore les conséquences de blessures physiques graves : coma, traumatisme crânien, amputations. Un tiers ont été brûlées.
S • 61 % des Français ont confiance dans l'organisation de la sécurité dans les trains, 58 % dans les avions, 56 % dans la prévention des incendies de forêts, 48 % celle des avalanches.
• 250 000 appartements et villas ont été visités en 1987, dont la moitié en région parisienne.
• 2 % des ménages français sont équipés de systèmes de protection électronique, contre 12 % aux Etats-Unis et 29 % en RFA. 5 % des portes sont équipées de serrures de sécurité.
• Le nombre d'agressions est maximum chaque jour entre 17 et 20 h, avec une pointe entre 18 et 19 h. Il est environ cinq fois plus faible entre 2 h et 9 h du matin.

SCIENCE ET TECHNOLOGIE

Les Français reconnaissent l'importance du progrès technique dans l'amélioration de leur vie quotidienne. Mais ils redoutent ses effets sur l'avenir. La pollution, sous toutes ses formes, en est d'ores et déjà le prix à payer.

La science admirée mais contestée

Même s'ils sont souvent fascinés par elles, beaucoup de Français (à l'exclusion des jeunes) considèrent plutôt les mutations technologiques actuelles et à venir comme des menaces (voir encadré). Les promesses technologiques qui ont leurs faveurs sont celles dont les applications pratiques leur paraissent les plus utiles et les moins susceptibles de subir un détournement ; elles s'inscrivent essentiellement dans le domaine de la recherche médicale et dans celui

Le modernisme effraie parfois, la tradition rassure

Colin Guittard Nazaret

de la communication et des loisirs. Avec des limites qui touchent aux manipulations génétiques et à l'utilisation de l'ordinateur comme substitut de l'homme dans son travail.

La technologie en question

« Avec le temps, le progrès technique résoud tous les problèmes » (en %)* :

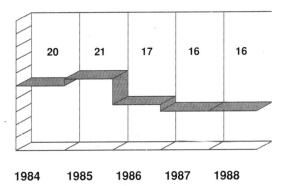

| 20 | 21 | 17 | 16 | 16 |

1984   1985   1986   1987   1988

(*) Cumul des réponses « bien d'accord » et « entièrement d'accord » à l'affirmation proposée.

Agoramétrie

Les progrès les plus attendus sont ceux qui permettent d'améliorer la santé et de prolonger la vie.

Les Français ont toujours été intéressés par la recherche médicale, dont la tradition reste fortement ancrée dans le pays. Le succès des émissions de télévision et de radio consacrées à la santé ne se démentit pas et les résultats obtenus par les laboratoires publics ou privés sont reconnus par la communauté scientifique internationale.

Aujourd'hui plus que jamais, l'idée de la maladie est mal supportée socialement, surtout lorsqu'elle est associée aux souffrances et à la déchéance physique. L'idée de la mort est tellement insupportable qu'elle est pratiquement occultée dans la vie quotidienne et dans les médias. C'est pourquoi les Français plébiscitent si volontiers les recherches dans le domaine médical.

Les progrès de la génétique effraient beaucoup de Français.

L'insémination artificielle, les transferts d'embryon, la fécondation in vitro, les retouches effectuées sur le patrimoine génétique, etc., apparaissent comme les frontières floues du progrès de la médecine. L'amélioration de la race humaine, si elle peut sembler souhaitable dans l'absolu, pose d'autres problèmes que celle des races animales. La bioéthique concerne aujourd'hui aussi bien les médecins que les prêtres ou les juristes. Au fur et à mesure que s'accroît leur information dans ce domaine, les Français sont de plus en plus sensibles aux risques qu'ils y voient.

Halte aux mères porteuses

En cas de stérilité, 52 % des Français seraient prêts à recourir à l'insémination artificielle (43 % non). La proportion de personnes prêtes à recourir à la fécondation in vitro est de 39 % (54 % non). Elle est de 22 % pour le don d'embryon (71 % non), de 17 % pour le don d'ovocyte (76 % non), de 12 % pour le recours à une mère porteuse (82 % non).

Le Nouvel Observateur-Editions du Seuil/Sofres, avril 1987

D'une manière générale, la majorité des Français tendent à refuser tout ce qui pourrait remettre en question l'ordre naturel. Qu'il s'agisse de se nourrir avec des algues ou des aliments cultivés artificiellement, ou encore de contrecarrer le déroulement normal des naissances par des manipulations génétiques (telles que le choix du sexe ou de la personnalité, les bébés-éprouvette...), leurs craintes sont clairement exprimées.

L'ordinateur est autant un allié qu'un ennemi.

La peur de la science ne concerne pas seulement le futur. Certains nouveaux produits du quotidien, dont les services sont connus (sinon reconnus), ne sont pas très bien acceptés par les Français. Le micro-ordinateur, qui enchante tant les enfants, ne fait pas l'unanimité chez les adultes (voir encadré).

Informatique et liberté

« Les ordinateurs menacent nos libertés » (en %)* :

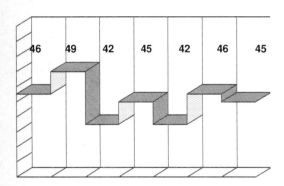

| 46 | 49 | 42 | 45 | 42 | 46 | 45 |

1982 1983 1984 1985 1986 1987 1988

(*) Cumul des réponses « bien d'accord » et « entièrement d'accord » à l'affirmation proposée.

Agoramétrie

Le nouveau monde est celui de la technologie

Alliance

Si le robot fascine les enfants, il effraye au contraire les adultes, qui voient en lui un dangereux rival. Leur arrivée dans les usines est ressentie comme une menace. Beaucoup de Français s'inquiètent donc de ces nouvelles techniques, car ils sont conscients que leur implantation, progressive et inéluctable, ne sera pas sans conséquences sur l'emploi. Les craintes vis-à-vis de l'informatique, de la biologie ou de l'énergie atomique sont liées à l'avènement de la troisième révolution technologique.

Pourtant, cette révolution présente trois différences fondamentales par rapport aux précédentes : les innovations se propagent de plus en plus vite ; les générations nouvelles sont de plus en plus rapprochées ; la puissance que confèrent ces innovations à l'homme est de plus en plus grande. A tel point d'ailleurs qu'il est, pour la première fois de son histoire, capable de s'autodétruire totalement.

Le futur est-il pour après-demain ?

La science tend aujourd'hui à se confondre avec la science-fiction. La tentation est forte, devant l'avalanche des produits nouveaux qui arrivent sur le marché, de prédire un bouleversement complet des modes de vie. Les médias, qui s'en voudraient de manquer une révolution, ont déjà largement raconté celle qui doit avoir lieu demain. La maison électronique, le télé-travail, l'information globale de la société y apparaissent déjà comme des faits plutôt que comme des hypothèses plus ou moins probables et plus ou moins proches. Devant tant d'assurance, il est nécessaire de s'interroger. La question fondamentale est de savoir quel sera le degré d'adaptation de l'offre à la demande, qui est moins extensible qu'on ne l'imagine souvent. L'expérience du Minitel donne à cet égard un élément de réponse : environ 10 % des foyers qui en disposent ne l'utilisent jamais ; un tiers ne se servent que de l'annuaire électronique. Passé le premier moment d'enthousiasme, les utilisateurs attendent des services réels de la part des équipements qui leur sont proposés. Il n'est qu'à voir l'évolution des ventes de jeux électroniques ou les débuts difficiles de l'ordinateur familial pour s'en convaincre.

Pollution : la rançon du progrès

Les accidents liés au développement technologique se sont multipliés depuis quelque temps. Après Tchernobyl, la pollution des rivières ou celle des forêts, on assiste en France comme dans d'autres pays industrialisés, à un retour des préoccupations de nature écologique.

La pollution atmosphérique, le bruit, les difficultés de circulation sont la rançon de plusieurs décennies d'un développement sans précédent. Il paraît donc légitime aux Français que la science prenne en charge les problèmes qu'elle a elle-même engendrés. C'est pourquoi ils manifestent un grand intérêt pour les progrès réalisés dans l'utilisation des énergies naturelles (non polluantes) ou le recyclage des déchets industriels et de ceux des particuliers.

La technologie peut être la meilleure amie de l'homme ou le mener à sa perte. Mais c'est encore à elle que l'homme fait appel lorsqu'il s'attaque aux nuisances dont elle est la cause...

La qualité de l'air s'améliore régulièrement.

La pollution atmosphérique a en moyenne fortement diminué dans la majorité des grandes villes françaises. Entre 1980 et 1987, la production de dioxyde de soufre a été réduite de moitié : 1 520 millions de tonnes contre 3 510. La production d'oxydes d'azote est également inférieure à celle du début de la décennie : 2,35 millions de tonnes contre 2,56. L'émission de poussières a baissé de 27 % pendant cette période, passant de 483 000 tonnes à 352 000.

Les hauts et les bas de la pollution

« La pollution est terriblement préoccupante » (en %)* :

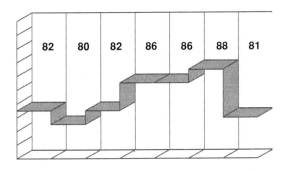

| 82 | 80 | 82 | 86 | 86 | 88 | 81 |

1982 1983 1984 1985 1986 1987 1988

(*) Cumul des réponses « bien d'accord » et « entièrement d'accord » à l'affirmation proposée.

Agoramétrie

La qualité de l'eau de consommation n'est pas homogène dans l'ensemble des régions.

On estime qu'environ 3 millions de Français boivent une eau non potable, car contenant plus de 50 mg de nitrates par litre, norme européenne. C'est le cas en particulier dans l'Ouest, du fait d'un élevage intensif, de pluies abondantes et de nappes situées à faible profondeur.

D'une manière générale, la teneur en nitrates des nappes souterraines augmente régulièrement. Selon les spécialistes, cette dégradation ne pourra pas se ralentir avant au moins une quinzaine d'années. La complexité de l'agriculture moderne et les contraintes économiques qui pèsent sur elle font en effet que l'évolution des pratiques, et notamment de l'emploi des engrais, ne peut être que lente.

La salubrité des plages s'est récemment améliorée, mais 30 % d'entre elles restent polluées.

La pollution des plages (et du milieu marin en général) provient de plusieurs sources : déversements accidentels (ou involontaires) des navires ; produits transportés par les fleuves ; pollutions domestiques et industrielles.

Après s'être détériorée jusqu'en 1978, la situation est un peu plus favorable depuis quelques années. Il n'en est pas de même pour les autres lieux de baignade. Plus de la moitié des rivières ont une eau de mauvaise qualité ou momentanément polluée. Pour les baigneurs qui ne vont pas à la mer, mieux vaut choisir les étangs ou les lacs, qui sont moins fréquemment pollués que les rivières.

C'est le bruit qui gêne le plus les Français.
• Environ 20 000 plaintes enregistrées chaque année, dont plus de la moitié à Paris.
• Le coût annuel est évalué à 100 milliards de francs.

Considéré par les Français comme la principale nuisance, le bruit serait à l'origine de nombreuses maladies. Selon le CDIA, il est responsable de 15 % des journées de travail perdues chaque année et 20 % des internements psychiatriques, sans oublier la consommation de certains médicaments (somnifères, hypnotiques...). Les experts estiment que deux millions

Les préoccupations écologistes reviennent en force

Le Parisien, 10 février 1988

de personnes travaillent dans un environnement où le niveau sonore est dangereux pour la santé (ouvriers de la sidérurgie, personnel de certains magasins, etc.). Une grande partie de la population est exposée aux agressions du bruit et à ses répercussions sur l'organisme : accélération du pouls, de la tension artérielle, fatigue, nervosité, etc. qui sont parfois la cause de drames.

Les griefs le plus souvent évoqués sont les aboiements de chiens. Plus fréquemment dans les villes qu'à la campagne, où ils sont pourtant plus nombreux. Les chaînes hi-fi, les outils utilisés après 22 heures, les disputes, les pianos et autres instruments de musique arrivent immédiatement après. Dans les villes, les nouvelles sirènes des voitures de police, la multiplication des systèmes d'alarme des logements et des voitures (dont beaucoup se déclenchent de façon intempestive) ont accru le niveau, déjà passablement élevé, du bruit ambiant.

Science et technologie

En vrac

S • 6 % des Françaises seraient prêtes à porter un enfant pour une autre femme (88 % non).

S • 58 % des Français considèrent qu'il ne faut plus continuer à construire des centrales nucléaires, contre 37 % qui y sont favorables. 51 % pensent qu'on ne leur a pas dit la vérité sur les incidents survenus dans les centrales en France. 76 % pensent qu'un accident du type de celui de Tchernobyl est possible en France (19 % non).

S • 61 % des Français pensent que les industries dangereuses pour l'environnement ne sont pas suffisamment protégées (29 % sont de l'avis contraire). Les industries les plus dangereuses leur paraissent être, par ordre décroissant : les industries chimiques et les centrales nucléaires ; les raffineries de pétrole ; les industries pharmaceutiques ; les industries sidérurgiques.

• La forêt de la Chartreuse est la plus touchée par la pollution : 41 % des sapins et 26 % des épicéas présentent une défoliation importante (perte de 25 % de leurs aiguilles).

• Les pays de l'OCDE produisent 8 milliards de tonnes de déchets industriels et ménagers par an, dont 6,7 milliards de tonnes de boues, gravats et déchets agricoles, 1 milliard de tonnes de déchets industriels, 350 millions de tonnes d'ordures ménagères.

• La forêt française a doublé de surface depuis le début du siècle et gagne chaque année environ 38 000 hectares. Cette superficie nouvelle est prise en grande partie sur les terres abandonnées par l'agriculture.

L'IMAGE DE LA FRANCE

ÉTAT

Les Français éprouvent vis-à-vis de l'Etat des sentiments complexes. S'ils restent attachés aux institutions dans leur principe, ils sont plutôt moins satisfaits de leur fonctionnement que par le passé. S'ils apprécient le rôle joué par les administrations, ils sont souvent agacés par la bureaucratie qui les étouffe.

De l'Etat-permanent à l'Etat-d'exception

Les Français avaient imaginé au cours des années soixante-dix que l'Etat tout-puissant pourrait les protéger des conséquences d'une crise qu'ils voulaient ignorer. Les dix années qui ont suivi leur ont permis de faire l'apprentissage du réalisme. La majorité des Français ont compris que la France ne peut lutter seule contre les tempêtes, tout en ignorant les contraintes de son environnement planétaire.

L'image d'un Etat tout-puissant, fabriquant et distribuant les richesses, est donc en train de disparaître. Elle fait place à celle d'un Etat plus modeste, coordonnant l'activité de production dans une perspective à long terme et s'efforçant de la répartir d'une façon équitable.

Le retour de la confiance ?

« Le gouvernement manque d'efficacité » (en %)* :

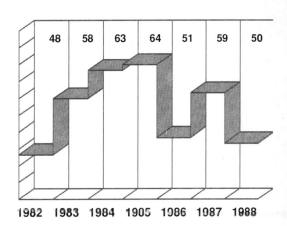

1982	1983	1984	1985	1986	1987	1988
48	58	63	64	51	59	50

(*) Cumul des réponses « bien d'accord » et « entièrement d'accord » à l'affirmation proposée.

Agoramétrie

Il y a en France 2 600 000 fonctionnaires, contre 1 500 000 en 1969.
* *6 millions d'actifs dépendent de l'Etat.*

C'est Bonaparte qui, le 17 février 1800, inventa l'Administration, installant dans chaque région un préfet chargé de veiller à une meilleure égalité des citoyens devant l'Etat. Depuis, le secteur public a connu une croissance impressionnante : il représente aujourd'hui plus de 30 % de la population active (en incluant les collectivités territoriales), contre 12 % en 1970, 6 % en 1936, un peu plus de 5 % en 1870. Le coût des fonctionnaires pour la collectivité est de 520 milliards de francs, 40 % du budget de l'Etat.

Un salarié sur quatre dépend de l'Etat

Répartition des fonctionnaires :

• Titulaires	1 968 000
• Contractuels	105 000
• Auxiliaires non enseignants	41 000
• Auxiliaires enseignants	13 000
• Vacataires	2 000
• Ouvriers de l'Etat	118 000
• Militaires	314 000
• Divers non titulaires	8 000
TOTAL	**2 569 000**

Il faut ajouter au nombre des fonctionnaires les 800 000 agents des collectivités territoriales, les 650 000 employés des hôpitaux et les 2 millions de salariés du secteur public. Au total, un peu plus de 6 millions d'actifs dépendant de l'Etat.

Rapport 1986 sur la fonction publique

Cette évolution s'explique de deux façons. D'abord, le progrès social et le développement économique ont accru le nombre des tâches non productives : qui d'autre que l'Etat pouvait prendre en charge des activités considérées a priori comme non rentables ?

La seconde raison est plus triste, mais tout aussi importante : les guerres ont à plusieurs reprises détruit une partie du potentiel économique national, et l'Etat a dû, chaque fois, organiser sa reconstruction. Avec, il faut le reconnaître, un certain succès.

Les Français sont persuadés de l'utilité des institutions...

La croissance phénoménale de la pieuvre étatique aura permis la généralisation de différentes formes d'assistance : sécurité sociale, retraite, chômage, allocations familiales, etc. Toutes ces prestations ont sans aucun doute largement contribué au progrès social de ces quarante dernières années. Elles ont aussi agi comme un amortisseur (retardateur ?) des effets de la crise sur ceux qui en étaient victimes, en particulier les chômeurs. Mais il apparaît au plus grand nombre aujourd'hui que le financement de nouvelles interventions de l'Etat ou le simple maintien des prestations existantes viendra s'ajouter au poids, déjà élevé, des impôts et prélèvements sociaux.

... mais ils savent aujourd'hui que l'Etat, c'est eux.

Conscients de représenter la force de production et de payer pour que le système fonctionne, ils souhaitent légitimement être les vrais détenteurs du pouvoir. Ils sont par ailleurs de plus en plus « chatouilleux » en ce qui concerne les libertés individuelles. Ils acceptent difficilement les contraintes qui leur sont imposées par un Etat-glouton, qui contrôle la moitié de l'outil de production, légifère à tour de bras, et joue parfois les inquisiteurs.

Les citoyens font donc de plus en plus entendre leur voix. Ils veulent exercer un droit de contrôle sur l'action des pouvoirs publics, garanti par des moyens de pression efficaces : mouvements associatifs, corporatisme, utilisation des médias. Les gouvernements récents ont d'ailleurs tous dû reculer devant des mouvements de protestation spontanés, contre la remise en cause de l'école privée, les chèques payants, la création de prisons privées, la réforme de l'université, celle du code de la nationalité, etc.

Après avoir été surtout demandeurs de sécurité, les Français sont aujourd'hui attachés à la liberté et à la justice.

Ce n'est plus un *Etat-permanent*, sécurisant mais aussi stérilisant, que veulent les Français. Leurs souhaits vont aujourd'hui vers une sorte d'*Etat-d'exception* dont le rôle principal serait d'intervenir principalement en faveur des plus défavorisés (malades, chômeurs, retraités, handicapés, etc.), et de gérer au mieux les intérêts de la France dans le monde.

Cela implique un nouveau type de rapport avec les pouvoirs publics et les institutions. Le citoyen laisse volontiers à l'Etat la responsabilité d'intervenir dans les domaines d'intérêt général, afin d'assurer la justice sociale par les mécanismes de répartition de la richesse nationale. Mais chacun souhaite participer à la gestion de son environnement immédiat (quartier, commune, région) tout en laissant à l'Etat la charge des questions nationales et, bien sûr, internationales.

Institutions : je t'aime, moi non plus

Les Français vivent avec leurs institutions une étrange histoire d'amour. Ils leur reconnaissent volontiers des mérites mais dénoncent fréquemment leurs travers. S'ils expriment un accord unanime sur leur nécessité, ils émettent des réserves importantes sur leur fonctionnement. Mais ces « vieilles dames » font partie du patrimoine national et le monde, paraît-il, les envie.

Les jugements portés sont très variables selon les institutions.

Malgré ses lacunes et son adaptation imparfaite au monde contemporain (en particulier dans l'université), l'école continue d'obtenir les faveurs et le respect du public, mais avec quelques réserves. La police a retrouvé depuis quelques années une image favorable, et les succès remportés dans la lutte contre la délinquance ou le terrorisme ont fait oublier les inévitables incidents ou « bavures », comme ceux qui s'étaient produits lors des manifestations étudiantes de décembre 1986.

La cote de la justice varie en fonction des ministres et des procès qui lui sont faits régulièrement par l'opposition et les médias. L'abolition de la peine de mort a été mal acceptée par une majorité de Français, qui y ont vu une forme de laxisme préjudiciable à la sécurité. Une forte majorité est d'ailleurs favorable à son rétablissement.

Questions de confiance

Pourcentage de confiance vis-à-vis des principales institutions (1) :

• Ecole	+68
• Police	+45
• Conseil constitutionnel	+37
• Justice	+27
• Parlement	+23
• Eglise	+10
• Médias	-1
• Syndicats	-23
• Milieux d'affaires	-25

(1) Les pourcentages représentent l'excédent de confiance (signe +) ou le déficit (signe -) à l'égard de chaque institution.

L'Express/IIG/Louis Harris international, avril 1987

Le fonctionnement des institutions politiques n'est guère apprécié.

Mis à part le Conseil constitutionnel et le Sénat, dont les Français entendent assez peu parler, l'image des institutions à caractère politique (Assemblée nationale, partis politiques...) s'est dégradée au cours des dernières années. Elle a souffert de la multiplication des « affaires » (Greenpeace, Carrefour du développement, Luchaire, relations avec certains pays terroristes...), du financement flou des partis, comme de l'attitude peu tolérante et peu digne de certains députés à l'Assemblée nationale.

L'image des syndicats et des milieux d'affaires n'est pas à la hauteur de celle des entreprises.

La réhabilitation de l'entreprise, sensible depuis 1983, a plus profité aux patrons pris individuellement qu'à leurs instances dirigeantes ou aux fédérations professionnelles. Si les Français admirent le dynamisme d'un Bernard Tapie, ils apprécient moins l'insistance du patronat à revendiquer une diminution des charges et à mettre en œuvre certaines pratiques libérales (en particulier la suppression de l'autorisation administrative de licenciement).

La désaffection vis-à-vis des syndicats est apparue vers le milieu des années soixante-dix; elle s'est largement confirmée depuis. La politisation, le décalage entre les revendications et les réalités économiques, les grèves déclenchées dans le secteur public (SNCF, enseignement, Banque de France...) ou dans des professions protégées (transport aérien...) sont les causes essentielles de ce rejet.

La confiance dans les médias a diminué.

La crédibilité des médias semble être inversement proportionnelle à leur poids dans la société. Ce phénomène, sensible dans l'ensemble des pays développés, s'explique par la concurrence accrue entre les journaux, radios et télévisions et la course effrénée à l'audience qu'elle implique. Les aspects spectaculaires de l'information sont souvent privilégiés par rapport à l'analyse ; les scandales font la une de l'actualité au détriment d'autres événements plus importants mais moins « vendeurs ».

La mise en œuvre du nouveau « paysage audiovisuel » n'est évidemment pas étrangère à cette perte de crédibilité. Les conditions d'attribution de la cinquième chaîne, le changement de vocation de la sixième, la privatisation de TF1, la création de la CNCL, ont montré que les préoccupations politiques n'étaient pas absentes des décisions prises. L'attitude des grandes « stars », courant d'une chaîne à l'autre pour se vendre au plus offrant n'a pas non plus été bien admise par les Français.

adhésion (en particulier grâce au fonctionnement satisfaisant du téléphone). Malgré les grèves impopulaires de fin 1986, la SNCF est elle aussi appréciée, car elle a su maintenir sa tradition d'exactitude tout en mettant en place le TGV. EDF/GDF a su quant à elle garder une image favorable auprès des usagers, malgré le retour des préoccupations vis-à-vis du nucléaire.

La bataille du téléphone a été gagnée

Opus Hintzy

Administration : peut mieux faire

Le jugement que les Français portent sur les administrations et les services publics est globalement favorable, mais il varie beaucoup selon les domaines. Les critiques qui sont adressées portent surtout sur le *système* administratif, mais aussi sur la capacité et la motivation des employés. Beaucoup de Français (même parmi ceux qui ne sont pas des fanatiques du libéralisme) considèrent que la situation de monopole n'est pas favorable à la qualité des services, pas plus qu'à leur prix.

La communication et les transports sont assez bien notés.

Après une longue période de désaffection, les PTT recueillent aujourd'hui une large

Le hit-parade de l'Administration

Proportion de personnes satisfaites de la manière dont chaque administration répond aux besoins des usagers (en %) :

• Pompiers	96
• Mairie	90
• EDF/GDF	85
• PTT	82
• Hôpitaux	79
• Préfecture	77
• Musées	75
• SNCF	69
• Impôts	62
• Sécurité sociale	58

Le Parisien/CSA, avril 1987

On constate aussi que les hôpitaux obtiennent un taux de satisfaction élevé, même si les malades hésitent moins que par le passé à se plaindre, voire à engager des actions judiciaires en cas d'erreur médicale. Il faut noter enfin le record de popularité atteint par les pompiers.

L'idée fisc

« Frauder le fisc, ce n'est pas du vol » (en %)* :

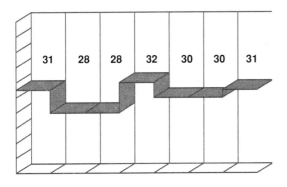

| 31 | 28 | 28 | 32 | 30 | 30 | 31 |

1982   1983   1984   1985   1986   1987   1988

(*) Cumul des réponses « bien d'accord » et « entièrement d'accord » à l'affirmation proposée.

Agoramétrie

*La Sécurité sociale et le fisc
sont les mal-aimés des Français.*

A l'autre bout de la chaîne administrative, la Sécurité sociale reste le symbole incontesté de la bureaucratie française et le lieu privilégié du mécontentement. Les nombreuses enquêtes réalisées à l'occasion des Etats généraux de fin 1987 avaient pourtant montré combien les Français sont attachés aux grands principes qui lui ont donné naissance.

Même l'administration fiscale, traditionnellement peu appréciée des Français, est mieux notée que la « Sécu ». Mais beaucoup sont sensibles aux tracasseries dont ils font (ou craignent de faire) l'objet. Ce qui ne les empêche pas « d'oublier » chaque année une somme d'environ 100 milliards de francs dans leur déclaration de revenus...

Etat

En vrac

S • 69 % des Français considèrent que les services publics sont en général mal équipés (12 % non). 69 % pensent qu'ils ne donnent pas assez d'importance aux relations avec les usagers (27 % non). 76 % pensent que les personnes qui y travaillent sont en général plutôt compétentes (22 % non). 57 % pensent qu'elles s'intéressent plutôt à leur travail (38 % non).
• Entre 1962 et 1986, le nombre des fonctionnaires a augmenté de 170 % à la justice, de 160 % à la culture, de 120 % aux affaires sociales, 110 % à l'industrie et la recherche et à l'éducation nationale, 90 % aux PTT, 85 % à l'intérieur, 70 % à l'équipement, 60 % à l'économie et à l'agriculture. Il a diminué de 20 % aux anciens combattants.
E • La fonction publique consomme chaque année en papier l'équivalent d'une forêt de 3 500 hectares.
S • 74 % des Français ont confiance dans la capacité de l'armée française à assurer la sécurité et l'indépendance du pays (20 % non).
S • 66 % des Français considèrent que la décentralisation est quelque chose de positif (16 % non). 67 % font plutôt confiance aux collectivités locales pour gérer l'aide sociale (25 % l'Etat), 60 % pour les établissements scolaires (31 % l'Etat), 80 % pour les transports en commun (13 % l'Etat), 63 % pour l'urbanisme et l'équipement (27 % l'Etat), 64 % pour les affaires culturelles (26 % l'Etat), 32 % pour le développement économique (56 % l'Etat).

POLITIQUE

L'alternance, puis la cohabitation avaient permis aux Français de faire le point sur leurs relations avec la politique. L'élection présidentielle de mai 1988 et l'élection législative qui a suivi ont démontré leur volonté de changer le paysage politique afin qu'il réponde mieux aux attentes des citoyens. Dans ce contexte, les vieilles querelles droite-gauche paraissent d'un autre temps. Le moment est venu pour la société politique de se réconcilier avec la société civile.

Alternance, cohabitation, ouverture

La période 1981-1988 aura été particulièrement agitée sur le plan politique, avec la mise en place successive de l'alternance (un président et un gouvernement de gauche entre 1981 et 1986), puis de la cohabitation (un président de gauche et un gouvernement de droite, entre 1986 et 1988) et enfin l'ouverture vers le centre, après la réélection de François Mitterrand et le choix de Michel Rocard comme Premier ministre.

Ces années auront marqué à la fois le divorce des Français et de la politique et une utilisation nouvelle du pouvoir qui leur est donné par la démocratie. Tout s'est passé en fait comme si le corps électoral avait suivi une stratégie destinée à casser des structures et des habitudes qu'il juge périmées et inefficaces.

La droite a été désavouée en 1981 pour n'avoir pas su expliquer et éviter les effets de la crise économique.

Depuis plus de vingt ans, une majorité de Français, par conviction ou encore par habitude, se réclamaient de la droite, garante selon eux de la prospérité économique ainsi que de la liberté individuelle. La crise économique, apparue en 1973, ne les avait pas inquiétés. Il ne faisait pas de doute pour eux que le pouvoir, après avoir identifié le virus, allait bientôt fabriquer le vaccin. 1981 les trouva donc fort étonnés d'être toujours malades. Un certain nombre d'entre eux décidèrent alors de changer de médecin ; ils joignirent leurs voix à celles qui appelaient depuis longtemps une thérapeutique socialiste.

Malgré sa remise en cause de 1982, la gauche n'a pas su , entre 1981 et 1986, résoudre les problèmes du chômage et de l'inégalité.

Ceux qui, par idéalisme ou par tradition, se réclamaient de la gauche, seule capable à leurs yeux de mettre en œuvre une véritable justice sociale, donnèrent libre cours à leur joie du printemps 1981, après 23 ans de frustration. Cinq printemps plus tard, en 1986, le chômage avait augmenté, les impôts étaient plus lourds, le franc dévalué. Pour beaucoup, le rêve était fini... Après avoir permis l'alternance, le corps électoral inventait la « cohabitation ».

Les Français avaient attendu autre chose de la cohabitation (1986-1988) ; ils l'ont demandé à nouveau en imposant l'ouverture en 1988.

En 1988, les Français ont écrit un nouveau chapitre de l'histoire politique. Pour la première

Le débat se situe aujourd'hui sur le terrain social

RSC et G

Les hauts et les bas du septennat

Evolution de la cote de confiance de François Mitterrand pendant son premier septennat (en %) :

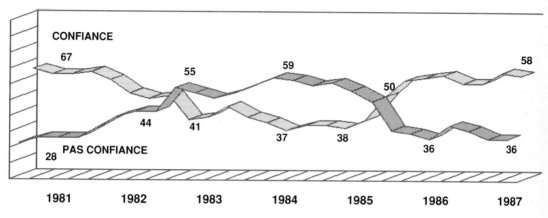

CONFIANCE

67   55   59   58

44   41   50

37   38   36   36

28   PAS CONFIANCE

1981   1982   1983   1984   1985   1986   1987

Le Nouvel Observateur, 29 janvier 1988

fois dans l'histoire de la Ve République, un président (de gauche, qui plus est) était réélu. Mais c'était parce qu'il paraissait le mieux placé pour réaliser « l'ouverture » vers le centre, lieu de convergence naturel des attentes des citoyens, dans une période où le pragmatisme leur paraît plus souhaitable que l'idéologie.

Au cours de ces années agitées, les Français se sont donc enrichis d'une expérience nécessaire. Mais ils se sont aussi appauvris d'une espérance qui ne l'était pas moins. Entre une gauche qui a perdu ses idées et une droite qui a perdu son âme, le doute s'est installé dans leur esprit. C'est tout le système politique qui a perdu à leurs yeux sa crédibilité.

Le nouveau paysage politique français

La gauche française a été remodelée par sa confrontation avec les réalités économiques autant que par l'évolution du corps électoral. Le Parti socialiste est finalement sorti renforcé de son expérience du pouvoir. Le Parti communiste a payé ses erreurs stratégiques et sa vision dogmatique du monde d'une érosion rapide et régulière.

De son côté, la droite modérée (RPR et UDF) s'est laissée quelque peu enfermer dans ses contradictions internes et elle n'a pas su répondre aux inquiétudes des Français. C'est le Front national qui a profité de la situation, se faisant le porte-parole de tous les mécontents.

Surmontant ses déboires de 1986, le Parti socialiste a élargi en 1988 sa base électorale.

Après quelques années de pouvoir dans une conjoncture difficile, et malgré quelques réussites indéniables (la baisse de l'inflation, l'amélioration de la balance commerciale...), la gauche socialiste avait d'abord perdu sur le plan social la crédibilité qu'elle avait gagnée sur le plan économique. Puis elle a reconquis son électorat en se posant comme la seule force capable de rassembler les Français et de faire reculer les inégalités qui se sont développées avec la crise.

La personnalité de François Mitterrand n'est évidemment pas étrangère à cette évolution. Principal bénéficiaire des deux années de cohabitation, il a pu mener une campagne présidentielle axée sur le rassemblement et la justice sociale. Cette plate-forme a rassuré les électeurs traditionnels de la gauche, en même temps qu'elle attirait certains électeurs centristes, agacés des divisions de la droite et inquiets de la montée de l'extrême droite.

Le flux et le reflux

Evolution des rapports droite/gauche depuis 1974 (%) :

	Gauche	Ecologistes et inclassables	Droite
• Election présidentielle de 1974 (2ᵉ tour)	49,4	-	50,6
• Elections cantonales de 1978 (1er tour)	52,5	-	47,5
• Elections municipales de 1977* (1er tour)	50,8	2,9	46,3
• Elections législatives de 1978 (1er tour)	49,4	2,7	47,9
• Elections européennes de 1979	47,4	4,5	48,1
• Election présidentielle de 1981 (1er tour)	47,3	3,9	48,8
(2ᵉ tour)	52,2	-	47,8
• Elections législatives de 1981 (1er tour)	55,8	1,1	43,1
• Elections contonales de 1982 (1er tour)	48,1	2,0	49,9
• Elections municipales de 1983* (1er tour)	44,2	2,2	53,6
• Elections législatives de 1986	42,5	3,0	54,5
• Election présidentielle de 1988 (1er tour)	44,9	4,2	50,9
(2ᵉ tour)	54,0	-	46,0
• Elections législatives de 1988 (1er tour)	49,3	0,4	50,3

(*) Villes de plus de 30 000 habitants.

En 7 ans, le Parti communiste a perdu plus de la moitié de son électorat.

La montée en puissance du Parti socialiste, entre 1974 et 1981, s'était faite en grande partie au détriment de son difficile partenaire de l'Union de la gauche, le Parti communiste. L'érosion du PC se traduisait par le mauvais score de Georges Marchais à l'élection présidentielle de 1981 : 15,5 % des voix. Les dirigeants communistes ne voulurent voir dans ce déclin qu'un accident de parcours, lié au mécanisme constitutionnel de la Vᵉ République plutôt qu'à ses propres erreurs.

Ces chiffres furent confirmés par les différents scrutins qui suivirent : législatives de juin 1981, cantonales de mars 1982, européennes de juin 1984, législatives de mars 1986. Le coup de grâce était donné par l'élection présidentielle de 1988, au cours de laquelle André Lajoinie n'obtenait que 6,7 % des voix.

Le PC avait ainsi perdu entre les deux élections présidentielles plus de la moitié de ses voix. Une perte encore plus importante que celle qu'il avait accusée en 1958, au moment du retour du général de Gaulle (le Parti communiste était alors brusquement tombé de 26 à 19 % des voix). Le résultat obtenu aux législatives de juin 1988 donnait cependant une mesure plus conforme de l'influence du PC dans le pays. Avec 11,3 % des voix au premier tour, il dépassait le score obtenu par le Front national (9,6 %), profitant d'une implantation locale beaucoup plus ancienne et efficace.

La droite modérée a perdu son image de gestionnaire efficace.

Le problème de la droite est d'avoir perdu sa spécificité par rapport à la gauche, c'est-à-dire sa plus grande maîtrise de l'économie. Pendant ses cinq années au pouvoir, la gauche a en effet réussi à démontrer qu'elle était capable de gérer. Après les quelques « ratés » du début, elle avait effectivement obtenu des résultats spectaculaires, en maîtrisant l'inflation ou en équilibrant les comptes de la Sécurité sociale.

Dès 1986, la droite s'efforçait alors d'apparaître comme le champion d'un libéralisme à visage humain, qui ne mettrait pas en cause les acquis sociaux de la période 1981-1985, et se donnerait comme priorité de créer des emplois dans un pays qui ne cessait d'en perdre depuis quelques années. Mais le libéralisme est apparu aux Français comme générateur d'inégalités et d'inquiétude pour l'avenir (emploi, retraite, sécurité sociale...).

L'UDF et le RPR ont laissé apparaître pendant la campagne présidentielle de mai 1988 les différences d'appréciation existant entre leurs principaux leaders. L'insistance de Raymond Barre à proposer un « Etat impartial » (la formule fut d'ailleurs reprise par le candidat François Mitterrand) a été ressentie comme un désaveu des pratiques mises en œuvre par le gouvernement de Jacques Chirac.

Les paradoxes de mai 88

La réélection de François Mitterrand, inscrite dans les sondages bien avant la date de l'élection présidentielle, n'a pas constitué une surprise.
Elle peut cependant apparaître paradoxale à plusieurs titres.
D'abord, c'est une France majoritairement à droite qui a réélu un président de gauche. Le paradoxe s'explique par les reports de voix au second tour : 22 % des électeurs de Jean-Marie Le Pen et 13 % de ceux de Raymond Barre se sont portés sur François Mitterrand.
Ensuite, dans un pays en complète mutation et à quelques années d'échéances capitales pour son avenir, les Français n'ont pas choisi le candidat qui incarnait le **mouvement** (qui était plutôt Jacques Chirac), mais celui qui s'était fait le champion de la **stabilité**. D'une certaine façon, les Français ont préféré la promesse du confort à celle de l'effort.
Le troisième paradoxe est que les Français sont en majorité attachés à l'instauration d'une politique de type libéral et qu'ils ont envoyé à l'Assemblée une majorité socialiste (relative) : un sondage montrait au lendemain de l'élection que 61 % souhaitaient une politique libérale, 29 % une politique socialiste.
L'explication principale de ces apparentes surprises est que les électeurs ont eu pour souci de redistribuer les cartes entre les partis et de rééquilibrer les pouvoirs. C'est-à-dire finalement de reprendre un pouvoir qui leur appartient en propre et qui leur avait quelque peu échappé jusqu'ici. C'est ce que l'on appelle la démocratie...

La montée du mécontentement a favorisé la forte ascension de l'extrême droite.

Les périodes difficiles sont souvent propices aux discours « musclés » qui mettent en exergue l'ordre et l'autorité. Le langage du Front national n'a donc pas laissé insensibles un grand nombre de Français aux prises avec des difficultés liées à la crise économique. Le slogan de Jean-Marie Le Pen inauguré pour les élections européennes (« les Français d'abord ») a fait mouche auprès de tous ceux qui sont naturellement tentés par le repli sur soi, l'individualisme, le protectionnisme et la xénophobie. D'abord réticents vis-à-vis d'une démarche peu généreuse, ils se sont laissé persuader que la sortie de la crise passait par des solutions énergiques, telles que le renvoi des immigrés, responsables du chômage, de la délinquance et de l'insécurité en général.

L'analyse de l'électorat d'extrême droite et celle des réactions des autres électeurs laisse à penser qu'il est désormais intégré dans la vie nationale : plus de la moitié des Français considèrent que Front national a sa place sur l'échiquier politique. La droite traditionnelle et modérée a en effet laissé à Jean-Marie Le Pen le champ libre sur des thèmes auxquels beaucoup de Français sont sensibles : l'immigration, le sida, l'absentéisme des députés, le remboursement de l'IVG, le rétablissement de la peine de mort, etc. C'est sur ces « bonnes questions auxquelles il amène de mauvaises réponses » (Laurent Fabius) que le Front national a établi son fonds de commerce.

L'effet Le Pen

Il aura fallu peu de temps au Front national pour passer de la marginalité à la notoriété : 0,75 % des voix à l'élection présidentielle de 1981 ; 11 % aux élections européennes de juin 1984, 9,8 % aux législatives de 1986, 14,4 % aux élections présidentielles de 1988. Son poids réel dans l'opinion est cependant plus proche de 10 %, score proche de celui obtenu aux élections législatives de 1988 (9,6 %). Son électorat, plutôt diversifié, est fort dans les régions à problème, qu'il s'agisse de l'immigration, du chômage ou de l'insécurité. Le Front national fait ses meilleurs scores dans les communes où la rotation de la population est la plus élevée, dans celles où les traditions d'antisémitisme sont les plus vives, plutôt que dans celles qui comptent le plus d'immigrés. Le vote Le Pen est à la fois un vote d'exclusion et un vote d'appel au secours. Ses motivations et son implantation géographiques ne ressemblent pas à celles du poujadisme. Il ne disparaîtra donc pas de la même façon.

Ni gauche ni droite, la France ambidextre

Tous les sondages le montrent, les Français sont las de l'éternelle dichotomie droite-gauche, qui détermine le jeu politique depuis si longtemps. Ayant fait l'expérience des deux façons d'aborder la crise, ils ont été déçus par l'une et par l'autre, bien que pour des raisons différentes. C'est pourquoi ils manifestent un désintérêt croissant pour la « politique politicienne » et les luttes des partis les uns contre les autres.

Aujourd'hui, près d'un tiers des Français refusent de se ranger à droite ou à gauche.

L'apolitisme est une idée qui fait son chemin. En février 1981, 20 % des Français ne se reconnaissaient pas dans les termes de gauche et de droite ; ils étaient 30 % en octobre 1987 (sondages *Le Point/Sofres*). Ce refus du clivage politique traditionnel traduit tout à la fois la désapprobation des partis politiques, celle de leurs discours et de leurs pratiques, la tentation centriste de beaucoup de Français.

Le divorce entre les Français et la politique s'explique par l'importance des enjeux et les pesanteurs du système des partis. La société civile cherche à se rassembler aujourd'hui autour de quelques consensus, alors que les partis continuent de fonder leur dynamique sur l'affrontement et la division. L'attitude des hommes politiques est d'autant plus mal perçue par les électeurs qu'elle n'est plus justifiée par des différences radicales entre les idées des trois grands partis (PS, RPR, UDF). Les dernières années ont en effet démontré avec éclat combien la « marge de manœuvre idéologique » était réduite dans un environnement international de plus en plus contraignant.

Les politiciens mal-aimés

« En général, les hommes politiques sont des gens biens » (en %)* :

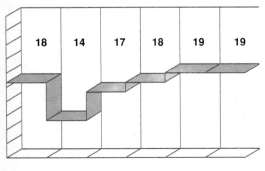

| 18 | 14 | 17 | 18 | 19 | 19 |
| 1983 | 1984 | 1985 | 1986 | 1987 | 1988 |

(*) Cumul des réponses « bien d'accord » et « entièrement d'accord » à l'affirmation proposée.

Agorametrie

La désaffection des Français vis-à-vis de la politique concerne aussi bien les partis que les hommes.

Les Français ne font guère confiance aux hommes politiques en général et les diverses « affaires » qui se succèdent sur le devant de l'actualité semblent desservir autant ceux qu'elles ont mis en cause que ceux qui les ont rendues publiques (encadré). Ce mouvement de rejet s'étend aux parlementaires de tous bords, dont les débordements de langage et les marques d'intolérance ne sont guère appréciés. C'est donc une France néopoujadiste et mal disposée envers les jeux de la politique que les partis vont devoir reconquérir dans les prochaines années.

Le marché aux « affaires »

« L'affaire des diamants » avait eu en son temps un certain retentissement sur l'image de l'ancien président de la République. La fin 1983 et le début 1984 avaient été marqués par l'affaire Elf-Erap, dite des « avions renifleurs ». 1985 fut l'année de Greenpeace, affaire d'espionnage à la fois louche et tragi-comique, jouée par des agents bien peu secrets. 1986 fut marquée par les rebondissements de l'affaire des otages français au Liban dont le dénouement fut retardé et assombri par quelques « bavures » de la diplomatie française (expulsion des deux Irakiens condamnés à mort dans leur pays...). 1987 vit se développer plusieurs épisodes dans l'affaire du Carrefour du développement : le vrai-faux passeport d'Yves Chalier, la traduction en Haute Cour de justice de Christian Nucci.... Albin Chalandon fut associé à l'affaire Chaumet, Christian Prouteau à celle des Irlandais de Vincennes, Michel Droit fut inculpé de forfaiture, tandis que l'affaire Luchaire de ventes d'armes à l'Iran faisait la une des médias. Le premier semestre 1988 fut aussi marqué par les interrogations qui suivirent la libération des otages d'Ouvéa (Nouvelle-Calédonie) et la mort de leurs détenteurs... Beaucoup de Français ont donc acquis la conviction que la politique est « pourrie » et que tous les politiciens sont à « mettre dans le même sac ». La complexité des affaires, l'utilisation polémique qui en est faite et la quasi-certitude de ne jamais connaître la vérité les renforcent dans ce jugement. Si les scandales continuent de ternir l'image de ceux qui sont impliqués (il n'y a pas de fumée sans feu...), elles n'embellissent pas pour autant celle des hommes ou des partis qui s'efforcent d'en tirer profit. Bien mal acquis ne profite jamais...

Déçus de la politique :
le plus grand parti de France

• 81 % des Français n'ont plutôt pas confiance dans le Front national (7 % plutôt confiance), 72 % n'ont pas confiance dans le Parti communiste (contre 14 %), 48 % dans l'UDF (contre 34 %), 48 % dans le RPR (contre 36 %), 45 % dans les mouvements écologistes (contre 35 %). Seul le Parti socialiste inspire plus de confiance (50 %) que de défiance (35 %).

• 45 % n'ont plutôt pas confiance dans l'idéal politique (35 % plutôt confiance). A titre de comparaison, ils sont 91 % à faire confiance à la famille, 84 % au progrès, 75 % au travail, 73 % au mariage, 70 % à la patrie.

• 77 % font plutôt confiance au président de la République, 77 % aux maires, 70 % aux conseils municipaux, 66 % au Premier ministre, 63 % aux institutions de la Ve République, 59 % à l'Administration, 59 % aux conseils régionaux, 58 % aux conseils généraux, 53 % aux ministres, 52 % aux députés, 32 % aux hommes politiques en général, 24 % aux partis politiques en général.

Le Nouvel Observateur/Sofres,
janvier 1988

Les causes sociologiques
du clivage gauche-droite
se sont progressivement estompées.

L'appartenance à une classe sociale, elle-même fortement dépendante du milieu d'origine, fut pendant longtemps une raison essentielle des préférences politiques. L'existence de la lutte des classes rangeait les prolétaires à gauche et les bourgeois à droite. Le brassage des professions et des idées a rendu ce découpage moins net. Le nombre des ouvriers a beaucoup diminué depuis vingt ans, de même que leur sentiment d'appartenir à une classe ouvrière (ce qui explique en partie la diminution de l'électorat du Parti communiste). Le vaste groupe central qui s'est constitué depuis trente ans se caractérise par une conception moins binaire, sinon centriste, de la politique.

Du la même façon, l'âge, le sexe, le lieu d'habitation et le revenu sont des indicateurs de moins en moins fiables des sympathies politiques. Seule la religion reste encore un fort déterminant : 66 % des catholiques pratiquants ont voté pour Jacques Chirac ou Raymond Barre à l'élection présidentielle de 1988, contre 18 % seulement pour François Mitterrand. Mais il faut préciser que les catholiques pratiquants sont de moins en moins nombreux ; ils ne représentent plus aujourd'hui que 15 % de la population.

La société civile ne demande
qu'à se réconcilier avec la société politique.

Face aux grands acquis de la société démocratique et aux grands problèmes auxquels elle doit aujourd'hui faire face, les Français ont une attitude relativement homogène, qui transcende largement l'appartenance à un parti ou à une catégorie sociale. Ils restent très attachés aux droits fondamentaux associés à la qualité de citoyen. Sur les grands problèmes de l'époque (libertés, indépendance nationale, modernisation, etc.), ils sont assez largement d'accord, à des majorités souvent supérieures à 60 % (les « 2 Français sur 3 » dont parle souvent Valéry Giscard d'Estaing), sans réelle distinction selon l'appartenance politique.

Ainsi, malgré les partis, qui tendent à s'affirmer plus par leurs différences que par leurs convergences, les lignes de force d'un consensus se dessinent peu à peu. Un consensus d'autant plus large qu'il traduit bien l'attachement général aux différentes formes de la liberté individuelle.

La recherche d'une troisième voie
est à nouveau à l'ordre du jour.

Au cours des dernières années, les Français ont constaté l'impuissance des idéologies classiques de droite et de gauche à maîtriser la crise. Ils rêvent donc aujourd'hui d'un compromis entre un « libéral-capitalisme » de droite et un « social-pragmatisme » de gauche. Au lendemain de la dissolution de l'Assemblée nationale qui suivit l'élection présidentielle, il était clair que les Français attendaient une majorité d'ouverture : un sondage *Le Point/Ipsos* (mai 1988) montrait que 13 % seulement souhaitaient une majorité socialiste, 9 % une majorité socialo-communiste, mais 32 % appelaient de leurs vœux une majorité socialo-centriste et 35 % une majorité socialiste-UDF-RPR.

Bien sûr, cette volonté d'union nationale n'est pas neuve. Et les tentatives déjà faites dans ce sens n'ont guère été couronnées de succès : la *Troisième Voie* chère au Général de Gaulle ; la *Nouvelle Société* de Jacques Chaban-Delmas en 1969 ; le *Nouveau Contrat social* d'Edgar Faure en 1973 ; la *Société d'économie mixte* proposée plus récemment par François Mitterrand et Laurent Fabius. Mais ces diverses tentatives d'alliance entre l'efficacité économique et la justice sociale étaient arrivées trop tôt. Jamais le moment n'a été aussi propice pour réconcilier la société civile et la société politique. L'ouverture est aujourd'hui souhaitée par la majorité des Français ; la France ne serait pas une vraie démocratie si cette volonté n'était pas respectée.

Politique

En vrac

S • Appliqués à l'économie, les mots jugés plutôt positivement par les Français sont : *participation* (69 % pour et 10 % contre), *libre-échange* (68 % et 9 %), *concurrence* (67 % et 18 %), *libéralisme* (57 % et 21 %), *syndicats* (46 % et 37 %). Les mots jugés plutôt négativement sont : *dirigisme* (55 % contre et 17 % pour), *capitalisme* (52 % et 26 %), *protectionnisme* (46 % et 26 %), *nationalisations* (43 % et 32 %), *privatisations* (40 % et 36 %).
S • Appliqués à la politique, les mots jugés plutôt positivement par les Français sont : *socialisme* (53 % pour, 30 % contre), *gaullisme* (47 % et 30 %), *gauche* (45 % et 38 %), *centre* (40 % et 30 %). Les mots jugés plutôt négativement sont : *marxisme* (71 % contre, 6 % pour), *communisme* (71 % et 13 %), *gauchisme* (67 % et 12 %), *conservatisme* (57 % et 13 %), *radicalisme* (47 % et 15 %), *droite* (47 % et 33 %), *démocratie chrétienne* (38 % et 27 %).
S • 85 % des Français sont favorables à un travail minimum garanti fourni à toute personne qui en a besoin ; 12 % sont plutôt favorables à un revenu minimum garanti sous la forme d'une allocation versée à chaque foyer qui en a besoin.
S • 48 % des Français ont aimé l'affiche de la campagne présidentielle de François Mitterrand (« Génération Mitterrand ») ; 47 % ne l'ont pas aimée. 62 % n'ont pas l'impression d'appartenir à la génération Mitterrand, 29 % oui.
S • Lorsqu'ils pensent aux rois de France, 55 % des Français éprouvent de l'indifférence, 23 % de la sympathie, 15 % de l'hostilité. Pour 45 % d'entre eux, la monarchie est une valeur de droite, pour 5 % une valeur de gauche, pour 34 % ni l'un ni l'autre.

ÉCONOMIE

Depuis le début de la crise, la France éprouve des difficultés à maintenir les grands équilibres et sa position est menacée par rapport aux autres nations développées. Mais les statistiques officielles ne reflètent pas l'ensemble de la réalité économique. L'économie parallèle, réponse des Français à la crise, n'est guère mesurable. Mais elle leur a permis d'en amortir les effets.

D'une crise à une autre

Pendant longtemps, les Français s'étaient peu préoccupés de l'économie. La connaissance des mécanismes de l'inflation est moins utile lorsqu'elle est à un chiffre que lorsqu'elle s'écrit avec deux et le déficit du commerce extérieur n'a aucun sens lorsque les exportations couvrent largement les importations. La crise les a contraints à devenir moins ignorants. Si la culture économique des Français a beaucoup progressé, c'est parce que l'économie, dans le même temps, a plutôt régressé.

L'inflation a été maîtrisée, mais le commerce extérieur reste largement déficitaire.

C'est sur le front de l'inflation que les meilleurs résultats ont été enregistrés au cours des dernières années : 2,4 % en 1987, ce qui représente une nette diminution de l'écart par rapport à l'Allemagne.

La croissance du PIB a été en moyenne de 1,9 % par an entre 1986 et 1988, un peu inférieure à celle des principaux concurrents : RFA, Grande-Bretagne, Etats-Unis, Japon. Elle explique en partie la situation défavorable de l'emploi, même si la situation apparaissait comme stabilisée en mai 1988, lors de l'élection présidentielle. Le chômage touche aujourd'hui 12 % des actifs.

Si la dette extérieure de la France a été réduite, le commerce extérieur reste en fort déficit : 25 milliards de francs pour la balance des paiements en 1987. Le budget est lui aussi déséquilibré, bien que le déficit (120 milliards en 1987), ait été réduit au cours des deux années précédentes.

La concurrence devient la règle

CLM/BBDO

Depuis 1982, la France a perdu des parts de marché, du fait d'une moindre compétitivité des entreprises, elle-même liée à l'insuffisance de leurs investissements au cours des années qui avaient précédé. Le processus semblait enrayé fin 1987, mais les bases d'une véritable amélioration étaient fragiles, à cause des incertitudes politiques et des risques de récession induits par les déséquilibres de l'économie américaine.

Les années se suivent et ne se ressemblent pas.

En 1986, la France avait bénéficié de la baisse du dollar et de celle du pétrole, ainsi que d'un raffermissement de la demande mondiale. Mais l'année 1987 était marquée par le krach financier d'octobre. Le dollar continuait sa chute ; après avoir atteint des sommets en 1985 (10,61 francs le 26 février 1985) il revenait dans la zone des 6 francs. Les nuages noirs de la

récession s'accumulaient à l'horizon. Pourtant, le premier semestre 1988 se déroulait mieux que prévu et les scénarios-catastrophes des experts étaient repoussés à une date ultérieure.

Les prochaines années seront difficiles.

Malgré quelques signes d'amélioration dans certains domaines, l'économie française reste très fragile. Son problème essentiel est de recommencer à créer des emplois, alors que les « dégraissages » d'effectifs ne sont pas terminés dans certains secteurs. Elle devra aussi se préparer à la création du grand marché européen de 1992, harmoniser sa situation (fiscale en particulier) avec celle de ses partenaires tout en améliorant sa compétitivité. Tout cela dans un contexte international qui restera difficile et imprévisible.

Economie domestique : le pied de nez (légal) des Français

L'économie officielle ou marchande concerne les activités formelles de production de consommation, d'échanges, qui sont prises en compte par la comptabilité nationale. L'économie « parallèle » concerne au contraire toutes les activités qui ne sont pas prises en compte dans les statistiques officielles.

Le principal volet de l'économie parallèle est légal. Il est constitué de l'ensemble des activités domestiques d'autoproduction : bricolage, jardinage, etc. Le second volet est illégal : travail noir, troc, dissimulations fiscales, etc. Par définition, les sommes en jeu ne sont pas mesurables avec précision, mais elles sont considérables.

Les ménages sont à la fois consommateurs et producteurs de biens et services.

Pour la comptabilité officielle, les ménages sont essentiellement des unités de consommation qui, disposant d'un certain revenu, vont en dépenser la plus grande partie et épargner le reste. Cette approche formelle laisse totalement de côté le fait que chaque ménage est aussi une unité de production qui utilise son capital (l'équipement du foyer), quelques matières premières, et surtout le temps dont elle dispose

LE TABLEAU DE BORD DE L'ÉCONOMIE

Produit intérieur brut

Croissance du volume PNB/PIB (en %) :

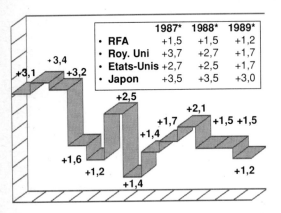

	1987*	1988*	1989*
• **RFA**	+1,5	+1,5	+1,2
• **Roy. Uni**	+3,7	+2,7	+1,7
• **Etats-Unis**	+2,7	+2,5	+1,7
• **Japon**	+3,5	+3,5	+3,0

1977 78 79 80 81 82 83 84 85 86 87 88* 89*

OCDE

Inflation

Hausse des prix annuelle (en %) :

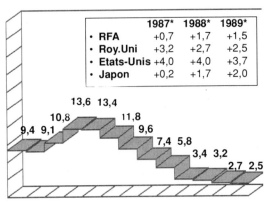

	1987*	1988*	1989*
• **RFA**	+0,7	+1,7	+1,5
• **Roy.Uni**	+3,2	+2,7	+2,5
• **Etats-Unis**	+4,0	+4,0	+3,7
• **Japon**	+0,2	+1,7	+2,0

1977 78 79 80 81 82 83 84 85 86 87 88* 89*

OCDE

Revenu disponible

Croissance du revenu disponible (en %) :

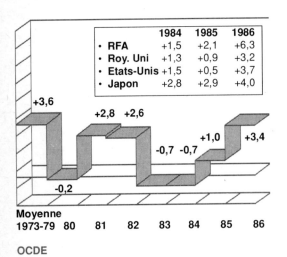

	1984	1985	1986
• **RFA**	+1,5	+2,1	+6,3
• **Roy. Uni**	+1,3	+0,9	+3,2
• **Etats-Unis**	+1,5	+0,5	+3,7
• **Japon**	+2,8	+2,9	+4,0

Moyenne
1973-79 80 81 82 83 84 85 86

OCDE

Chômage

Pourcentage de la population active totale :

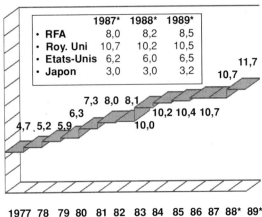

	1987*	1988*	1989*
• **RFA**	8,0	8,2	8,5
• **Roy. Uni**	10,7	10,2	10,5
• **Etats-Unis**	6,2	6,0	6,5
• **Japon**	3,0	3,0	3,2

1977 78 79 80 81 82 83 84 85 86 87 88* 89*

OCDE

(*) Les astérisques sur ces deux pages indiquent des estimations ou des prévisions de l'OCDE.

Echanges extérieurs

Taux de couverture des importations par les exportations (Fab-fab) (en %) :

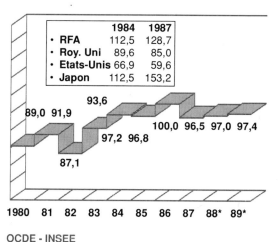

	1984	1987
• RFA	112,5	128,7
• Roy. Uni	89,6	85,0
• Etats-Unis	66,9	59,6
• Japon	112,5	153,2

OCDE - INSEE

Dette extérieure

Montant de la dette (en milliards de francs pour la France) :

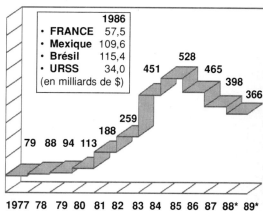

	1986
• FRANCE	57,5
• Mexique	109,6
• Brésil	115,4
• URSS	34,0
(en milliards de $)	

OCDE - INSEE

Consommation d'énergie

Part des différentes énergies primaires consommées en France (en %) :

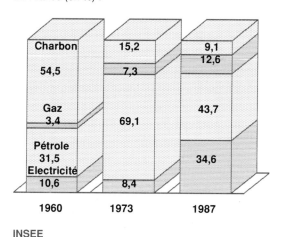

| 1960 | 1973 | 1987 |

INSEE

Consommation d'énergie

Part des différentes énergies primaires consommées dans divers pays en 1986 (en %) :

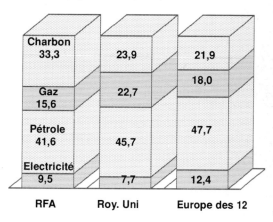

| RFA | Roy. Uni | Europe des 12 |

EUROSTAT

Monnaie

Evolution de la parité du dollar en francs :

5,20 5,53 5,51 5,04 4,45 4,81 4,29 4,78 4,91 4,51 4,25 4,23 5,43 6,57 7,62 8,74 8,98 6,93 6,01 5,64

1969 70 71 72 73 74 75 76 77 78 79 80 81 82 83 84 85 86 87 88

pour se fournir à elle-même des biens et des services. Ces activités de production domestique (encore appelées autoproduction ou autoconsommation) sont parfaitement légales, mais elles ne figurent pas dans les comptes de l'économie française.

E • L'économie domestique représenterait environ 10 000 francs par ménage et par mois !

Il est difficile, évidemment, d'évaluer l'importance que peuvent avoir la fabrication à la maison des confitures, des vêtements des enfants, d'un meuble, etc., ou les services (normalement payants) que l'on se rend à soi-même : réparation d'une fuite d'eau, montage d'un meuble en kit, déménagement... Les différentes estimations disponibles indiquent que le travail domestique représenterait entre 35 et 75 % de la production intérieure brute marchande. C'est-à-dire que tout se passe comme si chaque ménage « autoproduisait » chaque mois l'équivalent marchand de 10 000 francs environ.

La liste des activités qui se rapportent à cette économie domestique est illimitée. Le seul critère permettant de l'apprécier est qu'il s'agit d'activités pour lesquelles existe une alternative marchande. Ainsi, le fait de laver son linge soi-même est une alternative à la laverie automatique payante qui se trouve au coin de la rue. La « perte » pour l'économie nationale est totale si on lave le linge à la main (en dehors des dépenses minimes d'eau, de savon, de brosse, éventuellement de séchoir, achetés à la collectivité) ; la perte n'est que partielle si on utilise une machine à laver, qui coûte cher, qu'il faut renouveler ou faire réparer, et qui consomme de l'électricité.

E • Le développement des achats en grande surface a fait perdre l'équivalent de 130 000 emplois en 10 ans.

Les Français n'imaginent pas, lorsqu'ils vont faire leurs courses dans une grande surface, qu'ils occasionnent un « manque à gagner » pour la collectivité. Le fait que les produits y sont généralement moins chers n'est pas lié au hasard : le travail des fournisseurs est simplifié lorsqu'ils livrent un hypermarché plutôt que cent petits détaillants ; les achats des clients sont faits en plus grosse quantité, ce qui augmente la rotation des stocks et réduit donc le prix de revient des produits.

Evaluant à 10 % en moyenne cet écart de prix, l'économiste D. Stoclet estime qu'en 10 ans ce transfert du petit commerce vers les grandes surfaces a représenté une perte de l'ordre de 8 milliards de francs. Soit l'équivalent de 130 000 emplois qui se sont « évanouis » dans le domestique sans que personne ne s'en rende vraiment compte, sans qu'aucun chiffre n'en garde la trace au niveau national... Ce transfert considérable a été largement favorisé par l'évolution sociale : multiplication du nombre des voitures ; accroissement des possibilités de stockage chez soi (réfrigérateur, congélateur) ; modes de vie moins favorables au petit commerce traditionnel (recherche du gain de temps, d'un choix plus large, d'un groupement des achats, de prix moins élevés).

L'alimentation entre le marchand et le domestique

Des mouvements contradictoires se sont produits dans le domaine alimentaire. D'un côté, les Français tendent à acheter des produits plus élaborés (sachets de purée, frites surgelées, café soluble...), donc plus chers. De l'autre, l'autoproduction alimentaire (jardins potagers...) s'est accrue en même temps que se développait le nombre des maisons individuelles. Les statistiques officielles de répartition du budget des ménages montrent en tout cas une réduction relative des dépenses d'alimentation. L'une des causes de cette évolution peut être la part croissante de l'autoproduction qui, elle, n'apparaît pas dans les chiffres.

Le bricolage est une des grandes causes de développement de l'économie parallèle.
E • 4 millions de bricoleurs en 1968.
E • 12 millions aujourd'hui.

Dans le même temps, le marché du bricolage a décuplé en valeur, passant de 3 à 30 milliards de francs. La réduction du temps de travail réel a été très favorable à l'essor considérable du bricolage depuis quelques années. La majorité des Français consacrent aujourd'hui une partie de leurs loisirs à réparer l'électricité, la voiture, poser de la moquette ou restaurer une maison. Ce sont autant de dépenses traditionnellement affectées aux électriciens, garagistes, décorateurs ou maçons qui disparaissent ainsi de la circulation économique. Bien sûr, il existe une contrepartie, puisque les bricoleurs du dimanche ont besoin d'équipements et de matériaux qu'ils doivent acheter. Mais il s'y ajoute le prix de la main-d'œuvre et des déplacements qui seraient normalement facturés par les hommes de l'art. On sait ce qu'il en coûte lorsqu'il faut faire venir un plombier pour changer un joint de robinet valant environ 50 centimes !

Les avantages en nature permettent en toute légalité d'échapper partiellement au fisc.

Le prolongement de la crise économique et le poids de la fiscalité tendent à allonger la liste des avantages en nature accordés par les entreprises à certains de leurs employés. Rien d'illégal au fait de bénéficier d'une voiture de fonction, du remboursement des frais de restaurant ou autres avantages de plus en plus prisés par les salariés qui y ont accès. Le fisc, donc la collectivité, y trouve sa part puisque chaque avantage est en principe taxé. Mais la valeur attribuée à chaque avantage en nature est généralement très inférieure à la réalité.

Le troc entre particuliers diminue les taxes et les impôts perçus par la collectivité.

Une personne échange un appareil photo qui ne correspond plus à ses besoins contre un projecteur de diapositives ; une jeune femme troque sa veste de fourrure de l'année dernière contre un ensemble de cuir à peine porté par une autre femme qui a un peu grossi... Chacune de ces personnes fait une bonne affaire, mais la collectivité, elle, est doublement perdante : elle n'encaissera pas les taxes correspondant aux achats qui auraient eu lieu sans cet échange ; elle ne recevra pas non plus les impôts correspondant au bénéfice des commerçants qui les auraient vendus.

Certes, le troc n'est pas une nouveauté. Il représente même la toute première forme de l'économie, qui précéda l'invention de la monnaie. Mais, depuis dix ans, il intéresse de plus en plus les Français, qui voient là un moyen avantageux de renouveler leur garde-robe ou leurs équipements. La *Foire au troc*, à Paris, reçoit chaque année plus de 100 000 visiteurs.

Certains viennent y effectuer les transactions les plus étonnantes : une télé couleur contre une cheminée, un manteau de vison contre une commode Louis-Philippe, un ordinateur contre une planche à voile... Instrument efficace de lutte contre le gaspillage, le troc est aussi pratiqué par les commerçants ou les entreprises. Il prend alors souvent une forme illégale.

L'économie domestique peut encore se développer.

Comme le troc, l'autoproduction des ménages ne date pas d'hier. L'économie rurale du XVIIIe siècle était même largement dominée par l'activité domestique. L'offre de biens et de services était alors beaucoup plus limitée et les revenus des ménages ne permettaient guère de folies. Il est cependant probable que la crise, postérieure à l'installation de la société de consommation, a modifié les comportements de dépenses des Français.

Les foyers sont des petites entreprises

CLM/BBDO

Il est tentant d'économiser quelques centaines de francs par an en effectuant soi-même la vidange de sa voiture. À cette économie apparente s'ajoute l'économie fiscale : un salarié doit gagner 140 francs pour avoir un pouvoir d'achat marginal de 100 francs, s'il est imposé à 40 % ! Sans parler, bien sûr, de la satisfaction, non chiffrable, d'accomplir quelque chose de ses mains, surtout lorsqu'on n'a pas l'occasion de le faire au cours de sa vie professionnelle. L'accroissement du temps libre, la crainte pour le pouvoir d'achat, le développement de la maison individuelle sont sans aucun doute des facteurs favorables au développement de l'économie domestique.

A l'inverse, le développement du travail féminin devrait faire diminuer l'importance des tâches ménagères, à la fois par manque de temps et d'envie. De plus, l'apport financier d'un second salaire permet de s'offrir plus facilement les services que l'on n'est plus en mesure de prendre soi-même en charge. Mais on risque alors d'entrer dans un autre type de tentation, celui du travail noir (ci-dessous).

Economie clandestine : le pied de nez (illégal) des Français

Le travail noir (ou travail clandestin) est à la mode. Non seulement chez ceux qui le pratiquent, mais aussi chez ceux (journalistes, économistes, sociologues, politiciens) qui tentent de le comprendre. Les premiers continuent leur commerce en s'efforçant de rester dans l'ombre. Les seconds s'opposent sur son importance réelle et sur la façon dont la société peut et doit le réglementer.

E • Le travail noir représenterait environ 5 % de la production intérieure brute.

On estime que 800 000 personnes exercent en France une activité clandestine et perçoivent chaque année, de la main à la main, plus de 10 milliards de francs, sur lesquels, bien sûr, aucun impôt, TVA ou cotisation sociale, n'est prélevé. Une perte de quelque 30 milliards de francs pour la collectivité.

Selon les estimations du Bureau international du travail, 3 à 6 % de la population active s'adonnent au travail noir. La comparaison avec d'autres pays montre pourtant que la France est relativement épargnée par cette « marée noire » (encadré). De toute façon, ce chiffre n'est guère révélateur de l'impact véritable du travail noir. Il faudrait, pour en avoir une idée plus précise, connaître le nombre d'heures ainsi mobilisées et le comparer à celui de l'activité « officielle ».

Des experts avancent avec prudence quelques estimations : l'économie souterraine représenterait environ 4 à 5 % du PIB français. Un tel chiffre, déjà élevé, est pourtant généralement inférieur à celui proposé pour d'autres pays : 5 à 7 % en Grande-Bretagne, 10 % au Etats-Unis et en Italie, 3 % en Allemagne de l'Ouest.

La « marée noire »

Part de la population active concernée par le travail « noir » (estimations, en %) :

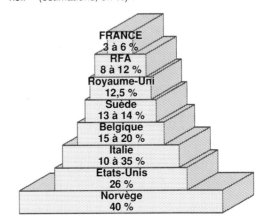

FRANCE
3 à 6 %
RFA
8 à 12 %
Royaume-Uni
12,5 %
Suède
13 à 14 %
Belgique
15 à 20 %
Italie
10 à 35 %
Etats-Unis
26 %
Norvège
40 %

BIT

L'accroissement des contraintes économiques est toujours favorable à celui des activités clandestines.

Les causes de l'existence du travail clandestin sont multiples. L'évolution de ces dix dernières années va dans le sens d'un accroissement de la demande en même temps que de l'offre, même si celle-ci est mal cernée.

Le temps libre a généralement augmenté, en particulier, bien sûr, pour les chômeurs, les retraités et préretraités, qui peuvent ainsi en consacrer une partie au travail noir. Par ailleurs, les soucis d'ordre financier se sont accrus avec la crise : le risque de perdre son emploi ou de voir son pouvoir d'achat diminuer amène des particuliers à rechercher des revenus complémentaires. La pression fiscale joue aussi un rôle déterminant, en particulier pour certaines entreprises, mises en difficulté par l'augmentation de leurs charges.

Les immigrés en situation illégale de travail sont en nombre croissant.
E • La France compte entre 800 000 et 1,5 million de travailleurs clandestins.

Leur activité se cantonne principalement à certains secteurs particuliers : bâtiment, hôtellerie-restauration, confection, accessoirement agriculture (travaux saisonniers non déclarés). Là encore, la situation en France est plutôt meilleure que dans d'autres pays comme l'Allemagne, avec ses 1,5 million de Turcs (encouragés il y a quelques années à quitter le pays, par une prime d'environ 30 000 francs), comme l'Italie ou les Etat-Unis (où 3 à 6 millions de personnes vivraient en situation illégale). Mais les courants migratoires se font toujours des pays les plus pauvres vers les plus riches. La démographie galopante des premiers constituera une incitation croissante à l'entrée clandestine dans les seconds. C'est donc le problème, beaucoup plus vaste, de la structure de la population et de l'intégration culturelle qui risque de se poser à plus long terme.

Le travail noir constitue une soupape de sécurité à la crise.

Au-delà de son aspect illégal et du manque à gagner qu'il représente pour la collectivité (évalué à quelque 10 milliards de francs par an), le travail noir peut être vu sous un angle plus favorable.

Il permet à un certain nombre de personnes aux prises avec des difficultés d'insertion (ou de réinsertion) dans la vie économique « officielle » de survivre. Il permet à un nombre encore plus grand d'individus de maintenir ou d'améliorer leur niveau de vie. Il a donc joué depuis le début de la crise le rôle d'un formidable amortisseur. Qui sait comment se serait traduit le mécontentement des plus défavorisés s'ils n'avaient pu recourir au travail noir ?

S'il participe à la lutte contre le chômage, le travail noir tend aussi à réduire le niveau de l'inflation, grâce aux prix bas pratiqués. Sans les maçons du dimanche, la maison individuelle serait un rêve inaccessible pour beaucoup. Sans la possibilité de « bricoler », un certain nombre de retraités (et plus récemment de préretraités) auraient connu des difficultés morales aussi dures à supporter que les contraintes financières.

L'économie

En vrac

E • En 1988, le déficit du budget central représente 2,2 % du PNB.
• L'écart d'inflation entre la France et l'étranger a atteint un maximum de 4,4 points en 1982, et un minimum de 0,8 point en 1986. Il devrait être négatif en 1988.
• La consommation d'énergie primaire est stable depuis une dizaine d'années à environ 200 Mtep, alors que la croissance cumulée du PIB marchand a été de 13 %. La baisse du prix de l'énergie importée, depuis 1985, n'a pas provoqué de reprise de la consommation.
• La bourse de Paris a baissé de 28,4 % en 1987, à la suite du krach boursier d'octobre. La baisse la plus forte a été enregistrée à Francfort (36,5 %),

alors que New York terminait l'année avec une hausse de 2,3 %, Londres 4,8 %, Tokyo 14 %.
• 18 570 brevets ont été déposés en 1987 à l'INPI. Un chiffre en augmentation pour la première fois depuis dix ans.
• Les privatisations réalisées en 1986 et 1987 ont rapporté 71 milliards de francs de recettes à l'Etat.
• La part du nucléaire dans la production d'électricité est de 70 % en France, record mondial, devant la Belgique, la Suède, Taiwan, la Corée, la Suisse, la Finlande, la Bulgarie, la RFA...
53 réacteurs sont en service en France, fournissant 93 000 mégawatts. On compte 106 réacteurs aux Etats-Unis, 54 en URSS, 36 au Japon.

L'IMAGE DU MONDE

EUROPE

Après une longue période d'indifférence, les Français commencent à s'intéresser à l'Europe. Face à la concurrence accrue des grands blocs, ils sont conscients que la voix de la France ne pourra se faire entendre qu'à travers celle d'une Europe unie sur l'essentiel : défense, monnaie, économie... L'échéance du marché unique de 1992, largement commentée par les hommes politiques, sert de support à ce changement d'attitude. Mais les attachements nationaux demeurent.

Du marché commun
au marché unique

Le rêve européen, né avec le traité de Rome de 1957, n'avait guère excité l'imagination des citoyens des divers pays concernés. La crise économique avait fait oublier les solidarités pour mettre en relief les difficultés de s'entendre à dix, puis à douze, sur les grands dossiers tels que l'agriculture, les contributions financières des Etats membres ou l'harmonisation des politiques économiques.

Après une apathie de quelque trente ans, les Français, comme les autres Européens, commencent à se sentir concernés par la construction d'une véritable Europe des nations, réponse du vieux continent aux défis du troisième millénaire.

L'Europe est à la croisée des chemins

Le Quotidien de Paris, 13-14 février 1988

Le poids de l'Europe

	Europe des 12	Etats-Unis	Japon	URSS*
• Population (en millions, 1987)	325	244	122	278
• Densité (habitants/km^2, 1987)	144	26	328	12
• PIB par habitant (en dollars, 1987)	13 100	18 198	19 486	5 700
• Chômage (en % de la population active, 1987)	8,8 %	6,1 %	2,8 %	nd
• Inflation (1987)	3,0 %	4,0 %	0,2 %	nd
• Automobiles en circulation (pour 1 000 habitants, 1985)	340	540	226	70
• Postes de télévision (pour 1 000 habitants, 1985)	333	798	580	308
• Téléphones (pour 1 000 habitants, 1984)	480	420	530	90

(*) Estimations

OCDE - CEE

Le renouveau du sentiment européen repose sur le réalisme et la crainte de l'avenir.

Les Français, à l'exception des plus jeunes, ne sont pas européens par romantisme ou par volonté de puissance. Leur intérêt récent pour la construction européenne est plutôt justifié par la crainte du déclin économique et par les menaces qui pèsent sur la sécurité des nations membres de la CEE.

Cette attitude nouvelle est le fruit d'une double prise de conscience : celle de la dépendance vis-à-vis de l'économie américaine, apparue de façon éclatante lors du krach financier d'octobre 1987 ; celle aussi du poids croissant du Japon et du Sud-est asiatique dans l'économie mondiale et de ses effets sur l'emploi dans les pays européens. Peu de Français savent que le tiers du commerce mondial transite par les douze pays membres de la CEE et que celle-ci représente une puissance économique supérieure à celle des autres « grands » de la planète. Mais la plupart savent que des pans entiers de l'industrie ont disparu ou sont menacés à terme, du fait d'une compétitivité insuffisante.

Un autre événement important dans ce récent changement d'optique a été constitué par les accords signés par les Etats-unis et l'URSS sur le désarmement. Au-delà du camouflet infligé aux responsables politiques européens,

très peu consultés dans cette affaire, c'est toute la sécurité des pays de la CEE qui a été remise en question avec la perspective de la disparition du bouclier américain.

La création d'une Europe intégrée apparaît donc aujourd'hui nécessaire, non seulement aux acteurs de la vie politique et économique, mais aussi aux citoyens. Mais un long chemin reste encore à parcourir dans les faits comme dans les esprits.

S • 59 % des Français considèrent que la France a bénéficié de son appartenance au Marché commun.

L'appartenance à la CEE est jugée de façon très variable : le sentiment que son pays a profité de son appartenance à la CEE est le plus élevé au Luxembourg (84 %), devant les Pays-Bas (74 %), le Portugal (73 %), l'Italie (72 %), la Belgique et la Grèce (64 %), la France (59 %), la RFA (54 %), le Danemark (53 %), le Royaume-Uni (49 %), l'Espagne (23 %).

Il faut préciser que l'Europe s'est faite, pour une large part, sans les Européens. Pour la plupart d'entre eux, elle n'est encore qu'une construction artificielle dont le fonctionnement n'a pu être assuré qu'à coups de lois compliquées, de compromis et de montants compensatoires. Le spectacle annuel des négociations marathon présidant à la fixation des prix agricoles ou l'échec du sommet de Bruxelles fin 1987 les ont renforcés dans cette idée.

L'Europe n'est pour les Européens qu'un vaste groupement d'intérêt économique. Utile ou indispensable selon les individus, mais de toute façon sans âme.

Les Français sont favorables aux Etats-Unis d'Europe, mais ils restent attachés aux particularismes nationaux et régionaux.

Les grands Européens des années 60 (Schuman, Monnet, Mansholt, Pisani...) avaient l'ambition d'une Europe à vocation large, conscients qu'elle ne pourrait pas toujours mobiliser ses membres autour de la seule recherche du compromis en matière économique. Leurs voix se perdirent dans le brouhaha des égoïsmes nationaux. Après l'Europe du Marché commun, on fit quand même celle des monnaies (1978) et on décida d'élire un Parlement au suffrage universel (1979). Mais la crise économique repoussera au second plan l'idée d'une grande Fédération. Le résultat est que la « volonté européenne » diminua fortement chez les Français et que peu d'entre eux étaient jusqu'ici disposés à faire des sacrifices pour favoriser l'instauration des Etats-Unis d'Europe.

Les choses semblent aujourd'hui en train de changer. Les jeunes, en particulier, sont bien disposés à l'égard d'une Europe renforcée sur les plans économique, politique et militaire et même culturel. Dans leur majorité, les hommes politiques ont compris que, comme les entreprises, les nations devaient s'unir pour peser d'un poids suffisant à l'échelle mondiale. Quant aux citoyens, ils se font peu à peu à l'idée (encore assez floue dans leur esprit) d'une supranationalité, à condition que l'on préserve les particularismes nationaux ou régionaux.

Pour exister, l'Europe ne devra pas relever seulement le défi économique.

Ce n'est évidemment pas un hasard si l'Europe a connu ses difficultés les plus graves au moment où ses membres étaient touchés individuellement par la crise. Dans une période où les solidarités nationales se cherchaient, la solidarité européenne n'a guère progressé.

Mais l'Europe n'a pas souffert seulement des effets de la crise économique ; elle a été confrontée à cinq crises simultanées : la baisse de la croissance, celle de l'emploi, le déséquilibre démographique, le flou des valeurs, l'absence de volonté supranationale. Cinq crises qui constituent en fait cinq défis. S'ils n'étaient pas relevés dans les prochaines années, l'Europe risquerait de sombrer dans un déclin dont les conséquences seraient graves et durables.

Pour un gouvernement européen

Etes-vous pour ou contre la formation d'un gouvernement européen responsable devant le Parlement européen ? (en %) :

	Pour	Contre	NSP
• Belgique	55	12	33
• Danemark	13	64	23
• Espagne	49	10	40
• FRANCE	60	19	21
• Grèce	39	21	41
• Irlande	39	23	38
• Italie	70	11	19
• Luxembourg	52	21	28
• Pays-Bas	45	25	29
• Portugal	42	14	44
• RFA	41	28	31
• Royaume-Uni	31	45	24
EUROPE DES 12	**49**	**24**	**28**

Eurobaromètre, novembre 1987

Le défi de la croissance

Les Français, comme tous les Européens, s'étaient habitués à la forte croissance économique des années cinquante et soixante. Ils furent d'abord étonnés lorsque celle-ci diminua (progressivement) sous l'effet du premier puis du deuxième choc pétrolier. La croissance « douce », « molle », ou même la « croissance zéro » chère aux membres du Club de Rome, apparut alors comme une solution. Il fallut quelques années pour s'apercevoir qu'elle ne permettait pas de créer des emplois, mais contribuait à en supprimer, au bénéfice des nations qui avaient su garder une croissance forte.

Sécurité, défense, protection d'abord

Parmi les domaines suivants, quels sont ceux qui devraient être pris en charge par le gouvernement européen ?*
(en %)* :

	Sécurité et défense	Protection de l'environnement	Monnaie	Coopération avec pays en voie de dév.	Relations avec pays hors CEE	Recherche scientifique, technologique
• Belgique	33	29	25	22	27	35
• Danemark	9	11	6	6	7	9
• Espagne	29	28	17	26	19	29
• FRANCE	43	29	36	22	25	40
• Grèce	23	22	20	14	13	19
• Irlande	19	18	16	17	14	21
• Italie	37	39	23	24	26	39
• Luxembourg	31	40	30	23	26	37
• Pays-Bas	24	36	18	22	22	23
• Portugal	17	21	11	16	10	13
• RFA	23	33	21	20	24	27
• Royaume-Uni	20	19	10	15	16	18
EUROPE DES 12	**29**	**29**	**21**	**20**	**21**	**29**

(*) Personnes ayant répondu qu'elles étaient pour la formation d'un gouvernement européen à une question précédente.

Le Figaro/Gallup International, décembre 1987

Décroissance de la croissance

PIB par habitant dans les pays de la CEE
(en dollars US, 1987, aux prix courants) :

• Belgique	11 377
• Danemark	16 130
• Espagne	5 925
• FRANCE	13 077
• Grèce	3 987
• Irlande	6 914
• Italie	10 484
• Luxembourg	13 574
• Pays-Bas	12 040
• Portugal	2 984
• RFA	14 611
• Royaume-Uni	9 651

OCDE

La France a préféré préserver le pouvoir d'achat de ses habitants, plutôt qu'investir pour préparer l'avenir.

Pendant les dix premières années de la crise économique, tout s'est passé comme si on avait voulu retarder les effets de la crise en attendant le redémarrage du commerce mondial, de crainte de mécontenter les citoyens. Une attitude semblable a prévalu dans les entreprises. En privilégiant le court terme, beaucoup ont diminué leurs investissements et continué d'accroître les salaires au-delà d'une inflation qui devenait de plus en plus élevée, jusqu'au début des années quatre-vingts. Pendant que l'Europe se laissait distancer par d'autres nations développées, la France, elle, prenait du retard sur certains pays européens comme l'Allemagne, la Grande-Bretagne ou même l'Italie.

Le défi de l'emploi

Les conséquences de l'arrêt de la croissance ne se sont pas fait attendre. L'accroissement des charges des entreprises les rendait moins compétitives par rapport à des pays « agressifs » tels que le Japon. La contraction du commerce international limitait leurs débouchés et, pour conquérir ou conserver des marchés, elles devaient se livrer à une guerre économique à laquelle elles étaient mal préparées. La réduction de l'activité, puis la nécessité d'accroître la productivité sont les deux causes essentielles du chômage de ces quinze dernières années.

L'Europe des douze comptait
plus de 16 millions de chômeurs à mi-1988.

Le fond du gouffre ne semble pas atteint, si l'on en croit les prévisions économiques. En France, des secteurs entiers de l'économie ont été jusqu'ici soutenus artificiellement par la collectivité. Parmi les autres secteurs, beaucoup sont en situation de sureffectif. Ils devront absolument investir pour maintenir ou, le plus souvent, améliorer leur compétitivité, sous peine de connaître à leur tour des difficultés. Il faudrait une forte croissance pour que cette mutation technologique nécessaire se produise sans nouvelles pertes d'emploi. D'autant plus forte que le seuil de croissance minimum permettant de créer des emplois est plus élevé en Europe que dans d'autres régions appartenant au monde industrialisé : 3 % en France contre 1 % aux Etats-Unis. Les Etats-Unis ont encore créé près de 2 millions d'emplois au cours du premier semestre 1988 ; la France, aucun.

Un travailleur sur dix au chômage

Proportion de chômeurs dans la population active des pays de la CEE (estimations 1988, en %) :

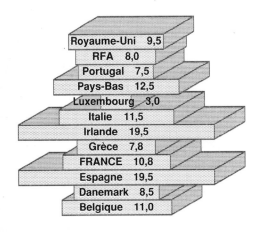

Royaume-Uni 9,5
RFA 8,0
Portugal 7,5
Pays-Bas 12,5
Luxembourg 3,0
Italie 11,5
Irlande 19,5
Grèce 7,8
FRANCE 10,8
Espagne 19,5
Danemark 8,5
Belgique 11,0

OCDE

Le défi démographique

Avec ses 325 millions d'habitants, l'Europe des douze représente aujourd'hui moins de 7 % de la population mondiale ; bien moins qu'il y a trente ans ou un siècle, mais plus, probablement, que dans les prochaines décennies.

Comme celle de la France, la population de l'Europe vieillit. Les difficultés liées à ce vieillissement ne se font encore que partiellement sentir. Les menaces qu'elles font peser sur l'avenir sont considérables : coût social et économique de la prise en charge des inactifs ; risque de déséquilibre avec les populations immigrées, plus jeunes et plus fécondes ; perte de compétitivité par rapport aux autres pays, etc. Dans la plupart des pays de la CEE, les actifs cotisaient en moyenne trois ans pour financer une année de retraite ; ils ne cotisent plus que deux ans aujourd'hui.

Le défi des valeurs

Les pays européens ont connu depuis la dernière guerre une évolution comparable. La création de la CEE a sans aucun doute encore renforcé l'homogénéité entre ses membres. Depuis 1973, chacun des Etats membres a dû faire face aux mêmes types de difficultés. Il n'est donc pas étonnant, dans ces conditions, que l'échelle des valeurs ait évolué de façon similaire dans chacun des pays de la communauté quel que soit son passé.

Comme les Français, les Européens ont connu depuis quinze ans une grave crise d'identité. La peur de l'avenir et les formes diverses de l'individualisme déterminent largement la nouvelle échelle des valeurs qui est en train de s'installer.

Les images sociales de la famille et du travail
sont en train de changer.

Au hit-parade des valeurs européennes, la famille arrive toujours largement en tête. Mais elle fait l'objet de comportements nouveaux par rapport au mariage, à la vie de couple, à l'éducation des enfants. On se marie moins, on divorce plus, on fait moins d'enfants ; les femmes revendiquent une plus grande autonomie et un partage des tâches plus équitable.

Les chiffres de la « vieille Europe »

Données démographiques (1986) :

	Population (milliers)	Densité	Taux natalité (en ‰)	Taux mortalité (en ‰)	Structure de la population (1985, %)					
					H - 15 ans	F - 15 ans	H 15 à 64 ans	F 15 à 64 ans	H 65 ans et +	F 65 ans et +
• Belgique	9 851	323	11,6	11,2	9,7	9,2	33,7	33,6	5,4	8,4
• Danemark	5 121	119	10,5	11,4	9,4	9,0	33,6	32,9	6,3	8,8
• Espagne	38 668	77	12,1	7,7	11,9	11,2	32,3	32,6	4,9	7,1
• FRANCE	55 393	101	13,9	10,0	10,9	10,3	32,9	32,9	5,0	8,0
• Grèce	9 966	75	11,7	9,3	10,8	10,1	32,5	33,2	5,9	7,5
• Irlande	3 541	50	17,6	9,4	15,0	14,2	30,3	29,7	4,8	6,0
• Italie	57 221	190	10,1	9,5	9,9	9,4	33,5	34,3	5,2	7,7
• Luxembourg	370	143	11,2	11,0	8,9	8,4	34,5	34,3	5,4	8,1
• Pays-Bas	14 572	349	12,3	8,5	10,0	9,5	34,7	33,8	4,8	7,2
• Portugal	10 230	110	12,8	9,6	12,0	11,5	31,3	33,2	4,9	7,1
• RFA	61 080	246	9,6	11,5	7,7	7,4	35,0	35,0	5,1	9,7
• Royaume-Uni	56 763	232	13,3	11,8	9,9	9,4	32,9	32,8	5,9	9,2

CEE-OCDE

La réforme nécessaire

« Voulez-vous choisir l'attitude qui correspond le mieux à vos idées personnelles ? » (en %) :

	Il faut changer (1)	Il faut amé- liorer (2)	Il faut défen- dre (3)	Sans réponse
• Belgique	4	70	17	9
• Danemark	1	57	40	2
• Espagne	6	74	7	13
• FRANCE	5	64	25	6
• Grèce	8	65	15	12
• Irlande	5	64	23	8
• Italie	5	73	17	5
• Luxembourg	0	58	28	14
• Pays-Bas	2	66	24	8
• Portugal	4	70	13	13
• RFA	2	57	33	8
• Royaume-Uni	4	66	24	6
EUROPE DES 12	**4**	**66**	**22**	**8**

(1) « Il faut changer radicalement toute l'organisation de notre société par une action révolutionnaire »
(2) « Il faut améliorer petit à petit notre société par des réformes »
(3) « Il faut défendre courageusement notre société actuelle contre toutes les forces subversives »

Eurobaromètre, novembre 1987

Le travail, lui, est considéré comme une nécessité économique et psychologique, plutôt que comme un devoir moral ou une malédiction. On attend de lui à la fois les revenus nécessaires à la satisfaction des besoins de consommation et l'épanouissement dans la vie professionnelle. Mais les revendications profondes ont été quelque peu refoulées par la situation de l'emploi et ses perspectives.

La pratique religieuse diminue,
mais les Européens croient toujours en Dieu.

Un certain nombre d'observateurs considèrent que la crise des valeurs est d'origine spirituelle. Pourtant, la baisse réelle et spectaculaire de la pratique religieuse ne saurait être confondue avec une baisse de la religiosité : s'ils vont moins souvent à l'église, les Européens sont aussi nombreux à croire en Dieu. La religion ne semble donc pas être responsable de cette perte de foi apparente en l'humanité.

L'engagement politique et syndical
est en très forte baisse.

Un Européen sur trois se désintéresse totalement de la politique. Un sur cinq refuse de se situer à droite ou à gauche. L'action syndicale ne fait pas un meilleur score.

Le bonheur quand même

« Dans l'ensemble, êtes-vous très satisfait, plutôt satisfait, plutôt pas satisfait ou pas satisfait du tout de la vie que vous menez ? » (en %) :

	Très satisfait	Plutôt satisfait	Plutôt pas satisfait	Pas satisfait du tout	Sans réponse
• Belgique	23	56	16	4	1
• Danemark	48	46	4	1	1
• Espagne	24	48	23	4	1
• FRANCE	11	57	23	8	1
• Grèce	15	37	29	19	0
• Irlande	21	53	16	9	1
• Italie	11	54	24	11	0
• Luxembourg	37	53	4	4	2
• Pays-Bas	35	56	6	2	1
• Portugal	8	67	19	5	1
• RFA	15	68	14	2	1
• Royaume-Uni	32	53	10	4	1
EUROPE DES 12	**19**	**56**	**18**	**6**	**1**

Eurobaromètre, novembre 1987

On retrouve chez l'ensemble des Européens des préoccupations très proches de celles exprimées par les Français. C'est la preuve qu'il s'agit bien de sentiments aux racines profondes. C'est la preuve aussi de la mondialisation des phénomènes à une époque dominée par la multiplicité des moyens de communication.

Le défi de l'entente

C'est en 1983 que la Communauté a connu sa crise la plus grave. La répartition des contributions financières de chacun (Grande-Bretagne en tête), la définition de la politique agricole commune avaient fait l'objet de discussions longues et difficiles. On finit pourtant par trouver les voies d'un compromis acceptable par tous. Mais les difficultés recommencèrent en 1987, avec l'échec spectaculaire du sommet de Bruxelles, qui venait après d'autres négociations infructueuses. Et qui donnait au reste du monde une image de faiblesse préjudiciable à son avenir et à son rôle.

Il est clair que cette crise du fonctionnement communautaire est liée à celle que connaissent individuellement les Etats membres. Il est toujours plus facile d'être généreux et tolérant lorsqu'on est riche et qu'on vit dans le confort.

Et puis, l'accroissement du nombre des parties prenantes, la diversité de leurs atouts et de leurs contraintes, ne facilitent pas le travail des négociateurs. Surtout lorsque l'unanimité doit être faite entre des intérêts contradictoires.

La renaissance ou le déclin

« Les débuts d'une décadence ont la douceur dorée des premiers jours d'automne. Mais l'hiver et le mal sont là, plus graves chaque jour ». Ainsi débutait le rapport présenté au Parlement européen par Michel Albert et Jim Ball en 1983. Beaucoup d'experts s'accordent aujourd'hui pour constater les signes d'un déclin de l'Europe. La vision à court terme et la force des égoïsmes nationaux ont placé l'Europe à la croisée des chemins. Pour échapper au processus de déclin, deux conditions paraissent aujourd'hui nécessaires : le retour à la croissance et la solidarité européenne.

Le retour à la croissance est une condition essentielle du redémarrage.

Seule une croissance forte peut limiter les effets, actuels et à venir, de la restructuration économique en cours. La troisième révolution industrielle, celle de l'électronique et de la robotique, est à la fois nécessaire et dangereuse. C'est par elle que les entreprises se donnent les moyens d'une meilleure compétitivité. Mais elle n'est pas sans conséquence sur le plan social. La part des emplois économisés par l'introduction de l'électronique pourrait être de l'ordre de 5 % au cours des dix prochaines années. Cela représenterait, en 1995, 7 millions de chômeurs supplémentaires dans la Communauté européenne.

Dans une telle perspective, seule la croissance peut atténuer la portée des « chocs » à venir. Il paraît cependant difficile d'espérer plus de 2 % de progression moyenne des économies jusqu'en 1990. Le poids des prélèvements obligatoires affaiblit l'appareil de production et modère l'enthousiasme des travailleurs. Il est donc nécessaire de restaurer en même temps le moral des salariés et les marges des entreprises, afin de les rendre plus compétitives.

La volonté supranationale est une autre condition du réveil de l'Europe.

La croissance ne se décrète pas. Elle ne se décide pas non plus au seul niveau national (la France en a fait l'expérience en 1982). A défaut d'une véritable entente planétaire, qui mettrait en jeu des intérêts trop contradictoires, la Communauté européenne peut servir de support à la mise en place concertée d'une politique de croissance. Les préoccupations de chacun de ses membres sont suffisamment proches pour justifier une action commune.

Cette action suppose de la part des acteurs (salariés, patrons, syndicats, gouvernements) des qualités de réalisme plus que d'abnégation. La solidarité européenne n'est pas un acte de générosité gratuite. Elle est la condition du maintien de ses membres dans la course économique mondiale.

Les grands projets économiques constituent sans aucun doute des moyens de développement nécessaires. Mais ils ne sont pas suffisants sans une harmonisation des législations, des politiques fiscales et sociales entre les pays membres. A ce titre, l'échéance du 1er janvier 1993 constitue une étape essentielle du processus de création d'une Europe prospère et reconnue dans le monde. Mais de nombreux efforts restent encore à faire.

Le grand rendez-vous de 1992

Attitudes à l'égard du grand marché européen de 1992 (en %) :

	Bonne chose	Ni bonne ni mauvaise	Mauvaise	NSP
• Belgique	66	22	3	10
• Danemark	29	28	23	20
• Espagne	59	17	4	20
• FRANCE	56	32	6	7
• Grèce	54	20	7	19
• Irlande	55	17	5	23
• Italie	77	13	2	8
• Luxembourg	61	25	5	10
• Pays-Bas	57	28	3	12
• Portugal	60	12	2	26
• RFA	53	33	5	10
• Royaume-Uni	43	29	15	14
EUROPE DES 12	**57**	**25**	**6**	**12**

Eurobaromètre, novembre 1987

Le marché unique européen, une opportunité ou une menace ?

Tiburce

Europe

En vrac

• Un quotidien vaut environ 2,50 F en Angleterre (*Times*), 3 F à 4,5 F aux Pays-Bas, 4,40 F en RFA, 3 F en Espagne, 2,80 F en Belgique, 3,50 F en Italie, 5 F en France. Un litre de super vaut 5,70 F en Italie, 4,90 F en France, 4,80 F aux Pays-Bas, 3,90 F en Espagne, 3,70 F en Grande-Bretagne, 3,50 F en RFA, 3,10 F en Belgique. Un kilo de pain vaut 11,50 F en Italie, 11,20 F en France, 10,80 F en RFA, 9 50 F en Grande-Bretagne, 9,10 F en Belgique, 7,10 F aux Pays-Bas, 5,10 F en Espagne.

S • 83 % des Français considèrent que la France n'est plus une grande puissance et que la construction de l'Europe est le seul moyen pour peser sur la scène internationale. 15 % pensent au contraire que la France est elle-même une grande puissance a donc un poids suffisant.

S • 49 % des Français de 15 à 34 ans ont déjà pensé à aller travailler ou étudier dans un autre pays européen. 14 % partiraient tout de suite travailler dans un autre pays européen si la possibilité leur en était offerte, 53 % partiraient, mais après avoir sérieusement examiné la chose, 28 % ne partiraient pas. 8 % pensent que dans dix ans, ils auront changé de pays.

S • 54 % des Français se sentent Français avant d'être Européens, 36 % se sentent Européens avant d'être Français.

S • 29 % des Américains savent que la CEE est une entité spécifique au sein de l'Europe occidentale. Parmi eux, neuf sur dix ont une opinion favorable à son égard.

MONDE

Pour les Français, le monde est d'abord une source d'inquiétude. La faim, les risques économiques et financiers, la violence et la dictature en sont les aspects les plus menaçants. De l'Est à l'Ouest, l'image qu'ils ont des différents pays est en train de changer. La dépendance de la France par rapport au reste du monde leur apparaît de plus en plus clairement.

Si proche et si lointain

Aucune autre génération n'a jamais disposé d'une telle masse d'informations pour savoir ce qui se passe autour d'elle. Tous les soirs à 20 heures, les Français peuvent en trente minutes faire un tour du monde télévisé qui les renseigne sur l'état de la planète et des relations entre les hommes. Devant leurs yeux blasés défilent jour après jour les images de la violence, de l'intolérance ou de la bêtise, qui font l'ordinaire de l'actualité.

Loin de concourir à une meilleure connaissance du monde, ces informations ont eu finalement l'effet inverse. Malgré leur précision, ou plus probablement à cause d'elle, l'impression qui s'en dégage reste floue.

L'émotion provoquée par les images est annihilée par la répétition quotidienne.

L'inconscient cherche plutôt à éloigner qu'à retenir les manifestations peu louables de la nature humaine. Combien de Français peuvent aujourd'hui citer les causes précises du conflit libanais ou de celui qui oppose l'Iran et l'Irak ? Combien se souviennent de la date de l'attentat contre le pape ou de celui dont fut victime le président Reagan ?

Devant l'agression médiatique quotidienne due au poids des images, chaque individu exerce sa propre censure, afin de ne pas en garder des traces trop profondes. Les catastrophes se suivent dans l'actualité, mais nul ne peut prendre en charge à titre personnel tous les fardeaux de l'humanité...

Les hésitations de l'altruisme

« On doit augmenter fortement l'aide aux pays sous-développés » (en %)* :

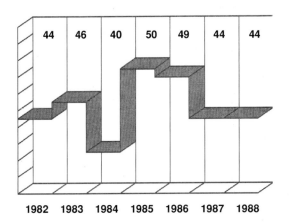

| 44 | 46 | 40 | 50 | 49 | 44 | 44 |

| 1982 | 1983 | 1984 | 1985 | 1986 | 1987 | 1988 |

(*) Cumul des réponses « bien d'accord » et « entièrement d'accord » à l'affirmation proposée.

Agoramétrie

Ainsi, la connaissance du monde qu'ont les Français d'aujourd'hui n'est pas aussi précise et complète qu'on pourrait logiquement le penser. C'est parce que le monde leur fait peur qu'ils ont tendance à l'exclure de leurs préoccupations quotidiennes. On ne peut s'empêcher de remarquer que c'est au moment où la plupart des phénomènes ont une dimension planétaire que les Français donnent à l'individu une place prépondérante. Plus qu'un paradoxe, on peut y voir une réaction normale de compensation, une sorte de version contemporaine du « après moi, le déluge »...

La conséquence est que les masses se mobilisent de moins en moins facilement (et en tout cas de moins en moins longtemps) pour des causes qui leur paraissent de plus en plus vaines.

La dérive des continents

Depuis la Seconde Guerre mondiale, les poids relatifs des différentes régions du monde se sont considérablement modifiés. La « dérive » économique, sociale, culturelle des principaux blocs s'est produite à une vitesse à laquelle l'histoire n'était pas habituée.

Malgré une croissance indéniable et les efforts entrepris par Gorbatchev dans le cadre de la « Perestroïka », le bloc soviétique reste malade de son centralisme politique et administratif, de son manque d'ouverture et du poids de ses dépenses militaires. Certaines régions d'Asie (le Japon mais aussi la Corée du Sud, Hongkong...) ont connu une fantastique épopée économique due à leur compétitivité et à leurs succès répétés à l'exportation. Le Moyen-Orient, après les années de fortune, connaît depuis quelque temps des difficultés à vendre son pétrole. Les pays arabes sont divisés par leurs conceptions et leur pratique de l'islam. Israël a perdu de son capital de sympathie dans l'opinion française, tandis que les Palestiniens bénéficiaient de l'image des victimes.

L'image de l'URSS a changé

Le Point, 9-15 mars 1987

L'Afrique, quant à elle, n'a pas encore réussi à inventer l'après-colonialisme, ni à vaincre ses divisions. L'Amérique du Sud a bien vite oublié les années du miracle économique de certains de ses membres (Brésil, Mexique, Venezuela) pour retrouver la misère et la dépendance vis-à-vis des pays à qui elle doit des sommes fabuleuses. L'Europe souffre de ne pas avoir été encore jusqu'au bout de la logique européenne. Les Etats-Unis ont abandonné leur suprématie économique au Japon et leur déficit gigantesque fait peser sur le reste du monde une menace qui reste entière après le krach de 1987.

La cote d'amour des nations

Avez-vous plutôt de la sympathie, plutôt de l'antipathie, ni l'un ni l'autre, pour les pays suivants :

	Sym-pathie	Anti-pathie	Ni l'un ni l'autre	Sans opinion
• Belgique	74	2	21	3
• Canada	72	1	23	4
• Italie	64	5	27	4
• Espagne	63	5	28	4
• RFA	57	6	31	6
• Etats-Unis	58	8	30	4
• Gde-Bretagne	57	10	29	4
• Japon	50	10	35	5
• Israël	47	11	35	7
• RDA	22	30	40	8
• URSS	22	33	38	7
• Afrique du Sud	21	37	34	8
• Libye	9	56	28	7
• Iran	10	58	26	6

Le Point, juin 1987

*Le centre du monde
se trouve quelque part dans l'océan Pacifique.*

Les Français ont été surpris de voir apparaître de nouvelles cartes, dans lesquelles le centre du monde n'est plus l'Europe mais l'océan Pacifique, dont les enjeux stratégiques et économiques sont considérables. De même, les cartes établies à partir de photos-satellite prises au-dessus du pôle Nord montrent que les côtes de l'Alaska et du Grand Nord Canadien font face à la Sibérie du Nord sur plusieurs milliers de kilomètres, et que la Chine est proche de l'Union soviétique tout au long de sa frontière sud-est. Ces nouvelles visions géo-politiques ou géo-économiques du monde illustrent les grands

changements intervenus au cours des dernières décennies. Ils montrent aussi que les relations entre les nations dépendent pour une large part des rapports de force.

Les principales menaces

Parmi les pays suivants, quels sont ceux qui, à votre avis, constituent une menace pour la France ? (en %) :

• Iran	56
• Libye	51
• URSS	38
• Syrie	30
• Irak	23
• Cuba	11
• Japon	10
• Chine	9
• Algérie	8
• Israël	6
• Vietnam	6
• Etats-Unis	6
• Aucun de ceux-ci	7

Le Point, juin 1987

Les principaux concurrents

Parmi ces pays, quels sont les concurrents les plus dangereux pour l'économie française ?(en %) :

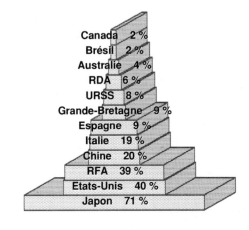

Canada 2 %
Brésil 2 %
Australie 4 %
RDA 6 %
URSS 8 %
Grande-Bretagne 9 %
Espagne 9 %
Italie 19 %
Chine 20 %
RFA 39 %
Etats-Unis 40 %
Japon 71 %

Le Point, juin 1987

Les meilleurs amis

Parmi ces pays, quels sont ceux que vous considérez comme les amis les plus sûrs de la France ? (en %) :

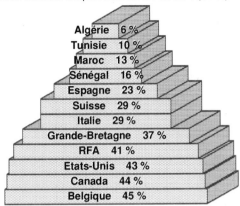

Algérie	6 %
Tunisie	10 %
Maroc	13 %
Sénégal	16 %
Espagne	23 %
Suisse	29 %
Italie	29 %
Grande-Bretagne	37 %
RFA	41 %
Etats-Unis	43 %
Canada	44 %
Belgique	45 %

Le Point, juin 1987

La culture planétaire

L'influence des Etats-Unis reste très forte dans la population française, mais on ne peut plus parler véritablement de *modèle* américain. On assiste en fait à une internationalisation croissante des modes de vie et des références culturelles, qui fait une large place à l'influence anglo-saxonne. Les médias et les entreprises en sont les principaux vecteurs.

L'Amérique n'est plus un modèle,
mais elle joue un rôle dominant.

Même si l'Amérique a un peu perdu de sa magie et de son influence économique, la culture anglo-saxonne n'a jamais été aussi présente dans la société française. Les jeans et le Coca-Cola ne sont plus aujourd'hui des symboles ; ils ont été intégrés à la civilisation.

Indépendamment du langage, qui emprunte beaucoup à l'anglais, les références des Français sont, pour une large part, américaines : au cinéma, à la télévision, dans le domaine musical, en informatique et dans beaucoup d'autres secteurs industriels ou culturels, les succès, les normes et les modèles viennent le plus souvent d'outre-Atlantique.

Les jeunes, en particulier, vivent dans un univers largement américanisé ; leurs héros s'appellent Mickey, Rocky, Rambo, Madonna, Michael Jackson, Starsky et Hutch, etc.

Les modes de vie tendent à s'uniformiser
entre les différents pays.

Comme le dit justement le proverbe, « le monde est petit ». Il est même de plus en plus petit lorsqu'on considère la facilité avec laquelle on peut en faire le tour. Les 80 jours de Phileas Fogg, une belle performance à l'époque, font sourire aujourd'hui, alors que la navette spatiale fait une révolution complète en une heure et demie. En quelques dizaines d'années, le monde s'est largement ouvert aux idées et aux produits des autres. Même des pays très autarciques comme l'URSS ou la Chine laissent pénétrer quelques-uns des symboles de cette culture universelle que sont les produits de consommation courante : alimentation, loisirs (musique, télévision, cinéma...), etc.

La mode devient planétaire

Eldorado

Les entreprises multinationales et les médias
sont les principaux responsables
de cette uniformisation.

Les produits, les campagnes de publicité, les méthodes de travail, les modes de vie se ressemblent dans la plupart des pays. Le visiteur qui se rend à New York, Amsterdam, Francfort ou Mexico retrouve beaucoup d'images qui lui sont familières : affiches publicitaires, boutiques et hôtels d'implantation internationale, produits courants, etc. De sorte qu'il faut aller de plus en plus loin pour trouver l'exotisme, ou au moins le dépaysement culturel.

A l'heure où les modes de vie tendent à devenir de plus en plus individuels, les cadres de vie tendent au contraire à s'uniformiser. Le paradoxe n'est qu'apparent. Ce ne sont pas, en effet, les éléments communs de l'environnement qui déterminent la façon de vivre des individus. Ils n'en sont que les accessoires, dont l'utilisation peut être aisément personnalisée, car la plupart des produits existent aujourd'hui en un grand nombre de versions. C'est d'ailleurs très souvent pour lutter contre la standardisation de leur cadre de vie que les individus cherchent à s'inventer des façons de vivre qui leur sont personnelles.

Les quatre fléaux du monde

La perception qu'ont les Français du monde qui les entoure n'est guère optimiste. La peur de la violence, et de sa forme ultime (la guerre) en est la première manifestation. Les progrès réalisés en matière de désarmement ont simplement modifié la hiérarchie des nations hostiles et menaçantes. Une autre épée de Damoclès suspendue au-dessus des têtes est le risque de faillite financière des pays fortement endettés (y compris le plus endetté d'entre eux, les Etats-Unis), qui pourrait du jour au lendemain rompre le fragile équilibre maintenu jusqu'ici entre les pays riches et les autres.

A la veille de la célébration du bicentenaire de la Révolution française, les Français sont particulièrement sensibles au non-respect des Droits de l'homme. Et les raisons ne manquent pas pour alimenter quotidiennement leur inquiétude en ce domaine.

Malgré les excédents de production des pays riches, le droit à la nourriture est encore loin d'être assuré à tous les habitants de la planète. Le problème de la faim est d'ailleurs d'autant plus insupportable qu'il est devenu plus proche des gens, avec le développement récent de la « nouvelle pauvreté » au sein même de la société française.

Pour les Français,
la paix est moins menacée par l'URSS
que par les pays musulmans extrémistes.

Les Français sont moins nombreux à craindre une guerre mondiale (voir encadré). Cette évolution coïncide avec l'image plus pacifique de l'URSS (considérée pendant longtemps comme la principale menace sur la paix du monde) depuis l'arrivée au pouvoir de Mikhaïl Gorbatchev. Pourtant, l'offensive de charme de ce dernier auprès des opinions publiques occidentales, ainsi que les accords de désarmement signés entre l'URSS et les Etats-Unis sont ressentis avec une satisfaction mêlée de crainte. Car ils pourraient entraîner un découplage entre l'Europe et l'Amérique, et accroître la vulnérabilité des Européens.

D'autres menaces pèsent sur la paix du monde, avec la montée de l'extrémisme islamique. L'Iran est aujourd'hui l'adversaire reconnu (et déclaré) des démocraties occidentales. Les incidents du golfe Persique et les actions terroristes rappellent aux Français que si le pire n'est jamais sûr, il est en tout cas toujours possible.

La crainte de la guerre s'éloigne

« On va tout droit vers la guerre mondiale » (en %)* :

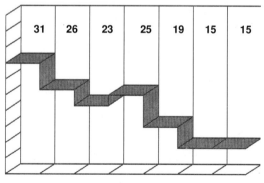

1982	1983	1984	1985	1986	1987	1988
31	26	23	25	19	15	15

(*) Cumul des réponses « bien d'accord » et « entièrement d'accord » à l'affirmation proposée.

Agoramétrie

Le séisme d'octobre 1987 a montré aux Français la fragilité du système financier international.

Pour la plupart des Français, les risques d'explosion financière se situaient dans les pays pauvres. On leur avait expliqué que certains ne pourraient jamais rembourser leurs dettes et que la banqueroute menaçait des pays d'Amérique du sud ou d'Afrique.

Le krach de Wall Street, centre et symbole du capitalisme mondial, produisit donc un choc considérable dans les esprits. Ses effets touchèrent autant le moral des épargnants que leurs économies. La vulnérabilité des Etats-Unis et l'ampleur de son déficit budgétaire apparaissaient pour la première fois à l'opinion publique. L'interdépendance économique et financière des nations développées devenait un fait incontestable, pour l'homme de la rue comme pour les spécialistes.

Le spectre de 1929 revenait alors hanter les esprits, et tous les experts s'accordaient à prédire la récession. Pourtant, l'année 1988 se déroulait beaucoup mieux que prévu et la consommation reprenait ses droits, comme si rien ne s'était passé. Mais chacun sait aujourd'hui que les risques d'un nouveau séisme financier ne sont pas écartés...

La faim dans le monde ne recule pas.
E • Une personne sur six souffre de la faim.
E • Une sur quatre souffre de carences alimentaires.

Les Français sont d'autant plus conscients de ce drame qu'il a commencé à toucher une frange de la population française, avec le développement de la « nouvelle pauvreté ». Beaucoup se disent prêts à agir à titre personnel par des dons, mais la plupart estiment que le problème ne peut être traité qu'au niveau des gouvernements et des organismes internationaux.

Lorsqu'ils sont sollicités par les médias pour des opérations d'envergure (l'Ethiopie, la Pologne, le Cambodge, etc.), les Français font preuve de générosité. Puis, comme la plupart des habitants des pays « riches », ils s'empressent d'oublier des images qui font mal et qui donnent mauvaise conscience. Car beaucoup se sentent vulnérables...

La faim et les moyens

• On compte aujourd'hui plus de 500 millions de personnes sous-alimentées. La Banque mondiale en prévoit 800 millions en l'an 2000 si un effort considérable n'est pas fait d'ici là. Pourtant, la proportion de mal-nourris est passée de 34 % à 17 % dans les pays pauvres, entre 1950 et 1980.
• Sur 150 millions d'enfants qui naissent chaque année, 15 millions meurent au cours de leur première année.
• La densité de la population est plus forte dans les pays où on ne meurt pas de faim.
• Le rythme d'accroissement de la population du tiers monde diminue.
• Pendant la grande sécheresse, les habitants du Sahel ont exporté plus de produits alimentaires qu'ils n'en ont reçu au titre de l'aide alimentaire.
• Les pays industrialisés importent deux fois plus de nourriture qu'ils n'en exportent.
• 100 F de bananes sur un marché français rapportent 15 F à celui qui les cultive.
• La CEE consomme 110 millions de tonnes de céréales par an. Les deux tiers sont consommés par les animaux.
• Ce n'est pas l'Afrique qui compte le plus de mal-nourris, mais l'Asie (65 % du nombre total, contre 25 % en Afrique).
• Les ressources mondiales seraient largement suffisantes pour nourrir la planète si elles étaient bien utilisées. La production actuelle de céréales suffit à fournir 3 000 calories et 60 grammes de protéines par jour à chaque être humain. Or, il faut 2500 calories et 60 grammes de protéines pour assurer la croissance normale d'un individu. Le potentiel total des 51 pays africains permettrait de nourrir trois fois la population de l'Afrique.
• Les pays d'Amérique du Sud ne sont pas épargnés par la famine. 50 % des Brésiliens souffrent de carences alimentaires graves.
• Il suffirait de réorienter 2 % de la production céréalière mondiale vers ceux qui en ont besoin pour éliminer totalement la malnutrition.

Les atteintes à la liberté constituent le mal le plus répandu dans le monde.

Pour la majorité des Français, les Droits de l'homme sont avant tout la garantie de sa liberté. Liberté de penser, de croire, de s'exprimer, d'agir. Dans la longue liste des pays qui violent régulièrement les Droits de l'homme, on retrouve à peu près toujours les mêmes. Et l'on salue les trop rares victoires de la démocratie sur la dictature ou le totalitarisme. L'Espagne, la Grèce et, plus récemment, l'Argentine sont des exemples qui ne parviennent pas à faire oublier que la majorité des nations refusent à leurs habitants les droits élémentaires associés à la dignité humaine. On ne peut que s'indigner du fait que l'intelligence de l'homme ne soit pas toujours au service de la liberté et de la prospérité de ses semblables.

La charité s'affiche

Harmony

Les Droits de l'homme ignorés dans neuf pays sur dix

Les rapports annuels d'Amnesty International donnent, année après année, une idée précise de l'injustice et de la difficulté de vivre dans la majorité des pays du monde. La seule énumération des violations des Droits de l'homme dans la grande majorité des pays du monde (auxquels il faudrait ajouter les pays sur lesquels aucune information ne peut être obtenue) donne froid dans le dos.

La liberté d'opinion reste de loin la plus bafouée. Des « prisonniers d'opinion » existent dans environ la moitié des pays du monde, dans lesquels l'intolérance et la répression sont considérés comme des moyens légitimes de gouvernement. Il ne fait pas bon afficher des convictions religieuses, morales ou politiques différentes de la « norme » imposée par les dictatures en place. Et les prisons sont pleines de gens qui ont osé élever la voix contre l'abus, l'injustice ou le crime.

Il apparaît que même les démocraties occidentales ne sont pas exemptes d'atteintes aux droits de l'individu. Les Etats-Unis, le Japon, l'Allemagne fédérale... et même la Suisse y sont cités pour différentes raisons, telles que le maintien de la peine de mort (encore en vigueur dans plus de 100 pays) ou la non-observation du droit d'asile. La France elle-même n'est pas absente du « palmarès » à cause du sort qu'elle réserve aux objecteurs de conscience, ou des circonstances de la mort (en 1986) de deux membres du FNLKS en Nouvelle-Calédonie.

Monde

En vrac

•   193 coups d'Etat (réussis ou tentés) ont été recensés en Amérique du Sud entre 1945 et 1987, contre 189 en Afrique. Le record appartient à la Bolivie (27), devant le Venezuela (24), l'Argentine (22), l'Equateur (21), l'Irak (17), l'Indonésie (16), la Thaïlande (16), le Ghana (15), la Syrie (15), le Soudan, le Laos et le Guatemala (13), l'Ouganda (11), le Bénin, le Honduras, le Togo et le Viêtnam du Sud (10).

S •   55 % des Français considèrent que les implantations japonaises en France sont plutôt une bonne chose, 19 % une mauvaise.

S •   Après l'accord entre les Etats-Unis et l'URSS entraînant un désarmement partiel, 56 % des Français souhaitaient que la France maintienne son armement nucléaire tel qu'il est, 25 % qu'elle le réduise, 9 % qu'elle l'augmente.

S •   93 % des Français trouvent inacceptable que les Noirs, majoritaires en Afrique du Sud, n'aient pas le droit de vote (3 % trouvent cela acceptable).

S •   72 % des Français jugent positivement le fait que l'URSS se soit engagée dans une période de mutations.

S •   A Tokyo, les services de nettoyage ont ramassé en un an dans les rues 74 253 postes de télévision, 68 961 réfrigérateurs, 5 877 fours à micro-ondes.

•   L'écart entre le PIB par habitant de la France et le PIB moyen de la CEE (12 pays) avait constamment augmenté de 1960 à 1980, passant de 2 % à 14 %. Il se réduit depuis le début des années quatre-vingts (environ 8 % en 1988).

•   Une étude réalisée par la CEE montre que la disparition des frontières procurera à la Communauté des gains économiques variant entre 4,2 et 7 % de son PIB, au bout de cinq à six ans. Les prix devraient baisser de 6 % en moyenne et 2 à 5 millions d'emplois pourraient être créés.

4
LE TRAVAIL

LE BAROMÈTRE DU TRAVAIL

Les pourcentages indiqués représentent les réponses positives aux affirmations proposées.

Il faut chercher à travailler le moins possible (%) :

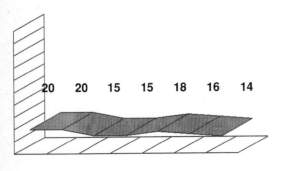

1982	1983	1984	1985	1986	1987	1988

Agoramétrie

Il y a trop de fonctionnaires (%) :

41	41	47	41	37	37	34

1982	1983	1984	1985	1986	1987	1988

Agoramétrie

Les syndicats sont indispensables (%) :

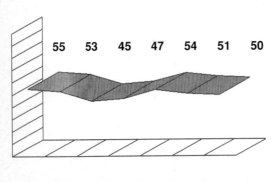

55	53	45	47	54	51	50

1982	1983	1984	1985	1986	1987	1988

Agoramétrie

Il faut adopter la semaine de 35 heures (%) :

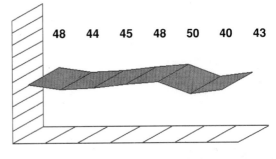

48	44	45	48	50	40	43

1982	1983	1984	1985	1986	1987	1988

Agoramétrie

LA POPULATION ACTIVE

ACTIVITÉ

Depuis trente ans, la population active a constamment progressé. Elle s'est rajeunie, féminisée et diplômée. Mais le chômage et le développement de nouvelles formes de travail (temps partiel, intérim, « petits boulots », travail « noir »...) sont en train de bouleverser la notion d'activité.

24 millions d'actifs

L'histoire du travail a connu au cours du XXe siècle deux phases distinctes, de durée inégale. De 1900 à 1970, la proportion d'actifs dans la population française avait diminué régulièrement.

Depuis 1970, le nombre des actifs tend au contraire à augmenter, sans pour autant retrouver le niveau qu'il avait au début du siècle. L'évolution de la pyramide des âges n'est pas la seule explication de ce phénomène.

On a pu observer, au cours de ces dernières années, la montée simultanée de trois éléments : le chômage, le travail des femmes, la population immigrée. La tentation est évidemment forte, au pays de Descartes, de relier ces phénomènes et d'accuser les immigrés et les femmes d'être responsables de la forte croissance du chômage. La réalité est cependant plus complexe.

62 % des Français n'ont pas d'activité professionnelle effective.

Il faut d'abord ramener à sa juste proportion la notion d'activité au sens où l'entendent les statisticiens. Au total, 21,4 millions de Français occupaient officiellement un emploi au début 1988, soit 38,5 % seulement de la population totale. Ce qui veut dire que près de deux Français sur trois ne « travaillent » pas : enfants, étudiants, adultes inactifs, chômeurs, retraités.

Entre 1900 et 1968, la proportion d'actifs dans la population totale a baissé de 20 %.

Cette réduction importante est liée à l'évolution démographique peu favorable entre les années 1930 et 1945 : allongement de la durée de vie moyenne ; classes actives décimées par la guerre. Mais elle est aussi la conséquence de l'allongement de la scolarité, de la réduction de l'âge moyen de la retraite et de la diminution de l'activité féminine jusqu'à l'aube des années soixante-dix.

44 % des Français sont actifs (ou chômeurs)

Proportion d'actifs, en pourcentage de la population totale, (chômeurs inclus) :

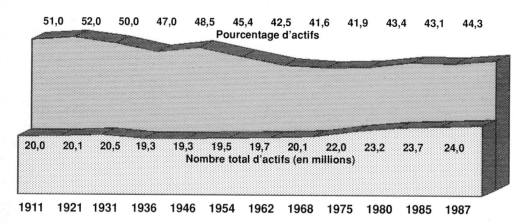

| 51,0 | 52,0 | 50,0 | 47,0 | 48,5 | 45,4 | 42,5 | 41,6 | 41,9 | 43,4 | 43,1 | 44,3 |

Pourcentage d'actifs

| 20,0 | 20,1 | 20,5 | 19,3 | 19,3 | 19,5 | 19,7 | 20,1 | 22,0 | 23,2 | 23,7 | 24,0 |

Nombre total d'actifs (en millions)

| 1911 | 1921 | 1931 | 1936 | 1946 | 1954 | 1962 | 1968 | 1975 | 1980 | 1985 | 1987 |

INSEE, enquêtes sur l'emploi

*Depuis la fin des années soixante,
le taux d'activité remonte régulièrement.*

Les années soixante-dix ont été marquées par une diminution de la fécondité et par un ralentissement de la progression de l'espérance de vie. Il faut y ajouter l'arrivée sur le marché du travail des générations nombreuses de l'après-guerre, les départs en retraite des générations creuses de la guerre de 1914-1918. Sans oublier les flux d'immigration, en provenance principalement des pays du Maghreb, numériquement importants jusqu'en 1974.

Mais c'est le redémarrage de l'activité féminine, particulièrement sensible depuis 1968, qui explique le mieux l'accroissement de l'activité globale. Elle atteint aujourd'hui 44 % (loin cependant du maximum de 52 % observé en 1921).

L'activité au pluriel

Sous l'influence de la crise économique, le modèle traditionnel de l'activité professionnelle (un emploi stable et à plein temps) a changé. Il laisse aujourd'hui place à des formes plus complexes, plus précaires ou plus souples.

Le travail plus tard, la retraite plus tôt

Taux d'activité selon l'âge (en %) :

	Hommes		Femmes	
	1968	1987	1968	1987
• 15 à 19 ans	43,0	17,3	32,5	11,8
• 20 à 24 ans	81,7	74,7	63,6	64,2
• 25 à 29 ans	96,5	95,5	52,2	75,7
• 30 à 34 ans	98,7	97,1	44,6	72,2
• 35 à 39 ans	98,5	97,8	45,2	71,9
• 40 à 44 ans	97,7	97,4	47,1	72,0
• 45 à 49 ans	96,4	95,4	48,8	67,8
• 50 à 54 ans	93,2	90,4	48,4	59,8
• 55 à 59 ans	83,9	67,3	45,7	44,6
• 60 à 64 ans	65,9	25,7	35,3	18,0
• 65 à 69 ans	28,9	8,2	14,8	4,4
• 70 à 74 ans	14,2	4,1	6,8	1,5
• 75 ans et plus	6,8	2,2	2,8	0,8
15 ans et plus	**75,0**	**66,5**	**38,6**	**45,8**

INSEE

Parmi les 24 millions de personnes actives, plus d'un million occupent ce que l'on appelle des « petits boulots » : emplois précaires avec contrat court, à horaires réduits (réguliers ou irréguliers) et à activités épisodiques. Le travail à temps partiel concerne plus de deux millions de personnes. Le travail intérimaire n'occupe que 1,2 % de la population active, mais 10 % des actifs y ont déjà eu recours. Chacun de ces types d'emploi est pratiqué par des catégories de personnes différentes : jeunes, femmes, personnes âgées de 50 ans et plus...

Près de 6 % des actifs sont en situation d'emploi précaire.

Les emplois à horaires réduits et réguliers (habituellement inférieurs à 20 heures par semaine) concernent près de 700 000 personnes. En sont exclus les 200 000 enseignants qui sont dans ce cas, mais dont le statut ne saurait être qualifié de précaire.

On compte aussi un peu plus de 200 000 emplois à horaire réduit et irrégulier, sans horaire habituel de travail ; plus de la moitié représentent moins de 15 heures de travail hebdomadaire. Les contrats de travail temporaire, prévus pour une durée maximale de trois mois, concernent 170 000 postes de travail. Enfin, environ 120 000 personnes n'ont pas d'activité rémunérée fixe ; elles effectuent des travaux qualifiés d'épisodiques.

Les plus touchés sont les femmes, les jeunes, les moins qualifiés.

Sur les 670 000 personnes qui pratiquent des horaires réduits, plus de 80 % sont des femmes ; beaucoup sont assistantes maternelles ou employées de maison. Près de la moitié des contrats de travail temporaire courts, mais à horaires longs sont détenus par des jeunes ayant moins de 25 ans ; 60 % d'entre eux sont des hommes.

La moitié des « petits boulots » sont exercés par des personnes sans diplôme ou ayant au mieux le certificat d'études. 8 % seulement ont un diplôme de l'enseignement supérieur. Les horaires réduits et la faible qualification des personnes concernées expliquent les salaires très bas qu'ils perçoivent en général : la moitié des travailleurs à horaire réduit gagnent moins de 1 500 francs par mois ; la moitié des titulaires de contrats temporaires perçoivent entre 3 000 et 4 500 francs par mois.

Le travail à temps plein n'est plus la norme.
• *2,3 millions de personnes travaillent à temps partiel, soit 11 % de la population active (une femme active sur quatre).*

Il y a travail à temps partiel lorsqu'une personne occupe de façon régulière, volontaire et unique un poste pendant une durée sensiblement plus courte que la durée normale (BIT). On considère en pratique que le temps partiel commence en dessous de 30 heures hebdomadaires.

Ce type de travail intéresse surtout les femmes, qui peuvent ainsi concilier le travail et les contraintes familiales. 23 % des actives sont employées à temps partiel ; le taux atteint 68 % dans les services domestiques, 36 % chez les aides familiales.

Les postes qu'elles occupent sont le plus souvent à faible qualification : personnels de service, aides familiales, etc. Le nombre des travailleurs employés à temps partiel augmente régulièrement. La loi de janvier 1981, qui prévoyait des mesures d'incitation pour les entreprises, répondait aux besoins de certaines catégories de travailleurs. Elle répondait aussi à ceux des entreprises (surtout petites) qui ne peuvent pas toujours se permettre l'embauche d'une personne à temps plein. La France reste néanmoins en retard par rapport à des pays comme les Etats-Unis ou la Suède, où un actif sur cinq environ travaille à temps partiel.

Le temps des « petits boulots »

Le Parisien, 5 février 1988

Travailler à temps partiel, le rêve féminin

Taux d'activité des femmes (15 ans et plus) dans certains pays et importance du temps partiel (1986) :

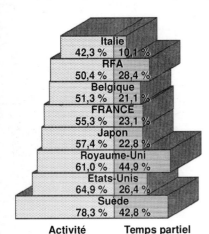

Italie
42,3 %   10,1 %
RFA
50,4 %   28,4 %
Belgique
51,3 %   21,1 %
FRANCE
55,3 %   23,1 %
Japon
57,4 %   22,8 %
Royaume-Uni
61,0 %   44,9 %
Etats-Unis
64,9 %   26,4 %
Suède
78,3 %   42,8 %

Activité   Temps partiel

OCDE

---

*Le travail intérimaire
concerne un salarié sur dix.*

Les entreprises de travail intérimaire avaient connu dans les années soixante et soixante-dix un essor considérable. Dès 1972, un dispositif légal de protection des salariés intérimaires avait été mis en place : conditions d'emploi, durée, indemnités d'emploi précaire, etc. Dix ans plus tard, la montée du chômage incita le gouvernement à décider de nouvelles réglementations. L'ordonnance de février 1982 avait pour objectif de limiter le recours au travail temporaire, en mettant en place un statut du salarié temporaire proche de celui des autres salariés.

Ces mesures se traduisirent rapidement par une réduction d'environ 30 % des effectifs concernés, et par la disparition de quelque 600 établissements spécialisés. Pourtant, le recul du travail temporaire n'a pas entraîné la création d'un nombre équivalent d'emplois permanents. Les deux tiers des embauches effectuées l'ont été en effet dans le cadre de contrats à durée déterminée. C'est-à-dire qu'on a remplacé une forme d'emploi précaire par une autre qui ne l'est pas moins.

65 % des travailleurs intérimaires sont des hommes

Le personnel intérimaire était traditionnellement jeune, masculin et assez qualifié. Depuis quelques années, on constate un vieillissement, puisque 45 % ont moins de 25 ans en 1988, contre 55 % en 1982. Sur les 170 000 intérimaires en mission chaque jour, 41 % sont des ouvriers, 19 % des employés. Les qualifications intermédiaires (techniciens, dessinateurs, cadres moyens...) sont plus largement représentées, ainsi que les cadres supérieurs, pratiquement inexistants il y a cinq ans. Ce sont les industries de transformation qui recourent le plus au travail temporaire (47 % des missions), devant les services et le secteur du bâtiment et des travaux publics. Les lieux de travail, autrefois concentrés dans les grandes métropoles industrielles, se déplacent aujourd'hui de plus en plus vers les villes moyennes.

PROMATT/UNETT

Les femmes ont « repris » le travail

L'accroissement du travail féminin est l'une des données majeures de l'évolution sociale de ces dernières années. En vingt-cinq ans, on a dénombré trois millions de femmes actives supplémentaires, contre moins d'un million d'hommes actifs en plus. Pourtant, ce phénomène n'est pas nouveau lorsqu'on élargit le champ de la mémoire. Les femmes actives étaient beaucoup plus nombreuses au début du siècle (graphique page suivante).

*46 % des femmes de 15 ans ou plus
sont en activité.*

Après avoir atteint un maximum vers 1900, le taux d'activité des femmes avait fortement baissé jusqu'à la fin des années soixante, sous l'effet de l'évolution démographique décrite précédemment.

Depuis la fin des années soixante, la proportion des femmes actives a augmenté, alors que celle des hommes a diminué. Cette évolution récente tient autant à un changement de mentalité des femmes vis-à-vis du travail rémunéré qu'à une modification des postes disponibles dans les entreprises.

37 % des femmes travaillent

Evolution du taux d'activité des hommes et des femmes (en pourcentage de la population totale de chaque sexe) :

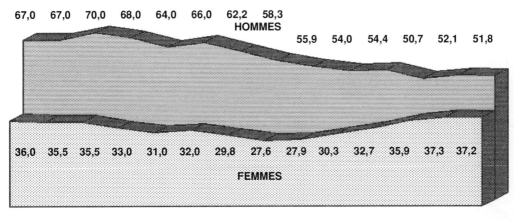

67,0   67,0   70,0   68,0   64,0   66,0   62,2   58,3
HOMMES
55,9   54,0   54,4   50,7   52,1   51,8

36,0   35,5   35,5   33,0   31,0   32,0   29,8   27,6   27,9   30,3   32,7   35,9   37,3   37,2
FEMMES

1901   1911   1921   1931   1936   1946   1954   1962   1968   1975   1980   1985   1986   1987

INSEE

En 1987, le taux d'activité des femmes a baissé légèrement : 45,8 % contre 46,0 % en 1986.

La diminution concerne l'ensemble des femmes de moins de 40 ans. Il semble que la difficulté de trouver ou retrouver un emploi tende à décourager certaines femmes, qui préfèrent rester au foyer. Mais cette baisse risque d'être conjoncturelle (comme ce fut le cas en 1978 et 1983) après plusieurs années de forte hausse.

65 % des femmes de 25 à 54 ans occupent un emploi, contre 45 % en 1968.

Le taux d'activité des femmes est lié à leur niveau de formation (il augmente avec lui) et à la profession exercée par le conjoint. Ce sont les femmes d'ouvriers, mais aussi de cadres ou de « professions intellectuelles supérieures » (les enseignants, professions scientifiques, etc.) qui ont le taux d'activité le plus faible.

On constate depuis quelques années une féminisation accrue de certains secteurs, notamment dans le tertiaire, où existe d'ailleurs une forte rotation de l'emploi et un niveau de rémunération souvent peu élevé.

La mentalité des femmes vis-à-vis du travail à l'extérieur a changé.

Si les femmes ont, depuis 1968, « repris le travail », c'est en partie sous l'impulsion du vaste mouvement féministe des années soixante-dix. L'une de ses revendications majeures concernait le droit au travail rémunéré, condition première de l'émancipation.

Mère de famille ou femme active ?

Le nombre des femmes actives entre 20 et 55 ans a considérablement augmenté au cours de ces dernières années. Il atteint un maximum entre 25 et 29 ans (76 %), avant la naissance du premier enfant. Les femmes non mariées (célibataires, veuves ou divorcées) travaillent plus fréquemment que les autres (70 % sont actives). Les mères de famille sont d'autant plus actives qu'elles ont moins d'enfants (de moins de 16 ans) : jusqu'à 40 ans, le taux d'activité des femmes mariées sans enfant est de 70 % ; il passe à 50 % pour celles qui ont un ou deux enfants, puis à 20 % pour celles qui ont au moins trois enfants.

INSEE

Parallèlement, les femmes ont, depuis cette époque, une vie professionnelle beaucoup moins discontinue. Les maternités étaient autrefois l'occasion d'abandonner l'activité professionnelle, le temps d'élever son enfant au moins jusqu'à son entrée à la maternelle. Les périodes d'arrêt sont aujourd'hui moins nombreuses (les femmes ont moins d'enfants) et plus courtes.

L'évolution de la nature des emplois
a été favorable à l'insertion des femmes.

Le très fort développement des activités de service et la diminution du nombre d'emplois nécessitant la force masculine ont beaucoup favorisé l'arrivée des femmes sur le marché du travail. A ces deux raisons liées au progrès économique et technique s'en sont ajoutées d'autres, moins avouables. A travail égal, les femmes étaient le plus souvent moins bien payées que les hommes ; une bonne aubaine pour un certain nombre d'employeurs...

Mais c'est peut-être le développement du travail à temps partiel qui a le plus contribué à celui du travail féminin. On constate d'ailleurs que c'est dans les pays où les possibilités de travail à temps partiel sont les plus développées que les femmes sont les plus nombreuses à travailler.

La demande des femmes vis-à-vis du travail
rémunéré devrait rester forte à l'avenir.

Pour un nombre croissant d'entre elles, travailler est la condition de l'autonomie et de l'épanouissement personnel. Les femmes qui n'ont jamais travaillé sont d'ailleurs trois fois moins nombreuses parmi les moins de 30 ans (moins de 4 %) que parmi les plus âgées (12 %). La diminution du nombre des mariages, l'accroissement du nombre des femmes seules, avec ou sans enfants, la sécurité (parfois la nécessité) pour un couple de disposer de deux salaires sont autant de raisons qui militent en faveur du travail féminin.

Du côté des employeurs, on peut penser légitimement que l'évolution ira dans le sens d'un aménagement du temps de travail (horaires variables, travail à temps partiel, etc.) plus favorable aux femmes. En attendant le développement du travail à domicile, qui devrait lever encore bien des obstacles.

En revanche, la crainte du chômage, la difficulté de trouver un travail conforme à ses aspirations, la fatigue représentée par la « double journée de travail » et les mesures d'incitation prises par le gouvernement joueront en sens inverse. Mais le mouvement amorcé depuis vingt ans ne s'inversera pas facilement.

Travailleurs immigrés : la crise pour tous

L'importance numérique et sociale des travailleurs immigrés est jugée inquiétante par beaucoup de Français. En fait, le nombre des travailleurs étrangers est à peu près stable depuis 1975. Ils occupent les postes les moins qualifiés et les moins bien rémunérés; ils sont très touchés par le chômage. On les trouve surtout concentrés en Ile-de-France, en Corse, dans la vallée du Rhône et la région Provence-Côte d'Azur.

Sur les 2,7 millions d'étrangers de 15 ans
et plus, près de la moitié ne travaillent pas.

Beaucoup d'étrangers sont arrivés en France pendant les années soixante, attirés par la perspective de trouver un emploi dans des postes généralement délaissés par les Français. Leur nombre a augmenté depuis, sous l'effet des nouvelles vagues d'immigration.

L'immigration, une chance et un problème

Le Point, 5 octobre 1987

Il faut se souvenir cependant que ces chiffres correspondent à l'immigration légale, qui est évidemment la seule à pouvoir être mesurée. L'immigration clandestine est un autre problème qui échappe évidemment à cette analyse et dont l'importance ne peut être sous-estimée.

---

1 500 000 travailleurs étrangers

Répartition des étrangers de 15 ans et plus par nationalité et taux d'activité (1987) :

	Nombre	Taux (1)
• Algériens	473 007	52,7 %
• Tunisiens	120 799	59,2 %
• Marocains	324 011	54,3 %
• Ressortissants des pays d'Afrique noire	96 543	54,0 %
• Italiens	242 338	46,9 %
• Espagnols	232 069	51,4 %
• Portugais	554 204	71,0 %
• Ressortissants des autres pays de la CEE	135 347	49,8 %
• Polonais	55 714	21,9 %
• Yougoslaves	59 944	66,5 %
• Turcs	106 094	53,2 %
• Autres étrangers	317 762	54,8 %
TOTAL	**2 717 832**	**56,1 %**

(1) Proportion d'actifs (actifs occupés + chômeurs) dans l'effectif total de chaque nationalité.

INSEE, enquête sur l'emploi 1987

On estime que 20 % des travailleurs étrangers sont au chômage, contre 10 % des Français.
• La proportion était de 5 % en 1975.

Un certain nombre de Français trouveraient normal de remplacer les 1,5 million de travailleurs étrangers par des Français. Cette idée simple laisse de côté trois aspects importants. Le premier est qu'environ 300 000 étrangers sont sans emploi. Le second est que bon nombre des emplois libérés ne trouveraient pas preneur parmi les chômeurs français.

Enfin, une telle solution fait bon marché de l'aspect moral de l'affaire, qui doit pourtant être pris en compte. C'est bien la France qui, par le passé, a fait venir des travailleurs étrangers pour occuper des emplois restés vacants. En tout état

de cause, « l'aide au retour volontaire et définitif » mise en place de 1977 à 1981 n'avait concerné que 60 000 salariés. Les incitations qui ont suivi depuis 1984, avec des montants pouvant atteindre 120 000 francs, n'ont pas donné des résultats très spectaculaires. Plus que le chômage, c'est le problème de l'intégration de certaines communautés étrangères dans la société française qui se trouve posé. La crise économique n'a fait que rendre ce problème plus aigu.

Activité

En vrac

S   • 64 % des Français pensent que, en période de chômage, le travail féminin est une bonne chose (23 % une mauvaise chose).

•   900 000 jeunes ont obtenu un TUC (Travail d'utilité collective), depuis leur création en septembre 1984.

•   5,6 % des actifs occupés sont des étrangers : 7 % des femmes et 4 % des hommes. La proportion est de 7 % aux Etats-unis et en RFA, 3,5 % en Grande-Bretagne, 0,4 % en Italie et au Japon.

•   40 % des étrangers actifs sont ouvriers, 48 % des étrangères sont employées.

•   La proportion de femmes dans les activités à horaires réduits et réguliers est de 82 %. Elle est de 62 % dans les emplois à horaires réduits et irréguliers, de 44 % dans les petits travaux temporaires, de 38 % dans les activités épisodiques.

S   • En 1986, 10,6 % des cadres ont changé d'établissement à l'intérieur d'une même entreprise.

E   • Depuis 1982, 500 000 emplois de salariés à plein temps, supprimés pour cause de licenciement ou de retraite, ont été remplacés par des emplois précaires ou à temps partiel.

CHÔMAGE

Le chômage est le principal fléau de la société actuelle. Il est facteur de frustration, d'inégalité et d'angoisse. Ni le traitement social, ni le traitement économique n'ont jusqu'ici permis d'enrayer son développement. Pour ceux qui en sont victimes, les conséquences vont bien au-delà des difficultés financières.

Le chemin de crise

Sous le vocable de chômeur se cachent des situations fort diverses : licenciement, départ volontaire, fin d'une période d'essai, fin d'un contrat à durée déterminée, retraite anticipée, impossibilité de trouver un premier emploi... Les risques de perdre son emploi et la chance d'en retrouver un varient beaucoup en fonction de l'âge, du sexe, du niveau de formation, de la région d'habitation. Les jeunes, les femmes, les immigrés sont les plus touchés.

Entre 1974 et 1984, le nombre des chômeurs a été multiplié par quatre.

Le cap des 500 000 chômeurs, atteint au début des années soixante-dix, fut considéré à l'époque comme un seuil alarmant ; en 1976, celui du million était dépassé. Le mal gagnait encore pour toucher 1,5 million de travailleurs au début de 1981, puis 2 millions en 1983. Beaucoup d'observateurs considéraient alors ce chiffre de 2 millions comme la limite au-delà de laquelle l'équilibre social était menacé. Pourtant, on peut affirmer que le cap des 3 millions de chômeurs est atteint depuis plusieurs années, si l'on tient compte de toutes les personnes en « formation-parking » (stages ne débouchant pas sur un emploi), de celles qui sont dans une situation de grande précarité et de celles qui ne sont pas ou plus inscrites dans les statistiques officielles.

E • Un travailleur sur trois a déjà connu le chômage.

Depuis quinze ans, la proportion de chômeurs n'a cessé de s'accroître ; elle est actuellement d'environ 11 % de la population active. Mais ce ne sont, heureusement, pas toujours les mêmes personnes qui sont à la recherche d'un emploi. On peut estimer qu'environ un tiers des travailleurs ont fait l'expérience du chômage depuis le début de la crise. La proportion est évidemment encore plus élevée parmi ceux qui ne bénéficient pas de la garantie de l'emploi. Au total, environ 40 % des foyers comportent une personne au chômage, une personne qui cherche un emploi sans le trouver ou une personne dont l'emploi est menacé (une de ces trois situations).

Le nombre d'emplois diminue depuis 1980

Le nombre des emplois est resté stable, aux alentours de 19 millions, du milieu des années cinquante au début des années soixante. Il a ensuite dépassé 20 millions en 1968 et 21 millions en 1973. Après le début de la crise économique de 1974, sa croissance s'est poursuivie, bien que très ralentie, jusqu'en 1980. Elle a été le fait des petits établissements, du secteur des services (62 % des emplois en 1987, contre 38 % en 1955) et a concerné principalement les emplois féminins. Depuis 1981, le nombre des emplois a baissé régulièrement et les nombreux emplois de type particulier créés (contrats à durée limitée, stages d'insertion...) ne compensent pas les disparitions qui se sont produites dans de nombreux secteurs.

Tous les pays industrialisés ont été touchés.
• Fin 1987, les douze pays de la CEE comptaient environ 16 millions de chômeurs.

L'épidémie s'est répandue dans la plupart des pays industrialisés depuis 1973, épargnant pourtant certains pays comme le Japon ou la Suisse. Les Etats-Unis ont connu jusqu'en 1982 un accroissement considérable de leur taux de chômage, avant de recommencer à créer des emplois.

La montée aux enfers

Evolution du nombre des chômeurs au sens du BIT, (en milliers) et part dans la population active (en %) :

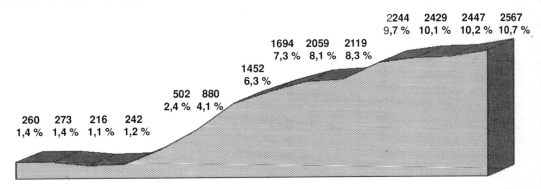

| 1950 | 1955 | 1960 | 1965 | 1970 | 1975 | 1980 | 1981 | 1982 | 1983 | 1984 | 1985 | 1986 | 1987 |

INSEE

Les niveaux atteints un peu partout sont comparables à ceux enregistrés au cours des deux guerres mondiales. Pourtant, certains pays occidentaux ont réussi depuis 1985 à stabiliser, voire même à réduire, le nombre des chômeurs (Etats-Unis, Grande-Bretagne, RFA).

Le chômage des autres

Proportion de chômeurs dans la population active de quelques pays (estimation 1988, en %) :

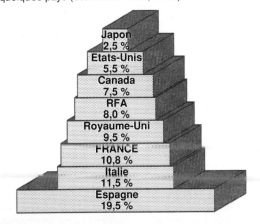

OCDE

Les jeunes sont trois fois plus touchés que les autres.
• Le quart des jeunes de 15 à 24 ans sont à la recherche d'un emploi.

Les chiffres officiels ne prennent pas en compte les emplois de type particulier que représentent les 230 000 TUC, les 90 000 SIVP, les 200 000 jeunes en apprentissage. Ils ne disent rien non plus du statut d'embauche réel des jeunes, dont plus du tiers ont des contrats à durée limitée ou assurent des missions d'intérim. On constate d'ailleurs une diminution inquiétante du nombre des postes « normaux » qui sont offerts aux jeunes : 3 550 000 en 1983 ; 2 750 000 en 1987. 800 000 emplois ont donc été perdus en cinq ans, dont 300 000 en 1987.

La durée de la période de « purgatoire » est cependant très variable selon les individus, selon leurs caractéristiques personnelles et surtout leur formation. Les diplômés des « grandes écoles » n'ont souvent que l'embarras du choix pour trouver leur premier emploi et sont largement favorisés par rapport aux autres diplômés de l'enseignement supérieur. La plupart de ceux qui ont arrêté leurs études à la fin du secondaire (y compris les bacheliers) éprouvent de plus en plus de difficultés à entrer normalement dans la vie professionnelle.

Le poids croissant du « piston »

L'existence de relations personnelles ou familiales est, avec le diplôme, un élément déterminant du succès de la recherche d'emploi. Le « marché » de l'emploi, caractérisé par la publication des offres (en particulier les petites annonces) ne représente en fait qu'un moyen d'accès limité. La majorité des postes à pourvoir ne transitent pas par les filières officielles de l'économie de marché : près de la moitié des Français trouvent leur emploi par relation. La même constatation s'applique aux chômeurs : le tiers d'entre eux trouvent un emploi grâce à leurs relations personnelles ou à leur famille ; les candidatures spontanées après des entreprises arrivent en seconde position et le recours à l'ANPE s'avère plus efficace que la réponse aux annonces.

Les femmes sont plus touchées
que les hommes.
• En 1987, 13,4 % des femmes actives étaient
au chômage, contre 8,6 % des hommes.

Parmi les jeunes âgés de 18 à 24 ans, 21 % des hommes et 28 % des femmes sont au chômage. La situation des femmes tend à s'aggraver à tous les âges, surtout dans la tranche 25-49 ans. Plus d'une chômeuse sur deux recherche un emploi après un licenciement ou la perte d'un cmploi précaire. La part des femmes recherchant un premier emploi diminue.

Les femmes et les jeunes d'abord

Evolution du taux de chômage par sexe et par âge en France (au sens du BIT en %) :

	1975		1987	
	Hommes	Femmes	Hommes	Femmes
• 15-24 ans	6,7	10,1	20,7	28,5
• 25-49 ans	2,0	4,5	7,0	11,5
• 50 ans et plus	2,1	5,4	6,7	13,4
Ensemble	**2,7**	**5,4**	**8,6**	**13,4**

Taux de chômage des moins de 25 ans par sexe dans quelques pays (1987, en %) :

	Femmes	Hommes
• Espagne	50,9	24,0
• Italie	41,5	30,7
• Royaume-Uni	14,8	10,0
• Etats-Unis	11,6	12,1
• RFA	9,9	4,9

INSEE - OCDE

Les travailleurs immigrés
sont deux fois plus touchés que les Français.

Entre 1975 et 1982, date du dernier recensement, le nombre des chômeurs étrangers avait triplé. Les taux de chômage sont très différents selon la nationalité : relativement faible chez les Portugais, très élevé chez les Algériens. Les deux tiers des immigrés à la recherche d'un emploi sont des hommes, contre 43 % pour les Français.

A ces différences s'ajoutent celles déjà évoquées concernant le sexe ou l'âge des travailleurs. Le secteur d'activité joue également un rôle important. Les étrangers sont proportionnellement plus nombreux que les Français dans le bâtiment, le génie civil ou l'agriculture, où les taux de chômage sont élevés. Ils y occupent en outre des postes particulièrement vulnérables (manœuvres, ouvriers...). C'est ce qui explique que beaucoup sont aujourd'hui dans une situation difficile.

Le chômage frappe inégalement les régions.

Ce sont les régions Nord-Pas-de-Calais, Languedoc-Roussillon et Haute-Normandie (par ordre décroissant) qui étaient les plus touchées par le chômage en 1987 : plus de 13 %. Les moins touchées étaient, par ordre croissant, l'Alsace, la région Rhône-Alpes, l'Ile-de-France et le Limousin (moins de 9 %). Les disparités actuelles existaient généralement avant la crise, mais le niveau moyen du chômage s'est fortement accru dans toutes les régions ; entre 1980 et 1987, les régions dont la situation s'est la plus dégradée sont celles qui avaient déjà les plus forts taux de chômage initial. On note cependant de fortes différences à l'intérieur d'une même région, entre les départements qui la composent.

Les catégories professionnelles modestes
sont les plus vulnérables.

Dans les entreprises, les ouvriers et les employés sont souvent les premières victimes de la crise. A l'instar des cadres, leur nombre est en effet généralement directement proportionnel à l'activité de production. La réduction de celle-ci a donc entraîné une surabondance de main-d'œuvre. Les efforts faits depuis quelques années pour améliorer la productivité, par l'introduction de nouvelles machines ou de nouvelles méthodes de travail, ont eu des conséquences semblables.

La hiérarchie du chômage ne ressemble pas à celle des professions

Taux de chômage selon les catégories professionnelles en 1987
(en % de la population active) :

- Agriculteurs exploitants — 0,4
- Artisans, commerçants, chefs d'entreprise — 2,7
- Cadres et professions intellectuelles supérieures — 2,5
Dont
- *Cadres d'entreprises* — *2,9*
- Professions intermédiaires — 4,4
Dont
- *Professions intermédiaires de l'enseignement, de la santé, de la fonction publique et assimilés* — *2,8*
- *Professions intermédiaires administratives et commerciales des entreprises* — *7,8*
- Techniciens — 4,2
- Contremaîtres, agents de maîtrise — 4,6
- Employés — 11,4
Dont
- *Employés de la fonction publique* — *5,5*
- *Employés administratifs d'entreprises* — *11,5*
- *Employés de commerce* — *19,7*
- Personnel des services directs aux particuliers — 16,4
- Ouvriers — 13,8
Dont
- *Ouvriers qualifiés* — *10,5*
- *Ouvriers non qualifiés* — *18,1*
- *Ouvriers agricoles* — *16,9*

INSEE, enquête sur l'emploi 1987

L'accroissement des emplois précaires a beaucoup contribué à l'augmentation du chômage, en particulier chez les femmes.

L'augmentation du nombre des contrats à durée déterminée est aujourd'hui l'une des principales causes du chômage. Le nombre des cas liés à la fin des missions d'intérim a également augmenté au cours des dernières années. Cette situation explique en partie que les femmes, plus concernées que les hommes par les emplois précaires, sont plus touchées qu'eux par le chômage. C'est donc un véritable « chômage à temps partiel » qui caractérise la vie professionnelle de tous ceux qui n'ont d'autres recours que les contrats de travail à durée déterminée ou les missions d'intérim.

Emplois précaires : le chômage à temps partiel

Circonstances de la recherche d'emploi (1987, en %) :

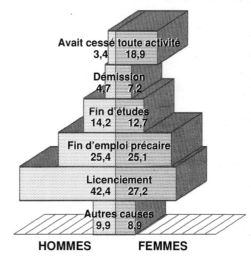

	HOMMES	FEMMES
Avait cessé toute activité	3,4	18,9
Démission	4,7	7,2
Fin d'études	14,2	12,7
Fin d'emploi précaire	25,4	25,1
Licenciement	42,4	27,2
Autres causes	9,9	8,9

INSEE, enquête sur l'emploi 1987

Le chômage s'allonge

Dans une société en mutation, un certain taux de chômage est inévitable, estimé par les experts aux environs de 4 %. Ce chômage peut être acceptable s'il est limité dans le temps et s'il correspond à des phases de transition dans la vie professionnelle de chacun.

Pourtant, la durée du chômage tend à s'accroître régulièrement, en particulier pour les plus de 50 ans et les femmes. Avoir un emploi est la condition première de la dignité humaine dans toute société, surtout si elle est développée comme c'est le cas de la France. C'est aussi la condition de la survie économique.

• *Les plus de 50 ans restent deux fois*
plus longtemps « sur la touche »
que les moins de 25 ans.
• *A âge égal, les femmes ont plus*
de difficulté à retrouver un emploi.

La vulnérabilité au chômage n'est pas obligatoirement le signe d'une difficulté plus grande à retrouver un emploi. Ainsi, les personnes plus âgées sont moins touchées que les jeunes, mais la durée de leur chômage est plus longue. Les statistiques officielles mesurent l'ancienneté à un moment donné. Elles montrent qu'elle est supérieure à deux ans pour les chômeurs âgés d'au moins 50 ans, contre moins d'un an pour les jeunes de 15 à 24 ans.

« L'arrêt-chômage »
est de plus en plus long

Evolution de l'ancienneté moyenne du chômage selon le sexe (en mois) :

	Hommes	Femmes
• 1975	6,7	8,3
• 1980	10,6	12,8
• 1985	13,7	16,2
• 1987	15,9	17,2

Proportion de personnes au chômage depuis un an et plus selon l'âge et le sexe en 1987 (en %) :

	Hommes	Femmes
• Moins de 25 ans	23,4	33,8
• 25 à 49 ans	44,2	49,0
• 50 ans et plus	64,0	66,8

INSEE, enquête sur l'emploi 1987

La durée moyenne
de recherche d'emploi augmente.
• *Un chômeur sur deux est au chômage*
depuis au moins un an.

Depuis 1975, l'ancienneté moyenne du chômage a plus que doublé, quelque soit l'âge considéré. C'est chez les femmes que cet allongement de la recherche d'emploi est le plus net. La profession a aussi une influence sur la durée du chômage. Chez les hommes, ce sont les cadres, les agents de maîtrise et les techniciens qui mettent le plus de temps à retrouver un emploi. Le phénomène est particulièrement vrai pour ceux qui ne peuvent, ou ne veulent, accepter la mobilité professionnelle. Les ouvrières connaissent le chômage le plus long. Les femmes cadres trouvent par contre plus rapidement du travail que leurs homologues masculins.

Les conséquences psychologiques du chômage
sont aussi dramatiques que ses conséquences
financières.

L'augmentation de la durée du chômage explique qu'il y ait de plus en plus de chômeurs à un moment donné. Elle explique aussi qu'il soit de plus en plus difficile de vivre ce chômage.

Le système d'indemnisation mis en place en France reste sans doute l'un des plus avantageux du monde, malgré les modifications successives apportées depuis 1983. Bien meilleur en tout cas que celui existant aux Etats-Unis ou en Grande-Bretagne, où chômage et pauvreté sont très souvent associés.

Ce système a donc limité la perte de pouvoir d'achat des chômeurs qui bénéficient des allocations des ASSEDIC, soit un peu plus de la moitié d'entre eux seulement (encadré ci-dessous).

---

40 % des chômeurs
ne perçoivent aucune indemnité

Sur les 2 794 600 chômeurs recensés en juin 1987, 1 131 300 chômeurs ne percevaient aucune indemnité et 62 % étaient des femmes. Il faut distinguer dans ce chiffre très élevé plusieurs causes. 22 % des personnes concernées n'avaient pas demandé d'allocation. 37 % en avaient demandé une, mais ont vu leur demande rejetée parce qu'ils ne remplissaient pas les conditions d'attribution (notamment parce qu'ils n'avaient pas travaillé assez longtemps).
10 % se trouvaient en période de « carence », notamment parmi les jeunes sortis du système scolaire. Les autres (25 %) avaient épuisé leurs droits à indemnité.
Parmi ceux qui percevaient une indemnité, la moitié environ touchaient moins de 3 500 francs. Il faut dire qu'un chômeur sur quatre est au chômage depuis plus d'un an. Alors, pour « tenir le coup », beaucoup cherchent des sources de revenus complémentaires ; 40 % des chômeurs déclarent ainsi se livrer au travail noir, surtout parmi les jeunes.

L'exclusion du système social est souvent vécue de façon dramatique par ceux qui en sont les victimes.

Le système d'allocations mis en place n'a pas pu éviter à toutes les personnes au chômage les conséquences sociales, familiales et personnelles de ce retrait forcé de la communauté du travail. Le phénomène s'entretient d'ailleurs de lui-même. Se sentant exclu, le chômeur tend à se comporter comme tel. Il éprouve alors de plus en plus de difficultés à se « vendre » à un employeur qui lui préférera souvent un non-chômeur à la recherche d'un nouvel emploi.

En famille, les difficultés sont du même ordre. La frustration de ne plus pouvoir jouer comme auparavant son rôle de parent ou d'époux (sur le plan matériel autant qu'affectif) tend à rendre certains chômeurs agressifs. Les couples les moins solides n'y résistent pas et les difficultés de communication, qui peuvent aller parfois jusqu'à la séparation, viennent aggraver une situation personnelle déjà bien mauvaise. La conséquence, pour certains chômeurs, est une modification, parfois irréversible, de leur personnalité.

La perte d'un emploi aura donc fait perdre à certains leur famille, leur confiance, leur revenu et la possibilité d'en retrouver un dans des conditions normales. C'est évidemment beaucoup de conséquences pour une cause dont, le plus souvent, ils n'étaient pas responsables.

Chômage

En vrac

E • On comptait 1,2 million de personnes sans emploi depuis plus d'un an en juin 1988. Seule la Grande-Bretagne connaîssait une situation plus défavorable (1,3 million).

S • 84 % des jeunes chômeurs de 16 à 24 ans sont prêts à aller travailler dans une autre localité de leur département, 73 % dans un autre département, 62 % dans une autre région, pour trouver un emploi stable. 34 % disposent de l'allocation chômage, 43 % sont aidés par leurs parents, 20 % font des « petits boulots » de temps en temps, 13 % utilisent leur épargne, 12 % ont un conjoint qui subvient à leurs besoins, 12 % n'ont pratiquement aucune ressource. 43 % ont un membre de leur famille au chômage (père, mère, frère ou sœur).

S • 37 % des Français sont d'accord pour cotiser davantage afin de garantir l'assurance chômage, 15 % sont d'accord pour payer plus d'impôts, 30 % ne sont prêts ni à l'une ni à l'autre solution.

S • 49 % des Français estiment que les municipalités devraient créer des emplois réservés aux anciens détenus, afin de faciliter leur réinsertion.

S • 13 % des jeunes chômeurs de 16 à 24 ans ont admis avoir effectué un vol ou un chapardage ; 15 % songent à recourir à la violence ; 9 % pensent au suicide. la moitié considèrent leur situation comme « pénible » ; 41 % la jugent « supportable, pourvu qu'elle ne dure pas trop longtemps ».

LA VIE PROFESSIONNELLE

MÉTIERS

En quarante ans, l'économie française est passée de l'agriculture aux services, des « cols bleus » aux « cols blancs ». Pendant que les paysans quittaient leurs terres, de nouveaux secteurs, de nouveaux métiers, de nouvelles fonctions voyaient le jour. Transformant peu à peu le paysage social et industriel de la France.

Un nouveau paysage social

Comme la plupart des grands changements sociaux, ceux qui ont concerné le travail se sont produits de façon progressive. De sorte qu'il faut faire un long retour en arrière pour en apercevoir l'ampleur. On découvre alors que le travail, tel qu'il est conçu et pratiqué de nos jours, n'a plus grand-chose à voir avec ce qui le caractérisait au lendemain de la Seconde Guerre mondiale.

En 1800, les trois quarts des actifs travaillaient dans l'agriculture.
* *Ils ne sont plus que 7,5 % aujourd'hui.*

Le déclin de l'activité agricole s'est amorcé dès 1815. Pendant toute la période 1870-1940, les effectifs ont résisté, malgré la baisse régulière de la part de l'agriculture dans la production nationale (encadré). Dès la fin de la Seconde Guerre mondiale, la mécanisation a précipité l'exode rural, de sorte que la part des agriculteurs dans la population active est aujourd'hui trois fois moins élevée qu'en 1950.

Les pays agricoles et les autres

Structure de la population active dans quelques pays (1988, en %) :

	Agriculture	Industrie	Services
• Canada	4,4	24,8	70,8
• Espagne	15,1	32,0	52,8
• Etats-Unis	2,6	26,6	70,4
• FRANCE	7,1	30,6	62,3
• Italie	9,8	32,5	57,7
• Japon	6,7	35,0	58,3
• Portugal	21,9	35,8	42,3
• RFA	5,1	39,9	54,9
• Royaume-Uni	2,4	29,9	67,7

Eurostat-OCDE

Fin des paysans, montée des salariés, des fonctionnaires... et des chômeurs

Evolution de la population active (en milliers) et de sa répartition (en %) :

	1987				1962			
	Total	% de la population active	Hommes	Femmes	Total	% de la population active	Hommes	Femmes
• Population active	23 973	100	13 596	10 377	19 251	100	12 587	6 664
• Chômeurs	2 567	11	1 172	1 395	196	1	109	87
• Salariés en activité	17 918	75	10 183	7 735	13 763	71	9 177	4585
- dont salariés de l'Etat et des collectivités locales	*5 022*	*21*	*2 243*	*2 279*	*2 229*	*12*	*1 349*	*879*
• Non-salariés	3 487	14	2 240	1 247	5 293	27	3 301	1 992
- dont agriculteurs	*1 357*	*6*	*856*	*501*	*3 045*	*16*	*1 920*	*1 125*

INSEE

Mais l'accroissement de la productivité agricole continue de faire baisser le nombre des agriculteurs. D'autant que les productions sont dans certains domaines largement excédentaires (beurre, poudre de lait...), à l'échelon national mais aussi européen.

Le déclin du nombre des paysans est celui de toute une classe sociale, dans laquelle chaque Français a ses origines. Au-delà des difficultés de reconversion, c'est un drame plus profond qui s'est joué au cours de la seconde moitié du XXe siècle pour le peuple français : la perte progressive de ses racines. Aux certitudes de la vie rurale ont succédé les doutes et les angoisses de la vie urbaine.

6 Français sur 10 travaillent aujourd'hui dans une entreprise de services.

Contrairement à ce que l'on imagine parfois, le secteur tertiaire n'est pas une invention récente. La société française a toujours eu besoin de tailleurs, de barbiers, de commerçants, de scribes, de cantonniers et autres allumeurs de réverbères. En 1800, à l'aube de la révolution industrielle, les travailleurs impliqués dans les activités de services représentaient 25 % de la population active et 30 % de la production nationale, le développement de l'industrie a largement contribué à celui des services connexes (négoce, banques, ingénierie, etc.). Mais c'est l'émergence de la société de consommation des années cinquante et surtout soixante qui lui a donné son importance actuelle.

Agriculture, industrie, services : les trois âges de l'économie française

Evolution de la structure de la population active en France (en %) :

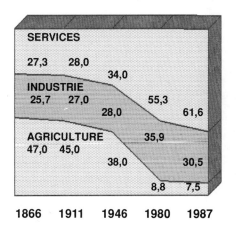

INSEE

- *86 % des actifs sont salariés.*
- *Ils n'étaient que 72 % en 1960.*

Une autre conséquence de la révolution industrielle est l'accroissement de la proportion de salariés. Les non-salariés étaient principalement des paysans, des commerçants ou des artisans. Le nombre des premiers a considérablement diminué depuis un siècle (ci-dessus). Celui des artisans et des commerçants a chuté plus récemment. Le nombre des aides familiaux (femmes de ménage, domestiques, etc.) a lui aussi beaucoup diminué : un million de moins en vingt ans. Par ailleurs, un grand nombre de femmes sont venues rejoindre les rangs déjà nombreux des salariés. Mais ce sont les postes créés dans la fonction publique qui ont le plus contribué à l'accroissement des emplois salariés depuis vingt ans.

Un monde de salariés

Proportion de salariés dans la population active de quelques pays industrialisés (1986 en %).

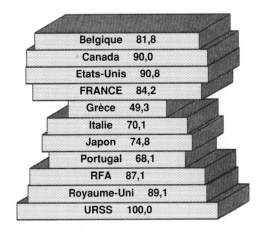

Belgique	81,8
Canada	90,0
Etats-Unis	90,8
FRANCE	84,2
Grèce	49,3
Italie	70,1
Japon	74,8
Portugal	68,1
RFA	87,1
Royaume-Uni	89,1
URSS	100,0

Eurostat-OCDE

20 % des actifs dépendent encore de l'Etat.
• Le nombre des salariés de l'Etat et des collectivités locales a doublé en vingt ans.
E • La moitié de l'activité économique reste sous le contrôle direct ou indirect de l'Etat.

Le secteur public est le principal fournisseur des emplois salariés. En un siècle, sa part dans la population active a plus que triplé. Les femmes y sont aujourd'hui majoritaires dans la fonction publique.

Avant les dénationalisations réalisées de 1986 à 1988, un actif sur cinq dépendait de l'Etat, si l'on ajoutait au nombre des « vrais »

fonctionnaires (environ 2,5 millions) les 16 000 agents des services publics, les 60 000 auxiliaires, les 1 700 000 salariés des collectivités territoriales et les 2 200 000 employés du secteur nationalisé. Au total, plus de 6 millions d'actifs. L'Etat contrôlait alors directement la moitié de la production intérieure française, et plus encore par l'intermédiaire des fournisseurs et sous-traitants.

Les métiers du souvenir

Où sont les marchands de glace qui circulaient en charrette à cheval avant l'invention du réfrigérateur ? Où sont les joueurs d'orgue de barbarie qui ont précédé l'invention de la radio ? Où sont les vitriers des rues qui signalaient leur passage par de longs cris caractéristiques ?
Tous ces petits métiers ont aujourd'hui disparu, et les rares compagnons qui les pratiquent encore semblent sortis d'un autre monde, à la fois nostalgique et lointain.

Cireur de chaussures à Paris

Jacques Boyer

Des cols bleus aux cols blancs

Le déclin de l'agriculture au profit de l'industrie, puis des services, la prépondérance du statut de salarié, le développement spectaculaire du secteur public, ont progressivement transformé la nature des *métiers* exercés par les Français. Aujourd'hui, les *emplois* eux-mêmes sont en train de changer. On trouve de moins en

Le grand chambardement

Répartition de la population active selon la catégorie socioprofessionnelle (en %) :

	1987 Total	1987 dont femmes	1968 Total	1968 dont femmes
• Agriculteurs exploitants	6,4	5,7	11,5	12,8
• Artisans, commerçants et chefs d'entreprise	8,0	6,7	10,7	11,5
• Cadres et professions intellectuelles supérieurs	9,9	6,5	5,1	2,5
• Professions intermédiaires	20,2	20,1	10,4	11,4
• Employés	26,7	47,7	21,2	38,8
• Ouvriers	28,8	13,3	39,3	22,5
• Autres catégories (pour 1968)	-	-	1,8	0,5
	100,0	100,0	100,0	100,0
Effectifs (en milliers)	**21 405**	**8 982**	**19 916**	**7 208**

INSEE

moins de monde dans les ateliers, de plus en plus dans les bureaux, où les postes de cadres se sont multipliés. Les « cols bleus » (manœuvres et ouvriers de toutes qualifications), dont la croissance avait accompagné les deux premières révolutions industrielles (la machine à vapeur et l'électricité), sont un peu mis à l'écart par la troisième, celle de l'électronique). Ce sont les « cols blancs » (employés, cadres et techniciens) qui prennent aujourd'hui la relève.

Il y a moins d'ouvriers en général, mais plus d'ouvriers qualifiés.
• *6 millions d'ouvriers.*
• *Un travailleur sur trois.*
• *Un homme sur deux.*

La diminution du poids du secteur industriel dans l'économie s'est traduite par une baisse du nombre d'ouvriers. De plus, l'amélioration de la productivité des entreprises a permis, à activité égale, d'économiser des emplois de production ou de limiter leur croissance, en faisant appel aux machines et aux robots.

Le nombre d'ouvriers dans la population active reste cependant élevé. Celui des ouvriers qualifiés et des contremaîtres continue de s'accroître, alors que celui des manœuvres et des ouvriers spécialisés diminue. La proportion de travailleurs immigrés est deux fois plus élevée parmi les ouvriers (14 %) que dans la population active totale (6 %). Disposant généralement d'une moindre formation professionnelle que les Français, ils occupent souvent les postes les moins qualifiés.

Le nombre des cadres a doublé en 30 ans.

La mission des entreprises, initialement centrée sur la production de masse, s'est peu à peu transformée. Il faut aujourd'hui concevoir des nouveaux produits, gérer, vendre, distribuer, exporter, penser à l'avenir face à une concurrence de plus en plus vive et des marchés de plus en plus sélectifs. Le rôle des cadres a donc pris de l'importance, en même temps que se développaient les activités de service, fortes consommatrices de matière grise.

Le nombre des cadres supérieurs, en particulier, a fortement augmenté depuis quinze ans sous l'effet d'une part de la demande de cadres administratifs supérieurs et d'autre part de l'accroissement du corps professoral, qui entre dans cette catégorie.

L'augmentation du nombre des cadres moyens est, elle, assez étroitement liée à la croissance du secteur médical et social depuis quelques années.

En 20 ans, 2 millions d'emplois de commerçants ont disparu.

Le monde du commerce a connu en France un véritable bouleversement, provoqué par l'énorme concentration qui s'est opérée. Les hypermarchés, relativement peu nombreux en 1968 (le premier fut le *Carrefour* ouvert en 1963 à Sainte-Geneviève-des-Bois, près de Paris), sont plus de 500 aujourd'hui et couvrent la totalité des villes, grandes ou moyennes. La tentation était donc forte pour les clients de délaisser les commerces de quartier, plus chers et mal adaptés aux nouvelles aspirations (gain de temps, liberté de circulation dans les rayons, etc.). Ce transfert de clientèle des petites vers les grandes surfaces a eu une incidence considérable sur les emplois du commerce.

Certains commerces de proximité ont pourtant réussi à se maintenir en offrant des services que ne pouvaient pas rendre les géants de la distribution : commerces ouverts sept jours sur sept et tard le soir (les Maghrébins, qui se sont fait une spécialité de la chose dans le domaine de l'épicerie, font des affaires florissantes dans les grandes villes) ; activités très spécialisées offrant un choix plus vaste et des conseils (chaussures de sport, accessoires de salles de bains, etc.) ; boutiques « franchisées » bénéficiant de l'expérience et de la notoriété des grandes marques nationales.

Les artisans ont réussi à stopper l'hémorragie des années soixante.

L'artisanat ne fait guère parler de lui. Il regroupe pourtant quelque 800 000 entreprises, représentant au total 300 corps de métiers différents et employant chacune moins de dix salariés (non compris le « patron » et, le cas échéant, son conjoint). Un tiers d'entre elles opèrent dans le secteur du bâtiment.

Ces petits patrons, qui ont pris des risques pour s'installer et travaillent généralement plus de 39 heures par semaine, ne bénéficient pas des mêmes avantages que les salariés en matière de retraite (encore moins de préretraite) ou de chômage. Ils sont, en outre, moins écoutés que les salariés, n'ayant pas le même poids qu'eux dans les négociations avec les pouvoirs publics

Pourtant, les plus dynamiques ont su adapter leur service, leur structure et leur façon de travailler aux nouveaux besoins de la clientèle. Beaucoup ont misé, en particulier, sur la rapidité d'intervention (même s'il est parfois difficile de trouver rapidement un plombier, un garagiste ou un électricien !).

La revalorisation du travail manuel (bien qu'encore limitée), le goût de l'indépendance, mais aussi et peut-être surtout l'accroissement du chômage, ont incité un certain nombre de Français à s'installer à leur compte au cours des dernières années. Avec des succès d'ailleurs relatifs, puisque les taux de survie à cinq ans ne dépassent pas 50 %.

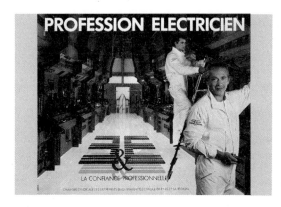

Les métiers manuels ont une meilleure image

Coriolis

Egalité entre les hommes et les femmes : la loi et les faits

Avec la loi sur l'égalité professionnelle, adoptée le 30 juin 1983, les femmes sont devenues officiellement des travailleurs à part entière. Tous les métiers leur sont désormais ouverts, dans des conditions de recrutement, de travail, de rémunération et de sanction éventuelle identiques à celles des hommes (en dehors d'une liste spécifique, définie par décret).

Pourtant, le travail des femmes reste concentré dans certaines fonctions : la presque totalité des secrétaires sont encore aujourd'hui des femmes, la majorité du personnel de service (voir encadré). Si le développement du secteur tertiaire a été favorable à leur intégration professionnelle, l'élargissement et l'enrichissement des métiers leur ont jusqu'ici peu profité. Les nouvelles technologies constituent pour elles à la fois une menace et une opportunité. Dégagées des tâches répétitives et automatisables, elles pourront demain accéder à d'autres activités. A condition bien sûr de pouvoir s'y former.

Métiers de femmes

Proportion de femmes dans certaines professions (%) :

- Secrétaires sténodactylos 97,6
- Personnel de service 81,1
- Vendeurs et salariés du commerce 75,3
- Emplois de bureau non qualifiés 71,0
- Enseignement primaire et assimilé ... 67,2
- Emplois de bureau qualifiés 50,3

Part des femmes dans la population ouvrière (%) :

- Ouvriers qualifiés 7, 9
- Ouvriers non qualifiés 36,2
- **Total ouvriers** **19,4**

BIT-INSEE

L'égalité entre les sexes n'est pas encore totale

Alliance

Vie et mort des entreprises

Le nombre des créations d'entreprises a commencé à augmenter depuis 1984. La volonté d'indépendance et la difficulté de trouver un emploi ne sont pas étrangères à cet intérêt nouveau pour l'entreprise individuelle, de même que les mesures d'encouragement prises par les pouvoirs publics. Mais les nouvelles entreprises créent moins d'emplois et meurent plus tôt.

En 1987, 212 000 entreprises ont été créées, 62 000 ont été reprises.

Les secteurs de création les plus prolifiques se situent dans les activités tertiaires : commerce et surtout services. Les activités industrielles sont en retrait, du fait de la crise. Le secteur du bâtiment-génie civil reprend depuis mi-1986, après une période de faiblesse. Les reprises sont particulièrement nombreuses dans le domaine des commerces (principalement les boutiques) et des services.

31 000 entreprises ont fait faillite en 1987.

Ce nombre est en augmentation régulière, ainsi que le taux de défaillance (environ 2 %). La dégradation est sensible dans les secteurs des services aux entreprises, les transports et le bâtiment-génie civil, dans lesquels le taux de création est élevé.

Les chiffres suggèrent qu'il existe une corrélation entre le nombre des créations d'entreprises et les cessations d'activité. Le taux de mortalité des entreprises est de 15 % après un an et 50 % après cinq ans.

42 % des entreprises recensées début 1987 ont été créées entre 1981 et 1986.

Sur les 2 461 000 entreprises existantes, un peu plus d'un million ont été créées au cours des six dernières années. Parmi celles-ci, il faut distinguer les créations nouvelles (32 % du nombre total d'entreprises) et les reprises de sociétés qui avaient eu un premier exploitant au moment de leur établissement (10 %). En 1987, 2,2 millions de personnes travaillaient dans des entreprises créées ou reprises depuis moins de sept ans. Les entreprises créées depuis 1981 sont responsables de 18 % des emplois salariés.

La montée du quaternaire

Il aura fallu des millions d'années à la Terre pour passer de l'ère primaire à l'ère tertiaire. Les choses ont été beaucoup plus vite pour l'économie, qui mit à peine 200 ans pour passer de l'agriculture aux services. Il existe aujourd'hui un secteur **quaternaire**, qui rassemble les activités à but non lucratif pratiquées par des organismes divers (fondations, associations...), dont la vocation est de rendre des services de nature humanitaire, culturelle, ou liés à la recherche. Si la crise a quelque peu ralenti le développement du secteur industriel, les changements qu'elle a entraînés ont été plutôt favorables aux activités quaternaires. Beaucoup de jeunes y voient l'opportunité de s'épanouir dans un travail utile à la collectivité, sans subir les pressions existant dans des entreprises orientées vers le profit. Les personnes âgées y trouvent l'occasion de rendre service, tout en occupant leur temps. C'est bien d'un nouveau type de travail qu'il s'agit dans la mesure où les motivations qui y conduisent (dévouement, générosité) sont généralement d'une autre nature que celles qui régissent le travail traditionnel.

La France n'a pas créé d'emplois depuis 1981.

Le solde positif entre créations et disparitions donne une idée erronée de la situation de l'emploi. Les entreprises qui naissent ont une taille moyenne très inférieure à celles qui meurent : 66 % des sociétés créées entre 1981 et 1987 ne comptaient aucun salarié au 1er janvier 1988. L'effectif moyen par entreprise est passé de 6,1 employés en 1981 à 5,0 en 1987. C'est ce qui explique que le nombre d'emplois créés en France est inférieur depuis plusieurs années à celui des emplois supprimés.

Dans ce domaine, la France accuse un retard certain par rapport à d'autres pays industrialisés. En Grande-Bretagne, les PME de moins de 20 salariés ont créé un million d'emplois entre 1981 et 1987, alors que les grands groupes en perdaient 250 000. Aux Etats-unis, 80 % des nouveaux emplois ont été créés dans des entreprises de moins de quatre ans d'existence.

6 millions de créateurs potentiels

5,7 millions de Français âgés de 20 à 57 ans (salariés, étudiants ou chômeurs) ont « envie de créer leur entreprise » et 3,1 millions ont un « projet précis ». Les deux tiers ont moins de 34 ans, plus du tiers habitent en milieu rural, mais la volonté de création reste un phénomène principalement urbain. 33 % sont des ouvriers, 28 % des employés et 19 % des cadres moyens. La proportion de femmes est de plus de 40 %, ce qui indique une forte augmentation depuis 1986. Parmi ceux qui ont un projet précis, près d'un tiers l'ont déjà mis par écrit, 42 % ont entrepris des démarches et 50 % ont commencé à se renseigner. Les activités de commerce (36 % des projets) viennent en tête, suivies des services (19 %). L'artisanat et l'industrie représentent au total 20 %.

ANCE/IFOP, septembre 1987

Créations, reprises et faillites en hausse

Nombre d'entreprises créées ou reprises :

	1981	1982	1983	1984	1985	1986	1987
• Créations nouvelles	173 100	165 750	156 810	166 960	192 200	208 730	212 590
• Reprises	68 920	63 850	52 520	50 430	52 320	57 490	61 890
Total	**242 980**	**229 599**	**209 330**	**217 389**	**244 520**	**266 220**	**274 480**
• Faillites	20 300	20 300	22 500	25 000	26 425	27 802	30 766
Solde : créations moins faillites	**+ 152 800**	**+ 145 450**	**+ 134 310**	**+ 141 960**	**+ 165 775**	**+ 180 928**	**+ 181 824**

INSEE

Métiers

En vrac

• 481 000 entreprises opèrent dans le secteur des services. Elles emploient 2 400 000 personnes et ont réalisé en 1987 un chiffre d'affaires de 750 milliards de francs. 14 % d'entre elles sont des cafés-restaurants, qui représentent 11 % des emplois et 8 % du chiffre d'affaires total.
• 30 000 sociétés ont été soumises à une procédure de liquidation, règlement ou redressement judiciaire en 1987.
E • La durée moyenne d'existence des sociétés tend à diminuer : elle n'est plus que de 10 à 15 ans, contre 15 à 20 ans dans les années soixante.
• 37 % des entreprises créées il y a moins de 5 ans ont créé des emplois de salariés, contre 55 % de celles qui ont été reprises.
• Les taux de défaillance d'entreprises les plus élevés concernent (par ordre décroissant) les régions Provence-Alpes-Côte d'Azur, Ile-de-France, Languedoc-Roussillon, Nord-Pas-de-Calais.

CONDITIONS DE TRAVAIL

La durée moyenne du travail a fortement diminué depuis trente ans, en même temps que les conditions de travail s'amélioraient.
La crise économique a permis aux Français de se réconcilier avec l'entreprise. Elle a jeté les bases d'un consensus social qui tend à se substituer à la lutte syndicale traditionnelle.

Durée du travail : la diminution silencieuse

La réduction de la durée du travail est l'une des évolutions sociales majeures des trois dernières décennies. Le temps de travail s'est donc nettement effacé au profit du temps libre. Même si c'est encore le travail qui, le plus souvent, conditionne la vie des Français, l'évolution qui s'est produite prépare l'avènement d'un autre type de société, organisé autour du temps libre.

• *8 années de travail sur 42 années « éveillées » pour les hommes, soit 19 %.*
• *6 années sur 45 pour les femmes (14 %).*

Beaucoup de Français, mais surtout de Françaises, rêvent de travailler à mi-temps. Ils ne savent pas que ce souhait est déjà largement réalisé puisque le travail ne représente en moyenne que le cinquième du temps éveillé d'une vie.

Le calcul qui conduit à ce résultat est très simple. Si l'on fait l'hypothèse qu'ils dorment 8 heures par jour, les Français disposent d'un capital-temps annuel de 5 840 heures. Le temps que les actifs consacrent à une activité professionnelle rémunérée est en moyenne de 1 650 heures par an. C'est-à-dire en fait à peine plus du quart du temps disponible.

De moins en moins d'heures par semaine

Evolution de la durée de travail hebdomadaire (en heures) :

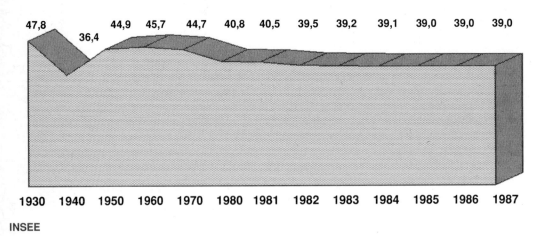

1930	1940	1950	1960	1970	1980	1981	1982	1983	1984	1985	1986	1987
47,8	36,4	44,9	45,7	44,7	40,8	40,5	39,5	39,2	39,1	39,0	39,0	39,0

INSEE

Le même calcul réalisé à l'échelle d'une vie humaine moyenne donne des résultats encore plus impressionnants. Si l'on tient compte des années de formation scolaire et de la période de retraite, la vie professionnelle représente moins d'un cinquième du temps « éveillé » de la vie (hors sommeil): 19% pour un homme, 14% pour une femme.

La durée hebdomadaire de travail
a diminué de 6 heures en 15 ans.

La loi instituant la semaine de 40 heures remonte à 1936. Mais les multiples dérogations sectorielles et le recours systématique aux heures supplémentaires avaient empêché son application. De sorte que jusqu'en 1968 la durée de la semaine de travail resta pratiquement constante, autour de 45 heures.

Mai 1968 allait porter un coup décisif à ces habitudes anciennes. Le protocole d'accord de Grenelle prévoyait la mise en place de mesures conventionnelles de réduction de la durée du travail. Entre 1969 et 1980, la durée du travail passait de 45,2 heures à 40,8. L'arrivée au pouvoir de la gauche donnait un nouveau coup de pouce : 39 heures en 1982 et la perspective de 35 heures à moyen terme (un projet d'ailleurs remis en cause depuis).

En quinze ans, c'est donc une diminution moyenne de 6 heures par semaine qui s'est produite. Un phénomène dû principalement à la réduction des horaires les plus longs, dans le bâtiment par exemple (où la moyenne atteignait près de 50 heures en 1968) ou dans le secteur agro-alimentaire (46 heures en 1968).

La semaine de 36 à 53 heures

Durée hebdomadaire moyenne selon la profession et le sexe (1987, en heures) :

	Hom.	Fem.	Ens.
• Agriculteurs exploitants	58,9	42,7	52,6
• Artisans, commerçants, chefs d'entreprises	53,7	47,2	51,3
• Cadres et professions intellectuelles supérieures	43,9	35,2	41,3
dont professions libérales	*50,1*	*36,7*	*45,3*
• Professions intermédiaires	39,6	34,5	37,4
• Employés	40,7	35,0	36,3
• Ouvriers	39,5	35,2	38,6
ENSEMBLE	**42,1**	**35,9**	**39,4**

INSEE

La France paresseuse

Durée hebdomadaire de travail dans quelques pays (industrie, 1986, en heures) :

• Belgique	36,7
• Danemark	33,8
• Espagne	38,4
• FRANCE	37,9
• Grèce	38,4
• Irlande	39,5
• Italie	38,1
• Luxembourg	38,6
• Pays-Bas	35,5
• Portugal	40,0
• RFA	38,8
• Royaume-Uni	35,5

BIT

Une plus grande harmonisation s'est faite entre les professions.

Les ouvriers, qui pendant longtemps ont travaillé plus que les autres, se sont rapprochés de la moyenne au cours des dernières années. L'écart qui les séparait des employés était de 2 heures en 1974 ; il est pratiquement nul aujourd'hui. Les raisons de cette réduction des horaires dans les postes de production ne sont pas seulement légales. Les gains de productivité réalisés par les entreprises leur ont permis une production identique avec un nombre d'heures de travail inférieur.

La crise a, par ailleurs, contraint certaines industries à réduire de façon beaucoup plus brutale les horaires de travail, en recourant au chômage partiel. Les mesures prises dans des secteurs en difficulté comme la sidérurgie, les mines, la métallurgie et, plus récemment, l'automobile ont pesé de façon sensible sur la durée moyenne du travail. Les disparités entre les secteurs se sont donc considérablement réduites. Une heure de travail hebdomadaire seulement sépare aujourd'hui les transporteurs routiers (40 heures) des ouvriers de l'industrie métallurgique (39 heures).

La France est l'un des pays où l'on travaille le moins.

Jusqu'en 1975, la France était au sein de la CEE le pays où les horaires (secteur industriel) étaient les plus longs. La durée hebdomadaire de travail a tendance à diminuer dans l'ensemble des pays industrialisés et la situation de la France reste moyenne à cet égard. Pourtant, si l'on examine la quantité *annuelle* de travail, la France figure dans le peloton de queue, du fait de la durée des congés payés, dont elle détient le record.

Le miracle japonais

Durée de travail annuelle dans quelques pays (1986, en heures) :

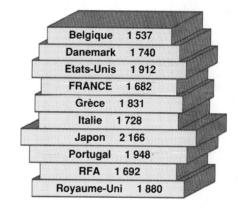

Belgique	1 537
Danemark	1 740
Etats-Unis	1 912
FRANCE	1 682
Grèce	1 831
Italie	1 728
Japon	2 166
Portugal	1 948
RFA	1 692
Royaume-Uni	1 880

BDA

En France, la durée de travail effective est très inférieure à la durée officielle.

Dans son étude sur *la France paresseuse* (Robert Laffont, 1987), Victor Sherrer s'est efforcé d'estimer la Durée annuelle de travail effective (DATE), qui éclaire d'un jour nouveau le temps de travail effectif dans les entreprises et fournit des indications sur son coût réel.

A l'horaire annuel théorique (47 semaines de 5 jours de 39 heures), il convient d'abord de retrancher les 7 à 10 jours fériés légaux (en semaine) et les « ponts ». Les jours de congé supplémentaires (ancienneté, congés supplémentaires de branche, congés de fractionnement, repos compensateurs au-delà de 42 heures de travail par semaine...) atteignent fréquemment une semaine par an.

La durée des pauses est très variable selon les branches et les entreprises ; dans l'industrie, le personnel travaillant en équipe a droit en général à une demi-heure par jour, soit 15 jours par an, mais les pauses peuvent atteindre plusieurs heures par jour dans certaines entreprises...

L'absentéisme (maladie, maternité, accidents du travail, absences autorisées non payées, absences non autorisées, absences autorisées payées, événements familiaux) est estimé en France entre 8 et 9 % du temps de travail théorique.

Les grèves ont également un effet sur la durée de travail réelle : environ 1,5 million de journées sont perdues chaque année. Le chômage partiel est très variable selon les entreprises et les secteurs ; il est courant dans le bâtiment et l'automobile, très rare dans l'agro-alimentaire, pratiquement inconnu dans la banque. Les heures de formation viennent aussi en déduction des heures de travail effectif, même si elles constituent en principe un investissement productif à terme pour l'entreprise.

La durée annuelle de travail effectif serait ainsi en moyenne de 1 410 heures en France, contre 1 763 heures théoriques. Le même calcul appliqué au Japon indique une durée réelle de 1 950 heures, contre 2 166 heures théoriques, soit une diminution de 10%.

35 ans au plus haut de l'intérim. Le Secrétariat Volant.

Les conditions de travail évoluent

Siquier Courcelle

Libertés et contraintes

Pour 14 millions de Français, le rythme de la journée de travail est du type 8 heures-midi, 2 heures-6 heures, du lundi au vendredi. Les autres, environ 9 millions, pratiquent des horaires moins classiques et ne connaissent pas le « week-end » dont leurs compatriotes savourent chaque semaine les délices.

Le développement du travail dans le secteur industriel est à l'origine de nombreuses contraintes. Le travail à la chaîne est l'une des plus connues, bien qu'en diminution régulière. Dans l'ensemble, un ouvrier sur deux est soumis à des cadences de travail imposées, soit par le rythme des machines, soit par des cadences imposées.

Pointage : de la carte au menu

23 % des salariés sont astreints au pointage ou à des contraintes de même nature (signaux sonores ou lumineux, ouverture/fermeture des portes, signature, etc.). Cette pratique, fréquente chez les ouvriers, s'est étendue à d'autres catégories, comme les employés, avec le développement de l'horaire variable. Les horaires « libres » (fixés par le travailleur en accord avec son service) ou « à la carte » (heures d'arrivée et de départ variables en dehors d'une plage fixe commune) concernaient respectivement 10,4 % et 5,7 % des salariés en 1984.
Les partisans de ces systèmes y voient la possibilité d'un meilleur aménagement du temps individuel. Leurs détracteurs considèrent que toute forme de pointage est a priori dégradante et que seule l'instauration d'un climat de travail favorable peut satisfaire à la fois les exigences des employeurs et celles des travailleurs.

CREDOC

• *8 % des salariés commencent leur travail avant 7 heures du matin.*
• *40 % travaillent au moins un samedi par an.*
• *17 % travaillent au moins un dimanche par an.*

Les ouvriers, personnels de service et employés sont les plus matinaux, mais les personnels de service et les ouvriers sont aussi ceux qui terminent le plus tard. Les cadres sont souvent des « travaille-tard » : 8 % d'entre eux quittent leur bureau après 20 heures. Ce sont les employés de commerce et les agriculteurs qui travaillent le plus souvent pendant les samedis et dimanches. Quant à ceux qui travaillent la nuit, ce sont encore principalement les personnels de service et les ouvriers.

Les horaires particuliers

Proportion de salariés (1984 en %) :

	Hommes	Femmes
• Commençant leur travail avant 7 h	11,9	5,9
• Finissant leur travail entre 20 h et 24 h	8,5	7,1
• Ayant une journée de travail de 11 h et plus	10,0	6,9
• Travaillant au moins une nuit par an	19,0	5,5
• Travaillant au moins un samedi par an	45,7	45,5
• Travaillant au moins un dimanche par an	22,7	16,2

Ministère du Travail, de l'Emploi et de la Formation professionnelle

---

• *8 % des ouvriers travaillent encore à la chaîne.*
• *La plupart sont des femmes.*
• *Un salarié sur quatre ne peut communiquer dans son travail.*

Certains n'ont pas le droit de parler. D'autres en sont empêchés par le bruit ambiant ou parce qu'ils occupent un poste isolé. Heureusement, ces contraintes tendent à diminuer avec l'apparition de nouvelles méthodes de travail et l'automatisation croissante des ateliers de production. Ce qui pose d'autres types de problèmes (chômage...).

• *Un salarié sur dix met plus de 45 minutes pour se rendre à son travail.*
• *Un salarié sur quatre part au travail avant 7 heures.*

La moitié des actifs mettent entre 10 et 30 minutes pour aller travailler, un tiers moins de 10 minutes, 8 % entre 30 et 45 minutes, 9 % plus de 45 minutes. Les hommes sont en moyenne plus éloignés de leur travail que les femmes, les cadres supérieurs plus que les ouvriers.

Parmi les salariés, la moitié (46 %) quittent leur domicile entre 7 et 8 h, 15 % entre 6 et 7 h, 15 % entre 8 et 9 h. Mais 5 % partent travailler

---

Travail et nuisances

Proportion de salariés ayant déclaré (en %) :

	Hommes		Femmes		Ensemble	
	1978	1984	1978	1984	1978	1984
• Devoir rester longtemps debout	54,9	53,1	45,6	43,4	51,2	49,0
- *parmi les ouvriers*	*68,6*	*69,2*	*59,5*	*59,3*	*66,5*	*67,3*
• Porter ou déplacer des charges lourdes	27,6	27,0	12,1	13,9	21,4	21,5
- *parmi les ouvriers*	*39,8*	*41,2*	*19,2*	*21,6*	*35,1*	*37,3*
• Etre dans un cadre sale	32,0	29,7	12,9	10,8	24,5	21,8
- *parmi les ouvriers*	*49,6*	*47,6*	*28,1*	*30,7*	*44,7*	*44,3*
• Subir l'humidité	19,5	18,6	5,0	4,6	13,7	12,7
- *parmi les ouvriers*	*27,7*	*27,9*	*10,1*	*11,2*	*23,7*	*24,6*
• Subir le bruit (1)	4,7	3,5	1,8	1,3	3,5	2,6

(1) Ne peuvent pas entendre une personne qui leur parle normalement.

Ministère du Travail, de l'Emploi et de la Formation professionnelle

avant 5 h et 2 % après 20 h. Au total, un salarié sur cinq est absent de chez lui plus de 10 heures par jour, un sur cinq plus de 11 heures.

La majorité des ouvriers travaillent dans des conditions physiquement pénibles.

Les contraintes du travail en usine (et, à un moindre degré, au bureau) se traduisent souvent par la fatigue physique, parfois même par des maladies professionnelles.

Les ouvriers sont les plus exposés à ces risques, en particulier dans des secteurs comme le bâtiment et les travaux publics où le bruit, les risques d'accident et les nuisances atmosphériques se cumulent. Chez les employés de commerce, la station debout est une source supplémentaire de fatigue.

D'une manière générale, des progrès importants ont été accomplis dans les entreprises (notamment les plus grandes) sous l'impulsion des revendications syndicales et des propositions des comités d'hygiène et de sécurité. Pourtant, le nombre des maladies et des accidents liés à la vie professionnelle reste élevé. Il constitue l'une des formes les plus apparentes de l'inégalité entre les diverses catégories de travailleurs.

Absentéisme : le flux et le reflux

Après avoir atteint des niveaux élevés au cours de l'immédiat après-guerre (du fait de l'état de santé médiocre de la population), l'absentéisme avait diminué jusque vers 1950 en même temps que s'amélioraient les conditions sanitaires. Il augmentait au contraire entre 1951 et 1974, mais avec une structure très différente : stabilité de l'absentéisme dû aux accidents du travail ; accroissement important des absences pour maladie. Il tend aujourd'hui à baisser de nouveau, bien qu'il soit plutôt élevé par rapport à d'autres pays industrialisés.

Les salariés sont absents de leur travail environ 20 jours ouvrables par an.

Ce chiffre comprend les absences pour maladie, accident, maternité... et pour d'autres causes indéterminées. L'absentéisme pour maladie est en baisse depuis 1975. La réduction

du nombre d'heures de travail et une meilleure prévention des maladies (renforcée par la loi de décembre 1976 sur l'action sanitaire au sein des entreprises) en sont les causes probables. Il est possible aussi que l'accroissement du chômage, donc du risque de perdre son emploi, incite les salariés à faire quelques efforts pour réduire leurs absences.

Une aussi longue absence

Taux d'absentéisme de quelques pays (1985, en %) :

• Suède	13,8
• FRANCE	9,2
• Italie	5,0
• Suisse	5,0
• Royaume-Uni	4,5
• RFA	4,0
• Etats-Unis	4,0
• Japon	0,05

OMS

Les femmes ne sont pas, en réalité, beaucoup plus absentes que les hommes.

L'absentéisme féminin apparaît globalement de moitié plus élevé que celui des hommes. Le rapport entre les deux sexes est même de un à trois dans les banques et l'assurance. Mais l'écart moyen n'est plus que de 16 % si l'on exclut les congés de maternité (16 semaines depuis la loi de juillet 1978 et 36 semaines à partir du troisième enfant depuis 1980). L'essentiel de l'écart résiduel s'explique par la différence d'âge des salariés hommes et femmes. Celles-ci sont en moyenne plus jeunes que les hommes. Or, c'est dans la tranche de 20 à 30 ans que les occasions d'absence sont les plus nombreuses (maternités, maladies des enfants, etc.).

L'absentéisme varie en sens contraire du niveau de qualification.

Quel que soit le secteur d'activité, les cadres sont en moyenne moins souvent absents que les employés, qui le sont moins que les ouvriers. On retrouve d'ailleurs chez ces derniers une hiérarchie semblable, les ouvriers les moins qualifiés étant les plus souvent absents.

Cette constatation générale mérite cependant quelques précisions. D'abord, le contrôle de l'absentéisme n'est pas exercé de la même façon selon les catégories professionnelles. Les cadres bénéficient généralement d'une plus grande liberté. Ils sont plus fréquemment en dehors de leur bureau et pointent beaucoup plus rarement que les autres catégories.

D'autre part, l'absentéisme est certainement lié à la fatigue physique et nerveuse engendrée par l'emploi occupé. Toutes les enquêtes montrent que celle-ci est plus intense chez les « cols bleus » que chez les « cols blancs ». Enfin, il faut rappeler que les travailleurs les moins qualifiés sont aussi ceux qui sont les plus exposés aux risques d'accident et qui font le moins attention à leur santé.

Les malades imaginaires

L'absentéisme n'est pas seulement un indicateur de la santé physique d'une nation. Il fournit aussi des informations sur la motivation de ses travailleurs. Les quelques éléments disponibles ne portent guère à l'optimisme. Une enquête réalisée par la Sécurité sociale a par exemple montré que le quart des arrêts maladie n'étaient pas justifiés. La société Delta France avance que seulement 40 % des arrêts maladie sont justifiés ; 14 % sont totalement injustifiés, 7 % sont trop longs. De plus, le tiers des malades sont absents de leur domicile aux heures légales, 4 % fournissent une adresse erronée et 1 % refuse tout contrôle. Il faut préciser également que les absences sont plus nombreuses au moment des périodes de vacances : février, juin, juillet. Cet absentéisme injustifié trouve son origine dans le manque d'intérêt de beaucoup de Français vis-à-vis de leur travail. C'est d'abord en luttant contre lui qu'on parviendra à regagner une partie des 300 millions de journées perdues chaque année.

Relations du travail : la montée du consensus

Face à une situation économique difficile, les Français souhaitent une meilleure collaboration entre les principales forces du pays. Cette ébauche d'un véritable consensus social est récente. Elle est liée à l'évolution des images respectives du patronat et des syndicats auprès des salariés. Dans ce domaine comme dans d'autres, le réalisme l'emporte sur l'idéologie.

Les Français se sont réconciliés avec l'entreprise.

Depuis quelques années, l'opinion des Français vis-à-vis de l'entreprise s'est très sensiblement modifiée. Jusqu'en 1982, beaucoup croyaient aux vertus du dirigisme étatique et avaient de l'entreprise une image plutôt défavorable. La plupart sont aujourd'hui conscients de l'existence d'une économie de marché planétaire qui conditionne largement le fonctionnement et les résultats des entreprises.

Ce retournement est à la fois paradoxal et capital. Paradoxal, car c'est au moment où les entreprises éprouvaient le plus de difficultés que les Français ont décidé de leur accorder leur confiance. Capital aussi, dans la mesure où le consensus sur le rôle des entreprises est une condition nécessaire à leur prospérité.

C'est donc avec une indulgence nouvelle que les Français observent les patrons, ce qui ne les empêche pas par ailleurs de considérer que les entreprises qu'ils dirigent ne sont pas assez compétitives. Si la lutte des classes n'est pas tout à fait morte, il semble bien qu'elle soit en diminution au sein de l'entreprise. Ce sont les syndicats qui en font les frais.

La mobilité au travail se développe

Taxi jaune

La confiance en l'entreprise

Pour faire face aux difficultés économiques, pensez-vous que :

	Sept. 1978	Nov. 1980	Déc. 1982	Oct. 1986
• Il faut faire confiance aux entreprises	33 %	38 %	58 %	65 %
• Il faut que l'Etat les contrôle et les réglemente plus étroitement	49 %	46 %	31 %	26 %

Le Figaro Magazine/Sofres

Le feu sacré du syndicalisme est en veilleuse.

Il y a un siècle, les syndicats français entraient dans la légalité républicaine par la loi du 21 mars 1884. Après plus d'un siècle d'existence, le syndicalisme accuse un indiscutable « coup de vieux ». Pris de court par la crise, bousculés par les plans d'austérité et la détérioration de leur image, gênés par la montée de l'individualisme et celle des catégories moyennes, les syndicats ne se portent plus très bien.

Les conflits du travail en baisse

Evolution du nombre de journées de travail perdues à la suite de conflits (en milliers) :

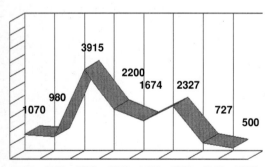

| 1960 | 1965 | 1973 | 1978 | 1980 | 1982 | 1985 | 1987 |

1070 — 980 — 3915 — 2200 — 1674 — 2327 — 727 — 500

Ministère des Affaires sociales et de la Solidarité nationale

---

La base ne suit plus

Selon vous, les organisations syndicales suivantes jouent-elles un rôle plutôt positif ou plutôt négatif dans la vie sociale en France ?

	Plutôt positif	Plutôt négatif	Ne sait pas
• FO	49	27	24
• CFDT	41	30	29
• CNPF	22	33	45
• FNSEA	22	29	49
• CGPME	15	23	62
• CFTC	25	30	45
• CGC	27	29	44
• CGT	28	46	26
• FEN	25	33	42
• SNPMI	14	23	63

Le Nouvel Economiste/Ifres, octobre 1987

Moins de 20 % des actifs sont syndiqués.

Le taux de syndicalisation français est faible par rapport à celui des autres pays occidentaux (Grande-Bretagne, Allemagne, Etats-Unis, Belgique, Suède). Après une progression régulière jusqu'en 1975, le nombre des syndiqués a chuté de près d'un million, pour se retrouver quelque part entre 3,5 millions (estimation) et 5 millions (déclarations des syndicats).

S'ils restent attachés au principe de la représentation des salariés, les Français manifestent une réserve croissante vis-à-vis de l'action syndicale qu'ils jugent trop politisée. Les deux tiers d'entre eux considèrent que les syndicats obéissent davantage à des motivations d'ordre politique qu'au souci de défendre les intérêts des salariés. Les moins de 25 ans sont les plus sceptiques ; la moitié trouvent l'action syndicale inefficace et les trois quarts n'ont jamais participé à une action collective.

Les causes collectives mobilisent moins que les causes individuelles.

On peut imaginer plusieurs raisons à cette image défavorable des syndicats. La plus évidente est sans doute la tendance générale au repli sur soi, qui rend difficile une mobilisation pour des causes collectives.

La dilution du sentiment d'appartenance à une classe sociale est sans doute une autre raison à cette moindre agressivité envers les patrons.

Elle se traduit par une baisse significative du nombre des conflits du travail depuis quelques années (voir graphique page ci-contre).

Conditions de travail

En vrac

• 17 % des ouvriers subissent une contrainte de rythme automatique dans leur travail, 40 % doivent déplacer ou transporter des charges lourdes, 26 % sont dans l'impossibilité de quitter leur travail des yeux. Près d'un ouvrier sur deux quitte son domicile avant 7 h du matin pour se rendre à son travail.

• En 1987, 4 150 000 contrats de travail temporaire ont été conclus, soit 21 % de plus qu'en 1986.

S • 40 % des Français pensent que les Français sont paresseux (55 % non). 86 % se disent eux-mêmes plutôt travailleurs (12 % plutôt paresseux).

S • 55 % des Français considèrent que les grèves dans les services publics constituent des abus, 37 % qu'il s'agit d'une pratique normale du droit de grève. 9 % pensent que le gouvernement devrait interdire le droit de grève dans les services publics, 37 % le restreindre, 48 % le maintenir tel quel.

S • 84 % des salariés se déclarent favorables à l'organisation de sondages dans les entreprises, pour définir par exemple de nouvelles règles en matière de travail.

S • La moitié des salariés sont favorables à ce que les femmes aient la possibilité de travailler la nuit dans l'industrie.

• L'absentéisme dans le secteur automobile français est 5 fois plus élevé que chez les constructeurs japonais ou chez Fiat.

• Entre 1974 et 1984, le temps de travail total des Français a été réduit de 6 milliards d'heures.

• Le nombre annuel d'heures passées devant la télévision par les adultes est supérieur en France au nombre d'heures effectivement travaillées.

L'AVENIR DU TRAVAIL

IMAGE ACTUELLE

Vingt ans après Mai 68, l'image du travail a changé, en particulier chez les jeunes. Si la crise a retardé certaines revendications, elle a fait apparaître de nouvelles aspirations et modifié le statut des métiers. Mais dans la pratique, les conceptions conservatrices restent majoritaires.

Le travail désacralisé

Travail-destin, travail-devoir, travail-punition. Les vieux démons de la civilisation judéo-chrétienne ne sont pas morts, mais ils sont fatigués. Et les Français avec eux, qui n'ont plus envie d'assumer pendant des siècles encore les conséquences du péché originel. Un mouvement se dessine donc en faveur d'une *désacralisation* du travail. Face aux conceptions traditionnelles, qui restent majoritaires, de nouvelles conceptions commencent à voir le jour.

La conception « religieuse » reste importante mais elle n'est plus coupée de la modernité.

C'est celle des catégories les plus conservatrices de la population : personnes âgées ou jeunes néoconservateurs épris d'ordre. Il s'agit pour eux de sauvegarder le travail en tant que valeur fondamentale. C'est parmi eux que l'on trouve les plus fervents adeptes de la sélection, sous toutes ses formes, du respect de la hiérarchie et de l'autorité.

Mais beaucoup acceptent aujourd'hui de jouer le jeu de la modernité, c'est-à-dire d'accepter plus de souplesse dans les conditions de travail, une introduction (à dose limitée) des outils les plus récents de la technologie, une plus grande flexibilité dans les méthodes de gestion des effectifs, etc. Mais ils considèrent ces évolutions comme un mal nécessaire plutôt que comme une opportunité.

La conception « sécuritaire » concerne surtout les catégories les plus vulnérables.

Elle est particulièrement forte chez tous ceux qui se sentent menacés dans leur vie professionnelle : manque de formation, charges de famille, emploi situé dans une région, une entreprise ou une profession vulnérable. Ils recherchent avant tout la sécurité de l'emploi et du revenu. Leur ambition professionnelle est limitée ; leur rêve est d'être fonctionnaire, c'est-à-dire de bénéficier de la sécurité de l'emploi.

*La conception « financière » est fréquente
chez les fanatiques de la consommation.*

Leur vision du travail est simple et concrète.
Il s'agit avant tout de gagner sa vie pour
préserver et, si possible, accroître son pouvoir
d'achat, afin de pouvoir s'adonner aux joies
de la consommation. C'est pourquoi leur
préférence ne va pas à une réduction du temps
de travail mais à l'accroissement du revenu, au
moyen d'heures supplémentaires ou de « petits
boulots » complémentaires. Pour cette raison,
beaucoup sont hostiles à l'avancement de l'âge
de la retraite, qui se traduit le plus souvent par
une réduction du train de vie.

*La conception « affective » est répandue
chez ceux qui attachent autant d'importance
au cadre de la vie professionnelle
qu'à son contenu.*

Beaucoup de jeunes et aussi d'adultes des
classes moyennes sont à la recherche d'un
métier qui leur permettra de s'épanouir, autant
par la nature de leur activité que par son environnement (les collègues, la hiérarchie, le
cadre de travail...). Lorsqu'ils ont la chance
d'exercer une profession qui leur convient, ils
sont capables de se passionner ; ils y investissent
alors volontiers leur temps et leur énergie. Dans
le cas contraire, le travail leur apparaît comme
une véritable aliénation (le mot est apparu en
Mai 68) qu'ils acceptent très difficilement. Car
leur conception du travail est essentiellement
philosophique et humaniste.

*La conception innovatrice concerne tous ceux
qui veulent créer tout en vivant une aventure
professionnelle.*

Ses adeptes sont attirés surtout par la liberté,
propice à la création et à l'épanouissement personnel. Ils sont ouverts à toutes les formes
nouvelles de travail (temps partiel, intérim...),
ainsi qu'à l'utilisation des technologies dans
l'entreprise. Ils sont par principe très mobiles et
considèrent a priori un changement de travail,
d'entreprise ou de région, comme une opportunité et une chance de vivre une nouvelle aventure personnelle. Ce sont souvent des jeunes,
attirés par les possibilités offertes par les
nouvelles technologies.

La flexibilité attire à la fois les entreprises
et certains travailleurs

CIA

*Les « Japonais » s'opposent
aux « Californiens ».*

Dans la France de la crise économique et du
chômage, les réflexes de nature conservatrice et
individualiste sont majoritaires. Certains conser-
vateurs sont attirés par une conception du travail
de type libéral japonais, dans laquelle la
compétence et l'ordre sont prioritaires.

La formule « californienne », caractérisée
par les petites unités, l'autonomie, la créativité,
l'absence de hiérarchie et l'omniprésence de la
technologie fascine les plus jeunes.

L'opposition entre ces deux modèles ne
recouvre pas l'ensemble des conceptions, mais
elle indique l'état de la réflexion collective dans
le domaine du travail et l'absence d'une réponse
spécifiquement française à ce problème majeur.

Le nouveau statut des professions

Les cadres ont perdu leur image, les professions libérales quelques uns de leurs privilèges.
Les enseignants sont mal dans leur peau. Les
ouvriers sont menacés par la technologie, les
paysans par la concurrence des pays de la CEE.
La restructuration économique et sociale
entraîne une transformation de la nature et de la
hiérarchie des professions.

La fonction de cadre s'est dévalorisée.

Les cadres ont perdu au cours des années de crise une partie des attributs traditionnels de leur fonction : prestige, revenus, avantages en nature, pouvoir, sécurité. La diminution de leur pouvoir d'achat a précédé celle des autres catégories.

Certains ont vu, en outre, se réduire ou disparaître les éléments d'un « standing » auxquels ils étaient très attachés : notes de frais, voyages professionnels, stages de formation ou de perfectionnement, voiture de fonction, avantages ou privilèges divers...

Beaucoup, pourtant, commencent à relever la tête, poussés par les contraintes du moment. La désindexation des salaires, la généralisation des systèmes de rémunération au mérite dans les entreprises expliquent en partie ce réveil. Le modèle du « jeune cadre dynamique » des années soixante n'est plus adapté à l'époque; c'est une nouvelle génération de cadres responsables, compétents et lucides qui devra se développer. Des cadres qui ont moins le sens du confort et plus celui de l'effort; des cadres qui trouvent normal d'être jugés sur leurs résultats plutôt que sur leur tête.

Ce qui fait courir les cadres

Etre cadre, aujourd'hui, ce n'est pas un métier. Cela reste une position hiérarchique, mais dans une pyramide qui s'aplatit sans cesse. Les cadres ne constituent donc pas une classe sociale homogène, mais un vaste groupe multiforme aux aspirations et aux conditions de travail diverses.
Leurs motivations communes, telles qu'elles apparaissent dans une enquête *le Point-IDRH/Sofres* de mars 1987, sont les suivantes (par ordre décroissant d'importance) : l'autonomie dans le travail; l'utilisation des capacités personnelles; l'intérêt pour le travail; l'absence de contrôles tatillons; les bonnes relations interpersonnelles; la possibilité de s'affirmer; les possibilités de communications directes; la sécurité de l'emploi; les contacts avec l'extérieur; les évolutions possibles de carrière.
Enfin, il est intéressant de constater que 61 % des cadres français partiraient travailler dans un autre pays de la CEE si on leur proposait un emploi correspondant à leurs attentes, contre 39 % des cadres anglais, 54 % des italiens, 48 % des allemands.

Questions de confiance

En général, diriez-vous que vous faites confiance, ou pas confiance, aux... (en %) :

	Confiance	Pas confiance
• Médecins	93	6
• Pharmaciens	93	6
• Instituteurs	88	10
• Professeurs	84	12
• Maires	72	25
• Prêtres	66	26
• Chefs d'entreprise	63	30
• Avocats	63	28
• Notaires	61	34
• Banquiers	61	35
• Députés	35	57

L'Express/Indice médical, juillet 1987

Certaines professions libérales connaissent des difficultés.

Les difficultés des cadres concernent aussi les membres des professions libérales qui, par leur formation, leurs responsabilités et leurs revenus, en sont proches. A la pression fiscale s'est ajoutée pour eux l'augmentation des charges sociales. Ceux qui disposent des revenus les plus élevés ont réagi en réduisant leur activité tout en maintenant un train de vie satisfaisant. Mais d'autres se retrouvent aujourd'hui avec des revenus très modestes, du fait d'une concurrence trop vive (c'est le cas de certains médecins ou avocats) ou de la rareté de la clientèle (c'est le cas d'un certain nombre d'architectes, auxquels les Français ne font guère appel).

Comme pour les cadres, le temps de l'adaptation est venu pour les professions libérales. Des avocats, des notaires, des agents d'assurance, des conseillers financiers se regroupent pour offrir à leur clientèle de meilleurs services. Beaucoup s'informatisent pour améliorer leur efficacité, donc diminuer leurs charges et leurs prix.

A l'aube du marché unique de 1992, il est temps pour eux de regarder le monde tel qu'il est. D'autant que leurs confrères des pays membres de la CEE n'ont pas attendu pour s'intéresser aux perspectives offertes par la France...

Le malaise des médecins

• 85 % des médecins généralistes considèrent que leur métier se dévalorise (5 % pensent qu'il se valorise).
• 34 % d'entre eux ne referaient pas des études de médecine (54 % oui).
• 29 % dissuaderaient leurs enfants s'ils voulaient faire des études de médecine (31 % les encourageraient).
• Pour 49 %, le métier ne correspond pas à ce qu'ils en attendaient (46 % oui).
• 25 % seraient prêts à changer de région et à s'installer là où il y a moins de médecins (67 % non).
• 40 % seraient prêts à devenir salariés pour 15 000 francs par mois (52 % non).
• 26 % seraient prêts à changer d'activité pour mieux gagner leur vie (69 % non).

L'Express/Indice médical, juillet 1987

Les enseignants sont insatisfaits.

L'image que les Français ont des enseignants est assez étroitement liée aux privilèges dont ils jouissent : sécurité de l'emploi; horaires de travail réduits; grandes vacances. Il est vrai que leur temps de service annuel n'est que de 175 jours, contre 240 en RFA, 204 en Grande-Bretagne, ou même 250 en Yougoslavie. Pourtant, les enseignants sont mal dans leur peau. Ils sont de plus en plus nombreux, chaque année, à quitter leur poste et à tenter l'aventure de l'entreprise. Les causes essentielles de ce malaise sont l'insuffisance des salaires et les conditions de travail dans les établissements scolaires.

L'Education nationale, de son côté, a des difficultés pour recruter le nombre d'instituteurs dont elle a besoin. Un problème d'autant plus aigu qu'il faudra créer 300 000 postes supplémentaires d'ici l'an 2 000 pour réaliser l'objectif ambitieux d'amener 75 % d'une classe d'âge jusqu'au baccalauréat.

Une revalorisation à la fois matérielle et morale de la fonction sera nécessaire pour remotiver les enseignants et adapter l'école au monde économique. C'est donc une nouvelle et profonde réforme qui doit s'engager dans les prochaines années à l'école et à l'université. Les enjeux ne concernent pas que les enseignants.

Une image mitigée

• 32 % des Français considèrent que les enseignants sont moins compétents qu'il y a une dizaine d'années, 10 % qu'ils sont plus compétents, 46 % qu'ils sont aussi compétents.
• 61 % aimeraient que leur fils devienne professeur (26 % non).
• 30 % trouvent que les enseignants ne sont pas assez payés, 9 % qu'ils sont trop payés, 49 % qu'ils sont payés comme il faut.
• 59 % pensent que l'image des enseignants auprès des Français est plutôt en train de s'améliorer, 10 % qu'elle s'améliore, 23 % ni l'un ni l'autre.
• 54 % trouvent qu'ils sont dévoués, 35 % découragés, 28 % privilégiés, 24 % motivés, 19 % travailleurs, 7 % paresseux.

Le Nouvel Observateur/Sofres, août 1987

Les ouvriers se sentent menacés par l'évolution économique et technologique.

Bien que leur nombre soit en diminution, les ouvriers représentent encore un tiers des ménages actifs. Leurs revenus, leurs modes de vie et leurs préoccupations sont très variables selon qu'ils sont manœuvres, ouvriers agricoles, ouvriers spécialisés, ouvriers qualifiés ou contremaîtres. D'une manière générale, beaucoup se sentent pourtant menacés par

Dans la vie professionnelle, le temps n'est plus au confort

Atelier Bélier

l'évolution de l'emploi. Moins qualifiés que les autres catégories sociales et souvent moins mobiles, ils sont plus vulnérables aux difficultés économiques des entreprises, des secteurs d'activité ou des régions. Cette vulnérabilité est encore accrue par le fait qu'ils disposent de revenus modestes et d'une épargne limitée.

La classe ouvrière existe encore

Bien qu'ils soient de plus en plus diversifiés, les modes de vie des ouvriers se différencient de ceux des autres catégories sociales. Leurs horaires et leurs conditions de travail sont en général plus pénibles. Leurs revenus sont plus limités ainsi que leur patrimoine; le phénomène est d'ailleurs renforcé par le fait qu'ils se marient souvent entre eux, sont issus de familles nombreuses et reçoivent donc des héritages plus modestes.

Par rapport aux autres catégories sociales, les ouvriers sont plus renfermés sur eux-mêmes : ils invitent peu à leur table et sont peu invités à l'extérieur ; ils vont rarement aux spectacles et participent peu aux associations. Dans le couple, hommes et femmes ont rarement des activités en commun, car le café, la chasse ou la pêche sont des occasions de se retrouver entre hommes. A la maison, les tâches domestiques ne sont guère partagées.

Pourtant, les dépenses de chacune des catégories ouvrières se rapprochent plus de celles des ménages à revenu comparable que de celles des autres catégories ouvrières. D'une manière générale, la part de l'alimentation diminue ainsi que celle de l'habillement, au profit de l'habitation, des transports et des loisirs. Les dépenses des ouvriers tendent vers le même modèle de répartition que celui des milieux plus aisés. Cette évolution est d'autant plus remarquable que les disparités de revenus n'ont guère diminué.

INSEE. Nicolas Herpin, Olivier Choquet, Liliane Kasparian, Daniel Verger.

Demain, quel travail ?

Depuis le milieu des années soixante, les Français ont montré qu'ils avaient des attentes non satisfaites vis-à-vis du travail. Mais la crise en a décidé autrement. La contestation s'est tue pour laisser place à l'angoisse, alimentée par les chiffres du chômage et les menaces de la restructuration industrielle.

Pourtant, le rendez-vous des Français avec le « nouveau travail » n'est pas annulé ; il est simplement repoussé à une date ultérieure. Les jeunes, en particulier, revendiquent le droit à un travail enrichissant et conforme à leurs aspirations personnelles.

Aujourd'hui, les Français ne sont guère motivés par leur travail.

Les chiffres élevés de l'absentéisme traduisent le manque d'intérêt de beaucoup de Français pour leur travail et expliquent pour une part la faible compétitivité de l'économie. La qualité insuffisante du service apporté par les administrations et les entreprises à leurs usagers ou clients est une autre illustration de ce malaise.

Le dynamisme des entreprises, lorsqu'il existe, est le plus souvent dû à un petit nombre d'individus, les « leaders », qui traînent derrière eux (plus qu'ils n'entraînent) ceux qui sont décidés à faire le minimum pour conserver leur place et leur salaire, sans perdre leur confort. Cette désaffection vis-à-vis du travail est le signe de l'angoisse des individus face à un monde qu'ils ne comprennent guère et vis-à-vis duquel ils éprouvent le plus souvent un sentiment d'impuissance.

S'épanouir tout en gagnant sa vie, telle est la revendication générale.

Peu de Français, même parmi les plus jeunes, sont assez naïfs pour imaginer qu'on puisse se soustraire à « l'ardente obligation » du travail. Si certains avaient pu y songer pendant les années soixante, ils sont aujourd'hui conscients de leur utopie. Mais le désir de s'épanouir en occupant un emploi intéressant leur paraît tout à fait légitime.

Pour beaucoup, le travail idéal, c'est celui que l'on accomplit sans avoir l'impression de travailler, à l'image de ces vedettes de cinéma ou du show-business qui affirment toujours prendre beaucoup de plaisir en faisant leur métier. Ne plus faire la distinction entre le temps passé à une activité lucrative et celui consacré aux loisirs, voilà bien le rêve de beaucoup et la réussite de quelques-uns. Mais le mélange des genres n'est pas facile, dans un pays où ces activités ont toujours été soigneusement séparées.

Dans le choix, réel ou imaginaire, d'un métier, il entre aujourd'hui d'autres dimensions que sa nature intrinsèque : les conditions dans lesquelles il s'exerce ; la liberté qu'il laisse ; les gens qu'il permet de rencontrer, etc. C'est en examinant les attitudes des jeunes qu'on mesure le mieux cette évolution.

*Les jeunes veulent travailler pour vivre
et non vivre pour travailler.*

Les perspectives actuelles de l'emploi n'incitent guère à l'optimisme. Quand on ne sort pas des grandes écoles et que l'on n'a pas de solides relations personnelles ou familiales, il n'est pas très facile d'entrer dans de bonnes conditions dans la vie professionnelle.

Pourtant, les jeunes ne sont pas désespérés. Loin de tuer leur ambition, la crise a donné à celle-ci d'autres formes. On ne cherche plus aujourd'hui à « réussir » vis-à-vis des autres, en accumulant les responsabilités et les titres. On veut réussir pour soi-même, c'est-à-dire se sentir bien dans un métier où il sera possible de créer.

La grande entreprise, lieu de prédilection des jeunes loups des années soixante, n'est plus aujourd'hui le seul terrain d'expression des ambitions professionnelles. Les petites structures, qui permettent souvent une plus grande autonomie, ont la faveur des jeunes. Les métiers manuels ont un côté artistique qui n'est pas non plus sans intérêt à leurs yeux. Dans le travail comme dans beaucoup d'autres domaines, l'heure n'est plus aux grandes organisations centralisées et lointaines. « Small is beautiful » (ce qui est petit est beau) est l'une des grandes idées des années quatre vingts.

*La notion de réussite sociale
passe après les motivations personnelles.*

L'image des professions a changé. Certaines professions qui jouissaient hier d'un certain prestige (avocat, architecte, banquier, cadre supérieur...) laissent aujourd'hui plutôt indifférent. D'autres, au contraire, séduisent un nombre croissant de jeunes : journaliste, publicitaire, artiste... Les métiers de la communication attirent car ils sont associés à l'idée de liberté, de création, et qu'ils sont en prise directe avec la société. On est surpris, par contre, de l'attraction très modérée qu'exercent

Les jeunes sont attirés par la création d'entreprise

Delrieu Duprat

les métiers de nature scientifique : chercheur, ingénieur, chirurgien, etc.

D'une manière générale, le critère de la « réussite sociale » n'apparaît pas déterminant dans les choix. La possibilité de satisfaire ses inclinations personnelles est plus importante que la perspective d'être « reconnu », au sens propre comme au sens figuré. Plus à l'écoute d'eux-mêmes que leurs aînés et moins sensibles aux modèles et aux pressions sociales, les jeunes parviennent plus facilement à déceler leurs propres centres d'intérêt. La vraie réussite, pour la plupart, est de se trouver une vocation et d'en faire son métier.

*L'argent est un aspect important
de la vie professionnelle.*

Les préférences des jeunes ne vont pas systématiquement aux métiers qui permettent de gagner beaucoup d'argent. Mais ils ne sont pas indifférents pour autant aux aspects financiers du travail. Près de deux jeunes sur trois choisiraient un accroissement de leur pouvoir d'achat plutôt qu'une augmentation de leur temps libre.

Il faut dire que la faculté de dépenser est de plus en plus étroitement associée à la notion de liberté individuelle. Dans une société où les perspectives à long terme ne sont ni aisées ni souriantes, c'est le court terme qui domine. La consommation est donc la première des priorités, d'autant qu'elle est largement valorisée par les médias et la publicité.

TRAVAIL ET TECHNOLOGIE

La troisième révolution industrielle a commencé il y a près de quarante ans. Mais c'est aujourd'hui qu'elle apparaît en pleine lumière, transformant non seulement l'emploi mais les modes de vie. Cela devrait satisfaire les aspirations, longtemps refoulées, à un travail plus riche et plus libre. Mais il faudra quelques années pour que s'effectue l'adaptation à une nouvelle vie professionnelle. Des années difficiles entre deux civilisations.

Troisième révolution industrielle, phase trois

La première révolution industrielle fut celle de la *machine à vapeur*, à la fin du XVIIIe siècle. Elle permit à l'homme de disposer pour la première fois d'énergie en quantités importantes. On lui doit en particulier le développement considérable de l'industrie au cours du siècle suivant.

La seconde révolution industrielle fut liée à la généralisation de l'*électricité*, à la fin du XIXe siècle. Elle allait permettre le transport de l'énergie, donc son utilisation aussi bien par les industries que par les particuliers.

La troisième révolution industrielle est celle de l'*électronique*. Contrairement à ce que l'on croit, elle a commencé voici quarante ans. Elle a connu deux premières phases décisives pour notre avenir :

• Le *transistor*, inventé en 1948, annonçait le véritable début des produits audiovisuels de masse (radio, télévision, électrophone...) et des calculateurs électroniques.

• Le *circuit intégré* (petite pastille de silicone contenant un véritable circuit électronique, avec plusieurs composants) date des années soixante.

On lui doit le fantastique développement de l'industrie électronique. Grâce à la miniaturisation, l'ordinateur est devenu de plus en plus puissant et de moins en moins cher. Il a permis le développement de l'informatique et l'accélération de celui des télécommunications.

La troisième phase de cette troisième révolution est celle de la télématique.

Cette phase est encore plus lourde de conséquences que les deux précédentes pour la vie des Français. Car elle ne met plus seulement en cause les processus industriels et le type de produits accessibles au grand public. Elle porte en elle les germes d'une véritable civilisation nouvelle, conduisant inéluctablement à de nouveaux modes de vie.

C'est la vie professionnelle des Français qui connaîtra les plus grands bouleversements. La période de transition a commencé depuis le début des années quatre-vingts. Elle sera encore longue et difficile, car la société doit faire face en même temps à la mutation technologique et à la crise économique et sociale. Mais ces deux phénomènes, concommittants, ne sont évidemment pas indépendants.

Les révolutions se suivent et ne se ressemblent pas

Les trois révolutions industrielles :

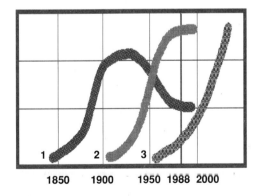

(1) Charbon, acier, textile
(2) Mécanique, automobile, avion, pétrole, chimie, électricité
(3) Electronique, télématique, robotique, biotechnologie, biomasse, atome

L'Expansion

L'utilisation de la micro-électronique déborde largement l'électronique.

L'avènement de la micro-électronique est sans doute plus important pour les sociétés industrielles (et, sans doute, les sociétés moins avancées) que toutes les percées technologiques précédentes. On lui doit, bien sûr, le formidable développement de l'ordinateur et des produits liés à la communication (télévision couleur, magnétoscope, micro-ordinateur, vidéodisque, etc.). Son utilisation a permis non seulement d'inventer ces nouveaux produits, mais de les fabriquer à des prix de moins en moins élevés. Ainsi, le prix d'une petite voiture (industrie mécanique) et celui d'un téléviseur couleur (industrie électronique) étaient identiques en France il y a quinze ans. Aujourd'hui, avec le prix d'une petite voiture, on peut acheter dix téléviseurs couleur.

La pénétration de l'électronique et de l'informatique s'effectue à quatre niveaux complémentaires :
• Introduction progressive dans les secteurs non-électroniques (industrie mécanique, services...).
• Conception des produits assistée par ordinateur (CAO).
• Optimisation des méthodes de fabrication grâce à l'informatique.
• Utilisation de la robotique pour la fabrication proprement dite.

La technologie est au service de l'efficacité

Dyade

Les cartes du futur

Parmi les tendances identifiées par Alvin Toffler et développées dans le Choc du futur ou la Troisième Vague (Denoël), quatre décrivent assez bien le cheminement des sociétés industrielles comme la France :
• La crise en cours n'est ni une crise de production ni une crise de redistribution mais une crise de **restructuration**. Le microprocesseur et l'ordinateur en sont les principaux éléments.
• Le fonctionnement économique n'est plus conditionné par la production de masse. La diversité succède à l'uniformité. L'ère de la « démassification » a commencé.
• Les industries de base ne sont plus la chimie, la sidérurgie ou l'automobile. Ce sont l'informatique, les télécommunications, l'aéronautique, la bio-industrie.
• La cause essentielle du chômage n'est pas d'ordre quantitatif, mais d'ordre **qualitatif**. Son remède est la formation et le recyclage des hommes, à l'échelle planétaire.
Toffler considère aussi que la réussite du Japon ne s'explique pas par sa productivité industrielle, mais par sa productivité sociale ; les Japonais sont plus ouverts que les autres à l'introduction de la technologie dans les entreprises (ordinateurs, robots), ce qui est une condition première à la productivité économique.

L'emploi en révolution

Les deux premières phases de la révolution électronique (transistor, circuit intégré) se sont déroulées sans que les Français en prennent véritablement conscience. Le progrès technique paraît naturel lorsqu'il ne s'accompagne pas d'une remise en cause des valeurs. Ce n'est plus le cas aujourd'hui.

Avec le transistor arrivaient les premiers produits de l'audiovisuel de masse. La télévision entrait dans les foyers, apportant une relation nouvelle avec le monde, en même temps qu'un formidable instrument de loisir et de culture (n'en déplaise aux intellectuels qui donnent à ce mot une signification élitiste).

Avec le circuit intégré se développait l'ordinateur, dont les applications furent d'abord limitées à l'industrie. Dans les deux cas, on créa de toutes pièces de nouveaux secteurs de l'économie, et des centaines de milliers d'emplois pour les faire vivre.

La troisième phase en cours de la révolution électronique ne se déroule pas dans la même allégresse. Parce que les structures sociales ne peuvent s'y adapter instantanément. Parce qu'elle a, dans un premier temps, réduit considérablement le nombre des emplois. Parce que la situation de crise, enfin, ne facilite pas le passage, inéluctable, à une nouvelle civilisation.

Entre la technologie et les mentalités, la course est inégale.

Les Français s'étaient pourtant habitués à une évolution de plus en plus rapide des produits, qu'ils soient destinés à l'industrie ou au grand public. L'accélération du rythme de leur développement s'est accompagnée de celle de leur pénétration sur le marché (voir encadré).

Mais l'évolution qui s'est produite dans l'électronique et surtout dans l'informatique est sans commune mesure avec ce qui s'était passé auparavant. Les structures, qu'elles soient industrielles, sociales ou mentales, ne sont pas prêtes à intégrer ces bouleversements à répétition. Il s'ensuit un décalage croissant entre ceux qui ont les moyens et la volonté de « rester dans le coup » et ceux qui se laissent emporter par le courant, par ignorance ou par paresse.

Des naissances de plus en plus rapprochées

Le délai de commercialisation des grandes inventions s'est considérablement raccourci. Il s'est écoulé 102 ans entre la découverte du phénomène physique applicable à la photographie (1727) et la photographie elle-même (1829). Celle-ci n'est d'ailleurs devenue accessible au public que 60 ans plus tard, avec l'appareil Kodak de Georges Eastman (1888). Depuis, les innovations se succèdent de plus en plus vite (*) :
• Téléphone : 56 ans de mise au point (1820-1876)
• Radio : 35 ans (1867-1902)
• Radar : 14 ans (1926-1940)
• Bombe atomique : 6 ans (1939-1945)
• Transistor : 5 ans (1948-1953).
Aujourd'hui, les générations de microprocesseurs se succèdent tous les six mois. Les firmes opérant dans les domaines de pointe (électronique, informatique) considèrent qu'environ la moitié du chiffre d'affaires qu'elles réaliseront dans trois ans proviendra de produits qui n'existent pas encore.

(*) Bertrand Gille, Histoire des techniques

*La crise économique a surtout été
une crise d'adaptation.*
• *Depuis 1973 et 1985, les Etats-Unis
ont créé plus de 20 millions d'emplois.*
• *Dans le même temps,
l'Europe en a perdu plus de 5 millions.*
• *Entre 1983 et 1985, la France a perdu
550 000 emplois.*

Si les premières étapes de la troisième révolution industrielle ont été bien supportées par la société, c'est parce qu'elles ont été moins brutales et que leurs effets sont restés limités à des secteurs spécifiques de l'industrie. Mais c'est aussi parce qu'elles ont eu lieu dans une période de grande croissance. Une croissance qu'elles ont d'ailleurs entretenue en créant de nouveaux marchés : audiovisuel, informatique industrielle, etc.

La situation est très différente aujourd'hui, car l'économie connaît un niveau de croissance plus faible et les mutations du secteur industriel se produisent de façon discontinue, donc plus difficilement assimilable par l'économie. Le seul moyen de rendre l'adaptation technologique supportable par les entreprises et les individus aurait été de la réaliser de façon progressive. C'est ce qu'ont fait, par exemple, les Japonais, avec le succès que l'on sait. La plupart des pays européens ont préféré faire le gros dos et voir venir.

La guerre technologique est planétaire

Gemap et Marie

Le retour des généralistes

L'importance croissante de la technologie dans l'entreprise ne signifie pas que la réussite professionnelle passera de plus en plus par la spécialisation des formations. C'est même le contraire qui pourrait se produire. D'ores et déjà, la formation donnée par l'enseignement supérieur dans les domaines de haute technologie est « en retard » par rapport aux développements en cours dans les entreprises et les laboratoires. Et puis, les seules connaissances scientifiques et mathématiques sont largement insuffisantes pour permettre aux jeunes diplômés d'accéder aux postes de responsabilité ; il leur faut aussi savoir communiquer, avoir l'ouverture d'esprit suffisante pour travailler avec les autres.
Enfin, il apparaît que les carrières se dérouleront de plus en plus en plusieurs phases, correspondant à des postes et à des métiers différents.
Dans ce contexte, il est clair que la culture générale constituera de plus en plus un atout par rapport aux formations spécialisées. Les lettres devraient prendre leur revanche sur les mathématiques. Mais bien sûr, ceux qui auront à la fois une bonne culture générale et une spécialisation partiront gagnants dans la course aux emplois.

La menace informatique

Les optimistes assurent que de nouveaux métiers seront créés en même temps que certains disparaîtront. Certains prétendent même que l'électronique n'est pas une menace pour nos sociétés industrialisées, mais une chance unique pour l'avenir de l'humanité tout entière (c'était la thèse défendue par Jean-Jacques Servan-Schreiber dans *le Défi mondial*). L'approche est séduisante et elle n'est sans doute pas fausse à terme. Mais elle ne tient pas assez compte de l'indispensable et difficile période de transition dans laquelle nous sommes engagés.

*Entre les compressions d'emplois
dues à la mutation industrielle
et les créations que celle-ci entraînera,
trois décalages se produisent.*

Le premier décalage est *temporel* ; les nouveaux emplois ne seront pas créés en même temps que certains seront supprimés, ce qui implique un délai pendant lequel le chômage continuera d'augmenter. Le second est *spatial* : les nouveaux emplois ne seront pas créés au même endroit que les anciens, ce qui impliquera une plus grande mobilité des travailleurs. Enfin, il existe un décalage *qualitatif* : les emplois créés n'utiliseront pas les mêmes compétences que ceux qui vont disparaître, ce qui impliquera un effort considérable de formation.

3,5 millions de chômeurs en 1992 ?

Les contraintes extérieures pèsent d'un poids considérable sur les résultats de l'économie française, qu'il s'agisse de la croissance, de la balance des paiements ou de la situation de l'emploi. Dans l'hypothèse d'un « scénario coopératif » caractérisé par une résorption des déséquilibres des paiements courants (déficit américain, excédents japonais et allemand), une croissance modérée des principaux partenaires commerciaux de la France (2,3 % par an jusqu'en 1992) et une faible inflation (2,9 %), l'INSEE prévoit une nouvelle dégradation de l'emploi en France. D'ici à 1992, un peu plus de 90 000 emplois pourraient disparaître chaque année. En l'absence de nouvelles mesures de « traitement social », le nombre des chômeurs atteindrait 3,5 millions, soit 14,6 % de la population active.
La situation serait encore plus défavorable dans l'hypothèse d'un scénario « non coopératif », dans lequel l'Europe et le Japon refuseraient de relayer les Etats-Unis comme moteur de la croissance mondiale. Le ralentissement qui suivrait aurait pour conséquence la perte de 176 000 emplois supplémentaires par rapport au scénario précédent. Le nombre des chômeurs atteindrait 3 615 000.

INSEE/Economie et Statistique,
décembre 1987

On pourrait donner mille exemples de l'impact de l'informatique ou de l'électronique sur l'emploi. Son champ d'application s'est limité jusqu'ici aux tâches de production manuelles et répétitives. Mais l'ordinateur n'entrera pas seulement dans les usines. Ses capacités trouveront une utilisation de plus en plus courante dans les bureaux où des millions de personnes effectuent chaque jour des tâches répétitives, donc faciles à automatiser.

Dans la grande mutation de l'emploi qui est en cours, tous les types d'emploi seront vraisemblablement touchés. Les travailleurs les plus épargnés seront ceux dont le métier consiste à réfléchir, à créer, à diriger et animer. Encore faut-il savoir que l'ordinateur sera pour eux à la fois un outil de travail et un concurrent, grâce en particulier à la prochaine génération des *systèmes experts*.

Les emplois de production sont les plus directement touchés.

Dans l'industrie téléphonique, le passage brutal de la commutation électromécanique des centraux à la commutation électronique a fait passer les effectifs de 42 000 à 29 000 personnes pour une production analogue. L'évolution s'est produite en cinq ans, entre 1977 et 1982.

Chez les constructeurs automobiles, l'utilisation des robots pour la fabrication des nouveaux modèles permet une économie de prix de revient d'au moins 20 % par rapport à des modèles équivalents fabriqués sur les chaînes traditionnelles. L'essentiel de ces économies provient d'une réduction des coûts de main-d'œuvre, donc de l'emploi. Dès 1980, Renault annonçait que l'automatisation et la robotisation pourraient supprimer en dix ans 17 % des emplois d'OS (ouvriers spécialisés) et de P1 (ouvriers qualifiés). La cataphorèse (fixation de la peinture des carrosseries par électrolyse) avait déjà fait disparaître le travail des ponceurs. Bientôt, les pistoleurs et les soudeurs seront remplacés par des robots. Ce sont ainsi non seulement des emplois mais des métiers qui vont mourir demain.

Tous les travaux de services ne seront pas créateurs d'emplois.

En France, l'érosion du nombre d'emplois a été partiellement compensée depuis le début de la crise par les créations dans le domaine des services. Mais certains secteurs vont demain perdre des emplois à cause des gains de productivité possibles grâce à l'informatique, la bureautique, etc.

Ainsi, dans les compagnies d'assurances, les agents classeurs et les archivistes perdent peu à peu leur raison d'être avec le développement des techniques d'archivage par microfilm et par ordinateur. Même certains métiers de l'informatique qui avaient fourni beaucoup d'emplois subissent la loi d'une révolution à laquelle ils ont largement contribué. Les

J'assure l'accueil.
Tu assures les délais.
Il assure la sécurité.

La Qualité.
Chacun s'y met,
tout le monde
y gagne.

MISSION QUALITÉ POUR LA FRANCE
MINISTÈRE DE L'ÉCONOMIE, DES FINANCES ET DE LA PRIVATISATION

Le service est l'avenir du travail

Harmony

100 000 mécanographes des années soixante ont aujourd'hui disparu et les perforatrices non reconverties sont venues grossir les rangs des chômeurs.

Dans les bureaux d'études et de méthodes, l'arrivée de la CAO (Conception assistée par ordinateur) menace l'avenir des dessinateurs, traceurs et préparateurs. Le développement de la bureautique (stockage de l'information, traitement de texte, gestion de l'informatique et des dossiers, agenda automatique, téléconférences, banques de données, courrier électronique, etc.) ne sera pas sans effet sur les postes de dactylos, secrétaires et autres employés. Sans oublier bien sûr certains postes de cadres.

Les banques et les compagnies d'assurance sont déjà largement équipées pour gérer les comptes ou les dossiers de leurs clients sur ordinateur. Le système du compte accessible par Minitel ou celui, demain, de la monnaie électronique, réduiront l'intervention humaine, aussi bien dans la saisie des documents que dans le contact avec la clientèle. Que deviendront alors ceux qui en ont la charge aujourd'hui, aux guichets ou dans les bureaux ?

Les immigrés, les travailleurs les plus âgés et les femmes sont les plus menacés.

Les immigrés occupent pour la plupart les postes les moins qualifiés et sont peu concernés par la formation. Les travailleurs les plus âgés sont souvent moins malléables à la nouveauté, qui dérange leurs habitudes de travail. Ils sont aussi moins disposés à se remettre en question et à retourner à l'école. Quant aux femmes, elles sont, pour le moment, passées à côté des métiers de l'informatique et elles remplissent souvent des fonctions que l'ordinateur peut assurer en partie.

C'est le cas, par exemple, du métier de secrétaire, qui comporte principalement trois types d'activité : classement, dactylographie, téléphone. Les patrons peuvent dès aujourd'hui se passer d'elles pour le classement, grâce aux messageries électroniques internes ou à l'archivage centralisé et informatisé accessible immédiatement sur un terminal. La machine de traitement de texte (qui, demain, sera couplée à une machine à écrire à reconnaissance vocale) et le courrier électronique réduiront alors la dactylographie à sa plus simple expression : la dictée.

Quant au téléphone, les progrès réalisés dans le domaine des standards et des postes terminaux permettent déjà aux cadres de gérer eux-mêmes leurs appels. Alors, que deviendront les secrétaires, lorsqu'elles ne seront plus que les faire-valoir de leurs patrons ?

26,4 millions d'actifs en l'an 2000

Prévision d'évolution de la population active :

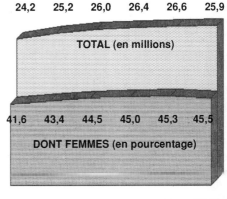

INSEE

Les cadres ne seront pas épargnés.

Ce qui est vrai pour les moins qualifiés l'est aussi, quoique de façon moins nette, pour ceux qui disposent du savoir. Certains cadres auront de la difficulté à participer à la révolution technologique en marche. 60 % des cadres français n'ont aucun diplôme. Ils devront demain s'adapter à des outils de travail nouveaux pour eux. Certains, souvent parmi les plus âgés, éprouvent des difficultés à dialoguer avec un terminal d'ordinateur. Ils devront bientôt accepter des méthodes de travail différentes de celles qu'ils ont toujours pratiquées : travail en équipe, décentralisation des responsabilités, rationalisation des prises de décision, etc. Une remise en question traumatisante pour certains d'entre eux.

La « nouvelle donne » a commencé

La réussite de cette formidable mutation technologique, à la fois nécessaire et douloureuse, passe sans doute par un partage du travail. Mais les tentatives qui ont été faites jusqu'ici (diminution de la durée du travail, avancement de l'âge de la retraite) n'ont pas été couronnées de succès. Il faut cependant, pour être objectif, faire la part entre les emplois que ces mesures ont créés et ceux qu'elles ont permis de ne pas perdre.

En réduisant le temps de travail,
on ne crée pas toujours des emplois,
mais on en maintient.

Les expériences récentes ont montré qu'une réduction d'une ou deux heures par semaine du temps de travail se traduisait rarement par des embauches. On constate de la même façon que le développement du travail à temps partiel n'a pas été créateur d'emplois. Il ne faudrait pourtant pas en déduire que le partage du travail est inutile. Malgré l'accroissement du chômage, beaucoup d'entreprises sont encore en situation de sureffectif et disposent donc d'une véritable « réserve de productivité ». C'est sur cette réserve qu'elles puisent lorsque les horaires diminuent. Le résultat ne se traduit donc pas par des embauches, mais par un maintien des emplois existants, ce qui est évidemment moins

spectaculaire. Il faut, pour en mesurer l'importance, imaginer les centaines de milliers de travailleurs licenciés qui viendraient, en l'absence de toute solution de partage, aggraver les statistiques du chômage.

Les travailleurs du 3e type

L'informatique, qui est la cause de beaucoup de suppressions d'emplois, est aussi à l'origine de nouvelles façons de travailler. Le « télétravail », par exemple, consiste à rester chez soi et à communiquer le résultat de son travail à l'entreprise dont on est salarié, par l'intermédiaire d'un terminal d'ordinateur. Des secrétaires, ingénieurs, journalistes, employés... commencent à expérimenter ce nouveau type de travail.
En France, le travail à domicile existe depuis longtemps. Il connaît une seconde jeunesse dans certaines sociétés de services. Dans des compagnies d'assurances, par exemple, des salariés gèrent chez eux des dossiers de sinistres qu'ils vont chercher au siège une fois par semaine. Avec l'utilisation d'un terminal d'ordinateur, ce travail à domicile se transformera en « télétravail ».
Gadget ou solution d'avenir ? Il paraît probable que le système se développera dans les prochaines années. Il présente l'avantage d'une meilleure productivité pour l'entreprise (les expériences menées aux Etats-Unis ont fait apparaître des gains de l'ordre de 40 %) et d'une plus grande liberté pour les employés. Il reste à savoir, pourtant, si l'absence de relations « de visu » avec les collègues ou les patrons sera ressentie par les « télé-travailleurs »comme un handicap ou comme un privilège...

Vers une société centrifuge

Les Français ont connu bien des moments difficiles au cours de leur histoire. Celle-ci est même jalonnée de périodes de traumatisme alternant avec des périodes d'adaptation. La situation actuelle est cependant différente dans la mesure où l'adaptation, qui s'étalait autrefois sur un siècle, devra se faire sur une période beaucoup plus courte. On peut craindre aussi que l'accumulation des richesses et le goût pour le confort ne rendent plus difficiles que par le passé les efforts nécessaires.

Il faudra quelques années pour que les Français « digèrent » leur entrée dans un

L'adaptation aux nouveaux outils est la clé

Synergie

nouveau monde, qu'ils n'ont pas eu la possibilité de choisir. La fameuse crise qui se développe depuis maintenant quinze ans n'était en fait qu'un prologue, une sorte de répétition générale avant d'affronter les vrais problèmes de la restructuration de l'économie des pays développés et des autres. Elle aura permis en même temps de provoquer une évolution des mentalités individuelles, prélude indispensable à une restructuration plus générale qui touchera à l'ensemble des modes de vie.

Le « quart monde » va sans doute se développer.

Tous les Français ne traverseront pas sans encombre cette période de mutation. Le risque est grand de voir certaines catégories sociales exclues du changement radical qui est amorcé. Les travailleurs peu qualifiés et ceux qui auront des difficultés à s'adapter (ce sont souvent les mêmes) sont les premiers visés. Mais les autres devront aussi faire l'effort d'accepter les nouvelles réalités de la vie professionnelle, sous peine de se faire exclure à leur tour.

La technologie va changer à la fois les modes de travail et les modes de vie.

Quelle que soit l'époque, la vie des hommes a toujours été très fortement influencée par l'état de la technique du moment. En France, les grands mouvements de la société ont coïncidé avec ceux de la technologie. La correspondance paraît encore plus flagrante depuis le début de l'ère industrielle. Watt mettait au point sa machine à vapeur en 1782, sept ans avant une autre révolution, plus célèbre encore. Plus près de nous, la Seconde Guerre mondiale fut à l'origine de progrès tout à fait considérables dans l'aéronautique, la chimie ou le nucléaire.

Les années quatre-vingts resteront sans doute marquées par les premiers vols de la navette spatiale américaine, l'apparition des

---

L'informatique , un phénomène peu souhaitable mais inévitable

Au cours des années à venir, la diffusion de l'informatique va modifier certains aspects des conditions de vie. Considérez-vous cette évolution comme une chose (en %) :

	1979	1980	1982	1983	1984	1985	1986	1987
• Souhaitable	22,0	26,9	29,0	34,2	38,8	40,5	36,5	36,0
• Peu souhaitable, mais inévitable	53,7	47,0	47,4	48,1	45,8	47,8	49,5	51,3
• Regrettable et dangereuse	20,1	21,1	21,6	15,3	13,2	9,4	12,6	11,4
• Cela dépend	2,0	0,6	-	-	-	-	-	-
• Ne sait pas	2,2	4,4	2,0	2,4	2,2	2,3	1,4	1,3
ENSEMBLE	100,0	100,0	100,0	100,0	100,0	100,0	100,0	100,0

CREDOC

systèmes experts et surtout l'extension de l'informatique à l'ensemble des secteurs de l'économie. L'emploi en sera profondément modifié, tout autant que la façon de travailler. Le changement sera plus vaste et plus brutal qu'au cours des époques précédentes, car les techniques changent plus vite et offrent davantage de possibilités que par le passé.

On peut donc parier, sans grand risque, sur une nouvelle diminution du temps de travail moyen, sur une plus grande flexibilité de l'organisation de la vie professionnelle, ainsi que sur une modification des rapports entre le travail et le revenu, entre la profession et le statut social.

Mais l'impact de la révolution technologique de cette fin de siècle ne se limitera pas au travail. Il touchera progressivement tous les aspects de la vie quotidienne des Français. Qu'ils le veuillent ou non, l'ordinateur sera bientôt leur compagnon de tous les jours. Au bureau, à la maison ou dans la rue. Plus encore, peut-être, que la télévision hier, l'ordinateur sera demain le pilier d'une nouvelle civilisation.

Travail et technologie

En vrac

• Les industries françaises de haute technologie réalisent le cinquième des exportations industrielles.
S • 73 % des parents d'élèves ou d'étudiants pensent que c'est dans les métiers de l'informatique-électronique qu'il y aura le plus d'embauches dans cinq ans, devant la communication, la finance, le juridique, le conseil, la vente, la santé, le sport, la recherche-enseignement, la production, le spectacle, l'agriculture. 31 % souhaiteraient que leurs enfants suivent une formation scientifique après le bac, 29 % une formation commerciale, 19 % une formation en sciences humaines. Les choix des lycéens sont un peu différents : 39 % souhaiteraient suivre une formation commerciale, 27 % scientifique, 10 % sciences humaines,

9 % n'ont pas l'intention de suivre des études supérieures.
S • 54 % des Français ont le sentiment que les entreprises françaises sont en train de perdre du terrain face à leurs concurrentes étrangères. 18 % pensent qu'elle en gagnent, 17 % ni l'un ni l'autre.
• 22 % des hommes actifs se servent de l'informatique. Une femme active sur quatre et une secrétaire sur trois travaille sur écran (une sur quatorze en 1983).
S • 25 % des Françaises de 18 ans et plus ont peur du mot « informatique » (69 % non).
67 % pensent que l'informatique fait augmenter le chômage (21 % non). 27 % pensent qu'elles posséderont un ordinateur chez elles dans une dizaine d'années (48 % non).

5
L'ARGENT

LE BAROMÈTRE DE L'ARGENT

Les pourcentages indiqués représentent les réponses positives aux affirmations proposées pour les graphiques 1, 2 et 4. Pour le graphique 3, la courbe 1 indique les réponses aux affirmations « beaucoup moins bien » et « un peu moins bien » et la courbe 2 aux affirmations « beaucoup mieux » et « un peu mieux ».

Il faut réduire au maximum les écarts entre les revenus (%) :

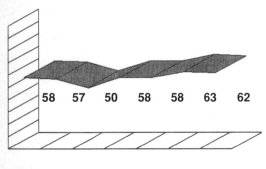

58	57	50	58	58	63	62
1982	1983	1984	1985	1986	1987	1988

Agoramétrie

Il ne faut pas hésiter à s'endetter (%) :

19	21	17	18	18	19	17
1981	1982	1983	1984	1985	1986	1987

Agoramétrie

En ce qui concerne le niveau de vie de l'ensemble des Français depuis une dizaine d'années, il va ... :

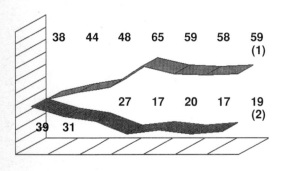

38	44	48	65	59	58	59 (1)
		27	17	20	17	19 (2)
39	31					
1981	1982	1983	1984	1985	1986	1987

CREDOC

Il faut limiter les héritages (%) :

17	21	16	15	13	11	12
1982	1983	1984	1985	1986	1987	1988

Agoramétrie

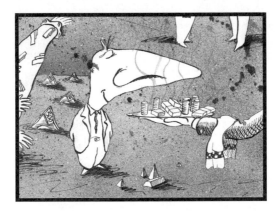

LES REVENUS

IMAGE DE L'ARGENT

Les Français ont eu pendant longtemps des rapports ambigus avec l'argent. Mais le pragmatisme prend de plus en plus le pas sur la philosophie ou l'idéologie. A tel point qu'on regarde avec moins de suspicion que d'envie ceux qui font fortune aujourd'hui.

L'argent n'a plus d'odeur

Les dictons populaires montrent l'ambiguïté des rapports que les Français ont entretenu pendant des siècles avec l'argent. On prétend ainsi que « l'argent ne fait pas le bonheur ». L'affirmation est aussi bien utilisée par ceux qui en sont démunis (pour conjurer le mauvais sort ?) que par les plus fortunés (comme pour s'en excuser). Car un honnête homme doit se méfier de l'argent, puisqu'il est à la fois « bon serviteur et mauvais maître ». D'ailleurs, les Français se sont consolés pendant longtemps de

ne pas être riches en se répétant que « peine d'argent n'est pas mortelle »... Mais la période récente a remis à la mode un autre dicton, selon lequel « l'argent n'a pas d'odeur ».

On a assisté au cours des années récentes à une véritable réhabilitation de l'argent.

En faisant l'argent plus rare, la crise l'a aussi fait plus « cher ». C'est-à-dire plus désirable pour tous ceux qui ont vu leur pouvoir d'achat réduit ou menacé. On hésite moins à lui reconnaître son rôle essentiel de « nerf de la vie », à une époque où la consommation, les loisirs, le plaisir sont des valeurs essentielles.

Le travail et l'argent

Si on parle devant vous d'une personne qui est partie avec trois fois rien en poche il y a 30 ans et qui est aujourd'hui devenue très riche, est-ce que vous vous dites :

en %	1987 (1)	1983 (2)	1974 (3)
• Elle a beaucoup travaillé	64	59	40
• Elle n'a pas toujours dû être très honnête	21	18	37
• Sans opinion	15	23	23

(1) Le Figaro Magazine/Sofres, février 1987
(2) Grasset/Sofres, janvier 1983
(3) Elle/Sofres, novembre 1974

Si les plus jeunes affichent une grande décontraction vis-à-vis du « fric », qui leur apparaît à la fois nécessaire et sain, leurs aînés ont une attitude plus réservée. Entre l'attachement à l'égalité collective et la course aux privilèges individuels, leur cœur (et leur portefeuille) balancent. L'argent, en tout cas, joue dans la société un rôle central, que personne ne peut ignorer.

C'est parce qu'il est de plus en plus incolore que l'argent devient inodore.

Si les Français considèrent aujourd'hui l'argent avec plus de sérénité, c'est sans doute en partie parce qu'ils en ont plus qu'avant ; la grande majorité d'entre eux en ont en effet suffisamment pour vivre décemment. Mais aussi, l'argent s'est peu à peu banalisé en changeant de forme.

Le chèque a joué un rôle déterminant. Tout d'un coup, un morceau de papier prenait une valeur variable selon le montant qu'on y inscrivait. Le fait de le signer impliquait aussi une sorte de prise de pouvoir du signataire sur l'argent. La carte de crédit a constitué un pas de plus vers cette dématérialisation de l'argent. Celle-ci sera demain totale, avec l'avènement de la monnaie électronique.

Plus abondant, mieux réparti, bientôt invisible, l'argent a donc perdu son caractère mythique. Pour devenir un simple moyen pratique au service des aspirations de chacun.

L'argent, c'est la liberté

• Pour 58 % des Français, l'argent apporte d'abord la liberté, puis le bonheur (45 %), l'égoïsme (22 %), le rêve (21 %), la servitude (18 %), le vice (7 %).
• Pour 67 % des Français, les gens qui gagnent beaucoup d'argent sont plus habiles que les autres (2 % moins habiles, 28 % ni plus ni moins). Pour 18 %, ils sont plus intelligents que les autres (1 % moins, 78 % ni plus ni moins). Pour 26 %, ils sont moins honnêtes (4 % plus honnêtes, 61 % ni plus ni moins).
• 80 % des Français considèrent qu'il n'est pas condamnable, d'un point de vue moral, qu'un certain nombre de gens gagnent leur vie en plaçant leur argent (12 % trouvent cela condamnable).

Le Figaro Magazine/Sofres, février 1987

Le pragmatisme a pris le pas sur l'idéologie.

La transformation progressive du système de valeurs a eu des répercussions profondes sur la façon dont les Français considèrent l'argent. Les inégalités de revenu ou de patrimoine entre les individus ne sont plus aujourd'hui la cause essentielle des différences que l'on constate entre les groupes sociaux. L'argent est donc moins vu à travers ses aspects philosophiques ou politiques et plus dans sa signification pratique et quotidienne.

L'évolution politique n'est pas étrangère à cette réhabilitation. Pendant longtemps, l'idéologie de gauche fit l'amalgame argent-exploitation-inégalité, expliquant ainsi sa réserve, voire son mépris vis-à-vis de l'argent. Sa pratique du pouvoir, entre 1981 et 1986, fut l'occasion d'une révision de ces conceptions.

AVEC 2 BRIQUES ON PEUT ENCORE FAIRE UN EXCELLENT DÎNER.

Knorr met 8 briques sur la table.

L'argent n'est plus un sujet tabou

Synergie

Aujourd'hui, la vision marxiste de l'argent n'est plus à la mode, chez les militants socialistes comme chez les intellectuels en général. Aux interrogations idéologiques d'un autre temps, les Français préfèrent aujourd'hui des questions plus simples et plus concrètes : comment gagner plus d'argent ? Comment le dépenser ? Comment préserver le patrimoine accumulé ? Leur approche est essentiellement pragmatique. « L'argent qui bouge » a remplacé

« l'argent-mythe » qui compliquait un peu trop la vie. Bref, l'argent permet de vivre, mais on ne vit pas pour l'argent.

L'argent avant le temps

Quelle est votre préférence entre... (en %) :

	1982	1987
• Une amélioration de votre pouvoir d'achat	54,8	68,7
• Un temps libre plus long	44,4	30,5
• Ne sait pas	0,8	0,8

CREDOC

La fin du « péché capital »

Le fait de s'enrichir fut pendant longtemps assez mal vu des Français. Mais la jalousie n'était pas absente de l'attitude qu'ils affichaient devant la fortune, volontiers soupçonnée d'être trop rapidement acquise ou malhonnêtement entretenue. Leurs réactions ont considérablement évolué depuis quelques années. S'enrichir n'est plus aussi mal considéré. Le mot « péché » n'est plus associé à « capital » que dans le sens biblique...

La réussite économique est moins suspecte.

De tout temps, les Français ont admiré leurs semblables pour leur talent, leur gloire ou leur physique. Le sentiment qu'ils éprouvaient pour leur fortune était plus mélangé. Les choses sont en train de changer. On trouve parmi les nouvelles idoles (celles des jeunes en particulier) des gens qui n'ont pas peur d'afficher leur réussite matérielle autant que professionnelle.

Le « self-made-man », héros de l'économie capitaliste et personnage peu prisé de la culture française, a fait une remontée spectaculaire au palmarès de la respectabilité. Les Français sont presque unanimes à saluer les efforts qui lui ont permis « d'arriver ». L'évolution depuis dix ans est frappante. Avec la crise s'est envolée la suspicion qui entourait la réussite professionnelle. Ceux qui se sont fait « une place au soleil » ne sont plus, comme on le pensait hier, des « aventuriers » ou encore des « chevaliers d'industrie » peu enclins à l'altruisme et aux scrupules, mais des gens courageux et méritants.

L'argent tient de plus en plus de place dans les médias.

Les livres qui parlent d'argent en rapportent souvent beaucoup à leurs auteurs. Le maître du genre est Paul Loup Sulitzer dont les « romans fric » (*Money, Cash, Fortune,* etc.) ont conquis un vaste public. *Gagner,* le livre autobiographique de Bernard Tapie, s'est vendu à plus de 200 000 exemplaires. Un résultat malgré tout inférieur à celui de certains ouvrages aux Etats-Unis : Lee Iacocca, qui raconte comment il a sauvé Chrysler et obtenu un salaire annuel de 2 millions de dollars, a connu un énorme succès.

La presse n'a pas tardé à s'insérer dans ce « créneau » très porteur. Les journaux financiers (*Investir, Mieux-Vivre, le Revenu français...*) ont profité de la période d'euphorie boursière et semblent résister au krach de 1987. Les grands hebdomadaires augmentent leur tirage en titrant sur « le salaire des cadres », « la fortune des Français », ou « les placements de l'année ». La télévision a compris aussi le parti qu'elle pouvait tirer de cet intérêt croissant des Français pour l'argent, même si les informations boursières ou *le Club de l'Enjeu* n'attirent pas encore autant de spectateurs que les émissions « roses » de fin de soirée.

Les « faiseurs de fric » ne sont pourtant pas tous également respectés.

Le respect de la réussite matérielle et de la fortune est souvent teinté d'admiration ou d'envie, parfois de réprobation. Si l'argent gagné par les chefs d'entreprise paraît aujourd'hui acceptable au plus grand nombre, celui accumulé par les vedettes de la télévision, du show-business, ou par les sportifs paraît beaucoup moins acceptable (encadré). Beaucoup de Français ont découvert avec consternation les salaires des Collaro, Sabatier, Ockrent, et autres Sébastien, à l'occasion de la mise en place du nouveau « paysage audiovisuel ». Ils n'ont pas compris non plus l'attitude d'Yves Montand, demandant (et obtenant) un cachet de 800 000 francs à TF1 pour une émission qui lui était consacrée. A une époque où la misère ne touche plus seulement les pays pauvres, beaucoup trouvent indécent que ceux qui ont déjà la chance d'être célèbres et de faire un métier jugé passionnant aient en plus des revenus hors de proportion avec leur « valeur » intrinsèque.

Le palmarès du mérite

A votre avis, est-ce que les personnes suivantes méritent ou non l'argent qu'elles gagnent ? (en %) :

	Oui	Non
• Les chefs d'entreprise	78	14
• Les grands médecins	75	15
• Les vedettes de la chanson	41	52
• Les vedettes de cinéma	41	51
• Les vedettes de la télévision	38	53
• Les vedettes du sport	37	57

Le Figaro Magazine/Sofres, février 1987

Les jeux de l'argent et du hasard

Si les Français acceptent de mieux en mieux l'« argent des autres », il est bien normal qu'ils cherchent à s'enrichir à titre personnel. La plupart savent bien que leurs chances de faire

Gagner de l'argent,
c'est la perspective d'une autre vie

Issimo

fortune avec leur seul salaire sont assez minces. C'est pourquoi ils sont si nombreux à s'en remettre à la chance. Les jeux leur apportent cette part de rêve dont ils ont besoin pour mieux vivre le quotidien, en imaginant sans trop y croire des lendemains dorés.

La société du jeu

Les Français semblent depuis quelques années pris d'une véritable frénésie pour les jeux de toutes sortes. Le Loto et le PMU ne suffisent apparemment pas à les rassasier, puisque le Tac O Tac, le Quarté plus, le Tapis vert sont venus récemment compléter (avec succès) la panoplie existante. Ce sont au total environ 70 milliards de francs qui sont dépensés chaque année pour les jeux de toutes sortes. Encore ce chiffre n'inclut-il pas les sommes consacrées aux jeux illégaux (cartes, boules, avion et autres jeux clandestins)... Les chaînes de télévision misent elles aussi sur cet engouement croissant ; les émissions de jeu sont l'une des composantes majeures du nouveau paysage audiovisuel. Si le besoin de rêve et l'appât du gain sont si forts aujourd'hui, c'est parce que la frustration et l'insatisfaction sont de plus en plus répandues dans la société française...

20 millions de Français jouent au Loto.

La Loterie nationale, vieille institution créée en 1933, commençait à prendre quelques rides. La création du Loto, en mai 1976, fournit un nouveau support aux rêves de fortune des Français. Plutôt que de choisir un billet parmi ceux disponibles chez le vendeur, chacun peut établir sa propre combinaison, et livrer son propre combat contre le hasard.

Le Loto a tout de suite conquis un large public. 20 millions de Français de plus de 16 ans y jouent plus d'une fois par an ; 11 à 12 millions de bulletins sont déposés chaque semaine dans les bureaux de tabac, kiosques et boutiques. Depuis sa création, les gains ont dépassé dix-neuf fois le milliard de centimes. Le record appartient à un horticulteur niçois, qui a gagné près de 18 millions de francs. Le Loto sportif, créé en 1985, n'a pas encore trouvé son régime de croisière. Les paris ont chuté de 30 % en 1987 et une troisième formule a vu le jour en 1988.

Dans la majorité des cas, il semble que la manne tombée du ciel ne transforme pas de façon radicale les habitudes et les modes de vie des personnes concernées. Beaucoup conservent leur emploi et se contentent de placer leur argent après s'être offert la maison et/ou le voyage dont elles rêvaient. Le souci de gagner sa vie est alors remplacé par celui de préserver son capital et, souvent, son incognito.

En 1987, les Français ont misé 30 milliards de francs au PMU, 11,5 milliards au Loto, 4,1 milliards à la Loterie nationale et au Tac O Tac, 1,5 milliard au Loto sportif.

Les Français jouent plus d'argent au PMU qu'au Loto. Huit millions de personnes parient occasionnellement, un million régulièrement et cent mille tous les jours (4 000 fréquentent quotidiennement les hippodromes parisiens). Les mises moyennes sont de 30 francs par ticket (contre 19 francs par bulletin de Loto et 12 francs par bulletin de Loto sportif). Le record de pari a été battu pour *le Prix d'Amérique* du 31 janvier 1988 (213 millions de francs).

Les courses de chevaux ne sont pas des jeux de hasard ; elles sont cependant considérées comme telles par la plupart des Français qui, chaque dimanche, jouent leur date de naissance ou le numéro d'immatriculation de leur voiture. La clientèle du PMU est plus homogène que celle du Loto. Elle est essentiellement constituée d'hommes (plus de 80 %) et les catégories sociales les plus représentées sont les ouvriers (35 %) et les inactifs (26 %).

Les motivations des parieurs sont doubles : l'argent, bien sûr, mais aussi le plaisir de jouer. Sans oublier celui, pour les amateurs de tiercé, de retrouver chaque dimanche les copains au bistrot. Jouer n'est pas une activité solitaire ; c'est bien souvent un acte social.

Les casinos ont réalisé en 1987 un chiffre d'affaires de 1 milliard de francs.

Les 138 casinos français ne représentent qu'une part très faible des sommes jouées. Leur clientèle est essentiellement constituée de personnes aisées, dont beaucoup sont étrangères. La baisse du dollar et celle du pétrole expliquent la mauvaise année réalisée en 1986, avec 2 millions d'entrées. L'arrivée des machines à sous devrait séduire les plus jeunes et les moins fortunés, et élargir la clientèle existante.

Image de l'argent

En vrac

S • 77 % des Français sont indifférents lorsqu'ils voient quelqu'un dans une voiture de grand luxe, 14 % éprouvent de l'admiration, 7 % sont choqués.

S • 91 % des Français éprouvent de l'admiration pour quelqu'un qui a fait fortune en créant sa propre entreprise (7 % non). 64 % n'éprouvent pas d'admiration lorsqu'il a hérité de l'entreprise de son père (29 % oui). 56 % n'éprouvent pas d'admiration pour quelqu'un qui a fait fortune en gagnant à la Bourse (32 % oui).

S • A quelqu'un qui, dans une conversation, leur demande combien ils gagnent, 64 % des Français donnent la réponse, 32 % évitent de répondre.

• Sur les 48 milliards de francs joués par les Français en 1987, 12 milliards sont allés à l'Etat, soit l'équivalent de 4 % du montant total de l'impôt sur le revenu. Le taux de prélèvement sur les mises est plus élevé pour le Loto (33,1 %) que pour le PMU (19,7 %).

• Les gagnants du Loto se partagent 56 % des mises. Le Tac O Tac redistribue 60 %, la Loterie 64 %, le PMU 70 %.

• Il existe une chance sur 13 983 816 de choisir la combinaison gagnante du Loto (six numéros plus un numéro complémentaire). Il y a par contre une chance sur 57 d'avoir trois bons numéros.

E • Les Français dépensent environ 70 milliards de francs par an pour les activités de jeux.

• La moitié des tickets de PMU et 80 % des grilles de Loto sportif sont des jeux à 5 francs. La moitié des bulletins de Loto sont des mises à 14 francs.

• 61 % des Français jouent à des jeux télévisés ; leurs émissions préférées sont : *La roue de la fortune* ; *Des chiffres et des lettres* ; *Tournez manège* ; *L'académie des neuf*. 47 % se déclarent choqués par la valeur des cadeaux offerts aux gagnants de certains jeux.

L'argent des Français

La structure des différents chapitres consacrés à l'argent correspond au schéma ci-dessous :

CE DONT ILS DISPOSENT :

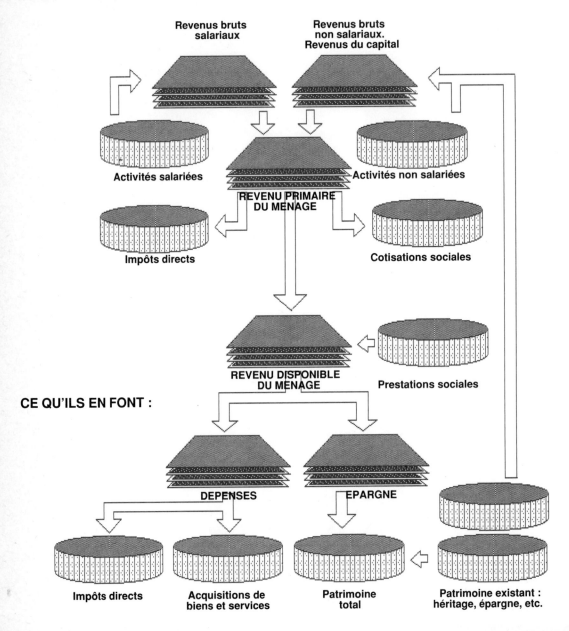

CE QU'ILS EN FONT :

Combien gagnent les Français ?

Voir schéma page 302

Sous son apparente simplicité, la question cache une redoutable complexité. C'est pourquoi la réponse mérite quelques commentaires préalables.

D'abord, il faut savoir de quoi on parle. Plus que la feuille de paie des salariés ou la rémunération des non-salariés, c'est le montant de leurs revenus réellement disponibles qu'il est intéressant de connaître. L'écart entre ces notions n'est pas négligeable. C'est même de grand écart qu'il faut parler lorsqu'on tient compte des impôts payés par les Français et des prestations sociales dont ils bénéficient.

Les choses se compliquent encore selon qu'on s'intéresse au revenu des individus ou à celui des ménages. C'est cette dernière notion qui est la plus significative, car l'unité de consommation, d'épargne ou d'investissement est plus souvent représentée dans son ensemble par le ménage que par les personnes qui le composent.

Le revenu disponible des ménages est donc l'indicateur qui reflète le mieux la situation financière réelle des Français. Les étapes intermédiaires qui permettent d'y parvenir (résumées dans le schéma ci-contre) méritent d'être détaillées : salaires bruts, revenus non salariaux (agriculteurs, professions libérales, commerçants...), revenus du capital (placements) de chaque membre du foyer constituent le revenu primaire du ménage. Il faut lui retrancher les cotisations sociales (Sécurité sociale, chômage, vieillesse, etc.) et les impôts directs (impôts sur le revenu, taxe d'habitation, taxe foncière) puis lui ajouter les prestations sociales reçues pour déterminer le revenu disponible du ménage. Chacune de ces étapes montre bien la complexité des transferts sociaux et leur incidence de plus en plus grande sur le pouvoir d'achat des Français.

Enfin, il faut préciser que les chiffres figurant dans ce chapitre correspondent à des moyennes. Par définition, chacune d'elles gomme les disparités existant entre les individus du groupe qu'elle concerne. Mais cette simplification, nécessaire, présente aussi l'avantage de la clarté...

SALAIRES

Les salaires constituent l'élément le mieux connu des revenus des Français. S'il est vrai que l'évolution de ces revenus va dans le sens d'un resserrement, celui-ci n'est pas aussi fort ni aussi rapide qu'on le croit. Les chiffres montrent aussi qu'à travail égal les salaires sont encore loin d'être égaux entre les travailleurs.

8 000 francs par mois en moyenne pour les salariés

Les salariés ont perçu en moyenne 96 800 francs au cours de l'année 1987. Ce chiffre correspond au salaire moyen net, après déduction des diverses cotisations sociales (Sécurité sociale, chômage, retraite, voir encadré). C'est celui qui apparaît sur la feuille de déclaration d'impôt remplie en 1988, en tant que salaire net imposable. Il concerne uniquement les salariés à temps plein et il prend en compte leurs éventuels avantages en nature.

Par rapport à 1980, l'accroissement du salaire moyen est de 78 %, alors que celui du coût de la vie a été de 67 %.

Pour être vraiment valide, toute analyse de l'évolution du pouvoir d'achat doit être faite à partir du revenu disponible, qui mesure les ressources réelles des Français après déduction des impôts et des prestations sociales.

La comparaison par rapport à une période plus lointaine est encore plus délicate. Ce ne sont pas en effet exactement les mêmes personnes qui travaillaient à l'époque. Certaines sont aujourd'hui à la retraite (ou au chômage), d'autres ont changé d'emploi, d'autres enfin sont arrivées depuis sur le marché du travail.

96 800 francs par salarié en 1987

Evolution des salaires annuels nets moyens
(en francs et %) :

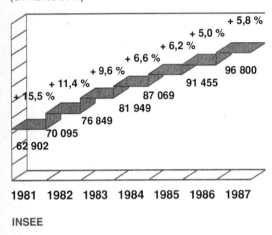

INSEE

Cotisations sociales : le début de la décrue ?

Evolution des cotisations sociales dans les
prélèvements obligatoires (en % du PIB) :

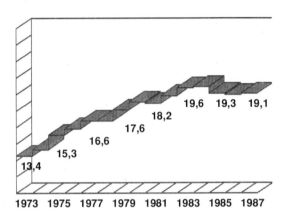

Rapport sur les comptes de la nation

Toute comparaison dans le temps, outre qu'elle ne concerne pas le revenu disponible, ne présente donc qu'un intérêt global, beaucoup plus limité à l'échelon individuel.

*Les cotisations sociales
représentent 18,5 % du PIB.*

Les cotisations sociales sont les versements effectués par les personnes qui bénéficient de la protection sociale et par les employeurs à diverses institutions : Sécurité sociale (maladies, maternités, invalidité, décès, vieillesse, prestations familiales), ASSEDIC, caisses de retraite complémentaire. Les sommes en jeu et surtout leur structure ont beaucoup évolué au cours des vingt dernières années. Elles constituent un reflet fidèle de certains des changements intervenus dans la société française.

L'évolution des cotisations montre d'abord entre 1975 et 1983 une très forte augmentation des cotisations des salariés, d'autant plus grande que le salaire est élevé. Elle montre par ailleurs l'accroissement de la part des salariés dans le montant total des cotisations sociales. Le montant total a ensuite diminué, pour représenter en 1987 un peu moins de 19 % du PIB. Le montant des cotisations payées par les salariés représente aujourd'hui environ 14 % de leur salaire brut.

L'éventail des salaires s'est resserré jusqu'en 1985

L'évolution des salaires des différentes catégories professionnelles montre un net resserrement des écarts entre le haut (cadres supérieurs) et le bas (manœuvres) de la hiérarchie jusqu'en 1985. L'écart avait évolué moins vite entre les cadres moyens (dont les revenus ont plus augmenté que ceux des cadres supérieurs) et les employés (dont les salaires ont au contraire moins augmenté que ceux des manœuvres).

Depuis 1986, l'écart entre les salaires tend à se stabiliser ; il a même augmenté entre les cadres supérieurs et les manœuvres.

*Le SMIC a augmenté beaucoup plus vite
que les autres salaires depuis 1970.*
*• Il a été multiplié par 6 entre 1970 et 1985,
contre 3,8 pour le salaire horaire ouvrier.*
*• Les « smicards » représentent 8 % de la
population active salariée.*

En 1950, le SMIG (salaire minimum interprofessionnel garanti) fut indexé sur la hausse

La pyramide usée par le sommet

Evolution des salaires annuels nets moyens selon la catégorie professionnelle (en milliers de francs) :

	1980	1981	1982	1983	1984	1985	1986	Evolution 1986/80 (*)	1987 (**)
• Cadres supérieurs	143	164	180	19	199	208	218	+ 52 %	210 (1)
• Cadres moyens	72	83	91	99	103	109	113	+ 57 %	
• Contremaîtres	70	79	86	93	101	107	110	+ 58 %	116 (2)
• Employés	46	52	58	63	67	71	74	+ 61 %	77
• Ouvriers qualifiés	46	53	59	65	69	72	75	+ 62 %	78
• Ouvriers spécialisés	38	44	49	55	59	62	65	+ 69 %	68
• Manœuvres	33	38	43	47	50	54	56	+ 68 %	-
• Autres catégories	37	43	49	54	56	60	62	+ 68 %	116 (3)
Ensemble	**55**	**63**	**70**	**78**	**83**	**88**	**91**	**+ 67 %**	**97**

(*) A titre de comparaison, le niveau cumulé de l'inflation a été de + 76 % entre 1980 et 1986.
(**)La nomenclature des catégories socioprofessionnelles est différente pour 1987. Les salaires portés sur les lignes autres que Employés et Ouvriers ne sont donc pas directement comparables aux années précédentes.
(1) Cadres (ensemble). (2) Techniciens. (3) Autres professions intermédiaires.

1968 : l'année du retournement

Rapports des salaires annuels nets :

	1951	1955	1960	1965	1970	1975	1980	1986
• Cadres supérieurs/ouvriers	3,9	4,3	4,4	4,5	4,2	3,7	3,5	3,2
• Cadres moyens/ouvriers	2,1	2,0	2,2	2,1	2,1	1,8	1,7	1,9
• Employés/ouvriers	1,2	1,1	1,1	1,1	1,1	1,1	1,0	1,1

INSEE

des prix (avec un seuil de déclenchement de 5 % jusqu'en 1957, puis de 2 %). Comme la moyenne des salaires augmentait plus vite que les prix, le SMIG avait pris au milieu des années soixante un retard important. Un retard largement rattrapé pendant les années soixante-dix et au début des années quatre-vingts.

En 1968, le salaire minimum fut au centre des discussions de Grenelle. Le SMIG devint SMIC (salaire minimum interprofessionnel de croissance) en 1970 et fut indexé à la fois sur les prix et sur l'ensemble des salaires. Il a connu une forte croissance jusqu'en 1985. En juillet 1988, il équivalait à 4 850 francs par mois (sur la base de 39 heures) et concernait 2 millions de personnes ; 10 % des salariés des entreprises d'au moins 10 salariés ; la proportion varie entre 20 et 45 % dans les petites entreprises du commerce et de l'artisanat. Les femmes sont 2,5 fois plus nombreuses que les hommes.

L'argent ne se cache plus

Le Nouvel Observateur, 8 janvier 1988

Les années du SMIC

Evolutions en pourcentage du SMIC horaire brut en francs courants et de l'indice des prix à la consommation :

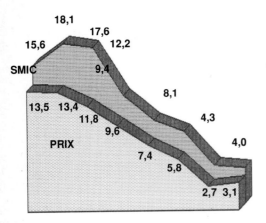

18,1
17,6
15,6   12,2
SMIC   9,4
8,1
13,5   13,4   4,3
11,8
9,6   4,0
PRIX
7,4
5,8
2,7   3,1

1980 1981 1982 1983 1984 1985 1986 1987

INSEE

Les femmes encore sous-payées

Depuis 1951, la différence de salaire entre les hommes et les femmes (au détriment très net de ces dernières) a tendance à diminuer, de façon lente et irrégulière. Chez les ouvrières, l'écart s'est creusé entre 1950 et 1967, puis il a diminué de 1968 à 1975 pour retrouver le niveau de 1950. Chez les cadres supérieurs, la tendance au redressement est apparue plus tôt (vers 1957), mais elle a été stoppée dès 1964.

Le resserrement général qui s'est produit à partir de 1968 est dû principalement au fort relèvement du SMIG puis du SMIC et des bas salaires, qui a profité davantage aux femmes, plus nombreuses à être concernées. Malgré l'amélioration constatée, l'écart reste encore important aujourd'hui.

En 1987, les femmes ont gagné en moyenne 24 % de moins que les hommes.

Ce chiffre spectaculaire donne une idée globale de la forte inégalité des salaires entre les sexes. Il faut cependant nuancer la comparaison. Les femmes occupent encore de façon générale

Les hommes gagnent un tiers de plus que... leur moitié

Evolution des salaires annuels nets moyens en francs et de l'écart en pourcentage selon le sexe :

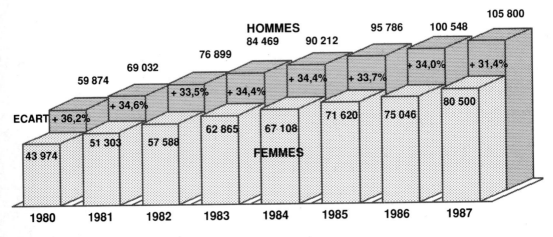

HOMMES
105 800
95 786   100 548
84 469   90 212
76 899
69 032
59 874   + 34,0%   + 31,4%
+ 34,4%   + 33,7%
+ 34,6%   + 33,5%   + 34,4%
ECART + 36,2%
80 500
62 865   67 108   71 620   75 046
51 303   57 588
43 974   FEMMES

1980   1981   1982   1983   1984   1985   1986   1987

INSEE

A poste égal, les écarts homme/femme se réduisent un peu

Evolution des salaires annuels nets moyens selon la catégorie professionnelle et le sexe :

| | Cadres supérieurs | | Cadres moyens | | Contremaîtres | | Employés | |
	Hommes	Femmes	Hommes	Femmes	Hommes	Femmes	Hommes	Femmes
• 1980	146 946	103 532	76 991	62 132	70 381	59 902	51 587	41 781
• Ecart H/F	*- 29,5 %(*)*		*- 18,0 %*		*- 14,9 %*		*- 19,0 %*	
• 1984	213 458	157 058	109 936	93 142	98 936	86 060	74 885	62 503
• Ecart H/F	*- 25,6 %*		*- 26,4 %*		*- 15,3 %*		*- 13,0 %*	
• 1985	226 275	167 393	116 193	99 540	104 053	91 226	79 413	66 272
• Ecart H/F	*- 25,2 %*		*- 26,0 %*		*- 14,3 %*		*- 12,3 %*	
• 1986	229 489	165 480	120 931	100 504	111 772	95 621	82 431	69 150
• Ecart H/F	*- 27,9 %*		*- 16,9 %*		*- 14,4 %*		*- 16,1 %*	
• 1987	224 500	157 600(1)	117 800	100 300(2)	130 200	99 900(3)	89 200	72 700
• Ecart H/F	*- 29,8 %*		*- 14,9 %*		*- 23,3 %*		*- 18,5 %*	

| | Ouvriers qualifiés | | Ouvriers spécialisés | | Manœuvres | | Autres catégories | |
	Hommes	Femmes	Hommes	Femmes	Hommes	Femmes	Hommes	Femmes
• 1980	47 471	38 364	41 621	32 951	35 316	29 166	35 845	39 032
• Ecart H/F	*- 19,2 %*		*- 20,8 %*		*- 17,4 %*		*+ 8,9 %*	
• 1984	69 404	56 707	61 514	49 403	53 116	44 157	54 791	58 138
• Ecart H/F	*- 18,3 %*		*- 19,7 %*		*- 16,9 %*		*+ 6,1 %*	
• 1985	73 054	59 916	65 089	52 566	56 402	47 094	58 535	62 031
• Ecart H/F	*- 18,0 %*		*- 19,2 %*		*- 16,5 %*		*+ 6,0 %*	
• 1986	76 614	63 245	68 707	55 853	59 525	48 777	62 286	62 373
• Ecart H/F	*- 17,4 %*		*- 18,8 %*		*- 18,1 %*		*=*	
• 1987	79 700	65 200	73 000	58 400				
• Ecart H/F	*- 18,2 %*		*- 20,0 %*					

(*) Lecture : parmi les cadres supérieurs, les femmes gagnent 29,5 % de moins que les hommes.
NB :La nomenclature n'est pas la même pour 1987 :
(1) Cadres; (2) Techniciens; (3) Autres professions intermédiaires.

INSEE

des postes de qualification inférieure à ceux occupés par les hommes, même à fonction égale. Elles effectuent des horaires plus courts que ceux des hommes, avec moins d'heures supplémentaires. Enfin, elles bénéficient d'une ancienneté moyenne inférieure à celle des hommes.

L'inégalité reste pourtant flagrante. On note même que l'écart, qui tendait à diminuer régulièrement au cours des années précédentes, a légèrement augmenté en 1987. On constate également que l'écart s'accroît avec l'âge, ce qui tendrait à prouver que les évolutions de carrières sont moins favorables aux femmes, ce qui est une autre forme d'inégalité.

Magie des chiffres, on s'aperçoit que si les femmes gagnent en moyenne un quart de moins que les hommes (23 %), ceux-ci gagnent un tiers de plus (31 %) que leurs compagnes !

Même à profession égale, les femmes sont moins bien rémunérées que les hommes.
• *En 1987, l'écart variait de 17 % (techniciens) à 42 % (cadres).*

Il s'est légèrement réduit depuis 1980, en particulier chez les cadres moyens et les contremaîtres, mais il reste stable chez les ouvriers et les manœuvres. Mais l'écart reste plus grand en valeur relative pour les revenus les plus élevés.

Cette situation ne signifie pas que la loi sur l'égalité professionnelle n'est pas respectée. Profession égale n'implique pas, en effet, responsabilité égale. Les femmes occupent souvent dans chaque catégorie les postes à moindre responsabilité, donc moins bien rémunérés.

Atouts et handicaps

La profession et le sexe sont, dans l'ordre, les deux principaux facteurs influant sur les revenus des salariés. Cela ne signifie pourtant pas que toutes les personnes de sexe et de profession donnés ont des salaires identiques. L'âge, le secteur (public ou privé), la région, l'activité... entrent en compte.

L'âge est d'abord un handicap, avant d'être un atout, puis à nouveau un handicap.

En début de carrière, les salaires sont moins élevés, pour deux raisons essentielles : les postes ont une qualification inférieure à ceux qui sont occupés en fin de carrière ; les primes d'ancienneté sont inexistantes ou réduites. A partir de 30 ans, l'âge devient un atout. Il le reste pendant une durée variable selon les professions, jusque vers 45 ans environ. Chez les cadres, c'est vers 35 ans que les possibilités de promotion (interne ou par changement d'entreprise) sont les plus nombreuses. Avec une tendance continue au rajeunissement.

Le type d'activité devient un facteur prépondérant.

Les salaires versés par les entreprises dépendent encore, dans beaucoup de cas, des conventions collectives et de la concurrence existant dans le bassin d'emploi. Mais la nature même de l'activité et le dynamisme de l'entreprise jouent un rôle de plus en plus grand. On gagne plus, à travail égal, dans les sociétés d'informatique performantes que dans les entreprises de travaux publics qui ne le sont pas. Les écarts régionaux ne sont pas non plus négligeables. Ils peuvent atteindre plus de 20 % entre Paris et les régions à faible implantation industrielle.

Les salariés du secteur public ont en moyenne des salaires inférieurs à ceux du privé.

Malgré ses privilèges, liés à la sécurité de l'emploi et à certaines situations particulièrement avantageuses (retraite, primes, durée et conditions de travail), la fonction publique n'est pas le meilleur endroit pour s'enrichir. Bien que des comparaisons précises soient difficiles à établir (en raison d'appellations différentes des fonctions et d'un système de rémunération plus complexe dans le secteur public), il semble bien qu'elles soient généralement à l'avantage du privé.

L'échelle des revenus

Revenus de quelques professions
(en francs par mois) :

- **260 000** Présentateur de télévision
- **170 000** Grand avocat parisien
- **56 000** Premier ministre
- **50 000** Mannequin vedette
- **43 000** Conseiller d'Etat
- **34 000** Directeur commercial
- **33 000** Pharmacien
- **25 000** Dentiste, Avocat
- **22 000** Général de brigade
- **21 000** Médecin militaire (chef de service)
- **20 000** Pharmacien (gérant d'officine mutualiste), Chef comptable
- **19 000** Médecin généraliste
- **18 000** Professeur directeur de recherche (CNRS), Colonel, Hôtesse de l'air (*)
- **17 000** Juriste d'entreprise (*), Ingénieur
- **16 000** Croupier
- **15 000** Chef de clinique (*), Programmeur (*), Kinésithérapeute
- **14 000** Professeur certifié (*), Chef de personnel
- **13 000** Inspecteur de police (*)
- **12 500** Boucher, Charcutier
- **12 000** Puéricultrice (*)
- **11 000** Capitaine (4 ans de grade), Professeur d'université
- **10 000** Magistrat (1er grade), VRP (**)
- **9 000** Agent RATP (*), Mineur de fond, Réparateur automobile
- **8 000** Professeur agrégé (**), Infirmière (**), Adjudant, Gardien de la paix, Gendarme (15 ans d'ancienneté)
- **7 000** Employé de banque (**), Architecte (**), Secrétaire de direction (**)
- **6 000** Taxi, Caporal-chef, Infirmière (**), Instituteur (**), Maître auxiliaire, Assistant de recherche (CNRS)
- **5 000** Sapeur-pompier
- **4 000** Pasteur
- **3 500** Prêtre

(*) Fin de carrière
(**) Débutant

Le Nouvel Observateur, janvier 1988

Fonctionnaires :
la sécurité sans la croissance

Evolution du pouvoir d'achat de l'indice du traitement brut des fonctionnaires (1) :

	Taux annuel sur 5 ans (2)	83	84	85	86	87 (2)
• Moyenne annuelle		- 0,5	- 0,4	0,6	- 1,7	1,2	- 2,1
• Glissement annuel		- 0,5	0,1	- 1,1	0,1	- 1,2	- 0,5

(1) Pouvoir d'achat calculé en déflatant au mois le mois par l'indice du prix de détail (hors effet de carrière).
(2) Rappel de décembre échelonné.

INSEE

A poste égal, la rémunération des salariés dépend donc, de plus en plus, de l'entreprise dans laquelle ils travaillent, de son secteur d'activité, de son implantation géographique et de son dynamisme. Mais il est clair que les aspects financiers des emplois ne sont pas aujourd'hui ceux qui dominent. Et puis, dans cette période difficile, c'est plus souvent l'entreprise qui choisit ses employés que le contraire...

Cadres : le maquis des revenus

Les revenus des cadres sont très variables selon leur diplôme, leur âge, leur niveau de responsabilité, la taille et le secteur d'activité de l'entreprise dans lequel ils travaillent. Il faut y ajouter le *mérite*, dont les entreprises tiennent de plus en plus compte. Les comparaisons des salaires moyens sont faussées par l'évolution de la population cadre. Elles le sont également par les avantages en nature dont certains bénéficient.

L'écart de salaire entre cadres et ouvriers augmente à nouveau depuis 1986, après avoir baissé pendant vingt ans.

Le salaire net moyen des cadres était en 1987 de 224 500 francs. Entre 1976 et 1985, il avait moins augmenté que celui des ouvriers ; il avait même baissé en francs constants. Il a cependant augmenté plus vite en 1986 et 1987.

Le rapport entre les plus hauts et les plus bas salaires est aujourd'hui de 3,6, contre 4,9 en 1973.

Il faut noter que cette évolution s'explique en partie par celle de la population active depuis 1973. La proportion de cadres supérieurs est passée de 4 à 9 % ; celle des cadres moyens est passée de 15 à 20 %. Une bonne partie de ces nouveaux cadres étaient des femmes et des jeunes, ce qui a contribué à l'abaissement du salaire moyen. A l'inverse, les licenciements ont d'abord touché les ouvriers les moins qualifiés, ce qui a provoqué une hausse du salaire moyen de cette catégorie, dont les effectifs ont beaucoup diminué.

Les cadres doivent être « branchés »

Dyade

Les avantages en nature faussent les comparaisons.

Le cumul des avantages en nature peut représenter le tiers du salaire d'un cadre. Les « carottes » proposées aux cadres sont d'ailleurs de plus en plus nombreuses. Les avantages traditionnels (voiture de fonction, logement, notes de frais payées, prêts à faible taux d'intérêt...) sont en diminution, dans la mesure où la plupart sont réintégrés fiscalement dans les salaires. On estime que 6 % des cadres supérieurs du secteur privé bénéficient d'un logement fourni par l'employeur (3,5 % gratuitement), 13 % d'une voiture donnée ou prêtée.

D'autres avantages tendent à les remplacer ou à les compléter, tels que le paiement des adhésions à des clubs ou associations ou encore la disposition d'un conseiller fiscal pour remplir la déclaration de revenus, la cure de désintoxication pour les fumeurs, l'aménagement du bureau, l'abonnement à des revues, la disposition d'un micro-ordinateur au domicile, le téléphone de voiture, les plans d'épargne d'entreprise, l'invitation du conjoint à un voyage d'affaires, etc.

• Le montant de la retraite moyenne a augmenté de 36 % en francs constants entre 1975 et 1986.
• Yves Montand a reçu 800 000 francs pour sa participation à l'émission « Montand à domicile » du 12 décembre 1987. Il n'a touché que 10 000 francs pour sa participation au Grand échiquier du 23 décembre.
S • 60 % des salariés du secteur public sont insatisfaits de leur rémunération. La proportion est de 85 % chez les postiers, 78 % chez les instituteurs, 77 % chez les professeurs et chercheurs, 53 % chez les électriciens et gaziers, 48 % chez les militaires et les policiers.
S • 85 % des Français considèrent que l'augmentation du Smic est indispensable (9 % non).

La panoplie des compléments

Proportion d'entreprises ayant mis en place (en %) :

	1983	1988 (*)
• Un système de rémunération variable		
- pour les cadres supérieurs	36	70
- pour les cadres commerciaux	56	75
• Un accord de participation et d'actionnariat collectif	6	30
• Un plan d'options sur actions	1	20
• Proportion d'entreprises ne prévoyant pas d'augmentation de salaires pour les cadres	12	50

(*) Prévisions

Hewitt

Salaires

En vrac

• 66 % des entreprises fournissent des voitures de fonction à des cadres supérieurs.
• 72 % des sociétés participent aux frais de repas du personnel. 36 % offrent des examens médicaux gratuits. 27 % payent les cotisations à des organisations professionnelles, 7 % à des clubs sportifs ou à des associations. 39 % offrent des réductions sur les produits de l'entreprise. 20 % remboursent des frais de téléphone privé, 19 % des frais de représentation, 9 % des frais de consultation financière ou juridique. 4 % participent aux frais d'études des enfants. 29 % autorisent des voyages d'affaires en première classe sur longue distance.

REVENU DISPONIBLE DES MÉNAGES

Les ressources des Français ne dépendent pas seulement des revenus de leur activité professionnelle. Les prestations sociales dont ils bénéficient jouent un rôle considérable, de même que les impôts qu'ils paient. Le rôle d'amortisseur des transferts sociaux s'est beaucoup amplifié depuis 1981.

Revenu primaire : il n'y a pas que les salaires

Les dépenses des Français sont effectuées pour l'essentiel à l'échelon des ménages plutôt qu'à celui des individus, qu'il s'agisse des achats de biens d'équipement ou des courses quotidiennes. C'est pourquoi il est logique de s'intéresser aux revenus à leur échelon.

Aux salaires (nets de cotisations sociales) perçus par les différents membres du foyer, il convient d'ajouter les autres types de ressources (en dehors de toutes prestations sociales) : revenus non salariaux ; revenus du capital et de l'entreprise. L'ensemble de ces revenus constitue, avec les salaires, le revenu primaire du ménage.

En 1987, le revenu primaire moyen était d'environ 130 000 francs par ménage.

Les salaires représentent la plus grosse part de ce revenu : un peu plus de 70 %. Il faut y ajouter les revenus provenant des entreprises individuelles (commerces, artisanat, professions libérales, agriculture, etc.) et ceux du capital (intérêts, dividendes, loyers, fermages). Les revenus de la propriété sont ceux des placements financiers des ménages (immeubles, valeurs mobilières, or, etc.).

La composition du revenu primaire varie selon les catégories professionnelles.

Les sources des revenus primaires des ménages sont différentes selon que le ou les membres qui les composent sont salariés ou non et selon la profession qu'ils exercent.

Ainsi, les salaires représentent la quasi-totalité des ressources des ménages dont le « chef » est ouvrier, employé ou cadre. Les revenus des professions indépendantes proviennent non seulement de leur entreprise mais aussi, souvent, du salaire du conjoint et de leur capital. Les agriculteurs, eux, tirent l'essentiel de leurs moyens de subsistance de leur exploitation. Quant aux inactifs, leurs sources de revenus sont très différentes, selon qu'ils sont retraités, qu'ils vivent de leurs rentes ou que leur conjoint est salarié ou entrepreneur individuel.

Les trois sources des revenus

Répartition du revenu primaire des ménages (1987) :

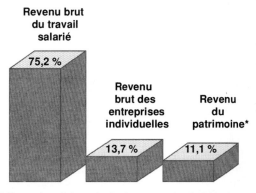

(*) Revenu brut de la production hors entreprises individuelles plus revenu de la propriété.

Comptabilité nationle

Les femmes actives apportent en moyenne un peu plus du tiers du revenu primaire du ménage.

Dans l'ensemble des ménages, les épouses représentent par leur activité environ 20 % du revenu total. Mais ce chiffre est faussé par le fait que plus de la moitié des femmes sont inactives.

Dans les ménages où l'épouse a une activité rémunérée, celle-ci représente alors en moyenne plus d'un tiers du revenu total. Un chiffre d'ailleurs sous-évalué du fait que beaucoup de femmes d'agriculteurs ou de commerçants contribuent par leur travail au fonctionnement de l'exploitation ou de la boutique, sans avoir le plus souvent d'existence sur le plan juridique et fiscal.

Revenu disponible : l'algèbre des transferts sociaux

Le revenu *disponible* des ménages est plus riche d'enseignements que leur revenu primaire. Il prend en effet en compte les transferts sociaux (prestations sociales, impôts) dont l'incidence sur les ressources des Français est croissante.

D'un côté, les prestations sociales (maladie, invalidité, accident, chômage, maternité, retraite, allocations familiales, assistances diverses, etc.) viennent s'ajouter aux revenus des familles qui en bénéficient. Leur vocation est double. Elles reposent sur le principe de l'assurance : ceux qui cotisent, de façon obligatoire ou volontaire, à des régimes de protection sont pris en charge par ces organismes en cas de problème (maladie, accident, etc.) ou à l'occasion de la retraite. Le second rôle de ces prestations est de réduire les inégalités de revenus en favorisant les catégories sociales plus modestes. Celles-ci bénéficient des allocations de salaire unique, des prêts à taux bonifié, du complément familial, des allocations de logement, de l'aide sociale, etc.

De l'autre côté, les prélèvements sociaux viennent en déduction des revenus des familles. Les cotisations sociales sont, pour les salariés, retenues à la source. Les impôts directs prélevés sur les revenus des ménages complètent le dispositif de redistribution par leur aspect progressif (plus on gagne et plus on paie proportionnellement d'impôts). Les impôts indirects (par exemple la TVA payée par les ménages sur les achats de biens et services) n'interviennent pas dans le calcul du revenu disponible total car ils concernent son utilisation et non plus sa constitution.

La compréhension de cette algèbre des transferts sociaux est essentielle pour la connaissance des ressources réelles des Français. Elle traduit à la fois l'importance des besoins financiers de l'économie nationale (impôts, cotisations) et la politique sociale du gouvernement en place (prestations).

Du revenu primaire au revenu disponible

Evolution de la structure du revenu disponible des ménages (en %) :

	1985	1959
Revenu primaire brut	100	100
dont :		
• Revenu du travail perçu par les salariés (1)	71,4	59,9
• Revenu brut d'entreprise individuelle	15,6	29,6
• Revenu du patrimoine (2)	13,0	10,5
Transferts nets de redistribution	- 3,1	- 3,3
dont :		
• Impôts courants sur le revenu et le patrimoine	- 9,1	- 5,5
• Cotisations sociales versées	- 30,1	- 16,3
• Prestations sociales reçues	35,7	18,8
Revenu disponible brut	96,9	96,7

(1) Y compris cotisations sociales
(2) Revenu brut de la production (hors entreprise individuelle) + revenu de la propriété

INSEE, Données sociales 1987

Les prestations sociales représentent plus du tiers du revenu disponible des ménages.
• Leur part varie de 4 % pour les cadres supérieurs à 73 % pour les inactifs.

D'une manière générale, les prestations sociales sont inversement proportionnelles au montant des revenus primaires (salaires et autres revenus) d'une catégorie. Il y a à cela deux raisons : l'effet redistributif, qui a pour but de favoriser les bas revenus par rapport aux autres ; le fait que les prestations sont pour la plupart plafonnées et représentent donc une part des revenus d'autant plus faible que ceux-ci sont élevés.

L'évolution au cours des dix dernières années est spectaculaire. Elles ont été multipliées par dix depuis 1970 et représentent aujourd'hui une masse d'environ 1 500 milliards de francs. Ce sont les allocations de chômage qui ont le plus augmenté : elles représentaient 2 % du montant des prestations sociales reçues par les ménages en 1970 ; leur part est de 11 % aujourd'hui.

Les impôts directs représentent 10 %
du revenu disponible des ménages.
• L'impôt sur le revenu représente
70 % des impôts directs.

La médaille des revenus des ménages (et des prestations sociales qui viennent s'y ajouter) a son revers, qui est l'impôt. L'évolution de ces dernières années s'est faite dans deux directions : le poids de l'impôt a augmenté pour la plupart des ménages ; son rôle redistributif s'est accentué. Les Français ont dû, pour beaucoup d'entre eux, participer à un important effort de solidarité, qui s'est traduit par une perte générale de pouvoir d'achat depuis 1983.

Même s'il est le plus célèbre, l'impôt sur le revenu n'est pas le seul impôt direct payé par les Français. Les particuliers acquittent aussi un impôt sur les plus-values éventuelles (vente de logements, de valeurs mobilières ou d'autres biens) et des impôts locaux (taxe foncière, taxe d'habitation).

Le poids de l'impôt s'est régulièrement alourdi
au cours des dernières années.

Après être restée à peu près stable jusqu'en 1980, la pression fiscale avait ensuite augmenté. Ce sont les revenus les plus élevés qui ont été les plus fortement touchés entre 1982 et 1985. De façon générale, les célibataires sont plus lourdement imposés que les couples mariés, qui, lorsqu'ils ont des enfants, le sont eux-mêmes plus que les concubins.

Conscient du risque d'un taux de prélèvement excessif sur les revenus (à la fois sur le plan psychologique et sur la consommation des ménages), les gouvernements se sont engagés à partir de 1984 dans une politique de réduction des impôts. Mais la baisse relative des impôts directs (en particulier l'impôt sur le revenu) a été compensée par la hausse des cotisations sociales et la mise en place de prélèvements exceptionnels, pour faire face par exemple au déficit de la sécurité sociale. de sorte que le total des prélèvements obligatoires a augmenté encore en 1987, atteignant 44,7 % du PIB.

Il faut d'ailleurs préciser que la part de l'impôt sur le revenu est déjà particulièrement faible en France, par rapport à la plupart des autres pays industrialisés (encadré).

Les Français reversent près de la moitié
de leurs revenus à l'Etat.

La moitié de la production intérieure, fruit du travail des Français, est aujourd'hui consommée par l'Etat. Cette situation n'est pas propre à la France. Des pays comme les Pays-Bas ou le Danemark font des « scores » encore plus élevés, même si la structure des prélèvements entre particuliers et entreprises est différente de ce qu'elle est en France.

Ainsi, les cotisations de Sécurité sociale représentent environ 19 % du PIB en France,

---

La France, paradis fiscal pour les revenus

Structure des prélèvements obligatoires dans quelques pays (1985, en %) :

	Revenu	Sociétés	Sécurité sociale	Patri-moine	Biens et services	Autres
• FRANCE	12,7	4,3	43,6	4,6	29,4	5,4
• Belgique	34,2	6,4	33,2	1,7	24,4	0,1
• Royaume-Uni	26,0	12,9	17,5	12,0	31,5	0,1
• Pays-Bas	19,5	7,0	43,9	3,5	25,8	0,3
• RFA	28,7	6,1	36,5	3,0	25,6	0,1
• Etats-Unis	35,7	7,1	29,4	10,1	17,7	0,0
• Suède	38,5	3,5	24,8	2,3	26,4	4,5

OCDE

A mi-temps pour l'Etat

Part des prélèvements obligatoires dans le PIB (en %) :

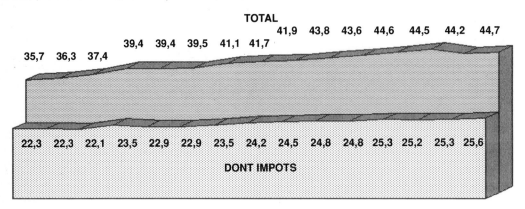

TOTAL

35,7 36,3 37,4 39,4 39,4 39,5 41,1 41,7 41,9 43,8 43,6 44,6 44,5 44,2 44,7

22,3 22,3 22,1 23,5 22,9 22,9 23,5 24,2 24,5 24,8 24,8 25,3 25,2 25,3 25,6

DONT IMPOTS

1973 1974 1975 1976 1977 1978 1979 1980 1981 1982 1983 1984 1985 1986 1987

Rapport sur les comptes de la nation

Et chez les autres...

Part des prélèvements obligatoires dans le PIB de certains pays en 1986 (en %) :

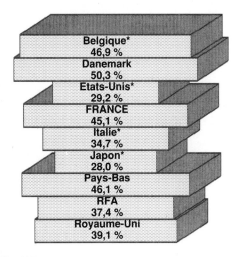

Belgique*
46,9 %
Danemark
50,3 %
Etats-Unis*
29,2 %
FRANCE
45,1 %
Italie*
34,7 %
Japon*
28,0 %
Pays-Bas
46,1 %
RFA
37,4 %
Royaume-Uni
39,1 %

(*) En 1985

OCDE

contre 6,5 % en Grande-Bretagne, 7,5 % au Japon, 9 % aux Etats-Unis, 13,2 % en RFA. Elles sont pour 70 % à la charge des employeurs, c'est-à-dire plus que dans la plupart des pays, alors que la part des salariés est plutôt moins élevée qu'ailleurs.

Le « rattrapage » se fait à l'aide de l'impôt sur le revenu des ménages, qui représente plus de 50 % des prélèvements au Danemark contre environ 13 % en France.

En 1987, le revenu disponible brut par ménage était d'environ 160 000 francs (13 000 francs par mois).
• En 1970, il était de 34 250 francs.

Le lent cheminement précédent à travers les revenus primaires, prestations sociales et impôts directs permet enfin de dresser un bilan complet des ressources des Français. Le résultat est le revenu disponible des ménages, qui caractérise ce dont ils disposent réellement pour vivre.

En dehors des professions indépendantes et des cadres, les ménages perçoivent plus de prestations sociales qu'ils ne paient d'impôts directs. C'est ce qui explique que leur revenu disponible soit supérieur à leur revenu primaire. Prestations

Ce dont ils disposent

Salaire et revenu de quelques ménages-types en 1987 (en francs) :

	A		B		C	
	pas d'enfant	3 enfants	pas d'enfant	3 enfants	pas d'enfant	3 enfants
• Salaire brut annuel	378 912	378 912	138 946	138 946	69 840	69 840
• Charges sociales (part salariale)	54 122	54 122	21 135	21 135	11 467	11 467
• Salaires nets	324 790	324 790	117 811	117 811	58 373	58 373
• Prestations familiales	0	6 496	0	25 114	0	31 552
• Impôt sur le revenu payé*	59 024	31 872	7 721	0	0	0
• Impôts locaux	4 273	4 134	2 519	2 160	1 517	1 532
Revenu disponible total	**261 493**	**295 280**	**107 571**	**140 765**	**56 856**	**88 932**

A Homme cadre, femme technicienne
B Homme technicien, femme sans activité professionnelle
C Homme ouvrier non qualifié, femme sans activité professionnelle

(*) Impôt payé dans l'année sur les revenus de l'année précédente

CERC

et impôts directs évoluent en sens contraire : les prestations diminuent lorsque le revenu augmente ; les impôts augmentent en même temps que le revenu.

Vive la crise !

Evolution du revenu disponible annuel brut par habitant (en francs courants) :

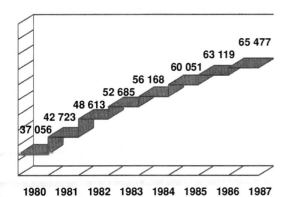

| 1980 | 1981 | 1982 | 1983 | 1984 | 1985 | 1986 | 1987 |

Comptabilité nationale

L'éventail des revenus disponibles est plus resserré que celui des revenus primaires.

Le rapport entre les salaires nets moyens d'un cadre supérieur et d'un manœuvre est de 3,9. Il n'est plus que de 2 environ lorsqu'on compare les revenus disponibles moyens d'un ménage où l'homme est cadre supérieur et ceux où il est manœuvre. Les mécanismes de la redistribution (le cadre supérieur paie plus d'impôts en proportion de ses revenus et reçoit beaucoup moins de prestations, voir ci-dessus) expliquent en partie ce spectaculaire resserrement. Une autre explication est la présence d'autres revenus salariaux (généralement celui du conjoint), plus sensible dans les ménages modestes où la femme travaille plus fréquemment et perçoit un salaire plus proche de celui de son mari que dans les ménages plus aisés.

Les écarts de revenu ont diminué régulièrement depuis une quinzaine d'années.

La réduction des écarts entre les revenus disponibles avait commencé au début des années soixante-dix, avec le coup de pouce donné aux bas salaires. La politique de prestations sociales et de fiscalité, depuis longtemps favorable à ce resserrement, l'a été plus encore entre 1981 et 1985. Le résultat a été un nivellement par le milieu. Les revenus supérieurs à la moyenne se sont rapprochés, perdant chaque année de leur avance. Les revenus inférieurs à la moyenne se sont aussi rapprochés, de sorte que les écarts ont diminué.

On a constaté cependant, en 1986 et 1987, un léger accroissement des écarts entre les salaires les plus élevés et les plus modestes qui n'a pas été compensé par les mécanismes de redistribution (cotisations, impôts et prestations sociales). S'il se poursuivait, ce phénomène inverserait la tendance au rapprochement des revenus disponibles des différentes catégories sociales.

La face cachée de la redistribution

La redistribution des revenus par l'impôt et les prestations sociales n'est pas aussi indiscutable qu'il y paraît. Si l'on tient compte, en effet, de l'utilisation des services collectifs financés par l'impôt direct (hôpitaux, équipements sportifs, culturels, etc.), on constate que ce sont les titulaires des plus hauts revenus qui en profitent le plus, souvent au-delà de leur propre contribution. De même, les enfants des ménages les plus aisés sont ceux qui utilisent le plus longtemps le système éducatif. En ce qui concerne les dépenses collectives liées à la retraite, les anciens titulaires de hauts revenus en profitent aussi plus que les autres, du fait de leur espérance de vie plus longue. Le phénomène de la redistribution est donc en réalité très complexe et ne saurait être limité à sa dimension financière apparente.

Des millions de pauvres en France

Dans une société où le pouvoir d'achat a augmenté, en moyenne, sur l'ensemble de la période de crise économique, on compte de plus en plus de pauvres. Il est évidemment difficile de les recenser, mais les estimations varient entre 3 et 6 millions de personnes : chômeurs de longue durée, illettrés, personnes non couvertes par la Sécurité sociale... Sans travail, sans logement, sans couverture sociale, souvent sans espoir. Plusieurs millions d'exclus que la société n'a pas su intégrer ou protéger.

E • 3 millions de ménages ont un revenu inférieur à 60 francs par personne et par jour.
• 500 000 vivent dans un logement insalubre.

Des millions de personnes disposent de moins de 2 000 francs par mois pour vivre ; un budget insuffisant pour se nourrir, se loger ou se vêtir décemment. Pour la seule ville de Paris, le nombre des sans-abri est estimé à 15 000. En France, 120 000 personnes habitent dans des cités de transit (en principe provisoires) et 100 000 dans des baraques, des caravanes, des vieux wagons ou des véhicules divers, le plus souvent dépourvus du confort minimum (eau, électricité, sanitaires).

La situation, loin de s'améliorer, est plutôt en train de s'aggraver sous l'effet dévastateur du chômage. Au total, on peut estimer que plus d'un Français sur dix vit en état de pauvreté. Une proportion inacceptable.

Tout le monde est concerné

Secours populaire français

Les pauvres sont de plus en plus jeunes.

Beaucoup, parmi les « nouveaux pauvres », ont moins de vingt ans. Ils ont quitté la province pour venir chercher du travail à Paris. N'en ayant pas trouvé, ils n'ont plus d'argent et n'ont même pas droit aux indemnités de chômage.

D'autres ont connu, pendant quelques années, les joies de la société de consommation et des facilités de crédit qu'elle accorde assez largement. Le chômage, toujours lui, a mis fin brutalement aux rêves de voiture et de télé couleur. Sans loyer, il n'y a plus de logement. Les meubles en ont d'ailleurs été saisis par les créanciers. Certains pourront subsister grâce aux différentes formes d'aides publiques ou privées. D'autres deviendront des clochards, définitivement exclus de la société. Peu, finalement, pourront sans dommages traverser cette épreuve douloureuse. Et les enfants qui l'auront vécue ne pourront jamais être tout à fait comme les autres.

Les immigrés ne constituent qu'une minorité (environ un tiers) du « quart monde » français.

La pauvreté existant en France n'est pas « importée ». Elle est la conséquence tragique d'un processus dont il est difficile de sortir, une fois qu'il s'est mis en marche. Partout, les organisations de secours aux déshérités constatent l'extension du phénomène. Le Secours catholique d'Ile-de-France reçoit chaque jour 2 000 demandes d'aide et 120 demandes d'hébergement. Les loyers impayés dans les HLM ont plus que triplé en quatre ans. Les chômeurs de longe durée (plus de deux ans) sont plus de 500 000, confre 75 000 il y a dix ans. Plus d'un million de chômeurs ne sont pas, ou plus, indemnisés. Entre 1973 et 1985, la proportion de chômeurs parmi les jeunes garçons sans diplôme est passée de 12 à 56 %.

Le chômage est toujours à l'origine du processus de marginalisation.

L'histoire commence toujours de la même façon. Une personne sans qualification perd son travail. Elle cherche sans succès un emploi, tout en percevant pendant un an les allocations de chômage, puis de fin de droit. Un jour, elle se retrouve sans ressources avec des enfants à nourrir, un loyer à payer. C'est le cas d'environ un million de chômeurs aujourd'hui.

En majorité jeunes et Français

L'association Médecins du monde, qui a ouvert à partir de mai 1986 des centres d'accueil destinés principalement aux chômeurs en fin de droit, a publié quelques statistiques sur les personnes qui y ont été reçues :

- 74 % sont des hommes.
- 95 % sont sans domicile fixe ou logés temporairement dans des centres d'hébergement, à l'hôtel, chez des amis ou parents.
- 70 % ont moins de 40 ans, dont 35 % entre 20 et 30.
- 55 % sont Français, 15 % Africains, 14 % sont des Maghrébins non naturalisés et 6 % des ressortissants d'autres pays.
- 66 % ne disposent d'aucune ressource, 14 % ont moins de 2 000 francs par mois.
- 38 % sont d'anciens ouvriers, 36 % d'anciens employés, 6 % des artisans et des petits commerçants, 4 % des cadres.

Médecins du monde

Pour certains, l'engrenage ne s'arrêtera plus. La déchéance morale, puis physique les empêchera de retrouver un emploi, car les pauvres font plus peur que pitié. De la marginalité à l'exclusion, il n'y a qu'un pas, que beaucoup ne pourront éviter de franchir. La société française n'est pas la seule à sécréter cette nouvelle forme de pauvreté. Des millions de personnes sont concernées dans la Communauté européenne.

Comme dans le domaine de la santé, c'est à la prévention de la pauvreté qu'il faudrait s'attaquer plutôt que de chercher à la combattre une fois qu'elle est apparue. Cette prévention passe évidemment d'abord par la lutte contre le chômage. Elle passe aussi par un réel effort de solidarité nationale. A l'heure où le corporatisme est de rigueur, ceux qui ne sont pas constitués en groupe de défense ont peu de chances d'être entendus, donc aidés. La « société centrifuge » n'a pas fini de tourner.

Les revenus

En vrac

• En 1987, 10 % des hommes ont reçu un salaire net inférieur ou égal à 55 000 francs (48 500 francs pour les femmes). 10 % ont reçu un salaire net supérieur ou égal à 174 900 francs (119 000 francs pour les femmes).

• Les primes des fonctionnaires représentent en moyenne le quart de leurs rémunérations. Les disparités sont importantes entre les catégories : 6 % pour les enseignants, 50 % pour certains agents des départements d'outre-mer.

S • 80 % des femmes connaissent le salaire de leur conjoint, 7 % ne le connaissent pas (13 % ne se prononcent pas).

• En France, 77 % des dépenses de protection sociale sont financées par les cotisations sociales, 20 % par les contributions publiques, 3 % par les autres recettes. La part des cotisations sociales est de 70 % en RFA, 67 % en Italie, 56 % en Belgique, 48 % au Royaume-Uni, 36 % en Irlande, 14 % au Danemark.

• En 1987, plus de 5 000 tonnes de nourriture ont été recueillies par les banques alimentaires. 12 millions de repas ont été distribués.

S • 42 % des Français considèrent que c'est à l'Etat de s'occuper de la misère. 39 % pensent que donner de l'argent, c'est apporter sa contribution, même si ça ne suffit pas. 38 % pensent qu'il y a d'autres façons d'aider les gens ; par exemple donner son temps, participer à une action, militer... 24 % pensent que donner de l'argent ne sert à rien, car il arrive rarement aux destinataires. 9 % pensent que donner de l'argent, c'est encourager les gens à ne rien faire pour s'en sortir (plusieurs réponses étaient possibles).

E • Parmi les exclus de la protection sociale (entre un million et 2,5 millions), plus de la moitié y ont droit mais l'ignorent ou ne savent pas faire valoir leurs droits.

LES DÉPENSES

POUVOIR D'ACHAT

Après trente ans de croissance ininterrompue de leur pouvoir d'achat, les Français ont subi les effets de la crise économique. Mais ils les ont subis avec retard, et les catégories sociales ont été inégalement touchées.

1950-1980 : de la croissance dure à la croissance douce

Le pouvoir d'achat est un indicateur économique devenu familier aux Français. C'est lui, en effet, qui mesure l'évolution de leurs ressources dans le temps. Ce n'est pas contre le temps que se livre le combat du pouvoir d'achat, mais contre l'inflation. Le pouvoir d'achat ne représente en effet rien d'autre que le résultat, jamais acquis, de cette lutte permanente. Mais il existe plusieurs façons de le mesurer, selon qu'on s'intéresse aux salaires bruts, aux salaires nets ou aux revenus disponibles.

Entre 1950 et 1970, le pouvoir d'achat du salaire moyen a été multiplié par 2.

Durant la longue période de croissance économique qui suivit la Seconde Guerre mondiale, la pire situation était d'avoir un salaire indexé sur l'inflation, alors que l'ensemble des revenus augmentait plus vite que les prix. Ce fut le cas du SMIG qui prit un retard important sur les autres salaires jusqu'en 1968, pendant que les revenus plus élevés connaissaient une période de prospérité sans équivalent.

Pendant ces trente années, les Français se sont plus enrichis que pendant tout le siècle précédent. La plupart ont pu progressivement acquérir leur résidence principale et s'équiper des produits-phares de la société de consommation : voiture, réfrigérateur, télévision, machine à laver, etc.

Il n'est donc pas surprenant que les Français se soient installés avec regret et lenteur dans la période qui suivit cet âge d'or.

Entre 1970 et 1980, les salaires ont continué d'augmenter, mais de façon plus sélective.
- *Le pouvoir d'achat des ouvriers a augmenté de 4,7 % par an en moyenne.*
- *Celui des cadres supérieurs de 0,6 %.*
- *Celui du SMIC de 5,7 %.*

Ignorant délibérément la crise, les Français revendiquèrent la poursuite de l'accroissement de leur pouvoir d'achat, par l'intermédiaire de

---

1950-1980 : les 30 glorieuses

Evolution des salaires nets annuels moyens (en francs) et de leur pouvoir d'achat :

	1950	1980	Evolution (1)
• Cadres supérieurs	7 900	136 600	+ 203 %
• Cadres moyens	4 000	70 500	+ 209 %
• Employés	2 800	44 400	+ 178 %
• Ouvriers	2 400	41 900	+ 206 %

(1) Croissance du pouvoir d'achat, tenant compte de la hausse des prix pendant la période (+ 571 %).

Estimations, à partir des données INSEE

---

leurs représentants syndicaux. Malgré les difficultés économiques qui s'accumulèrent et qui se traduisirent par une forte poussée de l'inflation (avec un maximum de 14,7 % en 1973), le pouvoir d'achat moyen continua d'augmenter, mais de façon très modulée selon les catégories. Ainsi, le revenu disponible brut des ménages de cadres supérieurs n'a augmenté en moyenne que de 0,9 % par an pendant la période 1970-1979, mais 4,8 % pour les inactifs, 2,8 % pour l'ensemble des ouvriers, 1,9 % pour les employés et les agriculteurs, 1,5 % pour les cadres moyens.

Ces dix années ont donc eu un effet important sur la hiérarchie des revenus. Le haut de la pyramide s'est tassé, pendant qu'à la base la forte croissance du SMIC entraînait celle de l'ensemble des bas salaires. Un phénomène inverse de celui des vingt années précédentes.

1980-1985 : la croissance faible

Le pouvoir d'achat moyen des revenus bruts a peu progressé au cours de cette période, en particulier entre 1983 et 1985. De plus, l'augmentation des cotisations sociales et des impôts payés par les ménages n'a pas toujours été compensée par celle des prestations sociales reçues. De sorte que le revenu disponible des Français a plutôt baissé. Les disparités ont été cependant fortes entre les différentes catégories sociales.

Chez les salariés, le resserrement de l'éventail des rémunérations s'est poursuivi.

Entre 1981 et 1985, le SMIC a augmenté son avance sur les autres salaires, en termes d'accroissement du pouvoir d'achat. Cela a eu pour conséquence d'améliorer les bas salaires, surtout dans les secteurs privé et semi-public. La réduction de la durée légale du travail, réalisée le plus souvent sans diminution de salaire, a fortement contribué à l'augmentation des salaires horaires les plus bas, tandis que le pouvoir d'achat des salaires mensuels, souvent plus élevés, restait stable. Globalement, le pouvoir d'achat des cadres et agents de maîtrise a baissé pendant cette période.

Les salariés de la fonction publique ont connu une évolution semblable : après une perte de pouvoir d'achat en 1979, les années 1980 et 1981 ont été plus favorables. En 1982, seuls les fonctionnaires du bas de l'échelle (catégorie D) ont vu leur pouvoir d'achat préservé.

Ce sont les cadres qui ont été les plus touchés.

Le pouvoir d'achat des cadres est globalement en baisse depuis 1975. C'est parmi les cadres supérieurs que les effets de la crise ont été les plus sensibles. Entre 1975 et 1985, la seule année positive (en ce qui concerne les salaires nets) a été 1976 (+ 1,2 %).

Le pouvoir d'achat augmente moins vite aujourd'hui

CLM/BBDO

Les gagnants et les perdants

Evolution du pouvoir d'achat des salaires annuels nets (en %) :

	85/84	86/85	87/86
• Cadres	- 0,3	1,0	- 0,2
• Techniciens	- 0,4	0,6	- 1,0
• Autres professions intermédiaires	- 0,7	0,3	- 1,2
• Employés	0,7	1,3	- 0,7
• Ouvriers qualifiés	- 0,1	1,8	- 0,7
• Ouvriers non qualifiés	1,5	2,2	- 0,1
ENSEMBLE	**0,8**	**1,8**	**- 0,1**
ENSEMBLE :			
• **HOMMES**	**0,8**	**1,8**	**- 0,2**
• **FEMMES**	**0,9**	**2,2**	**0,4**

INSEE

Les différentes catégories de cadres ont connu des évolutions contrastées. Ainsi, la hiérarchie des salaires s'est tassée chez les techniciens alors qu'elle s'est accentuée chez les ingénieurs. Globalement, on assiste à une réduction des disparités lorsqu'on prend en compte l'impôt sur le revenu et les prestations reçues par les ménages dont le chef de famille est cadre. L'impact des mesures fiscales et sociales a été particulièrement négatif chez les cadres célibataires. L'évolution du revenu disponible des ménages montre que les revenus des cadres ont sensiblement moins augmenté depuis une vingtaine d'années que ceux des autres catégories socioprofessionnelles.

La situation des nonsalariés a été très différente selon les catégories.

Après les baisses importantes de l'année 1981 (5 %) et surtout celle de 1980 (14 %), le pouvoir d'achat des agriculteurs a retrouvé le chemin de la hausse en 1982 (environ 2,5 %) puis rechuté en 1983 (- 4,2 %).

Les revenus des viticulteurs ont été plus favorables, du fait des récoltes exceptionnellement abondantes de 1982 et 1983. 1984 fut cependant une année moins favorable, à la suite des difficultés rencontrées au niveau européen.

Les commerçants ont connu au fil des ans des fortunes diverses selon leur activité, la conjoncture générale et leur dynamisme personnel. 1981 avait été pour beaucoup une année difficile. 1982 fut bien meilleure, en particulier pour les bouchers-charcutiers. 1983 a marqué un repli généralisé, confirmé en 1984.

Les professions de santé ont subi en 1982 les effets du blocage des tarifs conventionnés. Les hausses des tarifs des consultations intervenues en 1983 leur ont permis de retrouver depuis des niveaux de revenus plus élevés.

D'une manière générale, les revenus des non salariés ont connu une évolution plus favorable en 1986 et, d'une manière moins homogène, en 1987 (voir ci-après).

1986-1987 : une tendance incertaine

Le pouvoir d'achat des revenus a repris en 1986 sa marche en avant, en même temps que les écarts entre les salaires s'accroissaient à nouveau, après une longue période de resserrement. Mais cette tendance n'était pas confirmée en 1987, année de baisse globale du pouvoir d'achat des salaires, modulée selon les catégories.

1986 a été une bonne année pour les revenus.

Le pouvoir d'achat a globalement augmenté de 0,8 % en 1986 pour les salaires bruts, et de 1,5 % pour les salaires nets. Celui du revenu disponible augmentait, lui, dans des proportions encore supérieures : 3,3 %. Une partie de ce gain est due à une meilleure qualification moyenne des actifs, en particulier à la part croissante des cadres supérieurs dans l'ensemble de la population salariée.

Ce gain de pouvoir d'achat a profité à l'ensemble des catégories socioprofessionnelles. Mais l'écart existant a cessé de se réduire entre les salaires les plus élevés et les plus bas. Ce phénomène s'explique par le fait que les bas salaires (en particulier le SMIC) ont moins progressé dans les années récentes qu'au cours des années précédentes, tandis que les salaires des cadres supérieurs connaissaient une forte progression. De plus, les cotisations sociales

Pouvoir d'achat des cadres : l'embellie

Variation du pouvoir d'achat du revenu disponible de ménages-types de salariés entre 1984 et 1987 (moyenne annuelle, en %) :

| | Couples 1 salaire | | | Couples 2 salaires | | | Célibataires | |
	0 enfant	1 enfant	2 enfants	0 enfant	1 enfant	2 enfants	Hom.	Fem.
• Cadre	1,7	1,4	1,1	1,4	1,3	1,2	2,1	2,0
• Technicien	0,4	0,3	0,1	0,7	0,6	0,6	0,9	0,4
• Employé	0,8	0,7 (*)	0,2 (*)	0,4	0,4	0,4	0,7	0,1
• Ouvrier qualifié	0,9 (*)	0,7 (*)	0,0 (*)	0,5	0,5	0,4	0,5	0,4
• Ouvrier non qualifié	2,4 (*)	1,1 (*)	0,8 (**)	1,4	1,3	1,1	1,5	1,1
SMIC	0,9 (**)	0,9 (**)	0,6 (**)	1,1	0,9 (*)	0,9 (*)	0,9 (**)	0,9 (**)

(*) Ménages ayant bénéficié d'une décote fiscale en 1987.
(**) Ménages non imposables en 1987.

Evolution du pouvoir d'achat des salaires nets par catégorie socioprofessionnelle (en %, moyene annuelllle) :

	1985/84	1986/85	1987/86	1987/84
• Cadres supérieurs	0	1,3	0,2	0,5
• Techniciens, agents de maîtrise	- 0,3	0,8	- 0,8	- 0,1
• Autres professions intermédiaires	- 0,6	0,6	- 0,9	- 0,3
• Employés	0,7	1,4	- 0,6	0,5
• Ouvriers qualifiés	- 0,1	1,8	- 0,6	0,5
• Ouvriers non qualifiés	1,6	2,2	0	1,3

CERC

sont proportionnellement moins lourdes pour les hauts revenus et l'écart s'est creusé depuis 1985.

On a observé également que la hiérarchie des salaires ouvriers ne s'est pas resserrée en

Deux années contrastées

Evolution du pouvoir d'achat des salaires nets par catégorie en 1986 et 1987 (en %) :

	1986	1987
• Cadres	+ 1,8	- 0,1
• Techniciens	+ 1,0	- 0,2
• Autres prof.intermédiaires	+ 0,3	- 1,2
• Employés	+ 1,3	- 0,7
• Ouvriers qualifiés	+ 1,8	- 0,7
• Ouvriers non qualifiés	+ 2,2	- 0,1
ENSEMBLE	**+ 1,8**	**- 0,1**

INSEE

1986, contrairement à la tendance passée. Du fait de la réduction de l'inflation, le SMIC n'est plus relevé qu'une fois par an et n'a donc plus le même effet d'accroissement sur les bas salaires.

En 1987, les salaires annuels nets ont baissé en moyenne de 0,1 %.

Après une année 1986 très favorable, la baisse du pouvoir d'achat des salaires a été générale en 1987, mais elle est restée limitée. Les plus touchées ont été les professions moyennes : techniciens, autres professions intermédiaires et employés. Aux deux extrémités de la hiérarchie, la situation des cadres et des ouvriers a été moins défavorable.

Les fonctionnaires ont connu quant à eux une évolution en apparence paradoxale : le pouvoir d'achat de leur salaire brut a baissé de 2,1 % en moyenne (2,8 % pour leur salaire net), tandis qu'on constate une amélioration en glissement annuel de 5,2 % (4,5 % en net). Ce résultat favorable en glissement est dû au rappel de salaire obtenu en décembre 1987. Depuis 1978, la baisse cumulée en pouvoir d'achat de l'indice du traitement brut est de 3,5 %, mais l'alourdissement des cotisations sociales porte la baisse du pouvoir d'achat de l'indice du traitement net à environ 8 %.

Le pouvoir d'achat du revenu agricole a progressé de 5,6 % en francs constants en 1987. Celui des professions non salariées non agricoles a augmenté en moyenne de 4 %. Entre 1984 et 1987, le bénéfice moyen des professions de l'alimentation s'est accru de 1 à 3 % par an (3,5 à 6 % pour le commerce alimentaire de détail). Il a augmenté de 4,5 à 7 % pour les pharmacies, de 7,5 à 11 % pour les hôtels-cafés-restaurants, de 5,5 à 9,5 % pour les coiffeurs, tandis qu'il diminuait pour les taxis.

Pouvoir d'achat

En vrac

• 86 % des établissements de plus de dix salariés appliquent au moins une convention collective, 35 % appliquent au moins un texte d'établissement ou d'entreprise, 96 % appliquent au moins l'un des deux ou les deux.
• Le pouvoir d'achat des salaires annuels nets des femmes a augmenté plus vite en 1987 que celui des hommes (0,4 % contre 0,2 %).
• La part des augmentations individuelles dans la politique salariale tend à s'accroître. Cela explique qu'en 1986, le pouvoir d'achat des cadres a augmenté en moyenne de 2 %, mais que 33 % d'entre eux ont subi une perte de pouvoir d'achat.
• Le montant moyen de la retraite a augmenté de 36 % en francs constants entre 1975 et 1986. Cette augmentation est due à la fois aux revalorisations annuelles et au fait que les nouveaux retraités ont des pensions en moyenne plus élevées que les plus anciens.

DÉPENSES

Les Français sont aujourd'hui plus enclins à dépenser l'argent qu'ils gagnent qu'à l'épargner. La crise, bien sûr, ne leur laisse pas toujours le choix. Mais la capacité de consommer, plus qu'un simple plaisir, devient le symbole de la liberté.

La consommation prioritaire

Que font les Français du revenu dont ils disposent après avoir payé leurs impôts et perçu les éventuelles prestations sociales auxquelles ils ont droit ? Ils n'ont guère que deux solutions : dépenser ou épargner. Après avoir longtemps joué la fourmi de la fable, c'est à la cigale, aujourd'hui, qu'ils ressemblent.

Quarante ans de consommation

Croissance des revenus réels et de la consommation depuis 1949 (taux annuel moyen, en %) :

	1949 à 1959	1960 à 1969	1970 à 1973	1974 à 1981	1982 à 1985
• Consommation en volume	4,5	5,5	5,6	3,4	1,6
• Revenu réel	4,5	5,5	6,5	3,0	0,9

INSEE, Données sociales 1987

Entre 1949 et 1969, la consommation a augmenté au même rythme que le pouvoir d'achat.

Depuis 1950, le budget disponible pour la consommation s'est considérablement accru ; le pouvoir d'achat des ménages a été multiplié par quatre entre 1949 et 1985. Au cours de la période 1949-1969, les dépenses de consommation ont augmenté à un rythme comparable à celui du revenu réel des ménages, c'est-à-dire d'environ 5 % par an en moyenne.

La première période (entre 1949 et 1959) correspond à celle de la reconstruction, en particulier de l'habitat. Les années soixante ont été marquées ensuite par l'ouverture des frontières, l'industrialisation et l'avènement des produits de consommation de masse. C'est dans ce contexte qu'est survenue la crise de 1973.

Entre 1969 et 1973, la consommation s'est un peu ralentie, au profit de l'épargne.

La croissance des revenus des ménages a été particulièrement forte pendant les cinq années qui ont précédé la crise économique : 6,5 % par an entre 1969 et 1973. La croissance de la consommation est restée très élevée (5,6 % par an), mais inférieure à celle des revenus ; les Français ont donc pu reconstituer leur épargne, tout en achetant les biens d'équipement du foyer fabriqués en grandes séries.

Le développement de l'offre industrielle, le rôle incitatif de la publicité et la volonté d'afficher son « standing » par les objets de la modernité (équipement ménager, voiture, vacances, vêtements, etc.) expliquent cette course effrénée au « toujours plus » matériel.

Depuis le début de la crise économique, l'accroissement des dépenses de consommation est supérieur à celui des revenus.

L'arrivée de la crise économique n'a pas modifié les comportements de consommation des Français. D'abord parce qu'un consensus social s'est produit pour nier l'existence de la crise et qu'il a été entretenu par l'attitude des partis politiques, mais aussi des syndicats et des entreprises.

Le résultat de cet état d'esprit commun aux individus et aux institutions est que les Français ont commencé à puiser dans leur épargne pour maintenir un courant de consommation : entre 1974 et 1981, la consommation augmentait de 3,4 % alors que les revenus n'augmentaient que de 3,0 %. Le phénomène a été encore plus marqué entre 1981 et 1987.

En 1987, les Français ont dépensé 88 % de leur revenu disponible.

Jusqu'en 1975, l'épargne avait largement bénéficié de l'accroissement des revenus. Mais la crise a progressivement réduit l'augmentation du pouvoir d'achat, jusqu'à pratiquement l'annuler pour certaines catégories au cours des dernières années. Pourtant, les Français sont restés très attachés à la consommation, et ont réduit chaque année un peu plus leur épargne. Elle ne représentait plus que 12 % du revenu disponible en 1987.

Les Français changent, leurs dépenses changent aussi

Lorsqu'on examine la structure du budget des Français, on pourrait penser qu'ils mangent de moins en moins et qu'ils ne s'habillent plus, afin de consacrer plus d'argent à leur santé et à leurs loisirs. L'analyse est un peu sommaire ; l'évolution en valeur *relative* (c'est-à-dire la part consacrée à chaque type de dépenses, voir tableau page suivante) doit être considérée en même temps que l'évolution en valeur *absolue* (les dépenses exprimées en francs et non plus en pourcentage).

On s'aperçoit alors que les Français continuent d'accroître leurs dépenses en nourriture. Mais, comme leur appétit n'est pas sans limite, ils ne peuvent lui consacrer beaucoup plus, sous peine de tomber malades. D'autant que les autres occasions de dépenses sont nombreuses...

1973 est une année charnière.

Le début de la première crise pétrolière coïncide avec une rupture du rythme de consommation des ménages. Elle est particulièrement nette à la baisse pour l'alimentation, l'habillement et l'équipement du logement ; et à la hausse pour les dépenses de santé et de logement.

Ces arbitrages traduisent, bien sûr, l'évolution des goûts et des aspirations des Français, liée à leur nouvelle échelle des valeurs. Ils sont aussi la conséquence de contraintes économiques nouvelles. Ainsi, l'augmentation du prix de l'énergie conditionne celle des dépenses de logement qui, outre les loyers, comprennent le

Les nouvelles priorités

Evolution de la structure de la consommation des ménages (coefficients calculés aux prix courants, en %) :

	1970	1980	1986	1987
• Produits alimentaires, boissons et tabac	27,5	21,4	20,5	20,1
• Habillement (y compris chaussures)	8,6	7,3	7,2	7,0
• Logement, chauffage, éclairage	14,5	17,5	18,8	18,9
• Meubles, matériel ménager, articles de ménage et d'entretien	10,0	9,5	8,3	8,3
• Services médicaux et de santé	9,8	7,7	8,9	8,9
• Transports et communication	11,6	16,6	16,5	16,8
• Loisirs, spectacles, enseignement et culture	6,0	7,3	7,2	7,3
• Autres biens et services	12,0	12,6	12,6	12,8
CONSOMMATION NATIONALE (y compris non marchande)	**100,0**	**100,0**	**100,0**	**100,0**

INSEE

chauffage et l'électricité. Les dépenses de transport sont également liées à l'augmentation du prix de l'essence et du prix des voitures, dont la construction nécessite beaucoup d'énergie et de matières premières, elles-mêmes dépendant du prix du pétrole. Les Français n'ont réussi à maintenir le niveau de ces dépenses qu'en réalisant des économies substantielles sur les

deux postes. D'où une diminution de l'achat de voitures neuves au profit du marché de l'occasion.

Les évolutions constatées en France se retrouvent dans les autres pays européens.

Les dépenses de santé, les achats de véhicules, les dépenses liées au logement et à l'énergie ont augmenté dans tous les pays de la CEE, et d'une manière générale dans tous les pays industrialisés. A l'inverse, les dépenses d'alimentation et de vêtements ont baissé. Dans tous les cas, les changements de hiérarchie observés s'expliquent en partie par l'évolution des prix des différents types de biens et services par rapport à l'inflation.

Des biens durables aux services

L'évolution de la structure de consommation des ménages est un bon indicateur de l'état de la société à un moment donné. Ainsi, la répartition entre les biens durables (meubles, équipement ménager, voiture, etc.) et les dépenses plus éphémères (alimentation, services) donne une idée des transformations qui se sont produites dans les modes de vie des Français.

Les dépenses des autres

Structure de la consommation des ménages dans certains pays (1985, en %) :

	FRANCE	Belg.	RFA	Esp.	Italie	Roy-Uni	Etats-U.	Canada	Japon
• Alimentation	20,7	21,2	17,3	27,6	28,7	19,2	14,0	17,9	22,6
• Habillement	6,3	7,3	7,9	7,2	8,2	7,1	6,5	6,3	6,4
• Logement	18,2	19,2	19,8	15,7	15,1	20,3	20,0	23,1	18,9
• Equipement du logement	8,3	9,9	14,1	6,9	6,4	6,8	5,8	8,8	5,6
• Santé	13,9	10,4	8,3	3,7	5,0	1,4	13,9	3,8	10,4
• Transports et communications	13,8	12,5	14,1	13,6	13,6	16,5	15,8	15,9	9,5
• Loisirs, culture	6,3	6,0	14,2	6,7	7,6	9,4	8,9	10,5	9,4
• Autres biens et services	12,5	13,5	9,3	18,6	15,4	19,3	15,1	13,8	17,2
TOTAL	100,0	100,0	100,0	100,0	100,0	100,0	100,0	100,0	100,0

Eurostat

Les biens durables représentent moins de 10 % des dépenses des ménages.

Après avoir beaucoup augmenté jusqu'en 1972, au moment où les Français s'équipaient en télévision, machine à laver et automobile, la part des biens durables dans le budget tend aujourd'hui à se stabiliser. L'essentiel des dépenses dans ce domaine est constitué par les achats de renouvellement plutôt que par la première acquisition ; le double équipement (voiture, télévision, etc.) tend à s'étendre dans les différentes catégories sociales, en respectant la hiérarchie des revenus.

Il ne faut pas oublier que les prix de certains de ces équipements (électroménager, loisirs, en particulier) ont diminué en francs constants, ce qui explique une bonne partie de cette évolution. En attendant, sans doute, le développement prochain de la nouvelle génération d'équipements : magnétoscope, ordinateur familial, lecteur de disques compacts, four à micro-ondes, etc.

Les Français dépensent de plus en plus pour les achats de services.

La distinction entre les achats de produits manufacturés et ceux de services (assurances, réparations, coiffeur...) fait apparaître une nette diminution des premiers au profit des seconds.

L'augmentation des dépenses de services tient pour une bonne part à l'augmentation de celles qui concernent le logement (loyers et charges ou valeurs locatives pour ceux qui sont propriétaires), liée à la recherche d'un meilleur confort. Mais la hausse du prix de l'énergie explique aussi partiellement celle des charges (en particulier le chauffage).

Parallèlement, les dépenses de santé se sont accrues de façon considérable. Il faut rappeler que le montant qui figure dans le budget des ménages ne représente en fait qu'environ 20 % des dépenses totales, le reste étant pris en charge par la Sécurité sociale.

Il faut enfin préciser que la hausse des prix des services a été généralement plus forte que celle des produits manufacturés, du fait de la hausse continue des salaires, qui représentent l'essentiel du prix de revient des services.

La structure des dépenses ne dépend pas seulement des goûts et des modes.

S'il est vrai que les évolutions dans les modes de vie entraînent de nouvelles priorités dans la façon d'utiliser ses revenus, une partie du choix est donc conditionnée par l'augmentation relative des prix au fil du temps. Ainsi, le prix d'une montre ou d'un téléviseur a baissé en francs constants depuis vingt ans, ce qui rend l'achat beaucoup plus accessible aux Français, puisque leurs revenus ont, eux, beaucoup augmenté pendant cette période (le salaire ouvrier a été multiplié par 7 environ).

Services compris

Evolution de la répartition des dépenses des ménages par nature (en %) :

	1970	1980	1986
• Biens durables importants (automobile, TV, électroménager...)	7,3	8,9	8,2
• Biens semi-durables	15,3	16,7	15,6
• Biens non durables (alimentation...)	42,1	37,7	36,6
• Services	35,3	36,6	39,6
dont :			
- *Logement et entretien*	*9,5*	*11,1*	*12,7*
- *Santé*	*6,9*	*5,0*	*5,7*
- *Transports et PTT*	*2,7*	*4,1*	*4,4*
Total	100,0	100,0	100,0

INSEE

A l'inverse, le journal, le timbre ou certains services ont augmenté beaucoup plus vite que les revenus, ce qui les rend plus coûteux aujourd'hui. D'une façon générale, les prix ont tendance à baisser en francs constants au cours du temps. Cela est évidemment d'autant plus sensible que la fabrication des produits et leur mise à disposition donnent lieu à des gains de productivité. C'est le cas de la plupart des produits industriels (électroménager, télévision, hi-fi, ordinateurs, etc.). Les services constitués essentiellement de main-d'œuvre se prêtent beaucoup moins bien à de tels gains. Ainsi, les dépenses de coiffeur, d'entretien et de réparation de voiture, de plombier, ou la fréquentation des spectacles (music-hall, théâtre, cinéma) coûtent de plus en plus cher.

S • 65 % de Français déclarent qu'ils doivent s'imposer des restrictions afin de contenir leurs dépenses.
• Ils étaient 56 % en 1986, mais 52 % en 1978.

Le phénomène est relativement nouveau. Pendant les premières années de crise, peu de ménages avaient vraiment envisagé concrètement de réduire leur train de vie en économisant sur certains postes. On ne sort pas si facilement du confort douillet de la société de consommation pour se trouver confronté à l'austérité...

Dur, dur... !

Etes-vous obligé (vous ou votre foyer) de vous imposer régulièrement des restrictions sur certains postes de votre budget ? (en %) :

	1978	1982	1987
Oui	**52,4**	**64,1**	**65,2**
Non	47,6	35,9	34,8

Si **oui**, sur quels postes vous imposez-vous des restrictions ?

• Vacances, loisirs	72,9	80,0	77,8
• Habillement	67,3	71,4	73,1
• Achat d'équipement ménager	57,6	62,1	67,8
• Voiture	42,3	55,3	52,5
• Soins de beauté	45,2	50,9	57,6
• Alimentation	20,0	26,6	25,0
• Logement	26,9	32,0	29,3
• Boissons et tabac	24,2	30,6	33,6
• Dépenses pour les enfants (1)	5,0	21,6	24,0
• Soins médicaux	6,4	8,9	12,4

(1) En 1978, l'item était libellé ainsi : « Education des enfants ».

CREDOC

Avant, cependant, d'entrer dans l'ère de la « consommation triste », les Français ont une dernière carte à jouer, celle d'une réduction de leur épargne. C'est ce qu'ils ont commencé à faire depuis le début de la crise économique des années soixante-dix, et qu'ils continuent au cours des années quatre-vingts, même si leur pouvoir d'achat ne leur permet plus de faire preuve de la même insouciance.

Plus qu'une simple satisfaction, la consommation est devenue aujourd'hui un véritable art de vivre. Inquiets pour leur avenir immédiat, les Français veulent profiter sans attendre des plaisirs de la vie. Cette vision à court terme est l'une des grands caractéristiques de l'époque actuelle.

La civilisation du crédit

Consommer avant de payer. L'idée a fait fortune en France, après avoir été expérimentée avec succès aux Etats-Unis dès le début du siècle. Le développement de la société dite « de consommation » n'est sans doute pas peu redevable à cette pratique.

Un quart des biens d'équipement sont achetés à crédit.

Un téléviseur couleur sur quatre, un magnétoscope sur trois, un lave-linge ou un lave-vaisselle sur quatre est acheté à crédit. Le grand mérite du crédit est d'avoir donné à des millions de Français l'accès à des biens auxquels ils n'auraient sans doute jamais pu prétendre. Beaucoup de ménages, les jeunes en particulier, trouvent difficile d'attendre plusieurs années pour économiser la somme nécessaire à l'achat d'une voiture ou d'une cuisine : près de la moitié d'entre eux sont endettés à court terme (surtout parmi les plus aisés). Les ménages âgés le sont beaucoup moins : c'est le cas de 6 % seulement des retraités.

Au cours des trente dernières années, le développement du crédit a sans doute autant fait pour le rapprochement des conditions de vie des Français que la croissance économique. Sans parler de l'accession au logement qui ne serait pas possible pour l'immense majorité des ménages, sans le recours au crédit.

En 1986 et en 1987, le crédit à la consommation a augmenté de 40 %.

Il faut dire que la France est en retard dans ce domaine par rapport à d'autres pays comme les Etats-unis ou la RFA. Il se produit donc une sorte de rattrapage, accéléré par l'évolution moins favorable de la croissance économique et du pouvoir d'achat.

Pourtant, la médaille a son revers. La dissociation de l'acte d'achat et de la dépense qu'il entraîne a en effet modifié la perception qu'ont les acheteurs du « prix des choses ». De sorte que les moins lucides se sont trouvés fort dépourvus... lorsque les échéances sont venues. Le moindre « accident de parcours » (perte de l'emploi, maladie, etc.) suffit alors à déclencher un processus qui peut être douloureux.

Un milliard d'opérations bancaires

Le nombre d'opérations réalisées en France à l'aide d'une carte bancaire est passé de 600 millions en 1986 à 900 millions en 1987 (dont 370 millions de retraits d'argent) pour un montant de dépenses de 330 milliards de francs. Il atteindra sans doute un milliard en 1988.

L'utilisation des cartes, longtemps réservée aux retraits d'argent dans les billetteries, s'est étendue en même temps que le réseau des commerçants qui l'acceptaient. La Carte bleue permet de régler ses achats chez 415 000 commerçants. Les cartes internationales sont acceptées par 5,4 millions d'établissements dans le monde. Il s'y ajoute les cartes délivrées par les grandes surfaces, grands magasins, sociétés de vente par correspondance, hôtels, compagnies aériennes, etc.

La fraude a, elle aussi, augmenté dans des proportions considérables. En 1987, elle aura coûté quelque 100 millions de francs aux banques françaises, tandis que le vol ou la perte représentait 150 millions de francs.

A fin 1987, le nombre de cartes bancaires en circulation était de 16,5 millions.

La généralisation des cartes de crédit a contribué à l'accroissement du recours au crédit à court terme. Plus de la moitié (9 millions) sont

Les Français vivent de plus en plus à crédit

CMB Harmony

des cartes nationales (Carte bleue, Crédit agricole, Crédit mutuel) ; 7,5 millions sont des cartes internationales (dont 6 millions de cartes Visa et Eurocard-Mastercard).

Moins de « chèques en bois »

Après avoir atteint un sommet en 1983 (417 000) le nombre des chèques sans provision est en baisse régulière : 214 000 en 1987. Il en est de même du nombre des utilisations de chèques volés, falsifiés ou contrefaits : 154 000 en 1987, contre 197 000 en 1984.
Cette diminution s'explique par celle du nombre de chèques émis au profit des paiements effectués au moyen de cartes bancaires. La fraude s'est donc en fait déplacée de l'un à l'autre mode de paiement. Les malfaiteurs s'adaptent souvent plus rapidement à l'évolution que les autres...

Après un démarrage assez lent au cours des années soixante-dix, les Français sont aujourd'hui environ 10 millions à posséder au moins un exemplaire de cette « monnaie en plastique », loin derrière les Etats-Unis, qui en comptent plus de 700 millions. La carte n'est donc plus perçue en France comme un privilège réservé à une « élite » d'hommes d'affaires. La plupart des Français la considèrent aujourd'hui comme un instrument utile ou indispensable.

Les cartes de crédit constituent l'une de ces innovations qui ont largement modifié les rapports que les Français entretiennent avec l'argent. Après l'argent-métal, le chèque papier et la carte plastique, la monnaie électronique prendra demain la relève. L'argent, qui n'a déjà plus d'odeur, sera bientôt invisible.

- *Il y a aujourd'hui 27 millions de comptes en banque (particuliers).*
- *Un tiers des plus de 15 ans ont un compte chèque postal.*
- *En 1987, les Français ont émis environ 5 milliards de chèques.*

Le paiement en argent liquide est aujourd'hui de plus en plus limité aux petites sommes dépensées chez le boulanger ou l'épicier. Ceux qui continuent d'utiliser les billets et les pièces le font par plaisir, par ostentation... ou par crainte du percepteur.

Le chèque n'effraie donc plus les Français (même si certains le rédigent encore en anciens francs !). D'autant qu'ils bénéficient encore de la gratuité du traitement des chèques.

Les dépenses

En vrac

- Entre 1970 et 1987, le prix du timbre (lettre de moins de 20g) a été multiplié par 7. Le prix du litre de super a été multiplié par 5, contre 4 pour l'ensemble des prix à la consommation.
E • La part des dépenses des ménages consacrée à l'alimentation pourrait être inférieure à 20 % du budget en 1990 ; celle consacrée à la santé pourrait se rapprocher de 17 %. En 1963 les chiffres respectifs étaient de 30,5 % et 7,9 %.
S • 47 % des Français seraient mécontents d'une limitation du crédit à court terme : 15 % estiment qu'ils éprouveraient des difficultés pour dépenser ; 32 % se sentiraient privés d'une liberté de manœuvre. C'est parmi les ouvriers et les employés que le taux de mécontentement serait le plus élevé et parmi les jeunes de 25 à 34 ans.
- Le coût de la vie en déplacement professionnel (hôtel, repas, sorties, transports sur place) est le plus élevé à Tokyo (329 dollars par jour), devant New York, (288), Stockholm (249), Genève (249), Copenhague et Paris (246). Il est le moins élevé à Tunis (78), Bogota (79), Varsovie (92), Nairobi (96), Lagos (97), Johannesburg (99), Delhi (102).

LE PATRIMOINE

ÉPARGNE

Pour maintenir leur niveau de vie malgré la crise, les Français ont dû réduire leur effort d'épargne. D'autant plus facilement, semble-t-il, que leur goût pour l'économie est de moins en moins prononcé. Mais, autant que le montant de l'épargne, c'est la façon d'épargner qui est en train de changer.

Il n'y a plus de petites économies

Le taux d'épargne des ménages, qui mesure la part du revenu disponible qu'ils consacrent à l'épargne ou à l'investissement, a fortement baissé depuis une dizaine d'années. 1981 et 1982 avaient laissé espérer une certaine reprise de l'effort d'épargne, encouragé par le gouvernement en place. Les années suivantes ont marqué une rechute spectaculaire, avec un niveau de 12 % en 1987. Il faut remonter à 1969 pour trouver un taux inférieur.

L'endettement nouveau des ménages tend aussi à diminuer.

A l'épargne financière annuelle des ménages s'ajoute l'endettement à moyen et à long terme qu'ils contractent en vue de l'achat ou de l'amélioration d'un logement (ou de l'investissement, dans le cas des entrepreneurs individuels). On estime à 10 % de la valeur de leurs biens immobiliers l'endettement actuel des particuliers. Ces différentes ressources financières sont employées pour les placements, investissements et remboursements d'emprunts.

Depuis quelques années, l'endettement nouveau tend à suivre le mouvement de baisse constaté pour l'épargne globale, du fait de taux d'intérêt élevés par rapport au niveau des prix et de la désaffection pour l'immobilier pendant les années d'euphorie boursière (jusqu'au krach d'octobre 1987).

La France est l'un des pays où l'épargne a le plus diminué.

Entre 1875 et 1987, le taux d'épargne des ménages français a diminué de près d'un tiers. La tradition d'économie, souvent associée à l'image des Français, est donc de moins en moins justifiée. Surtout si on compare avec la situation de l'épargne dans d'autres pays; au Japon, par exemple, le gouvernement a dû prendre des mesures pour favoriser la consommation au détriment de l'épargne.

La désépargne

Evolution du taux d'épargne des ménages (en % du revenu disponible) :

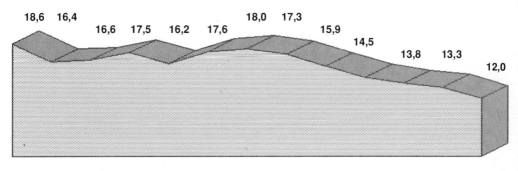

| 1975 | 1976 | 1977 | 1978 | 1979 | 1980 | 1981 | 1982 | 1983 | 1984 | 1985 | 1986 | 1987 |

18,6 16,4 16,6 17,5 16,2 17,6 18,0 17,3 15,9 14,5 13,8 13,3 12,0

Rapport sur les comptes de la nation

Pouvoir d'achat et mentalités

Les mouvements d'oscillation qui caractérisent l'effort d'épargne des Français ne sont pas le fruit de leurs hésitations entre la volonté de dépenser et celle de faire des économies. Ils sont liés, de façon plus ou moins immédiate, à des facteurs concrets tels que les revenus, le chômage, l'inflation, la démographie et la protection sociale. Certains concernent le court terme, d'autres le long terme.

Il serait pourtant faux de croire que le comportement des Français en matière d'épargne dépend exclusivement de facteurs financiers. La dimension psychologique joue un rôle considérable. Le taux d'épargne des ménages est une conséquence de leurs modes de vie.

*Le pouvoir d'achat et l'épargne
ne varient pas toujours dans le même sens.*

Depuis quelques années, l'évolution du pouvoir d'achat et celle des mentalités ont provoqué une diminution de l'épargne au profit de la consommation immédiate. A dépenses égales, il paraît logique que la hausse ou la baisse du pouvoir d'achat entraîne une variation de même sens de l'épargne. Dans la réalité, les choses ne sont pas aussi claires.

Les ménages tendent à profiter des « bonnes années » pour effectuer certaines dépenses (biens d'équipements, voyages, etc.) et à freiner celles-ci pendant les périodes de « vaches maigres ». Ce phénomène de compensation s'applique surtout à des dépenses à caractère exceptionnel, pour lesquelles la liberté de décision est totale (vacances, équipement...). Il n'en va pas de même pour les dépenses courantes et pour celles qui sont imposées par les circonstances (impôts supplémentaires, remplacement d'une voiture ou d'un équipement...).

Globalement, le taux d'épargne reste lié à l'évolution du pouvoir d'achat, même si l'effet a parfois quelque retard sur la cause. Ainsi, la baisse du taux d'épargne constatée entre 1983 et 1985 est sans doute à mettre sur le compte à la fois de la réduction du pouvoir d'achat au cours de la période et de l'accroissement de la consommation qui s'était produit (de façon un peu artificielle) en 1981 et 1982.

*Les Français privilégient de plus en plus
la consommation par rapport à l'épargne*

L'effort d'épargne est indissociable de la notion de durée. C'est pour l'avenir, même à court terme, que l'on met de l'argent de côté, en vue de financer une dépense prévue à une certaine échéance ou simplement pour pouvoir faire face à une difficulté éventuelle. Aujourd'hui, les Français ont peur de l'avenir. Celui-ci leur paraît receler trop d'incertitude et de risque et ils préfèrent se concentrer sur le présent.

Pour beaucoup, l'argent est une condition nécessaire pour profiter de la vie et disposer d'une liberté suffisante face aux multiples tentations quotidiennes. Consommer, c'est agir, c'est occuper son temps et tenter de s'épanouir. Il faut donc dépenser pour vivre. Cette équation très simple explique la plupart des modes de vie contemporains. On conçoit alors que l'épargne y ait de moins en moins sa place.

Placements : le temps de l'incertitude

Les Français attachent de plus en plus d'importance à l'argent, matière première de la consommation et de la vie quotidienne. S'ils épargnent moins, ils souhaitent conserver et si possible accroître leur patrimoine, en le plaçant de façon efficace. Mais la plupart des types de placement ont montré au cours des dernières années qu'ils n'étaient pas d'une grande fiabilité et que le risque était à la mesure de l'espérance de gain.

Après avoir longtemps placé l'essentiel de leurs économies à la caisse d'épargne, dans l'or ou dans la pierre (sans oublier les bas de laine), les Français avaient commencé à chercher des solutions plus avantageuses. Ils s'étaient intéressés en particulier aux valeurs mobilières (obligations, actions), le plus souvent par l'intermédiaire des SICAV et autres instruments de gestion collective.

Il faut dire que leurs patrimoines avaient été sérieusement érodés au cours des dix années précédentes par une inflation persistante. Au contraire, la période 1983-1986 avait été particulièrement favorable pour les porteurs d'actions : + 56 % en 1983, + 6 % en 1985, + 45 % en 1985, + 50 % en 1986.

Mais le séisme d'octobre 1987, avec une baisse de 30 % à la Bourse de Paris, a remis en question ces comportements récents. Malgré la remontée de 1988 (+ 35% à fin juin), beaucoup préfèrent aujourd'hui la sécurité de la Caisse d'épargne ou la matérialité de la pierre aux grandes émotions des spéculations boursières.

Les cigales et les fourmis

Taux d'épargne nette des ménages en pourcentage de leur revenu disponible dans quelques pays de l'OCDE (en%) :

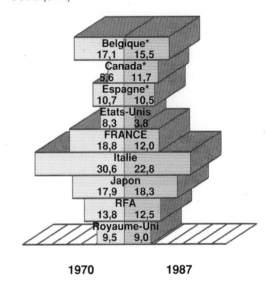

	1970	1987
Belgique*	17,1	15,5
Canada*	5,6	11,7
Espagne*	10,7	10,5
États-Unis	8,3	3,8
FRANCE	18,8	12,0
Italie	30,6	22,8
Japon	17,9	18,3
RFA	13,8	12,5
Royaume-Uni	9,5	9,0

(*) En 1985

OCDE

QUAND TOUT EST GRIS, CARREFOUR C'EST PLUS PRÈS QUE TAHITI !

Carrefour (C'EST BIEN.

Consommer, c'est vivre

Serge Bastien

Après plusieurs années de désaffection,
les Français ont retrouvé le chemin
de la Caisse d'épargne.

En 1987, les dépôts d'épargne ont progressé de 49 milliards de francs, s'établissant au total à 743 milliards. Le livret A représente toujours la plus grosse part des dépôts (445 milliards à fin 1987). Cette hausse intervient après plusieurs années pendant lesquelles les Français avaient un peu boudé la vénérable institution. La hausse du plafond des dépôts (porté à 80 000 francs) et la baisse de la bourse expliquent cette attitude, ainsi que le niveau des taux d'intérêt, supérieur à celui de l'inflation.

On a assisté en outre à une redistribution entre les différents produits proposés. Les Français ont dégarni les livrets B, soumis à l'impôt, pour placer leur argent dans l'épargne-logement et les livrets d'épargne populaire, créés en juin 1982. Les CODEVI prennent aussi une part croissante dans cette redistribution.

Depuis quelques années, les banques se sont vu reconnaître le droit de chasser sur les mêmes terres que l'Ecureuil, celles des produits défiscalisés (nets d'impôts). La forte publicité faite autour du produit a permis aux banques de drainer une partie importante de l'épargne nouvelle ; on estime à un quart seulement la part de la Caisse d'épargne dans les dépôts concernant les CODEVI.

L'Ecureuil ne grignote plus l'argent des Français

Le livret de la Caisse d'épargne a le double avantage de la sécurité et de la liquidité. On est sûr, en effet, de toucher les intérêts et on peut retirer son argent à tout moment. Il a présenté, pendant longtemps, l'inconvénient majeur de mal protéger de l'érosion monétaire le capital qui lui était confié.
Ainsi, une somme placée en 1970 sur un livret A avait perdu en 1983 un quart de sa valeur en francs constants. Une érosion due au « différentiel » entre le taux d'intérêt et l'inflation, constamment négatif jusqu'en 1984.
Depuis 1984, les taux d'intérêt « réels » (déduction faite de l'inflation) sont devenus positifs : 4,5 % au début de 1988, avec une inflation de 3,2 % en 1987. Dans toute l'histoire de l'épargne, une telle situation est exceptionnelle.

Patrimoine et rapport

Structure du patrimoine de rapport et des revenus de ce patrimoine (1987, en %) :

	Structure du patrimoine de rapport	Structure des revenus du patrimoine
• Immobilier (bâti ou non bâti)	36	24
• Valeurs mobilières	33	38
• Autres placements	31	38
dont : épargne liquide ou court terme	*29*	*36*
Total	100	100

CERC

On a assisté en 1987 à une reprise
des placements immobiliers.

Entre 1981 et 1985, les Français ne s'étaient guère intéressés à la pierre. Ceux qui souhaitaient acquérir leur logement étaient découragés par les taux d'intérêt des prêts, surtout en phase d'inflation descendante. L'évolution de leur pouvoir d'achat leur avait donné aussi quelques inquiétudes, de même que leur capacité de remboursement compte tenu des risques pesant sur l'emploi. Enfin, la loi Quilliot avait inquiété les propriétaires qui craignaient une rentabilité insuffisante de leur investissement.

La loi Méhaignerie, en autorisant une certaine liberté dans la fixation des loyers et en prévoyant des incitations fiscales, a eu l'effet inverse. Elle a donné un coup de fouet au marché, en particulier dans les grandes villes.

La situation de l'immobilier reste, néanmoins, très contrastée selon les types d'investissement et les régions. Paris constitue un marché unique, caractérisé par un déséquilibre important entre l'offre et la demande, qui a provoqué depuis deux ans une flambée des prix, particulièrement sensible dans les « beaux quartiers ». L'immobilier de loisirs a trouvé un second souffle grâce à la formule de la multipropriété, qui autorise des investissements d'un montant plus limité. Quant à la terre, elle connaît une désaffection croissante, qui explique la baisse constatée depuis 1975. Mais la création d'un nouvel impôt sur la fortune pourrait avoir des effets sur le marché immobilier.

La pierre, d'abord...

Si vous disposiez d'une somme d'argent importante (entre 200 000 et 500 000 francs), comment la placeriez-vous ?

- Un achat immobilier (appartement)   76 %
- Un placement en bourse   16 %
- Un placement à la Caisse d'épargne   15 %
- Un achat d'or   7 %
- Sans opinion   12 %

Le Pèlerin Magazine/Télébus, mars 1988

Les Français avaient découvert la Bourse en 1983 ; ils ont été surpris et choqués par le krach de 1987.

Les efforts des pouvoirs publics pour diriger l'épargne des particuliers vers les valeurs mobilières ont été favorisés par la croissance considérable de la Bourse entre 1983 et 1986. L'achat d'actions ressemblait pendant cette période à un jeu auquel tout le monde gagnait. Dans ce climat euphorique, les privatisations réalisées en 1986 et 1987 ont décidé un grand nombre de Français à devenir eux aussi actionnaires : c'était le cas de 26 % des ménages à fin 1987, contre la moitié trois ans plus tôt.

A la recherche de placements plus performants que la Caisse d'épargne, beaucoup ont découvert dans la Bourse un univers nouveau, dont la diversité (actions, obligations, SICAV, fonds communs de placement, etc.) pouvait répondre à des besoins très différents. Cet engouement des Français pour des placements plus risqués ne traduisait pas seulement leur souhait de mieux préserver leur capital. Il marquait aussi leur volonté de prendre un peu plus en charge leur patrimoine, comme le reste de leur vie.

Mais la belle envolée s'est brusquement arrêtée en octobre 1987. A l'image des autres places internationales, le marché de Paris perdait 30 % en quelques jours. La panique s'emparait des gros investisseurs. Les petits sont restés plus calmes, mais ils n'oublieront pas facilement la ponction subie par leurs économies. Beaucoup sont depuis revenus à des formes d'épargne plus tranquilles, malgré la bonne tenue de la Bourse en 1988, qui avait presque regagné le terrain perdu à fin juin.

La bourse et la vie

Evolution du taux de détention de valeurs mobilières selon la profession :

	1976	1986
Agriculteurs	8	17
Petits indépendants	10	26
Gros indépendants	22	55
Professions libérales	35	49
Cadres	28	52
Professions intermédiaires	14	28
Employés	7	11
Ouvriers qualifiés	5	8
Ouvriers non qualifiés	3	6

INSEE

Les épargnants sont à la recherche de nouvelles valeurs refuge.

L'or ne joue plus, depuis quelques années, son rôle traditionnel de valeur refuge, les plus-values enregistrées étant très inférieures à celles obtenues avec d'autres types de placement. Après avoir dépassé les 800 dollars en 1980, l'once d'or connaît depuis quelques années des cours plus stables entre 300 et 500 dollars.

Le cours des pierres précieuses a subi, lui, des mouvements de grande amplitude (dus à la

CHAMPAGNE !

G.H. MUMM & C.

Epargner, oui, mais pour pouvoir dépenser

Eldorado

fois aux fluctuations du marché et aux scandales survenus dans la profession). Seuls les professionnels et les spéculateurs chanceux ont pu les mettre à profit. Certains épargnants ont ainsi connu de graves déboires en investissant leurs économies dans le diamant.

Quant au marché des objets d'art, il ne concerne que la minorité de Français capable de se mouvoir dans un domaine où l'argent côtoie la culture. Les prix atteints sont souvent élevés et reflètent au moins autant les modes que la valeur intrinsèque des œuvres. Pour l'épargnant moyen, le plaisir est une motivation plus facile à obtenir que le gain.

Epargne

En vrac

S • Pour placer leur argent, 74 % des Français font confiance à leur banquier, 8 % à un ami ou un parent, 5 % à un assureur, 3 % à un notaire, 3 % à un agent de change.

S • Les motivations qui président au choix des placements sont : la disponibilité (40 %), la sécurité (35 %), la rentabilité (34 %), les avantages fiscaux (22 %).

S • 34 % des Français épargnent dans le but d'améliorer leur habitat, 32 % pour s'offrir des loisirs, 32 % pour préparer leur retraite, 25 % pour laisser un héritage à leurs enfants.

S • En mars 1988, 3 % des Français de plus de 30 ans avaient déjà souscrit un plan d'épargne retraite, 15 % envisageaient de le faire dans les mois ou les années à venir, 77 % ne l'envisageaient pas.

S • Pour 47 % des Français, la Bourse est plutôt un casino pour joueurs initiés. Pour 44 %, elle est un moyen de faire fructifier son épargne.

FORTUNE

Entre 1950 et 1980, les Français s'étaient beaucoup enrichis. Depuis, la crise, l'inflation et le krach boursier ont limité la croissance de leur patrimoine. Mais, si la fortune des Français est aujourd'hui plus largement répartie, le « Club des riches » reste très fermé.

750 000 francs par ménage

Estimer la valeur du patrimoine des Français n'est pas chose facile. Il faut en effet pour cela répondre à deux questions délicates :
• Quels sont les *biens* possédés par un ménage « moyen » ?
• Quelle est la *valeur* de chacun de ces biens ?

La réponse à la première question ne peut être qu'incomplète. On connaît la discrétion des Français dans ce domaine. Peu d'entre eux sont prêts à rendre public le nombre de pièces d'or, de bijoux et d'objets de valeur qu'ils conservent jalousement dans leur coffre ou dans leur cave.

La réponse à la seconde question ne peut être qu'approximative. Chacun sait que la valeur d'un appartement, d'une action ou d'un tableau de maître est éminemment variable et qu'elle ne peut être connue avec certitude que lorsqu'elle fait l'objet d'une transaction (à condition, encore, qu'aucun « dessous-de-table » ne vienne fausser les statistiques...). Quant à la valeur d'une action, le passé récent a montré qu'elle pouvait varier fortement d'un jour à l'autre...

Pour ces diverses raisons, il est donc particulièrement difficile de connaître avec précision la valeur du patrimoine global des Français, comme on connaît par exemple leurs revenus. Mais il est possible de procéder à une estimation à partir des éléments statistiques dont on dispose.

*Le patrimoine global des Français se monte
à environ 15 000 milliards de francs.*

Un chiffre considérable puisqu'il représente trois fois le montant du produit intérieur brut de la France ! Il faut, pour approcher la valeur totale des biens des ménages, y ajouter environ 200 milliards de francs pour l'argent liquide, les objets de collection et les biens d'équipement domestique, 400 à 500 milliards pour l'or, autant pour les biens d'équipement (voitures, appareils ménagers, etc.).

Au total, les Français se partagent donc un magot d'environ 16 000 milliards de francs, soit 800 000 francs par ménage en moyenne. Il faut retrancher à ce montant celui de l'endettement (crédits à rembourser à moyen et à long terme), soit environ 70 000 francs par ménage. Ce qui laisse un patrimoine net de 730 000 francs en moyenne. On peut sans hésiter arrondir ce chiffre à 750 000 francs, compte tenu des sous-évaluations probables dans de nombreux domaines.

• *Le patrimoine des Français
avait triplé entre 1950 et 1970.*
• *Il est resté presque stable depuis dix ans.*

Entre 1949 et 1959, le patrimoine moyen des ménages avait augmenté de 4,4 % par an en francs constants (déduction faite de l'inflation). La croissance annuelle avait même été de 5,9 % entre 1959 et 1969. Cette hausse s'explique par les très fortes plus-values réalisées dans l'immobilier, par l'augmentation des revenus et de l'épargne et aussi par l'accroissement du crédit.

Depuis une dizaine d'années, la fortune des Français a en fait peu augmenté, sous les effets conjugués de l'inflation, de la stagnation des prix de l'immobilier, de la baisse des terres agricoles, de la moins forte progression des revenus et de la réduction du taux d'épargne des ménages.

On constate que, sur une longue période, le rapport entre le patrimoine d'un ménage et son revenu disponible reste à peu près constant, autour de 4. Cela signifie par exemple qu'un Français dont le revenu net annuel est de 100 000 francs disposera d'un patrimoine d'environ 400 000 francs. Mais ce rapport tend à augmenter un peu avec le montant du revenu.

La fin de l'âge d'or

Evolution du patrimoine moyen par ménage en indice (hors inflation) et en francs courants :

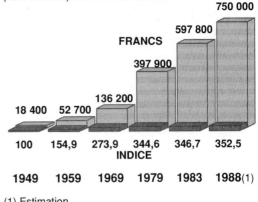

(1) Estimation

CERC

La roue de la fortune

Répartition du patrimoine moyen des ménages :

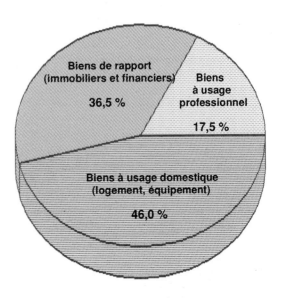

Estimations, d'après les études du CERC

Le logement représente plus de la moitié
du patrimoine des Français.

L'immobilier reste l'élément prépondérant de la fortune des Français. Ce poste regroupe à la fois les biens immobiliers servant à la résidence (principale ou secondaire) de leurs propriétaires et ceux qui sont destinés au rapport (immeubles offerts à la location).

Le second poste, par ordre d'importance, concerne les liquidités non monétaires : livrets d'épargne, comptes sur livret, dépôts à terme, contrats d'assurance etc. Leur part avait régulièrement augmenté entre 1970 et 1980, mais elle a diminué pendant la période favorable aux valeurs mobilières, pour remonter ensuite.

Les terres et terrains non bâtis représentent une part fortement décroissante, du fait de la baisse (en francs constants) qu'ils subissent depuis plusieurs années.

En revanche, le poids des valeurs mobilières (actions, obligations), qui s'était déjà accru entre 1976 et 1979, a profité en particulier de la très forte hausse des actions entre 1983 et 1986, de l'arrivée à la Bourse de millions de petits épargnants, à l'occasion des privatisations de 1986 et 1987. C'est pourquoi il représente aujourd'hui plus du dixième du patrimoine des ménages.

Les salariés et les autres

La répartition du patrimoine global est très différente selon la profession exercée. Entre les membres des professions libérales, qui possèdent en moyenne plus de 3 millions de francs, et les ouvriers, qui en ont 15 fois moins, l'écart est considérable. Il s'explique principalement par trois raisons :
• L'existence d'un capital professionnel, indispensable à l'exercice de certaines professions (les terres de l'agriculteur, les locaux et machines de l'industriel, le cabinet et l'équipement des professions libérales) ;
• Le poids de l'héritage, qui entretient l'inégalité entre les diverses catégories ;
• Les écarts entre les revenus, qui amplifient les écarts entre les patrimoines.

Chacun de ces facteurs va dans le sens d'un maintien général, voire d'un renforcement, des différences au fil des générations.

C'est l'existence d'un patrimoine
professionnel qui explique les plus gros écarts.

Si on enlève la valeur des biens professionnels et des terrains qui entrent dans le patrimoine des non-salariés (agriculteurs, commerçants, industriels, professions libérales), on s'aperçoit que leur fortune est beaucoup plus proche de

---

Plus d'immobilier et de valeurs mobilières

Evolution de la structure du patrimoine des Français (en %) :

	1970	1977	1983
ACTIFS NON FINANCIERS			
• Immobilier	48,4	50,6	53,4
• Terres et terrains non bâtis	13,9	12,7	7,5
• Divers (1)	8,1	7,5	6,5
ACTIFS FINANCIERS			
• Valeurs mobilières	9,9	6,1	10,3
• Liquidités non monétaires (2)	12,5	16,8	16,7
• Liquidités monétaires	7,2	6,3	5,6

(1) Matériel, cheptel, stocks, etc.
(2) Livrets, dépôts à terme, contrats d'assurance, etc.

CERC

L'argent fait la fortune de la presse

L'Express, 8 janvier 1988

celle des salariés. L'existence d'un patrimoine professionnel lié à l'exercice de certaines professions explique donc une partie des disparités entre les catégories sociales. Mais elle n'est évidemment pas la seule cause des écarts constatés.

Une autre explication tient à ce que les revenus dégagés par ces professions (à l'exception des agriculteurs et de certains commerçants) sont supérieurs à ceux des salariés. Ils autorisent donc un niveau d'épargne plus élevé, ce qui accroît d'autant le patrimoine des ménages concernés.

L'habit fait le patrimoine

Patrimoine brut des foyers (1) selon la catégorie socioprofessionnelle (en milliers de francs) :

	1988 (2)	1980
• Professions libérales	4 500	2 350
• Industriels et gros commerçants	3 700	2 234
• Exploitants agricoles	2 000	1 067
• Artisans et petits commerçants	1 850	882
• Cadres supérieurs	1 600	848
• Cadres moyens	680	357
• Inactifs	670	345
• Employés	360	181
• Ouvriers	250	148

(1) Le nombre des foyers fiscaux est de 23 millions (contre 19,6 millions de ménages).
(2) Estimations à partir des données du CERC.

CERC

Chez les salariés, les écarts entre les patrimoines sont beaucoup plus élevés qu'entre les revenus.
• *L'écart entre le patrimoine moyen des ouvriers et celui des cadres supérieurs est de 6,4.*
• *L'écart entre leurs revenus disponibles est proche de 3.*

La hiérarchie des patrimoines des ménages de salariés est très semblable à celle de leur revenus. Mais les écarts qui les séparent ne sont pas du même ordre. Les 10 % de Français les plus riches possèdent un peu plus de 50 % du patrimoine total, alors qu'ils ne perçoivent qu'un tiers des revenus. Une partie de ces différences provient de l'héritage, qui tend à maintenir ou à renforcer la hiérarchie entre les catégories sociales.

Mais l'explication principale est que l'épargne des ménages est généralement proportionnelle à leur revenu. Elle est même souvent plus importante en valeur relative dans les ménages aux revenus élevés. Certaines dépenses de la vie courante ne sont pas en effet directement proportionnelles aux revenus : on ne dépense pas deux fois plus pour son alimentation ou pour sa santé sous le prétexte qu'on gagne deux fois plus.

La part de l'héritage

Proportion de ménages ayant reçu un héritage au moins égal à 100 000 francs (en %) :

• Ouvriers	19,9
• Cadres moyens	20,2
• Employés	20,4
• Artisans, petits commerçants	25,3
• Inactifs	25,5
• Cadres supérieurs	38,3
• Agriculteurs	39,6
• Professions libérales	42,2
• Industriels, gros commerçants	43,6
ENSEMBLE	**27,1**

Conseil des impôts

Les écarts à l'intérieur d'une même catégorie sont d'autant plus grands que le patrimoine moyen de la catégorie est élevé.

A l'intérieur d'une même catégorie professionnelle, le patrimoine moyen cache des disparités parfois considérables. Chez les salariés, le phénomène est d'autant plus vrai que l'on monte dans la hiérarchie professionnelle. Ainsi, l'écart entre les patrimoines des ouvriers peut être estimé à 3 ou 4 entre le premier décile (les 10 % ayant les patrimoines les moins élevés) et le dernier décile (les 10 % ayant les patrimoines les plus élevés). Il est 10 fois plus élevé chez les cadres supérieurs, c'est-à-dire qu'il peut atteindre 30 ou 40.

Signes extérieurs de richesse

Proportion de ménages possédant certains biens, selon la profession (1986, en %) :

	Résid. princ. (1)	Résid. sec. (2	Immo. rapp . (3)	Act. oblig. (4)
• Artisans	60,6	4,6	17,8	9,6
• Ouvriers	41,7	8,4	3,0	4,9
• Employés	38,0	2,4	6,0	10,3
• Cadres moyens	47,2	5,4	7,2	12,7
• Cadres supérieurs	57,0	29,5	16,0	38,0
• Professions libérales	60,0	14,6	24,1	46,4
• Industriels, gros commerçants	67,7	15,2	34,5	42,0
• Inactifs	54,0	12,8	13,0	28,5

(1) Résidence principale.
(2) Résidence secondaire.
(3) Immobilier de rapport.
(4) Actions, obligations.

Conseil des impôts

Parmi les non-salariés,
les disparités sont encore plus marquées.

Chez les agriculteurs, le capital professionnel peut varier dans des proportions considérables, du petit producteur laitier au gros éleveur ou à l'exploitant très industrialisé. 0,4 % des agriculteurs exploitants ont un patrimoine inférieur à 100 000 francs, mais 18 % ont un patrimoine supérieur à 10 millions de francs. De la même façon, l'outil de travail du patron d'une petite usine artisanale aura une valeur infime par rapport aux actifs d'un grand industriel, même si ce dernier n'en est pas propriétaire à 100 %.

La dispersion est encore plus grande entre les inactifs, dont les situations professionnelles antérieures (lorsqu'ils sont retraités) étaient très diverses : 40 % ont un patrimoine inférieur à 100 000 francs, mais 30 % ont un patrimoine supérieur à 1 million de francs.

Les patrimoines sont très concentrés.
• 1 % des ménages les plus fortunés détiennent près de 20 % du patrimoine total.
• Les 10 % les plus fortunés en possèdent un peu plus de 50 %.
• Les 10 % de ménages les moins fortunés en possèdent une part infime (0,1 %).

La structure très étirée des patrimoines à l'intérieur de chaque catégorie sociale ne doit pas cacher l'énorme concentration du capital. La répartition du patrimoine est beaucoup plus inégale que celle des revenus : les 10 % de revenus les plus élevés ne représentent qu'un tiers du revenu global des Français après impôt.

La balance inégale

Répartition du patrimoine entre les ménages par décile (en %) :

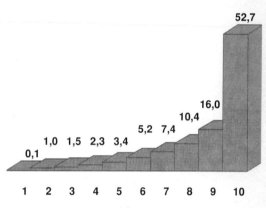

Direction générale des impôts

Fortune : l'argent des autres

Le « Club des riches », dont le « droit d'entrée » peut être fixé autour de 4 millions de francs, reste très fermé. Les seuls salaires, même élevés, ne sont en général pas suffisants pour y accéder. D'autres formes de revenus sont nécessaires, ceux par exemple des professions indépendantes, qui facilitent la création d'un capital. Mais c'est encore l'héritage qui constitue le moyen le plus sûr d'entrer dans le Club.

Malgré l'instauration, en 1981, de l'impôt sur les grandes fortunes et les investigations de certains magazines, le mystère qui entoure depuis longtemps les grosses fortunes n'est pas encore totalement éclairci.

Le rétablissement de l'impôt, en 1988, sous la forme de l'ISF (impôt de solidarité sur la fortune) permettra peut-être de mieux connaître la répartition du patrimoine des Français.

*E • Il y a en France un peu plus
de 100 000 grandes fortunes.*

Entre 1982 et 1986, 100 000 foyers fiscaux environ avaient payé l'impôt sur la fortune. Selon différentes estimations, il y aurait en France une quarantaine de milliardaires en francs actuels, qui ont accumulé leur fortune en faisant prospérer des entreprises ou en héritant.

Les fortunes importantes se sont constituées en peu de temps, du fait de « coups » financiers réussis (OPA, OPE) ou de créations d'entreprises dans certains secteurs (informatique, mode, cosmétiques, distribution...).

*Les « petits riches » ont plus d'immobilier,
les « gros riches » plus de valeurs mobilières.*

Les actifs non professionnels sont à peu près également répartis entre les biens immobiliers et les valeurs mobilières et liquidités. Les immeubles de rapport constituent 53 % du parc immobilier, les résidences principales représentent 22 %, les résidences secondaires 12 %.

C'est la part relative de l'immobilier et des valeurs mobilières qui différencie le plus les fortunes. Si toutes disposent généralement d'un capital immobilier élevé en valeur absolue, celui-ci reste le plus souvent relativement constant quel que soit le niveau de la fortune. Ce sont ensuite les portefeuilles de valeurs mobilières qui font la différence. Dans beaucoup de cas, ces valeurs mobilières sont en fait des biens professionnels détenus par les gros industriels.

40 milliardaires en francs actuels

L'enquête réalisée par *le Nouvel Obsercateur* ne prend pas en compte « l'assiette administrative » des patrimoines, mais leur valeur de marché. L'estimation faite à mi-septembre 1987, avant le krach boursier d'octobre, a dû être révisée en baisse pour certains patrimoines, car la part des valeurs mobilières dans les grandes fortunes est considérable.

Parmi les 40 milliardaires en francs actuels, dix ont un patrimoine supérieur à 2 milliards :

1. Liliane Bettencourt (L'Oréal, Nestlé...) : 9 milliards de francs.
2. Famille Dassault (avions, presse...) : 7 à 7,5 milliards.
3. James Goldsmith (presse, domaines forestiers, distribution...) : 3,5 à 4 milliards.
4. Michel David-Weill (banque Lazard...) : 4 à 4,5 milliards.
5. Marcel Bich (stylos, briquets..) : 3 à 3,5 milliards.
6. Serge Kampf (Cap Gemini Sogeti) : 2,8 à 3 milliards.
7. Gustave Leven (Perrier, André) : 2,8 milliards.
8. Edmond de Rothschild (banque...) : 2,1 à 2,4 milliards.
9. Robert Hersant (presse) : 2 à 2,5 milliards.
10. Jean-Marc Vernes (Béghin-Say, banque...) : 2 à 2,2 milliards.

La centième plus grosse fortune française se monte à environ 280 millions de francs, une somme quarante fois inférieure à la première.

Le Nouvel Observateur, octobre 1987

Fortune

En vrac

• Les impôts sur le capital représentent au total 5,7 % du PIB au Royaume-Uni, 3,9 % aux Etats-Unis, 3,1 % en France, 1,7 % en RFA.
• Le patrimoine moyen est minimum avant 30 ans (200 000 francs). Il progresse ensuite rapidement pour atteindre son maximum entre 50 et 64 ans (900 000 francs). Il diminue ensuite à partir de 65 ans (800 000 francs).
• La part des valeurs mobilières (actions et obligations) dans le patrimoine financier des Français était de 33,4 % en 1970. Elle a ensuite diminué régulièrement jusqu'en 1977 (21 %), pour remonter à près de 40 % en 1987.
S • 38 % des Français souhaiteraient être très riches, 61 % ne le souhaiteraient pas

particulièrement. 60 % pensent que, tout compte fait, les gens très riches ne sont ni plus, ni moins heureux que les autres. 19 % pensent qu'ils sont plutôt plus heureux, 17 % plutôt moins heureux.
E. • Le krach boursier d'octobre 1987 a représenté une perte d'environ 1 200 milliards de dollars sur la valeur des actions des entreprises cotées sur les principaux marchés financiers.
S • Devenir riche sans frauder le fisc paraît impossible à 52 % des Français (possible à 34 %).
S • 23 % des Français considèrent que la fortune commence à un million de francs,13 % qu'elle commence à 5 millions, 15 % à 10 millions, 14 % à 50 millions, 9 % à 100 millions, enfin 7 % à 500 millions.

6
LES LOISIRS

LE BAROMÈTRE DES LOISIRS

Enquêtes auprès de la population de 18 ans et plus ; cumul des réponses « bien d'accord » et « entièrement d'accord » à l'affirmation (2) ; pourcentages des réponses positives aux affirmations (1), (3) et (4).

Je suis obligé de m'imposer des restrictions sur mon budget vacances-loisirs (%) :

On est pris pour des abrutis à la télévision :

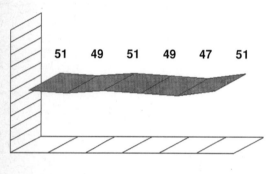

51   49   51   49   47   51

50   50   46   48   36   46   54

1982   1983   1984   1985   1986   1987

CREDOC

1982   1983   1984   1985   1986   1987   1988

Agoramétrie

Faites-vous partie d'une association sportive ? (%) :

Faites-vous partie d'une association culturelle, de loisirs... (%) :

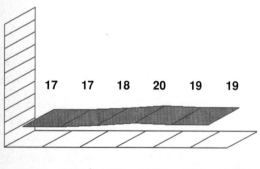

17   17   18   20   19   19

12   13   12   12   12   15

1982   1983   1984   1985   1986   1987

CREDOC

1982   1983   1984   1985   1986   1987

CREDOC

LE TEMPS LIBRE

PRATIQUES

Les Français ont aujourd'hui plus de temps libre, plus d'argent à lui consacrer et des attentes nouvelles dans ce domaine.
Dans une société qui n'est plus en mesure de satisfaire le droit au travail, c'est le droit au loisir qui s'impose.

La civilisation des loisirs

C'est Joffre Dumazedier qui, l'un des premiers, décrivit l'importance nouvelle des loisirs dans la société contemporaine. La civilisation des loisirs qu'il nous promettait il y a un peu plus de vingt ans apparaissait comme l'aboutissement logique d'une société en forte expansion, qui pouvait enfin penser à autre chose qu'au travail.

Au cours de ces vingt années, la France a connu plusieurs chocs : culturel en Mai 68, économique en 1973, politique en 1981, 1986 et

1988... L'idée de loisir a fait son chemin. Elle est aujourd'hui intégrée à la vie quotidienne des Français, bien que vécue très différemment selon les catégories sociales. Le loisir a donc atteint une double majorité : la sienne et celle des Français.

Les Français ont à la fois plus de temps libre, plus de pouvoir d'achat et une nouvelle mentalité vis-à-vis des loisirs.

Le loisir fut pendant longtemps un produit de luxe que la société ne pouvait offrir à l'ensemble de ses membres. Sa reconnaissance en tant qu'activité sociale majeure supposait que trois conditions soient réunies pour le plus grand nombre : un temps libre suffisamment long ; un pouvoir d'achat permettant d'accéder aux loisirs « marchands » (de loin les plus nombreux) ; un état d'esprit plus favorable à une véritable intégration. C'est précisément le chemin qui a été parcouru par la société française au cours des dernières décennies.

Le temps libre s'est accru au-delà de toute espérance : il est aujourd'hui près de trois fois plus important dans une vie que le temps de travail. Le pouvoir d'achat des Français a connu parallèlement un essor sans précédent : il a triplé entre 1930 et 1980. Quant à l'état d'esprit, il a évolué de façon spectaculaire : le loisir est aujourd'hui reconnu non seulement comme un droit mais comme l'un des aspects les plus riches de la vie.

35 minutes par jour gagnées en dix ans

Entre 1975 et 1985, le temps libre moyen des Français est passé de 3 h 28 à 4 h 04 par jour. Cette augmentation a surtout profité à la télévision (26 minutes supplémentaires). Le reste se répartit entre la pratique sportive (8 minutes par jour contre 3 en 1975), les sorties et spectacles (8 minutes contre 5), les jeux (11 minutes contre 8).
Les différences restent marquées selon l'âge et le sexe. Le temps libre moyen des garçons de 15 à 17 ans est de 4 h 57 (4 h 23 pour les filles) ; il est de 5 h 59 pour les hommes de 65 à 74 ans (4 h 53 pour les femmes). Il varie aussi évidemment selon que l'on a une activité professionnelle ou non : 3 h 30 pour un homme actif de 25 à 54 ans (2 h 39 pour une femme) ; 5 h 37 pour un homme inactif de la même tranche d'âge (3 h 42 pour une femme).

INSEE, enquête Emploi du temps 1985-1986

La civilisation des loisirs n'est plus un mythe ni une perspective à moyen terme.

La période actuelle est celle d'une transition entre deux civilisations. Si l'on connaît assez bien celle qu'on quitte, il est difficile d'imaginer avec précision celle vers laquelle on se dirige. Pendant longtemps, le loisir a été limité à ses trois fonctions essentielles : délassement, divertissement, développement de la personnalité. Si cette description reste valable, elle ne rend pas compte d'un mouvement récent d'une importance extrême : le mélange, dans l'emploi du temps et les mentalités, entre le travail et les loisirs.

Il ne s'agit plus seulement, pour un nombre croissant de Français, d'équilibrer les « figures imposées » de la vie (le travail, les activités contraintes) par des « figures libres » (les activités de loisirs). Il s'agit au contraire, idéalement, de mêler les unes et les autres, afin qu'elles ne soient plus que les ingrédients indissociables d'une vie plus riche, plus équilibrée et, finalement, plus agréable.

C'est dans cette recherche (encore un peu hésitante) d'une plus grande harmonie que se définit peu à peu le portrait de l'honnête homme de cette fin de XXe siècle. Les activités de loisirs sont pour lui aussi importantes, voire plus, que sa vie professionnelle.

Travail/loisirs : le principe des temps communicants

Toute modification de l'emploi du temps de la vie ressemble un peu à ce que les mathématiciens appellent un « jeu à somme nulle ». C'est-à-dire que toute modification de l'une de ses composantes entraîne une modification de sens contraire de l'ensemble des autres. Version un peu intellectuelle du gâteau de taille constante dont il est impossible de prendre une plus grosse part sans restreindre celle des autres convives...

Toute réduction du temps de travail entraîne un accroissement trois fois plus élevé du temps libre.

Pour un actif, une journée moyenne comprend un peu moins de 8 heures de travail professionnel, soit au total environ 10 heures avec les transports et les autres « travaux forcés » (tâches ménagères, courses et obligations diverses). Si l'on compte 8 heures pour le sommeil, il reste donc 6 heures de temps éveillé pour les autres activités. La moitié seront consacrées aux activités à caractère répétitif, telles que les trois repas quotidiens, la toilette, la promenade du chien, etc. De sorte que le temps réellement disponible pour des activités librement choisies n'est plus que de 3 heures.

Supposons maintenant que la durée de travail quotidienne diminue d'une heure, la semaine passant par exemple de 39 à 34 heures. Cette réduction d'une heure par jour ouvrable représente 12,8 % du temps de travail. Le temps de loisir disponible sera alors de 4 heures au lieu de 3, soit 33 % de plus.

Cela signifie qu'une diminution du temps de travail aboutit à une augmentation presque triple du temps de loisir. La part du loisir dans l'emploi du temps de la vie bénéficie donc d'un très important effet de levier. Cette simple démonstration a des conséquences considérables sur le fonctionnement de la société.

La crise n'a pas retardé le processus, elle l'a au contraire accéléré.

On aurait pu penser que les difficultés des dix dernières années allaient arrêter l'évolution amorcée dans les années soixante, en cassant la

AVEC
CARREFOUR,
MA TÊTE
EST DÉJÀ
EN VACANCES !

Carrefour ◀❸ *C'EST BIEN.*

La civilisation des loisirs est arrivée

SBA

croissance, indispensable au développement du pouvoir d'achat et à l'affirmation de la mentalité postindustrielle. Il semble, au contraire, que la crise ait accéléré le mouvement. La montée du chômage a posé en effet le problème du partage du travail et donc celui d'une nouvelle réduction de sa durée. Or, c'est de la réduction du temps de travail que se nourrit le temps de loisir. Et c'est d'un nouvel aménagement de la vie profession-nelle que naîtra l'emploi du temps de la vie souhaité par les Français.

Le temps consacré aux activités de loisir a augmenté en proportion du temps libre.

Comme la nature, les hommes ont horreur du vide. Ils craignent en particulier celui que représente le temps passé à ne rien faire. C'est pourquoi ils se sont empressés de transférer aux activités de loisir le temps gagné sur le travail.

Dans la plupart des cas, c'est la télévision qui s'est taillé la part du lion. D'une manière générale, les loisirs liés à l'audiovisuel et à la pratique sportive ont largement profité du temps libre supplémentaire accumulé au fil des ans. Ce qui laisse finalement peu de place à la réflexion et aux activités d'ordre spirituel. Les Français d'aujourd'hui sont plus préoccupés de vivre que de se regarder vivre. De peur, sans doute, de perdre du temps. Ou par crainte, peut-être, des résultats d'une éventuelle introspection...

L'ère du superflu

Ayant plus de temps pour leurs loisirs, les Français dépensent plus d'argent. D'un coté, ils achètent des biens et services « consom-mables », tels que les cassettes, disques, pellicules, les places de cinéma ou de concert, etc. De l'autre, ils investissent dans des équipements de plus en plus complexes (magnétoscope, lecteurs de disques compacts, ordinateurs...) ou nécessaires à la pratique de certaines activités (en particulier sportives). L'importance de la demande en matière de loisirs et l'ampleur de l'offre, favorisée par l'innovation technologique, expliquent l'accroissement du budget consacré aux loisirs.

Les dépenses de loisirs augmentent de façon régulière depuis 25 ans.

D'après l'INSEE, les Français consacrent en moyenne un peu plus de 7 % de leur budget dis-ponible aux dépenses de loisirs. Depuis 1973, la croissance des dépenses de loisirs-culture se maintient à un rythme moyen de l'ordre de 5 % par an en moyenne. Moins qu'entre 1970 et 1973 (+ 6,8 % par an), mais autant qu'entre 1959 et 1970. On a constaté pourtant un ralentis-sement relatif en 1986 et 1987.

Les Français investissent dans le loisir

Part du budget des ménages consacrée aux loisirs et à la culture (1986, en %) :

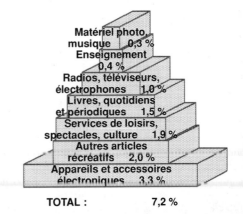

Matériel photo, musique   0,3 %
Enseignement   0,4 %
Radios, téléviseurs, électrophones   1,0 %
Livres, quotidiens et périodiques   1,5 %
Services de loisirs, spectacles, culture   1,9 %
Autres articles récréatifs   2,0 %
Appareils et accessoires électroniques   3,3 %

TOTAL :   **7,2 %**

INSEE

Mais il n'est pas très facile d'isoler avec précision les dépenses de loisirs dans les budgets des ménages, car elles sont disséminées dans plusieurs postes. Ainsi, le poste transports comprend une partie des dépenses telles que les vacances ou les sorties ; il a augmenté de façon importante, bien qu'une large part soit due à l'accroissement du prix de l'énergie, très sensible depuis le début de la crise.

De la même façon, certaines dépenses d'alimentation peuvent être considérées comme partie intégrante des loisirs : repas de fête, réceptions entre amis.... Le poste habillement contient aussi certains achats de vêtements affectés spécialement aux loisirs.

En considérant ensemble ces différentes composantes, on arrive à une dépense totale supérieure à 15 % du revenu disponible global.

Le coût des loisirs

Dépenses des ménages consacrées aux loisirs (1986, en % du revenu disponible) :

- Radios, téléviseurs, électrophones   1,0
- Services de loisir, spectacles, culture   1,9
- Livres, quotidiens, périodiques   1,5
- Hôtels, cafés, restaurants, voyages touristiques 6,5

TOTAL   **13,7**

INSEE

Dans l'ensemble des dépenses concernant les loisirs, la part consacrée à l'équipement est importante.

L'évolution des taux de possession des principaux équipements (téléviseur, chaîne hi-fi, magnétoscope...) montre à l'évidence combien les activités de loisir se sont développées. Même si le contenu tend à se diversifier, le « contenant » tient une place considérable dans les budgets : une chaîne hi-fi coûte le prix de plusieurs dizaines d'albums 33 tours ; le prix d'un ordinateur est très élevé par rapport aux logiciels (surtout « grand public ») qu'il permet d'utiliser ; la redevance de la télévision n'est pas très chère (pour ceux qui la payent) par rapport au téléviseur lui-même... Il faut ajouter que les prix relatifs des produits de loisirs ont baissé

régulièrement depuis 1972 (plus de 2 % par an en moyenne) ce qui signifie que les dépenses des Français pour leurs équipements de loisirs ont plus augmenté en francs constants que celles de la plupart des autres postes.

Le loisir-activité remplace le loisir-récompense

Le temps libre se vivait autrefois comme une récompense. Il fallait avoir bien travaillé pour y avoir droit. L'individu se devait d'abord à sa famille, à son métier, à son pays, après quoi il pouvait penser à lui-même. Les plus âgés des Français sont encore très sensibles à cette notion de mérite, indissociable pour eux de celle de loisir. Mais, pour les plus jeunes (la frontière se situe vers 40 ans), le loisir est un droit fondamental. Plus encore, peut-être, que le droit au travail, puisqu'il concerne des aspirations plus profondes et plus personnelles. Il n'y a donc aucune raison de se cacher, ni d'attendre pour faire ce que l'on a envie de faire, bref pour « profiter de la vie ».

Le goût retrouvé du patrimoine

Les Français s'intéressent aux activités de nature culturelle. Mais leurs goûts évoluent. Ainsi, le patrimoine national les intéresse aujourd'hui autant, et parfois davantage, que les autres formes de la pratique culturelle : cinéma, arts plastiques, théâtre, danse, etc.
Ainsi, 51 % d'entre eux ont visité au cours de l'année écoulée un vieux quartier d'une ville, 51 % un parc ou un jardin, 51 % sont allés au cinéma, ont visité une cathédrale ou une église, 46 % sont allés « chiner » chez un antiquaire, 38 % ont visité un château, 34 % un musée, 21 % sont allés à l'Opéra, au concert ou au théâtre, 16 % ont vu une exposition d'art moderne. Parmi les éléments du patrimoine, les plus appréciés sont les maisons anciennes, les vieux villages et les vieux quartiers (51 %), les châteaux (44 %), les églises, chapelles et cathédrales (43 %), la cuisine régionale (42 %). Les moins appréciés sont ceux qui font partie de l'art moderne (70 %), les archives (66 %), les villes nouvelles (65 %), les tours et les grandes constructions contemporaines (64 %).

Ministère de la Culture et de la Communication-Le Point/ARCmc-ISL; juin 1987

*Le changement des mentalités traduit
la prépondérance du présent sur l'avenir.*

La volonté de jouissance sans délai est l'une des caractéristiques de la société actuelle. Le déclin des valeurs religieuses n'y est pas étranger. Aujourd'hui, les Français comprennent et acceptent de moins en moins bien des notions comme l'esprit de sacrifice ou la promesse d'un paradis après la mort.

Les Français organisaient jusqu'ici leur vie autour de leurs obligations. Les plus jeunes souhaitent aujourd'hui l'organiser autour de leur passions.

Le changement des mentalités traduit aussi la prépondérance de l'individuel sur le collectif.

Dans la conception du loisir, deux visions très différentes de la vie s'opposent. La première est optimiste et athée. Elle part du principe que le rêve de l'homme (qui n'est pas sûr de son immortalité) est de pouvoir être totalement lui-même sur la Terre. C'est-à-dire un individu unique dont le destin, également unique, n'appartient qu'à lui. Le but fondamental est donc de maîtriser sa vie et de la conduire de la façon la plus libre possible. Dans cette optique, on peut penser que le cheminement de ces dernières décennies représente un progrès considérable. Les Français, comme beaucoup d'Occidentaux, ont avancé sur la voie difficile d'un « d'individualisme humaniste », auquel ils aspirent en fait depuis longtemps.

La seconde vision est à la fois pessimiste et philosophique. La tendance actuelle, qui privilégie l'individu et le court terme par rapport à la masse et à l'éternité, est ressentie comme l'amorce d'une décadence qui menace les sociétés développées. L'égoïsme n'est guère compatible avec les progrès de la vie en société. Avec lui se développent les risques d'antagonisme entre des intérêts a priori divergents. En refusant l'effort, la solidarité et le sacrifice, les hommes se condamneraient à une fin prochaine.

Le choix serait donc entre l'individualisme forcené, condition de l'épanouissement de l'homme, et la référence à des valeurs transcendantales et collectives, sans lesquelles le monde ne pourrait survivre. La première solution peut conduire à une forme d'égoïsme, la seconde au totalitarisme. Entre ces deux écueils, la société devra naviguer avec précision. Sur son itinéraire, la civilisation des loisirs n'est sans doute qu'une étape. Mais elle est plus proche de la rive individuelle que de la rive collective.

Pratiques

En vrac

- Les dépenses consacrées aux loisirs, spectacles, enseignement, culture sont restées stables depuis quelques années : 7,2 % des dépenses des ménages en 1987, contre 7,3 % en 1980.
- Les dépenses de communication (téléphone, cinéma, logiciels informatiques, cassettes vidéo, etc.) se sont montées à 450 milliards de francs en 1987. La part des ménages était de 39 %.
- Un Français sur deux et une Française sur trois sont membres d'une association. Environ 50 000 associations sont créées chaque année.
- Les Maisons de la culture ont été fondées en 1959 par André Malraux. On en compte aujourd'hui douze, situées à Amiens, Bobigny, Bourges, Chambéry, Créteil, Firminy, Grenoble, La Rochelle, Le Havre, Nevers, Reims, Rennes.

S • 94 % des Français considèrent que la musique classique fait partie du domaine de la culture (4 % non). Ils ne sont que 79 % pour le jazz (17 % non), 70 % pour la télévision (25 % non), 68 % pour la mode (27 % non), 65 % pour la bande dessinée (29 %) non), 58 % pour le rock (36 % non), 54 % pour le sport (41 % non), 52 % pour la cuisine (43 % non), 39 % pour la publicité (54 % non).

INÉGALITÉS

En matière de loisirs, la France est coupée en deux. A égalité de temps libre, les activités pratiquées par l'une et l'autre France sont très différentes, de même que l'état d'esprit des personnes concernées. Plus que toute autre chose, c'est l'âge qui les sépare. Il rappelle de façon éclatante tout le chemin parcouru en une génération.

Le temps du temps libre

Les Français consacrent de plus en plus de temps à leurs loisirs et pratiquent des activités de plus en plus variées. C'est ce que faisait apparaître la grande étude réalisée par le ministère de la Culture sur les pratiques culturelles des Français, entre 1973 et 1981. Les grandes tendances observées alors ont été confirmés par les enquêtes réalisées au cours des dernières années.

Le sport a pris une place croissante dans les activités de loisirs, mais l'idée de compétition tend à diminuer dans les motivations des sportifs. En ce qui concerne la lecture, un transfert s'est opéré entre les quotidiens, les magazines et les livres. D'autres évolutions importantes sont apparues au cours des dernières années : on note un intérêt croissant pour le patrimoine culturel national, pour les activités et les spectacles musicaux.

Le plus grand bouleversement concerne la pratique des sports.

Les Français sont plus nombreux à pratiquer un sport et leurs disciplines favorites ont changé : les sports individuels ont pris le pas sur les sports collectifs ; les activités traditionnelles comme la pêche et la chasse comptent moins

d'adeptes. Mais, à côté de ces tendances lourdes se produisent des phénomènes de mode relativement éphémères. Ainsi, le jogging et l'aérobic sont un peu en perte de vitesse, même si ces deux activités comptent encore beaucoup d'inconditionnels.

D'une manière générale, les Français sont moins attirés par le « sport-souffrance » que par le sport-plaisir. Ils sont confortés dans cette idée par les médias qui, après en avoir fait l'apologie, dénoncent aujourd'hui les risques que peuvent présenter certains sports comme le jogging, l'aérobic ou le tennis, pour des personnes insuffisamment entraînées.

Le foyer tend à devenir un véritable centre de loisirs.

Il est de plus en plus difficile de faire sortir les Français de chez eux. Il faut dire que la télévision (avec le développement de la couleur, les écrans géants, l'augmentation du nombre de chaînes et l'arrivée du magnétoscope) et la radio (avec la modulation de fréquence et les radios locales) offrent une alternative attrayante et beaucoup moins coûteuse.

Les foyers-bulles

L'un des aspects essentiels de la société française actuelle est que ses membres tendent à s'isoler les uns des autres. C'est ce qui explique que le foyer prenne une place croissante. Tout se passe comme si les Français voulaient se tenir à distance de leurs concitoyens, sans pour autant perdre le contact avec la réalité extérieure. C'est ainsi qu'ils sont de plus en plus intéressés par ce qu'on pourrait appeler les *produits de distanciation*. La télévision et son complément naturel, le magnétoscope, en sont bien sûr les exemples les plus frappants. Mais le Minitel, l'ordinateur domestique, la chaîne hi-fi, et d'une manière générale, les médias, témoignent aussi de cette tendance.

On assiste donc à la création de *foyers-bulles*, qui sont « socialement stériles ». Leurs membres cherchent en effet à s'isoler du reste de la société pour échapper aux différents risques de contamination. Au sens propre en ce qui concerne la pollution ou le sida. Au sens figuré lorsqu'il s'agit de se préserver des formes diverses d'agressivité extérieure : délinquance, bruit, présence croissante de la pauvreté, etc.

L'emploi du temps libre des Français

« Depuis un an, cela vous est-il, ou non,
arrivé au moins une fois... »

	1984 %	1981 % (*)	1973 % (*)
• D'aller au cinéma :			
Oui	51	50	52
Non	49	50	48
• De visiter des monuments historiques :			
Oui	36	32	32
Non	64	68	68
• De visiter un musée :			
Oui	26	30	27
Non	74	70	73
• De voir une exposition de peinture, de sculpture :			
Oui	23	21	18
Non	77	79	82
• D'assister à un spectacle de variétés, music-hall, chansonniers :			
Oui	21	10	11
Non	79	90	89
• D'emprunter un livre ou un disque dans une bibliothèque ou discothèque :			
Oui	20	-	-
Non	80	-	-
• D'aller au théâtre, voir une pièce jouée par des professionnels :			
Oui	15	10	12
Non	85	90	88
• D'aller au cirque :			
Oui	14	10	11
Non	86	90	89
• D'assister à un concert de musique rock, funky, jazz, pop :			
Oui	13	10	6
Non	87	90	94
• D'assister à un concert de musique classique :			
Oui	9	8	7
Non	91	92	93
• De fréquenter un festival :			
Oui	8	7	8
Non	92	93	92
• D'assister à une opérette :			
Oui	5	2	4
Non	95	98	96
• De voir une exposition de bandes dessinées :			
Oui	5	-	-
Non	**95**	-	-
• D'acheter des livres autres que des livres de classe, pour vous même ou pour quelqu'un d'autre, en cadeau :			
Oui	54	56	51
Non	46	44	49

	1984 %	1981 % (*)	1973 % (*)
• De consulter des archives locales, départementales ou nationales :			
Oui	5	-	-
Non	95	-	-
• D'assister à un spectacle de ballet dansé par des professionnels :			
Oui	6	5	6
Non	94	95	94
• D'assister à un opéra :			
Oui	3	2	3
Non	97	98	97

Le total vertical des réponses à chaque question est toujours égal à 100 %.

(*) Rappels enquêtes du ministère de la Culture.

50 Millions de consommateurs/Ipsos, décembre 1984

On constate cependant un accroissement important de l'assistance à des spectacles de variétés depuis quelques années. Le phénomène concerne principalement les jeunes, de plus en plus nombreux à se rendre dans les nouveaux temples du music-hall pour y écouter la musique qu'ils aiment. Cela n'empêche pas qu'un nombre croissant de Français ont une préférence pour les activités qui se pratiquent à la maison. Une tendance qui ne devrait pas diminuer avec le développement attendu des loisirs liés à la vidéo ou la communication.

Les deux France des loisirs

La pratique des loisirs coupe la France en deux parties d'importance comparable. D'un côté, les Français de la « vieille école », pour lesquels les loisirs sont ce « quelque chose en plus » qui complète et agrémente la vie courante, faite de travail, de contraintes et de devoirs. De l'autre, les Français les plus « modernes », qui considèrent le loisir comme un droit fondamental, au service de leur épanouissement personnel.

A travers ces deux France s'opposent deux visions des loisirs. Les premiers les conçoivent comme une récompense ; les seconds comme une activité à part entière. Ces deux catégories de Français sont séparées principalement par trois caractéristiques : l'âge, le niveau de formation et, à un moindre degré, le sexe. Le temps consacré, le type d'activité pratiqué, l'état d'esprit sont très différents d'une catégorie à l'autre. A tel point que les classes sociales, qui semblaient jusqu'ici s'estomper, tendent à se reformer autour des loisirs.

La pratique dépend beaucoup de la profession exercée, donc de la formation.

D'une façon générale, la pratique des loisirs augmente avec le niveau scolaire. Les activités de type « culturel » (musique, théâtre, musées, etc.) sont celles qui séparent le plus les Français les plus diplômés de ceux qui le sont moins. La quasi-totalité des activités de loisir, à l'exception des loisirs dits de masse (radio, télévision) et des jeux d'argent du type Loto ou PMU, sont pratiquées par ceux dont le niveau d'instruction est au moins équivalent au baccalauréat. On retrouve des écarts de même nature entre les professions, dont on sait qu'elles sont fortement liées au niveau de formation.

Des possibilités encore trop limitées

Existe-t-il à proximité de chez vous des possibilités de vous distraire ou de vous cultiver ?
Diriez-vous qu'il y en a (1986, en %) :

	Beau-coup	Assez	Un peu	Pas du tout
• Exploitants agricoles	3,3	10,4	18,6	66,7
• Commerçants, artisans, chefs d'entreprise	11,1	30,6	23,5	34,7
• Prof. lib., cadres sup.	28,1	29,0	19,8	21,7
• Cadres moyens	18,4	36,3	24,3	21,0
• Employés	11,5	26,1	28,2	33,9
• Etudiants	16,2	39,4	29,6	14,8
• Ménagères	7,8	25,0	19,1	47,5
• Retraités	8,6	22,2	21,9	46,6
ENSEMBLE	**11,0**	**25,7**	**23,9**	**39,0**

La différence entre le total de chaque ligne et 100 représente les non réponses.

CREDOC

Les causes de ce phénomène ne semblent pourtant pas être liées aux revenus. Le jogging, la visite des musées ou les promenades ne sont pas des activités coûteuses. Elles sont cependant ignorées ou presque des catégories ayant le niveau d'instruction le plus faible.

Est-ce par manque d'intérêt pour son propre développement physique et intellectuel, par manque d'expérience et de références pendant l'époque de l'enfance, ou à cause d'un complexe vis-à-vis des autres ? Sans doute un peu tout cela à la fois. Cette ligne de démarcation entre les Français est d'autant plus nette qu'elle est le plus souvent tracée et entretenue par ceux-là mêmes qui se refusent à la franchir.

Les hommes pratiquent plus d'activités que les femmes, mais les écarts diminuent.

Dans la plupart des activités de loisir, les hommes sont plus souvent concernés que les femmes. Le sport apparaît ainsi comme une occupation très majoritairement masculine. Les femmes limitent leur participation à des activités telles que la natation, la danse, la gymnastique ou le jogging.

Dans le domaine des médias, les femmes inactives constituent la clientèle privilégiée des radios. Elles regardent cependant moins la télévision et lisent moins les journaux que les

Les femmes aussi

Welcom

hommes. Leurs sorties préférées sont les promenades en forêt et les pique-niques. Le théâtre et le cirque les attirent plus que les hommes, qui préfèrent le cinéma ou les stades (côté gradins).

Qu'elles exercent une activité rémunérée ou non, les femmes disposent en moyenne de moins de temps libre que les hommes : 3 h 42 par jour pour les femmes inactives entre 25 et 54 ans, contre 5 h 37 pour les hommes ; respectivement 2 h 39 et 3 h 30 pour les femmes et les hommes actifs de la même tranche d'âge. C'est que les tâches ménagères occupent une très large part du temps dont elles disposent, et l'écart reste important malgré la moindre réticence des hommes à y participer.

Pourtant, les femmes (surtout les plus jeunes) s'efforcent de réduire les écarts. Après avoir investi (pacifiquement) les lieux où l'on travaille, elles s'attaquent aujourd'hui à ceux où l'on se divertit. C'est la raison pour laquelle on les voit plus souvent dans les salles de culture physique, sur les courts de tennis ou même sur les stades. Mais la pratique sportive reste malgré tout plus masculine que féminine, et elle concerne en particulier très peu les femmes de plus de 40 ans.

On pratique plus les loisirs dans les villes que dans les campagnes.

Certains types de loisirs sont indépendants de l'endroit où l'on habite. C'est le cas, le plus souvent, de la lecture des journaux, de l'écoute de la radio ou de la télévision. Les différences sont alors assez peu sensibles entre les petites et les grandes villes, sauf en ce qui concerne Paris, où la profusion des autres formes de loisirs (en particulier celles qui sont à caractère culturel) entre en concurrence avec des activités plus classiques.

D'autres types de loisirs nécessitent par contre des équipements ou des infrastructures spécifiques. C'est le cas, par exemple, des spectacles (music-hall, théâtre, opéra, cirque...) et de la plupart des sports. On conçoit que la pratique en soit plus réduite dans les petites communes, généralement moins bien équipées que les grandes villes.

Paris pulvérise les moyennes nationales dans la plupart des activités de loisir. D'une manière générale, les Parisiens sont à peu près trois fois plus nombreux que la moyenne à pratiquer les diverses formes d'activités culturelles ; danse, théâtre, opéra, etc.

Le sexe des loisirs

Temps de loisir et occupation selon le sexe pour les hommes et femmes actifs âgés de 25 à 54 ans (en minutes) :

	Homme	Femme
Temps libre total	**3 h 30**	**2 h 39**
Utilisation :		
• Télévision	1 h 33	1 h 03
• Conversation, courrier	26	26
• Lecture	21	19
• Visites, réceptions (sans repas)	12	12
• Promenade, pêche, chasse	15	10
• Jeux	9	6
• Spectacles, sorties	9	8
• Sports	10	5
• Radio, disques	4	2
• Penser, réfléchir	4	4
• Pratique associative	5	2
• Pratique religieuse	2	2

INSEE, enquête Emploi du temps, 1985-1986

Loisirs des villes, loisirs des champs

Existe-t-il à proximité de chez vous des possibilités de vous distraire ou de vous cultiver, vous personnellement. Diriez-vous qu'il y en a :

	Beau-coup	Assez	Un peu	Pas du tout
Communes de :				
• Moins de 2 000 hab	3,8	10,8	24,0	61,1
• 2 000 à 50 000	4,9	26,2	29,0	39,2
• 50 000 à 100 000	13,1	43,2	25,3	17,7
• 100 000 et plus	16,3	31,8	20,3	31,2
• Paris et agglomération	24,7	33,9	23,0	18,0
ENSEMBLE	**11,0**	**25,6**	**24,1**	**38,8**

La différence entre le total de chaque ligne et 100 représente les non réponses.

CREDOC, 1986

*C'est l'âge qui explique le mieux
les différences entre les pratiques de loisirs.*

On pourrait imaginer que l'âge mûr est aussi l'âge d'or des loisirs : les contraintes familiales sont moins nombreuses (les enfants ont acquis leur autonomie), les possibilités financières sont supérieures, une plus grande stabilité personnelle et professionnelle. Les chiffres montrent qu'il n'en est rien.

Il est frappant de constater l'écart existant entre les moins de 40 ans et leurs aînés. Parmi les très nombreuses activités existantes, deux seulement augmentent avec l'âge : la lecture des journaux et le temps passé devant la télévision. Les autres (sports, spectacles, activités de plein air, etc.) diminuent rapidement avec l'âge. Il faut noter qu'il s'agit principalement d'activités extérieures.

S'il est concevable que les plus de 60 ans soient plus casaniers, cela est plus inattendu de la part de ceux qui ont entre 40 et 60 ans. Lassitude, désintérêt, peur de ne pas être « à la hauteur » pour les activités physiques, de ne pas être « dans le coup » pour les activités de type culturel ? L'explication est peut-être à la fois

Après 39 ans, les loisirs en quarantaine

Comparaison des pratiques de loisirs selon l'âge (chiffres indiquant la proportion d'individus ayant pratiqué une activité au cours des 12 derniers mois, en %) :

	15-19	20-24	25-39	40-59	60-69	70 et +	Moyenne
• Lecture	92,9	89,3	83,1	67,6	64,4	48,9	74,0
• Fête foraine	69,9	60,9	54,7	37,2	23,0	10,0	43,1
• Bal public	58,4	48,2	33,6	22,8	9,4	1,9	28,1
• Cinéma	90,4	84,5	64,4	37,7	20,0	7,2	49,7
• Spectacle sportif	38,0	29,9	23,2	18,7	8,0	5,4	20,6
• Théâtre	12,8	10,1	14,5	8,3	8,7	4,7	10,2
• Concerts musique populaire	24,5	30,4	12,4	3,2	1,0	0,7	10,2
• Concerts musique classique	7,4	8,6	9,4	8,1	5,0	3,2	7,5
• Cirque	8,3	10,3	16,8	8,0	4,8	2,4	9,7
• Ballets	4,4	6,1	6,9	4,6	4,7	1,8	5,0
• Opéra	1,0	1,9	2,5	2,0	1,9	2,0	2,0
• Foires, salons, expositions	50,6	54,8	50,9	42,1	29,9	9,9	41,5
• Monuments historiques	39,8	37,7	36,6	30,6	28,0	14,7	31,7
• Musées	40,2	38,0	34,1	28,2	27,0	13,7	30,1
• Manifestations politiques	9,7	11,9	11,8	8,7	4,1	1,2	8,7
• Journaux (*)	28,3	29,7	36,2	56,3	61,4	59,9	46,2
• Radio (*)	64,9	70,9	76,2	72,6	71,3	66,9	71,8
• Journal télévisé (*)	39,7	44,1	52,8	67,6	83,0	85,7	62,6
• Jogging	27,5	28,4	20,1	16,3	11,3	6,9	18,1
• Natation	31,1	26,0	19,0	10,0	6,0	0,6	14,7
• Football	44,5	19,0	12,9	3,6	0,4	-	11,3
• Gymnastique	27,2	12,1	11,1	7,6	5,9	1,3	9,9
• Tennis	20,9	17,3	14,7	4,7	0,6	0,4	9,5
• Vélo	10,9	9,1	11,6	6,2	5,1	1,4	7,8
• Ski	11,0	14,7	12,2	4,1	1,7	0,7	7,4
• Voile	6,0	7,2	5,1	0,4	0,2	0,1	2,9

(*) Tous les jours

Ministère de la Culture, enquête 1981 sur les pratiques culturelles

plus simple, et aussi plus grave : le manque d'habitude. Les plus de 40 ans sont en effet les représentants d'une autre génération, pour laquelle la civilisation des loisirs n'est qu'une invention récente. Nés avant la Seconde Guerre mondiale, ils ont dû consacrer plus de temps au travail qu'au loisir, pour des raisons souvent matérielles. Certaines activités considérées comme normales aujourd'hui leur paraissent sans doute un peu futiles. Et même si elles tentent certains, les autres considèrent qu'il est trop tard pour les pratiquer.

L'évolution de la pratique des loisirs est un indicateur très fidèle du changement social.

L'intérêt majeur de ces comparaisons est qu'elles permettent de mesurer le chemin, considérable, parcouru par la société. La césure entre les moins de 40 ans et les plus âgés est le signe concret et spectaculaire du passage, en une génération, de la civilisation industrielle à un autre type de civilisation. Il est clair que les loisirs y occupent une place de choix, pour ne pas dire prépondérante.

Inégalités

En vrac

• 46 % des hommes et 31 % des femmes adhèrent à une ou plusieurs associations, soit 38 % de la population. 63 % des ménages comptent au moins une personne adhérant à une association. 55 % des personnes adhérant à une seule association sont des hommes ; la proportion est de 64 % parmi les adhérents à trois associations et de 72 % parmi les adhérents à cinq ou plus.
• 95 % des Parisiens lisent au moins un livre par an, contre 58 % des habitants des communes rurales, 70 % dans les communes de moins de 20 000 habitants, 78 % dans celles qui comptent entre 20 000 et 100 000 habitants, 81 % dans celles de plus de 200 000 habitants.
• 16 % des parisiens pratiquent le tennis (au moins une fois par an) contre 7 % des habitants des communes rurales.
• Les agriculteurs possèdent en moyenne 13 livres chez eux, les ouvriers en ont 19, les cadres 25.
• 30 % des hommes assistent au moins une fois par an à un spectacle sportif, contre 11 % des femmes. 13 % des femmes pratiquent la gymnastique, contre 7 % des hommes.

LES MÉDIAS

TÉLÉVISION

La télévision est le principal loisir des Français. Le développement de nouvelles activités « périphériques » (magnétoscope, vidéo, ordinateur...) est en train de transformer leurs rapports avec le petit écran. Le rôle déjà central du foyer en sera encore renforcé.

De la drogue douce à la drogue dure

1950. 297 privilégiés possèdent « l'étrange lucarne » sur laquelle ils peuvent suivre quelques émissions expérimentales. C'est le début d'une véritable révolution dans les modes de vie des Français.

1988. Près de 20 millions de foyers sont équipés de la boîte magique, soit 94 % de la population totale. Les 6 % restants sont pour la plupart des « téléphobes », qui ont choisi de ne pas se laisser prendre à ce qu'ils considèrent comme un piège. La preuve est qu'on les trouve aussi bien parmi les catégories aux revenus élevés que chez les plus modestes.

La télé s'est bien vite installée dans l'emploi du temps des Français. Au point d'animer la plupart de leurs soirées, de leurs week-ends, souvent même de leurs repas. L'information, la distraction, la connaissance sont les trois apports principaux de la télévision. C'est cette variété qui en a fait l'instrument irremplaçable qu'elle est aujourd'hui. Même si, à la différence des « vraies » drogues douces, celle-ci n'est pas toujours euphorisante ! Au bout de toutes ces années d'utilisation régulière, la drogue douce s'est d'ailleurs transformée en drogue dure.

La télévision occupe plus de la moitié du temps libre des Français.

Le temps passé devant le poste de télé est très variable selon les individus. Il est difficile de savoir ce qui motive ces comportements différents. Ceux qui consacrent le moins de temps à la télévision sont-ils ceux qu'elle intéresse le moins ou ceux qui sont le moins disponibles ?

La durée d'écoute moyenne avait augmenté régulièrement pendant dix ans : 2 h 51 par jour et par individu en 1975, et 3 h 27 en 1986. Elle tend à se stabiliser depuis deux ans, malgré les changements qui sont intervenus dans le PAF (Paysage audiovisuel français) ou peut-être à cause d'eux.

L'amie de la famille

Evolution du taux d'équipement des ménages en récepteurs de télévision (en %) :

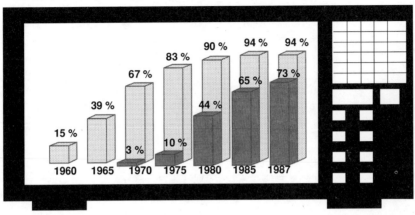

INSEE

*Les téléspectateurs passent 3 h 26
chaque jour devant le petit écran.*
* *3 h 19 du lundi au vendredi.*
* *3 h 31 le samedi.*
* *3 h 57 le dimanche.*

Si elle est comparable à celle des autres pays européens, cette durée reste très inférieure à celle des Etats-Unis (environ 7 heures !). Il faut dire que le choix y est beaucoup plus large : il n'est pas rare de recevoir une quarantaine de chaînes, dont certaines (à câble) sont très spécialisées ; la télévision fonctionne jour et nuit et le multi-équipement est beaucoup plus développé. Il faut préciser aussi que ce chiffre mesure le temps pendant lequel un récepteur est allumé, ce qui ne signifie pas que les familles américaines aient l'œil rivé sur la télévision pendant ce temps.

En France, ceux qui regardent le plus la télévision sont les femmes, les personnes mariées, les personnes âgées, les inactifs, les non-diplômés, les habitants des campagnes. On constate d'ailleurs que ce sont les mêmes catégories de personnes qui écoutent le plus la radio et regardent le plus la télévision.

A contrario, ceux qui regardent le moins sont les hommes, les célibataires, les jeunes, les cadres, les diplômés de l'enseignement supérieur et les habitants des grandes villes.

La guerre des chaînes

La recherche de l'audience a toujours été un élément important de la politique des chaînes en matière de programmation. Ce phénomène s'est largement accentué depuis quelques années, avec la création de nouvelles chaînes : Canal Plus (1983), la Cinq et TV6 (1986) puis M6 et la privatisation de TF1 (1987). Les chiffres d'audience conditionnent en effet les recettes publicitaires, donc les ressources des chaînes. Mais l'image d'une chaîne ne correspond pas obligatoirement à son audience.

Chaque jour de semaine, 34 millions de Français regardent la télévision.
* *TF1 a obtenu la plus forte audience en 1987.*

Lors des enquêtes réalisées par le CESP (Centre d'Etude des Supports de Presse) en 1987, c'est TF1 qui était en tête de l'audience, avec 59 % de téléspectateurs ayant regardé au moins une fois la chaîne au cours d'une journée moyenne (du lundi au vendredi), une durée moyenne d'écoute de 1 h 57 et surtout une part de marché de plus de 45 % à fin 1987. Antenne 2 arrivait en seconde position pendant la semaine et le dimanche, mais première le samedi (voir encadré page suivante).

La une première

Audience en cumulé (AC) et durée d'écoute par auditeur (DEA). Cumul des trois vagues 1987 :

	Lundi au vendredi		Samedi		Dimanche	
	AC (*)	DEA	AC	DEA	AC	DEA
Télévision en général	**85,1 %**	**3 h 19**	**82,2 %**	**3 h 31**	**80,7 %**	**3 h 57**
• TF1	59,3 %	1 h 57	57,0 %	1 h 59	65,9 %	2 h 21
• Antenne 2	53,2 %	1 h 46	57,2 %	2 h 04	50,7 %	2 h 03
• FR3	28,8 %	1 h 12	18,6 %	0 h 57	23,1 %	0 h 57
• Canal Plus	7,7 %	1 h 24	8,6 %	1 h 18	5,1 %	1 h 39
• La 5	11,3 %	1 h 44	10,2 %	1 h 52	11,4 %	2 h 01
• M 6	2,8 %	1 h 10	3,8 %	0 h 58	2,2 %	1 h 35
• Autres chaînes	2,9 %	1 h 23	3,8 %	1 h 45	2,2 %	1 h 36

(*) Proportion de téléspectateurs ayant regardé au moins une fois la télévision ou la chaîne considérée pendant la journée.

CESP

Les chiffres d'audience des chaînes les plus récentes doivent être examinés en tenant compte de leurs zones de réception respectives. Ainsi, le « taux d'initialisation » de Canal Plus à fin 1987 était de 49,2 %, celui de la Cinq de 44 %, celui de M6 de 30,4 %.

La remarque vaut aussi pour les chaînes étrangères, (essentiellement Télé-Luxembourg et Télé-Monte-Carlo) qui réalisent des scores nationaux faibles (environ 3 % de l'audience en cumulé) du fait d'une couverture limitée à quelques régions frontalières avec la Belgique, le Luxembourg, l'Allemagne, la Suisse ou l'Italie. Le développement de la réception des chaînes transmises par satellite devrait modifier les données actuelles.

Antenne 2 est la chaîne qui bénéficie de la meilleure image.

En dépit de sa baisse d'audience en 1987, Antenne 2 reste la chaîne préférée des Français. D'après l'enquête réalisée par la Sofres (janvier 1988), celle-ci est en effet jugée comme la plus complète, celle qui inspire le plus confiance, la plus distrayante, la plus dynamique, celle qui propose la meilleure qualité d'information.

TF1 arrive pratiquement à égalité en ce qui concerne le dynamisme et la distraction. FR3 a l'image d'une chaîne culturelle, Canal Plus est la plus moderne, M6 la plus jeune.

Les émissions les plus regardées restent les films et les variétés.

Les émissions préférées des Français ne sont pas toujours celles qui attirent l'audience la plus nombreuse. On trouve dans cette dernière catégorie les journaux télévisés, que l'on regarde par goût, par nécessité ou par habitude, et dont le contenu est d'autant moins attrayant qu'il est fidèle à l'actualité quotidienne...

La guerre des chaînes est déclarée

Lintas

Les genres d'émissions qui plaisent le plus n'évoluent guère : le cinéma, les variétés et le sport constituent le tiercé gagnant. Avec des variations très fortes selon les films, les émissions et la personnalité des présentateurs. L'audience est également variable selon le moment de la journée, avec des « creux » l'après-midi avant 19 h et des pointes entre 20 h 30 et 21 h 30. Elle varie au cours de la semaine, le maximum étant atteint le dimanche soir.

Les enfants regardent moins la télé que leurs parents

La télévision joue dans la vie des enfants un rôle important, même s'ils la regardent moins que leurs aînés : 22 heures par semaine entre 8 et 14 ans, mais 16 heures pour les 15-20 ans, contre 24 heures en moyenne pour les adultes. Le temps passé devant le petit écran varie aussi avec le sexe. Les petites filles (8-9 ans) regardent moins que les garçons du même âge, mais les grandes filles (13-14 ans) regardent plus que les grands garçons.

Le statut de la mère apparaît déterminant sur le temps passé par les enfants devant le petit écran. Contrairement à une idée reçue, les enfants dont la mère travaille à l'extérieur regardent moins la télévision que ceux dont la mère reste au foyer. Mais c'est surtout le niveau d'instruction de la mère qui influence la durée d'écoute des enfants : ceux dont la mère a une instruction de niveau primaire passent deux fois plus de temps devant leur poste que ceux dont la mère a un diplôme supérieur.

La télévision est partie intégrante de la vie des enfants. Le rythme familial s'organise souvent autour d'elle, ce que n'approuvent pas tous les enfants. Outil de distraction, outil d'information, la télévision contribue de façon indiscutable à l'instruction des enfants, dont elle alimente aussi la sensibilité et l'imagination. Les émissions de fiction (quand ce n'est pas l'actualité quotidienne) fournissent des modèles, parfois contestables, qui serviront de thèmes aux discussions dans les cours de récréation.

Les préférences des enfants vont aux films et aux feuilletons, plus qu'aux émissions qui leur sont particulièrement destinées. Ils considèrent la publicité comme un type d'émission à part entière et l'apprécient comme telle. Le regard des enfants sur la télévision est donc différent de celui des parents. Ce que résume joliment un garçon de 13 ans : « La télé, quand on est petit, c'est fait pour rêver... et, quand on est grand, c'est fait pour comprendre ».

CEO

Le palmarès 87

L'audience d'une émission est évidemment une bonne indication de son intérêt pour le public. Elle ne peut cependant être considérée indépendamment de sa date et surtout de son heure de diffusion, ainsi que des programmes proposés au même moment par les autres chaînes.

Au hit-parade de l'année télévisée 1987, ce sont comme d'habitude les films qui ont obtenu les plus fortes audiences, suivis de certains événements sportifs et des émissions de variété.

Les performances des chaînes sont évidemment très variables selon leur couverture nationale. Ainsi, le meilleur score obtenu par la Cinq en 1987 a été de 10,8 %, avec le film américain *Un fauteuil pour deux*. Sur Canal Plus, la meilleure performance « en clair » a été celle du dessin animé *Ça cartoon* (4,3 %). Sur M6, le record a été de 3,9 % avec *2019, après la chute de New-York*. A titre de comparaison, *Tchao Pantin*, le meilleur score de TF1, obtenait 47,7 % d'audience.

Médiamétrie

La nouvelle télévision

Les Français se sont massivement félicités de la disparition du monopole audiovisuel de l'Etat c'est-à-dire à la fois du plus grand nombre de chaînes et d'une plus grande indépendance de chacune d'elles. Mais ils ne semblent guère satisfaits par les programmes qui leur sont proposés. Les plus traditionalistes s'alarment de l'invasion de la publicité et du côté « racoleur » de certaines émissions. Les autres se disent frustrés par le conformisme, le manque de modernisme et la pauvreté culturelle des programmes, aussi bien dans le choix des sujets que dans le ton et le style utilisés.

Certaines catégories de Français s'éloignent donc de la télévision traditionnelle pour aller vers d'autres médias qui leur correspondent mieux : magazines spécialisés, radios libres, etc. Un nombre croissant d'entre eux s'intéresse aussi aux nouveaux modes d'utilisation de la télévision rendus possibles par le magnétoscope, les jeux vidéo, Canal Plus ou les chaînes transmises par satellite.

Ces nouveautés relèguent le petit écran à un simple rôle de « terminal ». Avec eux s'achève l'ère de ce qu'on pourait appeler la télévision passive. La voie est aujourd'hui ouverte vers une plus grande maîtrise de l'instrument, puisqu'il devient possible de lui imposer ses choix et de multiplier les activités possibles à partir de lui. L'ère de l'interactivité commence.

Le temps du zapping

58 % des foyers sont équipés d'une télécommande, contre 24 % fin 1983. L'augmentation du nombre de chaînes et celle des écrans publicitaires expliquent l'importance croissante du « zapping » (passage d'une chaîne à l'autre de façon répétée) :
39 % zappent très souvent ; 52 % peu souvent ;
9 % jamais. Les interruptions publicitaires sont en particulier très mal tolérées, surtout pendant les films :
36 % regardent ce qui se passe sur les autres chaînes ; 30 % en profitent pour faire autre chose ; 27 % regardent distraitement les publicités ; 6 % les suivent avec attention. Au total, 35 % seulement des Français regardent une émission du début à la fin.
Pour les non-zappeurs, les interruptions publicitaires sont l'occasion par exemple de feuilleter un magazine (27 %), d'aller aux toilettes (24 %), de ranger la cuisine (23 %), de manger quelque chose (11 %), etc.

France Soir/Cires, novembre 1987

Le magnétoscope permet
de mettre la télévision en conserve.
• 4,5 millions de foyers étaient équipés
à fin 1987 (7 000 en 1977).

Pratiquement inconnu il y a dix ans, le magnétoscope équipe aujourd'hui environ un quart des foyers. Le taux d'équipement français est d'ailleurs inférieur à celui de pays tels que le Japon (58 %), la Grande-Bretagne (50 %), les Etats-Unis (43 %), les Pays-Bas (37 %) ou la RFA (36 %). Il a souffert en effet des mesures prises par les pouvoirs publics depuis le blocage de Poitiers de 1982 : accroissement de la TVA sur les accessoires, délai d'un an imposé aux éditeurs pour la sortie en cassettes des nouveaux films, instauration d'une taxe plus élevée que celle de la télévision. Les rumeurs sur le lancement d'un nouveau standard vidéo (le 8 mm) n'avaient pas non plus encouragé une clientèle dont, par ailleurs, le pouvoir d'achat avait plutôt tendance à baisser.

Les vidéophages

Les possesseurs de magnétoscopes ont loué en 1987 environ 50 millions de cassettes vidéo enregistrées, pour un milliard de francs. Ils ont acheté environ un million de cassettes pour 150 millions de francs. La tendance semble être à un accroissement du nombre des achats par rapport aux locations. Les meilleures ventes 1987 ont été : *Manon des sources* (220 000 exemplaires), *Robin des bois* (85 000), *le Nom de la rose* (60 000). Le hit-parade des locations plaçait en tête : *Jean de Florette*, *Top gun*, *Manon des sources*, *Mission*, *le Temple d'or*.
D'après un sondage *Télé 7 Jours/Ifcome* (avril 1988), 22 % des possesseurs de magnétoscope enregistrent en moyenne un film par semaine, 28 % deux films, 26 % trois films, 10 % quatre films, 4 % plus de quatre films. 31 % considèrent qu'un film magnétoscopé a la même importance qu'un livre dans une bibliothèque, 50 % non. 79 % enregistrent un film les soirs où il y a plusieurs films programmés sur les différentes chaînes.

CNC

Aussi, la jeune industrie de la vidéo (les vidéoclubs en particulier) qui avait trop anticipé la croissance du marché, connaissait dès la mi-1983 sa première crise. Les perspectives sont aujourd'hui a priori plus favorables, avec l'accroissement du nombre des chaînes et la modification des habitudes d'écoute.

Le magnétoscope, la septième chaîne

Mendès France

Les attraits de la vidéo s'inscrivent dans les courants les plus forts de la société contemporaine : désir de personnalisation des loisirs ; intérêt pour les équipements techniques sophistiqués ; goût pour le cinéma ; attirance pour les activités pratiquées au foyer, etc. Le mouvement amorcé depuis 1980 devrait donc se poursuivre dans les années qui viennent. Les perspectives technologiques y contribueront évidemment beaucoup.

L'ordinateur pénètre dans les foyers.
* *2,2 millions de foyers étaient équipés à fin 1987.*

Après avoir conquis les entreprises, grosses ou moyennes, l'ordinateur a commencé à pénétrer chez les membres des professions libérales, pour qui l'investissement est justifié par des gains de temps, donc des économies sur le plan professionnel.

Les Français s'étaient montrés jusqu'ici réticents à l'achat d'un ordinateur familial. La pression exercée par les enfants se heurtait à plusieurs freins : prix encore élevés ; crainte des parents de ne pas savoir se servir de la machine ; difficulté à choisir parmi les matériels et les programmes existants. Mais les fabricants ont fait un effort et l'ordinateur a commencé à perdre son image mystérieuse, voire mythique.

L'ordinateur est présent dans l'entreprise et au foyer

Glaad

L'entrée de l'ordinateur à la maison constitue une étape importante dans l'accroissement de l'autonomie des ménages au sein du foyer. Le téléphone et la télévision sont déjà présents et prêts à recevoir leurs accessoires. L'usage du Minitel, installé gratuitement dans les foyers, s'est répandu grâce à l'annuaire électronique et aux messageries. L'ordinateur familial est aujourd'hui un outil de distraction, de formation, de communication ; il sera demain un outil de travail (avec le développement probable du télé-travail) et de gestion des équipements du foyer (avec l'avènement de la domotique).

L'ère de l'interactivité a commencé.

Les loisirs audiovisuels étaient jusqu'ici pratiqués de façon passive. On regardait, on écoutait les programmes diffusés par les stations de télévision ou de radio, avec une faible possibilité de choix (sauf dans le cas des disques ou des cassettes). Les loisirs audiovisuels autorisent aujourd'hui une réelle participation.

Dès aujourd'hui, le magnétoscope permet aux téléspectateurs de se composer une chaîne tout à fait personnelle. L'arrivée de Canal Plus, puis de la cinquième et de la sixième chaînes, a élargi le choix, en particulier dans le domaine des films. La télévision par câble rendra possible la régionalisation et aussi « l'interactivité » (possibilité pour le téléspectateur d'envoyer des informations simples à l'émetteur, pour lui faire connaître, par exemple, son opinion sur le programme qu'il regarde...). Enfin, la télévision par satellite permettra l'accès à un grand nombre de chaînes étrangères, qui viendront brutalement concurrencer les chaînes françaises.

L'ordinateur ira encore plus loin dans l'interactivité, grâce à ses utilisations multiples : saisie de données, calcul, gestion, jeux, traitement de texte, apprentissage, applications musicales, surveillance, etc.

Les Français se trouveront donc demain face à des choix de plus en plus larges. Il est difficile, aujourd'hui, de prédire comment ils vivront cette révolution technologique. Il est probable, en tout cas, que leurs modes de vie en seront affectés. La télévision, de son côté, devra aussi s'adapter à ces nouvelles réalités ; elle devra en particulier rayer de son vocabulaire et de son état d'esprit l'expression « grand public », qui ne voudra plus rien dire.

Télévision

En vrac

S • Les journalistes préférés des 10-15 ans sont, par ordre décroissant : Patrice Drevet, Bruno Masure, Bernard Rapp, Claude Sérillon. Leurs animateurs préférés sont Stéphane Collaro, Michel Drucker, Patrick Sabatier, Christophe Dechavanne. 95 % aiment le journal de 20 heures (45 % un peu, 42 % beaucoup, 5 % passionnément).
S • En février 1988, 88 % des Français étaient satisfaits des journaux télévisés (8 % mécontents), 79 % satisfaits des magazines d'information (14 % mécontents), 66 % satisfaits des émissions de variétés (25 % mécontents), 60 % satisfaits des émissions pour enfants (16 % mécontents), 60 % satisfaits des retransmissions sportives (25 % mécontents), 57 % satisfaits des émissions politiques (28 % mécontents), 50 % satisfaits des films (45 % mécontents), 40 % satisfaits des émissions de jeux (50 % mécontents). Mais 53 % étaient plutôt mécontents de la qualité des programmes offerts par les chaînes (42 % plutôt satisfaits).
S • 84 % des Français trouvent que les publicités sont trop nombreuses à la télévision (12 % pensent que ce n'est pas un problème).
S • 52 % des Français pensent que le sponsoring des émissions de télévision est une mauvaise chose car de cette façon la publicité envahit les programmes (30 % sont d'un avis contraire).
S • 78 % des Français considèrent que l'influence de la télévision sur le vote des électeurs est forte (15 % pensent qu'elle est faible). 12 % reconnaissent qu'une émission politique a déjà influencé leur vote.
S • 73 % des Français sont opposés à la diffusion d'émissions du même genre à la même heure sur différentes chaînes.
S • 62 % des Français seraient prêts à veiller plus tard en semaine, pour regarder une émission de qualité (15 % uniquement pendant le week-end).
S • 32 % des couples se querellent parfois au sujet du choix du programme télévisé (66 % jamais).

RADIO

Les habitudes d'écoute de la radio ont changé avec le développement des radios locales de la bande FM. Les grandes stations périphériques et nationales ont des difficultés à faire face aux petites stations plus proches et spécialisées.

Tous branchés

La radio est pour beaucoup de Français l'indispensable compagnon de la vie courante. L'amélioration continue de la qualité de réception leur a permis de donner libre cours à leur goût pour la musique et pour l'information.

A l'évolution technologique s'est ajoutée, depuis 1982, l'évolution juridique nécessaire. L'autorisation des « radios libres » (officiellement radios locales privées) est une date importante dans l'histoire des médias. Elle a permis de nouvelles relations entre les stations et leurs auditeurs, basées sur le dialogue, l'engagement ou le partage d'un même centre d'intérêt.

Ce mouvement est significatif. Il traduit le besoin irrépressible des Français pour de nouveaux médias plus spécialisés, utilisant un ton et un style plus actuels. La presse avait été la première à y répondre. La radio ne pouvait refuser longtemps de le prendre en compte. Avec les radios locales, chaque Français peut trouver aujourd'hui une station qui lui ressemble.

Tous les foyers sont équipés d'au moins un poste de radio.
• Il y a 59 millions de récepteurs aujourd'hui contre 20,5 millions en 1971.

Depuis quelques années, la modulation de fréquence (mono et stéréo), les radiocassettes, les radioréveils, les autoradios et les tuners ont largement contribué au développement d'un marché qu'on aurait pu croire saturé.

En 1987, les Français ont encore acheté 1 450 000 radiorécepteurs (non combinés), 2 220 000 baladeurs, 1 700 000 radioréveils, ainsi que 2 290 000 radiomagnétophones, 2 850 000 autoradios et 270 000 tuners pour chaîncs hi-fi.

Plus d'un poste par Français

Composition du parc de récepteurs radio (début 1987, en milliers) :

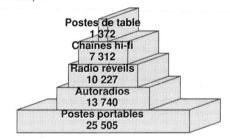

Postes de table
1 372
Chaînes hi-fi
7 312
Radio réveils
10 227
Autoradios
13 740
Postes portables
25 505

CEO-SOFRES-SIMAVELEC

Seule la possession de la FM différencie les catégories sociales.
* *70 % des Français sont équipés d'un poste recevant la modulation de fréquence.*

Les taux de possession sont assez inégaux selon l'âge, la profession ou la région, et donnent à la FM un aspect moins populaire que la radio en général. Comme c'est souvent le cas pour les produits à forte « technologie ajoutée », ce sont les plus jeunes, les plus aisés et les plus « urbains » qui sont les mieux équipés.

70 % des automobilistes disposent d'un autoradio (24 % en 1971).

En quinze ans, le taux d'équipement radio des automobilistes a triplé. Les jeunes, en particulier, sont séduits par la qualité croissante de l'écoute, liée à l'évolution spectaculaire des matériels (récepteurs, haut-parleurs, amplis, égaliseurs, etc.). Aujourd'hui, les radiocassettes représentent les trois quarts des 2 millions d'autoradios achetés chaque année (contre un dixième en 1970).

Les Français consacrent moins de temps à la radio qu'à la télé, mais pas aux mêmes moments.
* *2 heures 47 par auditeur et par jour en semaine, 22 minutes de moins que la télévision.*

Il faut dire que les programmes des radios durent plus longtemps et qu'il est souvent possible de les écouter tout en faisant autre chose, chez soi ou en voiture, ce qui est plus difficile avec la télévision. La radio est en particulier très écoutée le matin entre 7 et 9 heures, pendant la tranche d'informations, bien que la télévision du matin bénéficie d'une audience croissante.

Radio-consommateurs : les mêmes que pour la télé

Ceux qui écoutent le plus	Ceux qui écoutent le moins
• Les femmes	• Les hommes
• Les plus âgés	• Les plus jeunes
• Les moins instruits	• Les plus instruits
• Les petits patrons	• Les agriculteurs
• Les femmes au foyer	• Les étudiants
• Les habitants du Nord et du Bassin parisien	• Les habitants du Sud-Ouest et de l'Ouest

L'écoute maximale est atteinte entre 7 h et 18 h. Elle diminue ensuite au fur et à mesure que la soirée se poursuit et que les Français s'installent devant leur petit écran. On écoute aussi la radio le samedi et surtout le dimanche, jour pourtant traditionnellement consacré à la télé. C'est en octobre et en novembre que la radio a le plus d'auditeurs, alors que les postes sont le plus silencieux en juillet et août (sauf sur les plages, où ils ne sont pas très bien tolérés).

CEO

L'audience générale de la radio est en baisse.

On constate une érosion régulière de l'audience globale de la radio (radios locales comprises), qui est passée de 70,4 % en 1985 à 68,7 % en 1987. La baisse la plus forte a été celle d'Europe 1 (de 18,4 % à 13,9 %). France Inter et RMC accusaient une baisse plus modérée, tandis que RTL augmentait un peu son

RTL en tête

Audience en cumulé (AC) et durée d'écoute par auditeur (DEA). Cumul des trois vagues 1987 :

	Lundi au vendredi		Samedi		Dimanche	
	AC (1)	DEA	AC	DEA	AC	DEA
Radio en général	68,7 %	2 h 47	63,5 %	2 h 46	54,4 %	2 h 31
• France Inter	14,5 %	1 h 37	11,7 %	1 h 44	10,1 %	1 h 51
• Europe 1	13,9 %	1 h 42	10,1 %	1 h 39	7,9 %	1 h 49
• RTL	19,8 %	2 h 33	17,2 %	2 h 18	13,9 %	2 h 08
• RMC	6,7 %	2 h 04	4,3 %	1 h 58	3,5 %	2 h 08
• NRJ	5,9 %	2 h 16	6,2 %	2 h 24	5,8 %	2 h 12
• Autres stations (2)	26,7 %	2 h 28	29,5 %	2 h 35	22,8 %	2 h 24
• Radios locales privées	18,1 %	2 h 29	20,5 %	2 h 43	15,9 %	2 h 25

(1) Proportion de téléspectateurs ayant regardé au moins une fois la télévision ou la chaîne considérée pendant la journée.
(2) Stations françaises et étrangères écoutées en France, hors France Inter, Europe 1, RTL, RMC.

CESP

audience (de 19,3 à 19,8 %). Dans le même temps, l'écoute des « autres stations » (françaises et étrangères, y compris les stations de Radio-France, hors France Inter), diminuait aussi dans d'assez larges proportions, de 30,9 à 26,7 %.

La bande des quatre s'étire.

Dans la lutte qui oppose depuis longtemps les stations périphériques, RTL a accru son avantage en 1987, concrétisé à la fois par une audience supérieure et par une durée d'écoute plus longue (voir encadré). Les stations de la « bande des quatre » ont des implantations géographiques assez différentes. Radio Monte-Carlo détient environ 40 % de l'écoute radio du Sud-Est et un taux un peu moins élevé dans le Sud-Ouest.

Les trois autres stations se partagent le reste de la France, avec une prépondérance de RTL dans le Nord et l'Est, et d'Europe 1 dans l'Ouest, le Centre et la région Rhône-Alpes. France-Inter fait un bon score dans le Sud-Ouest et l'Ouest, et obtient environ 15 % d'écoute dans le Sud-Est, fief de RMC. L'absence de publicité de marque (seules les publicités « collectives » sont autorisées sur France-Inter) ne semble pas l'avoir favorisée auprès des auditeurs qui n'apprécient pourtant pas toujours la publicité à la radio.

Radios libres : les ondes de choc

Depuis leur naissance officielle, en 1982, les radios locales privées ont réalisé une percée remarquable, confirmée d'année en année par les sondages. Elles représentent aujourd'hui un quart de l'audience totale et l'une d'entre elles, NRJ, s'est même hissée à la cinquième position, immédiatement après la « bande des quatre » : RTL, Europe 1, France Inter, RMC.

– *Seules les toilettes de l'Assemblée Nationale ont vu s'asseoir autant d'hommes politiques.*

EUROPE 1

DE GRANDS MOMENTS A CHAQUE INSTANT

Les radios périphériques cherchent un second souffle

Bélier Conseil

Les radios locales privées ont obtenu
24 % de l'audience radio cumulée en 1987.

On observe depuis quelques années une érosion des auditeurs des stations nationales traditionnelles, au profit des radios libres de la bande FM. C'est dire combien ces dernières étaient attendues et donc combien elles sont appréciées aujourd'hui.

1 400 radios libres ont été autorisées sur le territoire au terme d'une période transitoire pendant laquelle les auditeurs ont eu un peu mal aux oreilles, entre les glissements de fréquence, les brouillages et les superpositions de programmes. La moitié environ sont ouvertes à la publicité de marque. Les autres ont un statut associatif et ne peuvent diffuser que des campagnes collectives.

Musique, décontraction, spécialisation
sont les principales raisons
de l'intérêt pour les radios libres.

La diffusion de la musique est ce qui attire le plus les Français vers les radios libres. La spécialisation de la plupart de ces stations est une autre différence déterminante par rapport à leurs grandes sœurs généralistes, qui doivent, si elles veulent survivre, s'adresser en priorité au « grand public », comme le font les chaînes de télévision. Cette spécialisation des radios libres est, par définition, régionale ou locale, puisque la zone d'écoute est limitée.

Mais la vraie spécificité des radios libres tient à ce que chacune s'adresse à des auditeurs ayant quelque chose en commun : l'amour d'un certain type de musique (rock, classique, chanson française, etc.), la politique, la religion, ou d'autres signes de ralliement tels que l'ethnie.

Les radios libres constituent
l'un des médias de l'avenir.

Les principes qui régissent les médias de la nouvelle génération sont simples : passer d'une optique de masse à une approche personnalisée ; s'adresser à des groupes définis par des modes de vie communs plutôt que par toute caractéristique sociodémographique. C'est ce qu'a fait avec succès la presse.

Les radios nationales et périphériques, qui surveillent avec attention cette évolution, préparent des ripostes. Entre radios périphériques et radios libres, la guerre n'est pas terminée. L'auditeur devrait, en tout cas, y trouver son compte.

Radio

En vrac

• Dans la région d'Ile-de-France, l'audience de NRJ était de 19 % en juin 1987. Celle de France Culture était de 2,8 %, France Musique 4,4 %, RFM 4,8 %, RMC 1,2 %.
• Le plus grand réseau de stations locales est celui de Radio-Nostalgie (139 dont 24 filiales), devant FUN (97 dont 12 filiales), Europe 2 (80, sans filiale), NRJ (77 dont 23 filiales).
• Les radios locales privées ont obtenu un budget publicitaire global de 620 millions de francs en 1987 (contre 475 en 1986).
S • Lorsque les Français entendent des informations à la radio, 56 % pensent plutôt que « les choses se sont passées comme la radio les raconte », 37 % sont d'un avis contraire et pensent qu'il y a eu déformation de l'information.

CHIC FM.
LA RADIO
CRUELLEMENT
SELECT.

88,5
CHIC

Les radios locales se spécialisent

Success

CINÉMA

Après une période de sursis et d'espoir, le cinéma continue de perdre ses spectateurs. La concurrence de la télévision explique en partie cette situation de crise. Seuls les jeunes font aujourd'hui l'effort de se rendre dans les salles obscures.

La chute de l'empire de Celluloïd

La fréquentation des cinémas a connu en France plusieurs phases distinctes. La chute a d'abord été brutale entre la fin de la Seconde Guerre mondiale et le début des années soixante-dix. Puis les efforts entrepris par les professionnels de la production et de l'exploitation ont permis d'enrayer le processus de déclin.

Mais la baisse de la fréquentation des salles a repris depuis 1983. Elle s'est même amplifiée en 1987, qui aura été une année noire pour le cinéma français en particulier.

La baisse de fréquentation s'est amorcée dès la fin des années quarante.

Il y avait 424 millions de spectateurs en 1947 ; ils n'étaient plus que 400 millions en 1957 et la moitié seulement en 1968 (203 millions), alors que la population avait augmenté. Les raisons de cette érosion sont multiples. De nouvelles formes de loisirs sont venues concurrencer progressivement le cinéma.

Ce fut d'abord la voiture, qui permettait aux Français (en particulier les habitants des grandes villes) d'aller passer le week-end à la campagne. Et puis, surtout, la télévision s'est installée peu à peu dans les foyers. Elle a bouleversé les pratiques de loisirs, en même temps que les modes de vie des Français.

La télévision a rendu le cinéma trop cher et trop compliqué.

Compte tenu des contraintes existantes (prix des séances, nécessité de faire la queue pour voir les nouveaux films, inconfort de certaines salles...) beaucoup de Français se sont progressivement détournés du cinéma et se sont contentés de regarder chez eux les films proposés par la télévision. En 1973, le nombre de spectateurs avait baissé jusqu'à 176 millions. Une érosion massive qui laissait augurer de la disparition pure et simple de l'industrie cinématographique.

Entre 1975 et 1983, les efforts des professionnels avaient permis d'amorcer un retournement de tendance.

Face à cette situation dramatique, les producteurs et les exploitants n'ont pas baissé pas les bras. Ils se sont lancés dans un courageux programme de rénovation : nouveaux « complexes multisalles » proposant un choix plus grand dans des salles plus petites et moins nombreuses ; modulation du prix des places ; efforts des producteurs et des promoteurs.

En 1982, la fréquentation était remontée à 200 millions de spectateurs et le déclin semblait enrayé.

La chute a repris depuis 1983. Elle a été particulièrement forte en 1987.

1987 aura été une très mauvaise année pour le cinéma, avec 132,5 millions de spectateurs. La forte baisse enregistrée (18%) arrivait après plusieurs années de baisse. Elle était confirmée par les chifres du premier semestre 1988, eux-mêmes en recul par rapport à 1987.

La télévision porte évidemment une large responsabilité dans ce déclin, avec 1 302 films diffusés en 1987, au lieu de 500 il y a quelques années. L'accroissement du taux d'équipement des ménages en magnétoscopes n'a pas non plus incité les Français à se rendre dans les salles.

Mais il semble aussi que la profession cinématographique française n'ait pas su produire des films suffisamment attractifs pour le public, car la baisse de fréquentation concerne surtout les films français, qui n'attirent plus aujourd'hui que 35,5 % des spectateurs, contre 46 % il y a dix ans.

Les mauvaises fréquentations

Evolution de la fréquentation des cinémas (en millions de spectateurs) et du nombre des salles :

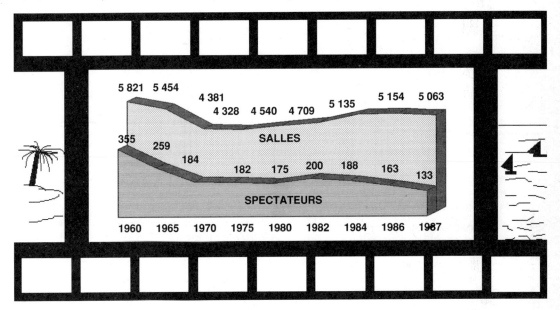

| | 5 821 | 5 454 | 4 381 | | | | | | 5 154 | 5 063 |
| | | | | 4 328 | 4 540 | 4 709 | 5 135 | | | |

SALLES

| 355 | 259 | 184 | | | | 200 | 188 | 163 | |
| | | | 182 | 175 | | | | | 133 |

SPECTATEURS

| 1960 | 1965 | 1970 | 1975 | 1980 | 1982 | 1984 | 1986 | 1987 |

CNC

Le cinéma à la télé

En 1987, les chaînes de télévision ont diffusé
1 302 films. 710 étaient des productions françaises,
soit 55 % du total, 423 étaient des productions
américaines, soit 33 %; 137 films étaient des
productions de pays de la CEE, soit 11 %. Sur les
892 films programmés sur les cinq chaînes en clair
(hors Canal Plus), 406, soit 45 %, ont été diffusés
pour la première fois. Certains soirs de semaine
(lundi, mardi, jeudi) les téléspectateurs français
pouvaient choisir entre 4, voire 6 films et/ou téléfilms.
Le prix payé par les chaînes pour la diffusion des films
de cinéma varie entre 200 000 et 10 millions de
francs. Pour les films récents, le prix d'achat moyen
est de l'ordre de 2 millions de francs.
L'exploitation des films en vidéo (cassettes
enregistrées) a rapporté environ 400 millions de
francs aux producteurs, dont les 4/5 à des
producteurs étrangers, la plupart américains.

CNC

Le cinéma se porte mal
dans la plupart des pays d'Europe.

La crise du cinéma n'est pas seulement
française et le phénomène de transfert sur la
télévision n'a pas épargné les autres pays. En
Europe, la France conserve encore la première
place en ce qui concerne la fréquentation. Le
cinéma italien, longtemps considéré comme l'un
des plus dynamiques et créatifs, est à l'agonie ;
la fréquentation des salles y a baissé de plus de
77 % entre 1970 et 1980. Pendant la même
période, la baisse a été de 69 % en Espagne, de
65 % en Grande-Bretagne, de 35 % en RFA.
On onstate cependant une remontée de la
fréquentation en Grande-Bretagne depuis 1985
et en RFA depuis 1986.

Aux États-Unis, la très forte baisse
enregistrée jusqu'en 1970 a été enrayée ; on a
comptabilisé 1,1 milliard de spectateurs en
1987. Le record appartient toujours à la Chine,
avec 21 milliards de spectateurs, pour seulement

4 600 salles fixes, mais 100 000 unités mobiles qui circulent dans tout le pays. La fréquentation de l'Inde est relativement stable à 4 milliards de spectateurs, identique à celle de l'URSS, en baisse constante depuis les années soixante-dix.

Partout, la télévision, avec la multiplication des chaînes privées, exerce une concurrence très rude. Plus que tout, c'est la force de l'image projetée sur grand écran dans une salle obscure qui représente l'atout essentiel du cinéma. C'est de sa capacité à maintenir cet avantage que dépendra son avenir.

La crise européenne

Fréquentation des cinémas dans quelques pays (en millions de spectateurs) :

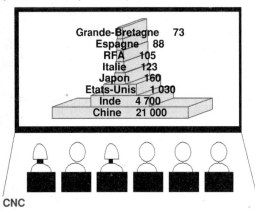

CNC

Un loisir de jeunes

Les jeunes constituent le public privilégié du cinéma. Celui-ci leur permet de se retrouver entre amis, en bande ou en couple. Sans oublier bien sûr la clientèle des enfants, qui entraîne vers le cinéma des adultes qui n'iraient pas autrement. Il représente pour eux un moyen d'évasion dans le rire, gentil ou décapant, ou dans l'aventure, terrienne ou intergalactique. Beaucoup de films figurant aux premières places du hit-parade cinématographique ont d'ailleurs été faits tout spécialement pour eux : *la Boum, ET, la Guerre des étoiles* ... ainsi bien sûr que les dessins animés ou les films sur les animaux.

Ciné-parade 1987

Films ayant réalisé plus d'un million d'entrées en 1987 (en milliers) :

• Crocodile Dundee (Aust)	5 723
• Le Nom de la rose (F)	4 809
• Platoon (USA)	2 939
• Le Grand Chemin (F)	2 597
• Les Enfants du silence (USA)	2 345
• La Bamba (USA)	2 305
• Les Fugitifs (F)	2 243
• Le Flic de Beverly Hills 2 (USA)	2 210
• Lévy et Goliath (F)	2 143
• Les Incorruptibles (USA)	2 127
• Au revoir les enfants (F)	2 076
• Over the top (USA)	2 067
• La :ouche (Can.)	2 054
• Jean de Florette (F)	1 913
• Tuer n'est pas jouer (GB)	1 813
• Full Metal Jacket (GB)	1 772
• L'Arme fatale (USA)	1 742
• Les Aventures de Bernard et Bianca (USA)	1 416
• Predator (USA)	1 381
• Le Sicilien (USA)	1 283
• Les 101 dalmatiens (USA)	1 282
• Angel Heart (USA)	1 278
• Le Déclin de l'empire américain (Can.)	1 226
• Association de malfaiteurs (F)	1 182
• La Couleur de l'argent (USA)	1 155
• Maître de guerre (USA)	1 102
• L'Enfant sacré du Tibet (USA)	1 090
• Les Sorcières d'Eastwick (USA)	1 040
• Les Yeux noirs (Ital.)	1 032
• Police Academy 4 (USA)	1 024

CNC

Un Français sur deux ne va jamais au cinéma.

En 1987, 19,8 millions de Français sont allés au cinéma au moins une fois, soit la moitié de la population âgée de 15 ans et plus. Parmi eux, 40 % sont des spectateurs réguliers. La plupart sont des jeunes : 90 % de ceux qui sont âgés de 15 à 24 ans vont au moins une fois par an au cinéma, contre seulement 12 % des plus de 65 ans.

Les cinéphiles appartiennent plutôt aux catégories instruites : 80 % de ceux qui ont poursuivi des études supérieures vont au cinéma, contre 20 % de ceux qui ont un niveau d'études primaires. En 1987, 75,3 % des entrées ont été assurées par les moins de 35 ans, les 15 à 24 ans représentant à eux seuls 49 % des entrées (mais seulement 19,5 % de la population totale).

*Les images de cinéma restent celles
qui ont le plus d'impact.*

Les jeunes d'aujourd'hui sont nés avec la civilisation de l'image. Ils sont donc sensibles à la force particulière de celles que leur propose le cinéma. Leur goût pour le fantastique ou la science-fiction peut se donner libre cours, grâce aux possibilités nouvelles de la vidéo et de l'ordinateur et aux images de synthèse. Le monde magique de Spielberg et de Coppola est l'illustration la plus parfaite de l'imaginaire des jeunes des années quatre-vingts.

Le rire et l'aventure au hit-parade

Les jeunes aiment avoir peur au cinéma. Ils aiment aussi, comme leurs aînés, les films qui les font rire. C'est ce qui explique le succès des grands films comiques, qui occupent toujours les premières places du palmarès de ces dernières années (ci-après). La tradition comique du cinéma français est bien vivace. Louis de Funès avait su faire oublier la disparition de Fernandel. Il avait même réussi la performance incroyable de placer 7 de ses films (dont quatre « Gendarme ») dans la liste des 50 plus gros succès depuis 1956. Coluche aurait sans doute pu être son successeur si sa carrière n'avait été interrompue prématurément.

LOVE ME TANDY

TANDY, 1er distributeur mondial d'électronique de loisirs
Déjà plus de 200 magasins en France. Hi-Fi TV Vidéo Micro-informatique

Les loisirs électroniques concurrencent le cinéma

Tiburce

Une nouvelle génération de stars

La participation d'un grand acteur à un film n'est plus une condition suffisante pour en assurer le succès. Malgré des résultats d'entrées fort honorables, les films de Delon ou Belmondo n'arrivent plus systématiquement en tête du box-office. Le genre, l'histoire, les effets spéciaux comptent aujourd'hui autant que le générique pour attirer les foules.
On assiste par ailleurs à l'arrivée d'une nouvelle génération de vedettes comme Christophe Lambert, Bernard Giraudeau, Gérard Lanvin, Thierry Lhermitte, Richard Berry, Michel Blanc, Gérard Jugnot ou Richard Bohringer...
Les spectateurs, aujourd'hui, se déplacent moins pour voir une star consacrée qu'une histoire dont ils ont entendu dire du bien par le « bouche à oreille ». C'est ainsi que des films comme *Trois hommes et un couffin, 37°2 le matin* ou *La vie est un long fleuve tranquille* ont pu connaître le succès, alors que d'autres films a priori mieux armés par leur générique ou leur campagne de promotion ont été boudés par le public.
Les Français semblent moins fascinés par les stars. Ils en ont en tout cas moins besoin au cinéma, dans la mesure où la télévision leur en montre quotidiennement. Et puis, l'époque est plus favorable aux « anti-héros » qu'à ceux qui disposent de tous les atouts : beauté, fortune, célébrité, intelligence... La crise économique, celle des valeurs morales font que l'on se reconnaît plus facilement dans les premiers que dans les seconds. Enfin, le mythe des héros qui gagnent toujours engendre aujourd'hui plus de frustration que d'admiration.

*Le cinéma américain
attire de plus en plus les Français.*

On constate depuis plusieurs années la part croissante prise par les films « à gros budget ». Le cinéma est un art où il devient aujourd'hui difficile de réussir sans investir. Il faut offrir à un public de plus en plus exigeant les acteurs, les décors, les truquages, la qualité technique (sans oublier la promotion !) auxquels il est maintenant habitué.

Ce goût croissant pour la performance tend à favoriser les grandes productions américaines, au détriment des films français, plus intimistes. Avec, heureusement, quelques brillantes exceptions qui ont permis à des metteurs en scène comme Truffaut ou Sautet de faire vivre un cinéma qui donne plus à penser qu'à voir.

Les « Césars » du public

Les plus grands succès 1956-1987 (titre du film, nationalité, nombre de spectateurs en millions) :

• La Grande Vadrouille (F)	17,2
• Il était une fois dans l'Ouest (Ital.)	14,7
• Les Dix Commandements (USA)	14,0
• Ben Hur (USA)	13,8
• Le Pont de la rivière Kwaï (GB)	13,4
• Le Jour le plus long (USA)	11,9
• Le Corniaud (F)	11,7
• Les 101 dalmatiens (USA)	11,3
• Le Livre de la jungle (USA)	10,2
• Les Canons de Navarone (USA)	10,2
• Trois hommes et un couffin (F)	10,2
• Les Misérables-2 époques (F)	9,9
• Docteur Jivago (USA)	9,8
• La Guerre des boutons (F)	9,7
• Les Aristochats (USA)	9,4
• Emmanuelle (F)	8,9
• La Vache et le Prisonnier (F)	8,8
• La Grande Evasion (USA)	8,7
• ET, l'Extra- terrestre (USA)	8,7
• West Side Story (USA)	8,6
• Le Gendarme de Saint-Tropez (F)	7,8
• Les Bidasses en folie (F)	7,5
• Les Aventures de Rabbi Jacob (F)	7,4
• Jean de Florette	7,1
• Les Sept Mercenaires (USA)	7,0
• La Chèvre (F)	7,0
• Les Grandes Vacances (F)	6,9
• Michel Strogoff (F)	6,9
• Le Gendarme se marie (F)	6,8
• Goldfinger (GB)	6,7
• Sissi (Aut.)	6,6
• Manon des sources (F)	6,5
• Robin des bois (USA)	6,5
• Les Aventures de Bernard et Bianca (USA)	6,5
• Sissi jeune impératrice (Aut.)	6,4
• La Cuisine au beurre (F)	6,4
• Le Bon, la brute et le truand (Ital.)	6,3
• Orange mécanique (USA)	6,3
• Les Aventuriers de l'arche perdue (USA)	6,3
• Les Dents de la mer (USA)	6,2
• Le Gendarme et les extraterrestres (F)	6,2
• Oscar (F)	6,1
• Marche à l'ombre (F)	6,1

CNC

Cinéma

En vrac

• La fréquentation moyenne a été de 2,4 entrées par habitant en 1987, contre 2,97 en 1986 et 3,11 en 1985.

• Le temps d'occupation des salles par les films français est de 20 semaines par an.

• On compte en France 5 000 salles équipées en 35 mm, contenant au total 1 200 000 fauteuils. 770 salles sont classées « Art et essai ». 11 000 ciné-clubs en activité regroupent plus d'un million d'adhérents.

S • 50 % des Français préfèrent a priori les films français, 28 % les films américains. Ils attendent d'un film américain qu'il soit spectaculaire et d'un film français qu'il soit intelligent.

S • Les acteurs préférés des Français sont, par ordre décroissant : Lino Ventura (décédé en 1987), Yves Montand, Jean-Paul Belmondo, Philippe Noiret, Catherine Deneuve, Gérard Depardieu, Alain Delon, Michel Serrault, Bernard Giraudeau, Nathalie Baye, Isabelle Adjani, Miou-Miou, Fanny Ardant, Christophe Lambert, Nicole Garcia, Isabelle Huppert, Sabine Azéma.

S • Les principales raisons qui poussent les Français à aller voir un film sont : le sujet (69 %) ; les vedettes (45 %) ; les conversations avec les amis ou collègues (37 %) ; les extraits de films vus à la télévision (28 %) ; les critiques dans la presse écrite (23 %) ; les récompenses obtenues par le film (17 %) ; le nom du metteur en scène (15 %).

S • Il arrive à 32 % des Français de ne pas aller au cinéma en se disant « ce film passera bien un jour à la télévision » (61 % non).

S • Les genres de films préférés des Français sont : les films comiques (57 %) ; les films d'aventures (49 %) ; les policiers (46 %) ; les films historiques (40 %) ; les histoires d'amour (29 %) ; les westerns (29 %) ; les dessins animés (18 %) ; les films de guerre (18 %) ; les films de science-fiction (18 %) ; les comédies musicales (16 %) ; les films politiques (14 %) ; les films d'épouvante (12 %) ; les films érotiques (7 %) ; les films pornographiques (2 %).

S • 55 % des Français regardent souvent à la télévision un film qu'ils ont déjà vu au cinéma, 20 % de temps en temps, 7 % rarement, 16 % jamais.

S • 64 % des téléspectateurs considèrent que le petit écran ne restitue pas bien les films à grand spectacle tournés pour le cinéma (34 % oui).

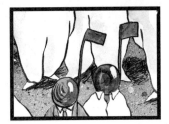

MUSIQUE

Les Français aiment la musique, que ce soit pour l'écouter ou pour en jouer. S'ils achètent moins de disques traditionnels et de cassettes enregistrées, ils sont de plus en plus nombreux à s'intéresser aux disques compacts.

De la musique avant toute chose

La musique fait partie de la vie quotidienne des Français. Le nombre des postes de radio équipés de la modulation de fréquence, les ventes de chaînes hi-fi et de magnétophones en sont une illustration. A la maison, en voiture ou même dans la rue, les équipements permettant d'écouter de la musique accompagnent la plupart des moments de la vie. Face aux nuisances engendrées par la société industrielle, la musique apparaît comme un moyen d'enjoliver l'environnement. Comme dit le proverbe, elle adoucit les mœurs...

Les ventes de disques traditionnels (vinyle) ont baissé de moitié en dix ans.

Ce besoin irrépressible de musique ne profite guère à l'industrie du disque traditionnel, qui connaît des années difficiles. Après la fantastique envolée des années soixante (c'était l'époque des Beatles et de *Salut les copains*), le disque avait continué à progresser jusqu'en 1978.

En 1987, les Français ont acheté 69 millions de disques traditionnels (hors disques compacts). Ce sont les 33 tours qui se vendent le moins bien (leur nombre a été presque divisé par quatre depuis 1978) alors que les 45 tours et surtout les cassettes enregistrées résistent mieux. Il faut d'ailleurs préciser que les résultats de 1987 auraient été beaucoup moins bons sans la baisse

de la TVA, qui est à l'origine des ventes record du mois de décembre.

Parmi les raisons souvent avancées pour expliquer cette érosion des ventes, on peut citer le développement du piratage (5 % des cassettes pré-enregistrées vendues seraient des cassettes pirates), l'accroissement de la TVA (de 18,60 % à 33 %, avant que l'on ne revienne, fin 1987, au taux antérieur) ou encore la disponibilité croissante de la « musique gratuite » à la radio, avec le développement des radios locales.

On cite aussi souvent l'importance de la copie privée, liée à l'accroissement des ventes de magnétophones, radio-cassettes et cassettes vierges : 51 millions de cassettes vierges ont été achetées en 1987, contre 21 millions seulement de cassettes enregistrées.

Quant à la qualité de ce qui est proposé au public, elle n'est apparemment pas en cause si l'on en juge par les taux d'écoute élevés des émissions de radio et télévision consacrées à la musique.

La panoplie des mélomanes

- 59 % des foyers sont équipés d'une chaîne haute-fidélité, 49 % ont un électrophone, 10 % un lecteur de disques compacts, 69 % un autoradio, 50 % un radioréveil.
- En 1987, les Français ont acheté 300 000 électrophones ou lecteurs hi-fi pour l'écoute des disques traditionnels, 280 000 platines pour cassettes, 270 000 tuners.
- Ils ont acheté surtout 650 000 lecteurs pour disques laser, soit deux fois plus qu'en 1986 et six fois plus qu'en 1985.

La baisse des ventes de disques traditionnels concerne l'ensemble des pays occidentaux.

Malgré ses difficultés dans le domaine du disque "noir", la France n'est pas la plus touchée. Les Etats-Unis, le Japon ont connu des situations particulièrement difficiles. Aux Etats-Unis, de grandes firmes d'édition musicale n'ont dû leur salut qu'à la notoriété internationale de certaines de leurs vedettes. C'est le cas de CBS qui n'a pu survivre que grâce au phénomène Michael Jackson, record mondial des ventes de ces dernières années.

L'usure des 33 tours

Structure des ventes de disques (en millions) :

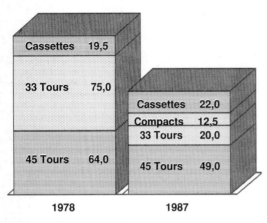

1978   1987

SNEP

*En 1987, les Français ont acheté
12,5 millions de disques compacts
(deux fois plus qu'en 1986).*

Le marché du disque se maintient grâce à la forte croissance des achats de disques compacts, qui suit l'accroissement du taux d'équipement en lecteurs laser. 37 % des disques achetés étaient des disques de musique classique, contre 47 % en 1986. Progressivement, on assiste au transfert du 33 tours au disque compact. Le phénomène est accentué par le prix plus élevé de ces derniers : les disques compacts ont représenté 30 % des achats en 1987, contre 22 % pour les 33 tours traditionnels.

Le retour de la chanson française

Contrairement à une idée répandue (et souvent confortée par l'écoute de la radio), la musique anglo-saxonne ne représente pas l'essentiel des disques et cassettes achetés par les Français. 45 % des achats de disque concernent les variétés françaises, 20 % seulement les variétés anglo-américaines.

La musique classique compte pour 16 % du nombre des disques achetés, mais elle constitue en réalité une part plus importante du budget disques des Français, puisqu'il s'agit dans presque tous les cas de 33 tours.

*La chanson française
est plus présente dans les médias.*

La chanson américaine, facilement exportable à cause de la langue, des vidéo-clips et de l'attrait de la culture américaine dans les pays occidentaux, avait affirmé au cours de ces dernières années sa suprématie, confirmée dans les hit-parades. On constate aujourd'hui un certain retour de la chanson française, grâce à des compositeurs de talent comme Goldman, Gainsbourg, Renaud ou Berger, ou à des groupes tels que Gold, Rita Mitsuko ou Niagara.

*Les textes des chansons
reprennent une place qu'ils avaient perdue.*

Si la musique est plus que jamais pour les jeunes un moyen de communication privilégié, les paroles prennent aujourd'hui une importance nouvelle. A cet égard, le succès des chansons de Jean-Jacques Goldman est significatif ; lorsqu'il chante *la Vie par procuration*, *Là-bas*, ou *Ta chance*, beaucoup de Français, jeunes ou moins jeunes, se reconnaissent dans ses textes, qui témoignent d'un regard aigu porté sur la société.

Ce n'est pas par hasard que la « Bof génération » des années soixante-dix s'attachait surtout aux mélodies et aux rythmes ; ce n'est pas non plus par hasard que la « Boss génération » actuelle s'identifie aux paroles, lorsqu'elles reflètent ses inquiétudes et ses doutes vis-à-vis de la société contemporaine.

Le classique aussi

• 10 % des Français vont au concert plusieurs fois par an, 31 % environ une fois par an, 13 % moins souvent, 69 % n'y vont jamais.
• 59 % regardent des émissions musicales à la télévision (11 % régulièrement). 61 % écoutent de la musique classique à la radio (15 % régulièrement).
• Parmi une liste proposée de six compositeurs, les préférés des Français sont : Mozart (45 %), Chopin (29 %), Verdi (26 %), Clayderman (26 %), Mahler (6 %), Boulez (2 %).

Télérama/CSA, février 1987

L'avenir est à la technologie

Les professionnels de l'industrie du disque placent tous leurs espoirs immédiats dans le développement du disque compact. Après la stéréo, la quadriphonie, les mini-chaînes et les mini-enceintes, l'invention du lecteur de disques à laser représente une percée technologique de grande envergure : reproduction incomparable, usure pratiquement nulle, encombrement réduit. Lancé au Japon en 1982 et aux Etats-Unis en 1983, il connaît aujourd'hui un succès spectaculaire. En France, le démarrage a été plus lent, avec 25 000 appareils achetés en 1983 et 40 000 en 1984. Il a atteint 600 000 en 1987.

Mais une autre technologie, encore plus prometteuse, commence à faire son apparition : celle de la DAT (Digital audio tape) ou bande magnétique audionumérique, qui allie la qualité du son laser à la possibilité d'enregistrer.

Le disque compact est le premier pas dans un nouvel univers d'images et de sons.

Le disque laser constitue la première application « grand public » d'une technologie totalement nouvelle. La lecture au laser peut aussi s'appliquer à la vidéo et à l'informatique personnelle (un vidéodisque compact de 12 cm de diamètre peut contenir l'équivalent d'une grande bibliothèque).

La musique, une valeur sûre

Success

Dans la société du vidéo clip, le disque compact est appelé à jouer un grand rôle. Il permettra demain à chacun de se constituer une vidéodiscothèque, reléguant ainsi les 33 tours et 45 tours d'aujourd'hui au musée.

Le raz de marée du vidéo clip

La vague du vidéo clip s'est abattue sur la France en 1982. Le phénomène s'imposait très vite comme une forme nouvelle de l'art contemporain, mariant les principaux ingrédients de la culture audiovisuelle. La qualité des images, la force de la musique et celle des effets spéciaux donnent à ces mini-spectacles de trois minutes un formidable impact. Principalement destinés aux jeunes, ils sont un reflet de leur vision du monde. Le pessimisme, le narcissisme, la violence, le goût pour le fantastique et le besoin d'évasion y sont plus souvent présents que le romantisme, l'humour ou la joie de vivre.

La technologie DAT va concurrencer celle du disque compact.

Face au disque compact, avec ses applications audio et vidéo, la cassette audionumérique présente deux avantages déterminants : sa petite taille (celle d'une cassette ordinaire) et surtout la possibilité pour le particulier d'enregistrer lui-même de la musique, avec une remarquable fidélité. D'où le risque de voir avec elle se développer la copie (privée ou commerciale) des disques compacts.

La contre-attaque du disque compact pourrait venir sous plusieurs formes : le disque compact vidéo (CDV) permettant de lire à la fois le son et l'image; le disque compact interactif (CDI) autorisant quatre niveaux de reproduction du son et une image haute définition ; enfin, le disque optique enregistrable (DOR) permettant d'enregistrer et d'effacer à volonté le son, l'image ou des données informatiques, et qui représentera une sorte d'aboutissement dans ce domaine.

La bataille s'annonce sévère entre ces deux technologies au potentiel considérable. L'utilisateur, qu'il soit amateur de musique, d'images ou d'informatique, devrait y trouver son compte, dans la mesure où les fabricants se mettront d'accord sur des standards uniques.

Musique

En vrac

• Entre 1986 et 1987, les ventes de disques compacts en France ont doublé, passant de 6,2 à 12,5 millions d'unités (250 millions dans le monde). Les prévisions sont de 40 millions de disques en 1992.
• Le nombre des disquaires a diminué de 3 000 en cinq ans.
• Les Français achètent entre 200 000 et 300 000 disques 45 tours chaque semaine et 150 000 à 200 000 albums. Les disques 45 tours représentent 23 % des achats de musique de variété.
S • Les chanteurs qui ont le plus marqué la chanson française sont Jacques Brel (57 %), Georges Brassens (54 %) et Edith Piaf (54 %).
• Le nombre de places offertes pour des spectacles lyriques à Paris était de 430 000 au cours de la saison 1986-1987, dont 258 000 à l'Opéra de Paris, 110 000 au Châtelet et 64 000 au Théâtre des Champs-Elysées. L'achèvement de l'Opéra de la Bastille portera le total à 825 000 places, soit une place pour dix habitants de l'agglomération parisienne (contre une pour quinze à New York et une pour vingt à Londres).

LECTURE

Parmi les médias, c'est la presse qui, la première, s'est adaptée aux nouveaux modes de vie. Elle offre aujourd'hui à ses lecteurs des choix propres à satisfaire la vaste palette de leurs centres d'intérêt. De son côté, le livre a fait aussi beaucoup d'efforts. Mais la lecture est de plus en plus concurrencée par l'alternative audiovisuelle.

Presse : l'âge de la « démassification »

Un homme informé en vaut deux. La complexité croissante de la société n'a fait que renforcer la véracité de la maxime. Pendant longtemps, le besoin d'information fut essentiellement lié au souci d'une connaissance générale. Il concerne aujourd'hui tous les aspects de la vie courante. Comment travailler efficacement sans savoir comment évolue le métier qu'on exerce, l'entreprise dans laquelle on est employé, son secteur d'activité, etc. Comment organiser sa vie et celle de sa famille sans suivre l'actualité économique, politique, internationale ?

La presse a réussi à trouver sa place dans l'orchestre des médias.

Ce sont les journaux et les livres qui, jusqu'au milieu du XXe siècle, ont assuré l'essentiel de l'information. Mais les besoins de la société et les possibilités de la technologie (il est possible que les secondes aient précédé les premiers) ont bouleversé en quelques décennies le paysage très monolithique des médias. La radio, puis la télévision ont donné de la vie et de la voix à la communication, jusqu'ici écrite, avec le public.

Un statu quo avait été rapidement trouvé : la presse assurait son rôle d'informateur ; la radio diffusait de la musique ; la télévision se concentrait sur le spectacle.

Mais c'était compter sans l'ambition et l'imagination des pionniers de l'époque. Les hommes de radio se rendirent bien vite compte du parti qu'ils pouvaient tirer des possibilités du direct. La guerre d'Algérie fut à cet égard un fantastique terrain d'expérience et l'impact de Mai 68 doit sans doute beaucoup à la radio, présente sur les barricades.

De leur côté, les hommes de télévision eurent bientôt l'intuition que l'image pouvait être encore plus efficace au service de l'actualité qu'à celui de la chansonnette. De sorte que la presse, coincée entre la radio et la télévision, ses deux sœurs cadettes surdouées, dut redéfinir complètement son rôle. On vit alors apparaître de nouveaux magazines. Certains privilégiaient le texte. D'autres s'intéressaient davantage à l'image. Les « news magazines » et les « picture magazines », avec leur rythme hebdomadaire, offraient aux lecteurs un recul et une réflexion utiles face à l'actualité.

La spécialisation est la réponse de la presse aux attentes du public et à la concurrence.

Beaucoup de journaux et de magazines ont compris que la spécialisation permet de s'adresser de façon plus efficace à un public spécifique, aux besoins bien identifiés. La liste est longue de ces magazines qui, de l'automobile à l'informatique en passant par le sport ou le jardinage, se sont installés dans les « créneaux » ouverts par les nouveaux centres d'intérêt des Français.

D'adaptation en adaptation, de succès en échec, l'ensemble de la presse française s'est ainsi complètement remodelée pour survivre et se développer face à ses deux grands concurrents électroniques. Il lui faudra la même volonté et la même imagination pour survivre demain au développement des médias informatiques (banques de données, etc.).

Les quotidiens connaissent un déclin régulier.
- **250 titres en 1885, 175 en 1939, 88 aujourd'hui.**
- **47 % des Français lisent régulièrement un quotidien, contre 60 % en 1967.**

Depuis 1946, le tirage total des quotidiens est passé de 9 à 7 millions d'exemplaires, alors que la population augmentait de 18 millions. Si l'on rapporte le nombre d'exemplaires au nombre d'habitants, la France n'arrive qu'en 31e position dans le monde (le Japon étant le numéro un). En Grande-Bretagne, un foyer sur deux achète un quotidien, contre un sur quatre en France.

Ces chiffres montrent la désaffection croissante des Français pour la presse quotidienne. Pour beaucoup de Français, le journal télévisé du soir et les informations entendues à la radio en prenant le petit déjeuner constituent la dose journalière nécessaire et suffisante. Pour ceux qui souhaitent en savoir plus, les analyses proposées par les hebdomadaires sont une solution efficace et agréable. Moins longue et moins coûteuse, en tout cas, que la lecture assidue d'un quotidien.

L'érosion de la presse quotidienne

Habitudes de lecture des quotidiens nationaux et régionaux :

	1983	1987
• Nombre de lecteurs	22 630 000	22 389 000
• Pénétration	57,3 %	54,7 %
• Lecteurs réguliers	18 832 000	18 250 000

CESP

Le prix du quotidien

Parmi les raisons qui expliquent la désaffection vis-à-vis des quotidiens, celle de l'évolution de leur prix de vente ne saurait être sous-estimée. En 20 ans, le prix des quotidiens nationaux a en effet été multiplié par 13, alors que l'indice des prix n'était multiplié que par 4,8.

Sachant qu'un journal valait 0,30 F en 1964, il devrait valoir aujourd'hui 1,60 F s'il avait suivi la hausse des prix. Il vaut en réalité au moins 4 francs.

À titre de comparaison, le New York Times américain est vendu 1,75 franc en semaine, comme le Bild allemand, et les quotidiens britanniques sont vendus environ 2 francs.

En dix ans, le nombre des lecteurs de la presse quotidienne a diminué de plus d'un quart. La chute est surtout sensible à Paris, où seulement 38 % des habitants (plus de 15 ans) lisent un quotidien national, contre 55 % en province pour les quotidiens régionaux.

Du tirage dans la diffusion

Nombre de lecteurs des quotidiens nationaux (en milliers) :

	1987	1974
L'Aurore	54	599
Le Quotidien de Paris	124	
La Croix	252	200
Le Matin	263	
L'Humanité	314	589
France-Soir	765	1 836
L'Équipe	772	1 009
Libération	797	
Le Monde	1 029	1 483
Le Figaro	1 047	1 104
Le Parisien	1 142	1 639

CESP

Les magazines font preuve d'une plus grande vitalité.

L'évolution défavorable des habitudes de lecture des Français n'a pas empêché la mise en orbite de nouveaux magazines tels que *Prima*, *Géo*, *VSD*, *Newlook*, le relancement réussi d'anciens poids lourds amaigris comme *Paris-Match*, *le Chasseur français* ou *Actuel*, ou la croissance spectaculaire de magazines tels que *Télé-Star* ou *Femme actuelle*.

Il suffit de porter un regard panoramique sur les rayons d'un kiosque pour avoir une vision des multiples centres d'intérêt des Français. La liste des lancements fournit aussi des indications sur leur évolution. Les échecs sont, à cet égard, aussi riches d'enseignement que les succès.

L'évolution de la diffusion des magazines est très contrastée selon les secteurs et les titres.

La désaffection des Français vis à vis des quotidiens ne concerne pas les **hebdomadaires d'information générale** (*l'Express*, *le Point*, *le Nouvel Observateur*, etc.). Chacun d'eux connaît des tirages variables en fonction de l'importance de l'actualité et des dossiers spéciaux présentés en couverture ; l'argent (les salaires, les placements, la fortune), la santé, la sexualité, l'école sont des thèmes « vendeurs » qui reviennent souvent.

Les **magazines féminins** atteignent pour certains des tirages considérables. Après les lancements un peu élitistes et féministes de ces dernières années (*Biba*, *Cosmopolitan*, *Vital*...), on a assisté au retour des magazines destinés à une audience plus traditionnelle et moins « parisienne ». Avec des résultats spectaculaires comme ceux de *Femme actuelle* dont le tirage atteint deux millions d'exemplaires ou de *Maxi* (environ 600 000).

Les **magazines familiaux** ont bien résisté à la concurrence des suppléments hebdomadaires des quotidiens (*le Figaro Magazine*, *France-Soir Magazine*, *l'Equipe Magazine*). Ils bénéficient même d'un regain d'intérêt, qui explique une partie des nouveaux titres lancés en 1988 (*Pratica Magazine*, *Famille Magazine*...).

Les magazines montrent la nouvelle femme

Success

Lectures pour tous

Nombre de lecteurs des principaux magazines en 1987 (en milliers) :

Hebdomadaires d'actualité générale et économique

• L'Express	2 155
• France-Dimanche	2 376
• Ici Paris	1 904
• Le Journal du Dimanche	1 188
• Le Nouvel Economiste	54 5
• Le Nouvel Observateur	1 749
• Paris-Match	4 738
• Le Pélerin Magazine	1 877
• Le Point	1 672
• La Vie	1 456
• VSD	1 929
• L'Evénement du Jeudi	927
• L'Expansion (bimensuel)	1 007

Féminins et Familiaux

Hebdomadaires

• Bonne Soirée	755
• Chez Nous	1 009
• Elle	2 064
• Femmes d'Aujourd'hui/ Mode de Paris	1 790
• Intimité	1 394
• Jours de France	2 364
• Nous Deux	2 197
• Femme actuelle	6 899
• Modes de Paris	1 790

Mensuels

• Biba	1 281
• Cent idées	1 020
• Clair foyer	1 538
• Cosmopolitan	1 159
• Enfants Magazine	1 430
• Femme pratique	2 443
• Marie-Claire	3 647
• Marie-France	2 925
• Modes et Travaux	6 267
• Parents	3 131
• Prima	5 356
• Santé Magazine	2 012
• Vital	1 472
• Votre Beauté, votre Santé	1 662

Bimestriel

• La Bonne Cuisine	1 455

Hebdomadaires de télévision

• Télé Poche	6 712
• Télérama	2 264
• Télé 7 Jours	11 770
• Télé Star	5 388
• Télé Journal/ Télé Z	2 290
• TV Couleur	895
• Télé Loisirs	2 850

Automobile

Bimensuel

• L'Auto-journal	1 773

Mensuels

• Action automobile	2 268
• L'automobile	2 102
• Auto-Moto	3 520
• Echappement	1 597
• Sport Auto	1 467

Décoration - Maison Jardin

Hebdomadaire

• Rustica	1 053

Mensuels

• L'Ami des Jardins et de la Maison	1 135
• La Maison de Marie-Claire	1 219
• Maison et Jardin	1 181
• Maison française	645
• Mon Jardin ma Maison	1 509
• Système D	1 387

Bimestriels

• Art et Décoration	4 132
• Maison et Travaux	2 388
• Votre Maison	1 272
• Maison individuelle	1 019

Distraction.Loisirs.Culture et Divers

Hebdomadaires

• L'Equipe du Lundi	1 973
• L'Equipe du Samedi	1 545
• La France agricole	1 306
• France Football	1 033
• L'Officiel des Spectacles	1 190
• OK Magazine	1 045
• Pariscope	739
• Plus	546

Bimensuel

• Salut !	1 247

Mensuels

• Actuel	2 234
• Ça m'intéresse	2 424
• Le Chasseur français	2 869
• L'Etudiant	949
• Géo	4 168
• Historama/ Histoire magazine	660
• Notre Temps	2 964
• Le Nouveau Guide Gault et Millau	776
• Onze	1 864
• La Pêche et les Poissons	1 128
• Photo	1 446
• Photo Magazine	1 423
• Podium-Hit	1 260
• Première	2 536
• Rock and Folk	970
• Best	857
• L'Echo des Savanes	1 344
• Science et Vie	2 629
• Sélection	3 889
• Télé 7 jeux	3 972
• Tennis Magazine	984
• Vidéo 7	1 362

Bimestriels

• Grands Reportages	700
• Jeux et Stratégie	790

Les **magazines de télévision** restent les champions incontestés du tirage, prouvant que des médias a priori concurrents peuvent non seulement coexister mais se compléter. Ainsi, *Télé 7 Jours*, poids lourd de la presse française depuis longtemps, est lu par plus de 11 millions de Français.

Parmi les autres catégories de magazines, il faut noter le poids du secteur **maison-décoration**, dont 8 titres dépassent le million de lecteurs (nombre d'exemplaires vendus multiplié par le nombre de lecteurs moyen ou taux de circulation). Il faut noter aussi les bonnes performances de la **presse économique et financière**, portée par la bonne tenue de la bourse pendant plusieurs années, jusqu'au krach d'octobre 1987. La concurrence est rude enfin pour la presse informatique.

Afin de mieux s'adapter à sa clientèle, la presse monte aux « créneaux ».

Face à l'expansion de la galaxie Mc Luhan, la galaxie Gutenberg a su se remettre en question et s'adapter avec intelligence et imagination. C'est même elle qui, la première, a montré la voie de la « segmentation » du public selon ses centres d'intérêt et ses modes de vie. Les « créneaux » ne manquent pas ; il suffit de bien repérer la cible et de bien viser...

La télévision fait lire des magazines

Gemap et Marie

Les dix rouleaux compresseurs

Nombre de lecteurs des principaux magazines (1987, en milliers) :

Science et Vie	2 629
Télé Loisirs	2 850
Sélection du Reader's D.	3 889
Télé 7 Jeux	3 972
Paris Match	4 378
Prima	5 356
Télé Star	5 388
Télé Poche	6 712
Femme Actuelle	6 900
Télé 7 Jours	11 770

CESP

Aux 3 000 titres de la presse française il s'en ajoute chaque année plusieurs dizaines. Les trois quarts environ survivent à leur première année d'existence. Signe qu'au royaume de l'audiovisuel la presse n'a pas dit (ou plutôt écrit) son dernier mot.

Parmi les lancements réalisés en 1987 et 1988, on peut citer *Voici, Glamour,* (magazines féminins), *Emois* (magazine culturel européen), *Passeport* (mensuel sur les voyages), *Passages, Style,* (information générale), *Option finance* et *Investir Magazine* (finance), *Greens* (golf) ainsi que deux éditions françaises de magazines américains : *Fortune* et *Rolling Stone.*

Les pièges à pub

La moitié au moins du chiffre d'affaires des magazines provient des recettes de publicité. Le record pour 1987 appartient au magazine *Elle* : 4 054 pages. Le second est *l'Express*, avec 3 611 pages, devant *le Figaro Magazine* (3 282) et *Madame Figaro* (3 061). Viennent ensuite *le Point* (2 699), *Paris-Match* (2 275), *Télé 7 Jours* (2 201), *Marie-Claire* (2 188), *le Nouvel Observateur* (2 094) et *Télé Star* (1 731).

Médiatlas

Le livre à la croisée des chemins

Les Français continuent de porter au livre une attention pleine de respect. Mais l'explosion récente de l'audiovisuel a montré que l'écrit n'était pas le seul moyen de transmission possible de la connaissance et de la culture. La télévision et la radio sont des concurrents redoutables du livre, même si elles y puisent souvent une partie de leur matière.

Les achats de livres sont plus irréguliers depuis le début des années quatre-vingts.

Après avoir connu une forte croissance pendant les années soixante (en moyenne 8 % en volume chaque année), les achats de livres ont augmenté moins fortement au cours des années soixante-dix (3,5 % par an). L'évolution est moins favorable depuis le début des années quatre-vingts, mais elle reste légèrement positive (2,5 % en 1987).

Le nombre de titres publiés progresse assez régulièrement depuis 1981. Celui des nouveautés, plus faible entre 1981 et 1984, a augmenté beaucoup plus fortement depuis trois ans. Quant au nombre d'exemplaires achetés, après avoir sensiblement baissé en 1981, il s'était redressé de 1982 à 1984. On assiste depuis trois ans à une baisse des tirages moyens par titre, qui concerne aussi bien les nouveautés que les nouvelles éditions et les réimpressions. On note aussi depuis deux ans une tendance à la diminution des achats de livres français à l'étranger.

- *Un adulte sur trois ne lit aucun livre.*
- *Un sur quatre en lit plus de 10.*
- *Les jeunes lisent plus que leurs parents.*

Les plus gros lecteurs sont les 15-20 ans, les plus diplômés et les habitants des grandes villes. 28 % des possesseurs de livres en ont dans leur bibliothèque plus de 200.

Les non-lecteurs sont principalement des agriculteurs et des inactifs (en particulier des personnes âgées). D'une façon générale, les Français lisent d'autant plus de livres qu'ils en ont chez eux. Mais il est difficile de savoir lequel de ces phénomènes est la cause de l'autre !

Depuis dix ans, le temps consacré à la lecture (27 minutes par jour en moyenne pour les livres et la presse) est resté assez stable. L'accroissement du temps libre (36 minutes au total pour les citadins) a profité essentiellement à la télévision (24 minutes), le reste allant à d'autres activités que la lecture : sport, jeux, spectacles et sorties.

Les Français achètent en moyenne un million de livres par jour.
• 365 millions d'exemplaires en 1986, répartis sur 30 000 titres (2 fois plus qu'il y a 20 ans).

Avec ses 220 000 titres existants, le catalogue de l'édition française est l'un des plus riches du monde. On compte parmi eux nombre de chefs-d'œuvre de la littérature qui ont très largement contribué dans le passé à l'image culturelle de la France dans le monde. Même si elle n'est pas aussi prestigieuse aujourd'hui (mais cela, seul l'avenir le dira avec certitude), la production actuelle constitue un reflet fidèle de l'état des connaissances et des préoccupations des lecteurs.

80 titres par jour

Nombre de titres et nombre d'exemplaires édités en 1986 dans chaque catégorie de livres :

	Nb de titres	Nb d'ex- (millions)
• Littérature générale	9 295	137,9
• Livres pour la jeunesse	4 804	63,5
• Livres de sciences humaines	3 969	19,1
• Livres scolaires	4 573	68,8
• Livres pratiques	2 611	27,9
• Livres scientifiques, professionnels et techniques	2 353	7,7
• Beaux-arts et beaux livres	1 026	7,7
• Encyclopédies et dictionnaires	449	10,9
• Divers non ventilés	1 343	21,1
Total	30 424	364,6

Syndicat national de l'édition

Le marketing au service du livre

Pendant longtemps, le livre a été considéré comme un « objet intellectuel » très particulier, dont le contenu devait parler pour lui-même. Il ne pouvait donc décemment recourir pour sa promotion aux mêmes méthodes que les lessives et autres produits de grande consommation. Aujourd'hui, un nombre croissant d'éditeurs regardent le livre comme un véritable produit, sans doute particulier, mais susceptible de bénéficier de toutes les aides à la commercialisation. 5 millions de Français adhèrent à des clubs de livres. Le plus grand d'entre eux, *France-Loisirs*, compte en France environ 4 millions d'adhérents, qui achètent chaque année environ 25 millions de livres.

De leur côté, les « romans roses » modernes ont donné un second souffle au livre au format de poche. Le lancement de la collection *Harlequin* en 1978 a constitué à cet égard un événement de première importance. En quelques années, *Harlequin* est devenue la première collection de poche avec plus de 30 millions d'exemplaires vendus !

Les encyclopédies par fascicules sont à mi-chemin entre le livre et le magazine. Tous les Français se souviennent de la première collection *Alpha-Encyclopédie*. La recette (une encyclopédie en petits morceaux vendus en kiosque au prix d'un magazine) a depuis fait école : plusieurs dizaines de millions de fascicules sont vendus chaque année (mais les chiffres sont en baisse depuis 1984).

Bien sûr, les partisans de la « Culture majuscule » traitent par le mépris ces genres de littérature, de même que les moyens qu'ils utilisent pour s'imposer. Mais ils oublient que c'est grâce à ces moyens que le livre a pu pénétrer dans des foyers où il n'était jamais entré.

Les Français préfèrent les romans,
mais ils en achètent moins.

Environ un tiers des livres achetés chaque année sont des romans. Il faut cependant mentionner la part prise par les romans populaires (collections *Harlequin*, *Duo*, etc.), qui représentent à eux seuls le quart des achats de livres de poche. Ils représentent l'essentiel des bibliothèques des Français, en particulier les romans contemporains.

Les lecteurs les plus assidus sont les femmes inactives de moins de 60 ans, les employés et les Parisiens. On constate cependant depuis quelques années une tendance à la baisse du nombre d'exemplaires achetés.

Les plus fortes progressions, en nombre d'exemplaires, concernent les livres scolaires ainsi que ceux de sciences humaines, qui poursuivent une croissance amorcée depuis quelques années.

Les encyclopédies et dictionnaires connaissent, en revanche, une certaine désaffection depuis 1980. Les Français hésitent sans doute à acheter ou à renouveler des livres généralement coûteux, qui ne représentent pas, en période de baisse du pouvoir d'achat, des dépenses prioritaires.

Les enfants tendent à délaisser la lecture,
bien qu'ils lisent plus que leurs parents.

La tendance observée depuis quelques années se maintient : baisse relative du nombre des albums ; stabilité du nombre des livres pour la jeunesse (romans, histoires...) ; croissance des bandes dessinées, bien qu'inférieure à celle des années précédentes.

En dehors des bandes dessinées, beaucoup d'enfants donnent la priorité à l'audiovisuel (cinéma, musique, télévision, etc.) et aux magazines spécialisés correspondants. Est-ce que cette désaffection des jeunes pour la lecture persistera lorsqu'ils seront adultes ? C'est la question que les éditeurs (et les parents) se posent.

Les livres utiles ont encore de l'avenir

Bélier Rive gauche

La « culture de poche »
représente un tiers des livres achetés.
• *Un titre sur cinq est au format de poche.*

La vitalité de l'édition française tient pour une large part aux performances des livres au format de poche. La plupart des titres sont des rééditions de livres anciens ou récents (environ deux ans).

Outre sa grande commodité (idéal pour les transports en commun), le livre au format de poche a permis à un grand nombre de Français d'accéder à peu de frais aux grandes œuvres de la littérature française et étrangère, à travers plus de 20 000 titres, répartis au total dans plus de 300 collections. Les jeunes, les cadres moyens et les employés sont les plus gros consommateurs de livres de poche, principalement dans les grandes villes.

Le livre de poche est donc a priori moins menacé que le livre traditionnel par les développements attendus (et souvent redoutés) de l'informatique et des différents supports électroniques.

L'écrit et l'audiovisuel
devraient continuer à cohabiter.

Les mots imprimés sur des livres de papier et de carton auront-ils demain un support électronique ? Les amoureux de la chose imprimée, déjà courroucés par le fait qu'on n'ait plus à couper les pages d'un roman, tremblent devant les possibilités de la technologie moderne. Il est clair que le contenu de la plupart des livres peut être proposé sous d'autres formes que le papier. Mais le livre est aussi un objet, que l'on peut toucher, compulser, ranger dans sa bibliothèque, et avec lequel on entretient un rapport particulier et sans doute irremplaçable.

Il ne faut donc pas exagérer l'importance de la menace électronique. La radio n'a pas tué le disque, la télévision n'a pas tué le cinéma, même si elle a contribué à son déclin. L'électronique ne tuera donc pas le livre, si les éditeurs font les efforts d'adaptation nécessaires pour définir, au fil du temps, les conditions d'une cohabitation harmonieuse entre des modes d'expression qui répondent à des besoins complémentaires.

Lecture

En vrac

• On compte en France 52 exemplaires de quotidiens nationaux pour 1 000 habitants, contre 590 en Grande-Bretagne, 366 au Japon, 303 en Australie, 227 au Canada.
S • 46 % des Français lisent très régulièrement un hebdomadaire de télévision, 14 % souvent, 10 % de temps en temps, 31 % jamais ou presque jamais.
• L'audience des quotidiens nationaux était en 1987 de 6 280 000 lecteurs, celle des quotidiens régionaux était de 19 176 000 lecteurs.
• Le nombre de lecteurs par numéro moyen des quotidiens nationaux était en 1987 de :
1 443 000 pour *le Monde* ; 1 334 000 pour *le Figaro* ; 1 234 000 pour *le Parisien* ; 1 136 000 pour *l'Equipe* ; 1 081 000 pour *France-Soir* ; 1 030 000 pour *Libération* ; 427 000 pour *l'Humanité* ; 294 000 pour *la Croix* ; 156 000 pour *le Quotidien de Paris* ; 85 000 pour *l'Aurore*.
S • 68 % des lecteurs lisent dans leur chambre, 48 % dans le salon ou une pièce commune, 8 % sur leur lieu de travail, 8 % dans les transports en commun, 6 % dans les toilettes, 4 % dans leur jardin ou un jardin public, 2 % dans une bibliothèque publique, 1 % dans leur bain. 70 % lisent plutôt en semaine, 24 % en vacances, 22 % pendant les week-ends.

S • Pour 31 % des Français, la télévision donne envie de lire certains livres, pour 23 % elle est un obstacle à la lecture (pour 43 %, ni l'un ni l'autre).
S • 89 % des Français ont entendu parler de Jean-Paul Sartre et Simone de Beauvoir, 87 % d'Agatha Christie, 85 % d'Albert Camus et de François Mauriac, 84 % de Colette, 82 % de Marcel Proust, 68 % de Marguerite Duras et 60 % d'Ernest Hemingway. 62 % n'ont jamais entendu parler de Kafka, 63 % de Scott Fitzgerald, 81 % de Nabokov.
S • Pour les Français, le plus grand écrivain du XXe siècle est Malraux, devant Sartre, Camus et Pagnol.
S • 71 % des Français sont d'abord incités à la lecture d'un livre par son sujet, 34 % par son auteur, 24 % par les émissions littéraires à la télévision, 24 % par les critiques lues ou entendues, 16 % par les conseils d'amis ou de parents.
S • 45 % des Français cherchent d'abord une détente dans la lecture, 42 % cherchent plutôt à s'instruire et à se cultiver.
S • 36 % des lecteurs de livres les achètent dans les librairies de quartier, 29 % dans les grandes surfaces ou grands magasins type FNAC, 28 % par correspondance, 27 % les empruntent à des amis ou des proches, 23 % à des bibliothèques.

LES ACTIVITÉS PHYSIQUES

SPORT

Après la grande vague du début des années quatre-vingts, l'engouement des Français pour le sport se manifeste différemment. Le sport-douleur cède la place au sport-plaisir et la dimension individuelle s'accentue. L'attrait pour la compétition et l'aventure sportive se manifeste surtout devant la télévision.

L'autre culture

L'honnête homme du XVIIe siècle était celui qui avait réussi la synthèse des principales disciplines de l'esprit et du corps et qui, comme les femmes savantes de Molière, avait des « clartés de tout ». Tout en ne se « piquant de rien », comme le conseillait La Rochefoucault... Les choses avaient ensuite plutôt tourné à l'avantage de l'esprit. L'honnête homme de cette fin de XXe siècle est à la recherche d'un nouvel équilibre. La culture, au sens classique du terme, fait aujourd'hui bon ménage avec la... culture physique.

Le début des années quatre-vingts aura été marqué, en France et dans la plupart des pays occidentaux, par la redécouverte du corps. Dans un désir, collectif et inconscient, de mieux supporter les agressions de la vie moderne par une meilleure résistance physique. Mais aussi parce que l'apparence est un atout important dans une société qui valorise la *forme* (y compris physique) autant que le fond. Parce qu'elle donne, enfin, l'agréable impression de l'immortalité...

La pratique des sports a beaucoup augmenté depuis le début des années quatre-vingts.
• 77 % des hommes et 71 % des femmes se livrent à une activité physique plus ou moins régulièrement.

Pour les Français, le sport est à la fois un moyen d'entretenir son corps et de se faire plaisir. Près d'un sur cinq est adhérent d'une association sportive, plus de 12 millions sont licenciés d'une fédération.

L'évolution dans les préférences et dans les pratiques est très significative des grands mouvements qui ont affecté la société depuis quelques années. Ce ne sont pas les disciplines traditionnelles (football, rugby, athlétisme) qui attirent le plus, mais celles qui procurent un plaisir plus individuel : planche à voile, alpinisme, parapente, tennis, gymnastique, etc.

Le hit-parade des sports

Classement des sports selon leur taux de pratique (au moins une fois au cours de 1985, en %) :

1	Culture physique	26,3	19	Pêche	2,2
2	Marche	24,9	20	Chasse	2,2
3	Natation	22,5	21	Basket-ball	1,4
4	Vélo	15,4	22	Moto	1,3
5	Tennis	12,8	23	Handball	1,3
6	Course à pied	12,7	24	Gymnastiques médicales	1,2
7	Ski alpin	10,0	25	Plongée sous-marine	1,1
8	Baignade, jeux dans l'eau	7,2	26	Escalade	1,0
9	Fotball	6,8	27	Canoë, kayak, rafting	0,9
10	Planche à voile	4,0	28	Haltérophilie, culturisme	0,8
11	Tennis de table	3,9	29	Ski nautique	0,8
12	Bowling, boules, pétanque	3,3	30	Patinage sur glace	0,7
13	Danse	3,1	31	Judo, jiu-jitsu	0,7
14	Equitation	2,8	32	Squash	0,6
15	Relaxation	2,6	33	Rugby	0,6
16	Ski de fond	2,5	34	Tir à l'arc	0,6
17	Volley-ball	2,3	35	Arts martiaux	0,6
18	Voile	2,3	36	Gymnastique sportive	0,6

Du football à la pétanque

Liste des dix sports les plus pratiqués en fonction de l'âge (en %) :

	12-17 ans		18-34 ans		35-49 ans		50-64 ans		65-74 ans	
1	Natation	36,5	Culture phy.	33,9	Mache	28,4	Marche	29,9	Marche	30,5
2	Culture physique	24,4	Natation	24,7	Culture phy.	22,4	Culture phy.	22,5	Culture phy.	19,0
3	Vélo	23,1	Marche	21,7	Natation	21,4	Natation	16,2	Natation	10,7
4	Tennis	21,8	Tennis	17,3	Vélo	15,1	Vélo	14,4	Vélo	8,8
5	Football	18,9	Couses	16,4	Tennis	13,3	Baignade	6,6	Boules	5,5
6	Courses	17,9	Ski	13,8	Courses	11,8	Chasse	4,2	Baignade	3,0
7	Marche	15,5	Vélo	10,3	Ski	10,4	Ski	3,7	Chasse	2,6
8	Ski alpin	14,8	Football	9,2	Baignade	7,5	Tennis	3,6	Gym. médi.	2,5
9	Baignade	10,9	Baignade	7,0	Boules	4,7	Pêche	3,6	Pêche	2,3
10	Tennis de table	9,5	Planche	6,5	Fooball	4,0	Boules	3,1	Tennis	2,0

INSEP

*Les années quatre-vingts
marquent le triomphe des sports individuels.*
*• Plus d'un Français sur trois pratique
un sport individuel (un sur quatre en 1973).*

La grande lame de fond de l'individualisme ne pouvait pas épargner le sport. Le raz de marée du jogging, puis celui de l'aérobic en ont été la spectaculaire illustration. Il faut aussi y ajouter le tennis, l'équitation, le ski, le squash, le golf et bien d'autres encore. Même la voile, autrefois surtout pratiquée en équipage, a acquis ses titres de noblesse avec les courses transatlantiques en solitaire. S'il reste assez largement pratiqué, et surtout très regardé à la télévision, le football n'arrive qu'à la neuvième place des sports les plus courants.

*La volonté de progresser dans un sport
est plus repandue aujourd'hui.*

L'accroissement du nombre des licenciés révèle une tendance relativement nouvelle : le désir croissant des Français de bien pratiquer le sport de leur choix. Cette volonté s'est logiquement assortie de l'inscription à une fédération, qui consacre le passage du statut de simple amateur à celui de sportif véritable.

A cet égard, lc cas du tennis est significatif. Alors qu'autrefois les pratiquants se contentaient d'échanger quelques balles sur un court pour s'amuser, ils sont souvent aujourd'hui plus ambitieux. Sans rêver d'imiter les grands champions qu'ils suivent à la télévision, beaucoup veulent améliorer leur technique et figurer dans le club, sélectionné, des « classés ». Le succès des stages intensifs, le développement des achats d'équipement au cours des années quatre-vingts (moindre depuis 1987) témoignent de cette volonté de progresser.

Licenciement collectif

Evolution du nombre de licenciés des fédérations sportives :

	1986	1970
• Fédérations olympiques	6 304 466	2409 958
• Fédérations non olympiques	2 356 971 (*)	1 053 705
• Fédérations et groupements multisports	1 399 348	620 015
• Fédérations scolaires et universitaires	2 528 339	1 443 644
Total	**12 589 124**	**5 527 322**

(*) Dont : 1 437 266 agréées et délégataires et 919 705 agréées (sans compétition).

Ministère du Temps libre, de la Jeunesse et des Sports

Des inégalités fortes mais en diminution

Plus encore que les autres activités de loisirs, la pratique sportive est variable selon les catégories sociales. Le sexe, l'âge et la profession sont les critères qui décrivent le mieux ces différences, tant en ce qui concerne la nature des activités que l'intensité de leur pratique.

On constate d'une manière générale une tendance à la banalisation de certains sports, compensée en partie par la naissance ou le développement de nouvelles activités plus élitistes.

Le niveau de la pratique sportive est lié à celui de la formation.

D'une manière générale, les Français sont d'autant plus sportifs qu'ils occupent une position élevée dans la hiérarchie sociale. Ainsi, le tennis, dont on a beaucoup vanté l'apparente « démocratisation », est pratiqué par un tiers des cadres supérieurs et... 5 % des agriculteurs.

Cette distinction est surtout valable pour les sports à forte image sociale, comme la voile, le golf, l'équitation ou le tennis, qui coûtent cher et se pratiquent dans des clubs dont l'accès n'est pas toujours aisé. Elle est moins sensible dans le cas de sports plus populaires comme le football, la marche ou la gymnastique.

L'âge reste un facteur déterminant.

On pratique dix fois moins le football ou la danse entre 40 et 60 ans qu'entre 15 et 20 ans, cinq fois moins le tennis, trois fois moins la natation ou la gymnastique. En dehors du golf ou des boules, la pratique sportive décroît régulièrement avec l'âge, la césure se faisant le plus souvent vers quarante ans.

Lorsque la capacité physique n'est pas en cause, les obstacles à la pratique du sport chez les adultes d'âge mûr sont liés à la tradition, qui réservait le sport plutôt aux gens aisés, disposant du temps et de l'argent nécessaires. Si les contraintes matérielles ont, pour la plupart, disparu, les contraintes culturelles demeurent.

Pourtant, on constate que les personnes âgées s'intéressent plus aux sports, à commencer par ceux qui leur sont le plus accessibles comme la marche, la gymnastique, la natation, ou le cyclisme. Il est donc probable que l'influence de l'âge sur la pratique sportive sera moins sensible au cours des prochaines années.

Les femmes sont en train de rattraper les hommes dans la pratique des sports individuels.

Longtemps moins concernées que les hommes, les femmes ont trouvé dans le sport la réponse à certaines de leurs préoccupations : rester en bonne forme physique ; se forger un corps séduisant ; conquérir un domaine jusque-là surtout réservé à l'autre sexe ; lutter contre les signes apparents du vieillissement.

Depuis une dizaine d'années, elles ont beaucoup réduit leur retard sur les hommes en matière sportive. Les sports d'équipe ne les passionnent pas (en dehors du baskct). Ellcs se ruent en revanche sur les sports individuels : plus de 75 % de ceux qui pratiquent la gýmastique ou la danse sont des femmes ; plus de 60 % des nageurs ou des cavaliers. Elles sont aussi nombreuses que les hommes à pratiquer le ski de fond, la marche et la randonnée ou le handball, Elles pratiquent moins les sports d'extérieur, pendant l'année ou au cours des vacances.

La recherche de la sophistication
est à la fois sociale et technologique.

Le choix d'un sport n'est pas neutre ; il a toujours une signification individuelle et sociale. L'évolution des pratiques sportives traduit un double mouvement. L'attirance, d'abord, pour les sports bénéficiant d'une image sociale valorisante.

Cette recherche du « standing » passe par la pratique des sports à la mode : voile, golf, squash, parapente, monoski, alpinisme, etc. La sélection se fait ici par les conditions d'accès, c'est- à-dire le plus souvent par l'argent.

Mais cette « sophistication sociale » de la pratique sportive s'accompagne d'une sophistication technologique, qui caractérise l'époque

Le sport peut être un dépassement de soi

Delacroix Mandarine

en général. La voile, l'ULM, le ski, et, à un moindre degré, le tennis ou le cyclisme en ont largement bénéficié. Les sports d'aujourd'hui nécessitent un équipement plus complet et requièrent un apprentissage plus long.

Le retour à la normale

Le début des années quatre-vingts avait coïncidé avec l'explosion du souci de la forme physique. Partout, les salles de gymnastique se multipliaient, en même temps que les magasins spécialisés dans la vente d'articles de sport. A l'exemple des femmes américaines, les françaises se livraient au culte de leur corps, tandis que les hommes cherchaient dans le sport l'occasion de se dépasser ou de se défouler. Si le nombre des Français licenciés dans les différentes fédérations sportives est en augmentation, on constate que l'engouement des dernières années envers certains sports à la mode (jogging, aérobic, ski...) est un peu retombé. On s'aperçoit aussi que la rage de vaincre et l'esprit de compétition ne sont pas ancrés dans la mentalité collective française. Même si le souci de progresser à titre personnel se développe, le « sport-plaisir » reste plus populaire que le « sport-douleur ».

Le jogging et l'aérobic sont en perte de vitesse.

Ce n'est pas la mode mais le grand mouvement de fond de redécouverte du corps qui a poussé des millions de Français et de Françaises à s'adonner au jogging et aux formes nouvelles de gymnastique, venues d'outre-Atlantique. Le jogging permet de cultiver le souffle et la résistance nécessaires à un bon équilibre général. L'aérobic, et la musculation qui lui est souvent associée, permettent de sculpter le corps et de renforcer son pouvoir de séduction (tant vis-à-vis des autres que vis-à-vis de soi-même).

Ce n'est d'ailleurs pas par hasard que les femmes, longtemps hostiles à toute mise en évidence de leurs muscles, se sont mises à fréquenter les salles de musculation. Plus qu'un simple moyen de garder la forme, l'aérobic était devenu en quelques années un véritable art de vivre, une messe du corps célébrée plusieurs fois par semaine dans une ambiance de musique disco et d'odeurs de transpiration.

Aujourd'hui, le phénomène a trouvé sa vraie dimension. Ceux qui continuent de courir dans les bois ou les rues des villes ou se rendent dans les salles de gymnastique et de musculation ne le font pas pour sacrifier à une mode, mais parce qu'ils en ressentent le besoin. Les autres, qui refusent de souffrir pour être en forme, ont abandonné ou se sont dirigés vers des activités plus à leur portée.

L'aérobic en question

Après avoir été parée de toutes les vertus, cette forme de gymnastique en musique fait l'objet de critiques croissantes. Des médecins l'ont d'abord accusée de renforcer les risques cardiaques chez les personnes insuffisamment entraînées (le même reproche a d'ailleurs été adressé au jogging, à la suite d'accidents), d'autres ont prévenu ses adeptes contre les risques concernant les articulations et les ligaments. Plus récemment, une étude a été réalisée aux Etats-Unis à partir des cassettes vidéo, diffusées à 15 millions d'exemplaires par les grandes prêtresses de l'aérobic (Jane Fonda, Raquel Welch, Debbie Reynolds...). Elle conclut que ces cassettes encouragent la « passivité féminine », présentent la femme comme un « objet sexuel », les transforment en « automates sans volonté », les « infantilisent », leur imposent des canons de la beauté impossibles à atteindre pour la plupart...

L'aventure est de plus en plus présente dans la publicité et les médias

Dupuy Saatchi

Les sports dont ils rêvent

Les rêves sportifs des hommes sont très différents de ceux des femmes. Les sports mécaniques (raids et rallyes auto, courses automobiles, moto, avion, motonautisme) arrivent en tête (18,6 %) devant le football (7,4 %), la voile (6,6 %), les sports de glisse (ski et planche à voile, 5,2 %), l'équitation (4,5 %), les sports d'air (deltaplane, planeur, parachutisme, montgolfière..., 4,2 %), le vélo (4,0 %).
Les femmes rêvent d'abord d'équitation (11,7 %), puis de sports de glisse (9,0 %), de tennis (8 %), de patinage (5,9 %), de natation (5,8 %) et de danse (5,1 %). Les sports motorisés représentent 3,3 %.

INSEP

Les dépenses d'équipement diminuent.

L'engouement soudain des Français pour le sport, au début de la décennie, avait été entretenu et amplifié par les médias. Il est revenu aujourd'hui à de plus juste proportions. On estime que le quart de ceux qui possèdent un équipement de sport ne l'utilisent pas, ce qui explique les faible taux de renouvellement constatés récemment. En 1987, les achats de raquettes de tennis ont diminué de 10 %; ceux de planches à voile ont baissé de 30 % par rapport à 1981. Le ski est également touché : 250 000 paires de skis de fond achetées en 1987, contre 320 000 en 1984. Quant aux chaussures de sport, la moitié sont destinées à la détente du week-end plutôt qu'à la pratique sportive proprement dite. Il en est de même des survêtements ou des anoraks, autant utilisés dans la vie quotidienne que sur les stades ou les pentes neigeuses. En moyenne, chaque Français dépense 360 francs par an, un budget très inférieur à celui des Anglais, des Allemands ou des Américains.

Beaucoup de Français se contentent du sport... à la télévision.

Les médias ont permis à certains sports de se faire connaître et de se développer : tennis, golf, volley-ball, arts martiaux, etc. Entre 40 et 50 % des Français suivent des émissions sportives à la télévision. Mais celles-ci constituent souvent un substitut à la pratique sportive. Parmi les quelque 5 millions de téléspectateurs qui suivent chaque année le tournoi de tennis de Roland-Garros, un grand nombre n'ont jamais touché une raquette de leur vie. Comme c'est le cas dans d'autres domaines, les Français vivent souvent leur vie sportive par procuration.

Les médias, qui ne manquent pas une occasion de montrer les exploits de toutes sortes, ont donné à beaucoup le goût de l'aventure sportive. Mais ceux qui participent effectivement au rallye Paris-Dakar, descendent en « rafting » les rivières africaines, escaladent les montagnes, courent dans le désert ou font la traversée de l'Atlantique en voilier constituent une infime minorité. Le goût croissant pour l'aventure, compréhensible dans une société qui ne l'autorise guère, n'est donc satisfait que d'une façon très artificielle. Il est clair que cela engendre à la longue une certaine frustration.

Sport

En vrac

E • On compte en France environ 15 000 associations sportives.
• Les Français dépensent chaque année environ 50 milliards de francs pour le sport (équipements, spectacles. presse sportive, etc.), soit 1 % du PIB.
• Il y a en France 2 800 centres équestres et clubs de poneys et 350 000 cavaliers qui montent régulièrement.
• Les compétitions qui ont obtenu les plus fortes audiences à la télévision en 1987 sont : la finale de la Coupe de France de football (13,2 millions de spectateurs); la finale de la Coupe d'Europe de football (9,8); la finale du Championnat de France de rugby (8,6); le match France-Irlande du Tournoi des Cinq nations (4,9); le Championnat d'Europe de patinage artistique (4,9); la finale du Tournoi de Roland-Garros (4,9); l'arrivée du Tour de France (3,9); la finale du Tournoi de Wimbledon (3,2); le Grand Prix de Belgique (3,4); le Championnat du monde de boxe (3,2); l'arrivée du rallye Paris-Dakar (2,9).
S • 61 % des Français s'intéressent au rallye Paris-Dakar (dont 7 % beaucoup), 11 % assez, 43 % un peu (35 % pas du tout).
S • 4 % des Français pratiquent le tennis très régulièrement, 18 % de temps en temps, 72 % jamais.
S • 80 % des Français pensent qu'une femme peut à la fois pratiquer un sport à un haut niveau et être féminine, 16 % sont d'un avis contraire.

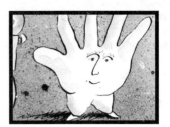

LOISIRS CRÉATIFS

Dans une société où la machine occupe une place croissante, les tâches manuelles sont de plus en plus rares. Conscients de cette lacune, les Français s'efforcent de retrouver les gestes oubliés. Ils se rendent compte aussi que le plaisir de la vie ne peut être complet sans celui de la création.

Le bonheur multidimensionnel

La définition du bonheur, en cette fin du XXe siècle, peut s'exprimer simplement. Il s'agit d'obtenir que chacune des activités quotidiennes contribue à un épanouissement complet de l'individu. Sous ses apparences banales, cette définition traduit un véritable bouleversement dans la conception que les Français ont de la vie.

Le bonheur des uns n'est pas celui des autres.

Les quinze dernières années, perturbées par une crise économique et morale, ont fortement ébranlé l'espoir d'un bonheur collectif. Dans tous les domaines, c'est l'individu qui prend le pas sur le groupe. Dans ce contexte, chacun doit s'efforcer de conduire sa propre vie, et de la « réussir » en fonction de ses aspirations, de ses capacités et de ses contraintes. Le bonheur ne peut être qu'individuel.

Les Français veulent pouvoir exprimer toutes les facettes de leur personnalité.

Le second changement important dans la conception du bonheur est que la vie ne peut plus être découpée en tranches indépendantes les unes des autres. Pourquoi accepter que les activités obligatoires, travail en tête, soient moins enrichissantes que celles qui sont librement choisies ? Pourquoi faudrait-il mériter quelques instants de bonheur par de longs moments de contrainte ou d'ennui ? Les Français sont de plus en plus hostiles à la bipolarisation de leur vie. Au fond, ce qu'ils veulent est bien simple : pouvoir exprimer tour à tour les différentes facettes de leur personnalité, sans avoir à en refouler aucune. Ne plus être réduits à une seule de leurs composantes, mais être en mesure de les expérimenter toutes.

Dans la vie personnelle, la traditionnelle opposition entre le corps et l'esprit est aujourd'hui dépassée.

Parmi les multiples formes de bipolarisation de la personne humaine, celle-ci est sans doute la plus fortement rejetée aujourd'hui. Le développement récent de la pratique sportive et surtout l'évolution des motivations qui l'expliquent en sont une première illustration. L'engouement actuel pour les activités dites manuelles et créatrices en est une autre, tout aussi importante.

Activités manuelles : les gestes qui sauvent

Les machines ont progressivement pris le relais de la main humaine. Comme autant de prothèses qui ont à la fois amplifié son pouvoir et réduit son indépendance. De sorte que la création est sans doute plus difficile aujourd'hui qu'elle l'était hier. Elle est en tout cas beaucoup moins directe, puisqu'elle transite le plus souvent par la machine. Elle est aussi plus partielle puisque les travaux de fabrication sont le plus souvent divisés, afin d'en accroître l'efficacité.

Le sentiment de la création personnelle, matérialisé par l'objet fabriqué par un seul homme, s'est donc éloigné, tandis que se développait la société industrielle.

Conscients de cet appauvrissement de leurs capacités créatrices, les Français commencent à rechercher les moyens d'une « rééducation ». C'est ce qui explique en partie la croissance de loisirs tels que le bricolage, la cuisine, la pratique d'un instrument de musique, le cinéma ou la photographie.

Les Français bricolent autant par plaisir que par nécessité.

Il n'est pas étonnant que le bricolage connaisse depuis quelques années un fort développement. D'un côté, les motivations sont d'ordre psychologique : le besoin de faire quelque chose de ses mains, dans une société où l'activité professionnelle le permet de moins en moins. Ce qui explique d'ailleurs pourquoi les employés ou les cadres sont mieux disposés à l'égard du bricolage que les ouvriers ou les artisans, moins frustrés sur le plan manuel.

De l'autre côté, les motivations d'ordre économique balaient les rares réticences qui subsistent. En période de réduction ou de stagnation du pouvoir d'achat, il est facile, grâce à quelques outils et un peu de temps, de réduire ses dépenses d'entretien ou d'ameublement dans des proportions considérables.

Une part importante de l'économie domestique est liée au bricolage. Ainsi, le « kit » (montage de meubles, de cuisines, mais aussi de bateaux, voire de chaînes hi-fi) représente près de 10 % du marché de l'ameublement. Il pourrait atteindre 20 % en 1990.

Il faut noter cependant que les activités de bricolage coûtent doublement à la collectivité : manque à gagner pour l'économie ; charge médicale des nombreux accidents de bricolage.

Le bricolage, un plaisir et une économie

Peyrat et associés

Bricolage et jardinage
sont les deux mamelles de la France

Bricolage

• 13 millions de foyers bricolent (ils n'étaient que 4 millions en 1968). Plus au nord qu'au sud, plutôt lorsqu'ils sont propriétaires que locataires.
• 66 % des bricoleurs le sont à titre régulier, contre 38 % en 1968.
• Le budget annuel d'un bricoleur s'élève en moyenne à 2 500 francs.
• Près de 50 % des foyers possèdent une boîte à outils. Plus de 20 % ont leur propre établi.

Jardinage

• Un foyer sur deux possède un jardin privatif
• 40 % des Français ont une tondeuse à gazon.
• 15 % ont un motoculteur.
• On trouve environ 150 millions de plantes vertes dans les maisons et les appartements.
• En dix ans, les dépenses consacrées au jardinage sont passées de 7 à 23 milliards de francs.

Le jardinage connaît aussi
un fort engouement.
• *Il y a en France 10 millions de jardins*
en résidences principales,
1,4 million en résidences secondaires
et 840 000 jardins isolés.

22 millions de jardiniers

• 55 % des Français de plus de 18 ans jardinent : 37 % s'occupent d'un potager, 34 % d'un jardin d'agrément, 13 % d'un balcon.
• Les raisons pour lesquelles ils cultivent leur jardin sont, dans l'ordre : la détente, le délassement (48 %), embellir le cadre de vie (36 %), plaisir de cultiver les produits de la terre (36 %), manger plus sainement (34 %), faire des économies (20 %), avoir une activité physique (19 %).
• 23 % de ceux qui jardinent cultivent plus de légumes qu'auparavant pour faire face à l'augmentation des prix (70 % non).
• Les fleurs préférées des Français sont (parmi une liste proposée): la rose (55 %), le muguet (13 %), l'œillet (11 %), le lys (9 %), le bleuet (5 %).

Rustica/Ipsos, janvier 1985

Les Français sont de plus en plus nombreux à disposer d'une maison individuelle, donc d'un jardin. Il faut y ajouter le nombre croissant de ceux qui, habitant en appartement, souhaitent lui donner des airs de campagne. Le mythe de la nature reste donc fort chez les Français. Beaucoup souhaitent préserver, même au milieu de la ville, leurs racines paysannes.

La cuisine est aussi un loisir.

Les Français ressentent de plus en plus le besoin de faire la fête, pause appréciée dans le tourbillon et la froideur de la vie. Parmi les différentes formes qu'elle peut prendre, le bon repas partagé avec les proches est sans aucun doute l'un des plus recherchés. La cuisine de fête revêt aujourd'hui des aspects plus variés que par le passé. Du plat unique, dont la recette est empruntée aux traditions régionales les plus anciennes (pot-au-feu, cassoulet, choucroute, etc.) à la cuisine la plus exotique (chinoise, africaine, mexicaine...) en passant (bien que plus rarement) par la nouvelle cuisine.

Opposée à la cuisine-devoir par définition, la cuisine de fête, ou cuisine-loisir, en est aussi le contraire dans sa conception. Le temps ne compte plus, seule importe la qualité des ingrédients. Si le menu est profondément différent, la façon de le consommer ne l'est pas moins : le couvert passe de la cuisine à la salle à

Que la fête commence

DDB

manger ; la composante diététique, souvent intégrée dans le quotidien, est généralement absente de la fête. Enfin, les accessoires prennent une importance croissante : bougies, décoration de la table et des plats, etc.

La cuisine-loisir est également marquée par la recherche du « polysensualisme »: le goût, l'odorat, l'œil, le toucher y sont à l'honneur ; une douce musique de fond viendra flatter l'oreille, afin que le plaisir soit à son comble.

La cuisine n'est pas, on le devine, une activité comme une autre. C'est tout l'être profond qui s'exprime face au premier besoin de l'individu, celui de manger. Rien n'est donc gratuit dans les rites qui président à sa célébration.

Activités artistiques : la musique, d'abord

Les activités artistiques permettent aux Français d'exprimer d'autres facettes de leur personnalité. Leur besoin d'épanouissement total ne pouvait ignorer ce qui, plus peut-être que tout autre aspect, caractérise la nature humaine : la sensibilité. On retrouve dans certaines tendances actuelles cette volonté de rééquilibrer des activités professionnelles souvent froides, rationnelles, par d'autres qui le sont moins.

C'est pourquoi ils sont très nombreux à s'intéresser à la musique, à prendre des cours de peinture ou de sculpture, à s'adonner aux joies de l'écriture ou de la photographie.

40 % des foyers possèdent un instrument de musique.
* *5 millions pratiquent un instrument.*
* *Un jeune sur deux entre 15 et 18 ans.*

Les Français achètent chaque année environ deux millions de flûtes (étudiée dans certaines classes des écoles primaires). Le second instrument le plus utilisé est la guitare (environ 200 000 achats par an) et le piano, loin derrière avec 30 000 achats par an. L'accordéon n'est plus à la mode et les Français en achètent moins de 20 000 chaque année. Les centres de musique, conservatoires ou instituts privés, ont accueilli en 1987 environ un million d'instrumentistes.

La *Fête de la musique* permet, chaque année, de constater combien la pratique musicale est répandue en France : on ne compte pas moins de 4 000 harmonies, 8 000 chorales, 25 000 groupes de rock, sans parler des très nombreuses cliques et fanfares.

Loisirs créatifs

En vrac

* 90 % des Français possèdent au moins une plante verte, 70 % en ont au moins quatre.
* Les Français ont acheté en 1987 environ 180 millions de sachets de graines (gazon et plantes) dont 6 000 tonnes de graines à gazon. Ils ont acheté 500 000 râteaux à gazon, 750 000 fourches à bêcher et 2 millions de pièces de petit outillage pour le jardin.
* Les achats de meubles de jardin ont représenté plus de 1,5 milliard de francs en 1987.

* 30 % des ménages possèdent un salon de jardin (48 % de ceux qui habitent une maison avec jardin). 5 % possèdent une loggia.
* 63 % des foyers disposent des fleurs sur leurs rebords de fenêtres (70 % en maison individuelle, 53 % en appartement). Dans 79 % des cas, ce sont des géraniums, dans 41 % des plantes à bulbes, dans 28 % des plantes à massif.
* Il existe environ 6 000 sociétés musicales en France, contre 5 000 il y a dix ans.

LES VACANCES

VACANCES D'HIVER

Les « petites vacances », que l'on prend en hiver ou à l'occasion de week-ends prolongés, tendent à se développer, bien que les différences entre catégories sociales restent marquées. Ce goût croissant pour des parenthèses plus nombreuses dans la vie quotidienne traduit un nouvel état d'esprit face aux loisirs.

Vacances d'hiver : la cinquième semaine

Les Français avaient montré pendant longtemps une préférence pour les formules groupant en une même période l'ensemble des vacances de l'année. La nouvelle diminution du temps de travail, le développement des emplois à temps partiel et la cinquième semaine de congés payés ont provoqué une remise en cause de cette pratique. La tendance est aujourd'hui à un morcellement des loisirs. Parce que la recherche actuelle de l'équilibre et de l'harmonie s'accorde mal avec le fait de n'être bien dans sa peau qu'un mois par an.

La « mentalité des congés payés » est donc en train de changer, dans le sens d'une plus grande intégration du temps libre dans la vie quotidienne. Face aux « grandes vacances », les « loisirs à la petite semaine » ont un bel avenir devant eux.

Les vacances d'hiver sont encore un phénomène minoritaire et sélectif.

Les longues files de voitures qui se croisent, en février, sur les routes des stations de sports d'hiver ne doivent pas faire oublier que près des trois-quarts des Français restent chez eux. Si le taux de départ en vacances d'hiver a augmenté, celui des départs aux sports d'hiver a tendance à stagner depuis 1982.

Il est difficile d'affirmer, six ans après l'instauration d'une cinquième semaine de congés payés pour tous les salariés, que la ruée vers l'or blanc a bien eu lieu. La conjoncture économique de ces dernières années a sans aucun doute incité beaucoup de Français à mettre à profit ces journées supplémentaires pour rendre visite à leur famille ou se lancer dans des travaux de bricolage. Il n'en reste pas moins qu'ils sont plus nombreux à partir en vacances l'hiver, même si tous ne se dirigent pas vers les pistes enneigées.

28 % des Français sont partis en vacances au cours de l'hiver 1986-87

Après la diminution du taux des départs constatée en 1984-1985, la croissance a repris. La hausse est surtout due aux ruraux, aux indépendants (exploitants agricoles et patrons) et aux ménages les plus aisés. Les Parisiens et les inactifs sont au contraire moins nombreux.

La durée moyenne des vacances d'hiver a également augmenté sensiblement par rapport à la saison précédente, pour l'ensemble des catégories sociales. D'une manière générale, et plus encore qu'en été, les taux de départ en vacances d'hiver sont éminemment variables selon la profession exercée, le lieu d'habitation et l'âge.

26 % des séjours d'hiver se passent à la campagne, 24 % aux sports d'hiver, 22 % à la mer.

On a constaté au cours de l'hiver 1986-1987 un fort engouement pour la mer, qui a représenté plus du quart des séjours, contre 16 % l'année précédente. Cette attirance concerne surtout les plus de 40 ans, les sports d'hiver ayant la faveur chez les plus jeunes, les patrons, les cadres et les employés. Les personnes de la région parisienne sont, elles, plutôt attirées par la campagne.

Près de la moitié des séjours se déroulent chez des parents ou amis. Les autres modes d'hébergement (hôtel, location et résidence secondaire) viennent à égalité ; la résidence secondaire est souvent utilisée par les Parisiens,

Vacances d'hiver : le dégel

Taux de départ et nombre moyen de journées par personne partie pour l'ensemble de la population :

	Taux de départ (en %)		Jours par personne	
	vacances d'hiver	dont sports d'hiver	vacances d'hiver	dont sports d'hiver
• Hiver 1974-1975	17,1	4,3	14,3	12,7
• Hiver 1975-1976	18,1	4,8	15,4	13,2
• Hiver 1976-1977	17,9	5,5	14,6	11,4
• Hiver 1977-1978	20,6	6,6	13,7	10,2
• Hiver 1978-1979	22,1	7,1	13,9	10,4
• Hiver 1979-1980	22,7	7,8	14,3	10,0
• Hiver 1980-1981	23,8	7,9	14,0	9,9
• Hiver 1981-1982	24,6	8,2	14,2	9,8
• Hiver 1982-1983	24,3	9,2	14,4	9,6
• Hiver 1983-1984	26,2	10,0	13,8	9,4
• Hiver 1984-1985	24,9	8,8	14,1	9,8
• Hiver 1985-1986	27,1	9,6	13,9	9,5
• Hiver 1986-1987	28,0	8,8	14,8	9,2

Commune de résidence (1986-87)

• Commune rurale	17,4	7,0	14,7	9,1
• Agglomération :				
- de moins de 20 000 habitants	24,5	7,4	13,8	9,0
- de 20 000 à 100 000 habitants	24,4	8,0	13,9	8,5
- de plus de 100 000 habitants (sauf agglomération de Paris)	30,6	9,7	14,6	9,4
- parisienne (sauf Paris)	47,9	12,5	15,3	9,4
• Ville de Paris	51,4	13,9	18,1	9,6

La durée moyenne des vacances d'hiver est assez élevée : 14,8 jours en 1987. Elle tient compte des vacances prises à Noël et de celles prises plus tard, en particulier au moment des vacances scolaires.

INSEE

les cadres supérieurs et les plus de 40 ans. L'hôtel a la préférence des personnes âgées et des patrons (ces derniers apprécient aussi les formules de location).

8,8 % de Français se sont rendus dans les stations de sports d'hiver en 1986-87.

Un tiers seulement de ceux qui partent en vacances d'hiver les passent à la montagne. Le taux de départ aux sports d'hiver ne suit pas l'augmentation du taux de départ en vacances d'hiver ; il stagne depuis cinq ans et reste inférieur à 10 % de la population.

La « démocratisation » de la neige est donc encore loin d'être réalisée. Les retraités (âgés et donc peu tentés par le ski, que beaucoup n'ont jamais eu l'occasion de pratiquer) ne sont quasiment pas représentés : 2 % seulement se rendent aux sports d'hiver. De même, les agriculteurs et les ouvriers restent pour la plupart très peu concernés par le phénomène : respectivement 2,9 et 4,5 % de départs. Peut-être le seront-ils davantage à l'avenir.

On constate également une diminution de la durée moyenne des vacances passées aux sports d'hiver : 9 jours en 1987 contre 13 en 1975. Les indépendants et les ouvriers partent moins

Le grand rêve blanc...

Synergie

longtemps, les plus de 50 ans plus longtemps, mais plutôt moins souvent. Ces tendances ont été confirmées par les chiffres concernant les vacances d'hiver 1987-88, au cours desquelles le taux de départ et la durée des séjours ont encore diminué.

Attention aux départs !

Taux de départ et nombre moyen de journées par personne partie, selon la catégorie socioprofessionnelle (hiver 1986-1987) :

	Taux de départ (en %)		Jours par personne	
	vacances d'hiver	dont sports d'hiver	vacances d'hiver	dont sports d'hiver
• Exploitants et salariés agricoles	11,5	2,9	13,6	8,6
• Patrons de l'industrie et du commerce	26,5	11,1	10,4	8,4
• Cadres sup. et prof. libérales	63,4	27,7	15,0	9,8
• Cadres moyens	46,7	19,3	13,1	8,7
• Employés	32,5	11,5	15,1	9,4
• Ouvriers	16,6	4,5	12,1	8,7
• Personnels de service	20,4	3,0	10,8	7,8
• Autres actifs	36,4	7,2	11,7	8,2
• Retraités	20,7	2,1	22,2	10,9
• Autres inactifs	25,1	6,4	19,3	9,0
Moyenne nationale	**28,0**	**8,8**	**14,8**	**9,2**

INSEE

Les vacances de neige sont les plus coûteuses.

Les raisons de la désaffection de certaines catégories sociales vis-à-vis des sports d'hiver sont de deux ordres. Elles sont d'abord économiques : le budget d'une famille de quatre personnes, dont deux enfants en âge de skier, atteint vite 10 000 francs pour une semaine, selon la date. Cela décourage bon nombre de prétendants à l'ivresse des cimes.

Il s'y ajoute ensuite des raisons d'ordre psychologique : pour beaucoup, le ski reste une activité liée à un certain statut social et à un mode de vie. Ce sont d'ailleurs souvent les mêmes personnes qui sont concernées par ces deux types d'obstacles, financiers et psychologiques. De sorte que l'élévation générale du pouvoir d'achat n'est pas la seule condition à une véritable démocratisation de la neige.

La perspective des jeux Olympiques d'hiver de 1992 en Savoie devrait stimuler la fréquentation des stations de ski.

Le développement du ski de fond explique en partie l'accroissement des départs aux sports d'hiver jusqu'en 1983. Le frein représenté par l'âge (beaucoup hésitent à commencer le ski de piste à 40 ou 50 ans) devenait moins décisif et les dépenses (équipement, remontées) plus réduites. La cinquième semaine de congés payés, obligatoirement prise en dehors des « grandes vacances » traditionnelles, a constitué aussi dès 1982 une incitation au départ en hiver. De même, la croissance de la multipropriété (ou propriété à temps partagé) a transformé pour les ménages concernés une partie des dépenses en investissement : environ 100 000 périodes ont été achetées depuis la création du système, en 1967.

Pourtant, ces facteurs favorables ont été annulés au cours de ces dernières années par le mauvais enneigement de la plupart des stations à Noël, la stagnation du pouvoir d'achat et la volonté d'un nombre croissant de Français d'aller à la recherche du soleil.

On peut raisonnablement penser que les stations de ski, dont la France est particulièrement riche, ont devant elles de belles années. L'organisation des jeux olympiques d'hiver par la Savoie en 1992 devrait en particulier avoir un effet d'entraînement important, aussi bien sur la clientèle française que sur celle des étrangers. L'or blanc devrait continuer, sur le long terme, à être un bon placement !

Sept millions de skieurs

• 7 millions de Français se rendent plus ou moins fréquemment aux sports d'hiver. Ceux qui partent le plus sont les habitants de l'Île-de-France, de la Normandie et du Centre ; ceux qui partent le moins habitent l'Alsace et la Franche-Comté.
• 66 % des usagers des stations françaises pratiquent le ski alpin, 14 % le ski de fond, 15 % les deux et 5 % ne pratiquent pas le ski.
• 28 % des réservations sont effectuées directement par les personnes concernées, 12 % par des comités d'entreprise, 7 % par des agences de voyages, 7 % par des offices de tourisme, 5 % par des agences immobilières, 3 % par des associations de tourisme social.
• 78 % des skieurs utilisent leur voiture pour se rendre dans les stations ; 15 % seulement prennent le train.
• 43 % de la clientèle séjournent dans des locations, 20 % chez des parents ou amis, 17 % à l'hôtel, 7 % dans des villages de vacances, 4 % dans leur propre résidence secondaire, 4 % dans des clubs, 3 % dans des centres de l'UCPA, 1 % en caravaneige.
• 58 % des skieurs achètent des forfaits à la semaine, 42 % à la journée, à la demi-journée ou des tickets.
• 22 % acceptent une dépense de 1 000 francs par personne et par semaine, 21 % de 1 500 francs, 22 % de 2 000 francs, 12 % de 2 500 francs, 7 % de 3 000 francs.

Secrétariat d'Etat au Tourisme

Week-ends :
les Français aiment les dimanches

Les fins de semaine représentent, par leur côté régulier et répétitif, un aspect particulier des vacances des Français. Si le repos dominical est une vieille conquête (presque centenaire), son jumelage avec le samedi (ou le lundi pour les commerçants) est beaucoup plus récent.

Même si certains Français n'en bénéficient pas, du fait de leurs conditions de travail particulières, la plupart apprécient cette parenthèse hebdomadaire entre deux semaines de travail.

*Le week-end est surtout l'occasion
de se retrouver en famille.*

Pour la majorité de nos concitoyens, le dimanche est un jour exceptionnel, synonyme de fête et de famille, une pause nécessaire dans un emploi du temps généralement chargé.

Neuf Français sur dix le passent en famille, et il n'est pas rare que trois générations se retrouvent ; les jeunes de moins de 35 ans vivant de façon autonome se déplacent fréquemment chez leurs parents (avec leurs propres enfants) pour déjeuner avec eux.

Le repas de midi est en effet une étape importante du rituel dominical. 60 % des familles font plus de cuisine le dimanche ; la plupart privilégient la cuisine traditionnelle (poulet, gigot...) et terminent le repas par un gâteau.

Une autre tradition, celle de la messe, est en train de se perdre : moins d'un quart des ménages se rendent à l'église le dimanche. Les loisirs dominicaux ont moins évolué que la pratique religieuse : famille, amis, télévision et promenade y tiennent la plus grande place.

Les week-ends des Français

• 69 % des parents jouent avec leurs enfants (jeux de société, de construction, etc.).
• 52 % des hommes font plus de sport pendant les week-ends, contre 30 % seulement des femmes.
• On constate un décalage semblable en ce qui concerne l'amour : 32 % des hommes déclarent qu'ils font plus souvent l'amour, contre 18 % des femmes.
• Les proportions sont inversées en ce qui concerne l'activité culinaire : 60 % des femmes font des petits plats et 38 % des hommes.
• Le dimanche est l'occasion de changer de tenue. Ceux qui portent cravate pendant la semaine s'habillent le dimanche de façon décontractée (45 %). Les autres ont plutôt tendance à « s'endimancher ».
• Un Français sur deux profite du week-end pour lire. La durée d'écoute de la télévision est supérieure à ce qu'elle est en semaine : 3 h 31 le samedi et 3 h 57 le dimanche, contre 3 h 19 du lundi au vendredi.
• 64 % des jeunes écoutent de la musique (radio ou disques)
• La conséquence de ce surcroît d'activité du week-end est que 20 % des Français se disent fatigués le lundi matin...

Voici/Ipsos, octobre 1987

Oui aux magasins ouverts le dimanche

57 % des Français sont favorables à l'ouverture des magasins le dimanche. Si c'était le cas, 21 % seraient prêts à effectuer le dimanche une grande partie de leurs achats de la semaine (I).
De leur côté, 48 % des commerçants sont déjà ouverts le dimanche. Parmi ceux qui n'ouvrent pas, 86 % ne seraient pas prêts à le faire si la réglementation le permettait. D'abord pour des raisons de convenance personnelle (66 %). Ensuite parce qu'ils estiment qu'ils auraient peu de clients (2).

(I) Opidoc/Mammouth, 2 novembre 1985
(2) ICF, 12 novembre 1985

Les Français passent en moyenne 8 week-ends hors de chez eux chaque année.

2 500 000 foyers possèdent une résidence secondaire. 20 % n'y vont pratiquement jamais. 43 % s'y rendent régulièrement, toute l'année ou seulement à la belle saison.

Les départs en week-end ne s'expliquent pas seulement par le nombre élevé des résidences secondaires. Beaucoup de Français vont à l'occasion passer un ou deux jours chez un membre de leur famille ou chez des amis. Les Parisiens sont sans conteste les champions dans ce domaine. Les bouchons qui se forment sur les autoroutes au départ de la capitale dès le vendredi soir en sont l'illustration.

Vacances d'hiver

En vrac

• 20 % des séjours de vacances de l'hiver 1986-87 ont débuté entre le 19 décembre et le 2 janvier.
• 26 % des séjours se sont déroulés dans le massif alpin, 14 % sur la côte méditerranéenne, 7 % sur la côte atlantique, 7 % en Bretagne, 5 % dans le massif pyrénéen, 5 % en Île-de-France, 5 % dans la région Rhône-Alpes.
• Au cours de l'hiver 1987-1988, la clientèle étrangère des stations de ski françaises a représenté 8 % de la clientèle totale, soit 850 000 personnes.
• Le nombre de lits disponibles dans les stations de sports d'hiver s'accroît en moyenne de 30 000 par an. Sur un total de 1,2 million de lits utilisés pendant la saison, 104 000 sont des lits d'hôtel (9 %).

GRANDES VACANCES

Fête, repos et défoulement restent des motivations constantes des Français en vacances. Mais un mouvement se dessine vers d'autres types de vacances, susceptibles d'apporter un enrichissement sur le plan intellectuel, physique ou culturel.

Partir, c'est vivre un peu

Les Français ont entamé leur conquête des vacances en 1936 : pour la première fois, les salariés disposaient de deux semaines de congés payés par an. Ils n'ont cessé depuis de gagner de nouvelles batailles : une troisième semaine en 1956, une quatrième en 1969, une cinquième en 1982. Beaucoup, par le jeu de l'ancienneté ou de conventions particulièrement avantageuses, disposent en fait d'au moins six semaines de congés annuels. De sorte que la France arrive en seconde position dans le monde pour la durée annuelle des vacances, derrière l'Allemagne fédérale, et en dernière position pour le nombre d'heures de travail réellement effectué.

Pour beaucoup de Français, les « vraies » vacances sont celles de l'été. Le soleil de la mer ou de la campagne vient récompenser onze mois d'efforts, de contraintes, voire de frustrations. Pour être réussies, les vacances doivent donc être en contraste total avec la vie quotidienne : farniente, bronzage, gastronomie, fête et insouciance...

D'autres, en nombre croissant, refusent que l'équilibre de leur vie soit fait d'une moyenne entre deux périodes (de longueur très inégale) dont l'une serait caractérisée par la contrainte, l'autre par le défoulement. C'est cette seconde conception de l'emploi du temps de la vie qui tend aujourd'hui à se développer parmi les Français.

46 % des Français ne partent pas en vacances.

Pendant les mois de juillet et août, la France semble être « aux abonnés absents ». Pourtant, les statistiques montrent que près de la moitié des Français restent chez eux. Certains parce qu'ils en ont décidé ainsi (pourquoi se mêler à la foule quand on est si bien chez soi ?) ; d'autres parce qu'ils en ont besoin (des travaux à faire, un autre métier à exercer...) ; d'autres enfin parce qu'ils n'ont pas les moyens de faire autrement. L'accroissement du prix de l'essence et des services hôteliers en est souvent la cause.

La proportion des départs a augmenté d'un tiers en 20 ans.

La ressemblance entre la hiérarchie des professions et celle des départs en vacances reste frappante : 83 % des cadres supérieurs et professions libérales partent, et moins d'un agriculteur sur quatre. Mais, comme c'est le cas pour l'échelle des salaires, l'éventail tend à se resserrer et les différences à s'estomper.

On retrouve ici la double évolution visible dans beaucoup de domaines : d'une part, un nivellement par le haut des modes de vie; d'autre part l'existence d'une vaste catégorie moyenne dont les comportements sont assez proches, bien qu'ils tendent à se différencier.

Jumbo Charter.
Seuls les oiseaux paient moins cher.

Strasbourg-Athènes A R : 1250 F.   jumbo

Voyage, voyage...

Concurrence moderne

Destination France

Les catalogues et les affiches ont beau faire rêver les Français de paradis éloignés sur fond de soleil et de paysages exotiques, ceux qui passent du rêve à la réalité restent peu nombreux.

La plupart des vacanciers restent en effet fidèles à l'Hexagone, qu'ils visitent ou revisitent dans ses moindres recoins.

On retrouve en matière de vacances comme en d'autres domaines une tendance à conserver ses habitudes .

Un été 87

Evolution du taux de départ en vacances d'été et de la durée des séjours :

	1965	1970	1980	1981	1982	1983	1984	1985	1986	1987
• Taux de départ (%)	41,0	44,6	53,3	54,3	54,5	55,2	53,9	53,8	54,1	54,2
• Proportion de séjours à l'étranger (%)	-	-	16,5	17,1	16,2	14,9	16,9	16,7	18,5	18,0
• Durée moyenne de séjour (jours)	27,2	27,3	24,9	24,8	24,6	24,7	24,7	24,6	24,0	23,5

Taux de départ selon la catégorie socioprofessionnelle en été 1987 (%) :

• Exploitants et salariés agricoles	22,9
• Patrons de l'industrie et du commerce	51,3
• Cadres supérieurs et professions libérales	82,7
• Cadres moyens	76,4
• Employés	62,9
• Ouvriers	51,8
• Personnel de service	37,7
• Autres actifs	63,1
• Retraités	38,4
Ensemble de la population	54,2

Taux de départ selon le lieu de résidence habituel en été 1984 (%) :

• Commune rurale	40,1
• Agglomération :	
- de moins de 20 000 habitants	47,2
- de 20 000 à 100 000 habitants	55,2
- de plus de 100 000 habitants (sauf agglomération de Paris)	60,1
- parisienne (sauf Paris)	76,2
• Ville de Paris	75,2
Ensemble de la population	54,2

Quand ? (%)

• Mai	6,4
• Juin	8,9
• Juillet	37,0
• Août	40,3
• Septembre	7,4
Total	100,0

Quel hébergement ? (%)

• Résidence principale (parents, amis)	26,1
• Tente et caravane	20,6
• Location	15,5
• Résidence secondaire	15,2
• Résidence secondaire (parents, amis)	10,0
• Hôtel	4,7
• Village de vacances	4,1
• Auberge de jeunesse et autres	3,8

Comment ? (%)

• Automobile	76,8
• Train	10,4
• Avion	7,2
• Car	3,0
• Bateau et autres	2,6
Total	100,0

Où ? (%)

• Mer	44,8
• Campagne	24,2
• Montagne	13,8
• Ville et autres	8,7
• Circuit	8,5
Total	100,0

INSEE

*88 % des vacanciers
sont restés en France en 1987.*

Cette proportion considérable ne varie guère dans le temps, malgré la baisse des prix des transports aériens. Elle est très supérieure à celle que l'on mesure dans d'autres pays : 63 % des Hollandais passent leurs vacances à l'étranger, 62 % des Belges, 57 % des Allemands (RFA) et 24 % des Anglais.

On peut voir trois raisons à ce phénomène. La première est sans aucun doute la richesse touristique de la France, avec sa variété unique de paysages. La seconde est le caractère plutôt casanier et peu aventurier des Français. Enfin, les contraintes financières pèsent d'un poids croissant depuis quelques années, avec la stagnation ou la régression du pouvoir d'achat et l'évolution défavorable du franc par rapport à d'autres monnaies.

La mer fait toujours recette.

Est-ce la mer ou plutôt le soleil, son complément naturel, qui attire les Français ? Sans doute l'image symbolique, fortement ancrée dans l'inconscient collectif, d'un lieu créé de toute évidence pour les vacances. Mais les Français, qui rêvent pour la plupart de mer et de soleil, en connaissent bien les inconvénients estivaux : difficulté d'hébergement, inflation des prix, omniprésence de la foule... C'est pourquoi ils se tournent de plus en plus volontiers vers les régions intérieures, plus accessibles, qui gagnent à être connues.

La mer pour tous

Répartition des journées de vacances d'été 1987 en France par zone (en %) :

Départements côtiers

• Côte atlantique	19,2
• Côte méditerranéenne orientale (dont Corse)	14,9
• Côte méditerranéenne occidentale	11,6
• Bretagne	8,4
• Manche normande	4,6
• Manche-Pas-de-Calais	1,9

Autres zones

• Massif alpin	7,7
• Périgord, Limousin, Quercy, pourtours du Massif central	6,0
• Rhône-Saône-Loire	5,3
• Massif central	3,3
• Massif pyrénéen	3,1
• Jura-Vosges	1,9
• Île-de-France	1,2
• DOM-TOM	0,7
• Autres	10,2

INSEE

Le confort est une revendication majeure

Colin Guittard Nazaret

*Les Français partent moins longtemps
et dépensent moins.*

La moitié environ des vacanciers déclarent devoir faire des économies par rapport à leurs habitudes. Le budget distractions est le premier touché. Depuis quelques années, les fins de soirée dans les discothèques sont plus rares et, en tout cas, accompagnées de moins de consommations. La nourriture elle-même fait l'objet de certaines restrictions : repas de midi remplacé par un pique-nique ; apéritifs moins nombreux ; menus moins copieux. Il faut dire que les abus constatés ont fini par décourager les touristes. Beaucoup d'hôteliers et de restaurateurs ont vu leur chiffre d'affaires stagner, voire régresser au cours des trois dernières années.

Après plusieurs années pendant lesquelles ils avaient décidé d'oublier la crise au moins un mois par an, les Français sont donc revenus aux dures réalités. D'autant qu'il leur faut financer une semaine de plus tous les ans. Partir plus souvent est un souhait de plus en plus répandu ; encore faut-il en avoir les moyens.

Vacances à l'étranger : cap au sud

Les Français ne sont pas, en vérité, de grands voyageurs. Un sur neuf seulement de ceux qui partent en vacances passe une frontière. C'est bien peu par rapport aux autres Européens. Ce faible taux explique en partie l'excédent de la balance touristique de la France : 18,3 milliards de francs en 1987.

La part des séjours d'été à l'étranger est d'ailleurs stationnaire depuis quelques années. Elle est plus importante chez les jeunes de 14 à 24 ans, ainsi que chez les adultes de 40 à 60 ans, les Parisiens et les cadres supérieurs. On constate aussi un taux relativement élevé chez les ouvriers, qui s'explique par les retours d'immigrés dans leur pays d'origine.

Lorsqu'ils vont à l'étranger,
les Français ont le réflexe soleil.

C'est ce qui explique que les plus grands courants de migration se font dans le sens nord-sud. La plupart des départs concernent les destinations européennes proches comme l'Espagne ou l'Italie qui représentent près de la moitié des départs à elles deux. L'Afrique du Nord est également une destination fréquente, mais les pays plus lointains prennent une place croissante depuis quelques années.

12 % de départs à l'étranger

Part des vacances d'été à l'étranger (en %) :

	1977	1986	1987
• Taux de départ à l'étranger	10,4	12,0	11,8
• Part des séjours à l'étranger	18,0	18,5	18,0
dont famille proche	*6,0*	*7,5*	*5,4*

INSEE

Destination soleil

Répartition des séjours de vacances d'été 1987 à l'étranger, par groupe de pays (en %) :

	1987	1977
• Andorre, Espagne, Portugal	37,8	38,7
• Italie	13,8	15,3
• Algérie, Maroc, Tunisie	12,2	9,1
• Grèce, Monaco, Turquie, Îles méditerranéennes	6,8	3,8
• Îles Britanniques	5,3	7,2
• Yougoslavie	2,1	2,1
• Europe de l'Est (y compris URSS)	1,3	2,6
• Europe de l'Ouest (autres pays)	12,5	13,4
• Pays lointains	6,2	5,9
• Circuits	2,0	1,9

INSEE

La balance touristique française
se détériore depuis 1986.

La France profite moins que par le passé de ses atouts exceptionnels dans le domaine touristique. Après un excédent record de 32 milliards de francs en 1985, la balance touristique est descendue à 22 milliards en 1986 et 18,3 en 1987. Après avoir occupé la seconde place des pays récepteurs de touristes en 1984, la France n'occupe plus désormais que la quatrième, derrière l'Espagne, les Etats-Unis et l'Italie.

Cette baisse importante (9,4 % du commerce mondial en 1985 contre 8,6 % en 1987) s'explique par l'accroissement des dépenses des Français à l'étranger et par la stagnation des recettes. Effrayés par les prix pratiqués dans certaines régions et souvent peu satisfaits de l'accueil, les touristes étrangers restent moins longtemps en France et dépensent moins. En 1987, la dépense moyenne par personne et par jour variait de 638 francs pour les Allemands à 1 662 francs pour les Japonais (680 francs pour les Belges et les Luxembourgeois, 725 pour les Scandinaves, 775 pour les Espagnols, 784 pour les Sud-Américains, 954 pour les Italiens, 987 pour les Canadiens et les Américains).

Malgré l'accroissement conjoncturel de la fréquentation des touristes américains (en baisse en même temps que le dollar), la France reste d'abord la destination privilégiée des Belges, des Hollandais et, à un moindre degré, des Anglais (6,3 millions de séjours en 1987 et 58 millions de nuitées). Il faut dire qu'elle est pour eux un point de passage obligé vers la mer et vers d'autres destinations ensoleillées telles que l'Espagne ou l'Italie.

Le goût des vacances intelligentes

Beaucoup de Français souhaitent profiter de ce temps privilégié pour se reposer et « se changer les idées » avant une nouvelle année de travail. C'est en particulier le souhait de ceux qui sont âgés de 30 à 50 ans. Pour « recharger les batteries », ils offrent alternativement leurs deux pôles (dos et ventre) à l'astre du jour, afin d'emmagasiner la précieuse énergie...

Les boulimiques de l'activité tous azimuts se recrutent surtout chez les jeunes. Mais le mouvement semble gagner peu à peu les autres catégories. Même les personnes du troisième âge souhaitent, de plus en plus, des vacances actives. Pour apprendre des choses nouvelles et pour ne pas s'ennuyer. La formule des « 3 S » (soleil, sable, sexe) semble donc reculer devant celle inaugurée il y a longtemps par le Club Méditerranée : animation, fête, activités. Une formule qui n'exclut d'ailleurs aucune des trois motivations précédentes...

Le monde est petit

Synergie

La frontière qui sépare la vie quotidienne de la vie de loisirs s'estompe.

Pour la grande majorité des vacanciers, la réussite des vacances n'est plus proportionnelle à l'intensité du bronzage qu'on en ramène. Cette évolution des mentalités n'est pas encore générale, mais elle est significative. Si le bronzage est de moins en moins associé à l'image des vacances, ce n'est pas seulement parce que les Français savent que le soleil est dangereux pour la peau et pour les poumons, c'est aussi parce que le bronzage n'est plus très valorisant. La vraie raison est qu'ils veulent aujourd'hui profiter pleinement de leurs vacances pour « faire des choses ».

Les motivations varient selon l'âge.

Si la majorité des Français en vacances veulent « vivre leurs fantasmes », l'affirmation recouvre des réalités différentes selon les individus. Le sport occupe la première place chez les moins de 40 ans. Parmi les plus jeunes (moins de 20 ans), la recherche de l'aventure amoureuse occupe également une place importante. Les vacances sont souvent pour les adolescents l'occasion du premier flirt et des premiers rapports sexuels.

Face aux activités physiques en tout genre, la lecture occupe une place de choix dans les vacances des Français. Est-ce parce qu'ils regardent moins la télévision que pendant l'année (faute, souvent, de disposer d'un poste) ou simplement parce que l'ambiance des vacances est plus propice à cette activité et qu'ils disposent du temps nécessaire ?

Les activités sportives restent les plus pratiquées...

Pour beaucoup, les vacances sont l'occasion unique de s'initier à la pratique d'un sport ou de se perfectionner. Les préférences vont au tennis et au vélo, suivis de près par la planche à voile. Les stages d'initiation ou de perfectionnement connaissent depuis quelques années un succès considérable. Ceux de tennis attirent chaque été des dizaines de milliers de vacanciers de tous âges. Le sérieux et l'effort y sont de mise, assurés par les moniteurs et, souvent, le regard impitoyable des caméras vidéo.

...mais les activités culturelles et intellectuelles se développent.

Le souci des Français de donner libre cours à tous les aspects de leur personnalité est de plus en plus apparent. Il les incite à profiter de leurs vacances pour enrichir leurs connaissances et découvrir des activités auxquelles ils n'avaient jamais eu l'occasion de s'intéresser. Les possibilités qui leur sont offertes sont de plus en plus nombreuses. Que ce soit pour s'initier à l'informatique, à la pratique d'un instrument de musique ou à la dégustation des vins. Du plus sage au plus farfelu, les stages proposent aujourd'hui des dizaines d'activités culturelles, artistiques, traditionnelles ou récentes, qui permettent à chacun de réveiller une vieille vocation endormie ou oubliée.

Le besoin de vacances intelligentes est l'un des aspects de la grande mutation des mentalités.

Qu'ils s'agisse de sport ou d'informatique, les motivations qui poussent les Français à ne pas « bronzer idiot » en vacances sont de deux types. Il y a la volonté, d'abord, de *progresser* à titre personnel, en profitant d'une période privilégiée, sans autres contraintes que celles qu'on s'impose. Il est ainsi possible de mettre à jour ses connaissances et s'adapter à l'évolution de plus en plus rapide des techniques, des métiers et des modes de vie.

Beaucoup éprouvent également le désir de *s'épanouir* en découvrant de nouveaux domaines, en laissant s'exprimer des penchants personnels pour telle ou telle activité qu'ils n'avaient pu jusqu'ici explorer. Pour s'enrichir et, qui sait, faire un jour d'un hobby découvert en vacances un véritable métier dans lequel ils se sentiront mieux en accord avec eux-mêmes.

Il en est donc des vacances comme de toutes les activités, la séparation, jusqu'ici totale, entre les périodes de congés et celles consacrées au travail apparaît de moins en moins satisfaisante. Pour beaucoup, l'équilibre de la vie ne peut résider dans le contraste entre des occupations opposées, mais, au contraire, dans une plus grande intégration de chacune dans le quotidien. L'homme est par nature un personnage multidimensionnel. C'est donc en assumant de façon continue ses différentes composantes qu'il a le plus de chances de rencontrer l'harmonie. Un état particulier que certains appellent plus simplement le bonheur...

Grandes vacances

En vrac

• La durée moyenne des vacances prises hors domicile est de 24 jours.
• Il existe en France 20 000 hôtels homologués, comprenant au total 500 000 chambres. La capacité d'accueil totale, en comptant les terrains de camping, villages de vacances, auberges de jeunesse, gîtes, chambres d'hôte, etc., est de 4 millions de lits.
• 90 % des Français organisent eux-mêmes leurs vacances, 10 % passent par des agences, tour-opérateurs, associations, etc.
• 56 % des Européens partent en vacances ; 12 % partent deux fois et 7 % trois fois. 30 % passent leurs vacances dans d'autres pays, dont 40 % à l'intérieur de la CEE.
• 7 % des vacanciers français utilisent des agences de voyages, contre 34 % des Luxembourgeois, 29 % des Anglais, 28 % des Néerlandais, 25 % des Allemands (RFA), 24 % des Danois, 17 % des Belges, 7 % des Espagnols et des Italiens, 4 % des Grecs, 3 % des Portugais.
S • 41 % des Français considèrent que les vacances servent à voyager, 36 % à profiter de leur famille, 21 % à ne rien faire, 12 % à faire du sport, 2 % à avoir des aventures amoureuses, 2 % à être plus performant dans le travail.
S • Pour 36 % des Français, l'évasion totale en vacances, ce serait plutôt les Caraïbes avec un superbe bateau. Pour 24 %, ce serait une ferme dans le Limousin avec de vraies vaches, pour 16 % le bout du monde, pour 11 % le Sahara, pour 10 % l'Irlande avec un grand parapluie. Pour 11 %, ce n'est rien de tout cela.
S • Pour donner de leurs nouvelles pendant les vacances d'été, 63 % des Français préfèrent téléphoner, 30 % préfèrent écrire, 78 % de ceux qui écrivent envoient plutôt des cartes postales, 9 % des lettres.

ANNEXES

MAI 68 - MAI 88 : VINGT ANS APRÈS

Vingt ans après la « révolution » de Mai 68, les Français ne sont toujours pas bien dans leur peau. Mais des problèmes conjoncturels ont effacé pour un temps les préoccupations exprimées alors. Aux interrogations sur le sens de la vie dans un monde sans poésie se sont substituées des questions sur la survie dans un environnement hostile. (*)

Sous les pavés, la plage...

On se souvient des slogans inscrits sur les murs des facultés, qui mêlaient la générosité, le paradoxe, l'humour et le rêve. Ceux qui revendiquaient ainsi le droit au loisir, à l'idéalisme, à la liberté totale, le retour à la nature et condamnaient les excès de la société industrielle ont aujourd'hui entre 35 et 45 ans. La plupart ont fondé une famille, la moitié ont connu le chômage. Tous sont déçus de l'évolution du monde et inquiets de son avenir. Lorsqu'ils pensent à Mai 68, c'est avec une nostalgie doublée d'étonnement ; nostalgie de leurs vingt ans, étonnement de ne pas comprendre a posteriori ce qui s'était passé.

Comment avait-on pu, en effet, faire la révolution à une époque où régnait le plein emploi, où le pouvoir d'achat s'accroissait d'année en année, où l'autorité de la France était reconnue à l'extérieur, où la vie culturelle était intense et variée (c'était l'époque de la Nouvelle Vague, de Sartre, des premiers films de Truffaut et des Beatles), où les bienfaits de la société de consommation (voiture, télévision, électroménager, vacances au soleil, etc.) devenaient accessibles au plus grand nombre ?

Avec une génération de recul, l'épisode de 68 apparaît comme « aberrant ». Aberrant au sens familier du terme comme au sens des statisticiens qui qualifient ainsi un point qui ne s'inscrit pas dans la forme générale d'une courbe. Il suffit de regarder l'évolution des principaux indices économiques de 1968 pour s'en convaincre : malgré les 150 millions de journées non travaillées en 1968, les courbes reprenaient dès l'année suivante l'allure qu'elles avaient auparavant. Comme si rien ne s'était passé...

Vingt ans après, la société industrielle ne satisfait toujours pas les Français ; il suffit de lire les sondages, mais surtout de parler avec ses voisins, pour s'en rendre compte. Mais les grandes réflexions philosophiques ont fait place à d'autres préoccupations, plus prosaïques, essentiellement tournées vers le court terme : comment trouver un emploi ; comment se protéger des agressions de toutes sortes (cambriolages, sida, cancer, risques professionnels, risques technologiques...) ; comment préserver son pouvoir d'achat... ?

Avant Mai 68, la France vivait globalement d'une façon classique et confortable. Elle se retrouve vingt ans après moderne et malheureuse : 3 millions de chômeurs, une concurrence féroce entre les personnes et entre les nations, un climat social tendu, des menaces qui s'accumulent à l'horizon. On se dit alors qu'un mouvement de cette ampleur apparaîtrait comme beaucoup plus « normal » aujourd'hui, dans l'atmosphère de fin de siècle qui prévaut depuis quelque temps.

Les rêves de Mai 68 ne se sont pas envolés. Mais le désir de transformation prend aujourd'hui d'autres formes, poursuit des objectifs différents. Les manifestations de décembre 1986 en furent une parfaite illustration : contrairement à leurs homologues de Mai 68, les étudiants et lycéens ne sont pas descendus dans la rue pour manifester contre la société industrielle ; ils revendiquaient au contraire le droit d'y entrer !

On peut voir dans cette attitude le signe d'un « réalisme » croissant parmi les jeunes ; on devrait y voir surtout le signe d'une profonde misère nationale. Lorsqu'une société ne permet plus aux jeunes de rêver, c'est qu'elle est véritablement malade. Que s'est-il donc passé en vingt ans ?

(*) Ce texte est repris en partie d'un ouvrage de l'auteur : *Monsieur le futur président* (Aubier, 1988).

La théorie des chocs

Lorsqu'ils décriront les grands moments de la société française au cours des vingt dernières années, les historiens du XXIe siècle devront faire une large place à sept dates essentielles qui en ont marqué les principales étapes : 1965, 1968, 1973, 1981, 1983, 1986, 1988. Chacune d'elles correspond à un choc qui a ébranlé durablement la société française. Ensemble, elles expliquent la fragilité actuelle de l'édifice.

L'accélération de l'histoire au cours de cette période est évident. En une génération, des changements considérables se sont produits : accroissement du rôle des femmes dans la société, libéralisation des mœurs, bouleversement de la vie professionnelle, progrès et menaces de la science et de la technologie, allongement du temps de loisirs, baisse de la pratique religieuse, etc. Il avait fallu cinq siècles à nos ancêtres du début du Moyen-Age pour passer de l'obscurantisme à la Renaissance (même si cette évolution fut évidemment plus complexe que ce raccourci ne le laisse imaginer). Quelques années ont suffi pour que vacillent les bases de notre société industrielle.

On est bien obligé, pour qualifier ces transformations, de parler de *mutations*. Le mot fait un peu peur. Il évoque à la fois les sciences naturelles, qui nous enseignent l'évolution des espèces, et ces histoires de science-fiction où des savants animés d'intentions maléfiques transforment des animaux en hommes ou des hommes en monstres. Mais qui pourrait nier que ces deux aspects sont présents dans les mouvements en cours ?

Les sociétés occidentales vivent depuis quelques années une double mutation industrielle. Celle, d'abord, de l'électronique qui, après la vapeur et l'électricité, constitue la troisième phase majeure de l'évolution technologique. Celle, aussi, de la restructuration de la production, qui concerne aussi bien le nombre des emplois que leur nature. En 50 ans, la part des agriculteurs dans la population active est passée de 20 % à 6 %. En 20 ans, deux millions d'emplois de commerçants ont disparu, tandis que le nombre des cadres doublait.

Tous les Français sont concernés par cette mutation technologique. L'arrivée de nouveaux outils dans l'entreprise ou à la maison constitue pour beaucoup d'entre eux une source

d'angoisse. L'ordinateur en est l'exemple le plus frappant ; la fascination qu'il exerce ne compense pas encore la peur qu'il provoque.

D'une façon générale, tout ce qui concerne la communication connaît aujourd'hui un développement foudroyant et inquiétant. Avec l'arrivée récente des radios libres, celle, prochaine, des télévisions câblées, satellisées, codées, locales, internationales, interactives, spécialisées, etc. les choix deviennent plus nombreux. Mais la difficulté de choisir s'accroît en même temps.

Depuis le début de ce siècle, quatre générations se sont succédé sans se ressembler. Celle née entre 1900 et 1920 a connu au moins l'une des deux guerres mondiales ; les survivants durent travailler avec acharnement pour construire la France moderne sur les décombres des champs de bataille. Ce fut la *génération sacrifiée.*

La génération née de 1920 à 1940 avait entre 5 et 25 ans pendant la Seconde Guerre mondiale ; elle n'épargna pas sa peine pour redonner à la France sa place parmi les grandes nations ; ce fut la *génération de l'effort.*

Ceux qui sont nés entre 1940 et 1960 ont connu le plus souvent le confort pendant leur enfance ; mais c'est la crise qui a accompagné jusqu'ici leur vie d'adulte, même s'ils n'en ont pas toujours été conscients. Ils constituent ce qu'on pourrait l'appeler la *génération de la rupture.*

Enfin, ceux qui sont nés entre 1960 et 1980 ont connu des bouleversements à répétition. Ce sont eux qui conduiront le pays pendant les premières décennies du troisième millénaire. En même temps qu'à la génération montante, ils appartiennent aussi à la *génération mutante.*

Comme la plupart de leurs homologues occidentaux, les Français de cette fin de siècle sont en effet des mutants qui, pour la première fois depuis l'origine de l'espèce humaine, savent qu'ils sont en train de muer. « L'homo sapiens mutans » est ainsi le dernier avatar de l'espèce. C'est cela qui, plus que toute autre chose, le rend différent de ses ancêtres. C'est cela, en tout cas, qui explique le mal de vivre des Français .

A tous ceux qui croient encore que les difficultés ont commencé avec l'arrivée de la gauche au pouvoir ou avec le retour de la droite, il faut rappeler quelques souvenirs oubliés, qui remontent au milieu des années soixante.

Le retournement de 1965

1965, on ne le sait guère, marque le début d'une crise culturelle et sociale, dont le point culminant allait être Mai 68. Tout commence, pourtant, dans l'insouciance et l'allégresse. Les plus jeunes se passionnent pour le mariage de Johnny Hallyday et Sylvie Vartan, découvrent France Gall, qui remporte le grand prix de l'Eurovision avec *Poupée de cire, poupée de son*. Leurs parents font un triomphe à Tino Rossi en tournée et rient aux sketches de Fernand Raynaud.

C'est l'époque où l'on achète des transistors, des *Teppaz* et des *Frigidaire*. Ceux qui disposent de la télévision (déjà 39 % des foyers) peuvent y admirer Alain Calmat, nouveau champion du monde de patinage artistique, y voir les professeurs Jacob, Lwoff et Monod qui viennent d'obtenir le prix Nobel de médecine.

Enfin, les Français élisent pour la première fois un président de la République au suffrage universel ; le général de Gaulle devance au second tour... François Mitterrand, lequel avait éliminé au premier tour les candidats Barbu, Lecanuet, Marcilhacy et Tixier-Vignancour.

En apparence, le monde occidental se porte bien : les Américains accordent le droit de vote aux noirs et poursuivent leur épopée spatiale, les Beatles imposent leur musique et leurs cheveux longs, on inaugure le tunnel sous le Mont-Blanc, les usines tournent à plein régime (la France compte moins de 200 000 chômeurs).

Mais il y a l'envers du décor. Les États-Unis sont de plus en plus engagés au Viet-nâm dans une guerre qui s'enlise, ils affrontent une grave crise à Saint-Domingue, tandis que les violences raciales se multiplient. Les Français découvrent *Pierrot le fou* de Godard et les films de la Nouvelle Vague, qui dénoncent déjà les inquiétudes des jeunes. La musique, l'alcool, le tabac ou la voiture ne sont pour eux que des artifices destinés à tromper l'ennui. Un mal de vivre que décrivaient déjà, dix ans auparavant, *Bonjour tristesse* de Sagan et les films de James Dean. Le « spleen » des années soixante est en train de s'installer.

Sur le tableau de bord social de la France de 1965, des clignotants s'allument : la natalité commence à chuter ; la pratique religieuse régresse chez les jeunes ; le nu fait son apparition dans les magazines, dans les films et sur les plages. Une forte demande de liberté individuelle s'exprime dans de nombreux domaines ; elle porte en gestation une remise en cause des valeurs traditionnelles qui apparaîtra de plus en plus clairement.

Dans le même temps, le chômage s'accroît un peu, tandis que, pour la première fois depuis vingt ans, la productivité du capital diminue dans l'ensemble des pays industriels, préparant le terrain pour la crise économique des années soixante-dix. En même temps que la productivité du capital, c'est l'image du capitalisme qui est en baisse. Cet anti-capitalisme servira de façade et de lien à la plupart des idéologies contestataires au cours de ces années.

Personne, ou presque, n'attachera d'importance à l'évolution de ces indicateurs. Le général de Gaulle se préoccupe plus de la place de la France dans le monde que de l'évolution des mœurs : c'est l'époque où il quitte l'OTAN, se rend à Pnom Penh, à Moscou, au Canada (où il se prononce pour le « Québec libre ») et s'embourbe dans l'affaire Ben Barka. Les experts sont trop aveuglés par l'économie pour s'intéresser au social. L'idée se répand que la croissance est la source intarissable du progrès en même temps qu'une conquête définitive des nations industrielles. C'est l'époque de la planification et de la futurologie considérée comme une science. L'*Hudson Institute* et la *Rand Corporation* brossent le portrait idyllique de la « société postindustrielle » qui nous attend, récompense suprême de vingt siècles d'efforts (voir les écrits d'Herman Kahn et de Daniel Bell).

Quant aux médias, ils ne pratiquent pas encore le culte des sondages et n'ont donc guère le moyen de mesurer les inquiétudes naissantes des Français. Ils se contentent de les faire rêver en leur racontant les étapes d'une autre conquête, celle de l'espace. Ils montrent les exploits de Jean-Claude Killy et du Quinze de France, diffusent les chansons de Bob Dylan, Jim Morrison ou Jimi Hendrix.

Une forte demande sociale pour une « autre vie » commence pourtant à poindre dans la population, en particulier chez les jeunes. Elle ne sera prise en compte ni par les hommes politiques ni par les institutions.

C'est en partie sur cette erreur magistrale que va se développer, peu de temps après, la « révolution » de Mai 68.

1968 : romantisme et exotisme

On a tout dit, ou presque, sur cet épisode majeur de notre vie nationale, sans toujours en expliquer vraiment l'origine et la portée. Plus peut-être que celle de 1789, qui donne lieu aujourd'hui encore à bien des interprétations, la révolution de Mai 68 reste pour ceux qui l'ont vécue un phénomène mal identifié, à la fois violent et vain. Un sursaut de certaines catégories de la population désireuses d'échapper au destin qui leur était préparé par leurs aînés. Un dernier baroud d'honneur avant la défaite finale et pévisible, contre les forces de l'environnement.

On ne peut décrire ce temps fort de notre histoire sans insister sur deux aspects essentiels à sa compréhension : les motivations romantiques et exotiques de la révolution de Mai 68.

Beaucoup ont vu dans ces événements la « main » de l'étranger. Des puissances en mal de conquête (à l'Est, rien de nouveau !) auraient voulu jeter le trouble dans les sociétés matérialistes un peu méprisantes à l'égard des autres sociétés moins nanties. Elles auraient usé pour cela des outils traditionnels de l'influence : désinformation, noyautage, provocation.

C'est accorder à ces nations un pouvoir (sinon des intentions) qu'elles n'ont pas ; qu'elles n'avaient pas en tout cas à l'époque. Elles ne disposaient pas en effet des moyens techniques d'espionnage et de désinformation actuels, et le système médiatique alors en place en France n'était pas assez puissant pour relayer efficacement cette propagande, directe ou indirecte.

Ce mois de mai 1968 fut au contraire la conséquence d'une grande poussée de romantisme parmi les jeunes. La volonté de faire de ce monde une communauté de paix et de sérénité dans laquelle chacun pourrait satisfaire ses propres inclinations, tout en se sentant en harmonie avec la collectivité nationale et internationale. Une ambition généreuse et éphémère...

Ce romantisme à tendance humaniste fut exacerbé par la référence à des modèles étrangers largement idéalisés. Par comparaison avec la « civilisation industrielle » et au matérialisme froid qu'elle engendrait, les expériences tentées dans d'autres pays (Chine, Amérique du Sud, URSS...) apparurent comme des solutions possibles.

On se souvient, bien sûr, de Che Guevara, considéré par beaucoup de jeunes Occidentaux comme le héros, avec Fidel Castro, de la lutte contre « l'impérialisme nord-américain ». Sa mort, le 9 octobre 1967, lui conféra le statut de martyr ; elle donna lieu à de nombreux livres, chansons, reportages.

Il faut se souvenir aussi de la naissance, en 1966, des communautés hippies aux Etats-Unis. Protestant contre la guerre du Viet-nâm, les émeutes raciales, l'autoritarisme religieux et les modes de vie de leurs parents, les hippies prêchaient l'amour et la paix, dénonçaient les contraintes sociales et les interdits de toutes sortes. Le mouvement gagna rapidement l'Europe, où les jeunes inventèrent leurs propres codes de marginalisation.

Les Français furent tout particulièrement attentifs aux expériences venues de l'Est : URSS et surtout Chine. Pour eux, les relations sociales engendrées par le système capitaliste en place constituaient de nouvelles féodalités. La lecture de Marx les avait renforcés dans cette impression, lui donnant un support théorique. Dans ce contexte, seules des « réformes » de type stalinien leur paraissaient capables de donner le pouvoir aux masses prolétaires exploitées. La grande fête du « printemps de Prague » d'avril 1968 avait levé les derniers doutes quant à la capacité du communisme à concilier l'intérêt collectif et le bonheur individuel, la liberté et l'égalité.

Il fallut attendre l'arrivée des chars soviétiques en Tchécoslovaquie, en août, pour que l'hésitation gagne à nouveau les esprits. Mais, pour beaucoup de ceux qui étaient entrés en communisme par romantisme ou par générosité, le coup de grâce fut asséné par le rapport Khrouchtchev de 1956, qui dénonçait les horreurs staliniennes. C'est à cette époque que commença le lent processus d'érosion du parti communiste français ; d'abord limité aux seuls « intellectuels », il toucha ensuite les « masses laborieuses », au fur et à mesure de leur accession à la classe moyenne. Les Montand, Ellenstein et autres Juquin n'ont pas fini, trente ans après, d'expier leurs fautes.

Mais c'est le pouvoir de séduction du communisme chinois, plus que celui de l'URSS, qui reste associé à cette époque. Les admirateurs de Mao virent dans la « révolution culturelle » le contraire du modèle soviétique : démocratie directe et autogestion contre dictature du prolétariat. C'est donc avec sympathie qu'ils observèrent la lutte des gardes rouges, « braves étudiants assoiffés de justice », contre la bourgeoisie tentée par l'Occident décadent. Aujourd'hui, la plupart des admirateurs du « Grand Timonier » reconnaissent qu'ils ont été abusés par le discours maoïste. Le « grand bond en avant » a fait couler encore plus de sang que d'encre, engendré plus d'injustices qu'il n'en a supprimées.

Amérique du Sud, Cuba, Chine, URSS, Tchécoslovaquie... Tous ces exemples venus d'ailleurs ont sans aucun doute tenu une large place dans l'explosion de Mai 68. Les informations qui en arrivaient, déformées et idéalisées par la propagande officielle, ont eu d'autant plus d'influence sur les jeunes qu'ils étaient naturellement bien disposés à l'égard de modèles différents et exotiques.

Mai 68 aura donc été un grand sursaut de romantisme dans une société tout entière vouée au culte du dieu Economie et de son prophète, l'*Efficacité*. Les turbulences de ces dernières années ne sont que la suite logique et inévitable de cette révolte.

Les 30 glorieuses et les 10 paresseuses

Lorsqu'on l'examine globalement, l'histoire contemporaine des quarante dernières années peut se résumer à deux périodes : la prospérité (1945-1974) ; l'endormissement (1974-1983). Les « trente glorieuses » dont parle Fourastié ont été suivies de dix années d'attentisme et d'hésitation, qu'on pourrait appeler les « dix paresseuses ». La crise économique de 1973 était une crise à retardement ; elle ne fut vraiment ressentie en France que dix ans plus tard. Elle allait être d'autant plus dure à vivre qu'elle avait tardé à s'installer dans les esprits. La période actuelle est celle du réveil, douloureux mais nécessaire, d'une population qui a découvert avec effroi ce qu'elle avait toujours voulu ignorer : la Crise existe ; elle est multiforme, internationale et durable.

Partout ailleurs dans le monde occidental, populations et gouvernements avaient subi de plein fouet le premier choc pétrolier et ses conséquences quasi immédiates sur l'inflation, le chômage, la croissance. L'Allemagne, le Japon, les Etats-Unis et la plupart des pays industrialisés avaient alors dressé des plans de rigueur draconiens dont la mise en place était facilitée par un large consensus des principaux acteurs économiques.

Si les faits sont têtus, les Français le sont plus encore. Superbement, ils décidèrent d'ignorer la crise. Le président de la République de l'époque, Valéry Giscard d'Estaing, et surtout Raymond Barre, son Premier ministre, furent un moment tentés de dire toute la vérité. Ils durent y renoncer devant l'attitude hostile des syndicats, de l'opposition et de l'opinion publique en général. Ils se contentèrent donc de mettre en place un plan d'économie d'énergie, seule concession acceptée par les citoyens (et favorisée par le fort accroissement du prix de l'essence).

Pendant que l'on « serrait les boulons » un peu partout dans les nations industrielles, les syndicats poursuivaient en France leur lutte pour l'accroissement du pouvoir d'achat des salariés, les entreprises oubliaient d'investir pour rénover leur outil de production et conquérir les marchés extérieurs. Bref, personne n'était prêt à sacrifier un peu du présent pour préparer l'avenir. Cet avenir, on pouvait pourtant l'imaginer difficile, même si les discours officiels, soucieux de se mettre au diapason de l'inconscience générale, annonçaient régulièrement le « bout du tunnel ».

Celui-ci n'était toujours pas en vue en 1981. C'est pourquoi les Français confièrent à la gauche le soin de démontrer que la crise n'existait pas. Cela paraissait d'autant plus facile que la gauche n'avait cessé de le répéter lorsqu'elle était dans l'opposition. On allait donc pouvoir d'un coup de baguette magique retrouver la croissance et le plein emploi, tout en continuant d'accroître le pouvoir d'achat.

Fin 1982, les espoirs étaient déçus. Le plan de relance, lancé à contre-courant des politiques de nos partenaires occidentaux, fit long feu. L'état de grâce laissait alors place à l'état de grogne. Une page importante de l'histoire sociale de ce siècle était tournée. Ayant fait un tour complet sur eux-mêmes, les Français sortaient de la torpeur et de l'aveuglement. Une constatation s'imposait alors au plus grand nombre : l'idéologie, qu'elle soit de droite ou de gauche, ne peut rien contre les faits, surtout lorsqu'ils ont une dimension internationale. Le mot *incontournable* faisait son apparition dans le vocabulaire.

Une grande vague de réalisme s'abattait sur la France. Elle se traduisait bientôt par un rejet sans précédent des institutions porteuses de valeurs idéologiques ou morales : les partis politiques, les syndicats, l'Etat, l'Eglise, étaient mis en cause. Les hommes politiques, conscients de la dégradation de leur image, commencèrent à réagir. La gauche inventait le « social-pragmatisme », incarné par le Premier ministre Laurent Fabius ; la droite se lançait dans une apologie du *libéralisme*. Chacun s'essaya avec plus ou moins de bonheur au « parler vrai ». Les Français, eux, découvraient avec angoisse la dure nécessité du « penser vrai »...

La révolution inachevée

La description des signes avant-coureurs de Mai 68 montre d'une part qu'ils étaient perceptibles et d'autre part qu'ils ne furent pas pris en considération. Aurait-on pu faire l'économie d'une révolution si les hommes politiques d'alors avaient été mieux informés ? Rien ne permet de l'affirmer. Il paraît en tout cas que des leçons peuvent être tirées quant au fonctionnement de la société dans un pays démocratique comme la France.

Le processus de dégradation du climat social est en effet toujours le même : les attentes non satisfaites des citoyens se transforment en frustrations ; à un moment ou à un autre, celles-ci doivent être évacuées. C'est le rôle de l'Etat que de rendre cette évacuation possible, en décelant les attentes légitimes et en leur donnant la priorité. Avant qu'il ne soit trop tard.

Ce n'est pas pour sacrifier au rite, de plus en plus courant, des commémorations, qu'il faut associer les dates (mai 68, mai 88). Une génération après, les Français ont changé. Les ex-maoïstes portent aujourd'hui des costumes trois-pièces. Les ex-staliniens, lorsqu'ils évoquent leurs vingt ans, parlent « d'erreurs de jeunesse ». Les anciens adorateurs du « Che » se sont reconvertis dans le « BC-BG » ; certains ont même été ministres.

Même les *situationnistes* des années soixante (Vaneigem, Debord et les autres) sont aujourd'hui silencieux. Le temps leur a pourtant donné raison. Car les problèmes de fond qui étaient à l'origine des mouvements de mai sont toujours à l'ordre du jour : besoin de liberté individuelle et d'indépendance, désir de justice et d'égalité, souci de préserver la paix, volonté de conserver la planète intacte pour les générations futures, droit pour chacun de jouer un rôle et de s'épanouir, etc. Certaines revendications, concernant en particulier la nature et l'intérêt du travail, sont provisoirement enfouies dans les esprits pour cause de crise. Mais elles resurgiront à la première occasion.

Certes, les gouvernements qui se sont succédé depuis 1968, au lendemain des accords de Grenelle, ont amélioré le sort matériel des Français : entre 1970 et 1980, le pouvoir d'achat des ouvriers a augmenté de 4,7 % par an en moyenne (5,7 % pour le SMIC). Dans le même temps, les écarts entre les catégories sociales ont été réduits : le salaire des cadres supérieurs n'a augmenté que de 0,6 % pendant la période.

Mais ce bilan quantitatif s'accompagne d'un bilan qualitatif beaucoup moins favorable. En vingt ans, les Français ont perdu le moral, ils n'ont plus confiance dans les institutions, ils ne sont guère attachés à la patrie, ils ont le sentiment que la France ne figure plus parmi les grands pays de ce monde, ils ont peur du lendemain, ils communiquent mal entre eux. Bref, les choses vont plutôt plus mal aujourd'hui qu'en 1968.

Il ne serait pas juste de rendre les hommes d'Etat responsables de cette dégradation. Tous ont sans aucun doute une haute idée de la France, la volonté de bien faire et, le plus souvent, une bonne compétence jointe à une longue expérience. Mais ils n'ont pas eu de chance, depuis vingt ans, avec l'environnement national et international. Peut-être aussi ont-ils manqué de courage...

Il se trouve que, pris par les contraintes idéologiques et les difficultés économiques, ils n'ont pas suffisamment porté attention aux mouvements qui ont agité la société civile. Pas seulement des mouvements organisés, tels que les grèves ou manifestations de toutes sortes ; ceux-là en cachent d'autres, plus discrets mais finalement plus importants.

Comme en 1968, des clignotants se sont allumés sur le tableau de bord social : montée du chômage, de la pauvreté, de l'angoisse... Des risques d'implosion existent à l'intérieur des catégories sociales, et d'explosion entre elles. L'histoire, dont on dit qu'elle ne se répète pas, peut à tout moment se renouveler.

BIBLIOGRAPHIE

Du même auteur

- *Monsieur le futur président*. Aubier, 1988.
- *Démocrature* ; comment les médias transforment la démocratie. Aubier, 1987.
- *Francoscopie, édition 1987*. Larousse.
- *La Bataille des images*. Avec Jean-Marie Cotteret, Larousse, 1986.
- *Vous et les Français*. Avec Bernard Cathelat, Flammarion, 1985.
- *Francoscopie*. Larousse, 1985.
- *Marketing : les règles du jeu*. Clet (France) et Agence d'Arc (Canada), 1982.

Beaucoup d'ouvrages, chaque année, traitent directement ou indirectement des différents aspects de la vie des Français. Voici la liste de quelques-uns d'entre eux, parus récemment, dont la lecture est enrichissante.

- *Au propre et au figuré*. Jacques Attali, Fayard.
- *D'une France à une autre*. Jean et Jacqueline Fourastié, Fayard.
- *Descartes, c'est la France*. André Glucksmann, Flammarion.
- *Données sociales 1987*. INSEE.
- *Et si la presse n'existait pas...* Francis Balle, Jean-Claude Lattès.
- *Génération*, *Tomes 1 et 2*. Hervé Hamon et Patrick Rotman, Seuil.
- *Histoire de la population française*. Sous la direction de Jacques Dupaquier, PUF.
- *L'Empire des sondages*. Michel Brulé, Robert Laffont.
- *L'Etat de l'opinion, clés pour 1988*. SOFRES, Seuil.
- *La Défaite de la pensée*. Alain Finkielkraut, Gallimard.
- *La Deuxième carrière*. Xavier Gaullier, Seuil.
- *La France paresseuse*. Victor Sherrer, Seuil.
- *La Machine égalitaire*. Alain Minc, Grasset.
- *La Nouvelle France*. Emmanuel Todd, Seuil.
- *La Soft-idéologie*. François-Bernard Huyghe, Robert Laffont.
- *La Vérité sur l'emploi en France*. Sous la direction de Roger Brunet, Larousse.
- *Le Choix de Dieu*. Jean-Marie Lustiger, B. de Fallois.
- *Le Printemps des grands-parents*. Ségolène Royal, Robert Laffont.
- *Les Femmes et l'Argent*. Marie-Françoise Hans, Grasset.
- *Les Français à la une*. Yves Daudu, La Découverte.
- *Les Malheurs des temps*. Sous la direction de Jean Delumeau et Yves Lequin, Larousse.
- *Modernissimots*. Alain Dupas et José Frèches, Jean-Claude Lattès.
- *Seniorscopie*. Régis Louvet, Colette Tournes, Notre Temps/Larousse.
- *Du bon usage de la France*. Philippe Vianney, Ramsay.
- *La Force du préjugé*. Pierre-André Taguieff, la Découverte.
- *Etat modeste, Etat moderne*. Michel Crozier, Fayard.
- *La Méthode* (réédition). Edgar Morin, Seuil.
- *La Statue intérieure*. François Jacob, Odile Jacob.
- *Autonomie ouvrière*. Jacques Julliard, Gallimard-Seuil/Hautes Etudes.
- *Lignes d'une vie*. Etiemble, Editions Arléa.
- *Les Religions d'un président*. Jean Daniel, Grasset
- *Le Pouvoir et la Vie*. Valéry Giscard d'Estaing, Compagnie 12.
- *Crise, krach, boom*. Michel Albert, Jean Boissonnat, Seuil.
- *Pour être des parents acceptables*. Bruno Bettelheim, Robert Laffont.
- *Le Ras-le-bol des superwomen*. Michèle Fitoussi, Calmann-Lévy.
- *Amnesty International*, *rapport 1987*. EFAI.

SOURCES D'INFORMATION

Si vous souhaitez des informations complémentaires sur les thèmes abordés, vous pouvez prendre contact avec les organismes spécialisés. La liste qui suit (non exhaustive), vous permettra d'obtenir les réponses à vos questions ou d'autres adresses. Les rubriques sont classées par ordre alphabétique.

ASSURANCES

• **Ministère de l'Economie, des Finances et du Budget, Direction des Assurances**, 54 rue de Châteaudun, 75436 Paris Cedex 9 (Tél : 42 81 91 55)
• **Caisse Nationale d'Assurance Maladie des Travailleurs Salariés (CNAMTS)**, 66 avenue du Maine, 75014 Paris (Tél : 43 21 11 33)
• **Caisse Nationale d'Assurance Vieillesse des Travailleurs Salariés (CNAVTS)**, 110-112 rue de Flandre, 75951 Paris Cedex 19 (Tél : 40 05 51 10)
• **Centre de Documentation et d'Information de l'Assurance (CDIA)**, 2 rue de la Chaussée-d'Antin, 75009 Paris (Tél : 42 47 90 00)

CONSOMMATION ET MODES DE VIE

• **Ministère de l'Economie, des Finances et du Budget, Direction générale de la Concurrence, de la Consommation et de la Répression des Fraudes**, 13 rue Saint-Georges, 75436 Paris Cedex 09 (Tél : 42 85 13 50)
• **Agence Française pour la Maîtrise de l'Energie (AFME)**, 27 rue Louis Vicat, 75015 Paris (Tél : 47 65 20 00)
• **Centre de Communication Avancé (CCA)**, 136 avenue Charles de Gaulle, 92 522 Neuilly-sur-Seine (Tél : 47 47 81 81)
• **Centre d'Etudes et de Recherches sur le Bien-être (CEREBE)**, 142 rue du Chevaleret, 75013 Paris (Tél : 45 86 87 83)
• **Centre de Recherches, d'Etudes et d'Observations des Conditions de Vie (CREDOC)**, 142 rue du Chevaleret, 75013 Paris (Tél : 45 84 14 20)

• **Institut National de la Consommation (INC)**, 80 rue Lecourbe, 75015 Paris (Tél : 45 67 35 58)
• **Union des Fédérations de Consommateurs (UFC)**, 14 rue Froment, 75011 Paris (Tél : 48 07 19 00)

CULTURE ET ARTS

Ministère de la Culture et de la Communication :
• **Centre National de la Cinématographie**, 12 rue de Lubeck, 75116 Paris (Tél : 45 05 14 40)
• **Centre National des Lettres**, 53 rue de Verneuil, 75116 Paris (Tél : 45 49 30 85)
• **Délégation aux Arts Plastiques**, 27 avenue de l'Opéra, 75001 Paris (Tél : 42 61 56 16)
• **Direction du Livre et de la Lecture**, 27 avenue de l'Opéra, 75001 Paris (Tél : 42 61 56 16)
• **Direction des Musées de France, Ecole du Louvre**, 34 quai du Louvre, 75001 Paris (Tél : 42 60 39 26)
• **Direction de la Musique et de la Danse**, 53 rue Saint-Dominique, 75007 Paris (Tél : 45 55 92 03)
• **Institut des Hautes Etudes Cinématographiques (IDHEC)**, 9 avenue Albert-de-Mun, 75016 Paris (Tél : 47 27 06 32)
• **Service Information et Communication**, 3 rue de Valois, 75001 Paris (Tél : 42 96 10 40)
• **Sous-Direction à la Création Artistique**, 11 rue Berryer, 75008 Paris (Tél : 45 63 90 55)
• **Sous-Direction des Métiers d'Art et des Professions Artistiques**, 27 avenue de l'Opéra, 75001 Paris (Tél : 42 61 56 16).
Pour la province, s'adresser à la Direction Régionale des Affaires Culturelles (DRAC)
Autres :
• **Association Professionnelle du Spectacle et de l'audiovisuel**, 10 rue de la Chaussée d'Antin, 75009 Paris (Tél : 47 70 12 56)
• **Ecole des Beaux-Arts, atelier bande dessinée**, 134 route de Bordeaux, 16000 Angoulême (Tél : 45 92 66 02)

• **Ecole Nationale Supérieure des Beaux-Arts**, 17 quai Malaquais, 75272 Paris Cedex (Tél : 42 60 34 57)
• **Fédération Française des Maisons de Jeunes et de la Culture**, 15 rue La Condamine, 75017 Paris (Tél : 43 87 30 04)
• **Institut Français d'Architecture**, 6 rue Tournon, 75006 Paris (Tél : 46 33 90 36)
• **Société des Auteurs et Compositeurs Dramatiques (SACD)**, 11 bis rue Ballu, 75009 Paris (Tél : 42 80 66 65)
• **Société des Auteurs, Compositeurs et Editeurs de Musique (SACEM)**, 225 avenue Charles-de-Gaulle, 92521 Neuilly-sur-Seine Cedex (Tél : 47 47 56 50)
• **Société de la Propriété Artistique et des Dessins et Modèles (SPADEM)**, 12 rue Henner, 75009 Paris (Tél : 42 85 41 01)

ENFANTS

• **Centre d'Information et de Documentation Jeunesse (CIDJ)**, 101 quai Branly, 75740 Paris Cedex 15 (Tél : 45 67 35 85)
• **Centre International de l'Enfance**, château de Longchamp, Bois de Boulogne, 75016 Paris (Tél : 45 20 79 92)
• **Institut de l'Enfant (IED)**, 352 rue Saint-Honoré, 75001 Paris (Tél : 42 60 30 34)
• **Institut National d'Etudes Démographiques (INED)**, 27 rue du Commandeur, 75675 Paris Cedex 14 (Tél : 43 20 13 45)
• **Union Nationale des Associations de Parents d'Enfants Inadaptés**, 15 rue Coysevox, 75018 Paris (Tél : 42 63 84 33)

FEMMES

• **Agence Femmes Information (AFI)**, 9 cité Trévise, 75009 Paris (Tél : 45 23 45 24)
• **Centre National d'Information sur les Droits des Femmes (CNIDF)**, 7, rue du Jura, 75013 Paris (Tél : 43 31 12 34), antennes régionales
• **Centre d'Orientation, de Documentation et d'Information Féminin (CODIF)**, 81 rue Sénac, 13001 Marseille (Tél : 91 47 24 89)
• **Mouvement Français pour le Planning Familial**, 4 square Saint-Irénée, 75011 Paris (Tél : 48 07 29 10), antennes régionales

IMMIGRATION

• **Centre de Documentation Migrants**, 91 rue Gabriel-Péri, 92120 Montrouge (Tél : 46 57 11 67)
• **Centre d'Information et d'Etude des Migrations Internationales (CIEMI)**, 46 rue de Montreuil, 75011 Paris (Tél : 43 72 49 34)
• **Office National d'Immigration (ONI), Service des Mouvements Migratoires**, 44 rue Bargue, 75015 Paris (Tél : 47 83 80 20)
• **SOS Racisme**, 19 rue Martel, 75010 Paris (Tél : 42 46 53 52)

INSTRUCTION ET FORMATION PROFESSIONNELLE

• **Ministère de l'Education Nationale**, 110 rue de Grenelle, 75007 Paris (Tél : 45 50 10 10)
• **Ministère du Travail et de l'Emploi**, 1 place Fontenoy, 75007 Paris (Tél : 40 56 60 00)
• **Association Nationale pour la Formation Professionnelle des Adultes (AFPA)**, 13 place de Villiers, 93108 Montreuil cedex (Tél : 48 70 50 00)
• **Centre National de Documentation Pédagogique**, 29 rue d'Ulm, 75005 Paris (Tél : 46 34 90 00)
• **Centre pour le Développement de l'Information sur la Formation Permanente (Centre INFF0)**, tour Europe, Cedex 07, 33 place Corolles, 92080 Paris La Défense (Tél : 47 78 13 50)
• **Office National d'Information sur les Enseignements et les Professions (ONISEP)**, 46-52 rue Albert, 75013 Paris (Tél : 45 83 32 21)

LOISIRS ET SPORTS

• **Ministère de la Jeunesse et des Sports**, 78 rue Olivier-de-Serres, 75015 Paris (Tél : 48 28 40 00)
• **Ministère de l'Industrie, des P et T et du Tourisme, Secrétariat d'Etat au tourisme**, 101, rue de Grenelle, 75007 Paris (Tél : 45 56 36 36)
• **Agence Nationale de l'Information Touristique (ANIT)**, 8 avenue de l'Opéra, 75041 Paris Cedex 01 (Tél : 42 60 37 38)

LOGEMENT ET ENVIRONNEMENT

• **Ministère de l'Urbanisme et du Logement**, 25 avenue Franklin-Roosevelt, 75008 Paris (Tél : 45 61 90 17)
• **Agence Nationale pour l'Amélioration de l'Habitat (ANAH)**, 17 rue de la Paix, 75002 Paris (Tél : 42 61 57 23)
• **Centre d'Information et de Documentation sur le Bruit (CIDB)**, 4 rue Beffroy, 92200 Neuilly-sur-Seine (Tél : 47 22 38 91)
• **Confédération Générale du Logement (CGL)**, 67 rue de Dunkerque, 75009 Paris (Tél : 42 80 43 89)
• **Confédération Nationale du Logement (CNL)**, 62 bis boulevard Richard-Lenoir, 75011 Paris (Tél : 47 00 96 20)
• **Conservatoire de l'Espace Littoral et des Rivages Lacustres**, 78 avenue Marceau, 75008 Paris (Tél : 47 20 51 94)
• **Délégation à l'Aménagement du Territoire et à l'Action Régionale (DATAR)**, 78 avenue Marceau, 75008 Paris (Tél : 47 20 07 90)
• **Fédération Française des Sociétés de la Protection de la Nature**, 57 rue Cuvier, 75005 Paris (Tél : 43 36 79 85)
• **Fédération des Parcs Naturels de France**, 4 rue de Stockholm, 75008 Paris (Tél : 42 94 90 84)

MEDIAS

• **Carrefour de la Communication**, 31 rue Delarivière-le-Foullon, La Défense, 92800 Puteaux (Tél : 47 74 51 31)
• **Centre d'Etude des Supports de Presse (CESP)**, 32 avenue Georges-Mandel, 75016 Paris (Tél : 45 53 22 10)
• **Institut National de la Communication Audiovisuelle (INA)**, 193-197 rue de Bercy, 75012 Paris (Tél : 40 04 64 00)
• **Institut de Recherche et d'Etude Publicitaire (IREP)**, 62 rue La Boétie, 75008 Paris (Tél : 45 63 71 73)
• **Inter-audiovisuel**, 34 avenue Marceau, 75008 Paris (Tél : 47 20 20 42)
• **Mission TV-Câbles**, 11 rue Berryer, 75008 Paris (Tél : 45 61 46 47)
• **Société Française de Production et de Création Audiovisuelle**, 34 rue des Alouettes, 75019 Paris (Tél : 42 03 99 04)

• **Syndicat National des Télévisions et Radios Locales (SNTRL)**, 60 rue du Président-Wilson, 92300 Levallois-Perret (Tél : 45 26 57 90)

MONDE

• **Ministère des Relations extérieures, bibliothèque**, 37 quai d'Orsay, 75007 Paris (Tél : 45 55 95 40)
• **Ministère des Relations Extérieures, Coopération et Développement, Centre de Documentation**, 1 bis avenue de Villars, 75700 Paris (Tél : 45 55 95 44)
• **Amnesty International (section française)**, 4 rue de la Pierre-Levée, 75011 Paris (Tél : 43 38 74 74)
• **Banque Mondiale (bureau européen)**, 66 avenue d'Iéna, 751016 Paris (Tél : 47 23 54 21)
• **Bureau d'Information des Communautés Européennes**, 61 rue des Belles-Feuilles, 75116 Paris (Tél : 45 01 58 85)
• **Bureau d'Information du Parlement Européen**, 288 boulevard Saint-Germain, 75005 Paris (Tél : 45 51 52 53)
• **Centre d'Etudes Prospectives et d'Informations Internationales (CEPII)**, 9 rue Georges-Pitard, 75015 Paris (Tél : 48 42 64 64)
• **Comité Français pour l'UNICEF, documentation**, 35 rue Félicien-David, 75016 Paris (Tél : 45 24 60 00)
• **Organisation de Coopération et de Développement Economiques (OCDE)**, 2 rue André-Pascal, 75016 Paris (Tél : 45 24 82 00)
• **Organisation des Nations Unies (ONU), Centre d'Information pour la France**, 4-6 avenue de Saxe, 75700 Paris (Tél : 45 77 16 10)
• **Organisation des Nations Unies pour l'Education, la Science et la Culture, (UNESCO)**, 9 place de Fontenoy, 75007 Paris (Tél : 45 68 10 10),
• **UNESCO, Centre de documentation de sciences sociales**, 1 rue Miollis, 75015 Paris (Tél : 45 77 16 10)
• **Association des documentalistes et bibliothécaires spécialisés (ADBS)**, 5 avenue Franco-Russe, 75007 Paris (Tél : 45 51 05 44)

PERSONNES AGEES

• **Ministère des Affaires Sociales, Cabinet du Secrétaire d'Etat chargé des Retraités et des Personnes âgées**, 61-65 rue Dutot, 75015 Paris (Tél : 45 39 25 75)
• **Centre d'Etudes, de Documentation, d'Information et d'Action Sociale (CEDIAS)**, 5 rue Las-Cases, 75007 Paris (Tél : 45 51 66 10)
• **Comités départementaux des personnes âgées)**, renseignements dans les préfectures
• **Directions départementales de l'action sanitaire et sociale (DDASS)**
• **Fondation Nationale de Gérontologie**, 49 rue Mirabeau, 75016 Paris (Tél : 45 25 92 80)

RELIGION

• **Bibliothèque Juive Contemporaine**, 23 rue de Cléry, 75002 Paris (Tél : 45 08 12 69)
• **Centre d'Information et de Documentation Religieuses**, 6 place du Parvis-Notre-Dame, 75004 Paris (Tél : 46 33 01 01)
• **Centre Protestant d'Etudes et de Documentation**, 46 rue de Vaugirard, 75006 Paris (Tél : 46 33 77 24)
• **Institut du Monde arabe**, 23, quai Saint-Bernard, 75005 Paris (Tél : 46 34 25 25)
• **Institut musulman de la Mosquée de Paris**, 5 place du Puits-de-l'Ermite, 75005 Paris (Tél : 45 35 97 33)
• **Secrétariat Général de l'Episcopat**, 106 rue du Bac, 75007 Paris (Tél : 42 22 61 70)
• **Service Orthodoxe de Presse**, 14 rue Victor Hugo, 92400 Courbevoie (Tél : 43 33 52 48)

SANTE

• **Ministère des Affaires Sociales et de l'Emploi**, 1, place de Fontenoy, 75007 Paris (Tél : 45 56 60 00)
• **Association Nationale des Centres d'Interruption de Grossesse et de Contraception**, 165 boulevard Aristide-Briand, 85000 La Roche-sur-Yon (Tél : 51 37 00 60)
• **Centre Technique National d'Etudes et de Recherches sur le Handicap et les Inadaptations**, 27 quai de la Tournelle, 75005 Paris (Tél : 43 29 65 10)
• **Centre anti-tabac**, 141, rue Ordener, 75018 Paris (Tél : 46 06 12 13)

• **Comité Français d'Education pour la Santé**, 22, rue Lecourbe, 75015 Paris (Tél : 45 67 99 16)
• **Haut Comité d'Etude et d'Information sur l'Alcoolisme**, 17 rue Marguerite, 75017 Paris (Tél : 42 67 19 41)
• **Institut National de la Santé et de la Recherche Médicale (INSERM)**, 101, rue de Tolbiac, 75013 Paris (Tél : 45 84 14 41)

TRAVAIL ET REVENUS

• **Ministère des Affaires sociales et de l'Emploi**, l place de Fontenoy, 75007 Paris (Tél : 40 56 60 00)
• **Ministère de l'Agriculture**, 78 rue de Varenne, 75700 Paris (Tél : 45 55 95 50)
• **Agence Nationale pour la Création d'Entreprise (ANCE)**, 142 rue du Bac, 75007 Paris (Tél : 45 49 58 58)
• **Association d'Etudes et de Recherche sur l'Organisation du Travail (AEROT)**, 6 boulevard Richard-Lenoir, 75011 Paris (Tél : 47 00 47 72)
• **Association Nationale pour l'Amélioration des Conditions de Travail (ANACT)**, 7 boulevard Romain-Mollard, 92120 Montrouge (Tél : 46 57 13 30)
• **Bureau International du Travail (BIT)**, 205 boulevard Saint-Germain, 75007 Paris (Tél : 45 48 92 02)
• **Centre d'Etudes de l'Emploi**, 51 rue de la Chaussée-d'Antin, 75009 Paris (Tél : 42 85 72 07)
• **Centre d'Etudes et de Recherches sur les Qualifications (CEREQ)**, 9 rue Sextius-Michel, 75015 Paris (Tél : 45 75 62 63)
• **Centre d'Etude des Revenus et des Coûts (CERC)**, 3 boulevard de Latour-Maubourg, 75007 Paris (Tél : 47 53 89 63)
• **Centre de Recherche Economique sur l'Epargne (CREP)**, 3 rue de la Bourse, 75002 Paris (Tél : 47 70 61 61)
• **Institut National de Recherches et de Sécurité pour la prévention des accidents du travail et des maladies professionnelles (INRS)**, 30 rue Olivier-Noyer, 75680 Paris Cedex 14 (Tél : 45 45 67 67)
• **Union Nationale interprofessionnelle pour l'Emploi dans l'Industrie et le Commerce (UNEDIC)**, 77 rue de Miromesnil, 75008 Paris (Tél : 42 94 22 00)

DOCUMENTATION GENERALE ET DIVERS

• **Institut National de la Statistique et des Etudes Economiques (INSEE)**, 18 boulevard Adolphe-Pinard, 75014 Paris (Tél : 45 40 12 12)
• **Ministère de l'Intérieur et de la Décentralisation**, place Beauvau 75008 Paris (Tél : 42 60 35 35)
• **Ministère de la Justice**, 13 place Vendôme, 75042 Paris Cedex 01 (Tél : 42 61 80 22)
• **Banque Française du Commerce Extérieur (BFCE)**, 21 boulevard Haussmann, 75009 Paris (Tél : 42 47 47 47)
• **Bibliothèque Nationale**, 58 rue de Richelieu, 75084 Paris Cedex 02 (Tél : 42 96 28 97)
• **Bibliothèque Publique d'Information (BPI), Centre National d'Art et de Culture Georges-Pompidou**, rue Saint-Martin, BP 75191 Paris Cedex 04 (Tél : 42 77 12 33)
• **Bibliothèque Sainte-Geneviève**, 10 place du Panthéon, 75005 Paris (Tél : 43 29 61 00)
• **Conseil Economique et Social**, palais d'Iéna, l avenue d'Iéna, 75116 Paris (Tél : 47 23 72 34)
• **Centre d'Information et de Documentation sur l'Homosexualité**, 71 rue de Bagnolet, 75020 Paris (Tél : 43 70 69 14)
• **Chambre de Commerce et d'Industrie de Paris**, 27 avenue de Friedland, 75382 Paris cedex 08 (Tél : 45 08 35 00)
• **Commissariat Général du Plan**, 18, rue de Martignac, 75700 Paris (Tél : 45 56 51 00)

• **Centre National de la Recherche Scientifique (CNRS), Centre de documentation de sciences humaines**, 82 rue Cardinet, 75017 Paris (Tél : 47 54 97 80)
• **Documentation Française**, 29-31 quai Voltaire, 75007 Paris (Tél : 42 61 50 10)
• **Fondation Nationale des Sciences Politiques**, 27 rue Saint-Guillaume, 75341 Paris Cedex 07 (Tél : 45 49 50 50)
• **Futuribles**, 55 rue de Varenne, 75007 Paris (Tél : 42 22 63 10)
• **Institut National de la Propriété Industrielle (INPI)**, 26 bis, rue de Leningrad, 75800 Paris (Tél : 42 94 52 52)
• **Centre d'information civique**, 242 bis boulevard Saint-Germain, 75006 Paris (Tél : 45 44 41 66)
• **Centre international d'études pédagogiques, Bureau pour l'Enseignement de la langue et de la civilisation française à l'étranger**, 9 rue Lhomaud, 75005 Paris (Tél : 47 07 42 73)
• **Comité catholique contre la faim et pour le développement (CCFD)**, 4 rue Jean-Lantier, 75001 Paris (Tél : 40 26 51 60)

OBSERVATOIRES ECONOMIQUES REGIONAUX DE L'INSEE

Ajaccio, Amiens, Besançon, Bordeaux, Caen, Clermont-Ferrand, Dijon, Lille, Limoges, Lyon, Marseille, Montpellier, Nancy, Nantes, Orléans, Poitiers, Reims, Rennes, Rouen, Strasbourg, Toulouse.

INDEX

REMERCIEMENTS

Ce livre est avant tout le résultat de l'analyse des travaux des personnes et des organismes les plus qualifiés dans chacun des domaines abordés. Nous sommes donc très reconnaissants à tous ceux qui ont bien voulu être nos interlocuteurs, nous fournir des informations, souvent inédites, et nous prodiguer leurs conseils. Nos remerciements s'adressent en particulier à :

- **Agoramétrie**, Jean-Claude LEMOINE.
- **Chambre Syndicale des Constructeurs d'Automobiles**, Marie-Claude GAUTHERIN.
- **CNAMTS** (Caisse Nationale d'Assurance Maladie des Travailleurs Salariés), Alain FERRAGO, J. REVERCHON.
- **CDIA** (Centre de Documentation et d'Information de l'Assurance), Jacques LAMBERT, Chantal HEDAL.
- **CEE**, Bureau d'information des Communautés européennes.
- **CESP** (Centre d'Etude des Supports de Publicité), Corine FABRE, Béatrice LE SOURD-LESCOP.
- **CNC** (Centre National de la Cinématographie), Service de l'Information et des Etudes.
- **CREDOC** (Centre de Recherche pour l'Etude et l'Observation des Conditions de Vie), Ludovic LEBART, Robert ROCHEFORT, Bernard JOUVIN.
- **Direction générale de la Gendarmerie nationale**, Service des Relations publiques.
- **Information Marketing**, Odile GIRY, Mireille PROUX.
- **INED** (Institut National d'Etudes Démographiques), Michel BOZON, Patrick FESTY, François HERAN.

- **INSEE** (Institut National de la Statistique et des Etudes Economiques), Marc CHRISTINE, Guy DESPLANQUES, Claude TAFFIN, Michel GLAUDE, Jean-François MOREAUX, François de SINGLY.
- **INSERM** (Institut National de la Santé et de la Recherche Médicale), Docteur HATTON.
- **Institut de l'enfant** (IED), Joël-Yves LE BIGOT.
- **Ministère des Affaires Sociales**, SESI (Service des Statistiques, des Etudes et des Systèmes d'Information), Danielle LE ROUX.
- **Ministère de l'Education Nationale**, SPRESE (Service de la prévision, des statistiques et de l'évaluation).
- **Ministère de l'Environnement**, Melle BAROIN.
- **Ministère de l'Intérieur et de la Décentralisation**, Xavier MAUREL.
- **Ministère de la Justice**, Martine BARBARIN.
- **Ministère de l'Urbanisme, du Logement et des Transports**, Direction de la Sécurité et de la Circulation Routière, Service de Presse et des Relations Extérieures.
- **OCDE** (Organisation de Coopération et de Développement Economiques), Service de documentation.
- **Secrétariat Général de l'Episcopat**, Nicole DENAIN.
- **SID** (Service d'Information et de Diffusion du Premier ministre), Colette GIRALDON, Nicole FAVARDIN.
- **SNE** (Syndicat National de l'Edition), Alain GRÜND.
- **TOSCA** (Tendances, Opinions, Structures, Communication, Attitudes), Eric STEMMELEN.

Iconographie : Nanon GARDIN

La mise en page sur ordinateur a été effectuée par Francine MERMET sur ordinateur DYNAMIT COMPUTER (Société GLAAD, Jean-Claude DUGET, Jean-François MOUSSEAU). Les graphiques ont été réalisés avec les logiciels DHG et ADDESSIN de ADDE-MARKETING (Carol FRACHON) et l'aide efficace de Marc RISO. L'ensemble de la mise en page a été réalisé avec le logiciel VENTURA de RANK XEROX et l'assistance d'ACT INFORMATIQUE.

QUESTIONNAIRE

FRANCOSCOPIE correspondra d'autant mieux à vos propres attentes que vous nous les ferez connaître. Merci de remplir le questionnaire ci-dessous, de le découper et de le retourner à :

LAROUSSE-FRANCOSCOPIE 17, rue du Montparnasse 75298 PARIS CEDEX 06

ETES-VOUS SATISFAIT (cochez la case correspondante) :

1. Du livre dans son ensemble ?

☐ oui ☐ moyen ☐ non

Commentaires :

2. De la structure des chapitres ?

☐ oui ☐ moyen ☐ non

Commentaires :

3. De la présentation générale ?

☐ oui ☐ moyen ☐ non

Commentaires :

4. Des textes et des analyses ?

☐ oui ☐ moyen ☐ non

Commentaires :

5. Des graphiques et des tableaux ?

☐ oui ☐ moyen ☐ non

Commentaires :

6. Des photoset des dessins d'illustration ?

☐ oui ☐ moyen ☐ non

Commentaires :

QUELLE EST VOTRE UTILISATION PRINCIPALE DU LIVRE ?

☐ professionnelle ☐ non professionnelle

COMBIEN DE PERSONNES UTILISENT VOTRE EXEMPLAIRE ?

☐ 1 ☐ 2 ☐ 3 ☐ 4 ☐ plus de 4

QUELLE EST LA FRÉQUENCE DE MISE À JOUR QUI VOUS PARAÎT SOUHAITABLE ?

☐ Tous les ans ☐ Tous les 2 ans ☐ Moins souvent (préciser)

COMMENT AVEZ-VOUS CONNU FRANCOSCOPIE ?

☐ Publicité ☐ Bouche à oreille ☐ Librairie ☐ Autre (préciser)

QUELLES SONT VOS SUGGESTIONS POUR LA PROCHAINE ÉDITION (contenu, structure, présentation...) ?

Facultatif :

NOM :   **Prénom :**   **Profession :**

Age :   **Adresse :**

SORTIE DES FILMS SUR LINOTRONIC, CODEMA, LEVALLOIS-PERRET

Mame Imprimeurs - 37000 Tours
Dépôt légal Octobre 1988 - N° de série éditeur 15014.
Imprimé en France *(Printed in France)* 503088 A-Décembre 1988.